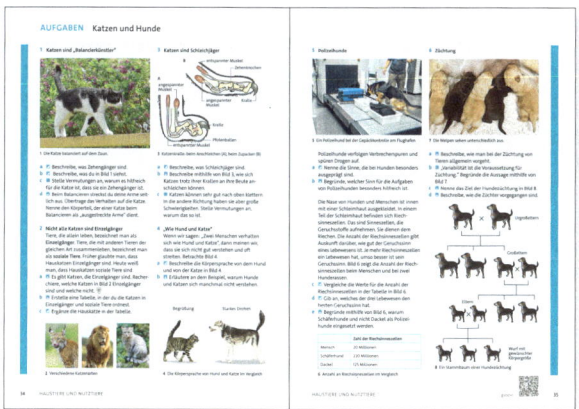

Auf den **Aufgabenseiten** kannst du dein Wissen wiederholen, anwenden und vertiefen.

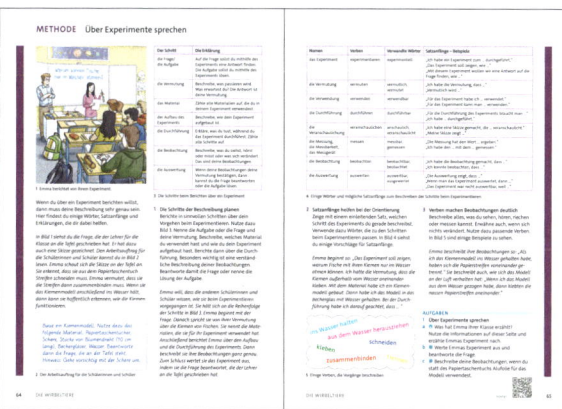

Die **Methodenseiten** zeigen dir Schritt für Schritt, wie du vorgehen kannst, wenn du naturwissenschaftliche Fragen untersuchen, verstehen oder präsentieren willst.

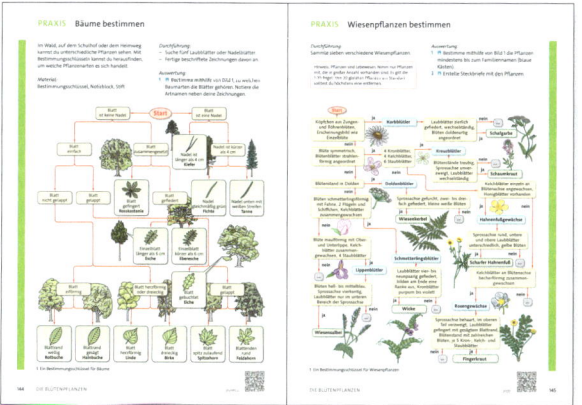

Auf den **Praxisseiten** findest du Anleitungen für Experimente, praktische Übungen oder die Arbeit mit Modellen.

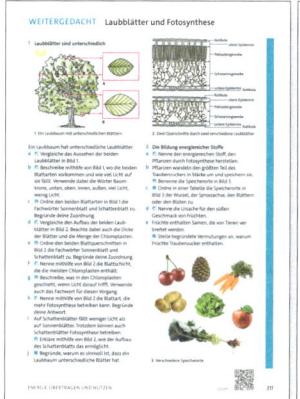

Die **Weitergedacht-Seiten** enthalten knifflige Aufgaben, die über das Grundwissen hinausgehen. Hier kannst du dein ganzes Wissen und Können einbringen.

Auf den **Extraseiten** findest du Inhalte, die über das Grundwissen hinausgehen. Damit kannst du dein Wissen erweitern und vertiefen.

Das ist mit den Symbolen im Buch gemeint:

Die Aufgaben sind **unterschiedlich schwierig** und deshalb gekennzeichnet mit:

- ◻ grundlegend
- ◼ erweitert
- ◼ erweitert plus

Dieses Zeichen zeigt dir, dass die Seite oder Aufgabe besondere Kenntnisse und Fähigkeiten der **Medienbildung** berücksichtigt.

QR-Codes im Buch:

mamaba

Die QR-Codes auf den Seiten führen dich zu Hilfen zu den Aufgaben. Auf vielen Seiten findest du dort auch Videos und bewegte Bilder.

Die QR-Codes auf den Teste-dich-Seiten führen dich zu den Lösungen der Aufgaben.

qusefo

Die QR-Codes auf den Zusammenfassung-Seiten führen dich zu einer Liste mit den Fachwörtern des Kapitels.

FACHWERK

BNT
BIOLOGIE, NATURPHÄNOMENE UND TECHNIK

5/6
Baden-Württemberg

Cornelsen

BNT — BIOLOGIE, NATURPHÄNOMENE UND TECHNIK

FACHWERK

5/6
Baden-Württemberg

Autoren: Manfred Lang, Andreas Marquarth

Mit Beiträgen von: Thomas Bauer, Ulrike Dives, Ulrike Dörflinger, Herbert Fallscheer, Elke Frey, Stefanie Harbauer, Dr. Udo Hampl, Andreas Harm, Kathrin Janik, Isabelle Kunst, Alexander Küpper, Dr. Denisa May, Andreas Miehling, Bettina Missale, Nina-Valesca Neuschäfer, Dr. Matthias Niedermeier, Katrin Oberschelp, Anika Osenberg, Anke Pohlmann, Alexandra Ranieri, Dr. Peter Pondorf, Reinhold Rehbach, Matthias Ritter, Susanne Schwarze, Dr. Juliane Schink, Ingmar Stelzig, Anja Spaeth, Ulrike Tegtmeyer, Judith Vehlow, Markus Wacker, Ute Wehres, Johanna Wetzel, Josef Johannes Zitzmann

Redaktion: Dr. Sabine Klonk, Yvonne Schanzenbächer
Bildrecherche: Melanie Tönnies
Gesamtgestaltung: Studio SYBERG, Berlin
Technische Umsetzung: Reemers Publishing Services GmbH, Krefeld
Technische Umsetzung Gefahren- und Gebotszeichen: Atelier G

www.cornelsen.de

Dieses Werk enthält Vorschläge und Anleitungen für Untersuchungen und Experimente. Vor jedem Experiment sind mögliche Gefahrenquellen zu besprechen. Beim Experimentieren sind die Richtlinien zur Sicherheit im Unterricht einzuhalten.

Die Webseiten Dritter, deren Internetadressen in diesem Lehrwerk angegeben sind, wurden vor Drucklegung sorgfältig geprüft. Der Verlag übernimmt keine Gewähr für die Aktualität und den Inhalt dieser Seiten oder solcher, die mit ihnen verlinkt sind.

1. Auflage, 1. Druck 2024

Alle Drucke dieser Auflage sind inhaltlich unverändert und können im Unterricht nebeneinander verwendet werden.

© 2024 Cornelsen Verlag GmbH, Mecklenburgische Str. 53, 14197 Berlin

Das Werk und seine Teile sind urheberrechtlich geschützt. Jede Nutzung in anderen als den gesetzlich zugelassenen Fällen bedarf der vorherigen schriftlichen Einwilligung des Verlages. Hinweis zu §§ 60a, 60b UrhG: Weder das Werk noch seine Teile dürfen ohne eine solche Einwilligung an Schulen oder in Unterrichts- und Lehrmedien (§ 60b Abs. 3 UrhG) vervielfältigt, insbesondere kopiert oder eingescannt, verbreitet oder in ein Netzwerk eingestellt oder sonst öffentlich zugänglich gemacht oder wiedergegeben werden. Dies gilt auch für Intranets von Schulen.

Soweit in diesem Lehrwerk Personen fotografisch abgebildet sind und ihnen von der Redaktion fiktive Namen, Berufe, Dialoge und Ähnliches zugeordnet oder diese Personen in bestimmte Kontexte gesetzt werden, dienen diese Zuordnungen und Darstellungen ausschließlich der Veranschaulichung und dem besseren Verständnis des Inhalts.

Druck: Mohn Media Mohndruck, Gütersloh

ISBN 978-3-06-011497-9 (Schulbuch)
Produktnr. 1100034079 (E-Book)

PEFC-zertifiziert
Dieses Produkt stammt aus nachhaltig bewirtschafteten Wäldern und kontrollierten Quellen
PEFC/04-31-1033 www.pefc.de

Inhaltsverzeichnis

Zur Vorbereitung

Biologie, Naturphänomene und Technik	10
Sicherheit im Fachraum	12
Warum müssen wir messen?	14
Methode Messen	15
Methode Experimente planen, durchführen und protokollieren	16
Methode Fachwörter lernen	18

Haustiere und Nutztiere 20

Merkmale der Lebewesen	22
Praxis Ist das ein Lebewesen?	24
Aufgaben Merkmale der Lebewesen	25
Der Hund	26
Vom Wolf zum Haushund	28
Zur Diskussion Wölfe in Deutschland	30
Methode Tiere beobachten	31
Die Katze	32
Aufgaben Katzen und Hunden	34
Menschen halten Tiere	36
Rinder sind Pflanzenfresser	38
Die Rinderhaltung	40
Aufgaben Die Haltung von Milchkühen	42
Extra Ersatz für Milch und Milchprodukte	43
Schweine sind Allesfresser	44
Methode Präsentieren	46
Die Haushühner	48
Extra Die Haltung von Haushühnern	50
Aufgaben Ernährung und Gebisse von Haustieren	51
Teste dich	52
Zusammenfassung	53

Die Wirbeltiere 54

Vielfalt der Wirbeltiere	56
Methode Einen Sachtext verstehen	58
Die Merkmale der Fische	60
Basiskonzept Struktur und Funktion	61
Die Fortpflanzung und die Entwicklung der Fische	62
Methode Über Experimente sprechen	64
Praxis Untersuchen einer Forelle	66
Zur Diskussion Soll man Lachs essen?	68
Aufgaben Die Fische	69
Die Merkmale der Amphibien	70
Die Fortpflanzung und die Entwicklung der Amphibien	72
Die Wanderungen der Erdkröten	74
Praxis Hilfe für Amphibien	76
Aufgaben Die Amphibien	77
Die Merkmale der Reptilien	78

Die Fortpflanzung und die Entwicklung der Reptilien	80
Aufgaben Reptilien sind unterschiedlich	81
Die Merkmale der Vögel	82
Die Fortpflanzung und die Entwicklung der Vögel	84
Praxis Hühnereier untersuchen	86
Aufgaben Vögel sind unterschiedlich	87
Die Merkmale der Säugetiere	88
Der Maulwurf	90
Die Fledermaus	92
Die Fortpflanzung und die Entwicklung der Säugetiere	94
Methode Tabellen erstellen	96
Aufgaben Die Wirbeltiere	97
Der Mensch verändert Lebensräume	98
Methode Ein Plakat erstellen	100
Teste dich	102
Zusammenfassung	104

Die Wirbellosen — 106

Die wirbellosen Tiere	108
Methode Einen Steckbrief erstellen	109
Der Regenwurm	110
Praxis Regenwürmer beobachten	112
Die Merkmale der Insekten	114
Methode Mit Bestimmungsschlüsseln arbeiten	116
Die Fortpflanzung und die Entwicklung der Insekten	118
Die Honigbiene	120
Extra Die Bedeutung und der Schutz von Insekten	122
Praxis Hilfe für Insekten	123
Aufgaben Die Wirbellosen	124
Wirbellose und Wirbeltiere im Vergleich	125

Teste dich	126
Zusammenfassung	127

Die Blütenpflanzen — 128

Die Merkmale der Blütenpflanzen	130
Verschiedene Pflanzenfamilien	132
Die Bäume, die Sträucher und die Kräuter	134
Verschiedene Bäume	136
Die Bestimmungsmerkmale	138
Methode Arbeiten mit einer Lupe	140
Methode Arbeiten mit einer Stereolupe	141
Praxis Blütenpflanzenorgane untersuchen	142
Aufgaben Die Blütenpflanzen	143
Praxis Bäume bestimmen	144
Praxis Wiesenpflanzen bestimmen	145
Praxis Ein Herbar anlegen	146
Von der Blüte zur Frucht	148
Die Ausbreitung von Früchten und Samen	150

Methode Diagramme zeichnen	152
Die Quellung, die Keimung und das Wachstum	154

Praxis Die Ausbreitung von Samen untersuchen	156
Praxis Die Keimung von Samen untersuchen	157
Die ungeschlechtliche Fortpflanzung	158
Aufgaben Die Fortpflanzung	159
Teste dich	160
Zusammenfassung	161

Die Lebensräume entdecken — 162

Die Lebensräume in der Umgebung	164
Die Umweltfaktoren wirken auf Lebewesen ein	166
Die Lebensgemeinschaft in der Wiese	168
Basiskonzept System	169
Die Wiese im Jahresverlauf	170
Extra Schaden und Nutzen durch das Mähen	172
Aufgaben Rasen oder Wiese?	173
Extra Die Streuobstwiese	174
Methode Lebensräume untersuchen	176
Teste dich	178
Zusammenfassung	179

Die Pubertät — 180

Die Veränderungen in der Pubertät	182
Vom Jungen zum Mann	184
Vom Mädchen zur Frau	186
Der weibliche Zyklus	188
Aufgaben Die Menstruation	189
Auf den eigenen Körper achten	190
Extra Typisch Mädchen?! Typisch Jungs?!	191
Erste Liebe	192
Extra Was ist Liebe?	193
Die Verhütung	194
Ein Kind entsteht	196
Die Schwangerschaft und die Geburt	198
Basiskonzept Entwicklung	198
Aufgaben Pubertät, Verhütung, Schwangerschaft und Geburt	200
Methode Eine Expertin oder einen Experten befragen	201

Du entscheidest	202
Teste dich	204
Zusammenfassung	205

Energie nutzen — 206

ENERGIE ÜBERTRAGEN UND NUTZEN

Energie und Energieformen — 208
Extra Energie sparen — 210
Praxis So kannst du Energie sparen — 211
Lebensgrundlage Sonnenenergie — 212
Basiskonzept Energie — 213
Der Bau und die Aufgaben von Laubblättern — 214
Praxis Die Fotosynthese untersuchen — 216
Weitergedacht Laubblätter und Fotosynthese — 217
Unser Körper braucht Nahrung — 218
Die Nährstoffe in unserer Nahrung — 220
Praxis Nährstoffe nachweisen — 221
Die Ergänzungsstoffe in unserer Nahrung — 222
Extra Informationen auf Verpackungen von Lebensmitteln — 223
Nutzpflanzen liefern dem Menschen Energie — 224
Getreide ernährt die Welt — 226
Extra Pflanzen liefern Energie — 228
Teste dich — 230
Zusammenfassung — 231

TEMPERATUR UND WÄRME

Feuer und Flamme — 232
Methode Erhitzen im Unterricht — 234
Praxis Stoffe verbrennen — 236
Extra Die Geschichte des Feuers — 237
Die Bekämpfung von unerwünschten Verbrennungen — 238
Praxis Vorbeugen von Bränden und Brandbekämpfung — 240
Extra Löschmittel in Feuerlöschern — 241
Die Temperatur messen — 242
Praxis Ein Thermometer bauen — 244
Extra Temperatur und Wärme — 245
Der Wärmetransport — 246
Wärmestrahlung wird absorbiert und reflektiert — 248
Praxis Temperaturen fühlen — 249
Weitergedacht Zebrastreifen und Isolierflasche — 250
Praxis Der Heißluftballon — 251
Teste dich — 252
Zusammenfassung — 253

TIERE SIND ANGEPASST

Tiere regulieren ihre Körpertemperatur — 254
Die Säugetiere im Winter — 256
Praxis Schutz vor Wärmeverlust — 257
Methode Im Internet recherchieren — 258
Das Igeljahr — 260
Praxis Einen Winterschlafplatz für Igel anlegen — 262
Aufgaben Säugetiere im Winter — 263
Leben in der Arktis und Antarktis — 264
Leben in der Wüste — 266
Methode Schwierige Wörter verstehen — 268
Weitergedacht Körperbau und Temperatur — 270
Wechselwarme Tiere im Winter — 272
Die Vögel im Winter — 274
Zur Diskussion Soll man Vögel im Winter füttern? — 276
Vögel fliegen — 278
Praxis Federn und Auftrieb untersuchen — 279
Teste dich — 280
Zusammenfassung — 281

Wasser ist lebenswichtig — 282

Wasser ist lebensnotwendig — 284
Wie Wasser genutzt wird — 286
Extra Der Wasserkreislauf — 288
Trinkwasser gewinnen — 289
Extra Hoher Wasserverbrauch — 290
Extra Sauberes Wasser für alle — 291
Wässrige Stoffgemische trennen — 292
Praxis Wasser, ein vielfältiges Lösungsmittel — 293
Das Abwasser reinigen — 294
Praxis Die Reinigung von Wasser — 295
Die Qualität unserer Gewässer — 296
Die Übergänge zwischen den Aggregatzuständen — 298
Wasser verhält sich anders — 300
Methode Die Siedetemperatur von Wasser bestimmen — 301
Methode Masse und Volumen bestimmen — 302
Die Dichte — 303

Schwimmen und Sinken — 304
Das Schweben — 306
Fische leben im Wasser — 308
Praxis Schwimmen wie ein Fisch — 309
Der Lebensraum See — 310
Teste dich — 312
Zusammenfassung — 313

Abfalltrennung und Recycling — 314

Müll trennen und wiederverwerten — 316
Mülltrennung in der Sortieranlage — 318
Der Verbundkarton — 320
Papier – ein wertvoller Rohstoff — 322
Weitergedacht Wertstoffe aus dem Müll gewinnen — 323
Praxis Papier selbst herstellen — 324
Praxis Die Mülltrennung — 325
Recycling eines alten Smartphones — 326
Sondermüll im Haushalt — 327
Der Laubfall — 328
Extra Der Kompost — 329
Praxis Tiere im und auf dem Boden fangen und bestimmen — 330
Müll kann vermieden werden — 332

Extra Umweltbewusst handeln — 333
Teste dich — 334
Zusammenfassung — 335

Technik ____ 336

Was ist Technik? ____ 338
Der Technikraum ____ 340
Holz ist ein vielseitiger Werkstoff ____ 342
Methode Einen Arbeitsplan aufstellen ____ 344
Technische Zeichnungen ____ 345
Die Stückliste ____ 346
Methode Messen und Anreißen ____ 347
Das Sägen ____ 348
Methode Arbeiten wie die Profis ____ 349
Das Bohren ____ 350
Das Bohren mit der Tischbohrmaschine ____ 351
Das Raspeln, das Feilen und das Schleifen ____ 352
Das Fügen ____ 354
Methode Bewerten ____ 356
Alles hat ein Ende? Der Produktkreislauf ____ 357
Die Fertigung und die Konstruktion ____ 358
Von der Idee zum Produkt ____ 359
Methode Ideen umsetzen – Skizzen erstellen ____ 360

Methode Funktion und Wirkungsweise beschreiben ____ 361
Methode Vergleichen und Auswählen ____ 362
Praxis Das Konstruieren ____ 363
Das Optimieren ____ 364
Verschiedene Antriebe ____ 365
Teste dich ____ 366
Zusammenfassung ____ 367

Zum Nachschlagen

Die Basiskonzepte — 368
Register — 370
Gefahrstoffhinweise — 375
Bildquellenverzeichnis — 376
Arbeitsaufträge richtig verstehen
— hintere Umschlag-Innenseite

Die im Inhaltsverzeichnis mit 🔖 gekennzeichneten Seiten dienen dem Erwerb von Medienkompetenz. Das Zeichen 🔖 findet sich außerdem auf vielen anderen Seiten im Buch – immer dort, wo es noch weitere Angebote zum Erwerb von Medienkompetenz gibt.

Die folgenden QR-Codes führen zu:

mamaba

einer Übersicht aller Videos und bewegten Bilder im Schulbuch.

Diese Übersicht gibt es auch hier:
https://www.cornelsen.de/codes/code/mamaba

qusefo

einer Übersicht aller Fachwörter-Listen im Schulbuch.

Diese Übersicht gibt es auch hier:
https://www.cornelsen.de/codes/code/qusefo

Biologie, Naturphänomene und Technik

1 Eine Ente schwimmt mit ihren Küken auf dem Wasser.

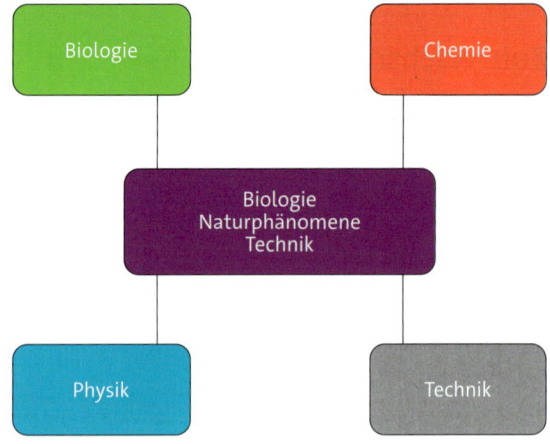

2 Die Fachgebiete von BNT

Herzlich willkommen! Sicher bist du neugierig, was dich in deinem neuen Fach „Biologie, Naturphänomene und Technik", kurz BNT, erwartet. Das erklären wir dir anhand von Bild 2.

Was sind Naturphänomene?
Eine Erscheinung, die ein Beobachter wahrnimmt, nennt man auch ein **Phänomen**. Erscheinungen, die in der Natur auftreten, nennt man daher **Naturphänomene**. Naturphänomene kommen bei Tieren, Pflanzen oder dem Menschen vor. Aber auch beim Wasser und beim Licht werden Naturphänomene beobachtet. Die Natur ist so umfangreich und vielfältig, dass sich im Laufe der Zeit mehrere eigenständige Fachgebiete herausgebildet haben, die die große Zahl der Naturphänomene erforschen. Dazu gehören zum Beispiel die **Biologie**, die **Chemie** und die **Physik**. Sie alle zählen zu den **Naturwissenschaften**.
Oft betrachten Biologie, Chemie und Physik ein und dasselbe Naturphänomen, aber aus verschiedenen Blickwinkeln. Das ist so, als würdest du denselben Gegenstand aus verschiedenen Richtungen betrachten. Die meisten Erscheinungen in der Natur können nur mithilfe mehrerer Fachgebiete richtig gedeutet und erklärt werden.
Die Naturwissenschaften helfen dir, die Welt um dich herum besser zu verstehen. Ohne die Naturwissenschaften gäbe es keine Technik, keine Medizin und nur wenige von den Lebensmitteln, die du täglich zu dir nimmst. Das Forschen an naturwissenschaftlichen Fragen ist also die Grundlage der modernen Welt.

Die Biologie
Wenn du wissen willst, wie sich die Enten fortpflanzen, dann ist das ein Thema aus dem Bereich der Biologie. Die Biologie beschäftigt sich mit dem Menschen, mit den Tieren und mit den Pflanzen. Die Biologie ist also die Lehre von den Lebewesen.

Die Chemie
Wenn du dich für die Qualität des Wassers im Ententeich interessierst, dann brauchst du chemisches Fachwissen. In der Chemie erforscht man Eigenschaften und Veränderungen von Stoffen.

Die Physik
Wenn du dich fragst, warum die Enten auf dem Wasser nicht untergehen, dann ist das ein Fall für die Physik. Die Physik versucht Regeln zu erkennen, die Vorgänge in der Natur erklären.

Die Technik
Die Technik beschäftigt sich nicht mit Vorgängen oder Erscheinungen in der Natur. Sie befasst sich mit Gegenständen, die von Menschen gemacht wurden.

> Das Fach Biologie, Naturphänomene und Technik enthält Inhalte aus den Fachgebieten Biologie, Chemie, Physik und Technik. Dabei beschäftigt sich die Biologie mit den Lebewesen, die Chemie schaut auf Eigenschaften und Veränderungen von Stoffen und die Physik versucht, Regeln für die Vorgänge in der Natur zu erkennen. Die Technik befasst sich mit Gegenständen, die Menschen hergestellt haben.

Die Arbeitsweisen

Wenn man naturwissenschaftliche Fragen beantworten will, dann kann man verschiedene Hilfsmittel und Arbeitsweisen nutzen. Sehr wichtig sind das Beobachten, das Experimentieren, das Vergleichen, das Ordnen und das Bestimmen.

Das Beobachten

In der Natur und im Alltag lässt sich sehr viel beobachten. Du kannst zum Beispiel beobachten, wie sich ein Vogel in der Luft bewegt, welche Farben ein Regenbogen hat oder dass Wasser Tropfen bildet. Beim **Beobachten** werden Eigenschaften, Merkmale oder Veränderungen erfasst. Zu einer Beobachtung gehören immer Fragen: Was will ich herausfinden? Was ist dafür wichtig? Hilfsmittel bei Beobachtungen können beispielsweise Lupen oder Ferngläser sein. Wenn das zu beobachtende Objekt sich nicht bewegt, dann spricht man auch von Betrachten.

Das Experimentieren

In den naturwissenschaftlichen Fächern ist das **Experimentieren** eine zentrale Arbeitsweise. Experimente führt man durch, um Fragen aus der Natur und dem Alltag zu klären. Zum Beispiel kannst du durch ein Experiment herausfinden, welche Materialien im Wasser schwimmen können. Ein wichtiger Punkt für das Experimentieren ist, dass das Experiment wiederholbar sein muss. Wenn du also ein Experiment zwei Wochen später unter denselben Bedingungen noch einmal durchführst, dann sollte es das gleiche Ergebnis liefern.

4 Pflanzen werden geordnet und bestimmt.

Das Vergleichen

Wenn man nach Ähnlichkeiten, Unterschieden und Gemeinsamkeiten sucht, dann bezeichnet man dies als **Vergleichen**. Man kann die Verhaltensweisen von Lebewesen wie Vögeln ebenso vergleichen wie die Löslichkeit verschiedener Stoffe in Wasser oder die Masse von Körpern.

Das Ordnen und Bestimmen

Rund um einen See oder am Bachufer wachsen viele verschiedene Pflanzen. Wenn Pflanzen ähnliche Merkmale, etwa ähnlich geformte Blätter oder Blüten, besitzen, dann kann man sie in Gruppen **ordnen**. Ordnungsmerkmale sind zum Beispiel ihr Bau oder der Lebensraum, in dem sie wachsen. Mithilfe von **Bestimmungsschlüsseln** findet man die Namen von Lebewesen heraus. Dies bezeichnet man als **Bestimmen**.

> Um naturwissenschaftliche Fragen beantworten zu können, werden unterschiedliche Arbeitsweisen und Hilfsmittel angewandt.

AUFGABEN

1 **Die Fachgebiete von BNT**
   - Erläutere Bild 2 in eigenen Worten.

2 **Wie Forscherinnen und Forscher arbeiten**
   a Nenne die im Text erwähnten naturwissenschaftlichen Arbeitsweisen.
   b Finde Beispiele dafür, dass du diese Arbeitsweisen angewandt hast. Berichte davon in deiner Klasse.

3 Mit einem Experiment kann man klären, welche Materialien im Wasser schwimmen.

Sicherheit im Fachraum

1 Ein typischer naturwissenschaftlicher Fachraum

2 Sicherheitseinrichtungen

Ein naturwissenschaftlicher Fachraum unterscheidet sich von anderen Schulräumen. Es gibt hier Anschlüsse für Wasser, Strom und Gas sowie zahlreiche Sicherheitseinrichtungen.

Die Sicherheitseinrichtungen

Den **Not-Aus-Schalter** findest du in naturwissenschaftlichen Fachräumen neben der Tür und am Lehrerpult. Mit einem Druck auf den Schalter werden alle Strom- und Gaszuleitungen direkt unterbrochen. Mit dem **Feuerlöscher**, dem **Löschsand** und der **Löschdecke** können Brände gelöscht werden. Die **Augendusche** wird verwendet, falls dir etwas ins Auge gelangt ist. Wenn du dich beim Experimentieren verletzt, dann kannst du Verbandsmaterial im **Erste-Hilfe-Kasten** finden. In dringenden Fällen wählen du oder die Lehrkraft die allgemeine Notrufnummer 112.

Richtiges Verhalten im Fachraum

Diese Regeln erleichtern die Zusammenarbeit und schützen vor Unfällen im Fachraum:
1. Betritt den Fachraum nur mit deiner Lehrkraft.
2. Laufe nicht herum und remple niemanden an.
3. Essen und Trinken sind im Fachraum nicht erlaubt!
4. Probiere niemals Chemikalien und atme sie auch nicht tief ein.
5. Berühre Geräte, Schalter und Chemikalien erst, wenn deine Lehrkraft dich dazu auffordert.
6. Gehe sorgfältig mit Materialien und Geräten um.
7. Melde dich, wenn du etwas Gefährliches bemerkst oder etwas Unerwartetes passiert.
8. Räume am Ende der Stunde deinen Arbeitsplatz auf.

Kennzeichnung von Chemikalien

Manche Chemikalien sind gefährlich. Die Behälter von solchen Chemikalien werden mit besonderen Symbolen versehen. Diese Symbole heißen **Gefahrenpiktogramme**. Die Gefahrenpiktogramme sind in der GHS-Verordnung festgelegt. GHS bedeutet *Globally Harmonised System*. Das bedeutet, dass diese Symbole weltweit gelten, damit alle Menschen sie kennen und es keine Missverständnisse gibt.

Eine Flamme weist zum Beispiel auf einen leicht entzündlichen Stoff hin. Die Kennzeichnung der Gefahrstoffe wird durch ein Signalwort – „Achtung" oder „Gefahr" – ergänzt.

3 Die Gefahrenpiktogramme der GHS-Verordnung

ZUR VORBEREITUNG

4 Wichtige Regeln beim Experimentieren

Umgang mit Elektrizität

Elektrischer Strom kann bei Menschen zu Verletzungen oder zum Tod führen. Beachte daher die folgenden Regeln beim Umgang mit Strom:
1. Experimentiere niemals mit Steckdosen.
2. Metalle leiten den elektrischen Strom. Berühre daher keine blanken Drähte, sondern verwende immer Leitungen mit Kunststoffmantel.
3. Wasser kann den elektrischen Strom leiten. Wenn du auf nassem Boden stehst, verwende keine elektrischen Geräte, besonders wenn eine Steckdose als Energiequelle dient.
4. Nutze elektrische Geräte wie ein Bügeleisen oder einen Toaster nur unter Aufsicht deiner Lehrkraft.
5. Beachte wichtige Warnschilder.
6. Führe zu Hause keine Experimente mit elektrischen Geräten ohne Aufsicht durch eine erwachsene und fachkundige Person durch.

> Im naturwissenschaftlichen Fachraum musst du dich an Verhaltensregeln halten und die Sicherheitseinrichtungen kennen. Melde sofort deiner Lehrkraft, wenn dir etwas unklar ist oder etwas Unerwartetes geschieht.

AUFGABEN

1 Sicherheitseinrichtungen im naturwissenschaftlichen Fachraum

a Schau dir deinen Fachraum an. Erstelle einen Grundriss des Raums. Trage in die Skizze ein, wo sich im Raum die Sicherheitseinrichtungen aus Bild 2 befinden.

b Erkläre, wozu man diese Sicherheitseinrichtungen braucht.

2 Sicheres Experimentieren

a Formuliere zu jeder Regel in Bild 4 mindestens einen Merksatz.

b Beschreibe eine Situation, in der es mit Elektrizität gefährlich werden kann.

ZUR VORBEREITUNG

Warum müssen wir messen?

1 Ein Problem im Treppenhaus

2 Wie groß ist der Schmied?

Im Möbelhaus sah das Sofa noch viel kleiner aus. Jetzt passt es nicht durchs Treppenhaus. Es wäre wohl besser gewesen, vorher zu messen.

Messen statt schätzen
Manchmal genügt es nicht, zu schätzen. Manchmal muss man **messen**, um sicher zu sein. Dafür gibt es viele Gründe:
- Unsere Sinne sind nicht genau genug: Ob das Sofa schmal genug ist, um durch die Tür zu passen, können wir nicht immer sicher sagen.
- Unsere Wahrnehmung lässt sich täuschen: Nach einer kalten Dusche fühlt sich das Wasser im Schwimmbad viel wärmer an als vorher.
- Wir empfinden bestimmte Dinge verschieden: Du findest die Mathematik-Stunde vielleicht interessant und sie vergeht schnell. Aber es gibt bestimmt Kinder in deiner Klasse, für die sie sich ewig lang anfühlt.

Allein mithilfe unserer Sinne können wir also häufig nicht sicher genug bestimmen, wie groß etwas ist, wie warm etwas ist oder wie lange etwas dauert. Und so ist es auch mit vielen anderen Empfindungen und Wahrnehmungen. Meist ist das nicht so schlimm. Aber manchmal muss man es genau wissen. Dann muss man messen.

> **Messen ist notwendig, wenn Schätzungen nicht genau genug sind.**

Menschen in der Wissenschaft messen ständig, denn sie wollen alles ganz genau wissen und verstehen. Sie müssen ihre Ergebnisse außerdem aufschreiben und sich darüber mit anderen austauschen können.

Messen ist vergleichen
Früher haben Menschen Längen oft mit ihren Körpern gemessen. Es hieß zum Beispiel: „Der Schmied ist 6 Fuß groß." Dabei haben sie die Größe des Schmieds mit der Länge ihres Fußes verglichen. Wir vergleichen auch heute noch, wenn wir messen. Wir vergleichen aber nicht mehr mit unseren Körperteilen, denn das führt zu Problemen: Für einen Menschen mit kleinen Füßen ist der Schmied vielleicht 6 Fuß groß, für einen Menschen mit großen Füßen aber nur 5 Fuß. Um das zu vermeiden, hat man sich zum Vergleichen auf Größen geeinigt, die immer und überall gleich sind. Diese Vergleichsgrößen nennt man **Einheiten**. Sie haben Namen wie Kilogramm, Meter oder Sekunde. Manchmal gibt es verschiedene Einheiten für das Gleiche: Gramm, Kilogramm und Tonne geben an, wie schwer etwas ist. Meter, Kilometer und Meilen sind Einheiten für Längen und Entfernungen.

Es sind also immer zwei Dinge nötig, wenn man das Ergebnis einer Messung angibt:
- eine Einheit, also die immer und überall gleiche Größe, mit der man vergleicht.
- ein Zahlenwert, der sagt, das Wievielfache der Einheit man gemessen hat.

Ein Beispiel: Kim wiegt 40 kg. Dabei ist kg eine Abkürzung für die Einheit Kilogramm. Die Zahl 40 ist der Zahlenwert und steht für das Vielfache dieser Einheit.

> **Messwerte werden immer als Zahlenwert mit einer Einheit angegeben. Dabei steht die Einheit für den Vergleichswert und der Zahlenwert für das Vielfache der Einheit.**

METHODE   Messen

1 Ben, Elias und Aylin beim Sportfest

Egal ob du Längen, Zeiten, Temperaturen oder etwas anderes misst: Bestimmte Schritte sind immer gleich oder ähnlich.

1 Entscheiden, was gemessen werden soll
Zuerst legst du fest, was du messen willst und worauf du dabei achten musst.

*Aylin und Elias helfen beim Sportfest.
Aylin soll die Zeiten beim 50-m-Lauf messen. Das bedeutet: Sie muss die Zeitspanne zwischen dem Startsignal und dem Moment messen, in dem „ihr" Läufer oder „ihre" Läuferin die Ziellinie überquert.
Elias soll messen, wie weit die anderen Kinder in seiner Klasse springen. Dazu muss er von der Kante des Sprungbalkens bis zum Beginn des Landeabdrucks in der Sprunggrube messen.*

2 Eine Einheit festlegen
Wähle eine Einheit, bei der die Zahlen der Messwerte nicht zu groß und nicht zu klein werden. Wenn du deine Messwerte mit den Messwerten anderer vergleichen willst, solltet ihr dieselbe Einheit wählen.

*Aylin überlegt kurz, ob sie die Messwerte in Minuten angeben soll. Aber der Sprint dauert viel weniger als eine Minute. Also entscheidet sie sich für Sekunden (abgekürzt: s).
Elias ist unsicher, ob er in Metern (abgekürzt: m) oder Zentimetern (abgekürzt: cm) messen soll. In den Punktelisten des Sportfests sind die Sprungweiten aber in Metern angegeben, also misst er auch in Metern.*

3 Messgeräte auswählen
Wähle ein Messgerät,
– das du gut bedienen kannst,
– das genau genug misst,
– das die passende Einheit anzeigt und
– das beim Messen nicht kaputtgeht. Das kann zum Beispiel passieren, wenn du das falsche Thermometer oder den falschen Federkraftmesser wählst oder ein Elektrizitätsmessgerät falsch einstellst.

*Aylin will mit ihrem Smartphone messen. Aber das Display reagiert nicht immer. Also leiht sie sich die Stoppuhr des Sportlehrers.
Am Rand der Sprunggrube sind alle 10 Zentimeter Markierungen angebracht, aber das ist zu ungenau. Also sucht Elias ein Maßband mit Metern und Zentimetern. Da die Besten in seiner Klasse fast 4 Meter weit springen, muss das Maßband mindestens 4 Meter lang sein.*

4 Messgeräte vorbereiten
Manche Messgeräte müssen vorbereitet werden. Elektrische Messgeräte müssen häufig erst eingeschaltet werden. Manchmal muss man die Einheit auswählen oder das Messgerät zunächst auf null stellen. Manchmal braucht man auch eine zweite Person oder ein Hilfsmittel.

*Aylin drückt auf die Taste der Stoppuhr. Das stellt die Stoppuhr auf null. Sie ist jetzt bereit.
Elias muss nichts vorbereiten. Aber er bittet Ben, ihm zu helfen.*

5 Messung durchführen und Messwert ablesen
Miss möglichst sorgfältig. Achte darauf, dass du genau das misst, was du messen willst. Gehe dabei pfleglich mit dem Messgerät um.

*Aylin soll die Zeit von Leonie stoppen und konzentriert sich. Sie drückt exakt beim Startsignal auf den Knopf der Stoppuhr und dann noch mal, als Leonie die Ziellinie überquert. Sie liest ab, dass Leonie 9,0 s für den 50-m-Lauf gebraucht hat.
Nach Janniks Sprung, hält Ben das Ende des Maßbands exakt an die Kante des Sprungbalkens. Elias rollt das Maßband bis zu der Stelle aus, wo Janniks Abdruck beginnt, und liest ab: 3,51 m.*

ZUR VORBEREITUNG

METHODE   Experimente planen, durchführen, protokollieren

Naturwissenschaftlerinnen und Naturwissenschaftler wollen die Natur verstehen. Dabei gehen sie immer gleich vor: Sie beobachten, stellen Fragen und versuchen, Antworten zu finden. Das nennt man den **naturwissenschaftlichen Erkenntnisweg** (Bild 1).

1 Beobachten
Beobachtungen sind alles, was dir auffällt. Das können Objekte oder Vorgänge sein, die du siehst. Aber auch alles, was du hörst, riechst, fühlst oder misst, sind Beobachtungen.

Carlotta hat Kressesamen ausgesät. Sie beobachtet, dass aus manchen Samen Pflanzen wachsen, aus anderen Samen nicht.

2 Eine Frage stellen
Beginne nun mit dem Erstellen eines Protokolls. Notiere deinen Namen und auch das Datum. Formuliere dann die Frage, auf die du eine Antwort finden willst. Notiere diese Frage als Überschrift in deinem Protokoll.

Carlotta fragt sich: „Was brauchen Kressesamen, damit daraus Pflanzen wachsen?"

3 Eine Vermutung aufstellen
Überlege, wie die Antwort auf deine Frage lauten könnte. Formuliere deine Vermutung und notiere sie in deinem Protokoll.

Carlotta vermutet: „Kressesamen brauchen Wasser, damit daraus Pflanzen wachsen."

4 Ein Experiment planen
Plane ein Experiment, mit dem du deine Vermutung überprüfen kannst. Beachte, dass bei einem Experiment immer nur eine Bedingung verändert wird, alle anderen bleiben gleich. Erstelle eine Anleitung für dein Experiment. Beschreibe darin genau, wie du vorgehen willst. Notiere im Protokoll, welche Materialien du brauchst und wie das Experiment durchgeführt wird. Du kannst auch eine Skizze anfertigen.

Carlotta will je 15 Kressesamen auf feuchte Erde und auf trockene Erde streuen. Nach drei Tagen will sie die Samen zählen, aus denen Pflanzen gewachsen sind. Carlotta schreibt die Materialien in ihr Protokoll: zwei Schalen, trockene Erde, Wasser, Kressesamen. Sie schreibt auch auf, wie sie das Experiment durchführen wird.

5 Das Experiment durchführen
Besorge alle nötigen Materialien. Führe dann das Experiment nach deiner Anleitung durch. Arbeite sorgfältig und sauber.

Carlotta stellt zwei kleine Schalen, Erde, Wasser und Kressesamen bereit. Sie streut in beide Schalen etwas Erde. Dann gibt sie etwas Wasser auf die Erde in einer Schale, die Erde in der anderen Schale bleibt trocken. Nun streut Carlotta je 15 Kressesamen in jede Schale.

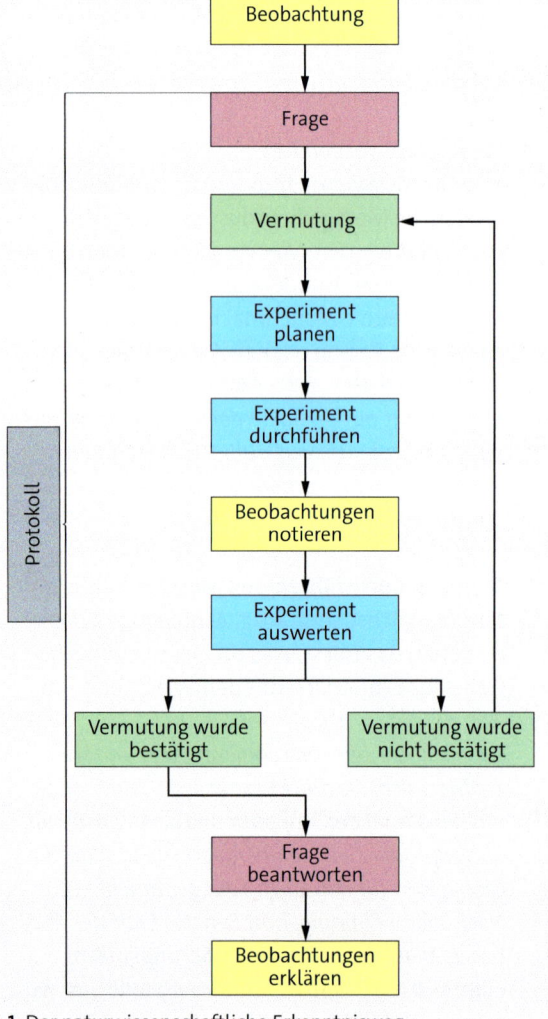

1 Der naturwissenschaftliche Erkenntnisweg

nach 3 Tagen:

2 Carlottas Experiment

6 Die Beobachtungen notieren
Notiere deine Beobachtungen im Protokoll. Du kannst auch Tabellen, Diagramme, Zeichnungen, Fotos oder Videos erstellen.

Nach drei Tagen zählt Carlotta die Samen, aus denen Pflanzen gewachsen sind. Carlotta notiert die beiden Zahlen in einer Tabelle in ihrem Protokoll (Bild 3).

7 Das Experiment auswerten
Entscheide, ob deine Beobachtungen deine Vermutung bestätigen oder nicht. Wenn deine Vermutung bestätigt wird, dann ist sie wahrscheinlich richtig. Wenn deine Vermutung nicht bestätigt wird, dann überlege, warum: Vielleicht war das Experiment nicht geeignet, um die passenden Beobachtungen zu erhalten? Oder hast du bei der Durchführung einen Fehler gemacht? Notiere auch deine Fehler im Protokoll. Passe dann die Planung deines Experiments an und führe es erneut durch. Oder formuliere eine neue Vermutung und führe weitere Experimente durch, um deine Frage beantworten zu können. Notiere deine Auswertung im Protokoll.

3 Carlottas Protokoll

In der Schale mit Wasser sind Pflanzen gewachsen. In der Schale ohne Wasser sind keine Pflanzen gewachsen. Diese Beobachtung bestätigt Carlottas Vermutung. Sie bemerkt, dass aus zwei Samen auf der feuchten Erde keine Pflanzen gewachsen sind. Diese Samen liegen am Rand der Schale, wahrscheinlich haben sie nicht genug Wasser bekommen. Carlotta notiert auch diese Beobachtung im Protokoll.

8 Die Frage beantworten
Wenn deine Vermutung bestätigt wurde, dann kannst du deine Frage beantworten.

Carlotta beantwortet die Frage: „Kressesamen brauchen Wasser, damit Pflanzen wachsen."

AUFGABEN

1 Der naturwissenschaftliche Erkenntnisweg
  Nenne die Schritte des naturwissenschaftlichen Erkenntniswegs.

2 Das Protokoll
  Beschreibe die Informationen, die in einem Protokoll stehen müssen.

ZUR VORBEREITUNG

METHODE Fachwörter lernen

1 Astrid liest im Buch Fachwörter, die sie noch nicht kennt.

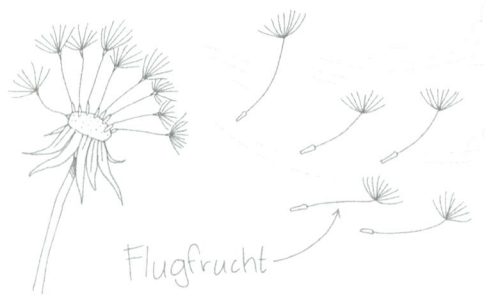

2 Astrids Skizze zur Flugfrucht

In den Naturwissenschaften gibt es viele Wörter, die du vielleicht noch nie gehört hast. Du brauchst sie, um Vorgänge in der Natur, Körperteile oder Teile von Pflanzen genau zu beschreiben. Manchmal musst du diese Fachwörter wie Englisch-Vokabeln lernen. Andere Wörter kennst du schon, aber sie haben in der Fachsprache eine andere Bedeutung. Auch diese Wörter solltest du dir merken.
Du kannst Fachwörter lernen, indem du sie auflistest, ihre Bedeutung notierst und sie dann übst. Dabei kannst du so vorgehen:

1 **Neue Fachwörter auflisten**
Schreibe die neuen Wörter untereinander in eine Liste. Wenn du Schwierigkeiten mit den Artikeln der/die/das hast, dann schreib sie mit auf.

Astrid will einige Wörter lernen, die sie vorher noch nicht kannte. Sie listet auf:
die Flugfrucht, die Winterruhe, der Frühblüher, das Heimtier, das Laichgewässer, der Allesfresser, die Sprossachse, wechselwarm.

2 **Bedeutungen verstehen und notieren**
Wo und wie werden die Fachwörter verwendet? Was bedeuten sie? Notiere zu jedem Fachwort seine Bedeutung. Du findest sie entweder direkt im Text oder du formulierst sie selbst. Wichtig: Schreibe die Bedeutung so auf, dass du sie verstehst und dir merken kannst. Manchmal kannst du dir etwas besser merken, wenn du dir eine Skizze dazu machst. Auch Beispiele können hilfreich sein.

Tipp: Manche Wörter sind aus anderen Wörtern zusammengesetzt. Überlege dir zunächst, was die einzelnen Wörter bedeuten. Das hilft beim Verstehen.

Astrid will das Wort „Flugfrucht" lernen. Sie überlegt, aus welchen Wörtern das Wort Lageenergie zusammengesetzt ist:
– *Das Wort „Flug" kommt vom Verb „fliegen". Es steht also für die Fortbewegung in der Luft.*
– *Für „Frucht" findet sie eine Beschreibung im Buch, die sie versteht: „Die Frucht: Die Frucht einer Pflanze besteht aus den Samen und der Hülle um die Samen."*
Astrid notiert: „Die Flugfrucht: Eine Frucht, die in der Luft an andere Orte bewegt wird."

3 **Eine Lernmethode auswählen**
Zum Üben von Fachwörtern gibt es viele Methoden. Du kannst dir zum Beispiel eine Lernkartei erstellen. Auf die Vorderseite jeder Karte schreibst du das Fachwort, auf die Rückseite seine Bedeutung. Auch mit einem Quiz kannst du Fachwörter prima üben.
Tipp: In App-Stores oder im Internet gibt es kostenfreie Apps zum Erstellen von digitalen Lernkarteien und Ratespielen. Je nach App kannst du schwierige Wörter markieren und getrennt lernen.

Astrid hat sich eine passende App heruntergeladen. Nach dem Herunterladen gibt sie die neuen Wörter und ihre Bedeutungen ein. Ihre App gefällt Astrid besonders gut, weil sie sich an ihren Lernfortschritt anpasst. Wenn

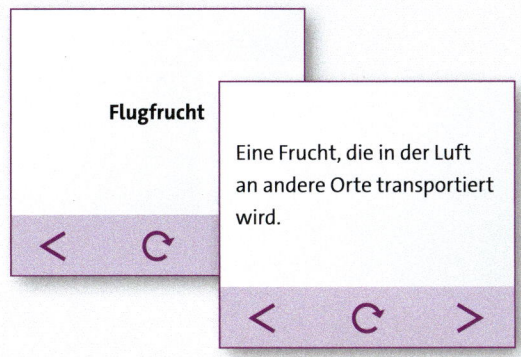

3 Fachwort und Astrids Erklärung in ihrer App

Astrid eine Bedeutung oder ein Wort nicht weiß, dann wird dieses schwierige Wort danach häufiger abgefragt. Außerdem hat die App einen Quiz-Modus, der ihr Spaß macht.

4 Die Fachwörter üben
Übe jetzt die Fachwörter, indem du dich selbst oder einen Partner abfragst. Bei einer Lernkartei schaust du dir dazu das Fachwort auf der Vorderseite der Karte an. Dann sagst oder denkst du dir seine Bedeutung und vergleichst deine Antwort anschließend mit der Erklärung auf der Rückseite der Karte. Wiederhole zum Schluss die Wörter, die du beim ersten Durchgang nicht richtig wusstest.

Astrid übt die neuen Fachwörter mit der App. Sobald sie sich auch bei den schwierigen Wörtern sicher fühlt, schickt sie ihrer Freundin Christina die Einladung zu einem Quiz.

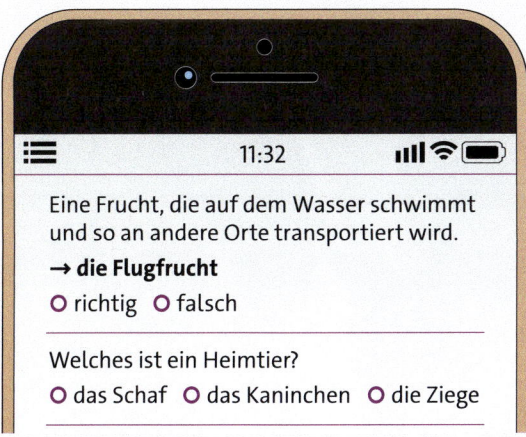

4 Beispiele für Quizfragen

AUFGABEN

1 Fachwörter lernen
a Liste 10 Fachwörter aus diesem Buch auf.
b Notiere zu jedem Fachwort einen Satz in eigenen Worten, der das Fachwort erläutert.
c Ergänze zu jedem Wort entweder ein Beispiel oder eine Skizze.

2 Fachwörter zerlegen – Bedeutungen erkennen
a Zerlege die Wörter aus Bild 1 in ihre Bestandteile.
b Versuche, die Wörter zu erläutern, indem du zuerst ihre Bestandteile erläuterst.
c Vergleiche deine Antworten mit Einträgen in einem Lexikon oder einer Fachwörter-Liste.

3 Verschiedene Lernmethoden
Du kannst mit Karteikarten lernen, mit Vokabel-Apps, Quiz-Apps – und vielleicht fallen dir noch mehr Möglichkeiten ein.
a Bildet Gruppen. Jede Gruppe sucht sich eine Lernmethode oder App aus und testet sie.
b Jede Gruppe stellt ihre Methode mit Vor- und Nachteilen der ganzen Klasse vor.

4 Ein Quiz erstellen
 Stellt fest, welche Wörter aus dem Nawi-Unterricht ihr besonders schwierig findet. Erstellt ein Quiz zu diesen Fachwörtern.

5 Welche Gruppe gewinnt?

Haustiere und Nutztiere

In diesem Kapitel erfährst du, ...
... welche Merkmale Lebewesen besitzen.
... welche Lebensweise Haustiere und Nutztiere haben.
... welchen Körperbau Säugetiere, die als Haustiere und Nutztiere gehalten werden, haben.
... wie Menschen Nutztiere halten.

Merkmale der Lebewesen

1 Ein Pfeilgiftfrosch

3 Ein Goldhamster

Schau dir den Frosch in Bild 1 an. Pfeilgiftfrösche gibt es in allen Farben. Was meinst du: Ist er lebendig? Handelt es sich um ein Plastiktier? Wie könntest du herausfinden, ob der Frosch lebt?

Lebewesen bewegen sich
Eine Antilope flieht vor einem Löwen. Mit schnellen Sprüngen kann sie entkommen. Die Antilope bewegt sich mithilfe ihrer Muskeln. Auch Pflanzen bewegen sich: Eine Fliege setzt sich auf eine Venusfliegenfalle. Plötzlich klappt die Falle zu (Bild 2). Alle Lebewesen können sich ohne fremde Hilfe bewegen. Die **Bewegung** ist ein Merkmal der Lebewesen.

Lebewesen haben einen Stoffwechsel
Im Frühling sät ein Landwirt die Samen von Getreidepflanzen aus. Aus den Samen wachsen Getreidepflanzen. Die Getreidepflanzen haben aus der Luft und aus dem Boden Stoffe aufgenommen und umgewandelt. Die umgewandelten Stoffe nutzen die Pflanzen, um zu wachsen. Die Pflanzen geben auch ständig Stoffe in die Luft ab.

Ähnliches kann man bei einem Goldhamster beobachten. Er nimmt Nahrung auf (Bild 3). Die Stoffe in der Nahrung werden im Körper des Goldhamsters in andere Stoffe umgewandelt. Diese Stoffe nutzt der Goldhamster zum Beispiel, um zu wachsen. Stoffe, die er nicht nutzen kann, scheidet er aus. Alle Lebewesen nehmen Stoffe auf, wandeln sie um und scheiden Stoffe aus. Das Fachwort für die Umwandlung von Stoffen durch Lebewesen heißt **Stoffwechsel**. Der Stoffwechsel ist ein Merkmal der Lebewesen.

Lebewesen können Reize wahrnehmen
Ein Hund läuft mit der Nase am Boden durch den Garten und bellt in ein Gebüsch. Er hat einen Igel entdeckt. Tiere haben Organe, mit denen sie Informationen aus der Umwelt aufnehmen. Solche Informationen aus der Umwelt heißen **Reize**. Man sagt deshalb auch: Tiere sind reizbar. Dadurch finden sie sich in ihrer Umwelt zurecht. Pflanzen sind auch reizbar. Berührt man eine Mimose mit dem Finger, klappen ihre Blätter zusammen (Bild 4). Die **Reizbarkeit** ist ein Merkmal der Lebewesen.

2 Eine Fliege in der Venusfliegenfalle

4 Die Blätter der Mimose reagieren auf Berührung.

5 Lebewesen wachsen und verändern sich dabei – sie entwickeln sich: Ente (A–C), Eiche (D–F).

Lebewesen wachsen und entwickeln sich

Die Jungtiere der Enten heißen Küken. Sie sehen anders aus als ihre Mutter. Sie wachsen und entwickeln sich in einigen Monaten zu ausgewachsenen Enten (Bild 5). Lebewesen verändern sich, während sie wachsen. Diese Veränderung nennt man **Entwicklung**. Eine Eichel ist der Samen einer Eiche. Wenn die Eichel auskeimt, dann wächst daraus eine zarte junge Eiche. Die junge Eiche wächst und entwickelt sich zu einem großen Baum (Bild 5). Das **Wachstum** und die Entwicklung sind weitere Merkmale der Lebewesen.
Für alle Lebewesen gilt, dass sie eine begrenzte Lebensdauer haben und schließlich sterben.

Lebewesen pflanzen sich fort

Anfang Mai fliegen die Fallschirme der „Pusteblume" über eine Wiese. Das sind die Früchte des Löwenzahns. Aus ihren Samen können sich neue Pflanzen entwickeln. Auch die Kuh auf der gleichen Wiese hat Nachwuchs bekommen. Das Kalb trinkt an ihrem Euter. Lebewesen bringen Nachkommen hervor. Man sagt: Sie pflanzen sich fort. Die **Fortpflanzung** ist ein Merkmal der Lebewesen.

> Die Merkmale der Lebewesen sind: Bewegung, Stoffwechsel, Reizbarkeit, Wachstum und Entwicklung und Fortpflanzung. Jedes Lebewesen zeigt alle diese Merkmale.

AUFGABEN

1 Merkmale der Lebewesen
a Nenne die Merkmale der Lebewesen.
b Nenne fünf verschiedene Lebewesen, die du heute schon gesehen hast.
c Die folgenden Aussagen sind falsch. Lies die Aussagen und begründe für jede Aussage, warum sie falsch ist.
1. Eine Pflanze ist kein Lebewesen, weil sie sich nicht bewegen kann.
2. Eine Wolke ist ein Lebewesen, weil sie sich bewegt, weil sie wachsen kann und weil der Regen der Stoffwechsel ist.
3. Ein Androide ist ein Roboter, der aussieht wie ein Mensch. Er bewegt sich und reagiert auf Fragen und Befehle, genau wie ein Mensch es tun würde. Also muss der Androide ein Lebewesen sein.

2 Merkmale der Lebewesen beim Menschen
 Erläutere die Merkmale der Lebewesen beim Menschen anhand von Beispielen. Fertige dazu eine Tabelle an.

3 Die Pflanzen sind auch Lebewesen.
 In einem Garten wachsen jedes Jahr im Frühling Schneeglöckchen. Beschreibe, welche Merkmale der Lebewesen du daran entdecken kannst.

PRAXIS Ist das ein Lebewesen?

A Ist die Kresse ein Lebewesen?

1 Ein Topf mit Kressepflanzen

Material:
Petrischale oder kleine Schale als Keimgefäß, Kressesamen, Watte, Wasser

Durchführung:
– Bedecke den Boden des Keimgefäßes mit Watte und befeuchte sie. Lege dann die Kressesamen darauf. Stelle das Gefäß an einen warmen, hellen Ort. Befeuchte die Watte regelmäßig.
– Beobachte die Kressesamen täglich zur gleichen Zeit. Notiere deine Beobachtungen in einer Tabelle in deinem Heft:

Datum	Beobachtung
…	…
…	…
…	…

2 Muster für eine Tabelle

Auswertung:
1 ▣ Beschreibe, wie du herausfinden kannst, ob es sich bei Kresse um ein Lebewesen handelt. Mache verschiedene Vorschläge. Die Auswertung der Beobachtungen kann dir dabei helfen.
2 ▣ Bildet Dreierteams in der Klasse. Einigt euch auf einen Vorschlag aus Aufgabe 1 und führt ihn durch. Beantwortet dann die Frage, ob Kresse ein Lebewesen ist.

B Sind Wasserperlen Lebewesen?

3 Wasserperlen in einem Glas

Material:
Becherglas, Wasser, Wasserperlen

Durchführung:
– Gib 10 Wasserperlen in das Becherglas.
– Fülle das Becherglas bis 2 Zentimeter unter den Rand mit Wasser.
– Schau viermal alle 15 Minuten das Becherglas mit den Wasserperlen an. Notiere deine Beobachtungen in einer Tabelle in deinem Heft:

Uhrzeit	Beobachtung
…	…
…	…
…	…

4 Muster für eine Tabelle

Achtung!
Die Wasserperlen dürfen nicht gegessen werden. Wirf die Wasserperlen nach dem Experiment in den Hausmüll.

Auswertung:
1 ▣ Beschreibe deine Beobachtungen.
2 ▣ Ordne deine Beobachtungen einem passenden Kennzeichen von Lebewesen zu.
3 ▣ Entscheide, ob es sich bei den Wasserperlen um Lebewesen handelt.
4 ▣ Begründe deine Entscheidung.

AUFGABEN Merkmale der Lebewesen

1 Beobachtungen bei der Hundeerziehung

1 Ein Hund bei einer Hundeerziehung

Ein Hund erhält den Befehl „Sitz". Sobald er sich hinsetzt, erhält er als Belohnung ein Leckerli.

a ▣ Nenne alle Merkmale der Lebewesen, die an diesem Beispiel zu erkennen sind.
b ▣ Neben Wachstum und Entwicklung gibt es ein weiteres Merkmal, das in dieser Situation nicht zu erkennen ist. Notiere es.
c ▣ Ein Hund wächst und entwickelt sich. Beschreibe, wie Forschende vorgehen können, um dies zu beweisen.

2 Künstliche Körperteile: Prothesen

Alina hat ihren rechten Unterarm und ihre rechte Hand bei einem Unfall verloren. Jetzt trägt sie einen künstlichen Ersatz für die beiden Körperteile. So einen künstlichen Ersatz für Körperteile nennt man **Prothese**. Mit der Prothese kann Alina sogar wieder schreiben.

2 Alinas Prothese

a ▣ Nenne das Merkmal der Lebewesen, das die Prothese erfüllen kann.
b ▣ Nenne die Merkmale der Lebewesen, die eine Prothese nicht zeigt.

3 Ein Auto ist kein Lebewesen

Layla und Max haben geprüft, ob für ein Auto die Merkmale der Lebewesen zutreffen. Ihre Ergebnisse sind in der Tabelle zu sehen.

Merkmale der Lebewesen	Laylas Antwort	Antwort von Max
Eigenbewegung	nein	nein
Reizbarkeit	ja	nein
Stoffwechsel	ja	ja
Fortpflanzung	nein	nein
Wachstum und Entwicklung	ja	nein
Ist es ein Lebewesen?	nein	nein

3 Ergebnisse von Layla und Max

a ▣ Layla und Max haben sich bei Eigenbewegung für „Nein" und bei Stoffwechsel für „Ja" entschieden. Nenne jeweils den Grund für ihre Entscheidung.
b ▣ Bei einigen Merkmalen hat Layla eine andere Meinung als Max. Stelle diese jeweils in ganzen Sätzen dar. Ein Beispielsatz könnte sein: „Layla ist der Ansicht, Autos zeigen Wachstum und Entwicklung, weil …" Füge jeweils an, ob du die Meinung teilst und warum.
c ▣ Beide sind sich einig, dass ein Auto kein Lebewesen ist. Erkläre ihre Entscheidung.

4 Überlegungen von Layla und Max zu den Merkmalen der Lebewesen

Der Hund

1 Die Hündin Bella beim Spaziergang

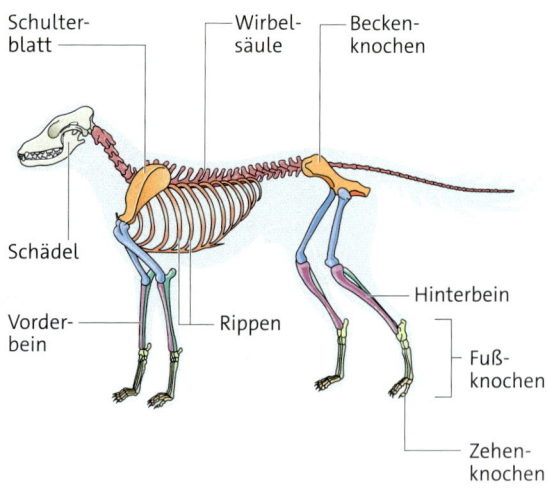

3 Das Skelett eines Hundes

Bella ist eine Hündin. Die Familie, bei der sie lebt, liebt sie sehr. Hunde sind beliebte Haustiere. Sie stammen von Wölfen ab und haben immer noch viel mit ihnen gemeinsam.

Die Verständigung der Hunde

Hunde können sich durch ihre Körpersprache verständigen (Bild 2). Dazu gehören die Stellung und die Bewegungen des Körpers und des Kopfes, die Stellung der Ohren und der Rückenhaare sowie die Haltung des Schwanzes. Mit ihren Augenbrauen, Mundwinkeln und Zähnen können Hunde verschiedene Gesichtsausdrücke machen. Hunde verständigen sich manchmal auch über Geräusche wie Knurren oder Bellen.

Der Körperbau der Hunde

Die Haut der Hunde ist mit Fell bedeckt. Im Körper haben sie ein Gerüst aus Knochen. Man nennt alle Knochen zusammen das **Skelett** (Bild 3). Die zentrale Stütze dieses Skeletts besteht aus übereinanderliegenden Knochen, den **Wirbeln**. Die Anordnung der Wirbel kann man mit einer Säule vergleichen, die ein Dach stützt. Man nennt die zentrale Stütze im Skelett daher **Wirbelsäule**. Hunde treten nur mit ihren Zehen auf. Solche Tiere heißen **Zehengänger**. Jede Pfote hat vier Krallen, die die Hunde nicht einziehen können (Bild 4). Die Krallen verhindern auf weichem Untergrund, dass die Hunde rutschen. Die Ballen federn Stöße beim Laufen ab. Der Fellrand wärmt und verhindert das Rutschen auf glattem Untergrund.

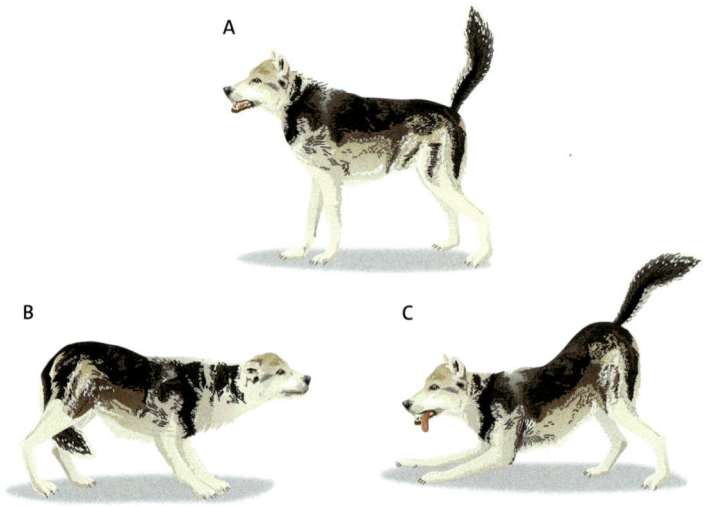

2 Die Körpersprache bei Hunden: aggressiv (A), ängstlich (B), freundlich (C)

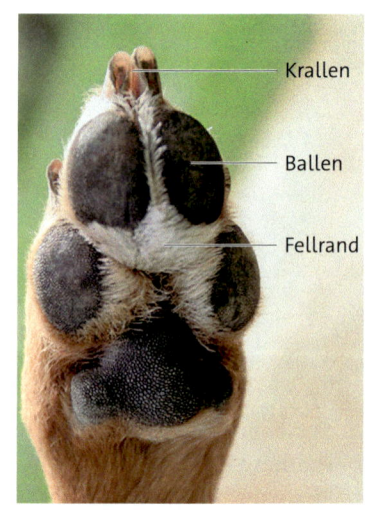

4 Eine Hundepfote

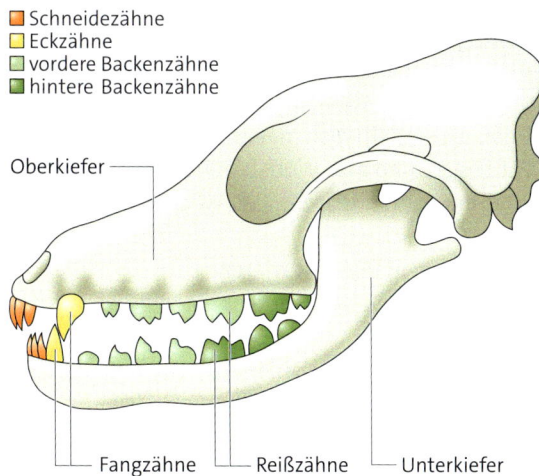

- Schneidezähne
- Eckzähne
- vordere Backenzähne
- hintere Backenzähne

Oberkiefer — Fangzähne — Reißzähne — Unterkiefer

5 Das Gebiss eines Hundes

Das Gebiss der Hunde

Hunde haben Zähne, mit denen sie Fleisch gut festhalten und zerkleinern können. Ein Gebiss mit solchen Zähnen nennt man **Fleischfressergebiss**. Die langen, spitzen Eckzähne im Fleischfressergebiss heißen **Fangzähne** (Bild 5). Mit den Fangzähnen ergreifen Hunde ihre Beute und halten sie fest. Die Backenzähne sind breit und kräftig. Die dritten Zähne von hinten sind besonders breit und kräftig. Diese Zähne heißen **Reißzähne**. Wenn Hunde zubeißen, dann können sie mithilfe der kräftigen Reißzähne sogar Knochen zerbrechen. Mit den übrigen Backenzähnen und mit den Schneidezähnen schaben Hunde Fleischstücke von Knochen ab.

Hunde und ihre Sinne

Hunde haben einen sehr guten Geruchssinn. Sie nehmen Gerüche aus ihrer Umwelt mit der Nase auf. Dazu atmen sie sehr schnell ein und aus. Das nennt man **schnüffeln**. So können sie andere Tiere und auch Menschen über große Entfernungen wahrnehmen.

Hunde können hervorragend riechen. Sie haben zudem einen sehr guten Gehörsinn. Sie hören zum Beispiel auch sehr hohe Töne, die der Mensch nicht mehr wahrnehmen kann.

Hunde sehen die Farben Rot und Grün nur sehr schwach. Hunde können zum Beispiel einen roten Ball auf einer Wiese schlecht sehen. Sie können nur zwischen Blau und Gelb unterscheiden. Deshalb orientieren sie sich stärker an der Helligkeit und der Bewegung von Objekten.

Die Fortpflanzung der Hunde

Zweimal im Jahr kann eine Hündin zur Paarung mit einem männlichen Hund, dem **Rüden**, bereit sein. Diesen Zustand nennt man **läufig**. Bei der Paarung können Jungtiere gezeugt werden. Dann ist die Hündin schwanger. Nach etwa zwei Monaten werden drei bis zwölf Jungtiere geboren. Sie heißen **Welpen**. Ihre Augen und Ohren sind in den ersten Tagen nach der Geburt noch geschlossen. Sie schlafen viel und saugen an den Zitzen der Hündin, um Muttermilch zu trinken.

> Hunde verständigen sich durch Körpersprache und Geräusche. Ihre Haut ist mit Fell bedeckt. Hunde besitzen ein Skelett aus Knochen mit einer Wirbelsäule. Sie sind Zehengänger und haben ein Fleischfressergebiss. Hunde können gut riechen und hören. Die Jungtiere der Hunde heißen Welpen. Hunde säugen ihre Jungtiere mit Muttermilch.

AUFGABEN

1 Die Körpersprache der Hunde
a Nenne Formen der Körpersprache, mit denen ein Hund sich verständigt.
b Beschreibe, wie der Hund in Bild 2 zeigt, dass er ängstlich, aggressiv oder freundlich ist.

2 Der Körperbau der Hunde
a Beschreibe, was Zehengänger sind.
b Beschreibe den Bau einer Hundepfote.

3 Das Gebiss der Hunde
Erstelle eine Tabelle, in der du die Zähne in einem Fleischfressergebiss und ihre Aufgaben nebeneinander darstellst.

4 Hunde und ihre Sinne
Manche Hunde werden als Jagdhunde eingesetzt. Nenne die Sinne, die den Hunden beim Jagen helfen.

5 Die Fortpflanzung der Hunde
a Beschreibe, was mit dem Fachwort läufig gemeint ist.
b Beschreibe, wie die Welpen nach der Geburt ernährt werden.

Vom Wolf zum Haushund

1 Ein Rudel Wölfe

In alten Märchen wird der Wolf oft als böse dargestellt. Über Jahrhunderte bestimmte die Angst das Verhältnis von Mensch und Wolf. Deshalb wurde der Wolf rücksichtslos gejagt. Aber gibt es ihn wirklich, den „bösen Wolf"?

Wölfe leben im Rudel
Wölfe leben in festen Gruppen zusammen. Diese Gruppen werden als **Rudel** bezeichnet. Ein Wolfsrudel besteht aus den beiden Elterntieren und den Jungtieren der letzten beiden Jahre. Die Elterntiere führen das Rudel an. Gegen Ende des Winters ist die Wölfin bereit zur Paarung. Im Frühling werden vier bis sechs Welpen geboren. Das Rudel umsorgt die Welpen und zieht sie auf. Im Alter von 10 bis 22 Monaten sind die jungen Wölfe geschlechtsreif. Das heißt, sie können Jungtiere zeugen. Dann verlassen sie ihr Rudel und leben allein, bis sie selbst ein neues Rudel gründen. Wolfsrudel sind also Wolfsfamilien, deren Zusammensetzung jedes Jahr wechselt.

Wölfe leben in festen Revieren
Jedes Wolfsrudel beansprucht ein begrenztes Gebiet, das **Revier**. Es wird gegen andere Wölfe verteidigt. Die Rudelmitglieder markieren die Reviergrenzen mit Körperausscheidungen wie Urin und Kot. Die Größe eines Reviers hängt vor allem davon ab, wie viel Nahrung die Wölfe dort finden. Wenn es viele Beutetiere gibt, dann reichen 150 Quadratkilometer aus. Wenn die Wölfe nur wenig Nahrung finden, dann kann ein Revier über 2 000 Quadratkilometer groß sein. Das Rudel wandert ständig auf der Suche nach Nahrung durch das gesamte Revier.

Wölfe sind Hetzjäger
In Mitteleuropa jagen Wölfe vor allem Rehe, Hirsche und Wildschweine, aber auch Haustiere wie Schafe. Mithilfe ihres sehr guten Geruchs- und Gehörsinns spüren die Wölfe Beutetiere auf. Wenn die Beutetiere flüchten, dann verfolgen mehrere Wölfe die Beutetiere. Man sagt: die Wölfe hetzen die Beutetiere. Diese Form des Jagens bezeichnet man als **Hetzjagd**. Raubtiere, die ihre Beutetiere hetzen, werden **Hetzjäger** genannt. Kranke, schwache oder junge Beutetiere ermüden oft zuerst. Die Wölfe ergreifen die müden Beutetiere mit ihrem starken Gebiss und töten sie.

Wölfe in Deutschland
Früher waren Wölfe in Europa weit verbreitet. Sie wurden jedoch gejagt und fast überall ausgerottet. Wölfe, die nach Deutschland einwanderten, wurden getötet. Seit 1995 verbietet ein Gesetz das Jagen und Töten von Wölfen. Seitdem haben sich in mehreren Bundesländern wieder Wolfsrudel angesiedelt. Wölfe sind scheue Tiere. Sie flüchten vor Menschen. Den „bösen Wolf" gibt es also nur im Märchen.

Vom Wildtier zum Haustier
Vor mehr als 15 000 Jahren lebten bereits Wölfe in der Nähe von menschlichen Siedlungen. Dort

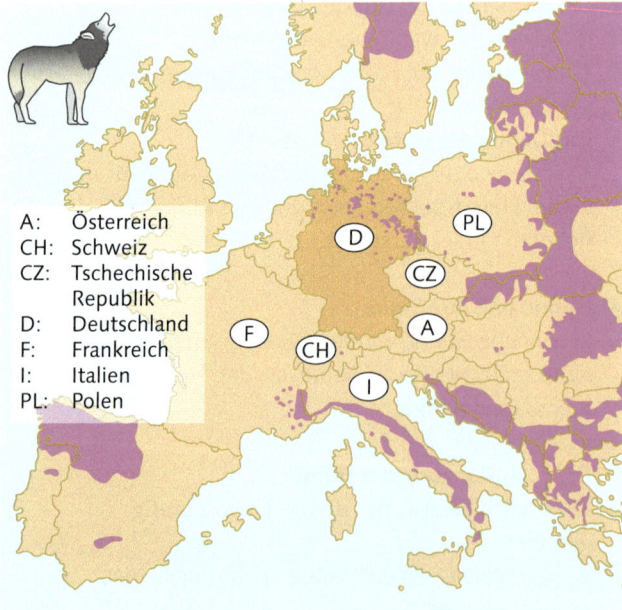

A: Österreich
CH: Schweiz
CZ: Tschechische Republik
D: Deutschland
F: Frankreich
I: Italien
PL: Polen

2 Die größten Wolfsvorkommen in Europa

3 Die Welpen eines Wurfs sehen unterschiedlich aus.

fanden weniger scheue Tiere Nahrung in den Abfällen der Menschen. Vermutlich wurden einzelne Wölfe gefangen. Sie dienten als Spielgefährten oder als Nahrung in Notzeiten. Die Menschen wurden zu einem Ersatzrudel für die Tiere. Mit der Zeit wurden die Wölfe immer zutraulicher. Aus dem Wildtier Wolf entstand das Haustier Hund.

Nachkommen sind verschieden

Welpen, die zusammen zur Welt gekommen sind, bezeichnet man als einen **Wurf**. Die Welpen eines Wurfs sehen nicht alle gleich aus (Bild 3). Sie haben zum Beispiel unterschiedliche Fellfarben, verschieden geformte Ohren oder unterschiedlich lange Beine. Die Welpen unterscheiden sich auch in ihrem Verhalten. Ein anderes Wort für unterscheiden ist variieren. Das Auftreten von Unterschieden bei verwandten Tieren wird deshalb in der Fachsprache **Variabilität** genannt.

Durch Züchtung entstehen Rassen

Eltern vererben Merkmale an ihre Nachkommen. Dieses Wissen nutzen die Menschen. Sie wählen für die Fortpflanzung die Tiere aus, die gewünschte Merkmale haben. Diese kontrollierte Fortpflanzung heißt **Züchtung**. Durch Züchtung entstanden verschiedene Hunderassen. Ein Beispiel sind Jagdhunde mit kurzen Beinen. Ihr niedriger Körper soll in die Erdbauten der Beutetiere passen. Für die Züchtung dieser Jagdhunde werden nur Tiere mit kurzen Beinen ausgewählt. Aus den Nachkommen wählt man wieder nur die Tiere mit den kürzesten Beinen aus. Diesen Vorgang wiederholt man mehrmals. Durch Züchtung können auch Tiere entstehen, die Schmerzen oder Schäden haben. Dann spricht man von **Qualzucht**.

> Wölfe sind scheu. Sie leben in Rudeln in festen Revieren. Wölfe hetzen ihre Beutetiere. Sie sind Hetzjäger. Wölfe sind die Vorfahren unserer Hunde. Nicht alle Welpen eines Wurfs sind gleich. Durch diese Variabilität bei verwandten Tieren können Menschen Tiere mit gewünschten Eigenschaften züchten.

AUFGABEN

1 Die Wölfe
a Wölfe leben in Gruppen zusammen. Nenne das Fachwort für eine Gruppe Wölfe.
b Beschreibe die Zusammensetzung einer Gruppe von Wölfen.
c Nenne die Beutetiere der Wölfe.
d Beschreibe, wie Wölfe jagen.

2 Vom Wildtier zum Haustier
Beschreibe in eigenen Worten, wie aus dem Wildtier Wolf das Haustier Hund wurde.

3 Die Züchtung
a Beschreibe, was mit dem Fachwort Züchtung gemeint ist.
b Vergleiche das Aussehen der verschiedenen Hunderassen in Bild 4.
c Recherchiere nach Hunderassen, die als Qualzucht bezeichnet werden.
d Schreibe zwei Hunderassen in dein Heft und begründe, warum sie als Qualzucht bezeichnet werden.

4 Verschiedene Hunderassen

HAUSTIERE UND NUTZTIERE

EXTRA Wölfe in Deutschland?

Manche Völker achten den Wolf als Bruder. In Deutschland dagegen wurde er lange Zeit gnadenlos gejagt. Diese unterschiedlichen Sichtweisen treffen auch bei uns aufeinander, seit sich ab dem Jahr 2000 wieder Wölfe bei uns ansiedeln. Tierschutz und Landwirtschaft haben teils entgegengesetzte Meinungen.

Wölfe gehören in unsere Natur

Wölfe sind sehr anpassungsfähig. Sie können fast überall leben. In Regionen, in denen sie sich ansiedeln, müssen ausreichend Beutetiere und geschützte Bereiche für die Aufzucht ihrer Jungtiere vorhanden sein. Mit Ausnahme der Großstädte und ihrer Umgebungen finden sich in ganz Deutschland geeignete Regionen für Wölfe. Zu den Beutetieren der Wölfe zählen Rehe, Rothirsche und Wildschweine. Die Wölfe sorgen also dafür, dass der Bestand an Pflanzenfressern wie Rehen und Hirschen nicht zu groß wird. Zudem fressen sie vor allem alte und kranke Tiere. Dadurch halten die Wölfe den Bestand der Tiere gesund. Nutztiere wie Rinder und Schafe kann man vor Wölfen schützen. Herdenschutzhunde und Herdenschutzzäune haben sich in einigen Regionen bereits bewährt. Für die Menschen stellen die Wölfe keine Gefahr dar. Sie sind scheu und gehen Menschen in der Regel aus dem Weg. Die Angst vor dem „bösen Wolf" ist unbegründet.

1 Aus der Stellungnahme eines Tierschutzvereins

2 Ein Plakat der NABU-Kampagne für den Wolf

3 Ein Plakat gegen Wölfe

Gefahr für Nutztiere

Weitläufige Weiden mit Nutztieren bringen Mensch und Natur einander näher. Die Haltung von Nutztieren auf einer Weide ist eine natürliche und artgerechte Form der Tierhaltung. Wenn sich Wölfe in der Region niederlassen, dann muss man sich als Nutztierzüchter die Frage stellen, ob die Weidehaltung wirklich noch sinnvoll ist. Die Gefahr, dass die Wölfe Nutztiere töten, ist hoch. Dadurch entsteht auf Dauer ein großer wirtschaftlicher Schaden für die Betriebe. Die Menschen in der Region sind durch die Anwesenheit der Wölfe beeinträchtigt. Viele Eltern lassen ihre Kinder nicht mehr unbeaufsichtigt in der freien Natur spielen. Wanderer und Touristen meiden diese Gebiete. Die Regionen verlieren ihre Attraktivität. Die Menschen, die in der Landwirtschaft und im Tourismus arbeiten, verlieren dann ihre Lebensgrundlage.

4 Die Stellungnahme eines Landwirtschaftsvereins

AUFGABEN

1 Der Wolf in Deutschland

a Stelle die Argumente der Vereine aus Bild 1 und Bild 4 in einer Tabelle gegenüber.

b Nimm Stellung zu der Frage, ob der Wolf in Deutschland wieder heimisch werden soll. Notiere alle Argumente für deinen Standpunkt.

c Bildet Zweierteams. Tauscht eure Argumente aus Aufgabe b miteinander aus.

METHODE Tiere beobachten

Forschende beobachten Tiere, um ihr Verhalten zu untersuchen. Die Beobachtungen erfolgen meist in der Natur und über einen längeren Zeitraum. Auch du kannst das Verhalten von Tieren beobachten. Dabei solltest du folgendermaßen vorgehen:

1 Fragen stellen:
Überlege dir Fragen, die mit deinen Beobachtungen beantwortet werden sollen.

Elias will das Verhalten seines Hundes Balu untersuchen. Er fragt sich: Was tut Balu während des Spaziergangs? Wie reagiert er, wenn er auf andere Hunde trifft?

2 Beobachtungen vorbereiten
Überlege, ob du für deine Beobachtungen Hilfsmittel benötigst. Besorge sie dir vorab. Bereite einen Beobachtungsbogen vor, auf dem du deine Beobachtungen notieren kannst.

Elias will Balu beim Spaziergang beobachten. Er bereitet einen Beobachtungsbogen vor. Er nimmt den Beobachtungsbogen wie in Bild 2, einen Stift und ein Smartphone mit.

> **Beobachtung**
> *Balu, ein Golden Retriever, beim Spaziergang*
>
> Name: Elias Dierksen
> Datum: 23. März 2022
> Uhrzeit: 15:00 Uhr bis 17:30 Uhr
> Ort: Stadtwald

2 Ein Ausschnitt aus dem Beobachtungsbogen von Elias

3 Beobachtungen durchführen
Sei aufmerksam und sieh genau hin. Versuche das Tier oder die Tiere, die du beobachten willst, so wenig wie möglich zu stören.

Elias führt Balu zuerst an der Leine. Im Wald lässt er ihn frei laufen. Er redet so wenig wie möglich mit ihm und spielt nicht mit ihm, um ihn nicht abzulenken. Er achtet auf alle seine Bewegungen und Reaktionen.

4 Beobachtungen festhalten
Notiere, was du beobachtest und die Uhrzeit. Du kannst deine Beobachtungen auch zeichnen, fotografieren oder filmen.

Elias notiert alles, was ihm auffällt, auf seinem Beobachtungsbogen. Mit seinem Smartphone macht er Fotos und Videos von Balu.

5 Beobachtungen auswerten
Werte deine Beobachtungen aus. Mithilfe von Informationen über die Lebensweise der Tiere kannst du deine Ergebnisse deuten. Kannst du deine anfangs gestellten Fragen beantworten?

Elias konnte einige typische Verhaltensweisen bei Balu beobachten. Balu markiert verschiedene Stellen mit Urin. Wenn er auf andere Hunde trifft, kommuniziert er mit ihnen durch Körpersprache.

1 Verschiedene Verhaltensweisen beim Hund

AUFGABEN

1 Verhaltensweisen beim Hund
▶ „Beobachte" den Hund auf den Fotos in Bild 1. Werte deine Beobachtungen auf einem Beobachtungsbogen aus.

HAUSTIERE UND NUTZTIERE

Die Katze

1 Die Katze schleicht sich an.

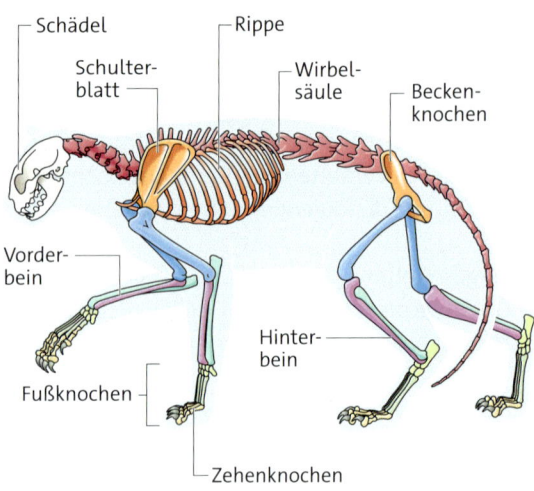

3 Das Skelett einer Katze

Die Katze hat einen Vogel entdeckt. Ganz leise und langsam schleicht sie sich an. Ihr Blick ist starr auf die Beute gerichtet. Sie duckt sich und wartet den besten Moment zum Sprung ab.

Die Verständigung zwischen Katzen

Katzen können sich durch ihre Körpersprache verständigen. Dazu gehört die Haltung des Körpers und des Kopfes, die Stellung der Ohren und der Fellhaare sowie die Haltung des Schwanzes (Bild 2). Mit ihren Augenbrauen, Mundwinkeln und Zähnen können sie auch verschiedene Gesichtsausdrücke erzeugen. Katzen verständigen sich auch über Geräusche wie Miauen oder Schnurren.

Der Körperbau der Katzen

Die Haut der Katzen ist mit Fell bedeckt. Im Körper haben Katzen ein Skelett mit einer Wirbelsäule. Die Wirbelsäule verläuft vom Schädel bis in den Schwanz (Bild 3). Der Schwanz der Katzen ist sehr beweglich. Wenn Katzen balancieren, dann können sie mit dem Schwanz das Gleichgewicht halten. Katzen laufen auf den weichen Ballen ihrer Zehen. Sie sind Zehengänger.

Katzen sind Schleichjäger

Die spitzen, scharfen Krallen an ihren Pfoten ziehen die Katzen beim Laufen ein (Bild 4). So können sie sich leise an ihre Beutetiere anschleichen und diese überraschen. Katzen werden deshalb auch **Schleichjäger** genannt. Wenn sie ein Beutetier fangen wollen, dann fahren sie die Krallen an ihren Vorderpfoten aus. Sie springen auf das Beutetier und halten es mit den Krallen fest. Dann töten sie das Beutetier mit einem Biss in den Nacken.

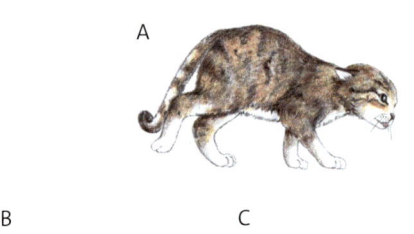

2 Körpersprache: ängstlich (A), aggressiv (B), freundlich (C)

4 Katzenkrallen: eingezogen (A), ausgefahren (B)

HAUSTIERE UND NUTZTIERE

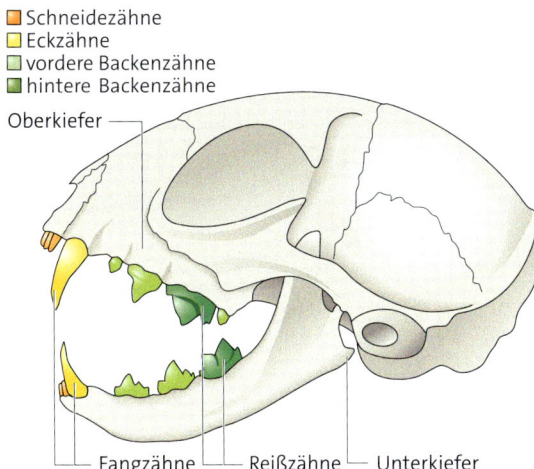

■ Schneidezähne
□ Eckzähne
■ vordere Backenzähne
■ hintere Backenzähne

Oberkiefer — Fangzähne — Reißzähne — Unterkiefer

5 Das Gebiss einer Katze

Das Gebiss der Katzen
Katzen haben ein Fleischfressergebiss (Bild 5). Die langen spitzen Eckzähne heißen auch Fangzähne. Damit ergreifen Katzen ihre Beute und halten sie fest. Die hinteren Backenzähne sind groß und kräftig. Sie heißen auch Reißzähne. Damit zerreißen die Katzen größere Fleischstücke. Mit den vorderen Backenzähnen zerkleinern sie ihre Nahrung. Mit den kurzen, spitzen Schneidezähnen nagen die Katzen Fleisch von Knochen ab.

Die Sinne der Katzen
Katzen jagen allein und meist in der Dämmerung und nachts. Die Pupillen in ihren Augen sind am Tag klein und schlitzförmig. In der Dämmerung weiten sie sich zu kreisrunden Öffnungen (Bild 6). So gelangt viel Licht ins Auge. Bei Dunkelheit orientieren sich Katzen mit ihrem Gehör. Ihre Ohren sind sehr beweglich. Mit den Schnurrhaaren an der Oberlippe können sie Hindernisse erfühlen.

6 Katzenaugen: bei Tag (A), in der Dämmerung (B)

Die Fortpflanzung der Katzen
Eine Katze ist bis zu zweimal im Jahr zur Paarung mit einem Kater bereit. Dann bezeichnet man die Katze auch als **rollig**. Bei der Paarung kann die Katze schwanger werden. Nach etwa zwei Monaten werden bis zu sieben Jungtiere geboren. Ihre Augen und Ohren sind in den ersten Tagen noch geschlossen. Sie schlafen viel und saugen Milch an den Zitzen ihrer Mutter.

> Katzen verständigen sich durch Körpersprache und Geräusche. Ihre Haut ist mit Fell bedeckt. Sie besitzen ein Skelett aus Knochen mit einer Wirbelsäule. Katzen sind Zehengänger und haben ein Fleischfressergebiss. Sie sind Schleichjäger und jagen in der Dämmerung und nachts. Katzen säugen ihre Jungtiere mit Muttermilch.

AUFGABEN

1 Die Körpersprache der Katzen
a ▸ Nenne Formen der Körpersprache, mit denen eine Katze sich verständigt.
b ▸ Beschreibe, wie die Katze in Bild 2 zeigt, dass sie freundlich ist.

2 Katzen sind Schleichjäger
a ▸ Beschreibe, was Schleichjäger sind.
b ▸ Begründe, warum eine Katze sich trotz ihrer Krallen lautlos anschleichen kann.
c ▸ Beschreibe, wie Katzen ihre Krallen beim Jagen benutzen.

3 Das Gebiss der Katzen
▸ Erstelle eine Tabelle, in der du die Zähne in einem Fleischfressergebiss und ihre Aufgaben nebeneinander darstellst.

4 Die Sinne der Katzen
Katzen jagen in der Dämmerung und nachts.
▸ Nenne die Sinne, die bei Katzen besonders ausgeprägt sind und die sie deshalb zu guten Jägern auch im Dunkeln machen.

5 Die Fortpflanzung der Katzen
a ▸ Beschreibe, was mit dem Fachwort rollig gemeint ist.
b ▸ Beschreibe, wie die Jungtiere der Katzen nach der Geburt ernährt werden.

HAUSTIERE UND NUTZTIERE

AUFGABEN Katzen und Hunde

1 Katzen sind „Balancierkünstler"

1 Die Katze balanciert auf dem Zaun.

a Beschreibe, was Zehengänger sind.
b Beschreibe, was du in Bild 1 siehst.
c Stelle Vermutungen an, warum es hilfreich für die Katze ist, dass sie ein Zehengänger ist.
d Beim Balancieren streckst du deine Arme seitlich aus. Übertrage das Verhalten auf die Katze. Nenne den Körperteil, der einer Katze beim Balancieren als „ausgestreckte Arme" dient.

2 Nicht alle Katzen sind Einzelgänger

Tiere, die allein leben, bezeichnet man als **Einzelgänger**. Tiere, die mit anderen Tieren der gleichen Art zusammenleben, bezeichnet man als **soziale Tiere**. Früher glaubte man, dass Hauskatzen Einzelgänger sind. Heute weiß man, dass Hauskatzen soziale Tiere sind.

a Es gibt Katzen, die Einzelgänger sind. Recherchiere, welche Katzen in Bild 2 Einzelgänger sind und welche nicht.
b Erstelle eine Tabelle, in der du die Katzen in Einzelgänger und soziale Tiere ordnest.
c Ergänze die Hauskatze in der Tabelle.

Luchs Löwe Wildkatze

2 Verschiedene Katzenarten

3 Katzen sind Schleichjäger

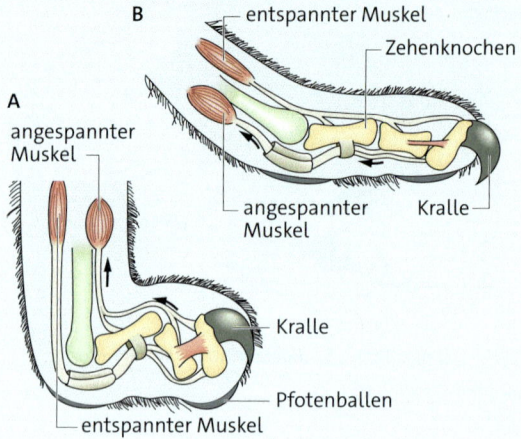

3 Katzenkralle: beim Anschleichen (A), beim Zupacken (B)

a Beschreibe, was Schleichjäger sind.
b Beschreibe mithilfe von Bild 3, wie sich Katzen trotz ihrer Krallen an ihre Beute anschleichen können.
c Katzen können sehr gut nach oben klettern. In die andere Richtung haben sie aber große Schwierigkeiten. Stelle Vermutungen an, warum das so ist.

4 „Wie Hund und Katze"

Wenn wir sagen: „Zwei Menschen verhalten sich wie Hund und Katze", dann meinen wir, dass sie sich nicht gut verstehen und oft streiten. Betrachte Bild 4.

a Beschreibe die Körpersprache von dem Hund und von der Katze in Bild 4.
b Erläutere an dem Beispiel, warum Hunde und Katzen sich manchmal nicht verstehen.

Begrüßung Starkes Drohen

4 Die Körpersprache von Hund und Katze im Vergleich

5 Polizeihunde

5 Ein Polizeihund bei der Gepäckkontrolle am Flughafen

Polizeihunde verfolgen Verbrecherspuren und spüren Drogen auf.
a ▣ Nenne die Sinne, die bei Hunden besonders ausgeprägt sind.
b ▣ Begründe, welcher Sinn für die Aufgaben von Polizeihunden besonders hilfreich ist.

Die Nase von Hunden und Menschen ist innen mit einer Schleimhaut ausgekleidet. In einem Teil der Schleimhaut befinden sich Riechsinneszellen. Das sind Sinneszellen, die Geruchsstoffe aufnehmen. Sie dienen dem Riechen. Die Anzahl der Riechsinneszellen gibt Auskunft darüber, wie gut der Geruchssinn eines Lebewesens ist. Je mehr Riechsinneszellen ein Lebewesen hat, umso besser ist sein Geruchssinn. Bild 6 zeigt die Anzahl der Riechsinneszellen beim Menschen und bei zwei Hunderassen.

c ▣ Vergleiche die Werte für die Anzahl der Riechsinneszellen in der Tabelle in Bild 6.
d ▣ Gib an, welches der drei Lebewesen den besten Geruchssinn hat.
e ▣ Begründe mithilfe von Bild 6, warum Schäferhunde und nicht Dackel als Polizeihunde eingesetzt werden.

	Zahl der Riechsinneszellen
Mensch	20 Millionen
Schäferhund	220 Millionen
Dackel	125 Millionen

6 Anzahl an Riechsinneszellen im Vergleich

6 Züchtung

7 Die Welpen sehen unterschiedlich aus.

a ▣ Beschreibe, wie man bei der Züchtung von Tieren allgemein vorgeht.
b ▣ „Variabilität ist die Voraussetzung für Züchtung." Begründe die Aussage mithilfe von Bild 7.
c ▣ Nenne das Ziel der Hundezüchtung in Bild 8.
d ▣ Beschreibe, wie die Züchter vorgegangen sind.

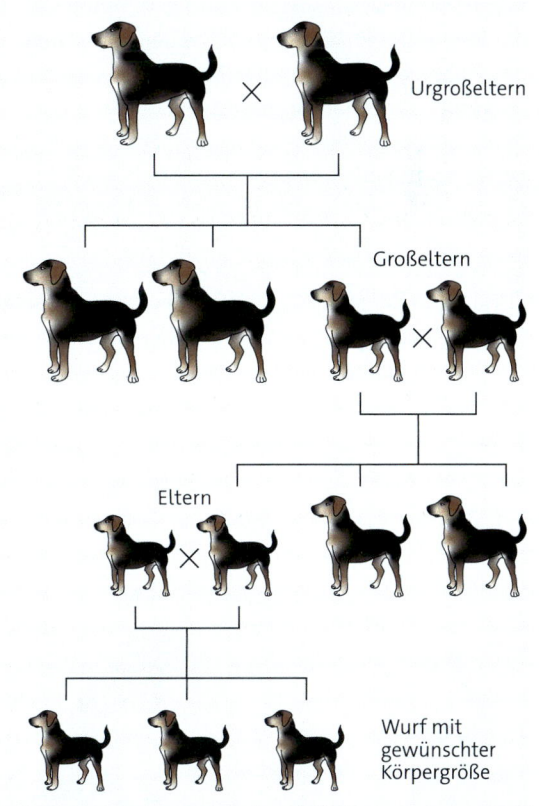

8 Ein Stammbaum einer Hundezüchtung

HAUSTIERE UND NUTZTIERE

Menschen halten Tiere

1 Meerschweinchen sind Heimtiere.

3 Schafe sind Nutztiere.

Laura hat zwei Meerschweinchen geschenkt bekommen. Laura freut sich sehr. Sie beobachtet die beiden oft. Denn sie will ihr Verhalten und ihre Gewohnheiten kennenlernen.

Die Haustiere

Tiere, die bei Menschen leben, heißen **Haustiere**. Alle Haustiere stammen von wilden Tieren ab. Wenn die Menschen Wildtiere bei sich aufnehmen und sie versorgen, dann gewöhnen sich die Tiere mit der Zeit an die Nähe der Menschen und haben Vertrauen zu den Menschen. Diesen Vorgang nennt man **Zähmung**. Bei unseren Haustieren unterscheiden wir zwischen **Nutztieren** und **Heimtieren** (Bild 2). Nutztiere liefern Fleisch, Eier, Milch, Honig oder Wolle. Zu den Nutztieren gehören Schweine, Hühner, Kühe, Honigbienen und Schafe. Heimtiere sind für uns oft wie Familienmitglieder. Wir verbringen viel Zeit mit ihnen und bauen eine enge Beziehung zu ihnen auf.

Was Haustiere brauchen

Wenn Menschen mit Haustieren leben und sie versorgen, dann sagt man auch: Menschen halten Haustiere. Bei der **Tierhaltung** ist es wichtig, dass man die Bedürfnisse der Tiere kennt. Haustiere haben ähnliche Bedürfnisse wie die Wildtiere, von denen sie abstammen. Wenn du ein Haustier halten willst, dann musst du wissen, was es frisst, ob es lieber allein oder in einer Gruppe lebt und wie es beschäftigt werden muss. Du muss auch beachten, wie groß der Käfig sein sollte und was darin enthalten sein sollte. Wichtig ist auch, dass du weißt, wie viel Bewegung das Tier braucht.

Die Lebensweise der Meerschweinchen

Die wilden Meerschweinchen leben in den Hochebenen der Anden. Das ist ein Gebirge in Südamerika. Dort leben sie in Gruppen von drei bis zehn Tieren in Höhlen und Erdbauten. Sie ernähren sich von Früchten, Gräsern und Samen.

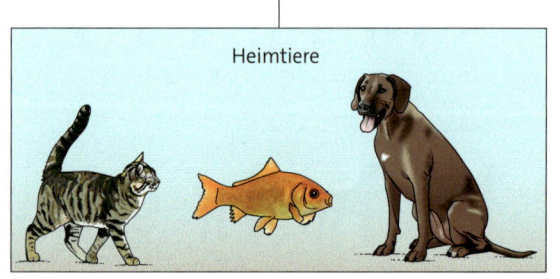

2 Bei den Haustieren unterscheiden wir zwischen Heimtieren und Nutztieren.

Die Bedürfnisse der Meerschweinchen

Da wilde Meerschweinchen in Gruppen leben, darf man sie auch als Haustiere nicht einzeln halten. Meerschweinchen bewegen sich viel. Deshalb muss ihr Käfig mindestens zwei Quadratmeter groß sein. Ein größeres Gehege bietet noch mehr Auslauf und Platz für Beschäftigung. Meerschweinchen brauchen neben einem Schlafhäuschen genug Heu und Möglichkeiten zum Verstecken und Klettern. An Wurzeln oder Ästen können sie nagen. Auch ein Futternapf und ein Wassernapf dürfen nicht fehlen.

Daran solltest du denken

Wenn du dir ein Haustier anschaffen willst, solltest du dir folgende Fragen stellen:
- Ist deine Familie einverstanden?
- Hat jemand in deiner Familie Allergien gegen Tierhaare?
- Wie alt kann das gewünschte Tier werden?
- Bist du bereit, auch später für das Tier zu sorgen, wenn du vielleicht noch andere Interessen hast?
- Welche Kosten, zum Beispiel für Anschaffung, Haltung, Futter, Tierarzt, Steuer, Versicherung, kommen auf dich zu?
- Welche Ansprüche an Haltung und Pflege hat das Tier?
- Wer kümmert sich um das Tier, wenn du nicht da bist?

Ein Haustier leihen

Wenn du nicht genug Zeit oder Geld für ein Haustier hast, dann kannst du dir ein Haustier leihen. Vielleicht freuen sich Nachbarn, wenn du mit ihrem Hund spazieren gehst. Du kannst auch Tiere im Tierheim besuchen, sie ausführen oder bei ihrer Pflege helfen. Darüber freuen sich die Tiere und die Menschen, die im Tierheim arbeiten. So kannst du auch testen, ob du wirklich die Verantwortung für ein Tier übernehmen willst.

> Haustiere stammen von Wildtieren ab. Die Gewöhnung von Wildtieren an den Menschen nennt man Zähmung. Jedes Haustier hat spezielle Bedürfnisse. Bei den Haustieren unterscheidet man zwischen Nutztieren und Heimtieren. Nutztiere liefern uns Nahrung und Materialien wie Wolle. Zu unseren Heimtieren bauen wir eine enge Beziehung auf.

4 Eine Familie mit ihrem Hund im Park

AUFGABEN

1 Vom Wildtier zum Haustier
  Beschreibe, was mit dem Fachwort Zähmung gemeint ist.

2 Die Nutztiere und die Heimtiere
a Beschreibe, was Nutztiere und was Heimtiere sind.
b Nenne je zwei Nutztiere und Heimtiere.
c Ordne die folgenden Tiere den Heimtieren oder Nutztieren zu:
Pferd, Hamster, Esel, Goldfisch, Wellensittich, Ziege.
d Begründe deine Zuordnungen.

3 Die Tierhaltung
a Beschreibe, was mit dem Fachwort Tierhaltung gemeint ist.
b Erläutere am Beispiel der Meerschweinchen, was man bei der Tierhaltung beachten muss.

4 Die Meerschweinchen
a Beschreibe, wie Meerschweinchen in der freien Natur leben.
b Skizziere und beschrifte ein Gehege, in dem sich Meerschweinchen wohlfühlen könnten.

5 Berufe in der Tierhaltung
a Recherchiere, welche Berufe in der Tierhaltung und in der Tierpflege es gibt. Schreibe drei Berufe in dein Heft.
b Entscheide dich für einen Beruf, zu dem du weitere Informationen suchen willst.
c Suche im Internet nach weiteren Informationen zu dem Beruf deiner Wahl und erstelle einen Steckbrief.

HAUSTIERE UND NUTZTIERE

Rinder sind Pflanzenfresser

1 Eine Kuh frisst Gras auf einer Weide.

Auf der Weide frisst ein Rind Gras. Das Rind umfasst Grasbüschel mit seiner Zunge. Dann reißt das Rind das Gras mit einem Ruck ab. Rinder fressen jeden Tag für viele Stunden.

Rinder stammen vom Auerochsen ab
Weibliche Rinder heißen **Kühe**. Männliche Rinder werden **Bulle** oder **Stier** genannt. Das Wildtier, von dem die Rinder abstammen, hieß Auerochse. Auerochsen lebten bei uns in Wäldern und auf feuchten Wiesen. Sie lebten in großen Gruppen zusammen. Eine solche Gruppe von großen Tieren wird **Herde** genannt. Auerochsen ernährten sich ausschließlich von Pflanzen. Ihre Nahrung waren Gräser und verschiedene Kräuter. Auerochsen sind vor etwa 400 Jahren ausgestorben.

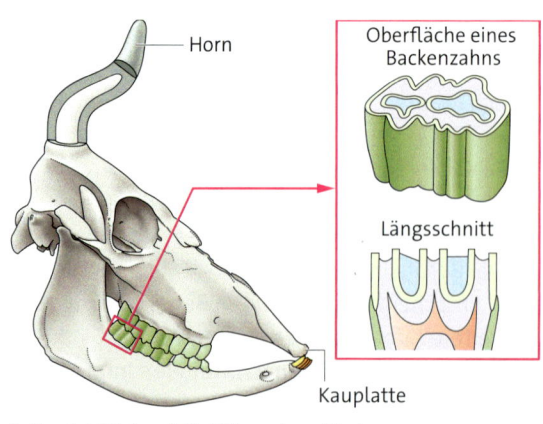

2 Der Schädel und die Zähne eines Rinds

Der Körperbau der Rinder
Rinder haben ein Fell. Sie haben ein Skelett aus Knochen mit einer Wirbelsäule. Rinder treten nur mit den Zehenspitzen auf. Solche Tiere nennt man **Zehenspitzengänger**. Die Zehen sind mit einer harten Schicht überzogen. Den Überzug über einen Zeh nennt man **Huf**. Tiere, die Hufe haben, bezeichnet man als **Huftiere**. Rinder haben an jedem Fuß zwei Zehen mit Huf. Wenn etwas zweimal vorkommt, dann spricht man auch von einem Paar. Rinder gehören deshalb zu den **Paarhufern**.

Ein Gebiss für Pflanzennahrung
Rinder ernähren sich von Pflanzen. Man bezeichnet sie deshalb als **Pflanzenfresser**. Das Gebiss der Rinder heißt **Pflanzenfressergebiss**. Im Oberkiefer befindet sich vorn eine Kauplatte (Bild 2). Im Unterkiefer sitzen vorn sechs Schneidezähne. Weiter hinten im Oberkiefer und im Unterkiefer befinden sich die breiten Backenzähne. Die Rinder umschlingen ein Grasbüschel mit ihrer Zunge. Zwischen den Schneidezähnen und der Kauplatte halten sie das Gras fest. Dann heben sie ihren Kopf und reißen das Gras ab. Die Backenzähne sind an ihrer Oberseite uneben und haben scharfe Kanten. Damit können die Rinder die Pflanzen gut zerreiben.

Rinder sind Wiederkäuer
Wenn ein Rind Gras abgerissen hat, dann schluckt es das Gras zuerst fast ungekaut. Durch die Speiseröhre gelangt das Gras in den ersten Magen. Dieser Magen ist sehr groß. Er wird **Pansen** genannt (Bild 3). Das Gras bleibt mehrere Stunden im Pansen und wird dort eingeweicht. Das eingeweichte Gras gelangt vom Pansen in den zweiten Magen. Die Wände des zweiten Magens sind innen gefaltet und sehen dadurch aus wie ein Netz. Dieser Magen heißt deshalb **Netzmagen**. Im Netzmagen entstehen aus dem weichen Gras mehrere feste Portionen. Diese Portionen gelangen durch die Speiseröhre zurück ins Maul. Dort wird das Gras mit viel Speichel gemischt. Dann kaut das Rind das Gras ein zweites Mal. Man kann auch sagen: Es kaut das Gras wieder. In der Fachsprache nennt man Tiere, die ihre Nahrung zweimal kauen, **Wiederkäuer**. Beim Wiederkäuen kaut das Rind das Gras gründlich und zerreibt es dabei zwischen den Backenzähnen zu einem feinen Brei.

HAUSTIERE UND NUTZTIERE

Verdauung der Nahrung

Das Rind schluckt die gut zerkaute Nahrung zum zweiten Mal. Die Nahrung gelangt dann in den dritten Magen. Die Wände des dritten Magens sind innen gefaltet. Diese Falten sehen aus wie die Blätter eines Buchs. Der dritte Magen wird deshalb **Blättermagen** genannt. Im Blättermagen wird Wasser aus der Nahrung gepresst. Danach gelangt die Nahrung in den **Labmagen**. Im Labmagen beginnt die eigentliche Verdauung der Nahrung. Vom Labmagen aus wird die Nahrung in den Darm weitergegeben. Im Darm werden die Nährstoffe aus der Nahrung ins Blut aufgenommen. Die Reste, die nicht verdaut werden können, werden zu Kot. Der Kot wird ausgeschieden.

Die Fortpflanzung der Rinder

Im Alter von eineinhalb Jahren kann eine Kuh zum ersten Mal Nachwuchs bekommen. Bei der Paarung mit einem Bullen kann die Kuh schwanger werden. Nach etwa neun Monaten wird das Jungtier geboren. Das Jungtier der Rinder heißt **Kalb**. Ein Kalb kann sofort nach der Geburt sehen, hören und laufen. Tiere, deren Jungtiere sofort nach der Geburt sehen, hören und laufen können, heißen **Nestflüchter**. Kälber werden nach der Geburt mit Muttermilch ernährt. Das Organ der Kühe, in dem die Muttermilch gebildet wird, heißt **Euter**. Die Kälber saugen an den Zitzen am Euter, um die Muttermilch zu trinken.

> Rinder sind Pflanzenfresser. Ihr Gebiss hat große Backenzähne mit unebenen Zahnoberflächen. Damit können die Rinder Pflanzen gut kauen. Rinder haben vier Mägen. Sie sind Wiederkäuer. Die Jungtiere der Rinder heißen Kälber. Sie sind Nestflüchter und werden mit Muttermilch ernährt.

AUFGABEN

1 Das Rind
  Nenne die Fachwörter für ein weibliches und für ein männliches Rind.

2 Rinder sind Pflanzenfresser
a Beschreibe, was Wiederkäuer sind.
b Erstelle eine Tabelle mit zwei Spalten. Stelle darin die Zähne in einem Pflanzenfressergebiss und ihre Aufgaben nebeneinander dar.
c Beschreibe den Weg der Nahrung anhand eines Flussdiagramms. Der Text und Bild 3 helfen dir dabei. Beginne mit dem Gras abreißen und ergänze den weiteren Weg: Gras abreißen → Speiseröhre → Pansen →

3 Die Fortpflanzung der Rinder
a Nenne das Fachwort für das Jungtier der Rinder.
b Beschreibe, wie die Jungtiere der Rinder nach der Geburt ernährt werden.

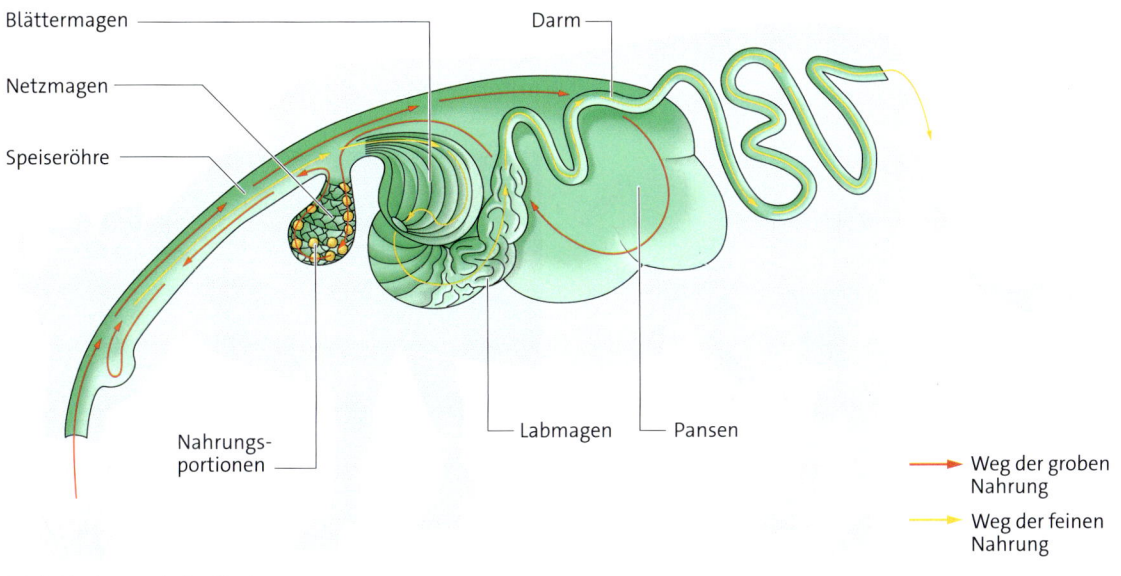

3 Die Verdauung beim Rind

HAUSTIERE UND NUTZTIERE

Die Rinderhaltung

1 Rinder lecken sich gegenseitig ab.

Die Rinder in einer Herde sind immer in Kontakt miteinander. Sie lecken sich zum Beispiel gegenseitig ab.

Rinder als Nutztiere

Menschen halten Rinder, weil sie Milch und Fleisch liefern. Kühe liefern Milch. Die Milch wird mithilfe von Maschinen aus den Eutern der Kühe gewonnen. Die Tätigkeit, bei der Milch aus den Eutern gewonnen wird, heißt **melken**. Ein Betrieb, in dem Milch weiterverarbeitet wird, heißt **Molkerei**. In Molkereien wird die Milch zu Milchprodukten wie Käse, Sahne, Butter und Joghurt verarbeitet. Für Rindfleisch werden vor allem Bullen gehalten. Der Mensch nutzt auch andere Körperteile der Rinder: Aus der Haut der Rinder stellt man Leder her. Aus den Rinderknochen macht man Leim. Die Hörner und Hufe werden gemahlen und als Dünger verwendet (Bild 2).

Die Lebensweise der Rinder

Wilde Rinder leben in Herden von 20 bis 30 Kühen mit ihren Kälbern. Bullen bilden ab einem Alter von zwei Jahren eigene Gruppen. Ältere Bullen leben allein. Innerhalb einer Rinderherde gibt es eine Rangordnung. Das bedeutet, dass es Tiere gibt, die die Herde anführen, und solche, die sich unterordnen. Manchmal kämpfen die Tiere um ihren Rang in der Herde. Dazu setzen sie Körpersprache, Laute oder ihre Hörner ein. Rinder nehmen ständig Kontakt mit anderen Tieren in der Herde auf. Sie lecken sich oft gegenseitig ab. Dadurch festigen sie die Rangordnung. Wenn Gefahr droht, dann laufen die Rinder weg. Ein anderes Wort für weglaufen ist fliehen. Man sagt auch: Die Tiere ergreifen die Flucht. Tiere, die bei Gefahr die Flucht ergreifen, bezeichnet man als **Fluchttiere**.

Die Haltung in Anbindeställen

In Deutschland regeln Gesetze, wie man Tiere halten darf. Es gibt verschiedene Haltungsformen, die die Bedürfnisse der Tiere unterschiedlich berücksichtigen. Viele Bauern halten ihre Rinder entweder das ganze Jahr über oder vom Herbst bis zum Frühling in Gebäuden. Ein Gebäude, in dem Tiere gehalten werden, nennt man **Stall**. Manche Landwirte binden die Rinder im Stall fest an (Bild 3). So können die Tiere weder sich noch die Landwirte verletzen. Diese Form der Haltung nennt man **Anbindehaltung**. Die Rinder stehen im Stall auf Gummimatten eng nebeneinander. So passen viele Tiere in einen Stall. Kot und Urin fallen durch Roste im Boden. Die Rinder bekommen viel Kraftfutter, damit sie schnell wachsen.

2 Rinder liefern Milch, Fleisch, Haut, Knochen, Hörner und Hufe.

3 Rinder in Anbindehaltung

HAUSTIERE UND NUTZTIERE

4 Rinder im Boxenlaufstall

5 Kühe beim Melken im Melkstand

Die Haltung im Boxenlaufstall

Ställe, in denen Rinder frei herumlaufen können, nennt man **Laufställe**. Dort haben die Rinder viel Platz und direkten Kontakt untereinander. Manche Laufställe haben abgetrennte Plätze zum Liegen. Einen abgetrennten Liegeplatz kann man auch Box nennen. Ställe mit abgetrennten Boxen zum Liegen heißen deshalb **Boxenlaufställe** (Bild 4). Die Liegeboxen sind mit Stroh ausgelegt. Die Ställe sind hell und luftig. Es gibt Bürsten, die sich automatisch drehen. Damit können die Rinder ihr Fell pflegen. Heu und Gras können sich die Tiere am Futtertisch selbst holen. Zusätzlich gibt es Futterautomaten. Die Futterautomaten geben automatisch an jedes Tier eine bestimmte Menge Kraftfutter aus. Das Kraftfutter enthält besonders viele Nährstoffe.

Ohne Kalb keine Milch

Kühe geben nur Milch, wenn sie ein Kalb geboren haben. Kurz nach der Geburt werden Kuh und Kalb getrennt. Das Kalb wird mit Ersatzmilch gefüttert. Landwirte melken die Kuh dann meist zweimal am Tag. So gibt sie bis zu zehn Monate lang Milch. Nach zehn Monaten gibt die Kuh nur noch wenig Milch. Dann muss sie erneut schwanger werden. Die Maschinen, mit denen Kühe gemolken werden, heißen **Melkmaschinen**. Zum Melken werden Schläuche an die Zitzen der Euter angeschlossen. In modernen Ställen sind mehrere Melkmaschinen in einem **Melkstand** angebracht (Bild 5). Dort kann man mehrere Kühe gleichzeitig melken.

Die ökologische Tierhaltung

In der **ökologischen Tierhaltung** sollen die Tiere möglichst so leben, wie es ihren Bedürfnissen entspricht. Dazu gehören genug Platz im Stall, genug Auslauf im Freien und der Kontakt zu anderen Tieren. Das Futter für die Tiere stellen die Landwirte selbst her oder kaufen es von einem ökologischen Betrieb. Futterpflanzen dürfen nur natürlich gedüngt werden, zum Beispiel mit Gülle.

> Rinder liefern vor allem Milch und Fleisch. Die Haltung in Boxenlaufställen entspricht ihrer natürlichen Lebensweise. Eine Kuh gibt erst nach der Geburt eines Kalbs für etwa zehn Monate Milch.

AUFGABEN

1 Rinder als Nutztiere
  Nenne Produkte, die Rinder dem Menschen liefern.

2 Die Rinderhaltung
a Beschreibe die natürliche Lebensweise von Rindern.
b Stelle in einer Tabelle Vorteile und Nachteile von Anbindehaltung, Haltung im Boxenlaufstall und ökologischer Tierhaltung gegenüber.

3 Die Milchkuh
  Nenne die Voraussetzung dafür, dass eine Kuh Milch geben kann.

HAUSTIERE UND NUTZTIERE

AUFGABEN Die Haltung von Milchkühen

1 Der Boxenlaufstall
In Boxenlaufställen können sich die Kühe frei bewegen und sind dadurch weniger gestresst. Sie können in der weichen und trockenen Liegebucht wiederkäuen, die Einstreu verhindert Entzündungen des Euters. Das alles hat Einfluss auf den Gesundheitszustand und die Milchleistung der Tiere.

a ☒ Ordne den Buchstaben in Bild 1 die folgenden Wörter zu: Kraftfutterstation, Melkstand, Futtertisch, Fressgang, Milchkühltank, Fellpflegebürste, Liegebuchten.
b ☒ Nenne Einrichtungen des Stalls, die einer artgerechten Rinderhaltung entsprechen.
c ☒ Beschreibe den Vorteil von Liegebuchten für die Kühe.
d ☒ Eine Milchkuh wird zweimal am Tag gemolken. Pro Melkvorgang gibt eine konventionell gehaltene Kuh etwa 12,5 Liter Milch. Berechne, wie viel Liter Milch sie in einem Monat gibt.
e ☒ Bild 2 zeigt die durchschnittliche tägliche Milchleistung von Kühen in konventionellen und ökologisch geführten Betrieben. Werte das Säulendiagramm aus.

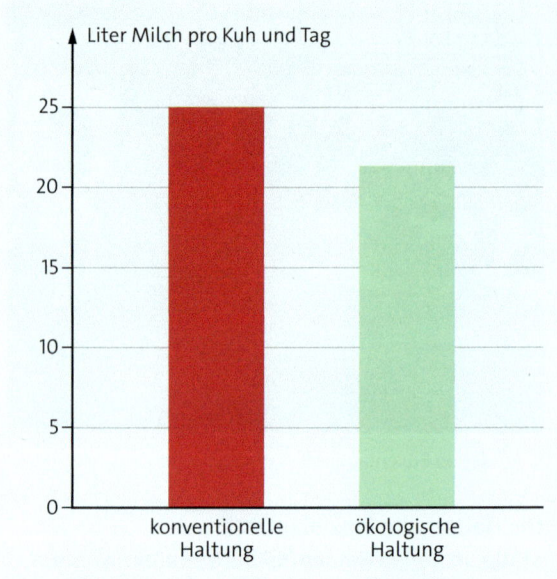

2 Milchleistung in verschiedenen Haltungsformen

f ☒ In Deutschland gibt es circa 3,9 Millionen Milchkühe, davon etwa 4 % (ca. 156 000 Tiere) in ökologischer Haltung. Berechne die Menge der täglich ökologisch produzierten Milch.
g ☒ Begründe, weshalb ökologisch produzierte Milch teurer ist und was dafür spricht, sie trotzdem zu kaufen.

1 Ein Boxenlaufstall

42 HAUSTIERE UND NUTZTIERE   cifobu

EXTRA Ersatz für Milch und Milchprodukte

1 Milchersatz aus verschiedenen Pflanzen

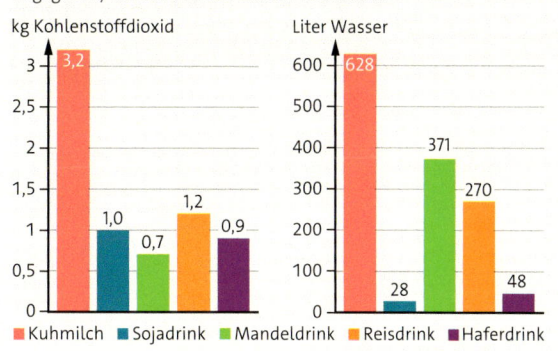

2 Umweltbelastung bei der Herstellung

Bis 1 Liter Kuhmilch oder Pflanzendrink im Supermarkt steht, entstehen so viele Treibhausgase (als Ausstoß von Kohlenstoffdioxid angegeben) und wird so viel Wasser verbraucht:

kg Kohlenstoffdioxid: Kuhmilch 3,2; Sojadrink 1,0; Mandeldrink 0,7; Reisdrink 1,2; Haferdrink 0,9

Liter Wasser: Kuhmilch 628; Sojadrink 28; Mandeldrink 371; Reisdrink 270; Haferdrink 48

Die Kuhmilch als Nahrung
Für viele Menschen ist Kuhmilch ein wichtiges Nahrungsmittel. Aus Kuhmilch werden Produkte wie Käse, Joghurt und Quark hergestellt. Deshalb halten Menschen Kühe als Milchkühe. Die Milchkühe bekommen energiereiches Kraftfutter, damit sie in möglichst kurzer Zeit möglichst viel Milch geben. Nur so kann die hohe Nachfrage nach Milchprodukten gedeckt werden. Oftmals sind die Haltungsbedingungen der Kühe nicht optimal. Das führt dazu, dass die Kühe oft krank sind. Wenn sie nicht mehr genug Milch geben, dann werden sie geschlachtet. Verbesserte Haltungsbedingungen für die Kühe sind teurer. Deshalb ist auch die Milch aus Betrieben, die sich um artgerechte Tierhaltung bemühen, teuer. Um eine artgerechte Haltung der Kühe zu unterstützen, können wir im Supermarkt Milch und Milchprodukte wählen, die mit dem Siegel „Für mehr Tierschutz" gekennzeichnet sind.

Was steckt in der Kuhmilch?
Milch enthält Wasser, Fett, Eiweiß, Vitamine und Zucker. Dieser Milchzucker wird auch Lactose genannt. Manche Menschen vertragen Lactose nicht, weil ihr Körper keine Lactose verdauen kann. Sie greifen auf Milchprodukte zurück, die keine Lactose enthalten. Das können Produkte aus Kuhmilch sein, denen die Lactose entzogen wurde, oder Ersatzprodukte aus pflanzlichen Stoffen (Bild 1). Immer mehr Menschen entscheiden sich gegen den Verzehr von Kuhmilch und Kuhmilchprodukten, obwohl sie Lactose vertragen. Sie wollen Umwelt und Tiere schützen.

Milchersatz aus Pflanzen
Als Ersatz für Kuhmilch gibt es milchähnliche Getränke aus Pflanzen. Diese Getränke heißen Pflanzendrinks. Man kann zum Beispiel Pflanzendrinks aus Hafer, Reis, Mandeln und Kokos herstellen. Sie schmecken unterschiedlich und können unterschiedlich verwendet werden. Pflanzendrinks kann man in Supermärkten kaufen.

Unterschiedliche Belastung der Umwelt
Jedes Produkt belastet durch seine Herstellung, seinen Transport, seine Nutzung und seine Entsorgung die Umwelt. Man spricht von der **Umweltbilanz** eines Produkts. Dabei betrachtet man zum Beispiel den Wasserverbrauch, die benötigte Anbaufläche oder den Ausstoß an Treibhausgasen. Treibhausgase tragen mit dazu bei, dass es auf der Erde immer wärmer wird. Ein Treibhausgas ist Kohlenstoffdioxid. Die Wirkung anderer Treibhausgase kann man mit der von Kohlenstoffdioxid vergleichen. Bei der Umweltbilanz eines Produkts gibt man die Menge an Treibhausgasen deshalb oft als Menge Kohlenstoffdioxid an (Bild 2).

AUFGABEN
1 Ersatz für Milch und Milchprodukte
a ▣ Beschreibe, was Lactose ist.
b ▣ Nenne Gründe für die Verwendung von Ersatzprodukten aus pflanzlichen Stoffen.
c ▣ „Ersatzprodukte aus pflanzlichen Stoffen sind umweltfreundliche Alternativen zur Kuhmilch." Nimm Stellung zu der Aussage. Nimm den Text und Bild 2 zu Hilfe.

HAUSTIERE UND NUTZTIERE

Schweine sind Allesfresser

1 Eine Bache mit Frischlingen am Wegrand

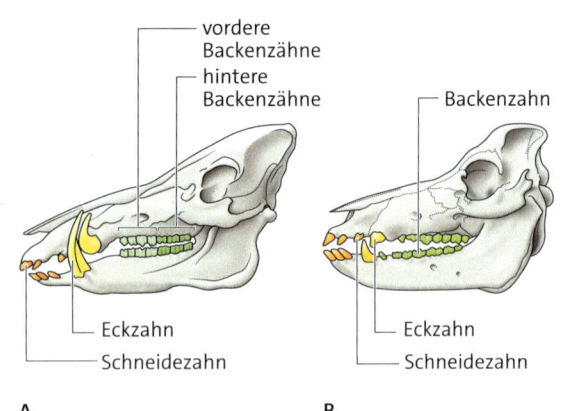

2 Schädel und Gebiss: Wildschwein (A), Hausschwein (B)

Immer öfter kann man Wildschweine in der Stadt beobachten. Auf den Wiesen in der Stadt und in den Abfällen finden sie Nahrung.

Der Körperbau von Wildschweinen

Wildschweine haben an jedem Fuß zwei Zehen mit Hufen. Sie sind Zehenspitzengänger. Der Kopf der Wildschweine ist vorne schmal und spitz. Nach hinten wird der Kopf breiter (Bild 1). Die Nase der Wildschweine ist vergrößert und heißt **Rüssel**. Wildschweine haben schmale, spitze Ohren. Ihre Haut ist mit dicken schwarzbraunen Deckhaaren bedeckt. Diese Deckhaare werden **Borsten** genannt. Männliche Wildschweine nennt man **Keiler**. Weibliche Wildschweine heißen **Bache**.

Wildschweine sind Allesfresser

Wildschweine fressen Pflanzen, Pilze und Tiere. Zu ihrer Nahrung zählen Kräuter, Wurzeln, Eicheln, Bucheckern, Würmer, Schnecken, Insekten und kleine Säugetiere wie Mäuse. Tiere, die Pflanzen und Tiere fressen, nennt man **Allesfresser**. Das Gebiss der Allesfresser heißt **Allesfressergebiss**. Ein Allesfressergebiss hat Merkmale eines Pflanzenfressergebisses und eines Fleischfressergebisses. Die hinteren Backenzähne haben breite Kauflächen wie die Backenzähne in einem Pflanzenfressergebiss. Damit können die Wildschweine Pflanzen gut zerkleinern. Die vorderen Backenzähne haben scharfe Kanten wie die Backenzähne im Fleischfressergebiss. Die Eckzähne der Wildschweine sind spitz und lang. Beim Keiler sind die oberen und unteren Eckzähne nach oben gebogen (Bild 2). Die Wildschweine nutzen sie beim Wühlen im Boden und im Kampf als Waffen.

Die Lebensweise der Wildschweine

Wildschweine leben in Wäldern. Als Allesfresser finden sie auch in anderen Umgebungen Nahrung. Mit den schwarzbraunen Borsten sind sie im Wald gut getarnt. Wildschweine wühlen oft im Schlamm. Wenn der Schlamm auf der Haut trocknet, dann bildet sich eine Kruste. Die Kruste schützt die Tiere vor Insektenstichen. Mehrere Bachen und ihre Jungtiere leben in Gruppen zusammen. Eine solche Gruppe nennt man **Rotte** (Bild 3). Ausgewachsene Keiler leben allein.

Die Fortpflanzung der Wildschweine

In der Paarungszeit suchen Keiler in den Rotten nach paarungsbereiten Bachen. Etwa vier Monate nach der Paarung kommen vier bis zehn Jungtiere zur Welt. Die Jungtiere der Wildschweine heißen **Frischlinge**. Sie werden zunächst mit Muttermilch ernährt. Das Fell der Frischlinge ist gelb-braun gestreift. Nach etwa einem Jahr sieht es aus wie das Fell der erwachsenen Tiere.

3 Eine Rotte Wildschweine auf Nahrungssuche

4 Eine Sau mit Ferkeln auf der Weide

Das Hausschwein
Hausschweine stammen vom Wildschwein ab. Sie sehen aber ganz anders aus als Wildschweine (Bild 4). Hausschweine haben kleinere Eckzähne, kleinere Rüssel und kürzere Beine als Wildschweine. Außerdem haben sie einen geringelten Schwanz. Der Kopf der Hausschweine ist kürzer als der Kopf der Wildschweine. Hausschweine haben weniger Borsten. Die Borsten der Hausschweine sind hell. Männliche Hausschweine nennt man **Eber**. Die weiblichen Hausschweine heißen **Sau**. Die Jungtiere der Hausschweine heißen **Ferkel**.

Durch Züchtung entstehen Rassen
Durch Züchtung entstanden aus dem Wildschwein verschiedene Hausschweinrassen. Bei der Züchtung wollten die Menschen vor allem Schweine züchten, die viel Fleisch haben, die viele Nachkommen bekommen und die schnell wachsen.

Die Lebensweise der Hausschweine
Die Bedürfnisse der Hausschweine sind die gleichen wie die der Wildschweine: Sie leben in Rotten zusammen und durchwühlen den Boden auf der Suche nach Nahrung. Hausschweine wälzen sich im feuchten Schlamm. Dadurch reinigen sie sich und kühlen sich ab. Der getrocknete Schlamm auf der Haut schützt sie vor Insektenstichen.

Die Haltung der Hausschweine
Viele Menschen essen Schweinefleisch. Deshalb muss viel Schweinefleisch produziert werden. Landwirte halten Hausschweine daher oft in großen Ställen, in denen viele Tiere leben. Dort füttern die Landwirte die Hausschweine mit Futter, das viel Energie und Nährstoffe erhält. Dadurch wachsen die Tiere schneller und können schneller geschlachtet werden.

> Schweine sind Allesfresser. Die Hausschweinrassen sind durch Züchtung aus dem Wildschwein entstanden. Hausschweine und Wildschweine sehen unterschiedlich aus. Ihre natürlichen Verhaltensweisen sind aber gleich.

AUFGABEN
1 Allesfresser
a Beschreibe, was Allesfresser sind.
b Nenne vier Beispiele für die Nahrung des Wildschweins.
c Schreibe die Merkmale eines Allesfressergebisses in dein Heft. Markiere die Merkmale eines Pflanzenfressergebisses in Grün, die eines Fleischfressergebisses in Rot.

2 Wildschwein und Hausschwein
a Beschreibe, was eine Rotte ist.
b Beschreibe die natürliche Lebensweise von Schweinen.
c Vergleiche Merkmale von Wildschwein und Hausschwein mithilfe einer Tabelle. Betrachte folgende Merkmale: Kopfform, Beine, Rüssel, Ohren, Behaarung, Schwanz, Gebiss, Gewicht, Anzahl der Jungtiere (Bild 2 und Bild 5).

Wildschwein
120 kg
bis zu 10 Jungtiere pro Jahr

Hausschwein
250 kg
bis zu 14 Jungtiere pro Jahr

5 Vergleich von Wildschwein und Hausschwein

d Ergänze in deiner Tabelle die Fachwörter für die weiblichen Tiere, die männlichen Tiere und für die Jungtiere.

HAUSTIERE UND NUTZTIERE

METHODE Präsentieren

Eine Präsentation ist ein Vortrag zu einem bestimmten Thema. Folge diesen Schritten, um eine Präsentation zu erstellen und vorzutragen:

1 Fragen überlegen
Überlege, was dich und deine Klasse an deinem Thema interessiert. Notiere Fragen, die du in deiner Präsentation beantworten willst.

Bo soll eine Präsentation zum Thema Schweinezüchtung halten. Er notiert sich mehrere Fragen: Wie werden Schweine gehalten? Warum hat Schweinefleisch unterschiedliche Preise?

2 Informationen sammeln
Suche Antworten auf deine Fragen. Wenn du ein Wort nicht kennst, dann schlage es nach. Die Worterklärung hilft dir und deinem Publikum, dein Thema besser zu verstehen.

Bo recherchiert im Internet, welche Arten der Schweinehaltung es gibt. Er notiert Gründe für die unterschiedlichen Fleischpreise. Die Wörter „artgerecht" und „konventionell" kennt er nicht, deshalb schaut er nach, was sie bedeuten.

3 Die Informationen ordnen
Ordne deine Informationen inhaltlich. Informationen, die zueinandergehören, kommen in eine Gruppe. Überlege dir Überschriften für diese Gruppen. Notiere deine Überschriften als Gliederung für deine Präsentation.

Bo will seine Präsentation in vier Teile gliedern. Er gibt jedem Teil eine Überschrift.

4 Die Art der Präsentationsform festlegen
Entscheide, wie du präsentieren willst. Du kannst zum Beispiel digitale Folien oder ein Plakat verwenden. Du kannst neben Texten auch Bilder verwenden. Sie wecken das Interesse deiner Zuhörer und helfen beim Verstehen. Du kannst auch Gegenstände mitbringen und in der Klasse herumreichen.

Bo will für seine Präsentation digitale Folien verwenden. So kann er neben Texten und Bildern auch kurze Videos zeigen.

5 Die Präsentation erstellen
Erstelle nun alle Materialien für deine Präsentation. Formuliere verständliche Texte und erkläre unbekannte Wörter. Gib an, aus welchen Quellen deine Informationen und die Bilder stammen. Überlege dir einen spannenden Einstieg in dein Thema. Erstelle für den Abschluss der Präsentation eine kurze Zusammenfassung.

Bo erstellt zuerst die Gliederungsfolie und die Einstiegsfolie (Bild 1 und Bild 2). Dann erstellt er auch die anderen Folien.

6 Auf das Präsentieren vorbereiten
Notiere dir Stichpunkte als Erinnerungshilfen. Überlege, wie du von einem Punkt der Gliederung zum nächsten Punkt überleitest.

Bo macht sich Notizen auf Karteikarten. Er schreibt nur Stichpunkte auf, damit er nicht abliest.

Gliederung

1. Schweinehaltung in Deutschland
2. Transport und Schlachtung
3. Gründe für die unterschiedlichen Preise von Schweinefleisch
4. Verantwortung

1 Bos Gliederung

Schweinefleisch – wertvoll oder preiswert?

2 Bos Einstiegshilfe

3 Bo hält seine Präsentation.

7 Das Präsentieren üben
Übe deine Präsentation vor Freunden oder vor deiner Familie. Bitte sie um ihre Meinung zum Inhalt und zu der Art, wie du vorträgst. Überarbeite deine Präsentation entsprechend.

Bo übt seine Präsentation vor seiner großen Schwester, die ihm Verbesserungsvorschläge gibt. Wenn er nur vor dem Spiegel geübt hätte, dann wäre ihm wahrscheinlich nicht aufgefallen, dass er beim Sprechen schneller wird.

8 Den Raum vorbereiten
Wenn du deine Präsentation mit digitalen Folien hältst, dann solltest du vor deinem Vortrag alle Geräte ausprobieren. Lege deine Materialien, Gegenstände und Karteikarten bereit.

In der Pause vor seiner Präsentation testet Bo, ob auf dem Smartboard in der Schule alles so funktioniert wie auf seinem Computer zu Hause. Er klickt einmal durch alle Folien, um sicherzugehen. Er legt auch seine Karteikarten bereit.

9 Die Präsentation vortragen
Begrüße deine Zuhörer und nenne das Thema deines Vortrags. Wenn du bei deiner Präsentation nicht unterbrochen werden willst, dann sage, dass Fragen erst am Ende gestellt werden sollen. Sprich möglichst frei, also ohne viel abzulesen. Sprich langsam und deutlich. Schau dein Publikum an. Bedanke dich am Ende für die Aufmerksamkeit.

Zu Beginn des Vortrags bittet Bo, Fragen erst am Ende der Präsentation zu stellen. Dann beginnt er mit der ersten Folie. Er kann die Präsentation fast auswendig, weil er sie mehrmals vor seiner Schwester gehalten hat.

10 Fragen beantworten
Beantworte die Fragen deiner Mitschüler und Mitschülerinnen. Frag sie auch, wie sie deine Präsentation fanden. Notiere dir die Verbesserungsvorschläge für deinen nächsten Vortrag.

Am Ende der Präsentation bedankt sich Bo für die Aufmerksamkeit. Dann beantwortet er die Fragen der Zuhörer. Er schreibt sich auch auf, dass er beim nächsten Mal die Folien etwas länger zeigen sollte. Dann haben alle genug Zeit, sie zu lesen und sich Notizen zu machen.

AUFGABEN
1 Gut präsentieren
a ◨ Nenne die Merkmale eines guten Vortrags.
b ◨ In einem Vortrag ist es wichtig „frei zu sprechen". Beschreibe, was damit gemeint ist.
c ◨ Nenne zwei weitere Punkte, die beim Sprechen wichtig sind.
d ◨ Fasse zusammen, wie du am besten für deinen Vortrag üben kannst.
e ◨ Begründe, warum Schriftgröße und Farbe bei digitalen Folien und Plakaten wichtig sind.

– Berechne anhand der vorgegebenen Zeit für die Präsentation, wie viele Folien du brauchst. Plane pro Folie 2 bis 3 Minuten ein.
– Verwende eine einheitliche Gestaltung für alle Folien.
– Wähle eine gut lesbare Schriftfarbe und Schriftgröße (mindestens 24 pt).
– Nutze Fotos, Zeichnungen oder Videos zur Veranschaulichung.
– Animierte Übergänge zwischen den Folien können deine Präsentation interessanter machen, aber sie lenken auch von den Inhalten ab. Verwende sie daher nicht zu oft.

4 Tipps für digitale Folien

Die Haushühner

1 Der Hahn und die Hennen leben als Gruppe zusammen.

3 Das Haushuhn reinigt seine Federn bei einem Sandbad.

Die Klasse 5b macht einen Ausflug auf einen Bauernhof. Dort laufen Hühner frei herum. Kim und Sema bringen den Hühnern Futter an die Futterstelle. Die Kinder beobachten, dass es Hühner gibt, die sich zuerst Futter nehmen. Andere Hühner müssen warten. Sie fragen sich, warum das so ist.

Haushühner stammen vom Bankivahuhn ab
Ein weibliches Haushuhn nennt man **Henne**. Ein männliches Haushuhn heißt **Hahn**. Ein weibliches Haushuhn mit Jungtieren bezeichnet man auch als **Glucke**. Die Jungtiere der Haushühner heißen **Küken**. Das Wildtier, von dem die Haushühner abstammen, heißt Bankivahuhn (Bild 2). Bankivahühner leben in den Wäldern Südostasiens. Sie leben in Gruppen. Eine Gruppe besteht aus mehreren Hennen und meist einem Hahn.

2 Ein männliches Bankivahuhn

Bankivahühner fressen die Knospen und Samen von Waldpflanzen, Würmer und Larven. Mit den Füßen kratzen sie den Boden auf. Man sagt: Sie **scharren**. So suchen sie nach Nahrung. Mindestens einmal am Tag scharren sie eine Mulde in den Boden und wälzen sich darin im Sand. Durch dieses **Sandbad** reinigen und pflegen sie ihre Federn (Bild 3). Bankivahühner können nur kurze Strecken fliegen. Sie leben am Boden und verbringen die meiste Zeit des Tages damit, Nahrung zu suchen. Zum Schlafen fliegen sie auf Bäume. Dort sind sie vor Feinden geschützt.

Die Haushühner leben in Gruppen
Haushühner haben die gleichen Bedürfnisse wie die Bankivahühner. Die Haushühner leben in Gruppen von mehreren Hennen und einem Hahn (Bild 1). Der Hahn führt die Gruppe an. Bei den Hennen gibt es innerhalb der Gruppe eine feste Rangordnung. Die Hennen, die die Gruppe anführen, dürfen früher an den Futterplatz als die anderen Hennen. Die ranghohen Tiere bekommen auch die besten Schlafplätze. Die ranghohen Hennen verteidigen ihren Futterplatz und ihren Schlafplatz, indem sie die rangniederen Hennen mit dem Schnabel beißen. Man sagt: Sie **hacken**. Die Rangordnung der Haushühner bezeichnet man deshalb auch als **Hackordnung**. Haushühner verständigen sich über Laute. Sie gackern. Durch das Gackern können sich die Haushühner gegenseitig warnen, sich drohen und anlocken. Die Hähne markieren mit Lauten ihr Revier. Dazu krähen die Hähne.

HAUSTIERE UND NUTZTIERE

4 Der Körperbau eines Hahns

Der Körperbau der Haushühner

Haushühner sind Vögel. Ihre Haut ist mit Federn bedeckt. Sie haben ein Skelett aus Knochen mit einer Wirbelsäule. Die Hähne sind größer als die Hennen. Die Federn der Hähne sind oft bunter. Nur die Hähne haben lange gebogene Schwanzfedern. Am Kopf befindet sich der Schnabel aus Horn. Mit dem Schnabel können die Haushühner Nahrung greifen. Auf dem Kopf sitzt ein fleischiger Hautlappen mit Zacken. Durch die Zacken sieht der Hautlappen aus wie ein Kamm. Deshalb nennt man den Hautlappen **Kamm** (Bild 4). Am Hals der Haushühner befinden sich zwei weitere Hautlappen. Dieser Teil des Halses wird Kehle genannt. Die beiden Hautlappen bezeichnet man daher als **Kehllappen**. Durch die Haut am Kamm und an den Kehllappen geben die Haushühner Wärme aus dem Körper nach außen ab. So können sie ihren Körper kühlen. Haushühner haben zwei Flügel und zwei Beine mit Füßen. Im Vergleich zu ihrem Körper sind die Flügel klein. Deshalb können die Haushühner nur kurze Strecken fliegen. Meistens laufen sie auf ihren zwei Beinen. Die Füße bestehen aus dem Lauf und vier Zehen. Drei Zehen zeigen nach vorne. Eine Zehe zeigt nach hinten. An jedem Zeh sitzt eine Kralle. Bei den Hähnen befindet sich am Lauf ein spitzer Anhang aus Horn. Dieser Anhang heißt **Sporn**. Die Hähne setzen die Sporne ein, um Feinde abzuwehren und um ihr Revier zu verteidigen.

Die Haushühner sind Nutztiere

Die Menschen halten Haushühner als Nutztiere. Sie nutzen die Eier und das Fleisch der Haushühner als Nahrung. Hennen, die gehalten werden, damit sie für uns Eier legen, bezeichnet man auch als **Legehennen**. Hühner, die gehalten werden, damit wir ihr Fleisch nutzen können, nennt man auch **Fleischhühner**. Bei der Züchtung verschiedener Rassen der Haushühner haben die Menschen deshalb vor allem zwei Ziele: Die Legehennen sollen viele Eier legen. Die Fleischhühner sollen viel Fleisch am Körper haben.

> Die Haushühner leben in Gruppen aus mehreren Hennen und einem Hahn. Innerhalb einer Gruppe gibt es eine feste Rangordnung. Der Hahn führt die Gruppe an. Er markiert sein Revier durch Krähen. Als Nutztiere liefern uns die Haushühner Eier und Fleisch.

AUFGABEN

1 Haushühner stammen vom Bankivahuhn ab
a Nenne die Fachwörter für ein weibliches und ein männliches Haushuhn.
b Beschreibe, was Glucken und Küken sind.
c Beschreibe die Lebensweise des Bankivahuhns. Erstelle dazu eine Tabelle, in der du auf die Nahrung und auf das Verhalten im Tagesverlauf eingehst.

2 Die Haushühner leben in Gruppen
a Beschreibe, was eine Hackordnung ist.
b Begründe, warum sich manche Hühner zuerst Futter nehmen dürfen und andere Hühner warten müssen.

3 Der Körperbau der Haushühner
a Zeichne Bild 4 in dein Heft ab und beschrifte deine Zeichnung mit den Fachwörtern.
b Begründe, warum Haushühner nur kurze Strecken fliegen können.

4 Die Haushühner sind Nutztiere
a Beschreibe, was Legehennen und Fleischhühner sind.
b Nenne zwei Zuchtziele bei der Züchtung der Haushühner.

HAUSTIERE UND NUTZTIERE

EXTRA   Die Haltung von Haushühnern

Die Nachfrage nach Hühnereiern ist hoch. Um diesen Bedarf zu decken, werden Hühner in großen Betrieben gehalten. Bei der Haltung der Haushühner unterscheiden wir vier Haltungsformen:

Die Kleingruppenhaltung
In der Kleingruppenhaltung hält man Hühner in kleinen Gruppen in Käfigen. Der Platz für jedes Tier ist etwa so groß wie ein aufgeklapptes Schulbuch. Auf einem Quadratmeter Stallfläche leben 12,5 Tiere. Im Käfig hat nur ein kleiner Bereich einen festen Untergrund. Darauf können die Hühner scharren. Die Hühner sitzen auf Drahtgittern. Kot und Futterreste fallen durch die Gitter. Die Tiere haben keinen Auslauf. Sie greifen sich oft an und verletzen sich mit ihren Schnäbeln. Die Kleingruppenhaltung ist in Deutschland ab 2028 verboten.

Die Bodenhaltung
Bei der Bodenhaltung leben die Hühner in einem Stall. Der Stallboden ist zu einem Drittel mit Stroh, Holzspänen, Sand oder Torf ausgestreut. Im Stall gibt es Sitzstangen und Nester. Die Hühner können sich im Stall bewegen, scharren und picken. Die Hühner haben keinen Auslauf ins Freie. Auf einem Quadratmeter Stallfläche dürfen maximal 9 Hühner leben. Futter und Wasser bekommen die Hühner an Automaten.

1 Natürliches Verhalten von Hühnern

Die Freilandhaltung
In der Freilandhaltung haben Hühner Zugang zu einem Stall und zum Freien. Im Freien haben sie Auslauf auf einer Fläche von mindestens vier Quadratmetern pro Huhn. Auf dieser Fläche können sich die Hühner frei bewegen, nach Futter scharren, picken, ihr Gefieder putzen, im Sand baden und mit den Flügeln schlagen. Es gibt einen Stall mit Tageslicht, in dem sich Sitzstangen und Nester auf verschiedenen Höhen befinden. In den Stall können sich die Tiere zum Eierlegen oder nachts zurückziehen. Auf einen Quadratmeter Stallfläche dürfen bis zu 9 Hühner leben.

Die biologische Haltung
Bei der biologischen Haltung werden Hühner wie bei der Freilandhaltung im Stall und im Freien gehalten. Der Aufbau des Stalls und die Fläche für den Auslauf im Freien sind gleich. Auf einem Quadratmeter Stallfläche dürfen aber nur maximal 6 Hühner leben. Die Hühner bekommen außerdem Futter aus ökologischer Landwirtschaft. Oft stellen die Betriebe das Futter selbst her.

Das Tierschutzgesetz
Das Tierschutzgesetz regelt unter anderem, wie Tiere gehalten werden müssen. Tiere müssen ihren Bedürfnissen entsprechend untergebracht, ernährt und gepflegt werden. Man darf ihnen ohne Grund keine Schäden zufügen. Im Gesetz steht auch, dass Tiere nur schmerzfrei, mit Betäubung und von ausgebildetem Personal getötet werden dürfen.

AUFGABEN
1 Die Haltung von Haushühnern
a Beschreibe das natürliche Verhalten eines Huhns mithilfe von Bild 1.
b Vergleiche die beschriebenen Haltungsformen mithilfe einer Tabelle.
c Gib die Inhalte des Tierschutzgesetzes in eigenen Worten wieder.
d Informiere dich im Supermarkt über Preise von Eiern aus verschiedenen Haltungsformen.
e Begründe, für welche Eier du dich entscheiden würdest.

AUFGABEN Ernährung und Gebisse von Haustieren

1 Gebiss und Ernährung

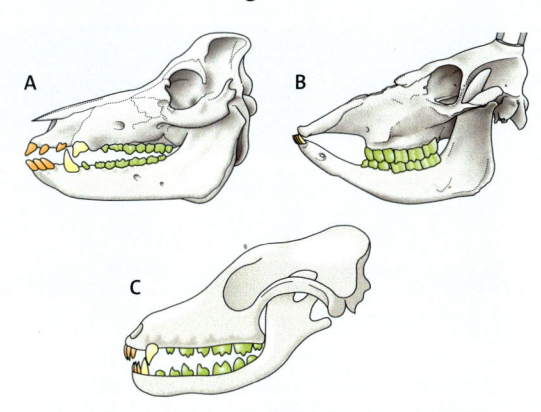

1 Schädel und Gebisse verschiedener Haustiere

Am Gebiss von Haustieren kann man erkennen, ob sie sich von Pflanzen, von Fleisch oder von beidem ernähren.

a Betrachte die Schädel und Gebisse in Bild 1. Gib für jeden Schädel an, ob es sich um einen Pflanzenfresser, Fleischfresser oder Allesfresser handelt.

b Nenne die Fachwörter für die Gebisse in Bild 1.

c Wenn man weiß, wovon Tiere sich ernähren, kann man darauf schließen, was für ein Gebiss sie haben. Lies die folgenden Aussagen über das Mufflon. Nenne das Fachwort für das Gebiss der Mufflons.
Das Mufflon, der Vorfahre des Hausschafs, frisst Laub, Gräser, Kräuter, Moose, Flechten und Baumrinden.

2 Die Ernährung und die Darmlänge

Der Darm ist ein schlauchförmiges Organ. Im Darm wird die Nahrung in kleinere Bestandteile zerlegt. Man sagt auch: Die Nahrung wird verdaut. Pflanzen werden nur langsam verdaut. Haustiere, die Pflanzen fressen, haben einen langen Darm. Der Darm von Haustieren, die Fleisch fressen, ist kurz. Fleisch wird im Körper schneller verdaut.

a Ordne die Tiere in Bild 2 den Pflanzenfressern, Allesfressern oder Fleischfressern zu.

b Ordne den Tieren in Bild 2 den richtigen Wert D zu, mit dem man die Darmlänge berechnen kann. Begründe deine Zuordnung.

c Stelle die Werte D für alle Tiere und den Menschen in einem Säulendiagramm dar. Übernimm dazu die Vorlage aus Bild 3:

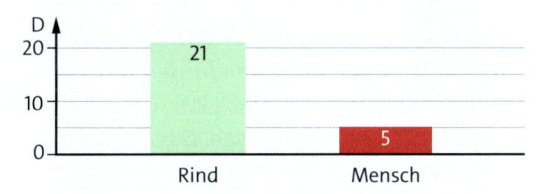

3 Darmlängen verschiedener Lebewesen

d Werte dein Säulendiagramm aus Aufgabe c aus. Formuliere einen Merksatz über die Darmlängen von Pflanzenfressern, Allesfressern und Fleischfressern. Notiere auch den Grund für die Darmlängen.

e Berechne die Darmlänge der Lebewesen in Bild 2 und notiere sie in deinem Heft.

Hund
Darmlänge = **D** × Körperlänge
(Körperlänge: 0,70 Meter)

Schaf
Darmlänge = **D** × Körperlänge
(Körperlänge: 1,50 Meter)

Schwein
Darmlänge = **D** × Körperlänge
(Körperlänge: 1,50 Meter)

Mensch
Darmlänge = **5** × Körperlänge
(Körperlänge: 1,70 Meter)

Katze
Darmlänge = **D** × Körperlänge
(Körperlänge: 0,50 Meter)

Rind
Darmlänge = **21** × Körperlänge
(Körperlänge: 2,00 Meter)

Werte für **D**
27 × Körperlänge
14 × Körperlänge
6 × Körperlänge
4 × Körperlänge

2 Die Darmlängen verschiedener Lebewesen

HAUSTIERE UND NUTZTIERE

TESTE DICH!

1 Merkmale der Lebewesen ↗ S. 20/21

1 Eine Ziege mit ihrem Jungtier

a ▨ Schreibe den Text ab und unterstreiche die Merkmale der Lebewesen, die darin beschrieben sind:

Vor ein paar Tagen kamen im Betrieb von Familie Huber junge Ziegen zur Welt. Nun stehen sie auf der Wiese und folgen ihrer Mutter überallhin. Die jungen Ziegen saugen Milch bei der Mutter. Später werden sie Pflanzen fressen. Manchmal kommt der Hofhund auf die Wiese und bellt. Das erschreckt die jungen Ziegen. Dann rennen sie schnell davon. Die Ziegenmutter geht ihnen langsam hinterher. Sie hat schon gelernt, dass der Hofhund keine Gefahr für sie ist.

b ▨ Nenne die Merkmale der Lebewesen, die in dem Text beschrieben sind.

2 Haustiere ↗ S. 27, 33, 36, 38, 44

a ▨ Beschreibe, was Nutztiere und Heimtiere sind. Nenne je drei Beispiele.
b ▨ Ordne den Gebissen A, B, C in Bild 2 einen der drei Gebisstypen zu: Allesfressergebiss, Fleischfressergebiss, Pflanzenfressergebiss.
c ▨ Nenne für jeden Gebisstyp ein Beispieltier.
d ▨ Rinder sind Wiederkäuer. Beschreibe, was damit gemeint ist.
e ▨ Beschreibe die natürliche Lebensweise der Hausschweine.

3 Verschiedene Lebensweisen ↗ S. 28, 32/33, 48

3 Katzenaugen bei Tag und in der Dämmerung

a ▨ Hunde sind wie Wölfe Hetzjäger. Beschreibe, was damit gemeint ist.
b ▨ Katzen sind Schleichjäger. Beschreibe, was damit gemeint ist.
c ▨ Ordne den Bildern 3A und 3B zu, ob sie die Katzenaugen bei Tag oder in der Dämmerung zeigen.
d ▨ Katzen jagen in der Dunkelheit. Beschreibe, wie ihre Augen an diese Lebensweise angepasst sind.
e ▨ Beschreibe, was ein Sandbad ist.
f ▨ Begründe, warum Haushühner im Sand baden.

4 Die Tierhaltung ↗ S. 37, 40, 45

a ▨ Beschreibe, wie man die Bedürfnisse der Meerschweinchen bei ihrer Haltung berücksichtigen muss.
b ▨ Beschreibe, wie man bei der Züchtung von Tieren vorgeht.
c ▨ Nenne die drei Haltungsarten von Rindern.
d ▨ Begründe, warum Milchkühe regelmäßig Nachwuchs bekommen müssen.
e ▨ Beschreibe die natürliche Lebensweise von Rindern.
f ▨ Nenne zwei Ziele bei der Züchtung von Hausschweinen.

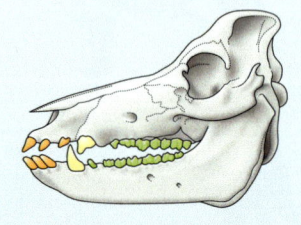

2 Die Gebisse von drei Haustieren

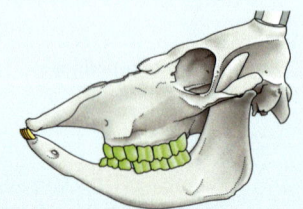

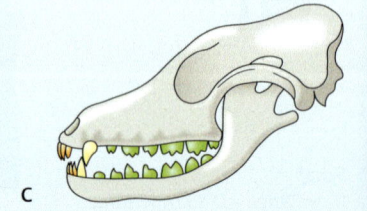

HAUSTIERE UND NUTZTIERE

rudiga

ZUSAMMENFASSUNG   Haustiere und Nutztiere

Die Merkmale der Lebewesen
Die **Merkmale** aller Lebewesen sind:
- Bewegung
- Stoffwechsel
- Reizbarkeit
- Wachstum und Entwicklung
- Fortpflanzung

Die Hunde
Hunde stammen von den Wölfen ab. Sie
- verständigen sich durch Körpersprache und Geräusche.
- haben eine Haut mit Fell.
- besitzen ein Skelett aus Knochen mit einer Wirbelsäule.
- sind Zehengänger.
- haben ein Fleischfressergebiss.
- können gut riechen und hören.
- sind Hetzjäger.
- säugen ihre Jungtiere, die Welpen, mit Muttermilch.

Die Katzen
Katzen
- verständigen sich durch Körpersprache und Geräusche.
- haben eine Haut mit Fell.
- besitzen ein Skelett aus Knochen mit einer Wirbelsäule.
- sind Zehengänger und haben ein Fleischfressergebiss.
- sind Schleichjäger und jagen in der Dämmerung und nachts.
- säugen ihre Jungtiere mit Muttermilch.

Die Haustiere
Haustiere unterscheidet man in **Nutztiere** und **Heimtiere**. Nutztiere liefern Nahrung und Materialien wie Wolle. Heimtiere sind wie Familienmitglieder.

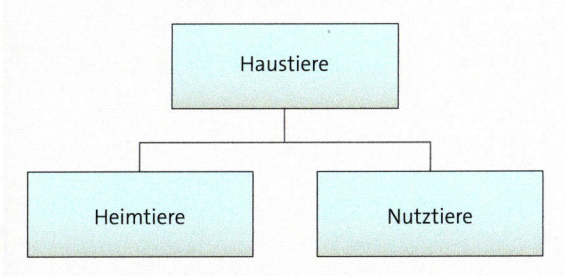

```
        Haustiere
        /      \
   Heimtiere   Nutztiere
```

Die Rinder
Rinder
- haben ein Pflanzenfressergebiss.
- haben vier Mägen.
- sind Wiederkäuer.
- säugen ihre Jungtiere, die Kälber, mit Muttermilch.

Die Schweine
Hausschweine sind durch **Züchtung** aus Wildschweinen entstanden. Sie
- sind Allesfresser.
- zeigen ähnliche Verhaltensweise wie die Wildschweine.

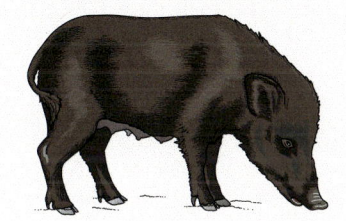

Wildschwein
120 kg
bis zu 10 Jungtiere pro Jahr

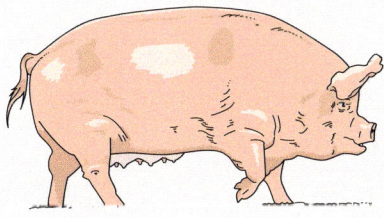

Hausschwein
250 kg
bis zu 14 Jungtiere pro Jahr

Die Haushühner
Haushühner leben in Gruppen aus mehreren Hennen und einem Hahn. Innerhalb einer Gruppe gibt es eine feste **Rangordnung**. Der Hahn führt die Gruppe an. Er markiert sein Revier durch Krähen. Als Nutztiere liefern uns die Haushühner Eier und Fleisch.

Die Tierhaltung
Von **Tierhaltung** spricht man, wenn Menschen mit Tieren leben und die Tiere versorgen. Haustiere haben ähnliche Bedürfnisse wie die Wildtiere, von denen sie abstammen. Diese Bedürfnisse müssen bei der Tierhaltung beachtet werden.
Es gibt verschiedene **Haltungsformen**. Die Haltungsformen unterscheiden sich im Maß, wie sie die Bedürfnisse der Tiere erfüllen.

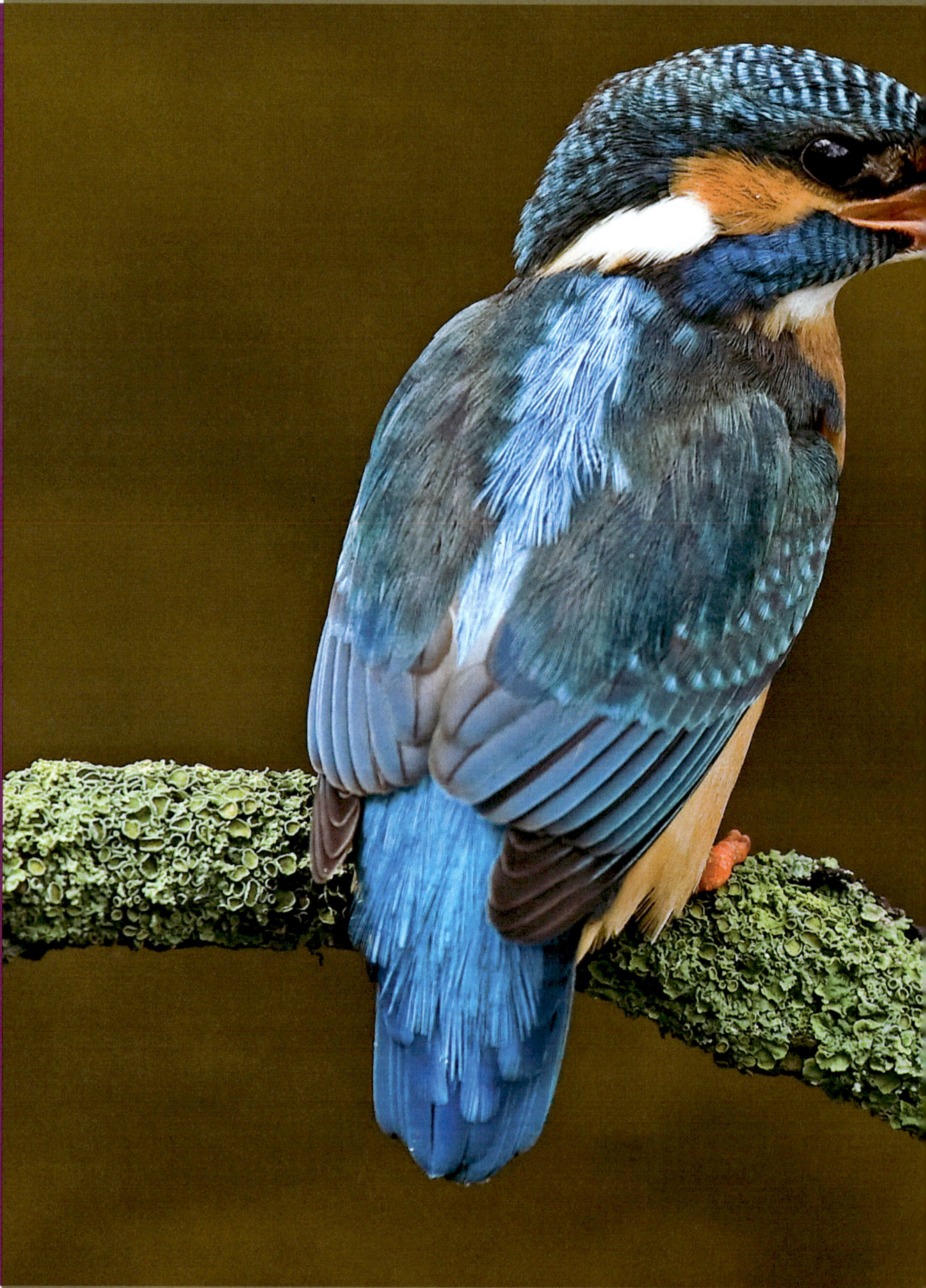

Die Wirbeltiere

In diesem Kapitel erfährst du ...
... welche Wirbeltiergruppen es gibt und wie du Tierarten den verschiedenen Wirbeltiergruppen zuordnen kannst.
... wie sich Fische, Amphibien, Reptilien, Vögel und Säugetiere fortpflanzen.
... welche Angepasstheiten verschiedene Wirbeltiere an das Leben in unterschiedlichen Lebensräumen haben.
... wie sich Nesthocker und Nestflüchter unterscheiden.
... wie sich die Lebensweise von Wirbeltieren als Folge der Einflüsse des Menschen verändert.

Vielfalt der Wirbeltiere

1 Die Katze und die Fische haben etwas gemeinsam.

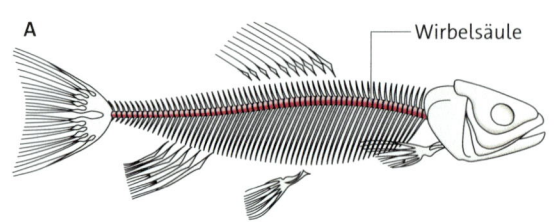

2 Das Skelett eines Hechtes (A), ein Hecht im Wasser (B)

Katzen und Fische sehen unterschiedlich aus. Sie leben in verschiedenen Lebensräumen. Der Fischkörper ist mit Schuppen bedeckt. Der Fisch lebt im Wasser. Der Körper der Katze ist mit Haaren bedeckt. Die Katze meidet das Wasser. Doch Katzen und Fische haben auch etwas gemeinsam.

Die Gemeinsamkeiten der Wirbeltiere
Die Katze und der Fisch besitzen im Körper ein Skelett aus Knochen. Man spricht von einem **Innenskelett**. Die zentrale Stütze dieses Skeletts ist die Wirbelsäule. Alle Tiere, die eine Wirbelsäule haben, werden **Wirbeltiere** genannt. Man unterscheidet fünf Gruppen der Wirbeltiere: **Fische**, **Amphibien**, **Reptilien**, **Vögel** und **Säugetiere**.

Wirbeltiere in verschiedenen Lebensräumen
Ein Gebiet, in dem bestimmte Tiere leben, nennt man **Lebensraum**. Die Tiere in einem Lebensraum kommen mit den Bedingungen dort gut zurecht. Man sagt: Sie sind **angepasst**. Wenn Tiere in Bau und Lebensweise an ihren Lebensraum angepasst sind, spricht man von **Angepasstheit**.

Die Fortpflanzung der Wirbeltiere
Bei Wirbeltieren gibt es männliche und weibliche Tiere. Die Männchen bilden männliche Geschlechtszellen, die **Spermienzellen**. Die Weibchen bilden weibliche Geschlechtszellen, die **Eizellen**. Bei der Fortpflanzung paaren sich Männchen und Weibchen. Dabei treffen Spermienzelle und Eizelle aufeinander. Wenn sie miteinander verschmelzen, dann entsteht ein neues Lebewesen. Dieses Lebewesen kommt nach den Eltern auf die Welt. Daher nennt man es **Nachkomme**.

Die Fische am Beispiel des Hechtes
Hechte leben im Wasser von Flüssen, Seen und größeren Teichen. Sie schwimmen oft in Ufernähe zwischen den Schilfhalmen. Dort jagen sie andere Fische, Frösche, kleinere Säugetiere und Insekten. Deshalb gehören Hechte zu den **Raubfischen**. Ein Hecht kann über einen Meter lang und etwa 20 Kilogramm schwer werden (Bild 2).

Die Amphibien am Beispiel des Laubfroschs
Laubfrösche leben am Land im Schilfbereich von Teichen oder Seen. Dort ernähren sie sich von Fliegen, Käfern und Spinnen. Für ihre Fortpflanzung brauchen Laubfrösche Wasser. Die Nachkommen leben zunächst im Wasser. In einigen Wochen entwickeln sie sich im Wasser zu jungen Fröschen. Die Jungfrösche verlassen das Wasser und leben an Land. Laubfrösche gehören zur Gruppe der Amphibien. Das Wort bedeutet „in beidem lebend". Gemeint sind damit die beiden Lebensräume Land und Wasser. Erwachsene Laubfrösche sind bis zu fünf Zentimeter groß und wiegen etwa sechs Gramm (Bild 3).

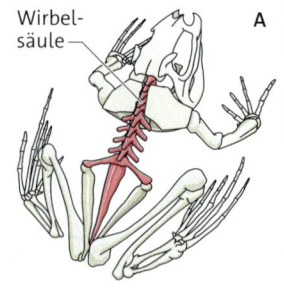

3 Das Skelett eines Laubfroschs (A), ein Laubfrosch an einem Stängel (B)

DIE WIRBELTIERE

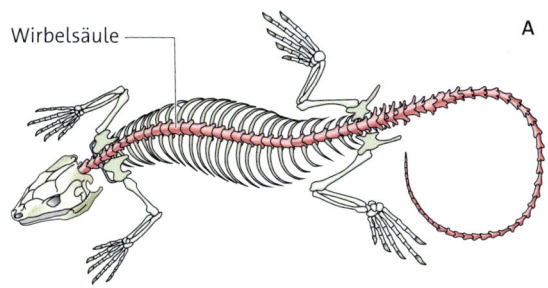

4 Das Skelett einer Eidechse (A), Eidechse auf einer Mauer (B)

6 Das Skelett eines Hamsters (A), ein Hamster im Feld (B)

Die Reptilien am Beispiel der Mauereidechse

Mauereidechsen leben in warmen, trockenen Lebensräumen wie Mauerritzen von Steinmauern oder Felsritzen von Bergen. Mit ihren kurzen Beinen kriechen sie am Boden. Sie gehören zur Gruppe der Kriechtiere. In der Fachsprache nennt man diese Reptilien. Die Mauereidechse ernährt sich von Insekten, Spinnen und Früchten. Erwachsene Tiere werden bis zu 20 Zentimeter lang und acht Gramm schwer (Bild 4).

Die Vögel am Beispiel der Blaumeise

Blaumeisen leben in Laubwäldern und Gärten. Sie fliegen meist nur kurze Strecken zwischen Bäumen oder von Ast zu Ast. Blaumeisen fressen Spinnen und kleine Insekten wie Blattläuse. Im Winter ernähren sie sich von Beeren und Samen. Eine Blaumeise wird etwa zwölf Zentimeter lang und wiegt etwa 10 Gramm (Bild 5).

Die Säugetiere am Beispiel des Feldhamsters

Feldhamster leben in unterirdischen Höhlen auf Äckern, Feldern oder Wiesen. Ein Weibchen bringt in der Höhle die Jungtiere zur Welt und füttert sie mit Milch. Man sagt Sie säugt die Jungtiere. Daher gehören Feldhamster zu den Säugetieren. Die erwachsenen Tiere ernähren sich von Pflanzen. Ausgewachsene Feldhamster werden bis zu 35 Zentimeter groß und 500 Gramm schwer (Bild 6).

> Wirbeltiere haben ein Innenskelett mit einer Wirbelsäule. Bei der Paarung kommen ein weibliches und ein männliches Tier zusammen. Wirbeltiere werden in die fünf Gruppen Fische, Amphibien, Reptilien, Vögel und Säugetiere eingeteilt. Wirbeltiere leben im Wasser, auf dem Land und in der Luft. Wirbeltiere sind an ihren Lebensraum angeasst.

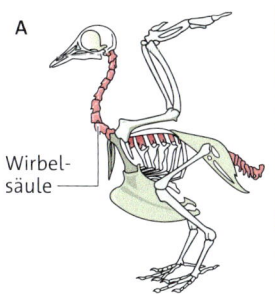

5 Das Skelett der Blaumeise (A), Blaumeise auf einem Ast (B)

AUFGABEN

1 Die Wirbeltiere
a Nenne zwei Merkmale der Wirbeltiere.
b Beschreibe die Entstehung eines Nachkommen in einem Flussdiagramm.

2 Die Wirbeltiergruppen
Nenne zu jeder Wirbeltiergruppe die Lebensräume und das Beispieltier aus dem Text.

DIE WIRBELTIERE

METHODE Einen Sachtext verstehen

Vielleicht kennst du das: Du hast einen Text gelesen, aber du hast noch nicht alles verstanden. Wenn du Texte besser verstehen willst und dir die Inhalte merken willst, dann wendest du am besten die folgenden Schritte an:

1 Einen Überblick verschaffen
Bevor du den Text liest, solltest du dir einen Überblick verschaffen. Lies zuerst die Überschrift. Gibt es Bilder, Zwischenüberschriften oder hervorgehobene Wörter? Sie helfen dir zu erkennen, worum es in dem Text geht.

Jihe hat von ihrer Lehrerin den Text in Bild 1 bekommen. Die Überschrift „Unerwünschte Besucher" versteht sie nicht. Jihe sieht, dass der Text in Absätze unterteilt ist, die Zwischenüberschriften haben. Außerdem sind manche Wörter im Text schräg gedruckt. Jihe sieht auch, dass es ein Foto mit einer Bildunterschrift gibt. Das Foto zeigt einen Marder. Nun weiß Jihe, dass es in dem Text um Marder geht.

2 Die Bilder ansehen
Wenn Bilder oder Tabellen zum Text gehören, dann schau sie dir an. Lies die Bildunterschriften. Sie beschreiben, was auf den Bildern zu sehen ist, und geben zusätzliche Informationen.

Jihe schaut sich das Foto genauer an. Es zeigt einen Marder in einem Auto. Jetzt versteht Jihe die Überschrift des Textes. Es geht wohl um Marder in der Umgebung des Menschen.

3 Die Zwischenüberschriften lesen
Texte sind oft in Abschnitte gegliedert. Die Informationen in einem Abschnitt gehören zusammen. Lies die Zwischenüberschriften. Sie beschreiben, worum es in den einzelnen Abschnitten geht.

Die Zwischenüberschrift „Schäden durch Marder" deutet darauf hin, dass Marder Probleme verursachen. Jihe weiß aber nicht, was das mit „Katzenhaar und Ultraschall" zu tun haben soll.

Unerwünschte Besucher

Steinmarder sind etwa 1,5 kg schwere Raubtiere aus der Familie der *Hundeartigen,* die in ganz Mitteleuropa verbreitet sind. Normalerweise leben die Tiere in Wäldern oder auf Feldern. Aber die *nachtaktiven* Jäger sind *Kulturfolger.* Das heißt, sie halten sich in der Nähe von menschlichen Siedlungen auf. Dort finden sie reichlich Nahrung sowie zahlreiche Verstecke in Garagen, auf Dachböden oder in Stein- und Holzhaufen.

Ein Marder auf einem Motor

Schäden durch Marder
Früher waren Marder als *Hühnerdiebe* berüchtigt, heute jedoch bereiten die Tiere den Menschen andere Probleme. Während der Paarungszeit poltern *Dachmarder* nachts oft lautstark über Dachböden und rauben den Bewohnern den Schlaf. Auch der Geruch der Losungen, die sie hinterlassen, kann sehr unangenehm sein. Materielle Schäden verursachen *Automarder*. Sie beißen Schläuche und Kabel in Autos durch.

Katzenhaar und Ultraschall
Einen „Dachmarder" kann man in der Nacht aussperren, wenn man weiß, auf welchem Weg er hereinkommt. Unangenehme Geräusche und Gerüche können helfen, den Marder zu vertreiben. Beliebte Hausmittel sind laute Musik sowie das Verstreuen von Hunde- und Katzenhaaren. Es gibt auch spezielle Mardersprays und Ultraschallgeräte zu kaufen, um die Tiere von Häusern und Autos fernzuhalten.

1 Diesen Text hat Jihe von ihrer Lehrerin bekommen.

4 Die hervorgehobenen Wörter lesen

Viele Texte enthalten **fett** oder *kursiv* gedruckte Wörter. Dadurch fallen sie sofort auf. Diese Wörter helfen dir zu verstehen, um was es in dem Abschnitt geht.

Jihe liest die kursiv gedruckten Wörter. Daran erkennt sie, dass der erste Abschnitt allgemeine Informationen über Marder enthält. Im zweiten Abschnitt geht es um die Probleme, die Marder dem Menschen machen. Im letzten Abschnitt findet sie die Wörter „aussperren", „Geräusche", „Gerüche", „Marderspray" und „Ultraschallgeräte". In diesem Abschnitt geht es wohl um Maßnahmen gegen Marder.

5 Den Text lesen

Lies jetzt den gesamten Text aufmerksam durch. Wenn du Wörter findest, die du nicht kennst, dann schau nach, was sie bedeuten. Verwende dafür ein Lexikon oder das Internet. Wenn du einen Satz nicht verstanden hast, dann lies ihn noch mal.

Die Wörter „Losungen" und „Ultraschallgeräte" hat Jihe noch nie gehört. Sie gibt sie jeweils zusammen mit dem Wort „Marder" in einer Suchmaschine ein. So findet sie heraus, dass „Losung" ein anderes Wort für die Ausscheidungen von Tieren ist. Außerdem erfährt Jihe, dass Ultraschallgeräte hohe Töne aussenden, die Menschen nicht hören können.

6 Den Text zusammenfassen

Verwende Stift und Papier, um das Wichtigste zu notieren. Schreibe Stichwörter auf. Ordne, was inhaltlich zusammengehört. Stelle Zusammenhänge durch Pfeile dar. Du kannst auch Skizzen oder Zeichnungen anfertigen, um dir die Zusammenhänge zu verdeutlichen. Stelle W-Fragen, die du mit dem Text beantworten kannst. Damit kannst du überprüfen, ob du den Text wirklich verstanden hast. W-Fragen sind Fragen, die mit einem W beginnen, zum Beispiel: Wer? Was? Wann? Wo? Warum? Wie?

Jihe macht sich Notizen. Sie sind in Bild 2 zu sehen.

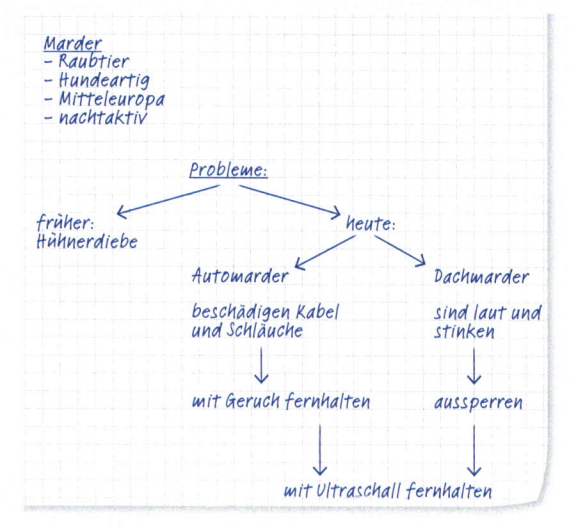

2 Jihes Notizen

AUFGABEN

1 Arbeiten mit Texten

a Beschreibe, wie du dir einen Überblick über einen Text verschaffen kannst, bevor du ihn genau liest.

b Nenne zwei Möglichkeiten, wie du die Bedeutung unbekannter Wörter herausfinden kannst.

c Erstelle eine Übersicht zu dieser Methode. Notiere dazu die einzelnen Schritte mit einigen Stichpunkten. Bewahre deine Übersicht auf, so kannst du die Schritte jederzeit schnell nachschauen.

Tipps

– Wenn keine Schlüsselwörter markiert sind, dann kannst du selbst wichtige Wörter im Text markieren oder auf einem Blatt Papier aufschreiben.
– Wenn die Textabschnitte keine Zwischenüberschriften haben, dann kannst du dir beim Lesen selbst Überschriften überlegen. Notiere sie auf einem Blatt Papier.
– Wenn du nach bestimmten Informationen suchst, dann überlege dir vorher Fragen, auf die du Antworten finden willst. Nutze die Zwischenüberschriften und die hervorgehobenen Wörter, um schnell den richtigen Abschnitt zu finden

3 Weitere Tipps für den Umgang mit Texten

DIE WIRBELTIERE

Die Merkmale der Fische

1 Pauls Vater hat einen Fisch gefangen.

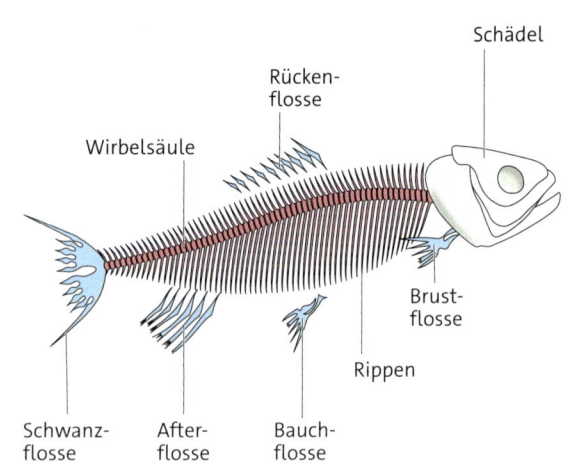

3 Das Skelett eines Fisches

Paul geht mit seinem Vater angeln. Sie schauen sich die Fische an, die sie fangen. Bei allen Fischen erkennen sie auf beiden Seiten des Körpers jeweils vom Kopf bis zum Schwanz eine Linie.

Der Körperbau
Alle Fische haben ein Innenskelett mit einer Wirbelsäule. Daher gehören sie zu den Wirbeltieren. Der Körper der Fische ist an das Leben im Wasser angepasst. Er ist seitlich abgeflacht und läuft am Kopf und am Schwanz spitz zu. Diese Körperform heißt **Spindelform**. Ein spindelförmiger Körper kann leicht durch das Wasser gleiten. Auf dem Körper der Fische befinden sich kleine Platten. Das sind die **Schuppen**. Sie sind in der Haut befestigt und liegen wie Dachziegel übereinander. In der Haut befinden sich Organe, die Schleim bilden. Das sind die **Schleimdrüsen** (Bild 2). Der Schleim macht die Haut glitschig. So gleitet das Wasser leicht am Fischkörper vorbei.

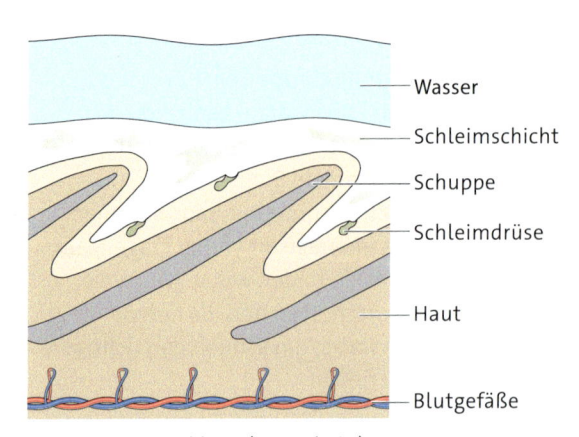

2 Der Bau der Fischhaut (Querschnitt)

Die Fortbewegung
Fische haben mehrere Körperteile aus langen, dünnen Knochen, die durch eine dünne Haut miteinander verbunden sind (Bild 3). Diese Körperteile heißen **Flossen**. Sie werden von Muskeln bewegt, die mit der Wirbelsäule verbunden sind. An den Namen der Flossen erkennt man, wo sie sich befinden. Die **Schwanzflosse** schlägt seitlich hin und her. Dadurch wird das Wasser nach hinten gedrückt und der Fisch gleitet vorwärts. Mit den beiden **Brustflossen** und den beiden **Bauchflossen** können Fische bremsen und die Richtung ändern. Mit der **Rückenflosse** und der **Afterflosse** halten Fische den Körper im Wasser aufrecht.

Schweben im Wasser
Fische sind schwerer als Wasser. Deshalb würden sie nach unten sinken und müssten ständig nach oben schwimmen. Aber Fische besitzen eine mit Luft gefüllte Blase in ihrem Körper. Diese Blase heißt **Schwimmblase**. Damit können die Fische ihr Gewicht an das Gewicht des Wassers um sie herum anpassen. Wenn Fische nach unten sinken oder schwimmen, dann geben sie mehr Luft in die Schwimmblase. Wenn Fische nach oben schwimmen, dann lassen sie Luft aus der Schwimmblase. So können die Fische in verschiedenen Wassertiefen schweben, ohne die Flossen zu bewegen.

Die Atmung
Fische atmen mit Organen, die sich an beiden Seiten hinter dem Kopf befinden. Diese Organe heißen **Kiemen**. Sie bestehen aus dünnen Hautblättchen, die sehr stark durchblutet sind.

4 Ein Blick unter den Kiemendeckel auf die Kiemen

Deshalb sehen sie rot aus (Bild 4). Die Kiemen sind durch eine harte Knochenplatte geschützt. Das ist der **Kiemendeckel**. Wenn Fische ihr Maul öffnen, dann strömt Wasser hinein. Wenn sie das Maul wieder schließen, dann öffnen sich die Kiemen. Durch sie fließt das Wasser wieder hinaus (Bild 5). Das Wasser enthält das Gas Sauerstoff. Es wird an den Kiemen ins Blut der Fische aufgenommen. Gleichzeitig wird das Gas Kohlenstoffdioxid aus dem Blut an das Wasser abgegeben. Dieser Austausch von Gasen wird **Atmung** genannt.

Erkennen der Umwelt

Fische haben auf jeder Seite des Kopfes ein Auge. Dadurch haben sie einen guten Blick rund um ihren Körper. Die Ohren der Fische bestehen aus kleinen Röhrchen, die hinter den Augen im Kopf liegen. Die Nase der Fische besteht aus vier kleinen Löchern, die vor den Augen liegen. Fische haben außerdem auf beiden Seiten des Körpers jeweils eine Linie, die vom Kopf bis zum Schwanz führt. Das ist das **Seitenlinienorgan**. Es besteht aus kleinen Löchern, die zu einer Röhre dicht unter der Haut führen. Mit diesem Organ können Fische Strömungen des Wassers erkennen.

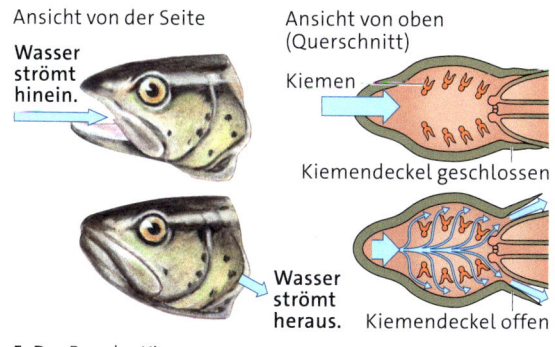

5 Der Bau der Kiemen

BASISKONZEPT Struktur und Funktion
Alle Lebewesen besitzen Organe oder Körperteile, die bestimmte Aufgaben erfüllen. Die Kiemen der Fische ermöglichen durch ihren Bau das Atmen im Wasser.
Das Fachwort für den Bau eines Körperteils heißt **Struktur**. Die Struktur ermöglicht die Erfüllung der Aufgaben. Diese Aufgaben nennt man **Funktionen**. Bestimmte Strukturen ermöglichen also bestimmte Funktionen. Das gilt für alle Lebewesen. So einen grundlegenden Zusammenhang bezeichnet man als **Basiskonzept**.

Fische sind Wirbeltiere. Ihr spindelförmiger Körper ist mit Schuppen und einer Schleimschicht bedeckt. Mit den Flossen können die Fische schwimmen, bremsen oder die Richtung ändern. Mit der Schwimmblase können die Fische im Wasser schweben. Fische atmen mit Kiemen. Mit verschiedenen Organen können die Fische ihre Umwelt erkennen.

AUFGABEN

1 Der Körperbau der Fische
a Nenne das Fachwort für die Körperform der Fische.
b Beschreibe, wie die Haut von Fischen gebaut ist.
c Begründe, warum Fische zu den Wirbeltieren gehören.

2 Das Leben im Wasser
a Liste die verschiedenen Flossen eines Fisches in einer Tabelle auf und ordne jedem Flossentyp seine Aufgabe zu.

Flosse	Aufgabe
Schwanzflosse	Fortbewegung
...	...

b Nenne drei Angepasstheiten von Fischen an das Leben im Wasser.
c Beschreibe mithilfe von Bild 5, wie Fische atmen. Verwende dabei die Fachwörter Sauerstoff und Kohlenstoffdioxid.
d Erläutere das Basiskonzept Struktur und Funktion am Beispiel der Kiemen.

DIE WIRBELTIERE

Die Fortpflanzung und die Entwicklung der Fische

1 Zwei Bachforellen bei der Paarung

Alina beobachtet zwei Forellen in einem Bach. Sie fragt sich, warum eine Forelle ihre Schwanzflosse stark hin- und herbewegt. Sie wirbelt dabei Steine und Sand vom Boden auf.

Die Fortpflanzung der Bachforelle
Manchmal schwimmen eine männliche und eine weibliche Bachforelle nebeneinander. Das Weibchen bewegt die Schwanzflosse dabei dicht über dem Boden des Bachs hin und her. Dadurch entsteht im Boden eine Vertiefung. Dazu sagt man auch Grube. Dann schlägt das Männchen mit der Schwanzflosse gegen den Körper des Weibchens. Daraufhin legt das Weibchen etwa 1500 Eier in die Vertiefung (Bild 2). Die Eier werden **Laich** genannt. Die Grube heißt **Laichgrube**. Jedes Ei enthält eine Eizelle und einen Nahrungsvorrat.

Das Fachwort für den Nahrungsvorrat im Ei ist **Dotter**. Das Forellenmännchen gibt eine milchige Flüssigkeit mit Spermienzellen über dem Laich ab. Die Spermienzellen dringen in die Eier ein. In jedem Ei verschmilzt eine Spermienzelle mit einer Eizelle. Diesen Vorgang nennt man **Befruchtung**. Die Eizellen sind jetzt befruchtet. Die Befruchtung findet außerhalb des Körpers der Fische statt. Deshalb spricht man von **äußerer Befruchtung**.

Die Entwicklung der Bachforelle
In den Eiern entwickeln sich die befruchteten Eizellen zu neuen Fischen. Ein neues Lebewesen, das aus einer befruchteten Eizelle entsteht, heißt **Embryo**. Der Embryo ernährt sich vom Dotter im Ei. Nach zwei Monaten hat sich der Embryo zu einem fast durchsichtigen Lebewesen entwickelt (Bild 2). Dieses Lebewesen heißt **Larve**. Die Fischlarve verlässt das Ei. Man sagt: Sie schlüpft. Die Larve lebt zwischen den Steinen am Boden des Bachs. Dort ist sie geschützt vor Tieren, die Larven fressen. Am Bauch hat die Larve einen Sack mit Resten des Dotters. Das ist der **Dottersack**. Davon ernährt sich die Fischlarve. Sie wächst und entwickelt sich zum **Jungfisch**. Wenn der Dottersack leer ist, dann sucht der Jungfisch in der Umgebung nach Nahrung. Bachforellen fressen Insekten, Schnecken und kleinere Fische. Nach drei Jahren sind Bachforellen ausgewachsen. Die erwachsenen Fische können sich fortpflanzen. Dazu schwimmen sie an den Ort im Bach zurück, an dem sie selbst geschlüpft sind.

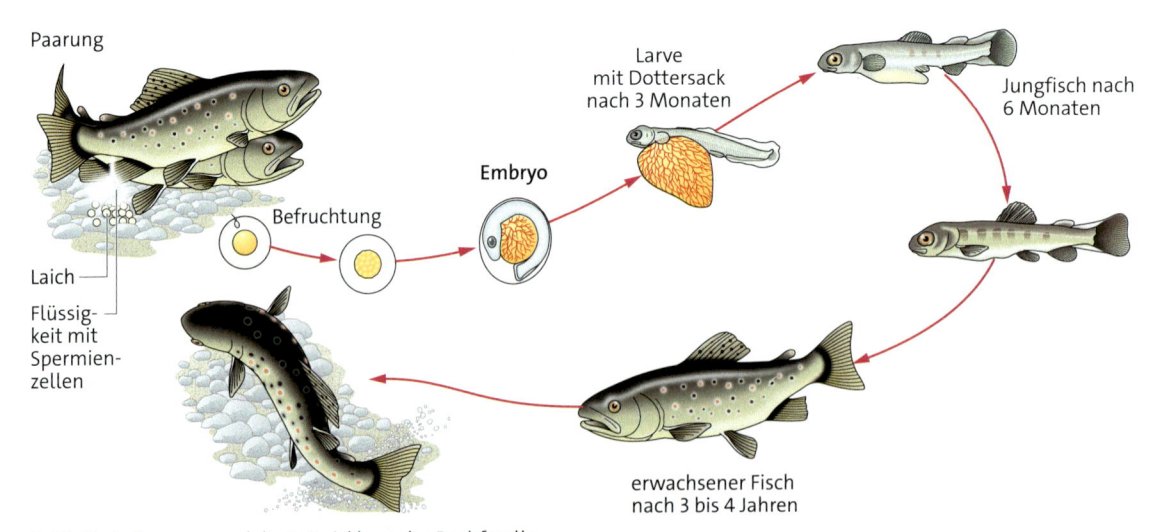

2 Die Fortpflanzung und die Entwicklung der Bachforelle

3 Eine geschlüpfte und eine schlüpfende Lachs-Larve

5 Ein Stichlingsmännchen bewacht seine Nachkommen.

Das Leben der Lachse

Lachse pflanzen sich in Flüssen fort. Die Weibchen legen dort die Eier ab und die Männchen geben die Spermienzellen dazu. Aus den Eiern schlüpfen nach etwa zwei Wochen die Larven (Bild 3). Sie entwickeln sich im Fluss zu jungen Lachsen. Nach ein bis zwei Jahren schwimmen die Lachse vom Fluss ins Meer. Hier werden sie bis zu 1,5 Meter lang und über 40 Kilogramm schwer. Wenn sie etwa vier Jahre alt sind, dann schwimmen sie vom Meer zurück in den Fluss, in dem sie geboren wurden. Dabei springen sie auch über Hindernisse wie Wasserfälle (Bild 4). Im Fluss pflanzen sich die Lachse fort. Lachse wechseln also ihren Lebensraum: Sie schwimmen vom Fluss ins Meer und zur Fortpflanzung vom Meer in den Fluss. Das Fachwort für dieses Verhalten ist **Fischwanderung**. Lachse werden deshalb auch als **Wanderfische** bezeichnet.

Die Brutpflege bei Fischen

Bei den Stichlingen baut das Männchen ein Nest aus Pflanzenteilen. Darin legen mehrere Weibchen ihre Eier ab. Das Männchen gibt seine Spermienzellen dazu. Wenn die Larven geschlüpft sind, dann bewacht das Männchen sie (Bild 5). Es beschützt sie, indem es Angreifer vertreibt. Es pflegt also seine Nachkommen. Die Nachkommen nennt man auch **Brut**. Deshalb wird das Verhalten des Männchens auch **Brutpflege** genannt.

> Fische pflanzen sich durch äußere Befruchtung fort. In einem befruchteten Ei entwickelt sich ein Embryo. Er schlüpft als Larve aus dem Ei und entwickelt sich zum Jungfisch. Lachse sind Wanderfische. Stichlinge betreiben Brutpflege.

AUFGABEN

1 Die Fortpflanzung der Fische
a ▣ Nenne die Fachwörter für die Fischeier und den Ort der Eiablage.
b ▣ Beschreibe, was mit dem Fachwort äußere Befruchtung gemeint ist.
c ▣ Stelle die Entwicklung einer Bachforelle in einem Flussdiagramm dar.

2 Lachse und Stichlinge
a ▣ Erkläre, warum Lachse als Wanderfische bezeichnet werden.
b ▣ Nenne zwei Unterschiede im Verhalten von Bachforellen und Stichlingen bei der Fortpflanzung und der Brutpflege.

4 Vier Lachse springen über einen Wasserfall.

METHODE   Über Experimente sprechen

1 Emma berichtet von ihrem Experiment.

Der Schritt	Die Erklärung
die Frage/ die Aufgabe	Auf die Frage sollst du mithilfe des Experiments eine Antwort finden. Die Aufgabe sollst du mithilfe des Experiments lösen.
die Vermutung	Beschreibe, was passieren wird. Was erwartest du? Die Antwort ist deine Vermutung.
das Material	Zähle alle Materialien auf, die du in deinem Experiment verwendest.
der Aufbau des Experiments	Beschreibe, wie dein Experiment aufgebaut ist.
die Durchführung	Erkläre, was du tust, während du das Experiment durchführst. Zähle alle Schritte auf.
die Beobachtung	Beschreibe, was du siehst, hörst oder misst oder was sich verändert. Das sind deine Beobachtungen.
die Auswertung	Wenn deine Beobachtungen deine Vermutung bestätigen, dann kannst du die Frage beantworten oder die Aufgabe lösen.

3 Die Schritte beim Berichten über ein Experiment

Wenn du über ein Experiment berichten willst, dann muss deine Beschreibung sehr genau sein. Hier findest du einige Wörter, Satzanfänge und Erklärungen, die dir dabei helfen.

In Bild 1 siehst du die Frage, die der Lehrer für die Klasse an die Tafel geschrieben hat. Er hat dazu auch eine Skizze gezeichnet. Den Arbeitsauftrag für die Schülerinnen und Schüler kannst du in Bild 2 lesen. Emma schaut sich die Skizze an der Tafel an. Sie erkennt, dass sie aus dem Papiertaschentuch Streifen schneiden muss. Emma vermutet, dass sie die Streifen dann zusammenbinden muss. Wenn sie das Kiemenmodell anschließend ins Wasser hält, dann kann sie hoffentlich erkennen, wie die Kiemen funktionieren.

> Baue ein Kiemenmodell. Nutze dazu das folgende Material: Papiertaschentücher, Schere, Stücke von Blumendraht (10 cm lang), Bechergläser, Wasser. Beantworte dann die Frage, die an der Tafel steht. Hinweis: Gehe vorsichtig mit der Schere um.

2 Der Arbeitsauftrag für die Schülerinnen und Schüler

1 Die Schritte der Beschreibung planen
Berichte in sinnvollen Schritten über dein Vorgehen beim Experimentieren. Nutze dazu Bild 3. Nenne die Aufgabe oder die Frage und deine Vermutung. Beschreibe, welches Material du verwendet hast und wie du dein Experiment aufgebaut hast. Berichte dann über die Durchführung. Besonders wichtig ist eine verständliche Beschreibung deiner Beobachtungen. Beantworte damit die Frage oder nenne die Lösung der Aufgabe.

Emma will, dass die anderen Schülerinnen und Schüler wissen, wie sie beim Experimentieren vorgegangen ist. Sie hält sich an die Reihenfolge der Schritte in Bild 3. Emma beginnt mit der Frage. Danach spricht sie von ihrer Vermutung über die Kiemen von Fischen. Sie nennt die Materialien, die sie für ihr Experiment verwendet hat. Anschließend berichtet Emma über den Aufbau und die Durchführung des Experiments. Dann beschreibt sie ihre Beobachtungen ganz genau. Zum Schluss wertet sie das Experiment aus, indem sie die Frage beantwortet, die der Lehrer an die Tafel geschrieben hat.

Nomen	Verben	Verwandte Wörter	Satzanfänge – Beispiele
das Experiment	experimentieren	experimentell	„Ich habe ein Experiment zum ... durchgeführt." „Das Experiment soll zeigen, wie ..." „Mit diesem Experiment wollen wir eine Antwort auf die Frage finden, wie ..."
die Vermutung	vermuten	vermutlich, vermutet	„Ich habe die Vermutung, dass ..." „Vermutlich wird ..."
die Verwendung	verwenden	verwendbar	„Für das Experiment habe ich ... verwendet." „Für das Experiment kann man ... verwenden."
die Durchführung	durchführen	durchführbar	„Für die Durchführung des Experiments braucht man ..." „Ich habe ... durchgeführt."
die Veranschaulichung	veranschaulichen	anschaulich, veranschaulicht	„Ich habe eine Skizze gemacht, die ... veranschaulicht." „Meine Skizze zeigt ..."
die Messung, die Messbarkeit, das Messgerät	messen	messbar, gemessen	„Die Messung hat den Wert ... ergeben." „Ich habe den ... mit dem ... gemessen."
die Beobachtung	beobachten	beobachtbar, beobachtet	„Ich habe die Beobachtung gemacht, dass ..." „Ich konnte beobachten, dass ..."
die Auswertung	auswerten	auswertbar, ausgewertet	„Die Auswertung zeigt, dass ..." „Wenn man das Experiment auswertet, dann ..." „Das Experiment war nicht auswertbar, weil ..."

4 Einige Wörter und mögliche Satzanfänge zum Beschreiben der Schritte beim Experimentieren

2 Satzanfänge helfen bei der Orientierung
Zeige mit einem einleitenden Satz, welchen Schritt des Experiments du gerade beschreibst. Verwende dazu Wörter, die zu den Schritten beim Experimentieren passen. In Bild 4 siehst du einige Vorschläge für Satzanfänge.

Emma beginnt so: „Das Experiment soll zeigen, warum Fische mit ihren Kiemen nur im Wasser atmen können. Ich hatte die Vermutung, dass die Kiemen außerhalb vom Wasser aneinanderkleben. Mit dem Material habe ich ein Kiemenmodell gebaut. Dann habe ich das Modell in das Becherglas mit Wasser gehalten. Bei der Durchführung habe ich darauf geachtet, dass ... "

3 Verben machen Beobachtungen deutlich
Beschreibe alles, was du sehen, hören, riechen oder messen kannst. Erwähne auch, wenn sich nichts verändert. Nutze dazu passende Verben. In Bild 5 sind einige Beispiele zu sehen.

Emma beschreibt ihre Beobachtungen so: „Als ich das Kiemenmodell ins Wasser gehalten habe, haben sich die Papierstreifen voneinander getrennt." Sie beschreibt auch, wie sich das Modell an der Luft verhalten hat: „Wenn ich das Modell aus dem Wasser gezogen habe, dann klebten die nassen Papierstreifen aneinander."

AUFGABEN
1 **Über Experimente sprechen**
a ⊠ Was hat Emma ihrer Klasse erzählt? Nutze die Informationen auf dieser Seite und erzähle Emmas Experiment nach.
b ⊠ Werte Emmas Experiment aus und beantworte die Frage.
c ⊠ Beschreibe deine Beobachtungen, wenn du statt des Papiertaschentuchs Alufolie für das Modell verwendest.

ins Wasser halten
aus dem Wasser herausziehen
schneiden
kleben
zusammenbinden
trennen

5 Einige Verben, die Vorgänge beschreiben

DIE WIRBELTIERE

PRAXIS Untersuchen einer Forelle

1 Eine Anglerin hat eine Forelle gefangen.

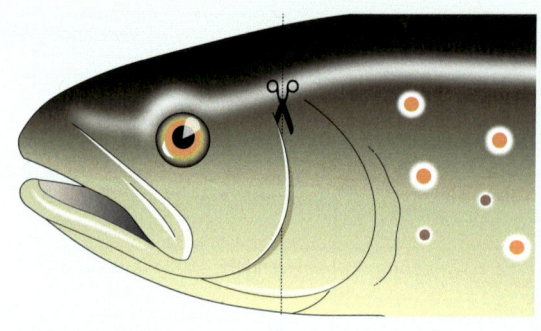

3 Die Schnittführung zur Freilegung der Kiemen

A Die Forelle von außen

Material:
Papierhandtücher, Forelle, Lupe, Einweghandschuhe

Durchführung:
– Legt die Forelle auf die Papierhandtücher.
– Betrachtet den Körper der Forelle.
– Befühlt die Haut der Forelle.
– Notiert eure Beobachtungen.

Auswertung:
1. Vergleicht die Form der Forelle mit den Beispielformen in Bild 2. Benennt die Form der Forelle.
2. Beschreibt die Aufgabe der Form der Forelle mithilfe Bild 2.
3. Beschreibt die Haut der Forelle.
4. Begründet die Beschaffenheit der Haut der Forelle.
5. Zeichnet einen Umriss der Forelle und ordnet folgende Bezeichnungen zu:
   – Bauchflosse, Rückenflosse, Schwanzflosse, Brustflosse, Afterflosse
   – Seitenlinie
   – Kiemendeckel

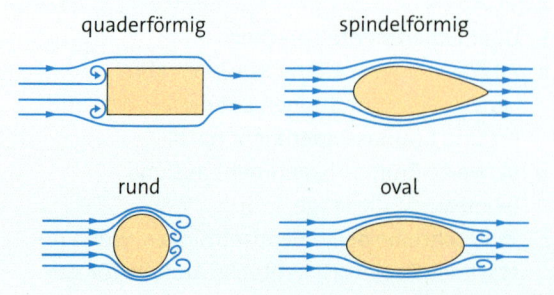

quaderförmig   spindelförmig

rund   oval

2 Beispiele für Formen und deren Strömungseigenschaften

B Untersuchung der Atemorgane

Material:
Papierhandtücher, Forelle, Schere, Pinzette, Einweghandschuhe, Metallsonde, Lösung aus Wasser und Isopropylalkohol (Propan-2-ol)

> **Achtung!** Geht vorsichtig mit der Schere um. Verstaut sie nach dem Gebrauch wieder sicher. Desinfiziert nach der Präparation alles mit einer Lösung aus Wasser und Isopropylalkohol.

Durchführung:
– Hebt den Kiemendeckel mit der Pinzette an.
– Schneidet den Kiemendeckel wie in Bild 2 gezeigt ab.
– Betrachtet die Kiemenblättchen.
– Führt anschließend die Metallsonde durch das Maul ein und durch die Kiemen wieder nach außen, um den Weg des Wassers zu zeigen.
– Notiert eure Beobachtungen.

Auswertung:
1. Begründet die Farbe der Kiemen.
2. Erläutert mithilfe des Textes in Bild 3, welche Vorgänge an den Kiemen ablaufen müssen.

> ... in jeder Zelle eines Wirbeltiers wird Zucker mithilfe von Sauerstoff zu Kohlenstoffdioxid und Wasser umgesetzt. Diesen Vorgang nennt man Zellatmung. Die Verteilung des Sauerstoffs erfolgt dabei über das Blut, das diesen an ...

4 Eine Information zur Zellatmung

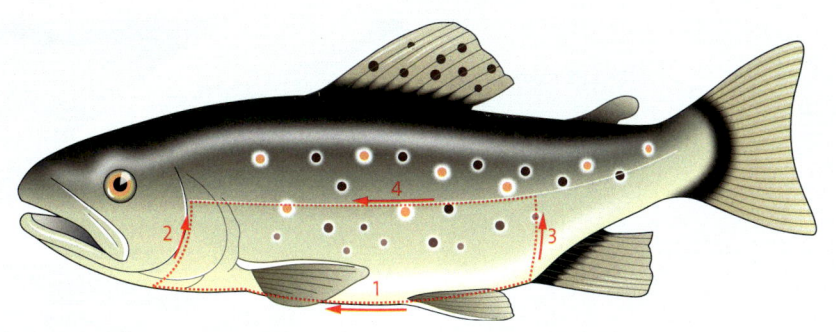

5 Die Schnittführungen zur Öffnung des Fisches

C Untersuchung der inneren Organe

Material:
Papierhandtücher, Forelle, Schere, Pinzette, Einmalhandschuhe, Lösung aus Wasser und Isopropylalkohol (Propan-2-ol)

Durchführung:
– Beachtet die Sicherheitshinweise von Seite 66.
– Schneidet ein Fenster in die seitliche Bauchwand. Achtet darauf, die Schere flach zu führen, damit keine inneren Organe verletzt werden. Schneidet dabei nach dem in Bild 4 gezeigten Schnittmuster.
  Schnitt 1: Schneidet vom After bis zum unteren Ende der Kiemenhöhle.
  Schnitt 2: Der nächste Schnitt verläuft am Kiemenbogen entlang nach oben bis zur Seitenlinie.
  Schnitt 3: Schneidet nun vom After aufwärts bis zur Seitenlinie.
  Schnitt 4: Klappt die Bauchseite nach oben und trennt diese ab. Dabei kann es helfen, wenn ihr zunächst die Gräten mit dem Skalpell durchschneidet.

Auswertung:
1. Benennt die inneren Organe der Forelle mithilfe von Bild 6.
2. Erstellt eine Tabelle und notiert darin Farbe, Form und Beschaffenheit von jedem Organ.
3. Entscheidet mithilfe von Bild 5, ob es sich bei eurer Forelle, um ein weibliches oder um ein männliches Tier handelt.
4. Öffnet den Magen mit dem Skalpell und betrachtet den Mageninhalt. Beschreibt den Mageninhalt.
5. Stellt Vermutungen an, was die Forelle zuletzt gegessen hat.

Aufräumen:
– Gebt alle Fischreste mit den Papierhandtüchern und den Einweghandschuhen in eine Abfalltüte.
– Reinigt die Schere und die Pinzette mit der Lösung aus Wasser und Isopropylalkohol.
– Wischt den Tisch mit der Lösung aus Wasser und Isopropylalkohol ab.
– Wascht euch die Hände mit Seife.

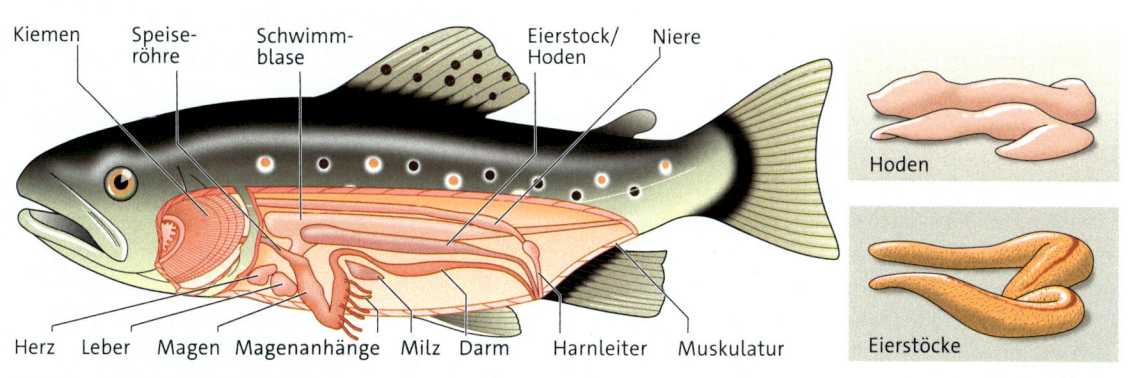

6 Die inneren Organe einer Forelle

DIE WIRBELTIERE

EXTRA   Soll man Lachs essen?

1 Eine Lachsfarm im Meer vor Chile

2 Lachs aus ökologischer Zucht auf dem Wochenmarkt

Die Lachszüchterin oder der Lachszüchter
Mein Vater ist noch mit dem Fischkutter auf das Meer gefahren, um Lachse zu fangen. Das war bei Sturm sehr gefährlich. Oft hat er nur wenige Lachse gefangen, die er dann verkauft hat. Unsere Familie war sehr arm. Ich habe dann eine Lachsfarm aufgebaut. Heute ist das ein großer Betrieb mit vielen Mitarbeitenden. So kann ich viele Lachse züchten und an Großhändler verkaufen. Davon kann meine Familie gut leben. Im Supermarkt kann der Lachs dann billig verkauft werden, sodass ihn sich jeder leisten kann.

Die Naturschützerin oder der Naturschützer
Eine Lachsfarm besteht aus Netzkäfigen, die im Meer liegen. In den Käfigen leben sehr viele Lachse eng zusammen. Diese Haltung ist nicht artgerecht. Heute weiß man, dass Fische auch Stress und Schmerzen fühlen. In das Futter der Tiere werden Vitamine und Medikamente gemischt. Außerdem enthält das Futter einen Farbstoff, damit das Lachsfleisch rot wird. Die Futterreste und der Kot der Fische verschmutzen das Meer.

Die Großmutter oder der Großvater
Früher gab es Lachs nur zu besonderen Gelegenheiten, zum Beispiel an Weihnachten oder Silvester. Heute essen die Menschen öfter mal Brötchen mit geräuchertem Lachs oder machen sich Nudeln mit Lachssahnesoße. Im Supermarkt stapeln sich die Lachspakete im Kühlregal und in der Tiefkühltruhe. Lachs ist zu einem Massenprodukt geworden. Das finde ich nicht gut.

Die Mutter oder der Vater
Ich will mich und meine Familie gesund ernähren. Dazu gehört auch Lachs, denn er enthält viel Eiweiß und gesunde Fette. Es gibt kaum noch wilde Lachse, also muss man sie züchten. Ich kaufe nur Lachs aus ökologischen Farmen, weil dort weniger Lachse in den Käfigen gehalten werden. So haben die Tiere mehr Platz, sie sind gesünder und brauchen nicht so viele Medikamente. Die Lachse werden mit Getreide aus ökologischer Landwirtschaft und mit Resten von Speisefischen gefüttert. Sie bekommen auch Garnelen, davon wird das Lachsfleisch rot. Außerdem gelangen weniger Futterreste und Kot ins Meer als bei nicht ökologischen Lachsfarmen.

AUFGABEN
1 **Eine Diskussion über die Lachszucht**
a Entscheide dich für die Position eines Diskussionsteilnehmers.
b Formuliere aus den Aussagen der in 1a gewählten Position gute Argumente.
c Überlege dir weitere Argumente, die diese Position unterstützen.
d Bereite dich auf die Diskussion vor: Lies die Positionen der anderen Teilnehmer, um mit deinen Argumenten auf ihre Argumente eingehen zu können.
e Diskutiert über die Lachszucht. Bringt dabei eure Argumente überzeugend ein und versucht so, die Meinung der anderen zu beeinflussen. Findet einen gemeinsamen Standpunkt oder schließt einen Kompromiss.

AUFGABEN Die Fische

1 Das Skelett eines Fisches
Bild 1 zeigt das Skelett eines Fisches.

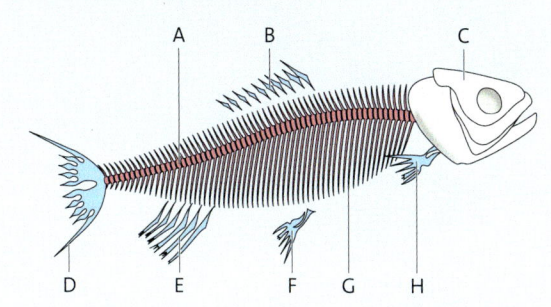

1 Skelett eines Fisches

a ▶ Begründe mit Bild 1, dass Fische Wirbeltiere sind.
b ▣ Benenne die Buchstaben A–H mit den richtigen Fachwörtern.
c ▶ Zerlege das Fachwort Schwanzflosse in seine Bestandteile.
d ▶ Beschreibe, was die Wortbestandteile bedeuten.

2 Erkennen der Umwelt
In trübem Wasser orientieren sich Fische mit dem Seitenlinienorgan: An den Seiten des Körpers verläuft ein Kanal. Kleine Röhrchen verbinden ihn mit der Außenwelt. Am Grund der Kanäle sitzen Sinneszellen. Diese werden durch die Strömungen im Wasser verbogen. Dabei entsteht ein Signal, das über einen Nerv ins Gehirn geleitet wird.

a ▶ Ordne den Zahlen 1–4 in Bild 2 die Fachwörter Seitenlinienorgan, Kanal, Röhrchen, Sinneszellen und Nerv zu.
b ▣ Erläutere, wie Fische auch im Dunkeln jedem Hindernis ausweichen können.

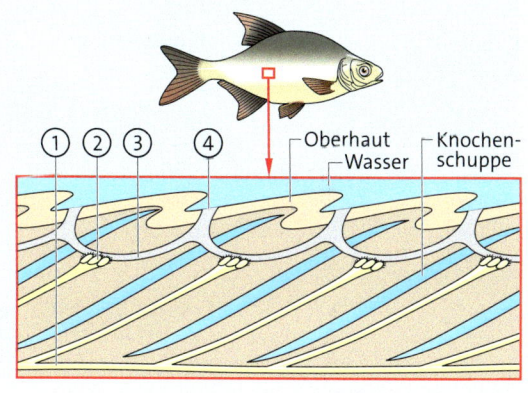

2 Orientierung mit dem Seitenlinienorgan

3 Körperform
Die Form eines Körpers beeinflusst, wie schnell er sich im Wasser bewegt. Dazu wurde ein Experiment gemacht. Mithilfe einer Schnur und einem gleichbleibenden Gewicht wurden drei verschiedene Körper durch ein Wasserbecken gezogen. Es wurde die Zeit gemessen, die die Körper benötigten, um eine festgelegte Strecke im Becken zurückzulegen. Die Ergebnisse stehen in der Tabelle.

Körper	Zeit in Sekunden
spindelförmig	4
zylinderförmig	7
würfelförmig	10

3 Ergebnisse des Experiments

a ▶ Beschreibe die Ergebnisse aus Bild 3.
b ▣ Begründe die Körperform der Fische mit den Ergebnissen des Experiments.
c ▣ Erläutere zwei weitere Angepasstheiten der Fische an das Leben im Wasser.

4 Die Entwicklung der Fische
Die Entwicklung der Fische findet im Wasser statt.

a ▶ Ordne den Entwicklungsstadien A–D in Bild 4 folgende Fachwörter zu: Jungfisch, Larve (jung), befruchtete Eizelle, Larve (alt).
b ▣ Beschreibe die Aufgabe des Dottersacks für die Fischlarve.
c ▣ Erkläre, weshalb sich der Dottersack während der Entwicklung zurückbildet.
d ▣ Entscheide dich, welches der vier Bilder den Embryo und seine bisherige Entwicklung zeigt, und begründe deine Entscheidung.

4 Die Entwicklung der Fische

DIE WIRBELTIERE

Die Merkmale der Amphibien

1 Ein Teichfrosch sitzt auf einem Seerosenblatt.

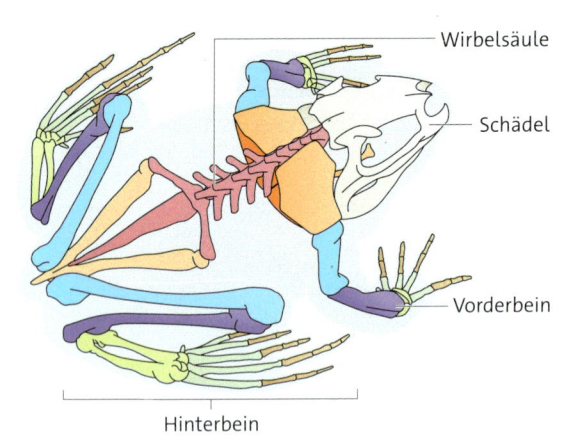

3 Das Skelett eines Teichfroschs

Keanu hat einen Teichfrosch entdeckt. Er sitzt auf einem Seerosenblatt in einem Teich. Langsam kommt Keanu näher. Plötzlich springt der Teichfrosch ins Wasser und taucht unter. Keanu fragt sich, wie der Frosch im Wasser atmen kann.

Leben im Wasser und auf dem Land

Frösche können im Wasser und auf dem Land leben. Sie sind **Amphibien**. Das Wort Amphibie bedeutet „in beidem lebend", die Tiere leben also in zwei verschiedenen Lebensräumen. Das deutsche Fachwort für die Amphibien ist **Lurche**. Es gibt zwei Gruppen von Amphibien. Die Frösche, die Kröten und die Unken haben keinen Schwanz. Diese Tiere gehören zur Gruppe der **Froschlurche**. Der Teichfrosch in Bild 1 ist ein Froschlurch. Die Salamander und die Molche haben einen Schwanz. Diese Tiere gehören zur Gruppe der **Schwanzlurche**. Der Feuersalamander in Bild 2 ist ein Schwanzlurch.

Der Körperbau

Alle Amphibien haben ein Innenskelett mit einer Wirbelsäule. Deshalb gehören Amphibien zu den Wirbeltieren. In Bild 3 siehst du, dass das Innenskelett aus verschiedenen Knochen besteht. Dazu gehören der Schädel, die Wirbelsäule und die Knochen der Vorderbeine und der Hinterbeine.

Die Fortbewegung

In Bild 4 siehst du, dass Froschlurche sehr lange Hinterbeine haben. Sie besitzen starke Muskeln, mit denen die Froschlurche weit springen können. Die Hinterbeine haben lange Zehen, zwischen denen sich Häute befinden. Sie heißen **Schwimmhäute**. Durch die Schwimmhäute ist die Fläche der Füße größer, sodass sie beim Schwimmen mehr Wasser nach hinten drücken.

Schwanzlurche haben vier kurze Beine, mit denen sie auf dem Land schlängelnd vorwärts kriechen. Den Schwanz nutzen sie im Wasser zum Steuern.

2 Ein Feuersalamander

4 Ein Laubfrosch springt von einem Blatt.

DIE WIRBELTIERE

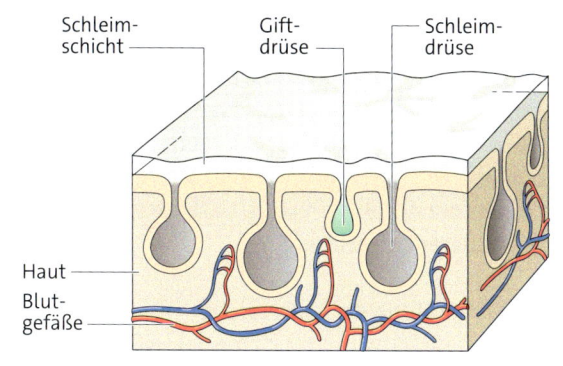

5 Der Bau der Amphibienhaut (Querschnitt)

Die Haut
In Bild 5 kannst du sehen, dass die Haut der Amphibien Schleimdrüsen enthält. Sie bilden Schleim und geben ihn an die Haut ab. Der Schleim enthält Wasser, dadurch bleibt die Haut feucht. In trockener Luft verdunstet das Wasser aus der Schleimschicht. Dadurch trocknet die Haut aus und dann auch der Körper: Die Amphibien sterben. Deshalb leben Amphibien nur in Gebieten mit feuchter Luft. Man sagt: Sie sind **Feuchtlufttiere.**
Einige Amphibien haben Drüsen in der Haut, die Gift bilden. Das sind die **Giftdrüsen**. Das Gift wird in die Schleimschicht auf der Haut abgegeben. Der giftige Schleim schützt die Amphibien davor, von Schlangen oder Vögeln gefressen zu werden.

Die Atmung
Wasser enthält Sauerstoff. Amphibien nehmen den Sauerstoff aus dem Wasser durch ihre dünne Haut ins Blut auf. So atmen Amphibien durch ihre Haut. Diese Atmung heißt **Hautatmung**. An Land atmen Amphibien zusätzlich mit Organen, die in ihrer Brust liegen. Das sind die **Lungen**. Die Amphibien saugen Luft durch die Nasenlöcher in ihren Mund. Dann schlucken sie die Luft in ihre Lungen. Deshalb heißt diese Atmung auch **Schluckatmung.**

Erkennen der Umwelt
Amphibien haben auf jeder Seite des Kopfes ein Auge. Dadurch haben sie einen guten Blick rund um ihren Körper. Die Ohren befinden sich am Kopf hinter den Augen. Damit können Amphibien zum Beispiel das Summen einer Fliege hören. Mit ihrem Tastsinn spüren Amphibien Stöße im Boden und können so vor Gefahren fliehen.

Die Ernährung
Amphibien sind Fleischfresser. Sie ernähren sich von Insekten, Schnecken oder Würmern. Man sagt: Das sind ihre **Beutetiere**. Die meisten Amphibien haben eine lange, klebrige Zunge. Diese Zunge schleudern sie in die Richtung des Beutetiers. Die Zunge bleibt am Beutetier kleben und wird zusammen mit dieser Nahrung zurück ins Maul gezogen.

> Amphibien sind Wirbeltiere. Sie werden auch Lurche genannt. Amphibien leben im Wasser und auf dem Land. Sie sind Feuchtlufttiere und atmen durch ihre Haut und mit Lungen.

AUFGABEN
1 Der Körperbau und die Atmung
a Nenne das Fachwort für Lurche.
b Begründe, warum Amphibien zu den Wirbeltieren gehören.
c Beschreibe, wie sich Schwanzlurche und Froschlurche fortbewegen.
d Nenne die Fachwörter für die beiden Formen der Atmung bei Amphibien.
e Begründe, warum Frösche lange tauchen können.
f Erkläre, was mit dem Fachwort Feuchtlufttier gemeint ist.

2 Die Vielfalt der Lurche
Ordne die Amphibien in Bild 6 den Froschlurchen oder den Schwanzlurchen zu. Begründe deine Zuordnungen.

6 Vier verschiedene Amphibien

DIE WIRBELTIERE

Die Fortpflanzung und die Entwicklung der Amphibien

1 Ein Laubfroschmännchen klammert sich an ein Laubfroschweibchen.

Maira sieht in einem Teich zwei Laubfrösche. Der eine Frosch trägt den anderen auf dem Rücken.

Die Fortpflanzung der Laubfrösche

Wenn ein Männchen und ein Weibchen zur Fortpflanzung zusammenkommen, dann sagt man: Sie paaren sich. Das Verb stammt vom Wort **Paar**, das bedeutet zwei. Der Vorgang des Zusammenkommens heißt **Paarung**. Sie findet in einer bestimmten Zeit statt. Diese Zeit heißt **Paarungszeit**. Amphibien können sich nur im Wasser fortpflanzen. Die männlichen Laubfrösche locken die Weibchen mit quakenden Rufen. Diese Rufe heißen **Paarungsrufe**. Wenn sich ein Männchen und ein Weibchen begegnen, dann klettert das Männchen auf den Rücken des Weibchens (Bild 1). Das Weibchen trägt das Männchen ins Wasser. Dort gibt das Weibchen Eier in das Wasser ab (Bild 2A). Die Eier heißen **Laich**. Jedes Ei ist von einer festen, durchsichtigen Schleimhülle umgeben. Diese Hülle heißt **Gallerthülle**.

Das Männchen gibt Spermienzellen über dem Laich ab. Die Spermienzellen dringen in die Eier ein. In den Eiern befinden sich die Eizellen. In jedem Ei verschmilzt eine Spermienzelle mit einer Eizelle. Diese Befruchtung findet außerhalb des Körpers der Amphibien statt. Deshalb spricht man von **äußerer Befruchtung**.

Die Entwicklung der Laubfrösche

In den Eiern entwickeln sich die befruchteten Eizellen zu Embryonen (Bild 2B). Die Embryonen entwickeln sich zu Larven. Die Larven heißen **Kaulquappen**. Die **Kaulquappen** schlüpfen aus den Eiern. Kaulquappen sehen anders aus als erwachsene Frösche. In Bild 2C siehst du, dass sie einen langen Schwanz haben. Sie nutzen ihn beim Schwimmen zum Steuern. Am Kopf der Kaulquappen hängen an beiden Seiten Organe, die wie Büschel aussehen. Das sind die **Kiemen**. Kaulquappen nehmen durch die Kiemen Sauerstoff aus dem Wasser ins Blut auf: Sie atmen mit Kiemen. Nach drei Wochen verändert sich der Körper der Kaulquappen. Zuerst wachsen die Hinterbeine, dann wachsen die Vorderbeine. Der Schwanz und die Kiemen werden kleiner und verschwinden. Die Tiere sehen nun erwachsenen Fröschen immer ähnlicher (Bild 2E). In ihrem Körper haben sich Lungen gebildet, mit denen die Tiere an der Luft atmen können. In den Lungen wird Sauerstoff aus der Luft in das Blut aufgenommen. Wenn die Lungen vollständig entwickelt sind, dann verlassen die kleinen Frösche das Wasser (Bild 2F). Die Veränderung des Körpers während der Entwicklung von der Larve zum Frosch wird als Verwandlung bezeichnet. Das Fachwort dafür ist **Metamorphose.**

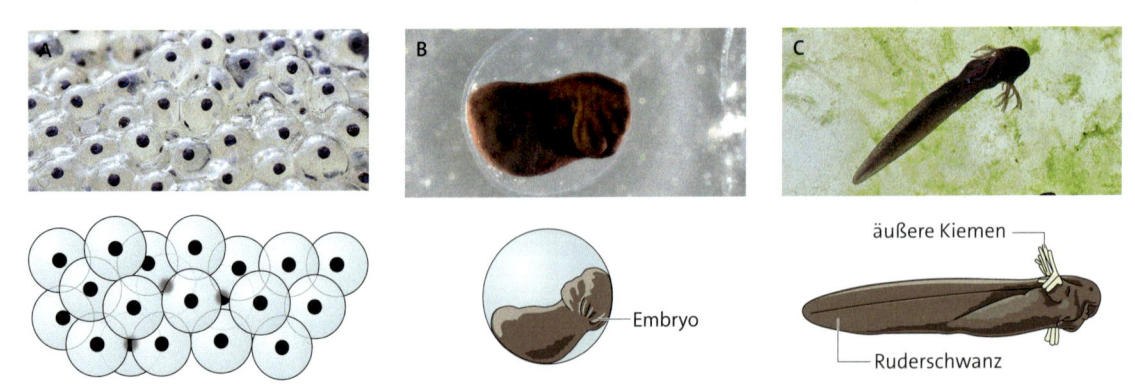

2 Laich (A), 8 Tage alter Embryo im Ei (B), 10 Tage alte Kaulquappe (C)

DIE WIRBELTIERE

Froschlurche pflanzen sich durch äußere Befruchtung fort. Schwanzlurche pflanzen sich durch innere Befruchtung fort. In den befruchteten Eiern entwickeln sich Embryonen. Sie schlüpfen als Kaulquappen aus den Eiern. Die Kaulquappen entwickeln sich durch Metamorphose zu erwachsenen Amphibien.

3 Ein Bergmolchmännchen

Die Fortpflanzung der Bergmolche

Bergmolche sind graubraun. In der Paarungszeit verändert sich die Farbe der Männchen: Ihr Rücken wird blau und ihr Bauch wird orange (Bild 3). Wenn ein Männchen auf ein Weibchen trifft, dann schwimmt es vor dem Weibchen her und gibt Duftstoffe ab. Dieses Verhalten vor der Paarung heißt **Balz**. Dann legt das Männchen Spermienzellen am Boden ab. Das Weibchen nimmt sie mit einer Öffnung auf, die sich am Übergang vom Bauch zum Schwanz befindet. Diese Körperöffnung heißt **Kloake**. Im Körper des Weibchens befruchten die Spermienzellen die Eizellen. Deshalb spricht man von **innerer Befruchtung**. Das Weibchen legt bis zu 250 Eier an Wasserpflanzen ab. Nach zwei bis vier Wochen schlüpfen die Larven. Bei den Larven der Schwanzlurche wachsen zuerst die Vorderbeine, dann die Hinterbeine. Die Kiemen werden kleiner und verschwinden. Im Gegensatz zu den Froschlurchen behalten die erwachsenen Schwanzlurche ihren Schwanz.

AUFGABEN

1 Vom Laich zum Frosch

a ☒ Nenne das Fachwort für die Verwandlung von der Kaulquappe zum Frosch.

b ☒ Beschreibe die Entwicklung eines Froschs in einem Flussdiagramm. Nutze dazu Bild 2.

2 Schwanzlurche und Froschlurche

a ☒ Vergleiche die Fortpflanzung der Froschlurche und der Schwanzlurche in einer Tabelle.

Kriterium	Froschlurche	Schwanzlurche
Befruchtung	…	…
Eiablage	…	…
Entwicklung der Larven	…	…

4 Tabelle für den Vergleich

b ☒ Nur beim Feuersalamander schlüpfen die Larven im Mutterleib aus den Eiern. Die Larven werden erst im Frühjahr ins Wasser abgegeben. Stelle Vermutungen an, welchen Vorteil das für die Nachkommen hat.

c ☒ „Die meisten Amphibien werden nicht geboren, sie schlüpfen." Begründe mit den Informationen aus Aufgabe 2b, ob die Aussage richtig ist.

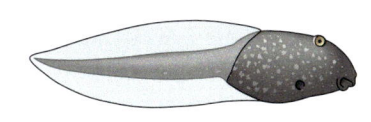

20 Tage alte Kaulquappe (D), 60 Tage alter Jungfrosch (E), 80 Tage alter Jungfrosch (F)

DIE WIRBELTIERE

Die Wanderungen der Erdkröten

1 Viele junge Erdkröten auf Wanderung

3 Mit ihrer klebrigen Zunge fangen Erdkröten ihre Beute.

Im Juni wandern manchmal Hunderte junge Erdkröten gemeinsam in dieselbe Richtung.

Die erste Wanderung
Erdkröten sind Amphibien. Sie wechseln dreimal im Jahr ihren Lebensraum. Wenn die Temperatur der Luft im Frühling steigt, dann steigt auch die Körpertemperatur der Erdkröten. Sie erwachen aus der Kältestarre und wandern zu dem Gewässer, in dem sie selbst geschlüpft sind. Dieses Gewässer heißt **Laichgewässer** (Bild 3). Laichgewässer sind stehende Gewässer wie Tümpel, Teiche, Seen oder die Seitenarme von Flüssen. Mit der **Frühlingswanderung** startet die Paarungszeit der Erdkröten. Wenn sich ein Männchen und ein Weibchen auf ihrer Wanderung begegnen, dann springen die Männchen auf den Rücken der Weibchen. Das Erdkrötenweibchen trägt das Männchen Huckepack bis zum Laichgewässer (Bild 2).

2 Ein Erdkrötenpaar

Die zweite Wanderung in das Sommerquartier
Nach ihrer Paarung verlassen die Erdkröten das Laichgewässer. Sie wandern in den Lebensraum, in dem sie den Sommer verbringen. Dieser Lebensraum heißt **Sommerquartier**. Das Quartier ist ein anderes Wort für Unterkunft. Hier steht es für Lebensraum. Als Sommerquartiere dienen Laubwälder, Gärten, Parks und Hecken. Tagsüber verstecken sich die Erdkröten und schlafen. In der Dämmerung und nachts sind sie aktiv. Das heißt, dass sie wach sind und zum Beispiel auf die Jagd gehen. Erdkröten fressen Würmer, Schnecken, Spinnen und Insekten. Sie haben eine lange, klebrige Zunge (Bild 3). Damit fangen sie ihre Beute. Im Juni haben sich die Kaulquappen im Laichgewässer zu jungen Erdkröten entwickelt. Dann verlassen die jungen Erdkröten das Laichgewässer. Bild 1 zeigt junge Erdkröten, die in das Sommerquartier wandern.

Die dritte Wanderung im Herbst
Im Herbst gehen die Erdkröten auf ihre dritte Wanderung im Jahr. Bei dieser Herbstwanderung verlassen die Erdkröten ihr Sommerquartier und wandern in den Lebensraum, in dem sie den Winter verbringen. Dieser Lebensraum heißt **Winterquartier**. In den Winterquartieren sind die Erdkröten vor Frost geschützt. Das ist wichtig, damit sie im Winter nicht erfrieren. Als Winterquartiere dienen zum Beispiel Komposthaufen, Laubhaufen, Baumwurzeln oder Löcher in der Erde. Im Winterquartier verbringen die Erdkröten den Winter in Kältestarre.

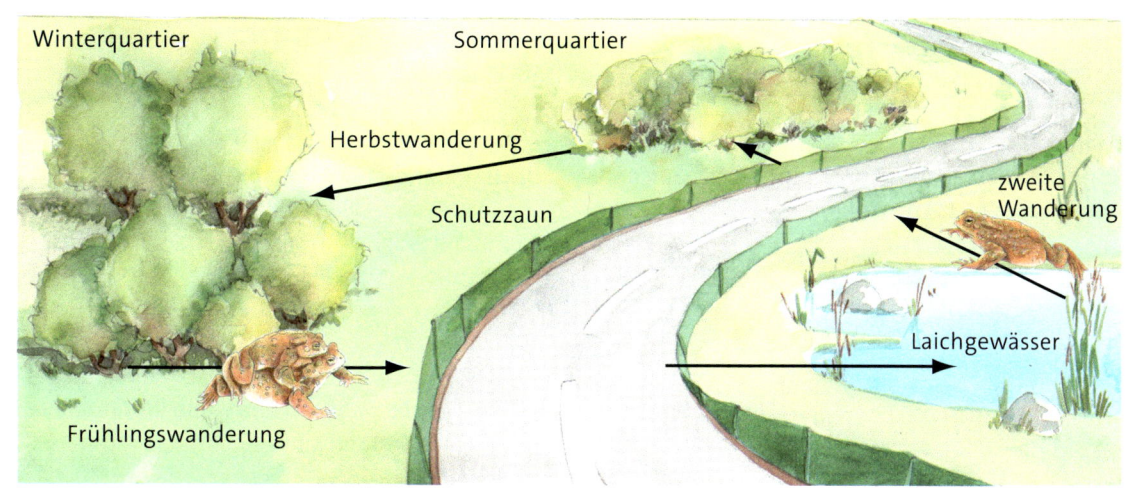

4 Die Wanderungen der Erdkröten im Jahresverlauf

Die Erdkröten sind gefährdet

Auf ihren Wanderungen ist es vor allem auf den Straßen gefährlich für die Erdkröten. Wenn die Erdkröten auf ihrem Weg eine Straße überqueren, dann werden viele Kröten von Autos überfahren. Wenn Menschen Gebiete trockenlegen und Straßen, Städte oder Dörfer bauen, dann zerstören sie viele Lebensräume der Erdkröten. In der Landwirtschaft setzen Menschen oft Mittel gegen Unkraut oder Schädlinge ein. Diese Mittel sind giftig. Sie können über die dünne Haut der Erdkröten in ihren Körper gelangen.

Der Schutz der Erdkröten

Erdkröten und alle anderen Amphibien stehen in Deutschland unter besonderem Schutz. Man darf keinen Laich, keine Kaulquappen und keine erwachsenen Tiere aus ihrem Lebensraum entnehmen. An vielen Straßen, über die Kröten wandern, stellen Naturschutzvereine Zäune auf. Diese Zäune heißen **Schutzzäune**. Sie bestehen aus einer durchgehenden Folie. Vor den Zäunen gräbt man in regelmäßigen Abständen Eimer in die Erde ein. Wenn die Erdkröten bei ihrer Wanderung auf einen Zaun treffen und nicht weiterkommen, dann wandern sie am Zaun entlang. Dabei fallen sie in einen der Eimer. In den Eimern trägt man die Tiere dann auf die andere Straßenseite und lässt sie dort frei. Beim Bau neuer Straßen werden oft Tunnel für die Kröten angelegt. Diese **Krötentunnel** führen unter den Straßen durch. Durch die Tunnel gelangen die Kröten ohne Gefahr auf die andere Straßenseite.

> Erdkröten wechseln dreimal im Jahr ihren Lebensraum. Im Frühling wandern sie zu ihrem Laichgewässer. Den Sommer verbringen die Erdkröten im Sommerquartier. Erdkröten überwintern in Kältestarre in ihrem Winterquartier. Auf ihren Wanderungen sind die Erdkröten vor allem durch den Straßenverkehr gefährdet.

AUFGABEN

1 Die Wanderungen der Erdkröten
a ▭ Nenne die Fachwörter für die drei Lebensräume der Erdkröten.
b ▭ Nenne für jeden der drei Lebensräume ein Beispiel.
c ▭ Beschreibe die Wanderungen der Erdkröten im Jahresverlauf mithilfe von Bild 4.
d ▭ Begründe, weshalb alle Erdkröten eines großen Gebiets aussterben könnten, wenn ein kleiner Tümpel zugeschüttet wird.

2 Die Nahrung der Erdkröten
a ▭ Nenne Beispiele für Nahrung der Erdkröten.
b ▭ Beschreibe, wie Erdkröten Beute fangen.

3 Die Gefährdung und der Schutz der Erdkröten
a ▭ Nenne mögliche Gefahren für Erdkröten.
b ▭ „Amphibien stehen unter besonderem Schutz." Beschreibe, was mit dieser Aussage gemeint ist.
c ▭ Beschreibe eine Maßnahme für den Schutz der Erdkröten auf ihrer Wanderung.

PRAXIS Hilfe für Amphibien

A Das Auffinden möglicher Gefahrenstellen

Material:
Landkarte des Heimatraums, Stift, Notizpapier, Fotoapparat oder Smartphone

1 Eine Landkarte

Durchführung:
Die folgenden Arbeiten sollten bis spätestens Anfang März abgeschlossen sein:
– Sucht auf der Karte nach möglichen Laichgewässern für Amphibien.
– Achtet auf die Nähe von Sommerquartieren, zum Beispiel Felder oder feuchte Wiesen, und Winterquartieren wie Wälder oder kleine Gehölze.
– Markiert die Stellen in der Landkarte, an denen die Amphibien auf ihrem Weg zum Laichgewässer Straßen überqueren müssen.

Auswertung:
1. Nehmt Kontakt mit einer örtlichen Naturschutzgruppe auf. Hier sind alle Laichgebiete der Umgebung sowie alle gefährlichen Straßenübergänge bekannt.
2. Vergleicht, ob eure markierten Stellen und Laichgewässer mit denen von der Naturschutzgruppe übereinstimmen.
3. Wählt eines dieser Gebiete aus und schaut es euch vor Ort an. Überprüft, ob an den Straßen Zäune zum Schutz der Kröten aufgestellt wurden. Notiert alle Einzelheiten, die ihr in dem Gebiet entdeckt habt.
4. Macht Fotos von den Zäunen und von der Umgebung.

B Eine Rettungsaktion am Zaun

Material:
Gummihandschuhe, Plastikeimer, Warnwesten, helle Kleidung, Warndreiecke, Bestimmungsschlüssel, Stift, Notizpapier, Schreibunterlage, Smartphone

Durchführung:
– Besprecht mit der Naturschutzgruppe, zu der ihr Kontakt habt, wo und wann ihr Amphibien am Straßenrand einsammeln und retten könnt.
– Sichert den Straßenabschnitt, an dem ihr Amphibien sammelt, durch Warndreiecke.
– Sucht den Amphibienschutzzaun sorgfältig nach Amphibien ab.
– Bestimmt mithilfe des Bestimmungsschlüssels, welche Amphibien ihr gefunden habt.
– Erfasst in einer Strichliste, wie viele Amphibien ihr von jeder Art gefunden habt.
– Setzt die gezählten Tiere in die Eimer und tragt sie über die Straße. Lasst sie auf der anderen Straßenseite wieder frei.

2 Ein gerettetes Krötenpaar

Auswertung:
1. Zählt eure Strichlisten aus. Gebt für jede Art, die ihr bestimmt habt, an, wie viele Tiere ihr gezählt habt.
2. Berechnet, wie viele Amphibien ihr bei eurer Aktion insgesamt gerettet habt.
3. Informiert die Naturschutzgruppe über das Ergebnis eurer Rettungsaktion.
4. Gestaltet ein Plakat über die Rettungsaktion. Ihr könnt Fotos, die Strichliste, den Kartenausschnitt und Steckbriefe dazu verwenden.

DIE WIRBELTIERE

AUFGABEN   Die Amphibien

1 Die Fortpflanzung bei Amphibien
a Beschreibe, wie die Befruchtung der Eizellen bei den Amphibien erfolgt.
b Nenne die Wirbeltiergruppe, bei der die Eizellen auf die gleiche Art befruchtet werden.

> Die Paarung der Geburtshelferkröten findet an Land statt. Dabei werden die Eizellen im Laich befruchtet. Die Männchen tragen den Laich mit den befruchteten Eizellen nach der Paarung am Hinterleib. Wenn die Embryonen im Ei fertig entwickelt sind, dann suchen die Männchen ein Gewässer auf. Wenn die Eier Kontakt mit dem Wasser haben, dann schlüpfen die Kaulquappen ins Wasser. Dort entwickeln sie sich zu jungen Kröten. Die jungen Kröten gehen dann an Land.

1 Informationen zur Fortpflanzung der Geburtshelferkröte

2 Männliche Geburtshelferkröte mit befruchteten Eiern

c Stelle die Entwicklung der Geburtshelferkröte in einem Flussdiagramm dar (Bild 1).
d Zerlege das Wort Geburtshelferkröte in seine Bestandteile.
e Beschreibe für jeden der Bestandteile aus Aufgabe 1d, was damit gemeint ist.
f Begründe mithilfe der Informationen in Bild 1, warum diese Krötenart Geburtshelferkröte heißt.
g Stelle Vermutungen an, welchen Vorteil es hat, dass der Laich der Geburtshelferkröte nach der Paarung zunächst vom Männchen getragen wird.
h Beschreibe den Unterschied in der Entwicklung der Geburtshelferkröte und der Entwicklung des Teichfroschs.

2 Amphibien vergleichen und ordnen
Vergleichen und Ordnen sind zwei wichtige Arbeitsweisen in der Biologie. Mit ihrer Hilfe können Biologen herausfinden, ob zwei so unterschiedlich aussehende Tiere wie der Teichfrosch und der Feuersalamander zu derselben Wirbeltiergruppe gehören.
a Benenne die Tiere in Bild 3. Nutze dazu einen Bestimmungsschlüssel oder recherchiere im Internet.
b Nenne Gemeinsamkeiten, die diese Tiere als Amphibien kennzeichnen.
c Nenne Kennzeichen, mit denen du diese Tiere vergleichen kannst.
d Ordne die Tiere in Bild 3 den Fröschen, den Kröten, den Salamandern oder den Molchen zu. Begründe jeweils deine Zuordnung.

3 Verschiedene Amphibien

DIE WIRBELTIERE

Die Merkmale der Reptilien

1 Eine Smaragdeidechse

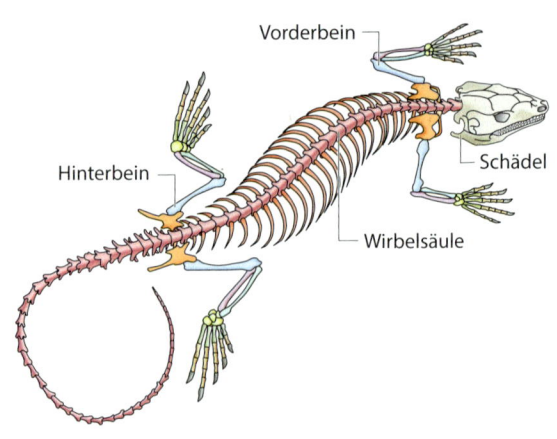

3 Das Skelett einer Eidechse

Luisa entdeckt eine Eidechse mit blauem Kopf und grünem Körper. Ihre Mutter sagt, dass es eine Smaragdeidechse ist. Sie heißt so, weil ihr Körper wie ein grüner Edelstein aussieht: ein Smaragd.

Die Eidechse
Eidechsen leben an Land. Sie haben seitlich am Körper vier kurze Beine. Sie können das Körpergewicht nicht vollständig tragen. Der Bauch berührt dabei leicht den Boden: Die Eidechsen kriechen. Deshalb werden sie **Kriechtiere** genannt. In der Fachsprache werden die Kriechtiere als **Reptilien** bezeichnet. Beim Kriechen bewegt sich das linke Vorderbein zusammen mit dem rechten Hinterbein und umgekehrt. Dadurch biegt sich der Körper zuerst in die eine Richtung, dann in die andere. Diese Bewegung heißt **Schlängeln**.

Wenn Eidechsen angegriffen werden, dann werfen sie einen Teil ihres Schwanzes ab. Der zuckende Schwanz lenkt den Angreifer ab und die Eidechse kann davonlaufen. In Bild 2 siehst du, dass dann ein kürzerer Schwanz nachwächst.

Der Körperbau
Alle Reptilien haben ein Innenskelett mit einer Wirbelsäule. Deshalb gehören sie zu den Wirbeltieren. Der hintere Teil der Wirbelsäule ist der **Schwanz**. Reptilien sind Landbewohner und atmen mit Lungen. Zu den Reptilien gehören Echsen, Schlangen, Krokodile und Schildkröten.

Die Ernährung
Zauneidechsen fressen Insekten, Spinnen, Würmer und Schnecken. Ihre Beutetiere sehen oder riechen sie. Dazu strecken sie ihre Zunge heraus und nehmen Duftstoffe aus der Umgebung auf. Das nennt man **züngeln** (Bild 5).

Die Haut
Bei Reptilien ist die Haut von kleinen Platten bedeckt. Sie heißen **Schuppen**. Die Schuppen bestehen aus einem festen Stoff, dem Horn. Daher heißen sie **Hornschuppen** (Bild 4). Die Hornschuppen verhindern, dass die Haut der landlebenden Reptilien austrocknet.

2 Eine Ruineneidechse mit nachgewachsenem Schwanz

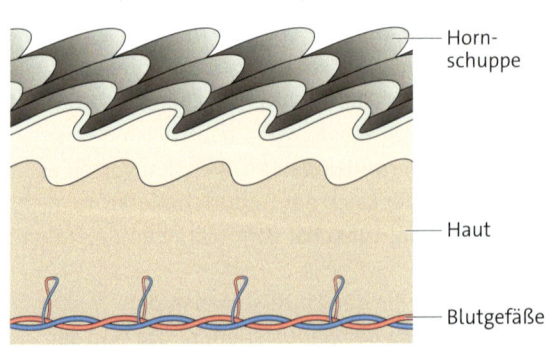

4 Der Bau der Reptilienhaut (Querschnitt)

5 Eine Zauneidechse züngelt und häutet sich.

6 Eine Ringelnatter verschlingt eine Kröte.

Wenn Reptilien wachsen, dann wächst die Haut mit den Hornschuppen nicht mit. Deshalb wird darunter eine neue Haut gebildet. In Bild 5 siehst du, dass sich die alte Haut ablöst. Diesen Vorgang nennt man **Häutung**.

Die Ringelnatter

Die Ringelnatter ist eine Schlange, die am und im Wasser lebt. Wie alle Schlangen hat sie keine Beine. Ihre Wirbelsäule besteht aus mehreren Hundert Wirbeln. Zwischen den Rippen und am Bauch haben Schlangen starke Muskeln. Sie ziehen sich abwechselnd auf der einen und auf der anderen Körperseite zusammen. Dadurch biegt sich der Körper zuerst in die eine Richtung, dann in die andere Richtung. So entsteht eine schlängelnde Bewegung. Viele Schlangen stoßen sich dabei an Steinen und Pflanzenteilen ab. Einige richten auch die Hornschuppen am Bauch auf und drücken sie in den Boden.

Schlangen schlingen

Die Ringelnatter ist nicht giftig. Sie schluckt ihre Beutetiere in einem Stück, ohne sie zu kauen. Dieses Verhalten beim Fressen nennt man **Schlingen**. In Bild 6 siehst du, dass die Ringelnatter Tiere fressen kann, die größer sind als ihr Kopf. Das ist möglich, weil sie ihr Maul sehr weit öffnen kann. Ihr Unterkiefer besteht aus zwei Hälften, die sich beim Schlingen auseinanderbewegen. Außerdem sind der Oberkiefer und der Unterkiefer an der Seite mit einem Knochen verbunden. Dieser Knochen kann aufgerichtet werden. Dadurch kann das Maul so weit geöffnet werden, dass ein großes Beutetier hineinpasst.

> Echsen, Schlangen, Krokodile und Schildkröten sind Reptilien. Die Haut besitzt Hornschuppen. Beim Wachsen häuten sich Reptilien, weil die Schuppenhaut nicht mitwächst. Schlangen haben keine Beine.

AUFGABEN

1 Die Reptilien
a Nenne das deutsche Wort für Reptilien.
b Begründe, warum Reptilien zu den Wirbeltieren gehören.
c Zähle vier Tiergruppen auf, die zu den Reptilien gehören.
d Begründe, warum sich Reptilien häuten.

2 Die Zauneidechse
a Beschreibe, wie Eidechsen Angreifer ablenken.
b Beschreibe mithilfe des Bildes, wie sich Eidechsen fortbewegen.

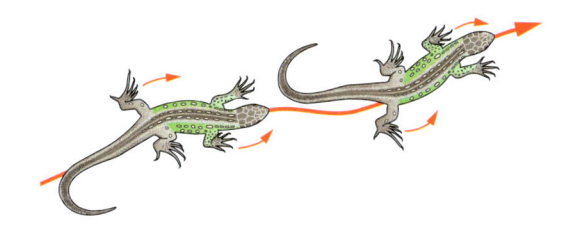

3 Die Ringelnatter
a Nenne einen Unterschied im Körperbau von Eidechsen und Schlangen.
b Beschreibe, wie sich Schlangen fortbewegen.
c „Schling doch nicht so!" Erläutere, was mit dieser Aussage gemeint ist.

DIE WIRBELTIERE

Die Fortpflanzung und die Entwicklung der Reptilien

1 Zwei Zauneidechsen paaren sich.

Radesh hat ein Foto von einem Zauneidechsenpärchen gemacht. Er hat recherchiert und kann berichten, dass das grüne Tier das Männchen ist.

Die Fortpflanzung der Zauneidechsen
Im Frühling beginnt die Paarungszeit der Zauneidechsen. Wenn ein Männchen auf ein Weibchen trifft, dann folgt es dem Weibchen mit schnellen Schritten. Dieses Verhalten vor der Paarung heißt **Balz**. Wenn das Weibchen zur Paarung bereit ist, dann legen sich die beiden Tiere aufeinander. Das siehst du in Bild 1. Bei der Paarung gibt das Männchen Spermienzellen in den Körper des Weibchens ab. Im Körper des Weibchens befinden sich Eizellen. Die Spermienzellen verschmelzen mit den Eizellen. Weil dieser Vorgang im Körper des Weibchens stattfindet, spricht man von **innerer Befruchtung**.

Die Entwicklung der Zauneidechse
Im Körper des Weibchens entwickeln sich aus den befruchteten Eizellen Embryonen. Um die Embryonen bildet sich eine weiche, weiße Hülle. Diese Hülle heißt **Schale**. Nach etwa vier Wochen gräbt das Weibchen ein Loch im warmen Sand. Dort legt es 5 bis 15 Eier hinein. Dann bedeckt das Weibchen die Eier mit Sand. Die Sonne wärmt die Eier. Die Schale verhindert, dass die Eier austrocknen. In den Eiern entwickeln sich die Jungtiere. Sie ernähren sich vom Dotter. Nach zwei bis drei Monaten sind die jungen Zauneidechsen vollständig entwickelt. Dann öffnen sie die Schale und schlüpfen aus den Eiern (Bild 2). Zum Öffnen der Schale nutzen sie einen harten Höcker auf ihrer Schnauze. Dieser Höcker sieht aus wie ein Zahn. Deshalb heißt er **Eizahn**. Die Jungtiere sind jetzt etwa fünf Zentimeter lang. Sie sind so weit entwickelt, dass sie ohne Hilfe überleben und Nahrung suchen können. Man sagt: Sie sind selbstständig. Zauneidechsen ernähren sich von Insekten, Spinnen, Würmern und kleinen Schnecken.

> Reptilien pflanzen sich durch innere Befruchtung fort. Die Jungtiere entwickeln sich in Eiern. Nach dem Schlüpfen sind sie sofort selbstständig.

2 Eine schlüpfende Zauneidechse

AUFGABEN
1 Fortpflanzung der Zauneidechsen
a Nenne das Fachwort für die Verschmelzung von Spermienzellen und Eizellen im Körper des Weibchens.
b Stelle die Entwicklung einer Zauneidechse in einem Flussdiagramm dar.
c Beschreibe mithilfe des Bildes, wie die Eier von Zauneidechsen gebaut sind.

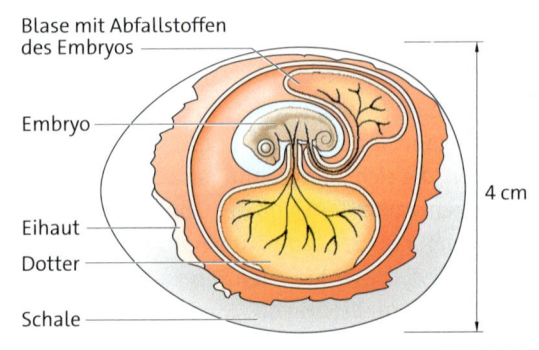

- Blase mit Abfallstoffen des Embryos
- Embryo
- Eihaut
- Dotter
- Schale
- 4 cm

DIE WIRBELTIERE

AUFGABEN Reptilien sind unterschiedlich

1 Tiere hinterlassen Spuren

1 Zwei Spuren im Sand

a ▸ Wenn Tiere sich auf Sand fortbewegen, dann hinterlassen sie unterschiedliche Spuren. Ordne die beiden Spuren in Bild 1 einer Schlange und einer Echse zu.
b ▸ Begründe deine Zuordnung.
c Beim Schlängeln richten viele Schlangen ihre Hornschuppen am Bauch auf und drücken sie in den Boden. Zudem stoßen sie sich an Steinen oder Pflanzen ab.
  ◼ Begründe, warum das Schlängeln im Sand für eine Schlange schwierig ist.
d ◼ In einem Experiment wird die Fortbewegung einer Schlange untersucht. Dazu legt man sie auf eine Glasplatte. Stelle eine Vermutung über das Ergebnis an.

2 Schlange oder Echse

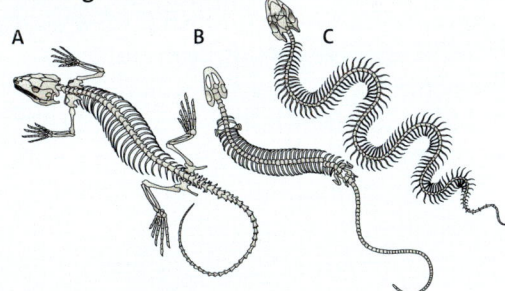

2 Die Skelette einer Echse (A), einer Blindschleiche (B) und einer Schlange (C)

a ▸ Vergleiche das Skelett der Blindschleiche in Bild 2 mit den Skeletten der Echse und der Schlange. Notiere dazu Gemeinsamkeiten und Unterschiede in einer Tabelle.
b ◼ Begründe, ob die Blindschleiche eine Schlange oder eine Echse ist.

3 Ein besonderer Schädel

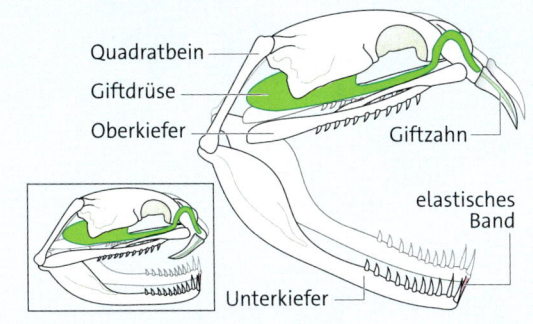

3 Der Schädel einer Kreuzotter

Kreuzottern haben im Oberkiefer zwei lange, hohle Zähne, die mit einer Giftdrüse verbunden sind. Wenn sie ein Tier beißen, dann gelangt das Gift durch die Zähne in den Körper des Tieres. Das Gift lähmt das Tier: Es kann sich nicht bewegen.

a ▸ Beschreibe mithilfe von Bild 3, wie sich die Giftzähne bewegen, wenn die Kreuzotter ihr Maul öffnet und schließt.
b ◼ Begründe mithilfe deiner Antwort aus Aufgabe 3a, warum sich die Kreuzotter mit ihren Giftzähnen nicht selbst verletzen kann.
c ◼ Begründe mithilfe deiner Antwort aus Aufgabe 3a, warum Schlangen ein Beutetier nicht wieder loslassen können, wenn sie es im Maul haben.
d ▸ Beschreibe mithilfe von Bild 3, wie die Zähne der Kreuzotter gebaut sind.
e ◼ Begründe mithilfe von Bild 3, warum Schlangen ihre Beutetiere nicht kauen können.
f ▸ Nenne das Fachwort für dieses Schlucken ohne Kauen.
g Schlangen können Beutetiere fressen, die größer sind als ihr Kopf.
  ◼ Beschreibe mithilfe von Bild 3, wie die Kreuzotter ihr Maul vergrößern kann. Verwende dabei die Fachwörter Quadratbein und elastisches Band.
h Beim Verschlingen eines Beutetiers wird das Maul der Kreuzotter stark gedehnt. Danach öffnet und schließt die Schlange mehrmals das Maul. Das sieht so aus, als würde sie gähnen.
  ◼ Stelle Vermutungen an, weshalb Schlangen diese Bewegungen machen.

Die Merkmale der Vögel

1 Eine singende Kohlmeise

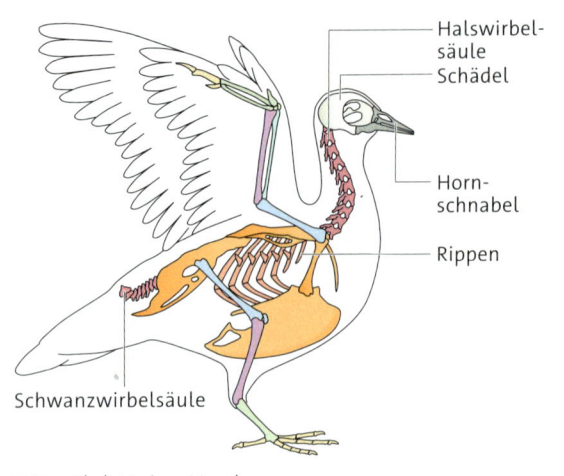

3 Das Skelett eines Vogels

Nazar beobachtet gerne die Vögel im Park. Auf einem Ast sieht er eine Kohlmeise. Sie singt.

Die Vielfalt der Vögel
Es gibt viele unterschiedliche Vögel. Einige Vögel können singen. Das sind die **Singvögel**. Die Kohlmeise in Bild 1 und die Amsel in Bild 2A sind Singvögel. Manche Vögel leben am und im Wasser. Sie heißen **Wasservögel**. Die Stockente in Bild 2B ist ein Wasservogel. Manche Vögel haben lange Beine, mit denen sie langsam laufen. Dazu sagt man auch schreiten. Daher heißen diese Vögel **Schreitvögel**. Der Weißstorch in Bild 2C ist ein Schreitvogel. Einige Vögel haben kräftige Beine und starke Krallen an den Zehen. Damit können sie Beutetiere greifen. Diese Vögel heißen **Greifvögel**. Der Habicht in Bild 2D ist ein Greifvogel.

2 Eine Amsel (A), eine Stockente (B), ein Weißstorch (C) und ein Habicht (D)

Der Körperbau
Vögel haben ein Innenskelett mit einer Wirbelsäule (Bild 3). Deshalb gehören sie zu den Wirbeltieren. Das hintere Ende der Wirbelsäule ist ein kurzer Schwanz. Vögel haben hinten zwei Beine, mit denen sie laufen können. Vorne haben sie zwei Körperteile, mit denen die meisten Vögel fliegen können. Diese Körperteile heißen **Flügel**.

Die Atmung
Vögel atmen mit Lungen. Außerdem haben Vögel mehrere Säcke im Körper, die mit Luft gefüllt sind. Daher heißen sie **Luftsäcke**. In Bild 4 siehst du, dass die Luftsäcke mit der Lunge verbunden sind. Die Luftsäcke können sich ausdehnen und zusammenziehen. Dabei pumpen sie Luft durch die Lungen. Beim Einatmen wird Luft durch die Lunge bis in die Luftsäcke gesaugt. Beim Ausatmen strömt die Luft aus den Luftsäcken wieder durch die Lunge. So gelangt beim Einatmen und beim Ausatmen Luft in die Lunge.

4 Die Luftsäcke im Vogelkörper

DIE WIRBELTIERE

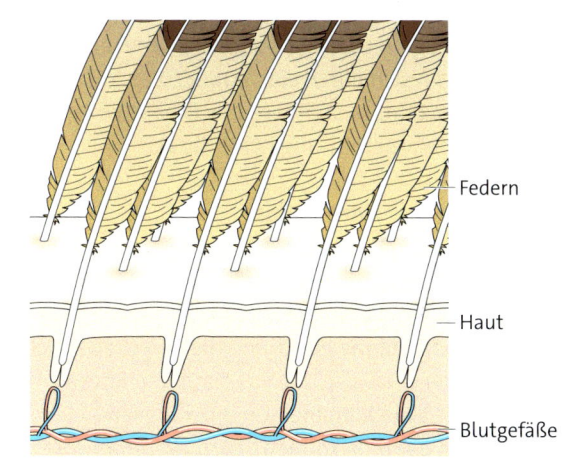

5 Der Bau der Vogelhaut (Querschnitt)

Die Federn
Der Haut von Vögeln bildet **Federn**. Sie bestehen aus Horn. Der mittlere Teil einer Feder ist hart. Er heißt **Kiel**. Der untere Teil des Kiels steckt in der Haut (Bild 5). Das ist die **Spule**. Der obere Teil des Kiels heißt **Schaft** (Bild 6). Der Schaft besitzt wie ein Baum viele Äste. Von jedem Ast gehen zwei Arten von Seitenästen ab. Diese Seitenäste heißen **Strahlen**. Einige Strahlen haben am Ende kleine Haken. Daher heißen sie **Hakenstrahlen.** Andere Strahlen sind gebogen. Daher heißen sie **Bogenstrahlen**. In Bild 6 siehst du, dass sich die Hakenstrahlen mit den Bogenstrahlen verhaken. So entsteht eine Fläche, durch die fast keine Luft hindurchströmen kann. Diese Fläche heißt **Fahne**. Federn können sich abnutzen. Alte Federn werden abgeworfen und durch neue ersetzt. Das Fachwort für diesen Wechsel der Federn heißt **Mauser**.

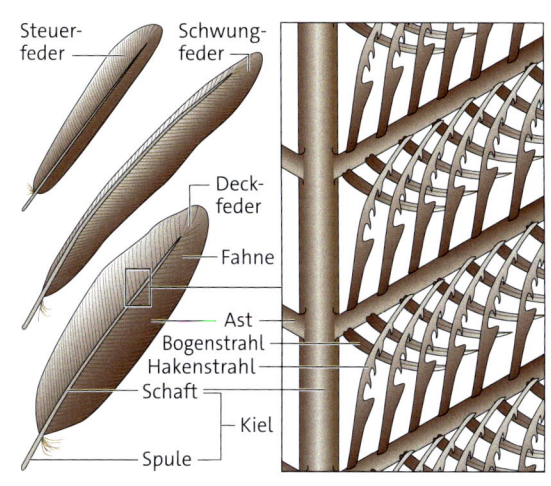

6 Der Bau einer Feder

Verschiedene Federn
Der Vogelkörper ist von kleinen Federn umhüllt, die den Vogel warm halten. Diese Federn heißen **Daunenfedern**. Darüber liegen größere so übereinander, dass eine glatte Oberfläche entsteht, die kein Wasser hindurchlässt. Das sind die **Deckfedern**. Am Schwanz befinden sich lange Federn, mit denen die Vögel im Flug steuern. Das sind die **Steuerfedern**. Mit den Federn der Flügel können die Vögel fliegen. Sie heißen **Schwungfedern**. Die Schwungfedern formen an den ausgebreiteten Flügeln eine Fläche, die den Vogel im Flug trägt. Diese Fläche heißt **Tragfläche**.

> Vögel sind Wirbeltiere. Sie atmen mit Lungen und Luftsäcken. Sie besitzen Flügel und Federn.

AUFGABEN
1 Der Bau der Vögel
a Nenne das Fachwort für die Teile des Vogelkörpers, mit denen die Vögel fliegen.
b Stelle die Atmung mit Lungen und Luftsäcken in einem Flussdiagramm dar. Beginne mit dem Einatmen.
c Zeichne eine Feder und beschrifte sie mit den Fachwörtern: Fahne, Kiel, Spule, Schaft, Ast.
d Beschreibe, wie Hakenstrahlen und Bogenstrahlen zusammenhängen.
e Übertrage die folgende Tabelle in dein Heft und fülle die Lücken:

Federform	Aufgabe
Daunenfedern	...
...	lassen kein Wasser hindurch
Steuerfedern	...
...	fliegen

7 Die Aufgaben der verschiedenen Federn

2 Verschiedene Vögel
In Bild 2 siehst du vier verschiedene Vögel.
a Begründe jeweils, ob die Vögel zu den Singvögeln, den Wasservögeln, den Schreitvögeln oder den Greifvögeln gehören.
b Beschreibe das Aussehen der Vögel. Du kannst dazu Merkmale wie Farbe, Beinlänge und Schnabelform verwenden.

DIE WIRBELTIERE

Die Fortpflanzung und die Entwicklung der Vögel

1 Zwei frisch geschlüpfte Hühnerküken

Zwei Hühnerküken sind gerade aus ihren Eiern geschlüpft. Sie sind noch nass, doch bald werden sie trocknen. Dann laufen sie ihrer Mutter hinterher.

Die Eizelle
Ein männliches Huhn heißt **Hahn**, ein weibliches Huhn heißt **Henne**. Im Körper der Henne befindet sich ein Organ, das Eizellen bildet. Dieses Organ wird **Eierstock** genannt. Unter einem Stock stellst du dir im Alltag etwas anderes vor. Hier bedeutet das Wort aber Vorrat. Ein Eierstock enthält also einen Eizellvorrat. Um einige Eizellen bilden sich im Eierstock Kugeln aus Dotter. Diese Kugeln heißen **Dotterkugeln** (Bild 2). Die Eizelle ist als heller Fleck auf der Oberfläche der Dotterkugel zu sehen. Aus diesem Fleck entwickelt sich später der Embryo. Ein anderes Wort für Embryo ist Keim. Der helle Fleck heißt deshalb **Keimfleck**.

Die Dotterkugeln lösen sich einzeln vom Eierstock und bewegen sich durch eine Röhre zu einer Öffnung am hinteren Körperende. Die Röhre heißt **Eileiter**. Die Körperöffnung heißt **Kloake**.

Die Fortpflanzung der Hühner
Wenn sich ein Hahn mit einer Henne paaren will, dann nähert er sich mit ausgebreiteten Flügeln und springt um die Henne herum. Das ist die Balz. Wenn sich die Henne duckt und die Flügel ausbreitet, dann setzt sich der Hahn auf den Rücken der Henne. Die beiden pressen ihre Kloaken aneinander, dadurch können Spermienzellen vom Hahn in den Eileiter der Henne gelangen. Wenn eine Spermienzelle auf eine Eizelle trifft, dann verschmelzen sie miteinander. Diesen Vorgang nennt man **Befruchtung**. Die Eizelle ist jetzt befruchtet. Die Befruchtung findet im Körper der Vögel statt. Deshalb spricht man von **innerer Befruchtung**.

Die Entwicklung zum Hühnerei
Der Keimfleck mit der befruchteten Eizelle heißt **Keimscheibe** (Bild 3). Daraus entwickelt sich der Embryo. Um den Dotter bildet sich ein durchsichtiger Stoff. Dieser Stoff heißt **Eiklar** oder **Eiweiß**. Es schützt den Embryo. Um das Eiklar und den Dotter bilden sich Häute. Sie heißen **Eihäute**. Um die Eihäute bildet sich eine harte Schale aus Kalk. Sie heißt **Kalkschale** (Bild 3). Sie schützt das fertige **Ei**. Auch unbefruchtete Eizellen entwickeln sich zu fertigen Eiern. Diese Eier können wir im Laden kaufen. Weil sie keine Keimscheibe enthalten, kann sich in diesen Eiern kein Embryo entwickeln.

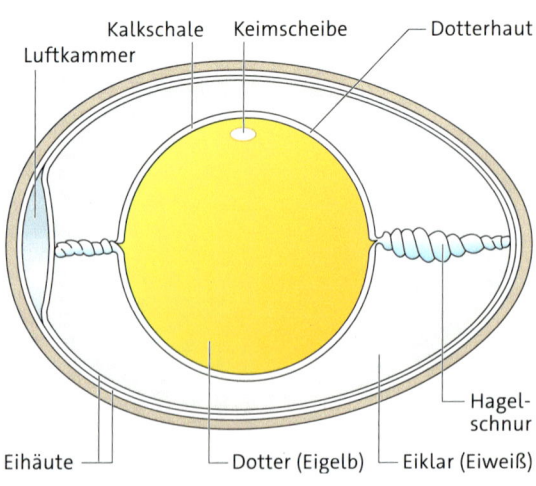

2 Die Entwicklung der Eier

3 Der Bau eines befruchteten Hühnereies

84 DIE WIRBELTIERE

Die Entwicklung im Ei

An einem geschützten Platz am Boden baut die Henne aus Laubblättern und Gras ein Nest. Etwa 24 Stunden nach der Befruchtung gibt die Henne ein Ei aus dem Körper ab. Man sagt: Sie legt ein Ei. In den nächsten Tagen legt die Henne täglich ein weiteres Ei in das Nest. Sie setzt sich auf die Eier und wärmt sie. Man sagt: Sie **brütet** die Eier. Vögel, die ihre Nester am Boden bauen und dort ihre Eier bebrüten, bezeichnet man als **Bodenbrüter**. Die Henne dreht die Eier immer wieder mit dem Schnabel, sodass sie von allen Seiten gleichmäßig gewärmt werden. Im Ei gibt es Schnüre von den Eihäuten zum Dotter. Diese Schnüre sehen aus wie aneinandergereihte Hagelkörner. Deshalb heißen sie **Hagelschnüre** (Bild 3). Sie sorgen dafür, dass der Embryo immer oben im Ei liegt, das ist die wärmste Stelle. Der Embryo ernährt sich vom Dotter und vom Eiklar. Er atmet Luft aus einem Hohlraum im Ei. Dieser Hohlraum heißt **Luftkammer** (Bild 3).

Nestflüchter und Nesthocker

Nach 21 Tagen ist das Jungtier im Ei voll entwickelt. Es öffnet die Kalkschale mit dem Eizahn und schlüpft aus dem Ei. Das Jungtier heißt jetzt **Küken**. Hühnerküken können kurz nach dem Schlüpfen laufen. Sie verlassen das Nest und folgen der Mutter. Deshalb werden sie **Nestflüchter** genannt. Frisch geschlüpfte Amselküken haben noch keine Federn. Ihre Augen und Ohren sind noch geschlossen. Sie werden im Nest gefüttert und bleiben dort sitzen. Ein anderes Wort für sitzen ist hocken. Daher nennt man sie **Nesthocker**. Nach 15 Tagen verlassen die jungen Amseln das Nest.

> Vögel pflanzen sich durch innere Befruchtung fort. Die Henne legt Eier in ein Nest und bebrütet sie. Der Embryo ernährt sich von Dotter und Eiklar. Küken können Nestflüchter oder Nesthocker sein.

AUFGABEN

1 Die Fortpflanzung der Hühner
a Nenne das Fachwort für die Eizelle auf der Dotterkugel.
b Beschreibe den Unterschied zwischen Keimfleck und Keimscheibe.
c Beschreibe, wie der Dotter und das Eiklar dem Embryo nutzen.
d Stelle eine Vermutung an, warum es im Hühnerstall vorbereitete Nester gibt.
e Nenne das Fachwort für das Wärmen des Hühnereies durch die Henne.
f Nenne das Fachwort für ein frisch geschlüpftes Huhn.
g Beschreibe mithilfe von Bild 4 die Entwicklung vom gelegten Ei bis zum Schlüpfen des Jungtiers in einem Flussdiagramm.

2 Nesthocker und Nestflüchter
a Erkläre, warum man Hühnerküken als Nestflüchter bezeichnet.
b Erkläre, warum man Amselküken als Nesthocker bezeichnet.
c Beschreibe die Aufgabe der Eltern von Nesthockern.
d Stelle eine Vermutung an, warum Amseln ihre Nester im dichten Laub von Büschen bauen.

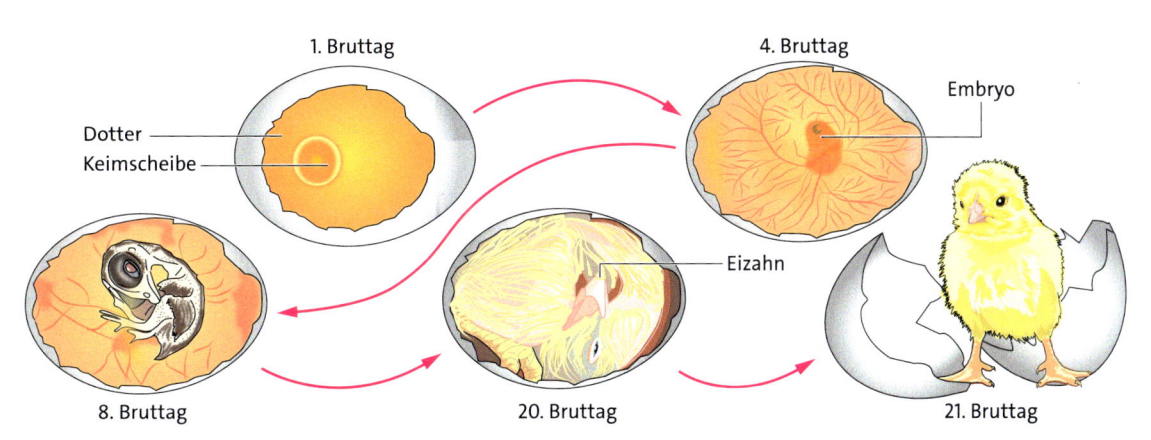

4 Die Entwicklung des Kükens im Ei

DIE WIRBELTIERE

PRAXIS   Hühnereier untersuchen

A Der Blick in ein Hühnerei

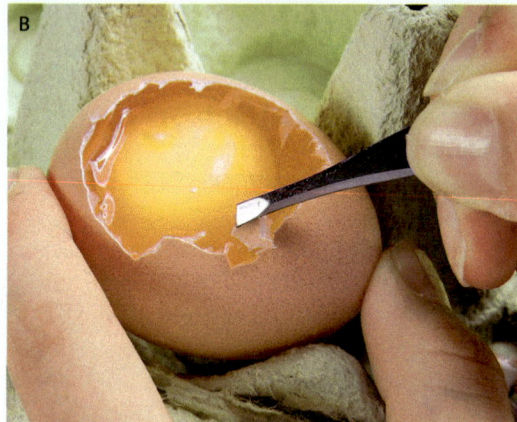

1 Ein Hühnerei wird geöffnet.

Material:
frisches rohes Hühnerei, spitze Schere, Pinzette, Eierkarton, Petrischale, Lupe

Durchführung:
– Arbeitet zu zweit. Legt das Ei längs auf eine Vertiefung im Eierkarton.
– Kratzt mit der Schere vorsichtig eine Kerbe in die Kalkschale wie in Bild 1A gezeigt.
– Hebt die Kalkschale stückchenweise mit der Pinzette ab, sodass eine Öffnung entsteht. Sie soll etwa so groß sein wie ein 2-Euro-Stück (Bild 1B).
– Betrachtet das Innere des Eies mit der Lupe.
– Gießt den Inhalt des Eies vorsichtig in die Petrischale.

Auswertung:
1 Zeichnet das Hühnerei in der Petrischale. Beschriftet es mithilfe von Bild 3 auf Seite 84.

B Ein Hühnerei ohne Schale

2 Ein Ei wird in Essigessenz eingelegt.

Material:
Glas, frisches Hühnerei, Essigessenz (25%ige Essigsäure)

Achtung!
Essigessenz ist stark ätzend. Setze die Schutzbrille auf und ziehe Schutzhandschuhe an. Sorge für eine gute Raumbelüftung.

Durchführung:
– Legt das Ei in Essigessenz, bis sich die Kalkschale vollständig aufgelöst hat. Das dauert etwa drei Tage.
– Spült das Ei vorsichtig und gründlich mit Wasser ab.
– Schaut euch das Ei an und betastet es.
– Dreht das Ei entlang der Längsachse. Beobachtet dabei das Eigelb.

Auswertung:
1 Beschreibt eure Beobachtungen.
2 Erläutert die Bedeutung eurer Beobachtung für die Entwicklung des Kükens.

Aufräumen:
Sammelt die Eier für den Kompost. Reinigt Schere, Pinzette, Petrischale und den Tisch. Wascht eure Hände mit Seife.

AUFGABEN   Vögel sind unterschiedlich

1 Drei verschiedene Vögel

1 Eine Singdrossel (A), ein Pinguin (B) und ein Strauß (C)

Singdrosseln leben in den Wäldern von Europa, Asien und Nordafrika. Sie fressen Regenwürmer, Insekten und Beeren. Sie sind gute Flieger. Pinguine leben an den Südküsten von Afrika, Asien und Südamerika sowie in der Antarktis. Sie sind gute Schwimmer und ernähren sich von Fischen. Strauße leben in den heißen Gebieten, die in Afrika südlich der Saharawüste liegen. Sie sind gute Läufer und können bis zu 70 Kilometer pro Stunde schnell werden. Strauße fressen vor allem Pflanzen.

a ▸ Die Singdrossel, der Pinguin und der Strauß sind Vögel. Nenne drei typische Vogelmerkmale, die sie alle besitzen.
b ▸ Nenne jeweils zwei Merkmale, in denen sich der Körperbau von Strauß und Pinguin vom Körperbau eines typischen Vogels unterscheidet.

2 Der Knochenbau verschiedener Vögel

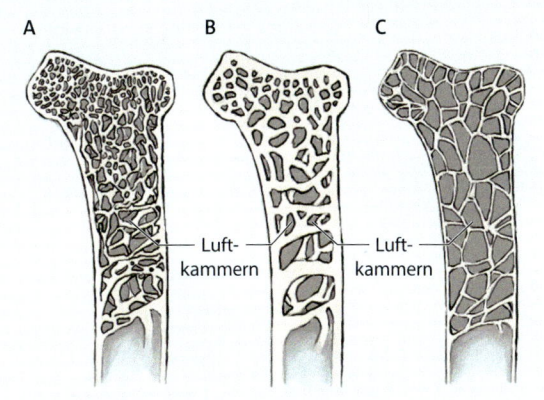

2 Die Oberschenkelknochen von drei Vögeln

Bild 2 zeigt die Oberschenkelknochen von einer Singdrossel, einem Strauß und einem Pinguin.
a ▸ Ordne die Knochen A bis C der Singdrossel, dem Strauß und dem Pinguin zu.
b ▸ Begründe jeweils deine Zuordnung.

3 Die Brutpflege verschiedener Vögel

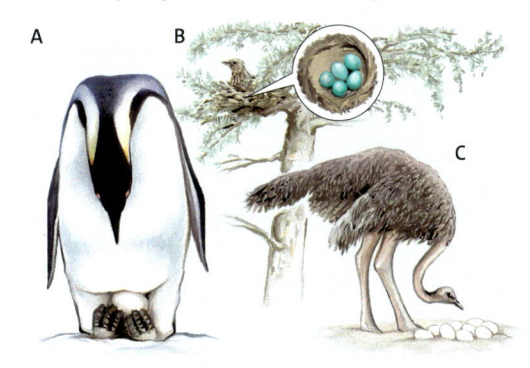

3 Brutpflege beim Pinguin (A), bei der Singdrossel (B) und beim Strauß (C)

Singdrosseln legen drei bis sechs Eier in ein weich gepolstertes Nest auf einem Baum. Kaiserpinguine bauen keine Nester. Das Weibchen legt nur ein Ei. Es wird vom Männchen bebrütet. Strauße legen acht bis zwölf Eier. Die Jungen sind Nestflüchter.
▸ Recherchiere, warum die drei Vögel unterschiedlich viele Eier legen. Betrachte dazu auch Bild 3 und bedenke die Art des Nestes, das Wetter in den Lebensräumen der Tiere sowie die Gefahr durch Tiere, die Eier und Jungtiere fressen.

Die Merkmale der Säugetiere

1 Ein Eichhörnchen frisst eine Nuss.

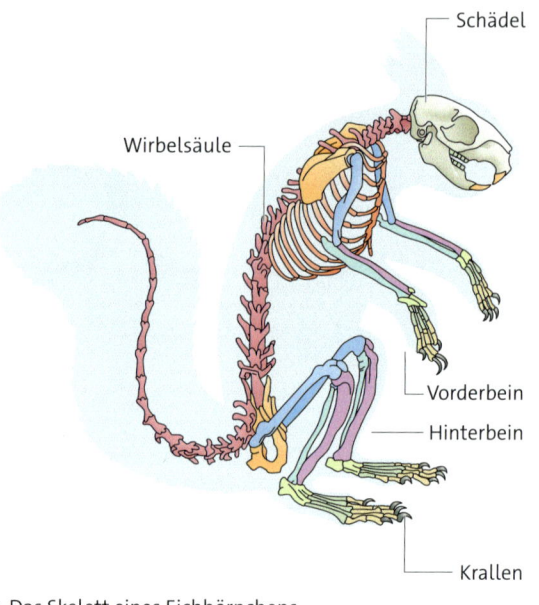

3 Das Skelett eines Eichhörnchens

Malia beobachtet ein Eichhörnchen. Es knabbert an einer Haselnuss. Wenn sich das Eichhörnchen erschrickt, dann klettert es schnell auf einen Baum.

Das Eichhörnchen
Eichhörnchen leben auf den Bäumen in Wäldern, Parks und Gärten. An den Pfoten haben sie Krallen. Damit halten sie sich beim Klettern fest. Wenn sie von Baum zu Baum springen, dann steuern sie dabei mit dem Schwanz. Eichhörnchen fressen Nüsse, Beeren, Schnecken und Insekten. Sie sind Allesfresser. Eichhörnchen bauen Nester aus Zweigen und Blättern. Diese Nester heißen **Kobel**. Im Kobel bringen Eichhörnchen ihre Jungtiere zur Welt. In Bild 2 kannst du sehen, dass die Jungtiere am Bauch der Mutter Milch saugen. Deshalb gehören Eichhörnchen zu den **Säugetieren**.

Der Körperbau und die Atmung
Eichhörnchen haben wie alle Säugetiere ein Innenskelett mit einer Wirbelsäule. Deshalb gehören Säugetiere zu den Wirbeltieren. In Bild 3 kannst du sehen, dass die Wirbelsäule bei Eichhörnchen sehr lang ist. Der hintere Teil der Wirbelsäule ist der Schwanz. Alle Säugetiere atmen mit Lungen.

Die Haut
Die Haut der Säugetiere ist mit Haaren bedeckt. Diese Haare nennt man **Fell**. Eichhörnchen haben kurze Fellhaare. Am Rücken sind sie hellrot bis braunschwarz, am Bauch weiß oder cremefarben. Viele Säugetiere haben im Winter mehr Haare. Sie haben also ein Sommerfell und ein Winterfell. Das Fell verhindert, dass der Körper Wärme verliert. Man sagt auch: Es schützt vor Wärmeverlust.

2 Junge Eichhörnchen saugen Milch.

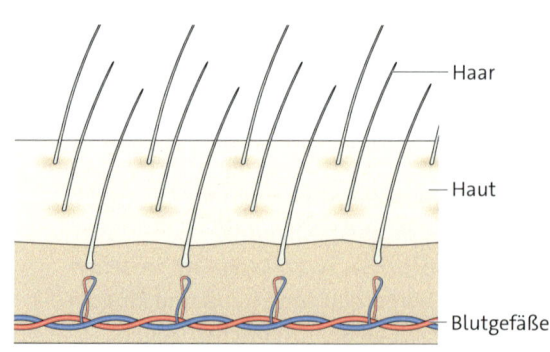

4 Die Haut der Säugetiere (Querschnitt)

88 DIE WIRBELTIERE

5 Eine fliegende Fledermaus

7 Ein schwimmender Biber

Die Vielfalt der Säugetiere
Säugetiere leben in verschiedenen Lebensräumen. Sie sind an die unterschiedlichen biotischen und abiotischen Umweltbedingungen anpasst.

Fledermäuse fliegen durch die Luft
In Bild 5 siehst du, dass Fledermäuse zwischen den Armknochen und den Fingerknochen dünne Häute haben. Diese Häute heißen **Flughäute**. Mit den Flughäuten können Fledermäuse fliegen. Sie fressen Insekten, die sie im Flug fangen.

Maulwürfe leben in der Erde
In Bild 6 siehst du, dass Maulwürfe Krallen an den Fingern der Vorderpfoten haben. Damit graben sie Gänge in die Erde. Die Erde aus den Gängen schieben sie an die Oberfläche. Dort entstehen Hügel aus Erde. Das sind die **Maulwurfshügel**. Maulwürfe haben lange Haare am Maul. Damit können sie Käfer, Schnecken und Spinnen in den dunklen Gängen fühlen. Ein anderes Wort für fühlen ist tasten. Deshalb heißen die Haare **Tasthaare**.

Biber leben an und im Wasser
In Bild 7 siehst du, wie ein Biber in einem Fluss schwimmt. Biber haben wie Fische einen spindelförmigen Körper. Zum Schwimmen bewegen Biber ihren großen, flachen Schwanz auf und ab. Biber haben zwischen den Zehen der Hinterpfoten Häute, die das Schwimmen erleichtern. Daher heißen diese Häute **Schwimmhäute**. Biber können ihre Ohren und Nasenlöcher unter Wasser verschließen. Ihr Fell ist dicht und fettig, dadurch gelangt kein Wasser an die Haut. Biber fressen nur Baumrinde und Blätter. Mit ihren kräftigen Zähnen können Biber Bäume fällen.

> Säugetiere bringen Jungtiere zur Welt und säugen sie mit Milch. Säugetiere gehören zu den Wirbeltieren. Ihre Haut ist meist mit Fell bedeckt. Sie atmen mit Lungen und leben in verschiedenen Lebensräumen.

AUFGABEN
1 Der Körperbau der Säugetiere
a Nenne vier Merkmale der Säugetiere.
b Beschreibe, wie das Eichhörnchen an das Leben auf den Bäumen angepasst ist.
c Erläutere die Aufgabe der Fellhaare.

2 Die Vielfalt der Säugetiere
a Beschreibe, wie Fledermäuse an das Fliegen angepasst sind.
b Die Vorderpfoten des Maulwurfs heißen Grabhände. Beschreibe, was mit diesem Fachwort gemeint ist.
c Vergleiche Biber und Fische. Notiere dazu in einer Tabelle Gemeinsamkeiten und Unterschiede.

6 Ein Maulwurf im Boden

DIE WIRBELTIERE

Der Maulwurf

1 Maulwurfshügel auf einer Wiese

2 Ein Maulwurf

Elenas Großvater ärgert sich über die kleinen Erdhügel auf seiner Wiese. Er erklärt Elena, dass ein Maulwurf die Erdhügel gemacht hat.

Der Körperbau des Maulwurfs
Der Maulwurf ist ein Säugetier. Er ist an das Leben im Boden angepasst ist. Sein Körper ist etwa 15 Zentimeter lang und hat die Form einer Walze. Der Maulwurf hat einen spitz zulaufenden Kopf mit einer langen Nase (Bild 2). Sein schwarzes Fell ist sehr dicht. Bei vielen Tieren legen sich die Haare des Fells immer in die gleiche Richtung. Man sagt, die Haare haben eine **Strichrichtung**. Beim Maulwurf können sich die Fellhaare beim Vorwärts- und Rückwärtslaufen in die verschiedenen Richtungen legen. Die Haare haben also keine Strichrichtung. So kann der Maulwurf unter der Erde leicht vorwärts und rückwärts laufen.

Hände zum Graben
Der Maulwurf hat an seinen Vorderbeinen kräftige Hände. An jeder Hand hat er fünf Finger und einen zusätzliche Knochen.

Dieser Knochen sieht aus wie eine Sichel und heißt **Sichelbein**. Durch das Sichelbein wird die Fläche der Hand vergrößert. Alle Finger haben lange Krallen. Mit den Krallen kann der Maulwurf in fester Erde graben. Zwischen den Fingern befinden sich Häute. Dadurch haben die Grabhände die Form von Schaufeln.

Ein Leben im Boden
Ein Maulwurf gräbt im Boden viele Tunnel und Kammern (Bild 5). Einen solchen Tunnel nennt man **Gang**. Diese Gänge bilden ein Gangsystem. In de Mitte dieses Gangsystems liegt eine große Kammer, die man **Wohnkessel** nennt. Der Maulwurf bringt Moos und Gras in den Wohnkessel. Im Wohnkessel kommen die Jungtiere auf die Welt. Um den Wohnkessel herum verläuft ein runder Gang, der **Rundgang**. Von dem Rundgang zweigen Gänge ab, in denen der Maulwurf unter der Erde läuft. Das sind die **Laufgänge**. In diesen Gängen jagt der Maulwurf Tiere wie Insekten und Käfer. Dafür hat er ein Gebiss mit vielen spitzen Zähnen, ein **Insektenfressergebiss** (Bild 4).

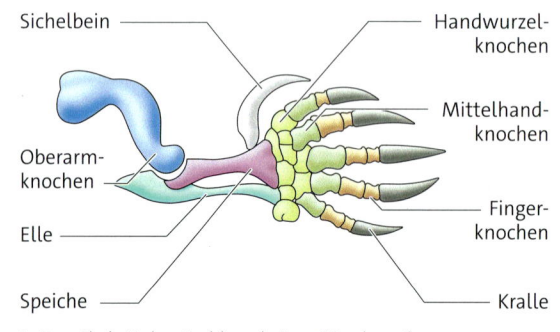

3 Das Skelett der Grabhand eines Maulwurfs

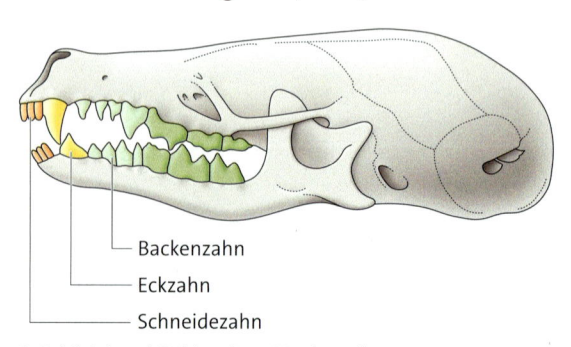

4 Schädel und Gebiss eines Maulwurfs

DIE WIRBELTIERE

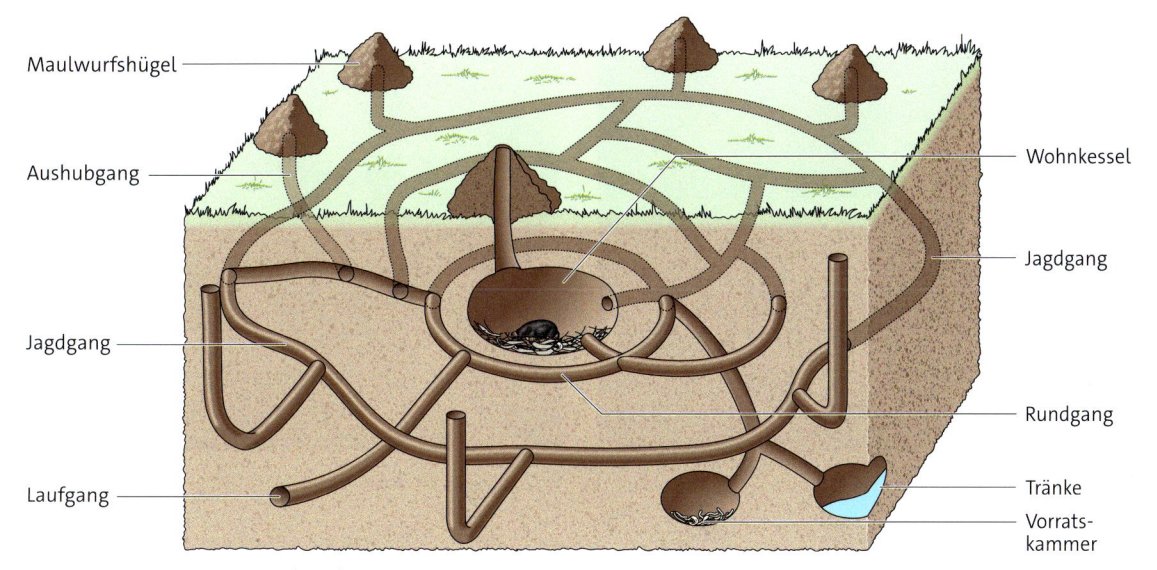

5 Das Gangsystem eines Maulwurfs

Im Gangsystem gibt es Vorratskammern. Darin lagert der Maulwurf seine Nahrung. Durch einen Biss kann der Maulwurf auch Regenwürmer lähmen. Er lagert sie als Wintervorrat in der Vorratskammer. Oft gibt es eine tiefe Kammer, in der sich Wasser sammelt. Hier kann der Maulwurf trinken. Daher nennt man diese Kammer **Tränke**. Meistens lebt nur ein Maulwurf allein, also einzeln, in einem Bau. Man sagt auch, er ist ein **Einzelgänger**. Wenn der Maulwurf sich über der Erde aufhält, wird er von Greifvögeln, Mardern und Katzen gejagt.

Erkennen der Umwelt

Der Maulwurf kann sehr gut riechen. Er riecht seine Beutetiere unter der Erde. Der Maulwurf hat keine Ohrmuscheln. Die Ohren sind mit Fell bedeckt und können mit einer dünnen Haut verschlossen werden. Trotzdem hört der Maulwurf sehr gut. Der Maulwurf kann mit den Haaren am Schwanz und an den Händen sehr gut fühlen. Ein anderes Wort für fühlen ist tasten. Diese Haare heißen **Tasthaare**. Mit den Tasthaaren kann der Maulwurf Beutetiere in den dunklen Gängen erkennen und auch ganz leichte Erschütterungen wahrnehmen. Die lange Nase des Maulwurfs heißt **Rüssel**. Auch mit diesem Rüssel kann der Maulwurf sehr gut tasten. Die Augen des Maulwurfs sind sehr klein und im Fell verborgen. Ein Maulwurf kann nur schlecht sehen. Er kann nur hell und dunkel unterscheiden.

Fortpflanzung

Nur während der Zeit der Paarung und der Aufzucht der Jungtiere leben Weibchen und Männchen als Paar in einem Bau. Im Frühsommer bringt das Weibchen im Wohnkessel drei bis sechs nackte und blinde Jungtiere zur Welt.
Sie werden etwa fünf Wochen gesäugt. Nach zwei Monaten suchen sich die jungen Maulwürfe als Einzelgänger ein eigenes Revier.

> Der Maulwurf gehört zu den Säugetieren. Er lebt in einem unterirdischen Bau. Durch die besondere Form des Körpers, die Grabhände, das Fell ohne Strich und den feinen Geruchssinn und Tastsinn ist er an das Leben im Boden angepasst.

AUFGABEN

1 Leben im Boden
a Beschreibe die Merkmale des Maulwurfs, die seine Angepasstheit an das Leben im Boden zeigen.
b Nenne die Sinne des Maulwurfs, die ihm das Jagen im Boden ermöglichen.

2 Das Gangsystem
a Erstelle eine Tabelle mit den Bereichen des Maulwurfsbaus und ihren Aufgaben.
b Stelle eine Vermutung auf, wie ein Maulwurfshügel entsteht.

DIE WIRBELTIERE

Die Fledermaus

1 Eine Fledermaus fliegt in der Nacht.

3 Eine Gruppe von Fledermäusen in einer Höhle

Im Sommer sieht Marius jeden Abend im Garten eine Fledermaus. Sie fliegt sehr schnell und jagt Insekten. Wie findet sie im Dunkeln ihre Beute?

Der Körperbau der Fledermaus
Die Fledermaus gehört zu den Säugetieren. Sie ist an das Leben in der Luft angepasst. Die vorderen Gliedmaßen der Fledermaus sind zu Flügeln umgewandelt (Bild 2). Zwischen den langen Mittelhand- und Fingerknochen und zwischen Arm-, Bein- und Schwanzskelett sind Häute gespannt. Mithilfe dieser Häute kann die Fledermaus fliegen. Darum heißen diese Häute **Flughäute**. Das Fell der Fledermaus hat sehr kurze Haare und bedeckt den Körper. Auf der Flughaut und an den Ohren befinden sich nur wenige Haare. Nur die Daumen und die Füße schauen aus der Haut hervor. Damit kann die Fledermaus sich festhalten, an einer Wand klettern oder am Boden kriechen.

Die Lebensweise der Fledermäuse
Die Fledermaus hat ein Insektenfressergebiss mit vielen spitzen Zähnen. Sie jagt nachts Mücken, Fliegen, Käfer und Nachtfalter. Im Frühjahr bringt das Fledermausweibchen ein Jungtier zur Welt. Das Jungtier ist nach der Geburt noch nackt und blind. Es klammert sich am Fell der Mutter fest und wird in den ersten Wochen gesäugt. Bereits nach sieben Wochen kann sich das Jungtier selbst versorgen. Eine Fledermaus und ihr Jungtier leben mit anderen Muttertieren und Jungtieren in Höhlen, in Türmen, auf Dachböden und in den Dächern alter Häuser (Bild 3). Sie krallen sich mit den Füßen fest und hängen mit dem Kopf nach unten. Im Winter schlafen Fledermäuse an diesen Orten in großen Gruppen und wärmen sich gegenseitig. Da solche Schlafplätze immer schwerer zu finden sind, sind Fledermäuse gefährdet. Sie stehen unter Naturschutz.

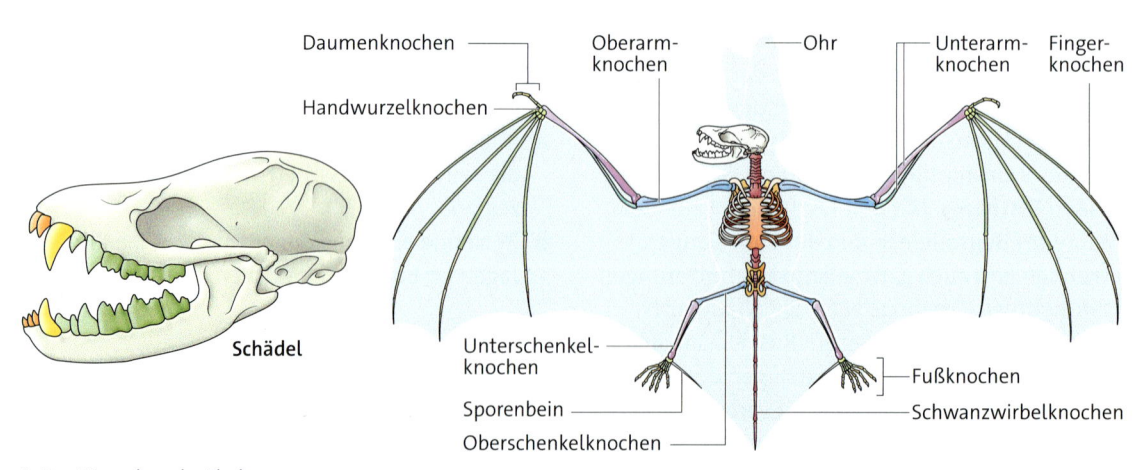

2 Der Körperbau der Fledermaus

Orientierung der Fledermäuse

Fledermäuse sind meist in der Dämmerung und nachts aktiv. In den frühen Abendstunden beginnen sie mit der Jagd. Sie haben sehr kleine Augen und können nur schlecht sehen. Während des Fluges geben die Fledermäuse in kurzen Abständen durch ihren Mund und durch ihre Nase hohe Töne ab. Solche Töne nennt man **Schall**. Wenn diese Töne sehr hoch sind, dann können Menschen diese Töne nicht hören. Solche hohen Töne nennt man **Ultraschall**. Wenn diese Ultraschalllaute auf eine Wand oder ein Beutetier treffen, dann kommt der Schall wieder zurück. Du kennst das vielleicht aus den Bergen. Wenn du in den Bergen laut rufst und dein Schall auf eine Felswand trifft, dann wird der Schall zurückgeworfen. Das nennt man **Echo**. Auch bei Fledermäusen spricht man von einem Echo. Die Fledermaus kann dieses Echo mit ihren großen Ohren aufnehmen (Bild 4). Je weiter ein Beutetier entfernt ist, desto länger dauert es, bis die Fledermaus das Echo wahrnehmen kann. So kann sie bestimmen, wo das Beutetier ist, wie weit es entfernt oder wo eine Wand ist. Die Fledermaus kann durch dieses Echo auch im Dunkeln Beute finden oder Hindernissen ausweichen. Die Fledermaus orientiert sich also nicht mit dem Sehsinn, sondern mit dem Gehörsinn.

> Fledermäuse gehören zu den Säugetieren. Sie können fliegen. Ihr Körperbau ist an das Leben in der Luft angepasst. Sie sind Insektenfresser und jagen nachts ihre Beute. Im Dunkeln orientieren sie sich durch das Echo hoher Töne. Fledermäuse stehen unter Naturschutz.

AUFGABEN

1 Körperbau und Lebensweise
a Beschreibe die Merkmale der Fledermaus, die ihre Angepasstheit an das Leben in der Luft zeigen.
b Vergleiche den Flügel einer Fledermaus mit dem Arm des Eichhörnchens. Notiere Unterschiede und Gemeinsamkeiten.
c Begründe, warum Fledermäuse zu den Säugetieren gehören.

2 Orientierung im Dunkeln
a Nenne den Sinn der Fledermaus, den sie zum Jagen nutzt.
b Beschreibe die Orientierung der Fledermäuse im Dunkeln. Erkläre dazu als Beispiel, warum eine Fledermaus im Dunkeln nicht gegen eine Wand fliegt.

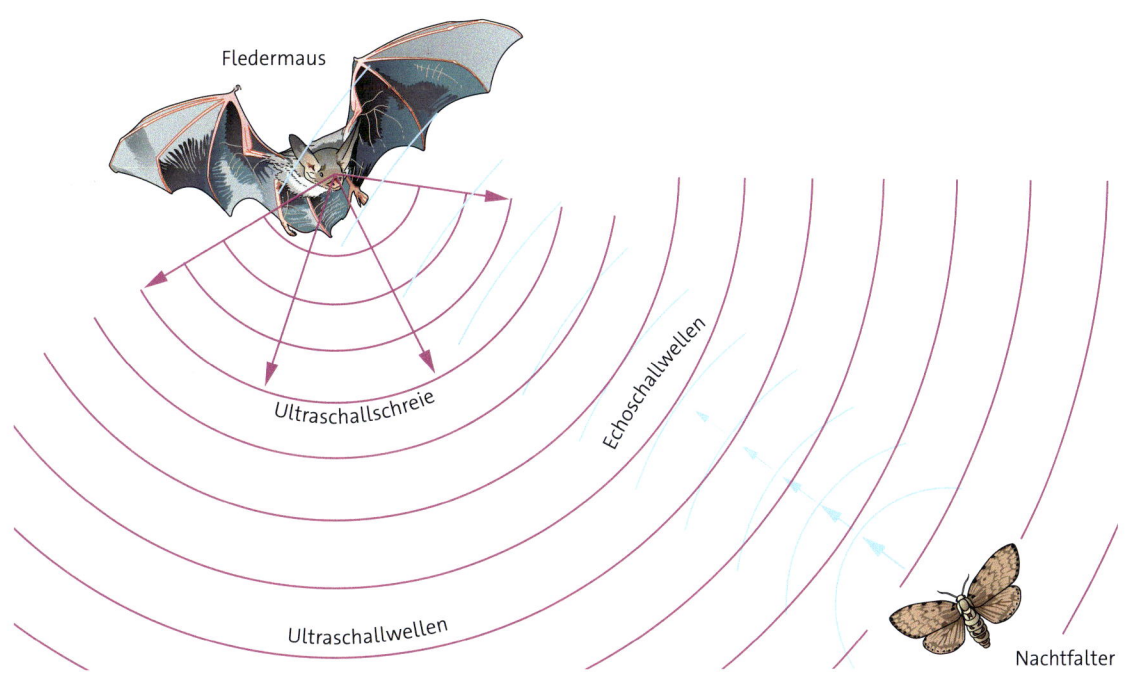

4 Die Orientierung der Fledermaus

DIE WIRBELTIERE

Die Fortpflanzung und die Entwicklung der Säugetiere

1 Zwei Katzen paaren sich.

Nick beobachtet, wie sich eine Katze auf dem Boden rollt. Ein Kater geht zu ihr und legt sich auf ihren Rücken. Die beiden paaren sich.

Die Paarung

Wenn sich Säugetiere fortpflanzen, dann paart sich ein Männchen mit einem Weibchen. Für die Fortpflanzung nutzen sie bestimmte Organe. Diese Organe heißen **Fortpflanzungsorgane** oder **Geschlechtsorgane**. Zu den männlichen Geschlechtsorganen gehört das Glied. Man sagt auch **Penis** dazu. Zu den weiblichen Geschlechtsorganen gehört die Scheide. Man sagt auch **Vagina** dazu. Bei der Paarung schiebt das Männchen seinen Penis in die Vagina des Weibchens. Dann gibt das Männchen Spermienzellen in den Körper des Weibchens ab. Die Spermienzellen schwimmen durch die Vagina in die Eileiter.

Die Entwicklung im Körper der Mutter

Wenn eine Spermienzelle auf eine Eizelle trifft, dann verschmelzen sie miteinander. Diesen Vorgang nennt man **Befruchtung**. Die Befruchtung findet im Körper der Säugetiere statt. Deshalb spricht man von **innerer Befruchtung**. Bei vielen Säugetieren werden nach einer Paarung mehrere Eizellen befruchtet. Die befruchteten Eizellen gelangen durch den Eileiter zu einem weiteren Geschlechtsorgan. Das ist die **Gebärmutter**. Dieses Fachwort ist abgeleitet vom Wort gebären, das bedeutet „ein Jungtier hervorbringen". In der Gebärmutter entwickeln sich die befruchteten Eizellen zu Embryonen. Durch ein besonderes Organ werden sie mit Nahrung und Sauerstoff von der Mutter versorgt. Das Fachwort für dieses Organ ist **Mutterkuchen**. So können sich die Jungtiere im Körper der Mutter entwickeln und wachsen. Das Weibchen trägt die Jungtiere bis zur Geburt im Körper. Daher heißt diese Zeit **Tragzeit**.

Die Jungtiere

Nach etwa 65 Tagen kommen die Jungtiere aus dem Bauch der Katze auf die Welt. Man sagt: Sie werden **geboren**. Die Jungtiere der Katzen nennt man **Kätzchen**. Jungtiere, die zusammen zur Welt gekommen sind, werden als **Wurf** bezeichnet. Bei Katzen besteht ein Wurf aus vier bis sechs Kätzchen. Sie haben bereits ein Fell, ihre Augen sind noch geschlossen. Sie öffnen sich erst nach neun Tagen. Die Mutter der Kätzchen bildet **Milch** in Drüsen an ihrem Bauch. Diese Milch heißt **Muttermilch**. Die Kätzchen saugen die Muttermilch aus Zitzen (Bild 3). Die Kätzchen werden etwa sieben Wochen gesäugt. Sie sind Nesthocker.

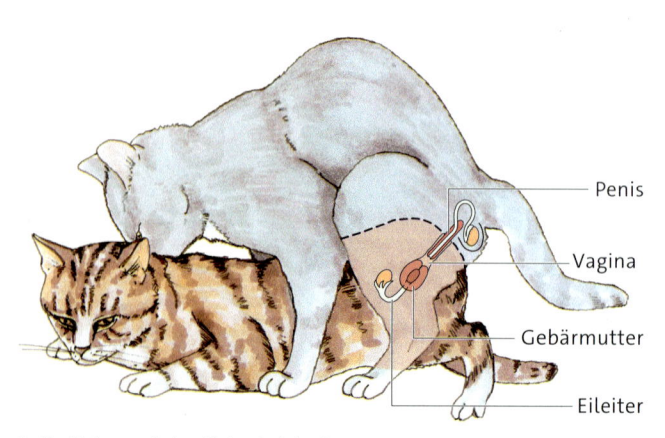

2 Ein Kater und eine Katze bei der Paarung

3 Die Jungtiere saugen Milch.

DIE WIRBELTIERE

4 Eine Hausmaus mit ihren Jungtieren

Nesthocker und Nestflüchter

Viele Säugetiere bauen vor der Geburt der Jungtiere ein Nest an einem sicheren Ort. Das kann zum Beispiel auf einem Baum oder in einer Höhle sein. Die Jungtiere von Mäusen, Igeln und Kaninchen kommen nach einer kurzen Tragzeit auf die Welt. Sie sind nackt und hilflos, ihre Augen sind noch geschlossen (Bild 4). Die Jungtiere werden im Nest von den Eltern gefüttert. So können sich die Jungtiere geschützt entwickeln. Wenn sie ein Fell haben, sehen und laufen können, dann verlassen sie das Nest. Mäuse, Igel und Kaninchen sind **Nesthocker.** Pferde, Rinder und Rehe sind Nestflüchter (Bild 5). Bei ihnen ist die Tragzeit deutlich länger. Die Jungtiere haben schon bei der Geburt ein Fell und ihre Augen sind offen. Sie können bereits kurz nach der Geburt stehen und laufen.

5 Ein Reh mit seinem Jungtier

Die Brutpflege

Viele Säugetiere kümmern sich nach der Geburt um ihre Jungtiere. Man sagt auch: Die Jungtiere werden von den Eltern gepflegt. Ein anderes Wort für Jungtiere ist **Brut**. Die Pflege der Jungtiere wird deshalb **Brutpflege** genannt. Zur Brutpflege gehört, dass die Eltern ihre Jungtiere füttern und beschützen. Nesthocker ohne Fell werden von den Eltern gewärmt. Wenn die Jungtiere nicht mehr gesäugt werden, dann zeigen die Eltern ihnen, welche Nahrung sie fressen können. Die Eltern geben also ihr Wissen an die Jungtiere weiter.

> Säugetiere pflanzen sich durch innere Befruchtung fort. Die Embryonen wachsen in der Gebärmutter der Mutter heran. Nach der Geburt saugen die Jungtiere Milch aus den Zitzen der Mutter. Säugetiere können Nesthocker oder Nestflüchter sein.

AUFGABEN

1 Die Fortpflanzung der Säugetiere
a Nenne das Fachwort für die Nahrung, die Jungtiere am Bauch der Mutter saugen.
b Beschreibe, was mit dem Fachwort innere Befruchtung gemeint ist.
c Beschreibe das Aussehen von neugeborenen Kätzchen.
d Begründe, warum Katzen zu den Säugetieren gehören.
e Stelle die Fortpflanzung der Säugetiere in einem Flussdiagramm dar.

2 Die Tragzeit bei Säugetieren
a Erstelle ein Diagramm aus den Informationen in der Tabelle.

Säugetier	Tragzeit
Elefant	22 Monate
Giraffe	15 Monate
Wolf	2 Monate
Goldhamster	16 Tage

7 Die Tragzeiten von verschiedenen Säugetieren

b Begründe, ob die Tiere in der Tabelle Nestflüchter oder Nesthocker sind.
c Beschreibe, wie die Tragzeiten bei Nestflüchtern und Nesthockern sind.

DIE WIRBELTIERE

METHODE Tabellen erstellen

Naturwissenschaftlerinnen und Naturwissenschaftler sammeln Informationen. In Tabellen kannst du Informationen geordnet darstellen oder zeigen, wie sich zwei Größen oder Informationen zueinander verhalten. Dadurch kannst du Zusammenhänge erkennen. In einer Tabelle gibt es waagerechte **Zeilen** und senkrechte **Spalten**. In der obersten Tabellenzeile bekommt jede Spalte eine Spaltenüberschrift. Diese Zeile nennt man **Kopfzeile**. Die Zeilen und Spalten treffen sich jeweils in einer **Zelle**.

1 Das Thema formulieren
Überlege, welche Informationen du in der Tabelle darstellen willst. Formuliere eine Überschrift für deine Tabelle.

Lisa hat in der Schule alle Gruppen der Wirbeltiere kennengelernt. Nun will sie die Informationen zu den einzelnen Gruppen in einer Tabelle geordnet darstellen. Sie formuliert als Überschrift „Vergleich von Wirbeltiergruppen".

2 Die Tabelle planen
Überlege vor dem Zeichnen der Tabelle, welche Kriterien du betrachten willst. Kriterien können Tiernamen, Merkmale, aber auch Werte wie Datum, Temperatur, Größe oder Masse sein. Wie viele Zeilen und wie viele Spalten du dafür brauchst, hängt davon ab, welche Kriterien du in die erste Spalte und welche du in die Kopfzeile eintragen willst. In jede Zelle werden die Informationen geschrieben, die zu dieser Zeile und zu dieser Spalte passen.

Lisa plant, die Namen der Wirbeltiergruppen in die Kopfzeile zu schreiben. Es gibt fünf Wirbeltiergruppen, also braucht sie fünf Spalten. Zusätzlich braucht sie noch eine Spalte, um die Kriterien aufzulisten, die sie betrachten will. Insgesamt muss die Tabelle also sechs Spalten haben. In der ersten Tabellenzeile unter der Kopfzeile will Lisa Beispiele für Tiere aus den Wirbeltiergruppen notieren. In der zweiten Tabellenzeile will sie Informationen zur Fortpflanzung aufschreiben. Später will sie sich weitere Kriterien für den Vergleich überlegen. Dafür plant sie weitere Zeilen ein.

Vergleich von Wirbeltiergruppen

Kriterium	Fische	Amphibien	...
...	...	Frosch, Kröte	...
Fortpflanzung	äußere Befruchtung, ...	...	...
Entwicklung	...	Metamorphose	...
...	...	...	...
...	...	...	...
...	...	...	...

1 Ein Ausschnitt aus Lisas Tabelle

3 Die Tabelle zeichnen
Verwende Bleistift und Lineal zum Zeichnen der Tabelle. Wenn du auf kariertem Papier zeichnest, dann kannst du die Kästchen als Hilfslinien nutzen. Zeichne zuerst die Kopfzeile und unterteile diese in die geplante Zahl der Spalten. Ergänze dann weitere Zeilen. Wenn du Fotos, Zeichnungen oder längere Texte eintragen willst, dann brauchst du große Zellen.

Lisa zeichnet eine Tabelle mit einer Kopfzeile, sechs Spalten und sechs Zeilen. Über die Tabelle schreibt sie die Überschrift.

4 Die Informationen eintragen
Trage nun alle Informationen in die Tabelle ein.

Lisa notiert die Namen der Wirbeltiergruppen in der Kopfzeile. In die ersten zwei Zeilen schreibt sie die Kriterien „Beispiel" und „Fortbewegung". Dann füllt sie den Rest der Tabelle aus.

AUFGABEN

1 Eine Tabelle zu den Wirbeltieren erstellen
a Übertrage Lisas Tabelle aus Bild 1 in dein Heft und ergänze drei Spalten.
b Notiere die fehlenden Wirbeltiergruppen in der Kopfzeile.
c Überlege dir vier weitere Kriterien und notiere sie in der ersten Spalte.
d Notiere in die Tabelle die Informationen zu den Wirbeltiergruppen.

AUFGABEN   Die Wirbeltiere

1 Die Atmung im Wasser und in der Luft
a ▣ Begründe, zu welchen Wirbeltiergruppen die beiden Atmungsorgane in Bild 1 jeweils gehören.
b ▣ Nenne je drei Tiere, die diese Art der Atmung nutzen.
c ▣ Erläutere die Art der Atmung als Angepasstheit an den Lebensraum.

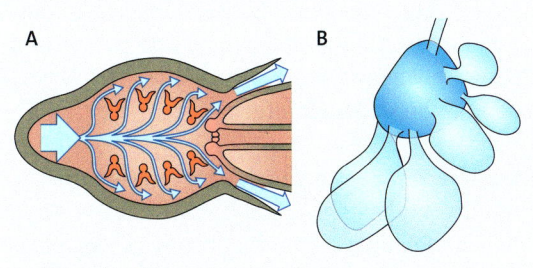

1 Unterschiedliche Arten der Atmung

2 Die Körperbedeckung der Wirbeltiere
Die Körperbedeckungen der verschiedenen Wirbeltiergruppen sind unterschiedlich.
a ▣ Begründe, zu welchen Wirbeltiergruppen die Körperbedeckungen A–E in Bild 2 jeweils gehören.
b ▣ Erläutere für jede Wirbeltiergruppe, wie sie durch die Art der Körperbedeckung an ihren jeweiligen Lebensraum angepasst ist.

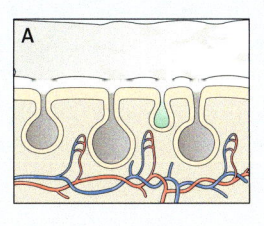

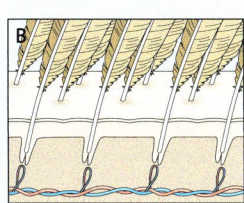

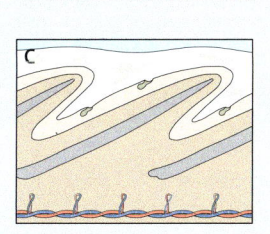

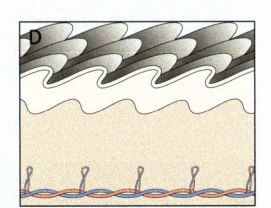

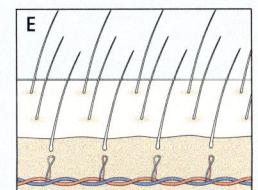

2 Unterschiedliche Körperbedeckungen

3 Delfine und Fische
Delfine ähneln Fischen. Sie bringen aber vollständig entwickelte Jungtiere zur Welt und säugen diese.
a ▣ Beschreibe die Entwicklung der Jungtiere bei Fischen.
b ▣ Begründe, warum Delfine zur Gruppe der Säugetiere gehören.
c ▣ Vergleiche die Skelette und Körperformen von Delfin und Fisch in Bild 3.

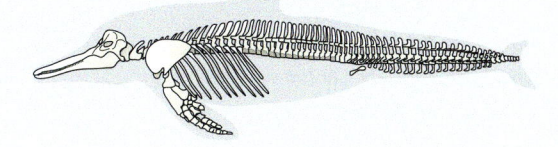

3 Das Skelett und die Körperform von Delfin und Fisch

4 Die Fortpflanzung bei Vögeln
Singdrossel, Pinguin und Strauß gehören zur Gruppe der Vögel. Die Singdrossel lebt bei uns. Sie legt 3 bis 6 Eier in ihr Nest auf einem Baum und bebrütet die Eier etwa 14 Tage. Strauße leben in Afrika. Sie legen bis zu 25 Eier in ihr Nest im Sandboden. Männchen und Weibchen bebrüten die Eier abwechselnd bis zu 6 Wochen lang. Das Weibchen des Kaiserpinguins legt nur ein Ei. Das Männchen legt das Ei auf seine Füße und bedeckt es mit einer Bauchfalte. Kaiserpinguine bauen keine Nester.
a ▣ Begründe, warum Singdrosseln und Strauße ihre Nester an unterschiedlichen Orten bauen.
b ▣ Begründe den unterschiedlichen Ort der Nester bei der Singdrossel und beim Strauß.
c ▣ Nenne die Anzahl der Eier, die die drei Vogelarten legen.
d ▣ Stelle Vermutungen an, warum die Anzahl der Eier bei den Vogelarten unterschiedlich ist.

Der Mensch verändert Lebensräume

1 Eine Europäische Wildkatze

Kira sieht im Tierpark eine Katze in einem Gehege. Kira liest auf dem Schild am Zaun, dass es eine Europäische Wildkatze ist.

Die Wildkatze war fast verschwunden
Die Europäische Wildkatze lebt in Wäldern. Sie ist größer und kräftiger als die Hauskatze (Bild 1). Vor 100 Jahren gab es in Deutschland fast keine Wildkatzen mehr. Man sagt: Sie waren fast **ausgestorben**. Verantwortlich dafür war der Mensch. Zum einen wurden Wildkatzen damals gejagt. Das ist heute verboten. Zum anderen fällten die Menschen die Bäume in den Wäldern. Auf den Flächen bauten sie Häuser und Fabriken oder legten Felder an (Bild 2 und 3). Die Wildkatzen fanden in den kleineren Lebensräumen weniger Nahrung und weniger Partnerinnen und Partner für die Fortpflanzung. Je mehr Menschen auf der Erde leben, desto mehr Platz und Nahrung brauchen sie für Straßen, Häuser und für den Anbau von Nutzpflanzen sowie für die Haltung von Nutztieren.

Wirbeltiere verändern ihre Lebensweise
Der Mensch gestaltet und nutzt die Landschaft. Eine solche Landschaft nennt man **Kulturlandschaft**. Ein Beispiel dafür ist der Lebensraum Stadt. Städte bestehen aus Häusern und Straßen. Es gibt aber auch Bäume, Wiesen, Garten, Parks und kleine Gewässer. In Städten leben Wildtiere wie Mäuse, Ratten, Füchse und sogar Wildschweine (Bild 3). Sie leben in Gärten und Parks und ernähren sich zum Beispiel von Essensresten aus Mülltonnen. Die Wildtiere folgen also dem Menschen aus dem Freiland in die Kulturlandschaft. Deshalb nennt man sie **Kulturfolger**.

Weitere Veränderungen durch den Menschen
Autobahnen teilen Wälder in zwei Hälften. Wildtiere laufen über die Fahrbahn, um auf die andere Seite zu gelangen. Dabei werden viele Wildtiere überfahren. Nutzpflanzen werden oft auf riesigen Flächen anpflanzt. Dadurch gibt es weniger Feldränder mit Hecken und Wildblumen als bei kleinen Feldern. Diese Lebensräume werden also weniger. Wenn Nutzpflanzen geschädigt werden, dann kann man weniger Früchte von ihnen ernten. Deshalb werden Nutzpflanzen mit Giftstoffen gegen Schädlinge besprüht. Dadurch sterben aber auch viele Insekten, die den Pflanzen nützen. Wenn man viele Nutztiere hält, dann entstehen viel Kot und Urin. Sie werden als Dünger auf den Feldern verteilt. Mit dem Regenwasser gelangt ein Teil davon in den Boden, in Bäche und in Flüsse. In den Boden unter Häusern und Straßen gelangt kein Regenwasser. Dadurch verändert sich dieser Lebensraum und der natürliche Wasserkreislauf wird gestört.

2 Nutzung von Flächen für Häuser (A) und Felder (B)

3 Wildschweine in der Stadt

4 Ein trockener Boden (A), eine überschwemmte Straße (B)

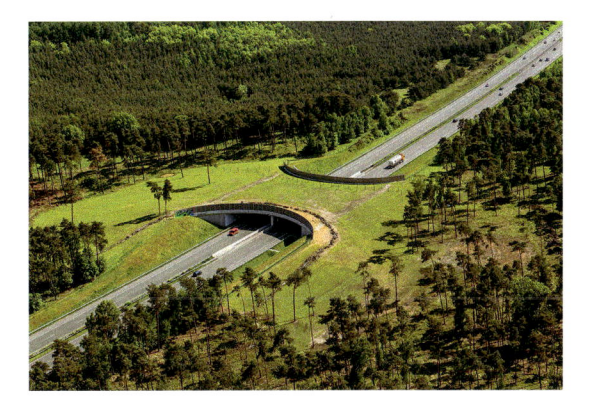

6 Eine Grünbrücke über der Autobahn A31 bei Dorsten

Die Folgen für die Erde

Die Eingriffe der Menschen in die Natur verändern auch das Klima. Wenn sich das Klima dauerhaft verändert, dann spricht man von **Klimawandel**. An einigen Orten der Erde wird es wärmer. Wenn es dort auch weniger regnet, dann trocknet der Boden aus und es können keine Pflanzen mehr wachsen (Bild 4A). Man spricht von einer **Dürre**.
An anderen Orten regnet es durch den Klimawandel mehr. Wenn sehr viel Regen fällt, dann kann das Wasser nicht mehr im Boden versickern. Kleine Bäche werden zu großen Flüssen, die über sonst trockene Flächen fließen. Man spricht von einer **Überschwemmung**. Die großen Wassermengen können Autos wegspülen und Häuser beschädigen (Bild 4B).
Auch durch den Klimawandel verändern sich Lebensräume. Die Tiere finden weniger Nahrung. Es gibt weniger Orte, um Eier abzulegen oder Jungtiere zur Welt zu bringen. Dadurch leben weniger Tierarten in einem Lebensraum. Manche Arten sterben sogar aus. Wenn Arten aussterben, dann nimmt die Artenvielfalt ab. Dadurch wird das biologische Gleichgewicht gestört.

5 Der Feldhase (A) und der Fischotter (B) sind geschützt.

Die Schutzmaßnahmen

Seltene Tierarten wie der Feldhase und der Fischotter werden geschützt (Bild 5). Sie dürfen nicht gefangen oder getötet werden. Man sagt dazu auch: Sie stehen unter **Naturschutz**.
Auch Lebensräume werden geschützt. Sie heißen **Naturschutzgebiete**. Sie dürfen nicht verändert oder zerstört werden. Über Autobahnen werden Brücken gebaut, um die Lebensräume auf den beiden Seiten zu verbinden (Bild 6). Die Brücken sind mit grünen Pflanzen bewachsen. Deshalb heißen sie **Grünbrücken**. Sie werden von Wildtieren wie der Wildkatze genutzt.
Auch kleine Maßnahmen helfen. Beim Schutz von Insekten helfen beispielsweise insektenfreundliche Gärten, in denen Wildblumen wachsen.

> Menschen verändern die Lebensräume und das Klima auf der Erde. Die Lebewesen und ihre Lebensräume werden heute geschützt, um ihre Vielfalt zu erhalten.

AUFGABEN

1 **Die Veränderung von Lebensräumen**
a Beschreibe, wieso die Wildkatze vor 100 Jahren fast ausgestorben ist.
b Erläutere an einem Beispiel, wie Menschen Lebensräume verändern.
c Erkläre, was mit dem Fachwort Klimawandel gemeint ist.
d Nenne drei Maßnahmen zur Erhaltung der Artenvielfalt.
e Überlegt in der Klasse, was ihr tun könnt, um die Natur zu schützen und die Artenvielfalt zu erhalten.

DIE WIRBELTIERE

METHODE Ein Plakat erstellen

1 Die Umwelt-AG erstellt Plakate.

Auf einem Plakat werden wichtige Informationen kurz zusammengefasst. Ein Plakat kann dich beim Präsentieren unterstützen. Manche Plakate sind auch dafür gedacht, dass sich andere die Informationen selbstständig durchlesen.

Lea und Ahmed sind in der Umwelt-AG ihrer Schule. Sie wollen für den „Internationalen Tag der Artenvielfalt" ein Plakat über ein bedrohtes Säugetier erstellen. Damit wollen sie anderen Schülerinnen und Schülern zeigen, wie wichtig es ist, die Natur zu schützen. Die Plakate der Umwelt-AG werden später in der Schule aufgehängt.

1 Informationen beschaffen
Suche in Fachbüchern und im Internet nach Informationen zu deinem Thema. Du kannst auch Expertinnen und Experten befragen.

Lea geht in die Stadtbücherei, um sich Bücher über bedrohte Tierarten auszuleihen. Ahmed sucht im Internet nach Informationen zur Roten Liste bedrohter Tierarten. In der Roten Liste sind alle bedrohten Tierarten aufgelistet.

2 Das Informationsmaterial verstehen
Verschaffe dir einen Überblick: Sieh dir die Texte, die Bilder, die Überschriften und die hervorgehobenen Wörter an. Lies dann den Text und schlage unbekannte Wörter nach. Ordne, was inhaltlich zusammengehört. Du kannst auch Skizzen oder Zeichnungen anfertigen, um dir die Zusammenhänge zu verdeutlichen.

Ahmed und Lea lesen ihre Informationen und suchen nach der Bedeutung unbekannter Wörter im Internet. Sie machen Notizen. Dann erzählen sie sich, was sie herausgefunden haben. Sie überlegen, über welches Säugetier sie mit ihrem Plakat informieren wollen.

3 Informationen auswählen
Überlege, welche Informationen du auf dem Plakat zeigen willst. Schreibe wichtige Wörter auf. Überlege dir auch, was als Text auf dem Plakat stehen soll und was als Bild, Tabelle oder Diagramm.

Ahmed und Lea wollen ein Plakat über den Feldhamster machen. Sie schreiben erst alles auf, was sie wichtig finden: Jedes Wort schreiben sie auf einen eigenen Zettel. Lea schreibt zum Beispiel: Lebensraum, Nahrung und Winterschlaf. Ahmed notiert: Fortpflanzung und intensive Landwirtschaft. Sie notieren sich, wozu sie später einen Text oder ein Bild präsentieren wollen. Ahmed findet, dass man die Anzahl der Feldhamster in Deutschland früher und heute in einem Diagramm oder Bild zeigen sollte.

4 Informationen ordnen
Ordne die Informationen sinnvoll. Formuliere eine Überschrift und Zwischenüberschriften für das Plakat.

Lea und Ahmed ordnen ihre Zettel mit den wichtigen Wörtern. Dann formulieren sie die Überschrift des Plakats und die Zwischenüberschriften. Die Überschrift wird lauten „Der Feldhamster ist in Gefahr!". Sie einigen sich auf drei Zwischenüberschriften: „Die Merkmale", „Das Problem" und „Das kann man tun!". Unter dem dritten Punkt wollen sie zwei Bereiche erstellen: „Interessenkonflikt" und „Artenschutz".

5 Material für das Plakat besorgen
Besorge dir Material und Hilfsmittel, die du zum Anfertigen des Plakats benötigst.

Die beiden besorgen sich bunte Stifte, Kleber, ein großes Blatt Papier und eine Schere. Sie besorgen sich außerdem noch ein paar große Zettel.

6 Die Texte schreiben

Schreibe nicht alles sofort auf das Plakat. Notiere die Zwischenüberschriften auf großen Zetteln oder Karten. Formuliere darunter knappe und verständliche Texte in eigenen Worten. Die Schrift sollte gut lesbar sein. Du kannst die Texte auch am Computer erstellen. Die Farbe sollte auf dem Plakat deutlich erkennbar sein. Unterstreiche wichtige Informationen.

Wenn Ahmed und Lea sich verschreiben oder nicht ganz zufrieden mit ihren Texten sind, dann tauschen sie einen der Zettel aus und müssen nicht direkt auf dem Plakat korrigieren.

7 Die Bilder vorbereiten

Ergänze die Informationen durch Bilder, Tabellen oder Diagramme.

Ahmed und Lea erstellen am Computer ein Diagramm und drucken es aus. Eine Figur zeichnet Ahmed selbst auf einen Zettel.

8 Alles auf dem Plakat anordnen

Schreibe die Überschrift groß und deutlich auf das Plakat. Ordne die Texte und die Bilder, Tabellen und Diagramme so auf dem Plakat an, dass du den Platz gut ausnutzt. Klebe die Zettel und Bilder nun auf.

AUFGABEN

1 Gute Plakate

a ☒ Nenne wichtige Merkmale eines guten Plakats.

b ☒ Bewerte Leas und Ahmeds Plakat in Bild 2. Begründe deine Meinung.

2 Leas und Ahmeds Plakat zum Thema Feldhamster

DIE WIRBELTIERE

TESTE DICH!

1 Die Wirbeltiere ↗ S. 56/57

a Nenne das Merkmal, das alle Wirbeltiere gemeinsam haben.
b Beschreibe die Aufgaben der Wirbelsäule.
c Erstelle in deinem Heft eine Tabelle mit 6 Zeilen und 4 Spalten (Bild 1). Trage die 5 Wirbeltiergruppen untereinander in Spalte 1 ein.
d Notiere in Spalte 2 deiner Tabelle, wo die Wirbeltiere leben: an Land, an Land und im Wasser, im Wasser.

Wirbeltier-gruppe	Lebens-raum	…	…
…	…	…	…
…	…	…	…

1 Vorlage für eine Tabelle

e Ergänze die Überschrift „Fortbewegung" in Spalte 3 deiner Tabelle und die Überschrift „Beispiel" in Spalte 4 deiner Tabelle. Trage in Spalte 3 zu jeder Wirbeltiergruppe ihre Fortbewegungsart ein.
f Ordne die Tiere in Bild 2 jeweils der richtigen Gruppe der Wirbeltiere zu. Trage sie als Beispiele in die 4. Spalte deiner Tabelle ein.
g Ordne die Tiere auf den Bildern ihren Lebensräumen zu.

3 Verschiedene Wirbeltiere

2 Die Fische ↗ S. 60–69

a Benenne die verschiedenen Flossen in Bild 3 und beschreibe ihre Aufgaben.

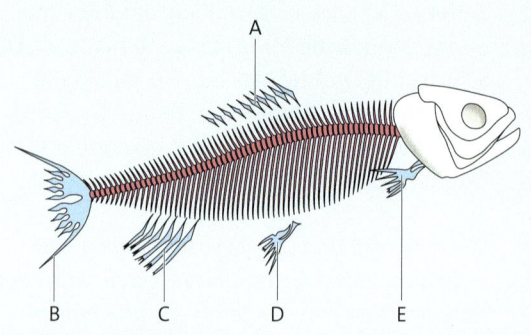

2 Skelett eines Fisches

b Erkläre, wann Fische mehr Luft in ihre Schwimmblase geben und wann sie Luft aus der Schwimmblase herauslassen.
c Beschreibe die Entwicklung der Bachforelle.
d Erkläre, warum der Dottersack während der Entwicklung eines Fisches kleiner wird.
e Beschreibe, wie unterschiedlich sich die Männchen und Weibchen der Stichlinge um ihre Nachkommen kümmern.

3 Die Amphibien und die Reptilien ↗ S. 70–81

a Nenne jeweils drei Beutetiere von Amphibien und von Reptilien.
b Beschreibe, wie Amphibien ein Beutetier wahrnehmen und fangen.
c Begründe, warum eine Ringelnatter Tiere fressen kann, die größer sind als ihr Kopf.
d Ordne die folgenden Wörter in einem Flussdiagramm: Lurche, Feuersalamander, Amphibien, Kröten, Molche, Frösche, Unken, Laubfrosch, Froschlurch, Schwanzlurch.
e Beschreibe, wie Amphibien vor Schlangen oder Vögeln geschützt sind.
f Frösche haben Lungen. Erkläre, warum sie trotzdem sterben, wenn sie zu lange an Land sind.
g Erkläre, wie ein Frosch 50 Minuten unter Wasser bleiben kann, ohne zu ersticken.
h Nenne das Fachwort für die Larven von Laubfröschen.
i Beschreibe die innere Befruchtung bei Bergmolchen und bei Zauneidechsen jeweils mithilfe eines Flussdiagramms.

4 Die Vögel ↗ S. 82–87
a Nenne drei Merkmale, die alle Vögel haben.
b Nenne vier Vogelgruppen und dazu jeweils ein Beispiel.
c Beschreibe, wodurch Vögel leicht genug zum Fliegen sind.
d Beschreibe, wie ein Embryo im Ei atmet und wovon er sich ernährt.

5 Die Säugetiere ↗ S. 88–95
a Das Bild 4 zeigt den Körperbau eines Eichhörnchens. Ordne den Buchstaben im Bild die richtigen Fachwörter zu.

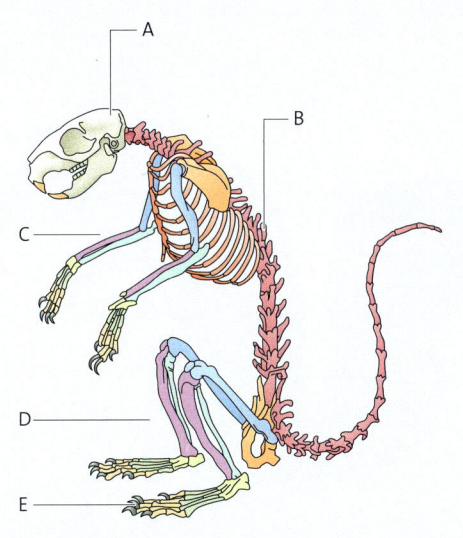

4 Skelett eines Eichhörnchens

b Schreibe den folgenden Text in dein Heft und fülle die Lücken:
Säugetiere gehören zu den Wirbeltieren, denn sie haben ein ... mit einer Wirbelsäule. Alle Säugetiere atmen mit ... Die Haut der Säugetiere besitzt ein ... aus Haaren. Die Jungtiere der Säugetiere entwickeln sich im Körper der ...
c Zerlege das Wort Säugetier in seine Bestandteile. Notiere, was mit den beiden Wortbestandteilen gemeint ist.
d Begründe mit deiner Antwort aus Aufgabe b, warum man die Säugetiere so nennt.
e Erkläre, was mit dem Fachwort Brutpflege bei Säugetieren gemeint ist.
f Beschreibe den Unterschied zwischen Nesthockern und Nestflüchtern und nenne jeweils zwei Beispiele.

6 Angepasstheit bei Wirbeltieren
↗ S. 56, 72/73, 78/79, 90–92
a Erkläre das Wort Angepasstheit.
b Nenne die beiden Lebensräume, in denen Amphibien leben.
c Beschreibe die Metamorphose der Laubfrösche.
d Begründe mit deiner Antwort aus Aufgabe c, warum die Metamorphose eine Angepasstheit an die Lebensräume ist.
e Nenne zwei Angepasstheiten der Reptilien an das Leben an Land.
f Erläutere mithilfe von Bild 5 die Angepasstheit von Körperbau und Lebensweise von Maulwurf und Fledermaus an ihre jeweiligen Lebensräume.

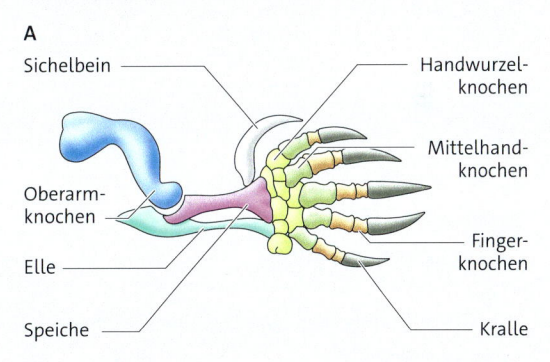

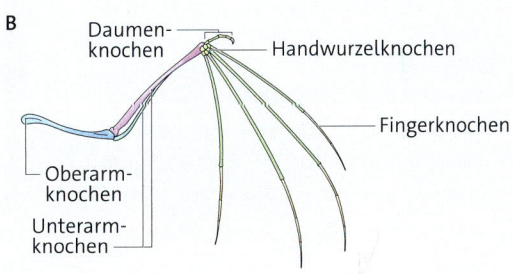

5 Skelett der Grabhand eines Maulwurfs (A), Skelett des Flügels einer Fledermaus (B)

7 Der Mensch verändert Lebensräume ↗ S. 98/99
a Nenne vier Beispiele dafür, wie der Mensch Lebensräume verändert.
b Erläutere, welche Folgen die Eingriffe des Menschen für Wirbeltiere haben können.
c Beschreibe am Beispiel des Wildschweins, was ein Kulturfolger ist.
d Beschreibe die Folgen von Dürren und Überschwemmungen für Pflanzen und Tiere, die in den betroffenen Gebieten leben.

ZUSAMMENFASSUNG Die Wirbeltiere

Die Wirbeltiere und ihre Lebensräume
Gemeinsamkeit der Wirbeltiere: Innenskelett mit **Wirbelsäule**
Wirbeltiergruppen: die Fische, die Amphibien, die Reptilien, die Vögel, die Säugetiere
Angepasstheit: Lebewesen sind in Bau und Lebensweise an den Lebensraum angepasst.

Wirbeltiergruppe	Beispiele
Fische	die Bachforelle, der Stichling
Amphibien	der Teichfrosch, der Bergmolch
Reptilien	die Zauneidechse, die Ringelnatter
Vögel	die Amsel, die Stockente, der Strauß
Säugetiere	der Hund, der Wal, die Fledermaus, der Maulwurf

Die Fische
Merkmale:
– spindelförmiger Körper
– Flossen
– Haut mit Schuppen und Schleimschicht
– Schwimmblase
– Kiemen

Lebensweise:
– Lebensraum: Wasser
– Fortbewegung: schwimmen, schweben
– Fortpflanzung: äußere Befruchtung;
– Entwicklung: Jungtiere entwickeln sich in Eiern

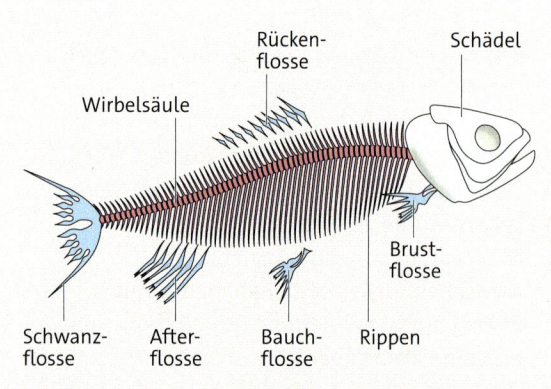

Die Amphibien
Merkmale:
– Lungen und Haut als Atmungsorgane

Lebensweise:
– Lebensraum: Wasser und Land
– Fortbewegung: je nach Lebensraum schwimmen, springen, kriechen
– Fortpflanzung: Froschlurche äußere Befruchtung; Schwanzlurche innere Befruchtung.
– Entwicklung: Embryonen schlüpfen aus Eiern als **Kaulquappen**, Kaulquappen entwickeln sich zu erwachsenen Amphibien; **Metamorphose**
– Gefährdung bei Wanderungen

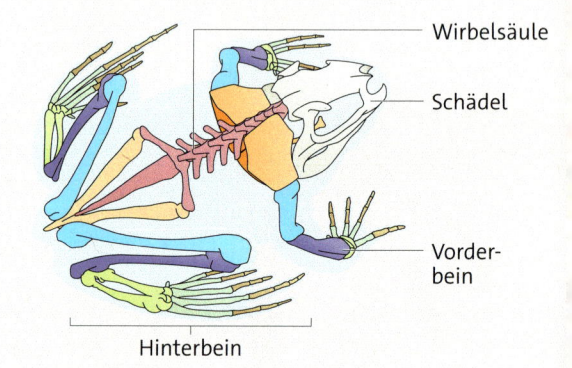

Die Reptilien
Merkmale:
– Lungenatmung
– Haut mit Hornschuppen
– Häutung

Lebensweise:
– Lebensraum: Land
– Fortbewegung: kriechen
– Fortpflanzung: innere Befruchtung
– Entwicklung: Jungtiere entwickeln sich in Eiern

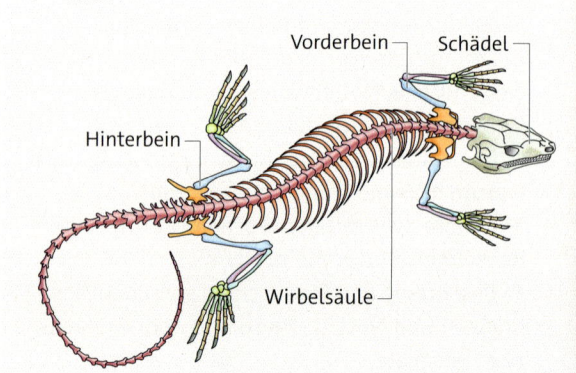

104 DIE WIRBELTIERE

Die Vögel
Merkmale
- Atmung mit Lungen und Luftsäcken
- Flügel und Federn
- Leichtbauweise

Lebensweise:
- Lebensraum: Luft
- Fortbewegung: fliegen
- Fortpflanzung: innere Befruchtung; gelegte Eier werden bebrütet
- Entwicklung: Embryo ernährt sich von Dotter und Eiklar; geschlüpfte Jungtiere sind Nestflüchter oder Nesthocker

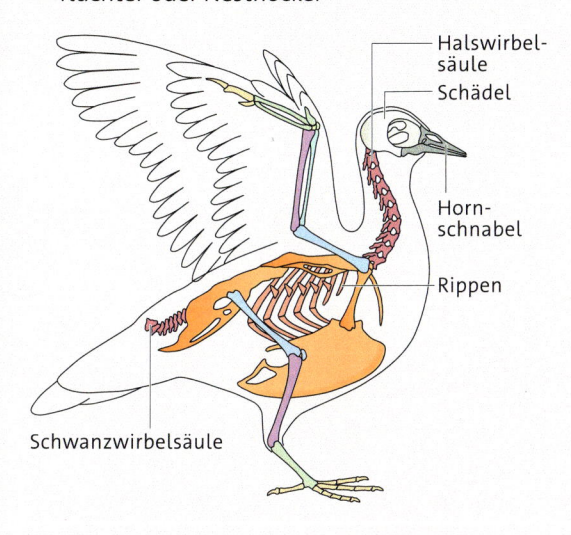

Die Säugertiere
Merkmale
- Lungenatmung
- Fell

Lebensweise:
- Lebensraum: Land, Wasser, Luft
- Fortbewegung: je nach Lebensraum
- Fortpflanzung: innere Befruchtung
- Entwicklung: Jungtiere entwickeln sich im Mutterleib, nach der Geburt saugen sie Muttermilch; Nesthocker oder Nestflüchter

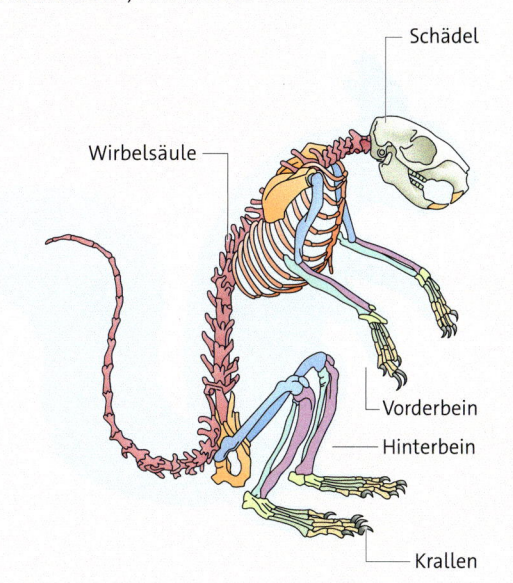

Besondere Angepasstheiten bei Säugetieren
Eichhörnchen
- Lebensraum: Bäume
- Körperbau: Krallen, buschiger Schwanz
- Besonderheit: Fortbewegung in den Bäumen

Biber
- Lebensraum: in Ufernähe, Wasser
- Körperbau: spindelförmiger Körper, großer Schwanz, Schwimmhäute, wasserabweisendes Fell
- Besonderheit: baut Burgen im Wasser

Maulwurf
- Lebensraum: in der Erde
- Körperbau: Krallen an den Vorderpfoten
- Besonderheit: Leben im Boden

Fledermaus
- Lebensraum: Luft
- Körperbau: Flügel, große Ohren
- Besonderheit: Orientierung durch Echoortung

Der Mensch verändert Lebensräume
Kulturfolger: Wildtiere wie Wildschweine, die in Städten leben und sich zum Beispiel von Essensresten aus Mülltonnen ernähren

Menschen verändern die Lebensräume:
Beispiele:
- Autobahnen zerschneiden Wälder
- Giftstoffe schädigen Pflanzen
- Dünger verunreinigt Böden und Gewässer

Folgen für die Erde:
- Klimawandel
- Dürren
- Überschwemmungen

Schutzmaßnahmen: dienen dem Artenschutz
Beispiele:
- Naturschutz für seltene Tierarten und Pflanzenarten
- Naturschutzgebiete
- Grünbrücken

DIE WIRBELTIERE

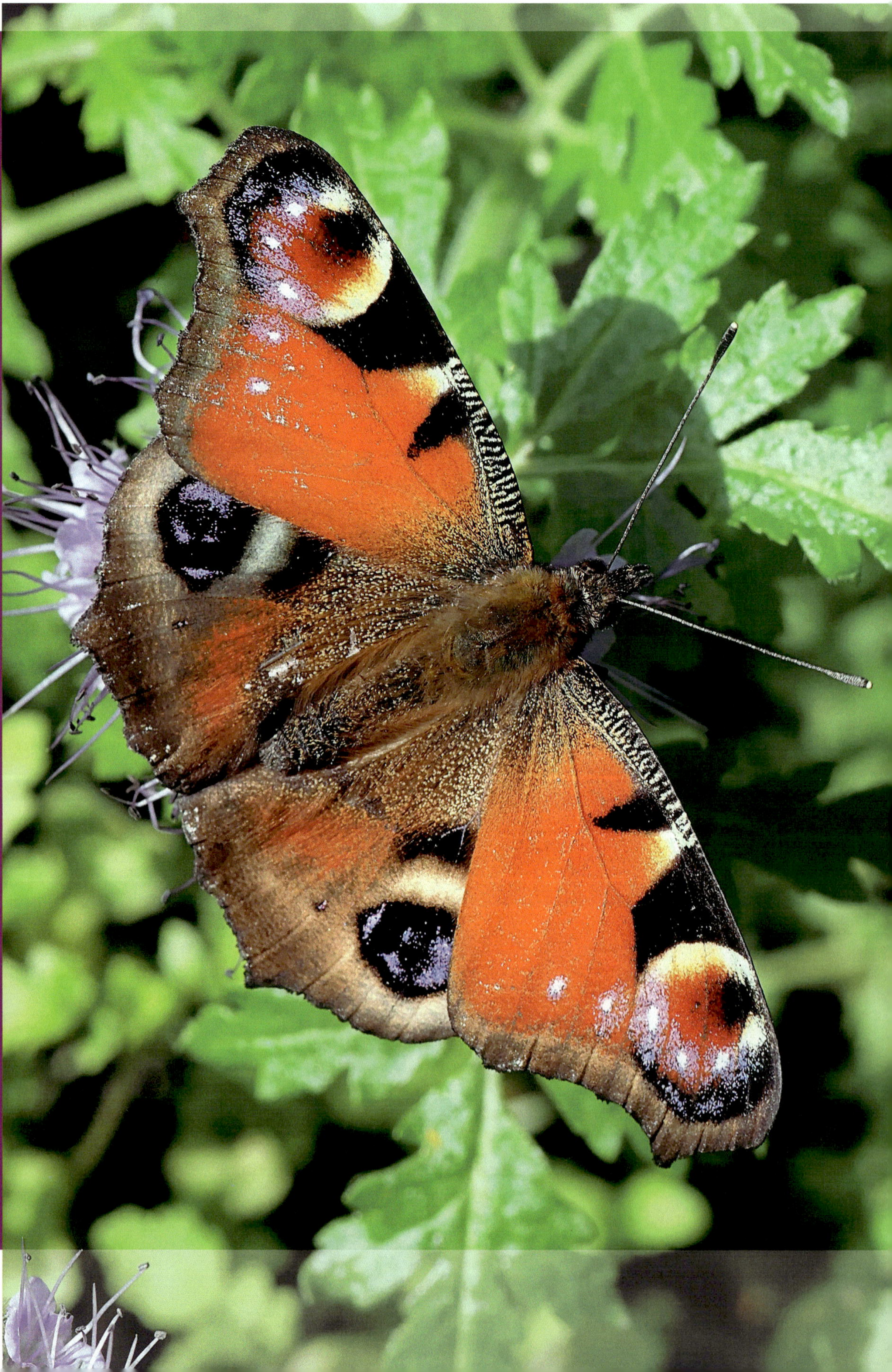

Die Wirbellosen

In diesem Kapitel erfährst du, ...
... welche Tiere zu den Wirbellosen gehören.
... wie der Regenwurm gebaut ist.
... wie Insekten gebaut sind.
... wie Insekten sich fortpflanzen.
... warum Bienen für die Bestäubung von Obstbäumen wichtig sind.
... wie sich Wirbeltiere und Wirbellose unterscheiden.

Die wirbellosen Tiere

1 Eine Spinne hat eine Biene gefangen.

Schau genau hin: Eine gelbe Krabbenspinne sitzt auf einer gelben Blüte und hat eine Biene gefangen. Krabbenspinne und Biene sehen auf den ersten Blick sehr unterschiedlich aus. Aber sie gehören beide zur gleichen Gruppe von Lebewesen.

Ein Körper ohne Wirbelsäule

Die Körper von Spinnen und Bienen besitzen eine Hülle, die sie schützt und stützt. Diese Hülle nennt man **Außenskelett**. Spinnen und Bienen besitzen kein Innenskelett aus Knochen und keine Wirbelsäule. Tiere ohne Wirbelsäule heißen **Wirbellose**. Zu den Wirbellosen gehören Insekten, Spinnen, Schnecken, Regenwürmer und viele weitere Tiere (Bild 2).

Eine Gruppe mit vielen Arten

Eine Biene besitzt sechs Beine. Ihr Körper besteht aus Kopf, Brust und Hinterleib. Tiere mit diesen Merkmalen nennt man **Insekten**. Eine Spinne besitzt acht Beine. Ihr Körper besteht aus Kopf und Hinterleib. Tiere mit diesen Merkmalen gehören zur Gruppe der **Spinnen**. Die Beine und Füße von Insekten und Spinnen bestehen aus mehreren Abschnitten. Man sagt: Sie sind gegliedert. Deshalb gehören sie zu den **Gliederfüßern**. Der Körper von Regenwürmern ist in Ringe gegliedert. Sie gehören zu den **Ringelwürmern**. Insekten, Spinnen und Regenwürmer haben gegliederte Körper. Daher gehören sie zu den **Gliedertieren**. Der Körper von Schnecken ist nicht in Abschnitte gegliedert. Da ihr Körper sehr weich ist, werden sie zu den **Weichtieren** gezählt.

Wirbellose mit Bedeutung

Einige Wirbellose haben durch ihre Lebensweise eine Bedeutung für den Menschen. Regenwürmer durchmischen und lockern den Boden, so fördern sie das Wachstum von Pflanzen. Bienen bestäuben Blüten und ermöglichen so die Bildung von Früchten. Flöhe, Wanzen und Stechmücken schädigen den Menschen.

> Wirbellose besitzen kein Innenskelett und keine Wirbelsäule. Ihre Körper sind sehr unterschiedlich gebaut. Einige Wirbellose sind auch für den Menschen von Bedeutung.

2 Wirbellose Tiere: ein Regenwurm (A), eine Weinbergschnecke (B), zwei Ameisen (C), eine Zecke (D, vergößert)

AUFGABEN

1 Die Gruppe der Wirbellosen

a Nenne die gemeinsamen Merkmale aller Wirbellosen.

b Ordne in einer Tabelle den im Text genannten Gruppen der Wirbellosen die jeweiligen Merkmale zu.

Wirbellose	Merkmale
Insekten	...
Spinnen	...
...	...

c Ordne die Tiere in Bild 2 vier verschiedenen Gruppen der Wirbellosen zu. Begründe jeweils deine Zuordnung.

METHODE   Einen Steckbrief erstellen

Naturwissenschaftlerinnen und Naturwissenschaftler beschreiben wichtige Informationen zu einem Sachverhalt oft kurz und übersichtlich. Eine solche Beschreibung wird **Steckbrief** genannt. In einem Steckbrief sind die nur wichtigsten Tatsachen notiert. Dazu werden oft nur einzelne Wörter oder halbe Sätze verwendet. Solche unvollständigen Sätze sind **Stichpunkte**. Wenn ihr einen Steckbrief erstellen wollt, dann könnt ihr so vorgehen:

1 Die Oberbegriffe finden
Überlegt euch, welche Dinge ihr an einem Lebewesen, einem Lebensraum, einem Stoff oder einem Naturereignis wichtig und interessant findet. Sucht dafür passende Oberbegriffe. Notiert diese Oberbegriffe zunächst als Liste auf einem Notizblatt.

Marten und Julia wollen einen Steckbrief zur Gartenkreuzspinne erstellen. Sie interessieren sich besonders dafür, wie groß sie werden kann und wie sie ihre Nahrung fängt und frisst. Marten und Julia überlegen sich, welche Informationen sie brauchen, um ihre Fragen zu beantworten. So sammeln sie einige Oberbegriffe: Tiergruppe, Körpermerkmale, Lebensraum, Ernährung und Besonderheiten.

2 Die Informationen sammeln
Nutzt verschiedene Quellen wie Fachbücher, ein Lexikon oder das Internet, um Informationen zu finden. Notiert die Informationen auf eurem Notizblatt jeweils bei dem passenden Oberbegriff. In den Quellen könnt ihr auch schon nach geeigneten Bildern suchen.

Marten und Julia suchen Informationen im Internet. Sie finden einige Seiten, auf denen verschiedene Informationen stehen. In einem Online-Lexikon lesen sie, dass die Gartenkreuzspinne eine der größten Spinnen in Deutschland ist. Diese Information notiert Marten in der Liste beim Oberbegriff Besonderheiten. Sie finden auch ein Foto einer Gartenkreuzspinne in ihrem Spinnennetz. Julia will dieses Foto im Steckbrief verwenden und lädt es herunter.

3 Den Steckbrief erstellen
Überlegt euch, wie ihr den Steckbrief gestalten wollt. Ordnet die Oberbegriffe, indem ihr sie auf dem Notizblatt mit Zahlen nummeriert. Beginnt dann mit der Erstellung des Steckbriefs. Ihr könnt den Steckbrief auf Papier schreiben oder ihn mit dem Computer erstellen und dann ausdrucken.

Marten und Julia wählen ein blassgrünes Papier. Sie beginnen mit dem Namen und dem Foto. Damit der Steckbrief übersichtlicher wird, unterstreichen sie die Oberbegriffe. Zeile für Zeile ergänzen sie nun die Oberbegriffe und die Informationen.

Die Gartenkreuzspinne

Tiergruppe:
Wirbellose -> Gliedertiere -> Gliederfüßer -> Spinnen

Körpermerkmale:
Größe: 10 bis 18 mm
Farbe: verändert sich mit der Umgebung
Besondere Kennzeichen: helle Flecken auf der Oberseite des Hinterleibs, die zusammen so aussehen wie ein Kreuz

Lebensraum:
Gärten, Wiesen, Äcker, Hecken, Wälder

Ernährung:
Sie fängt Insekten im Spinnennetz und wickelt sie mit Spinnfäden ein. Sie beißt das Beutetier und gibt dabei Verdauungssäfte ab, durch die das Innere flüssig wird. Dann saugt sie das Beutetier aus.

Besonderheiten:
Sie ist eine der größten Spinnen in Deutschland.
Das Weibchen frisst das Männchen nach der Paarung auf.
Das Weibchen stirbt nach dem Ablegen der Eier im Herbst.

1 Der Steckbrief von Marten und Julia zur Kreuzspinne

AUFGABEN

1 Einen Steckbrief erstellen
a ▸ Erstelle einen Steckbrief für ein wirbelloses Tier deiner Wahl.
b ▸ Präsentiert eure Steckbriefe in einer Ausstellung.

Der Regenwurm

1 Ein Regenwurm kriecht über einen Gehweg.

Gabriel geht nach einem Regenschauer nach draußen. Auf dem Gehweg sieht er einen Regenwurm. Er kann beobachten, wie er sich fortbewegt und wieder unter die Erde kriecht.

Der Boden als Lebensraum
Regenwürmer leben in den oberen Schichten des Erdbodens. Dort ist die Erde feucht. Beim Kriechen durch den Boden fressen die Regenwürmer abgestorbene Blätter und Erde. Dadurch entstehen Röhren im Boden, die durch Kot und Schleim verfestigt werden. Diese Röhren dienen den Regenwürmern als Wohnröhren. Wenn es regnet, dann kriechen die Regenwürmer an die Oberfläche. Durch dieses Verhalten haben die Regenwürmer ihren Namen bekommen.

Der äußere Bau
Regenwürmer können bis zu 30 Zentimeter lang werden. Ihr Körper ist langgestreckt und in Ringe gegliedert. Diese Ringe nennt man **Segmente**. An jedem Segment befinden sich acht dicke, harte Haare, die **Borsten**. Im Innern sind die Segmente durch Trennwände voneinander getrennt (Bild 2). Ihre äußere Form erhalten Regenwürmer durch zwei Muskelschichten. Direkt unter der Haut liegen ringförmige Muskeln. Das ist die **Ringmuskelschicht**. Weiter innen liegen Muskeln, die vom vorderen Ende bis zum hinteren Ende des Regenwurms führen. Das ist die **Längsmuskelschicht**, weil die Muskeln den Wurm in Längsrichtung durchziehen. Die äußere Haut und die beiden Muskelschichten werden zusammen als **Hautmuskelschlauch** bezeichnet (Bild 2).

Der innere Bau
Regenwürmer besitzen keine Wirbelsäule und kein Innenskelett aus Knochen. Sie gehören zu den Wirbellosen. Im Innern ihres Körpers liegen die Blutgefäße, die Nerven und der Darm (Bild 2). Diese Organe reichen vom vorderen bis zum hinteren Ende des Wurms. In fast jedem Segment befindet sich ein Organ, das flüssige Abfallprodukte des Stoffwechsels nach außen abgibt. Diese Abgabe von Stoffwechselprodukten heißt Ausscheidung. Das Organ dafür heißt daher **Ausscheidungsorgan**. Regenwürmer atmen durch die Haut. Das ist nur möglich, wenn die Haut feucht ist. Deshalb leben Regenwürmer nur in feuchter Umgebung. Sie sind **Feuchtlufttiere**.

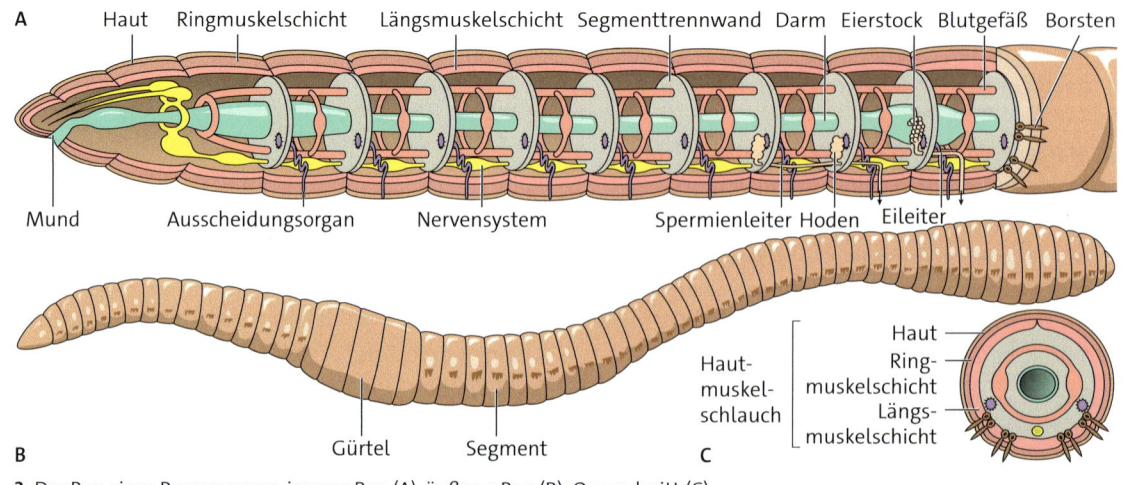

2 Der Bau eines Regenwurms: innerer Bau (A), äußerer Bau (B), Querschnitt (C)

DIE WIRBELLOSEN

Die Fortbewegung

Regenwürmer bewegen sich mit den Ringmuskeln und den Längsmuskeln sowie den Borsten fort. Zuerst ziehen sich die Ringmuskeln im vorderen Ende zusammen. Dadurch werden die Segmente dort länger und dünner. Auf diese Weise schiebt der Regenwurm sein vorderes Ende nach vorne. Die Borsten der Segmente verankern sich dabei im Boden und verhindern ein Zurückrutschen. Danach ziehen sich die Längsmuskeln zusammen. Dadurch werden die Segmente kürzer und dicker und der restliche Wurmkörper wird nach vorne gezogen. Beide Muskelgruppen wechseln sich ab.

Die Fortpflanzung

Jeder Regenwurm besitzt männliche und weibliche Organe für die Fortpflanzung. Solche Lebewesen nennt man **Zwitter**. Regenwürmer haben im vorderen Bereich einige Ringe, die dicker sind als die anderen Ringe. Diesen dickeren Bereich nennt man **Gürtel**. In den Ringen vor dem Gürtel befinden sich die Fortpflanzungsorgane. Darin werden Spermienzellen und Eizellen gebildet. Bei der Paarung legen sich zwei Regenwürmer jeweils mit ihren Vorderenden an den Gürtel des Partners. Aus den Gürteln geben sie eine klebrige Flüssigkeit ab, mit der sie sich am Partner anheften (Bild 3). Danach geben beide Tiere Spermienzellen an den Partner ab. Im Innern beider Regenwürmer findet dann die Befruchtung der Eizellen durch die Spermienzellen statt. Anschließend legen beide Regenwürmer die befruchteten Eier ab und umgeben sie mit einem schützenden Schleim aus dem Gürtel. Dieses Päckchen aus Eiern und Schleimhülle nennt man **Kokon**. Aus den Eiern schlüpfen später die kleinen Würmer.

3 Zwei Regenwürmer paaren sich.

Die Bedeutung der Regenwürmer

Regenwürmer lockern und durchmischen den Boden, während sie hindurchkriechen und Erde fressen. Pflanzenwurzeln können in lockerem Boden leichter und schneller in die Tiefe wachsen. Die Wohnröhren der Regenwürmer durchziehen den Boden bis in zwei Meter Tiefe. In diesen Röhren können Regenwasser und Luft leichter in den Boden gelangen. Der Kot der Regenwürmer enthält viele Mineralstoffe, die Pflanzen für ihr Wachstum brauchen. Regenwürmer düngen also den Boden und machen ihn so fruchtbarer.

> Regenwürmer gehören zu den Wirbellosen. Ihr Körper besteht aus Segmenten, die alle ähnlich gebaut sind. Regenwürmer sind Feuchtlufttiere und atmen über die Haut. Regenwürmer sind Zwitter. Bei der Paarung befruchten sie sich gegenseitig. Durch die Bildung von Röhren und durch ihren Kot verbessern sie die Bodenqualität.

AUFGABEN

1 Der Regenwurm

a Beschreibe mithilfe von Bild 2 den äußeren und den inneren Bau eines Regenwurms.

b Erläutere, warum der Regenwurm als Feuchtlufttier bezeichnet wird.

c Beschreibe die Fortbewegung des Regenwurms mithilfe des Bildes. Verwende dabei die Fachwörter Ringmuskelschicht und Längsmuskelschicht.

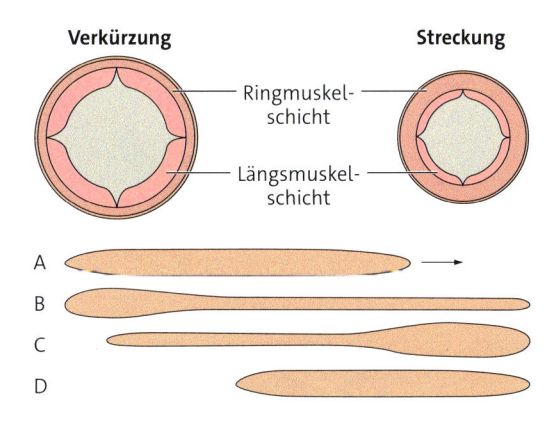

d Erläutere, warum Regenwürmer bei Gärtnern sehr beliebt sind.

PRAXIS Regenwürmer beobachten

A Regenwürmer suchen die Dunkelheit

Material:
leere Streichholzschachtel, Schere, Petrischale, Regenwurm, Taschenlampe

> **Hinweis:** Ihr könnt mit Regenwürmern interessante Experimente durchführen. Behandelt die Regenwürmer immer sehr vorsichtig. Verletzt sie nicht und vermeidet alles, was die Tiere quälen könnte. Setzt die Regenwürmer nach den Experimenten zunächst in eine Petrischale, deren Boden mit feuchtem Filterpapier bedeckt ist. Setzt sie später wieder dort aus, wo ihr sie gefunden habt.

Durchführung:
– Nehmt das Innenteil aus der Streichholzschachtel heraus. Schneidet auf einer der kurzen Seiten von oben eine Öffnung hinein wie in Bild 1 gezeigt.
– Schiebt das Innenteil wieder in die Schachtel.
– Legt die Schachtel mit der Öffnung in die Petrischale und legt einen Regenwurm daneben.
– Beleuchtet die Schachtel und den Regenwurm von oben mit der Taschenlampe.
– Beschreibt, wie sich der Regenwurm verhält.

Auswertung:
1. Erstellt ein Protokoll zu diesem Experiment.
2. Erklärt eure Beobachtung mit eurem Wissen über den Lebensraum des Regenwurms.

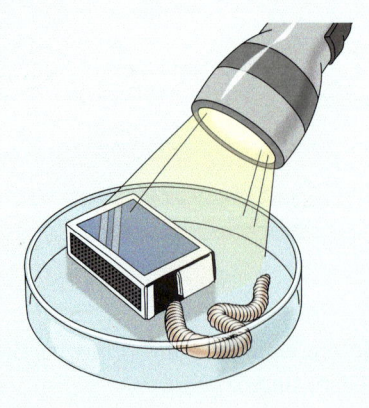

1 Der Aufbau des Experiments

B Regenwürmer verbessern den Boden

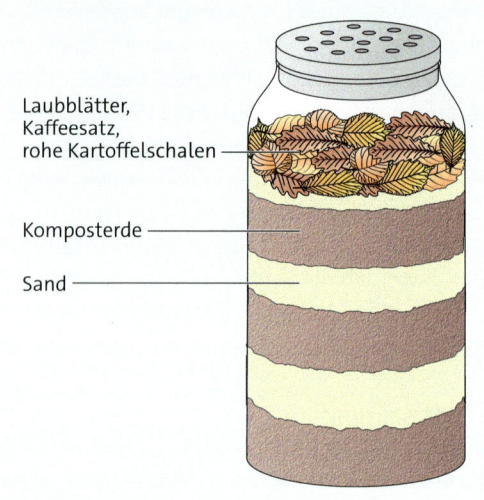

2 Der Aufbau des Experiments

Material:
durchsichtiges Gefäß mit luftdurchlässigem Deckel, Komposterde, Sand, Sprühflasche mit Wasser, 5 Regenwürmer, Laubblätter, Kaffeesatz, rohe Kartoffelschalen

Durchführung:
– Füllt das Gefäß abwechselnd mit Komposterde und Sand.
– Feuchtet mithilfe der Sprühflasche die oberste Schicht mit Wasser an.
– Setzt die Regenwürmer auf die oberste Schicht und bedeckt sie mit Laubblättern, etwas Kaffeesatz und einigen Kartoffelschalen.
– Legt den Deckel auf das Gefäß und stellt es an einen dunklen, kühlen Ort.
– Kontrolliert alle zwei Tage die Erde. Wenn sie getrocknet ist, dann feuchtet sie wieder an.
– Beschreibt eure Beobachtungen.

Auswertung:
1. Erstellt ein Protokoll zu diesem Experiment.
2. Vergleicht die Schichtung des Bodens zu Beginn und nach etwa 10 Tagen.
3. Begründe mithilfe deiner Beobachtungen, warum Regenwürmer bei Gärtnern sehr beliebt sind.
4. Nenne die beiden Merkmale von Lebewesen, die du hier beobachten kannst.

DIE WIRBELLOSEN

C Die Fortbewegung der Regenwürmer

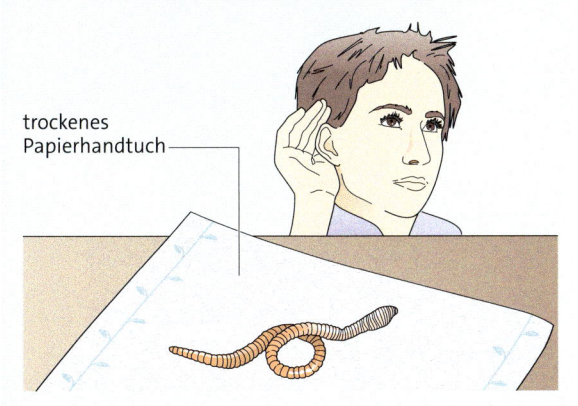

3 Experiment zur Fortbewegung von Regenwürmern

Material:
Regenwurm, trockenes Papierhandtuch, Becherglas mit Wasser, Pipette

Durchführung:
– Lege das trockene Papierhandtuch auf den Tisch und den Regenwurm vorsichtig auf das Papierhandtuch.
– Warte bis der Regenwurm beginnt, zu kriechen. Halte dein Ohr in seine Nähe. Notiere was du hörst.
– Drehe das Papierhandtuch mit dem Regenwurm vorsichtig in die Senkrechte. Notiere deine Beobachtung. Lege das Papierhandtuch dann wieder auf den Tisch.
– Entnimm mit der Pipette etwas Wasser aus dem Becherglas. Feuchte das Papierhandtuch und den Regenwurm an.
– Warte bis der Regenwurm beginnt, zu kriechen. Beobachte seine Bewegungen. Erstelle Skizzen, die seine Körperform und den Ablauf der Bewegungen darstellen.

Auswertung:
1 Beschreibe das Geräusch, das du gehört hast, als der Regenwurm über das trockene Papierhandtuch gekrochen ist.
2 Gib an, wodurch das Geräusch verursacht wird.
3 Begründe, warum Regenwürmer senkrecht nach oben kriechen können.
4 Beschreibe die Bewegungen eines Regenwurms beim Kriechen.

D Regenwürmer reagieren auf Berührung

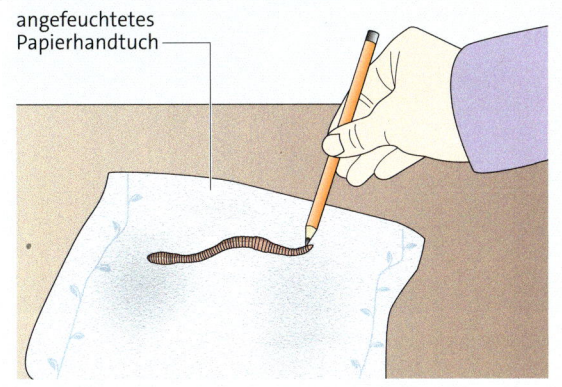

4 Wie reagieren Regenwürmer auf Berührungen?

Material:
Regenwurm, Papierhandtuch, Becherglas mit Wasser, Pipette, Bleistift

Durchführung:
– Lege das Papierhandtuch auf den Tisch und den Regenwurm vorsichtig auf das Papierhandtuch
– Entnimm mit der Pipette etwas Wasser aus dem Becherglas. Feuchte das Papierhandtuch und den Regenwurm an.
– Warte bis der Regenwurm beginnt, zu kriechen. Nimm den Bleistift und berühre den Regenwurm mit der Bleistiftspitze vorsichtig an seinem Vorderende. Notiere deine Beobachtungen.
– Warte einen Moment. Berühre den Regenwurm nun mit der Bleistiftspitze vorsichtig in seiner Körpermitte. Notiere deine Beobachtungen.
– Warte wieder einen kurzen Moment. Berühre den Regenwurm dann mit der Bleistiftspitze vorsichtig an seinem Hinterende. Notiere deine Beobachtungen.

Auswertung:
1 Beschreibe deine Beobachtungen.
2 Nenne die Körperregion, in der die Regenwürmer am stärksten auf Berührung reagieren.
3 In der Haut von Regenwürmern befinden sich Zellen, mit denen sie Berührungen wahrnehmen können. Diese Zellen heißen **Tastzellen**. Stelle eine begründete Vermutung an, in welcher Körperregion des Regenwurms am meisten Tastzellen liegen.

DIE WIRBELLOSEN

Die Merkmale der Insekten

1 Eine Honigbiene auf einer Blüte

3 Der Kopf einer Honigbiene

Auf einer Lavendelpflanze sitzt eine Honigbiene. Sie hat den Kopf tief in eine Blüte gesteckt und trinkt vom Nektar. Gleich wird sie zur nächsten Blüte weiterfliegen.

Der Körperbau
Am Beispiel der Honigbiene kann man den typischen Körperbau eines Insekts erkennen. Der Körper ist in drei Teile gegliedert: Das sind der Kopf, die Brust und der Hinterleib (Bild 2). Sie sind beweglich miteinander verbunden. An der Brust befinden sich sechs gegliederte Beine und vier durchsichtige Flügel. Je ein Vorderflügel ist mit einem Hinterflügel verhakt. Der Körper ist von einer harten Hülle umgeben. Man nennt sie **Außenskelett**. Das Außenskelett schützt und stützt den Körper. Es besteht aus einem harten, aber biegsamen Stoff, dem **Chitin**.

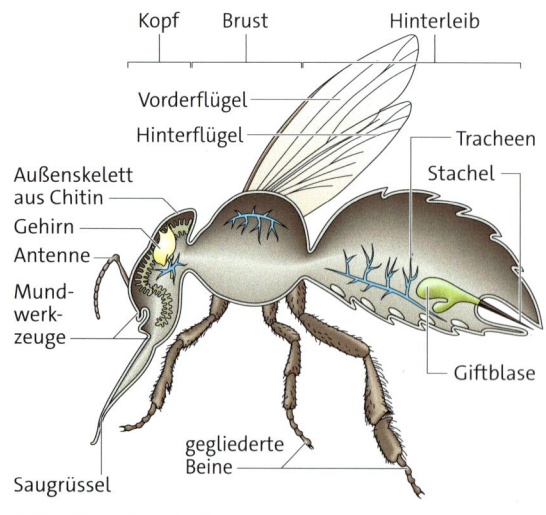

2 Der Körperbau der Biene

Der Kopf der Honigbiene
Seitlich am Kopf hat die Biene zwei große Augen. Sie bestehen aus vielen Einzelaugen. Damit sieht die Biene ein Bild aus vielen Einzelteilen. Ein anderes Wort für Einzelteil ist Facette. Deshalb heißen die Augen der Insekten auch **Facettenaugen** (Bild 3). Oben auf dem Kopf befinden sich zwei bewegliche Organe. Damit kann die Honigbiene tasten und riechen. Das sind die Fühler oder **Antennen**. Vorne am Kopf hat die Biene bewegliche Körperanhänge, mit denen sie Nahrung aufnimmt. Sie heißen **Mundwerkzeuge**. Eines davon ist der **Saugrüssel**, mit dem die Biene Nektar aufsaugt.

Die Atmung
Die Biene atmet durch viele kleine Öffnungen an Brust und Hinterleib. Durch sie gelangt Luft in feine Röhren, die durch den ganzen Körper führen. Diese Röhren heißen **Tracheen**. Die Atmung wird deshalb **Tracheenatmung** genannt.

Der Stachel
Die Biene hat am Hinterleib eine dünne und spitze Röhre. Das ist der **Stachel**. Er ist mit einer Blase verbunden, die Gift enthält (Bild 2). Wenn die Biene sticht, dann fließt Gift aus der Blase durch den Stachel.

Die Vielfalt der Insekten
Insekten sind die größte Tiergruppe der Welt. Fast eine Million Arten sind bisher bekannt. Sie werden nach gemeinsamen Merkmalen in Gruppen geordnet. Diese Gruppen nennt man **Ordnungen**.

4 Verschiedene Insekten: Maikäfer (A), Mistkäfer (B), Schwebfliege (C), Stechmücke (D), Schwalbenschwanz (E), Kohlweißling (F)

Die Flügel der Honigbiene sehen so aus, als wären sie nur von einer dünnen Haut überzogen. Anhand dieses Merkmals werden sie in die Ordnung der **Hautflügler** geordnet. Auch Wespen, Hornissen und Ameisen gehören zu den Hautflüglern. Bei einigen Ameisenarten werden die Flügel nur in bestimmten Lebensphasen ausgebildet.

Weitere Ordnungen der Insekten

Die **Käfer** sind die größte Ordnung der Insekten. Weltweit sind etwa 350 000 Arten bekannt. Käfer haben einen dicken Chitinpanzer und leben vor allem auf und im Boden. Ihre harten Vorderflügel bedecken die dünnen, häutigen Hinterflügel. Beim Fliegen werden die harten Deckflügel schräg nach vorne geklappt, die Hinterflügel dienen zum Fliegen. Zu den Käfern gehören der Maikäfer und der Mistkäfer (Bild 4A und 4B).

Die **Zweiflügler** sind eine weitere große Ordnung. Bisher sind etwa 160 000 Arten bekannt. Am Namen der Ordnung erkennt man ihr deutlichstes Merkmal: Sie besitzen nur ein Flügelpaar. Zu den Zweiflüglern gehören die Schwebfliege und die Stechmücke (Bild 4C und 4D).

Die **Schmetterlinge** sind ähnlich artenreich wie die Zweiflügler. Schmetterlinge haben zwei dünnhäutige Flügelpaare. Die Flügel besitzen winzige Schuppen, die dachziegelartig angeordnet sind. Außerdem sind die Flügel oft auffällig gefärbt oder gemustert. Zu den Schmetterlingen gehören der Schwalbenschwanz und der Kohlweißling (Bild 4E und 4F).

> Insekten sind in Kopf, Brust und Hinterleib gegliedert. Sie besitzen sechs Beine und meist vier Flügel. Insekten haben zwei Facettenaugen, zwei Fühler sowie Mundwerkzeuge. Insekten werden nach gemeinsamen Merkmalen in Ordnungen eingeteilt.

AUFGABEN

1 Der Körperbau von Insekten
a Nenne die drei Abschnitte, in die der Körper von Insekten gegliedert ist.
b Beschreibe mithilfe von Bild 2 den Bau der drei Abschnitte.
c Erkläre, warum eine Biene nur ein einziges Mal stechen kann.
d Beschreibe, wie sich Hautflügler und Zweiflügler unterscheiden.

2 Die Vielfalt der Insekten
a Nenne vier Ordnungen der Insekten.
b Ordne den Tieren in Bild 4 die passenden Insektenordnungen zu.
c Recherchiere eine weitere Tierart zu jeder der vier Ordnungen.

METHODE   Mit Bestimmungsschlüsseln arbeiten

Jedes Lebewesen hat Merkmale, an denen man es eindeutig erkennen kann. Biologinnen und Biologen haben diese Merkmale als Abfolge von Fragen und Antworten aufgeschrieben. Das nennt man **Bestimmungsschlüssel**. Zu jeder Frage nach einem Merkmal gibt es immer mindestens zwei mögliche Antworten. Wenn du einen Bestimmungsschlüssel nutzt, um den Namen eines Lebewesens herauszufinden, dann bestimmst du es.

1 Die Gruppe der Lebewesen erkennen
Entscheidet zuerst, zu welcher Gruppe von Lebewesen das Tier gehört. Beantwortet dazu folgende Fragen: Wie groß ist es? Wie sieht der Körper aus? Wie bewegt es sich fort?

Michael und Tomoyo haben ein großes Tier gefunden. Sie wollen genauer wissen, um was für ein Tier es sich handelt. Der Körper ist in Kopf, Brust und Hinterleib unterteilt. Daran erkennen Michael und Tomoyo, dass es ein Insekt ist.

2 Einen Bestimmungsschlüssel finden
Sucht nun einen Bestimmungsschlüssel für die Gruppe, zu der euer Lebewesen gehört. Bestimmungsschlüssel findet ihr zum Beispiel auch im Internet oder als App.

Michael und Tomoyo nutzen den Bestimmungsschlüssel für Insektenordnungen in Bild 2.

3 Die Merkmale vergleichen und entscheiden
Lest das erste Kriterium im Bestimmungsschlüssel. Betrachtet dann das Tier, das ihr bestimmen wollt. Wenn das Tier dieses Merkmal hat, dann lautet die Antwort „Ja". Wenn das Tier dieses Merkmal nicht hat, dann lautet die Antwort „Nein". Entscheidet euch für „Ja" oder „Nein" und folgt dem Bestimmungsweg weiter bis zur nächsten Abzweigung. Wiederholt dieses Vorgehen, bis ihr an einem Ende des Bestimmungsschlüssels angekommen seid.

Michael und Tomoyo lesen als erstes Kriterium „Flügel vorhanden". Sie betrachten ihr Tier, es hat Flügel. Deshalb entscheiden sie sich für „Ja". Sie folgen der Linie für „Ja" und kommen so zum nächsten Kriterium: „2 Paar Flügel".

1 Dieses Tier wollen Michael und Tomoyo bestimmen.

4 Fehler bei der Bestimmung von Lebewesen
Wenn ihr euch an einer Weggabelung falsch entscheidet, dann kann es zu Fehlern bei der Bestimmung kommen. Meist merkt ihr das schnell, da die weiteren Merkmale nicht mehr richtig passen. Manchmal könnt ihr auch beide Möglichkeiten versuchen. Wenn ihr merkt, dass der Weg in die falsche Richtung führt, dann geht noch mal einen Schritt zurück.

Michael und Tomoyo entscheiden sich beim Kriterium „Flügel durch Schuppen gefärbt" zunächst für „Ja". Der Weg führt sie zu den Schmetterlingen. Doch ihr Tier sieht nicht wie ein Schmetterling aus. Sie gehen zurück und entscheiden sich beim Kriterium „Flügel durch Schuppen gefärbt" nun für „Nein". So kommen sie zum Kriterium „Vorderflügel und Hinterflügel durch Häkchen miteinander verbunden".

5 Das Ergebnis der Bestimmung
Am Ende des Bestimmungsweges bekommt ihr als Ergebnis den Namen des gesuchten Lebewesens oder der gesuchten Ordnung. Überprüft, ob alle beschriebenen Merkmale mit eurem Tier übereinstimmen.

Michael und Tomoyo haben ihr Tier nun bestimmt. Es handelt sich um eine Libelle. Sie vergleichen das Bild im Bestimmungsschlüssel mit dem gefundenen Tier und sind sicher, dass sie das Tier der richtigen Ordnung zugeordnet haben.

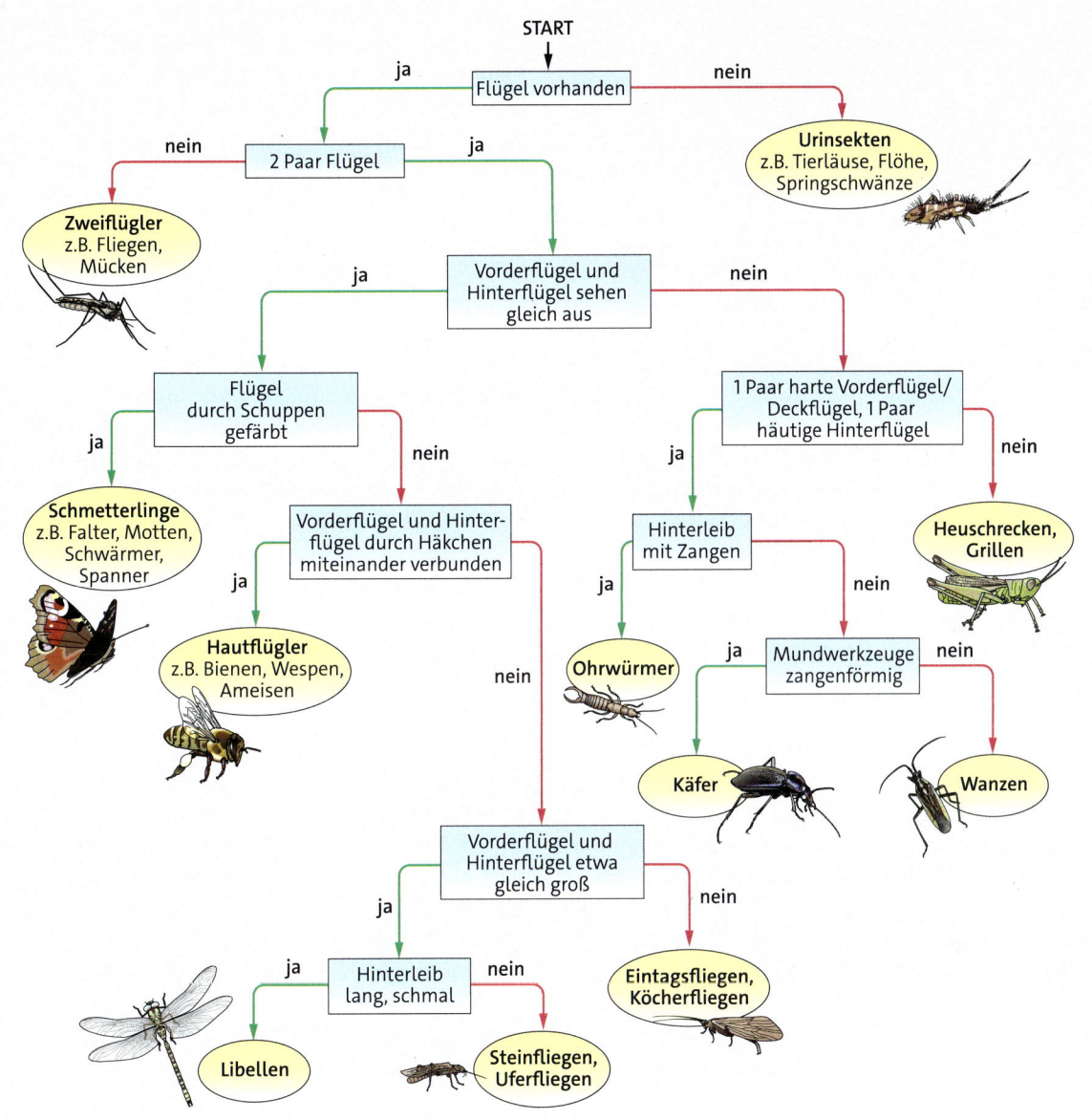

2 Ein Ausschnitt aus einem Bestimmungsschlüssel für Insektenordnungen

AUFGABEN

1 Ein Insekt bestimmen

a ☒ Bestimmt mithilfe des Bestimmungsschlüssels in Bild 2, zu welcher Ordnung das Insekt in Bild 3 gehört.

b ☒ Beschreibt, wie ihr bei den einzelnen Kriterien entschieden habt, um zur Lösung zu kommen.

c ☒ Findet den Namen des Tiers in Bild 3 heraus. Ihr könnt dazu die Funktion „Bildvergleich" im Internet oder auch eine App nutzen.

3 Welches Tier ist das?

DIE WIRBELLOSEN

Die Fortpflanzung und die Entwicklung der Insekten

1 Zwei Tagpfauenaugen auf einer Distelblüte

Kristin beobachtet, wie zwei Schmetterlinge miteinander Kontakt aufnehmen. Der vordere Schmetterling berührt mit seinen Fühlern die Flügel des hinteren Schmetterlings.

Die verschiedenen Formen der Fortpflanzung
Bei den meisten Insektenarten gibt es männliche und weibliche Tiere. Wenn sich ein Weibchen mit einem Männchen paart, dann können neue Lebewesen entstehen. Diese Form der Fortpflanzung heißt **zweigeschlechtliche Fortpflanzung**, weil zwei Geschlechter beteiligt sind: ein Männchen und ein Weibchen. Schmetterlinge und Heuschrecken pflanzen sich zweigeschlechtlich fort. Bei manchen Insektenarten können Weibchen Nachkommen hervorbringen, ohne sich mit Männchen zu paaren. Das nennt man **eingeschlechtliche Fortpflanzung**, weil nur ein Geschlecht beteiligt ist: das Weibchen. Blattläuse können sich eingeschlechtlich fortpflanzen.

Die Fortpflanzung beim Tagpfauenauge
Das Tagpfauenauge ist ein Schmetterling. Männchen und Weibchen finden sich über Duftstoffe, die sie mit ihren Antennen riechen. Wenn sie sich paaren wollen, dann fliegen sie hintereinander her. Das Weibchen berührt dabei mit seinen Fühlern die Flügel des Männchens (Bild 1). So zeigt es, dass es zur Paarung bereit ist. Nach der Paarung legt das Weibchen bis zu 200 Eier. Es klebt sie an die Unterseite von Brennnesselblättern (Bild 2).

Die Entwicklung beim Tagpfauenauge
Nach etwa zwei Wochen schlüpfen aus den Eiern kleine, behaarte Larven (Bild 2). Die Larven von Schmetterlingen heißen **Raupen**. Sie fressen die Brennnesselblätter und wachsen schnell. Der Körper der Raupen besitzt eine Hülle aus Chitin. Sie kann nicht mitwachsen. Die Raupen bilden unter dieser Chitinhülle eine neue, größere Haut. Dann schwillt die Raupe an, bis die alte Haut platzt und abgestreift wird. Diesen Vorgang nennt man **Häutung**. Nach einigen Häutungen sind die Raupen ausgewachsen. Sie fressen nun nicht mehr und umgeben sich mit einer Hülle. Die Raupe mit der Hülle wird **Puppe** genannt (Bild 2). In der Puppenhülle wird der Körper umgebaut. Nach einigen Wochen schlüpft der erwachsene Schmetterling aus der Puppenhülle (Bild 2). Während der Entwicklung von der Raupe zum Schmetterling verändert sich der Körper des Tiers vollkommen. Deshalb spricht man von einer vollkommenen Verwandlung. Das Fachwort dafür ist **vollkommene Metamorphose**.

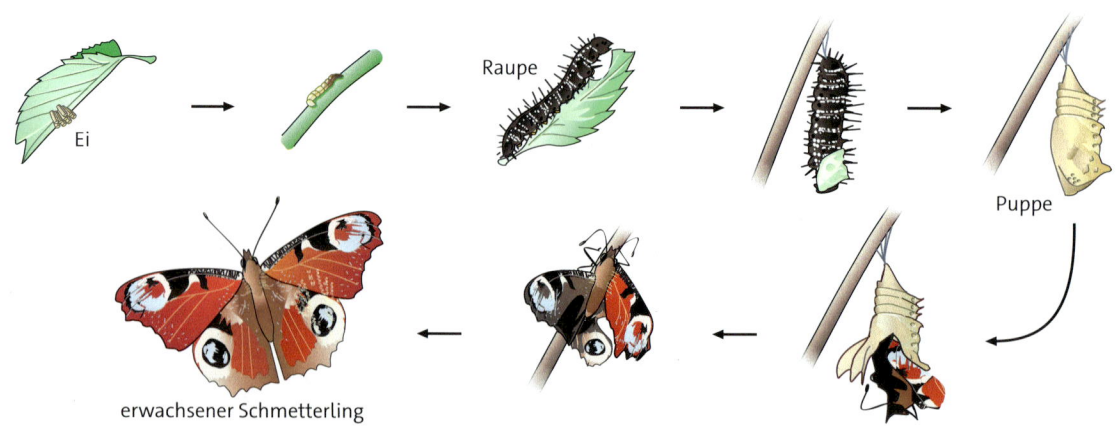

2 Die Entwicklung des Tagpfauenauges

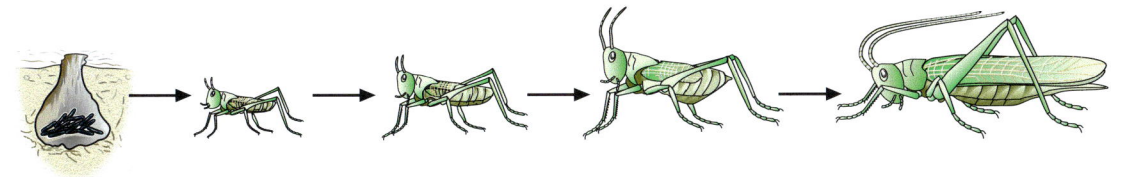

Eier im Erdloch — Larve — Larve — Larve — erwachsenes Heupferd

3 Die Entwicklung des Heupferds

Das Heupferd

Das Heupferd gehört zur Ordnung der Heuschrecken. Nach der Paarung mit dem Männchen legt das Weibchen im Herbst bis zu 600 Eier in den Boden. Im nächsten Frühjahr schlüpfen aus den Eiern Larven ohne Flügel. Sie sehen den erwachsenen Heupferden schon etwas ähnlich (Bild 3). Die Larven wachsen und häuten sich mehrmals. Nach der letzten Häutung ist das Heupferd ausgewachsen. Bei dieser Entwicklung gibt es keine Puppe. Weil sich der Körper des Tiers nicht vollkommen verändert, spricht man von einer unvollkommenen Verwandlung. Das Fachwort dafür ist **unvollkommene Metamorphose**. Die Vorsilbe *un-* bedeutet nicht.

Die Blattlaus

Viele Blattlausarten können sich eingeschlechtlich vermehren. Dabei entstehen aus unbefruchteten Eizellen weibliche Nachkommen. Sie werden vollständig entwickelt geboren (Bild 4). Ein Männchen wird dazu nicht gebraucht. Wenn das Angebot an Nahrung groß ist, dann pflanzen sich Blattläuse eingeschlechtlich fort. Auf diese Weise können sie sich sehr schnell vermehren und verbreiten. Gegen Ende des Sommers paaren sich männliche und weibliche Blattläuse. Bei dieser zweigeschlechtlichen Fortpflanzung legen die Weibchen die Eier an Pflanzen.

4 Ein Blattlausweibchen bringt ein Jungtier zur Welt.

> Bei Insekten gibt es weibliche und männliche Tiere. Nach der Paarung entwickeln sich aus den Eiern Raupen. Nach mehreren Häutungen entstehen Puppen, aus denen dann die erwachsenen Tiere schlüpfen. Diese Entwicklung nennt man vollkommene Metamorphose. Bei der unvollkommenen Metamorphose gibt es keine Puppe. Manche Insekten können sich eingeschlechtlich vermehren.

AUFGABEN

1 Die Fortpflanzung
a ▢ Nenne für die eingeschlechtliche Fortpflanzung und die zweigeschlechtliche Fortpflanzung je ein Tier als Beispiel.
b ▢ Beschreibe, wie sich die eingeschlechtliche und die zweigeschlechtliche Fortpflanzung unterscheiden.
c ▢ Erläutere, wie sich Blattläuse fortpflanzen.

2 Die Entwicklung
a ▢ Stelle die Entwicklung des Schmetterlings vom Ei bis zum erwachsenen Tier mithilfe eines Flussdiagramms dar.
b ▢ Beschreibe die Entwicklung eines Heupferds vom Ei bis zum erwachsenen Tier.
c ▢ Erkläre, was mit dem Fachwort Metamorphose gemeint ist.
d ▢ Stelle eine Vermutung an, warum die Entwicklung des Heupferds eine Angepasstheit an den Jahresverlauf ist.

3 Schmetterlinge sind gefährdet!
Der Kohlweißling ist ein Schmetterling. Seine Larven ernähren sich vor allem von Wildkohlblättern, aber sie fressen auch angebauten Kohl.
▢ Begründe, ob der Kohlweißling geschützt werden sollte. Überlege, welche Meinungen Landwirte und Naturschützer haben könnten. Beachte den Aufgabentitel.

Die Honigbiene

1 Bienenstöcke am Rand eine Sonnenblumenfeldes

Lukas sieht am Rand eines Sonnenblumenfeldes mehrere Holzkisten. Als er vorsichtig näher heran geht, sieht er, dass Honigbienen in die Kisten hinein und wieder heraus fliegen.

Honigbienen leben in Staaten
Honigbienen leben in großen Gemeinschaften mit bis zu 70 000 Tieren. Solche Gemeinschaften von Lebewesen werden Staaten genannt. Bei den Bienen spricht man deshalb von einem **Bienenstaat**. Bienenzüchter bauen für die Honigbienen Holzkästen. Das Fachwort für Bienenzüchter ist **Imker**. Die Holzkästen mit den Honigbienen nennt man **Bienenstock**. In den Holzkästen befinden sich mehrere nebeneinander hängenden Holzrahmen. Die Honigbienen bauen in diese Holzrahmen Kammern mit sechs Ecken aus Wachs. Diese Kammern heißen **Zellen**. Viele Zellen zusammen nennt man **Wabe**.

Leben im Bienenstaat
Die größte Biene ist die **Königin**. Im Sommer legt die Königin jeden Tag bis zu 2000 Eier in die Zellen. Aus den Eiern entwickeln sich Larven. Die männlichen Honigbienen nennt man **Drohnen**. Sie befruchten die Königin. Danach werden sie aus dem Stock vertrieben und sterben. Die meisten Tiere in einem Bienenstaat sind Weibchen, die keinen Eier legen. Diese Weibchen haben verschiedene Aufgaben. Diese Honigbienen nennt man **Arbeitsbienen**.

Die Aufgaben von Arbeitsbienen
Arbeitsbienen leben im Sommer etwa sechs Wochen. In diesen sechs Wochen verändern sich die Organe in ihrem Körper. Dadurch verändern sich auch die Aufgaben der Arbeitsbienen. In den ersten drei Tagen reinigen die Arbeitsbienen die Waben. Etwa vom 4. bis 6. Tag füttern sie ältere Larven. Vom 7. bis zum 12. Tag füttern sie die Königin und die jungen Larven mit Futtersaft aus ihren Drüsen. Diese Drüsen heißen **Futtersaftdrüsen**. Vom 13. bis zum 16. Tag bauen und reparieren sie Waben. Dafür bilden sie in anderen Drüsen am Hinterleib Wachs. Diese Drüsen heißen **Wachsdrüsen**. Vom 17. bis 20. Tag bewachen die Arbeitsbienen den Stockeingang. Zu diesem Zeitpunkt haben sich die **Giftdrüsen** entwickelt. Wenn die Giftdrüse gefüllt ist, dann kann eine Arbeitsbeine am Eingang fremde Bienen oder Wespen abwehren. Ab dem 21. Tag verlassen die Arbeitsbienen den Stock. Sie sammeln Pollen und Nektar von Blütenpflanzen und bringen diese in den Bienenstock. Im Alter von etwa 35 Tagen sterben die Arbeitsbienen.

2 Bienen auf den Zellen einer Wabe

3 Honigbienen: Königin (A), Drohn (B) und Arbeitsbiene (C)

DIE WIRBELLOSEN

4 Ein Imker an einem Bienenstock

Nektar und Pollen

Wenn die Honigbienen Blüten besuchen, dann saugen sie mit ihrem Saugrüssel den süßen Saft der Blüten, den Nektar, auf. Sie sammeln diesen Nektar in einem Magen. Dieser Magen heißt **Honigmagen**. Im Stock geben sie den Nektar an andere Arbeitsbienen weiter. In den Honigmägen dieser Arbeitsbienen wird der Nektar mit Saft aus einer Drüse vermischt. So entsteht der Honig. Die Arbeitsbienen füllen den Honig in die Zellen der Waben. Die Zellen werden mit einem Wachsdeckel verschlossen. Dieser Honig ist der Nahrungsvorrat für den Winter. Wenn der Imker den Honig im Sommer aus den Waben entnimmt, dann gibt er den Bienen Zuckerwasser als Winternahrung. Wenn eine Honigbiene den Nektar einer Blüte aufsaugt, dann bleiben Pollen der Blüte am behaarten Körper der Biene hängen. Beim Besuch der nächsten Blüte wird dieser Pollen übertragen. So wird die Blüte befruchtet. Einen Teil des Pollens sammeln die Honigbienen und bringen ihn zum Bienenstock. Diese Pollenkörner sind die Nahrung für die Brut der Honigbienen.

5 Eine Biene mit einem Pollenballen am Hinterbein

EXTRA Das Verhalten nach einem Bienenstich
Wenn dich eine Biene sticht, dann gelangt Gift aus einer Giftblase in deine Haut. Deshalb ist der Stich einer Biene schmerzhaft. Die Einstichstelle schwillt an. Der Stachel der Biene bleibt bei einem Stich mit der Giftblase in der Haut stecken. Entferne den Stachel möglichst schnell. Drücke dazu mit nur einer Fingerspitze seitlich gegen die Einstichstelle. So kannst du den Stachel rausschieben. Wenn du mit zwei Fingern gegen den Stachel presst, dann drückst du das restliche Gift der Giftblase in die Wunde. Kühle die Hautstelle. Wenn eine Person gegen Bienengift allergisch bist, dann muss sie schnell eine Notfallspritze bekommen oder einen Arzt aufsuchen.

Honigbienen leben in Staaten zusammen. In einem Bienenstaat gibt es Arbeitsbienen, Drohnen und eine Königin. Bienen sammeln Nektar und Pollen. Aus dem Nektar entsteht der Honig. Wenn die Bienen von Blüte zu Blüte fliegen, dann übertragen sie den Pollen und befruchten die Blüten.

AUFGABEN

1 Das Leben der Honigbienen
a Nenne drei Formen von Bienen.
b Eine Arbeitsbiene erledigt an den Tagen ihres Lebens verschiedene Aufgaben. Liste in einer Tabelle die Lebenstage und die jeweiligen Aufgaben auf.

Tag	Aufgabe
1.–3. Tag	Waben reinigen
4.–6. Tag	...

c Beschreibe die Aufgaben der Futtersaftdrüsen, der Wachsdrüsen und der Giftdrüsen.
d Beschreibe die Staatenbildung bei Insekten als Angepasstheit an die Umgebung.
e Beschreibe, wie Honig entsteht.
f Erläutere das zusammengesetzte Fachwort Honigmagen.

2 Der Bienenstich
 Erstelle ein Plakat zu den Maßnahmen nach einem Bienenstich.

DIE WIRBELLOSEN

EXTRA   Die Bedeutung und der Schutz von Insekten

1 Eine Hummel an einer Tomatenblüte

Die Bedeutung der Insekten
Insekten sind die Nahrung vieler anderer Tiere wie Vögel und Amphibien. Doch die Insekten sichern auch durch ihre Lebensweise die Nahrungsgrundlage aller anderen Tiere. Wildbienen, Honigbienen, Hummeln, Schmetterlinge, Fliegen, Wespen und Käfer ernähren sich von Nektar und Pollen der Blüten. Beim Besuch der Blüten übertragen Insekten Pollen von Blüte zu Blüte und sorgen so für deren Befruchtung. Nur aus befruchteten Blüten können sich Früchte entwickeln. Früchte und die darin enthaltenen Samen dienen den Pflanzen zur Fortpflanzung. Von den Früchten ernähren sich Tiere und Menschen. Manche Insekten schaden Nutzpflanzen. Blattläuse saugen an Pflanzen und schwächen sie so. Die Pflanzen bilden dann kleinere oder keine Früchte oder sterben sogar ab. Insekten, die Pflanzen schädigen, heißen **Schädlinge**. Manche Käfer ernähren sich von Blattläusen (Bild 2). Weil sie so den Pflanzen nutzen, heißen sie **Nützlinge**.

Die Insekten sterben
Die Menge der Insekten und die Anzahl der Insektenarten nimmt weltweit seit Jahren ab: In den letzten 30 Jahren sind über 80 Prozent der Insekten verschwunden. Man spricht vom **Insektensterben**. Die Ursachen dafür sind vielfältig. Durch den Bau von immer mehr Straßen, Wohnhäusern und Fabriken geht Lebensraum für Insekten verloren. In der Landwirtschaft werden Giftstoffe eingesetzt, um Schädlinge zu bekämpfen. Diese Schädlingsbekämpfungsmittel schaden aber auch den Nützlingen. Für den Anbau von Nutzpflanzen werden immer größere Felder gebraucht. Große Felder haben im Verhältnis zu ihrer Fläche weniger Feldränder als kleine. An Feldrändern wachsen jedoch viele verschiedene Pflanzen, die den Insekten Nahrung bieten. Die nächtliche Beleuchtung in den Städten stört viele nachtaktive Insekten. Sie werden davon angelockt und verlieren die Orientierung.

Der Schutz der Insekten
Es sind viele Maßnahmen notwendig, um die Zahl und die Artenvielfalt der Insekten wieder zu erhöhen. Die Erhaltung oder Wiederherstellung blütenreicher Feldränder und weniger Einsatz von Schädlingsbekämpfungsmitteln in der Landwirtschaft können helfen. Im eigenen Garten oder auf dem Balkon kann man insektenfreundliche Pflanzen anpflanzen. Hilfreich sind auch besondere Holzhäuschen, die Insekten zum Überwintern und zum Ablegen der Eier nutzen können.

2 Ein Marienkäfer frisst Blattläuse.

AUFGABEN
1 Die Bedeutung der Insekten
a Nenne drei Beispiele für die Bedeutung der Insekten in der Natur.
b Beschreibe, was mit den Fachwörtern Schädling und Nützling gemeint ist.

2 Der Schutz von Insekten
a Erläutere, wie durch den Schutz und die Vielfalt von Lebensräumen auch die Insekten geschützt werden.
b Recherchiere, welche insektenfreundlichen Pflanzen man in Balkonkästen pflanzen kann. Gestalte ein Plakat dazu.

PRAXIS Hilfe für Insekten

A Ein Wildbienenhotel

1 So kann ein Wildbienenhotel aussehen.

Manche Insekten brauchen zum Überwintern oder zum Ablegen der Eier tote Äste, Mauerritzen oder trockene Lehmhänge. Diese finden sie in der Natur kaum noch. Mit einfachen Mitteln kannst du einen Lebensraum für Wildbienen bauen und im Garten aufstellen. Man nennt es **Insektenhotel**.

Material:
Strohhalme aus Bambus (8–10 mm Öffnung), Stängel eines Holunderstrauchs, Handsäge, fester Draht, Konservendose, Kaninchendraht (Maschenweite 3 cm × 3 cm)

Durchführung:
– Säge die Holunderstängel und die Strohhalme mit der Handsäge in Stücke von 10 bis 20 cm Länge. Achte darauf, dass die Röhren nicht gequetscht werden und die Kanten glatt sind.
– Entferne mit dem Draht das Mark aus den Holunderstängeln.
– Fülle die Konservendose mit den Stängeln und den Strohhalmen.
– Lege die Dose waagerecht an einen regengeschützten Ort.
– Biege den Kaninchendraht im Abstand von 2 cm so über die Öffnung, dass er die Löcher der Röhrchen vor Vögeln schützt.

Auswertung:
- Beobachte dein Wildbienenhotel über den Sommer. Beschreibe die Veränderungen, an denen du erkennen kannst, ob Insekten dein Hotel bezogen haben.

B Samenkugeln herstellen

2 So kann man Samenkugeln herstellen.

Viele Insekten ernähren sich von einem süßen Saft, den Pflanzen in ihren Blüten bilden. Dieser Nektar wird aber nicht von allen Pflanzen gebildet. Gräser bilden zum Beispiel keinen Nektar. Ihr könnt die Insekten unterstützen, indem ihr Flächen mit nektarbildenden Blütenpflanzen bepflanzt.

Material:
Wasser, Schüssel, Zeitungspapier, 200 g Tonerde (z. B. aus der Drogerie), 200 g Blumenerde, 3 Päckchen Samen von Wildblumen, z. B. Glockenblume, Kamille, Kornblume, Ringelblume

Durchführung:
– Gib die Blumenerde in die Schüssel. Entferne Rindenstücke, Wurzeln und kleine Ästchen.
– Vermische die Tonerde und die Samen mit der Blumenerde. Achte darauf, dass die Samen gleichmäßig verteilt sind.
– Gieße nach und nach etwas Wasser zu der Mischung, sodass ein fester Brei entsteht.
– Forme mit den Händen etwa walnussgroße Kugeln aus dem Brei. Lege die Kugeln zum Trocknen auf das Zeitungspapier.
– Lass die Kugeln zwei Tage lang trocknen. Drehe sie ab und zu, damit sie gleichmäßig trocknen.

Auswertung:
- Verteile die Samenkugeln auf einer Fläche ohne Blumen. Wenn die Wildblumen gewachsen sind, dann beobachte, welche Insekten die verschiedenen Blüten besuchen.

DIE WIRBELLOSEN

AUFGABEN Die Wirbellosen

1 Die Spinnen
Bei vielen Spinnenarten presst das Männchen seine Spermienzellen auf ein kleines Netz. Dann saugt es die Spermienzellen mit den Mundwerkzeugen auf und bringt sie in die weibliche Geschlechtsöffnung. Das Weibchen legt anschließend die befruchteten Eier ab und umwickelt sie mit Spinnfäden. Aus den Eiern schlüpfen Jungtiere, die bereits aussehen wie kleine Spinnen. Während ihrer Entwicklung wachsen sie und häuten sich dabei mehrmals.

a Begründe, ob sich Spinnen eingeschlechtlich oder zweigeschlechtlich fortpflanzen.
b Begründe, ob Spinnen während ihrer Entwicklung eine Metamorphose durchlaufen.
c „Spinnen gehören zu den Insekten." Bewerte diese Aussage mithilfe von Bild 1.

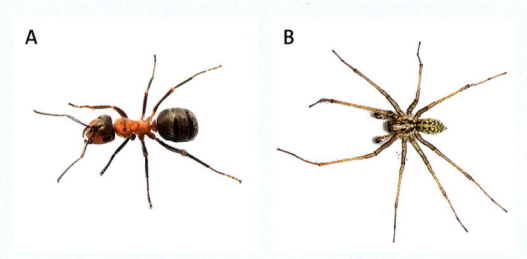

1 Eine Rote Waldameise (A) und eine Hausspinne (B)

2 Die Weinbergschnecke
Der Körper von Weinbergschnecken ist weich und mit Schleim bedeckt.

a Erläutere mithilfe von Bild 2, warum die Weinbergschnecke zu den Wirbellosen zählt.
b Begründe, zu welcher Gruppe der Wirbellosen die Weinbergschnecke gehört.
c Weinbergschnecken sind Zwitter. Erkläre, was das für die Fortpflanzung bedeutet.
d Stelle eine Vermutung an, wo diese Schneckenart häufig vorkommt.

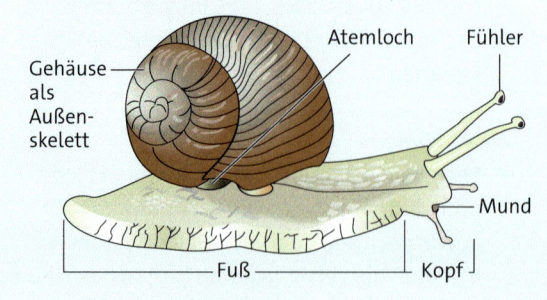

2 Der Bau der Weinbergschnecke

3 Die Entwicklung eines Marienkäfers

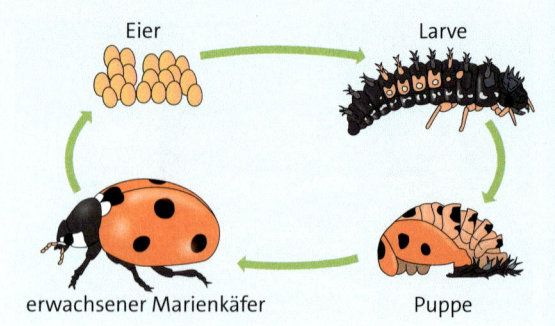

3 So entwickelt sich ein Marienkäfer.

a Beschreibe mithilfe von Bild 3 die Entwicklung des Marienkäfers. Verwende dabei Fachwörter.
b Begründe, ob Marienkäfer während ihrer Einwicklung eine vollkommene oder eine unvollkommene Metamorphose durchlaufen.
c Erkläre, warum sich manche Insekten während ihrer Entwicklung häuten müssen.

4 Der Fichtenborkenkäfer
Fichtenborkenkäfer befallen Fichten und fressen deren Rinde. So schädigen sie die Bäume, bis sie absterben. Für die Entwicklung vom Ei bis zum Käfer brauchen die Fichtenborkenkäfer eine Temperatur von mindestens 18 °C.

a Lies aus Bild 4 ab, wie lange die Entwicklung bei 18 °C und bei 22 °C dauert.

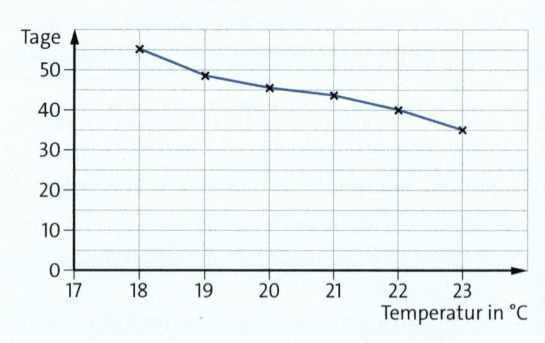

4 Die Entwicklungsdauer des Fichtenborkenkäfers

b Formuliere einen Je-desto-Satz über den Zusammenhang von Entwicklungsdauer und Temperatur bei Fichtenborkenkäfern.
c Stelle eine Vermutung an, welche Folgen höhere Temperaturen für Fichtenwälder haben.

Wirbeltiere und Wirbellose im Vergleich

1 Ein Bienenfresser hat eine Biene gefangen.

Der Bienenfresser ist ein Vogel, die Biene ist ein Insekt. Diese beiden Lebewesen sehen unterschiedlich aus. Doch sie haben auch einiges gemeinsam.

Die Tiergruppe
Vögel haben ein Innenskelett und eine Wirbelsäule aus Knochen. Sie gehören zu den Wirbeltieren. Insekten haben ein Außenskelett aus Chitin. Sie gehören zu den wirbellosen Tieren.

Der Körperbau
Der Körper von Vögeln besteht aus Kopf und Rumpf. Vögel haben zwei Beine und zwei Flügel. Der Schnabel der Vögel besteht aus Horn. Der Körper von Insekten besteht aus Kopf, Brust und Hinterleib. Insekten haben sechs Beine und zwei Paar Flügel. Am Kopf haben sie Mundwerkzeuge.

Die Fortbewegung
Vögel fliegen mithilfe von zwei Flügeln, an denen sich Federn befinden. Insekten fliegen mithilfe von vier Flügeln. Die Flügel der Biene sind nur von einer dünnen Haut überzogen.

Die Körpertemperatur
Die Körpertemperatur von Insekten verändert sich mit der Umgebungstemperatur. Sie sind wechselwarm. Die Körpertemperatur von Vögeln bleibt immer gleich. Sie sind gleichwarm.

Die Atmung
Vögel atmen mit Lungen. Außerdem haben sie mehrere Luftsäcke im Körper, die mit der Lunge verbunden sind.
Insekten atmen durch kleine Öffnungen an Brust und Hinterleib. Durch die Öffnungen gelangt Luft in feinen Röhren durch den ganzen Körper. Diese Atmung heißt Tracheenatmung.

Die Fortpflanzung und die Entwicklung
Vögel pflanzen sich zweigeschlechtlich fort. Die Weibchen legen Eier. Daraus schlüpfen Küken, die schon wie Vögel aussehen.
Insekten pflanzen sich eingeschlechtlich oder zweigeschlechtlich fort. Sie legen Eier, aus denen Larven schlüpfen. Diese entwickeln sich durch Metamorphose zu erwachsenen Tieren.

> Vögel und Insekten unterscheiden sich im Körperbau, der Fortbewegung, der Körpertemperatur, der Atmung sowie bei der Fortpflanzung und der Entwicklung.

AUFGABE
1 **Wirbeltiere und Wirbellose**
Entscheide dich für ein Wirbeltier und ein wirbelloses Tier. Vergleiche diese beiden Tiere. Stelle dazu Gemeinsamkeiten und Unterschiede auf einem Plakat dar. Du kannst auch eine Präsentation erstellen.

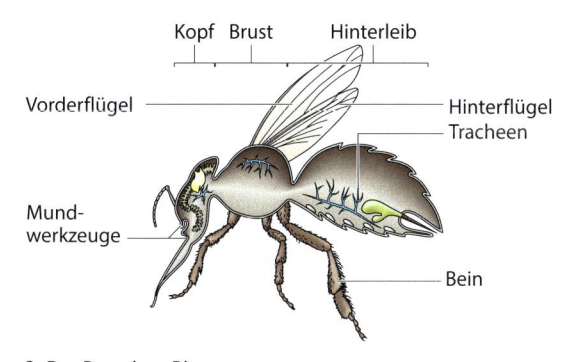

2 Der Bau einer Biene

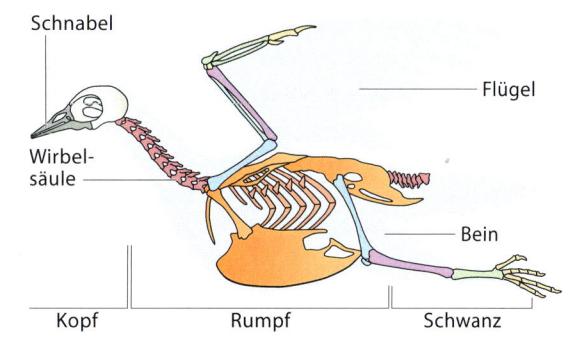

3 Der Bau eines Vogels

DIE WIRBELLOSEN

TESTE DICH!

1 Die Wirbellosen ↗ S. 108/109

a Nenne das Merkmal, das die Wirbellosen von den Wirbeltieren unterscheidet.

b Gib an, welche Tiere in Bild 1 zu den wirbellosen Tieren gehören.

2 Der Regenwurm ↗ S. 110/111

a Bild 2 zeigt den Querschnitt eines Regenwurms. Benenne die mit Buchstaben gekennzeichneten Körperteile mit den Fachwörtern.

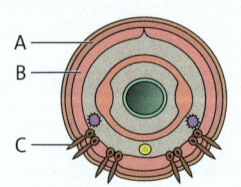

2 Querschnitt eines Regenwurms

b Schreibe den folgenden Text in dein Heft und fülle die Lücken.
Regenwürmer bewegen sich mit den ... und den ... sowie den ... fort. Zuerst ziehen sich die Ringmuskeln im vorderen Ende zusammen. Dadurch werden die Segmente dort ... und ... Auf diese Weise schiebt der Regenwurm sein vorderes Ende nach ... Danach ziehen sich die Längsmuskeln zusammen. Dadurch werden die Segmente ... und ... und der restliche Wurmkörper wird nach vorne gezogen. Beide Muskelgruppen ... sich ab.

c Erkläre die Bedeutung der Borsten des Regenwurms für die Fortbewegung.

d Beschreibe die Bedeutung der Regenwürmer für den Boden.

3 Die Insekten ↗ S. 114/115, 118/119

a Bild 3 zeigt den Körperbau einer Libelle. Benenne die mit Buchstaben gekennzeichneten Körperteile mit den Fachwörtern.

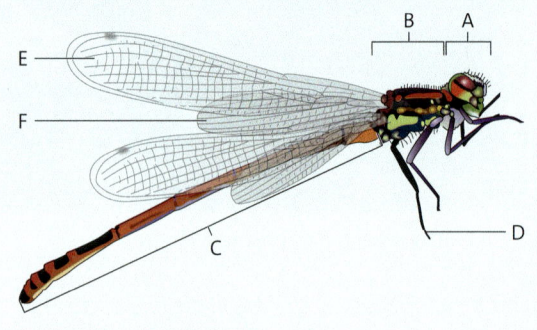

3 Körperbau der Libelle

b Beschreibe die Entwicklung des Kohlweißlings mithilfe von Bild 4.

4 Entwicklung des Kohlweißlings

c Begründe, ob beim Kohlweißling während der Entwicklung eine vollkommene oder unvollkommene Metamorphose stattfindet.

d Begründe, warum sich Insekten während ihrer Entwicklung mehrmals häuten.

4 Die Bedeutung der Insekten ↗ S. 122

a Beschreibe die Bedeutung der Insekten für die Befruchtung der Pflanzen.

b Erkläre mithilfe deiner Antwort von Aufgabe a, welche Bedeutung die Insekten für den Menschen haben.

c In den letzten 30 Jahren sind über 80 Prozent der Insekten verschwunden. Beschreibe zwei Maßnahmen, die helfen, Insekten zu schützen.

ZUSAMMENFASSUNG Die Wirbellosen

Der Körperbau von Insekten
Insekten haben ein **Außenskelett**.
Gliederung des Körpes:
- Kopf
- Brust
- Hinterleib

Merkmale:
- sechs Beine
- meist vier Flügel
- zwei Facettenaugen
- zwei Fühler
- Tracheenatmung

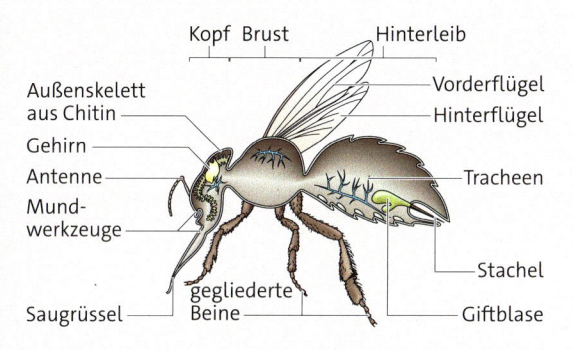

Die Entwicklung von Insekten
- Insekten sind meist **zweigeschlechtlich**, in seltenen Fällen eingeschlechtlich.
- Insekten legen Eier.

Vollkommene Metamorphose:
- Aus Eiern schlüpfen **Raupen**.
- Raupen verpuppen sich.
- Aus den **Puppen** werden erwachsene Tiere.

Unvollkommene Metamorphose:
- Entwicklung ohne Puppe

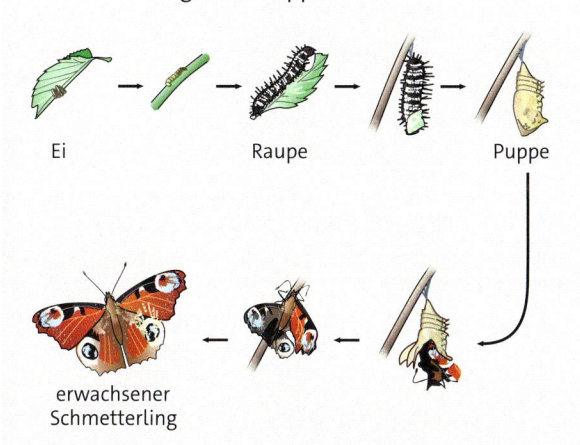

Die Bedeutung von Insekten
- Insekten sind **Nahrung** für viele andere Tiere.
- Insekten sorgen beim Besuch der Blüten für die Übertragung der Pollen und damit für deren **Befruchtung**.
- Insekten können **Schädlinge** und **Nützlinge** sein.

Insektensterben: Anzahl der Insektenarten sinkt, Abhilfe sind Schutzmaßnahmen

Die Angepasstheit von Insekten
Insekten sind in Bau und Lebensweise an ihren Lebensraum angepasst.
Beispiele:
- Fortbewegung in der Luft durch Flügel
- Fortpflanzung: Heupferd: Eiablage im Herbst, Schlüpfen der Jungtiere erst im Frühling

Die Wirbellosen
- Wirbellose Tiere besitzen **kein Innenskelett** und **keine Wirbelsäule**.
- Ihre Körper sind sehr unterschiedlich gebaut.
- **Gruppen der Wirbellosen:** die Insekten, die Spinnen, die Ringelwürmer, die Weichtiere

Der Regenwurm
- Körper in **Segmente** unterteilt
- **Zwitter**
- **Feuchtlufttier**
- Durch den Bau von Röhren und durch ihren Kot verbessern Regenwürmer den Boden.

Insekten und Wirbeltiere im Vergleich

	Insekten	Vögel
Körperbau	Außenskelett, keine Wirbelsäule	Innenskelett, Wirbelsäule
Körpertemperatur	wechselwarm	gleichwarm
Fortbewegung	Flügel mit dünner Haut	Flügel mit Federn
Atmung	Tracheenatmung	Lungenatmung
Fortpflanzung und Entwicklung	Weibchen legen Eier, daraus schlüpfen Laven, Metamorphose	Weibchen legen Eier, daraus schlüpfen Küken

DIE WIRBELLOSEN

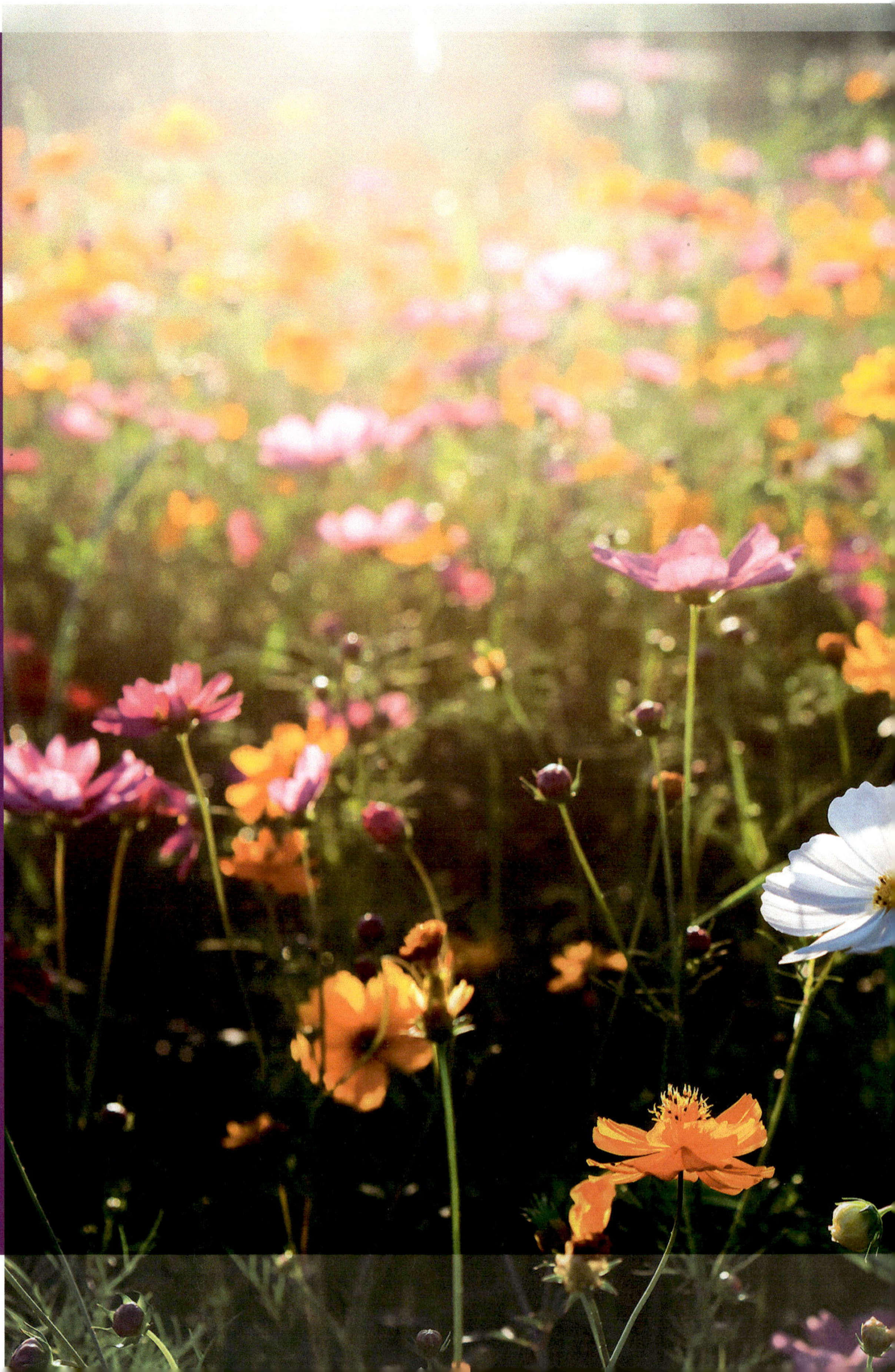

Die Blütenpflanzen

In diesem Kapitel erfährst du, ...
- ... wie Pflanzen gebaut sind.
- ... welche Pflanzenfamilien es gibt und woran du sie erkennen kannst.
- ... wozu Blüten, Früchte und Samen dienen.
- ... wie Pflanzen an verschiedene Lebensräume angepasst sind.

Die Merkmale der Blütenpflanzen

1 Blühende Pflanzen in einem Park

Die Pflanzen im Park sehen alle unterschiedlich aus. Sie haben aber auch viel gemeinsam.

Die Vielfalt der Blütenpflanzen
Alle Pflanzen, die Blüten bilden, gehören zu den **Blütenpflanzen**. Es gibt viele verschiedene Blütenpflanzen. Sie unterscheiden sich in Form, Farbe und Größe voneinander.

Der Bau der Blütenpflanzen
Blütenpflanzen sehen unterschiedlich aus, doch sie sind alle ähnlich gebaut. Jede Blütenpflanze besteht aus zwei Teilen. Im Boden wächst die **Wurzel**, über dem Boden wächst der **Spross**. Zum **Spross** gehören die **Sprossachse** und die **Blätter**. Die Wurzel, die Sprossachse und die Blätter sind drei Organe, die bei allen Blütenpflanzen vorkommen. Man bezeichnet sie als die **Grundorgane** der Blütenpflanzen. In Bild 2 sind die Grundorgane an der Rapspflanze zu sehen. Alle anderen Pflanzenorgane sind Abwandlungen aus diesen drei Grundorganen. Zu den Blättern zählen die **Laubblätter** und die **Blütenblätter**. Blütenblätter sind veränderte Blätter. Wurzel, Sprossachse und Blätter sehen bei verschiedenen Blütenpflanzen unterschiedlich aus. Ihr Grundbauplan und ihre Aufgaben sind aber bei allen Blütenpflanzen gleich.

Die Wurzel
Die Wurzel wächst im Boden. Sie sorgt für den Halt der Pflanze im Boden. Das funktioniert wie der Anker bei einem Schiff. Man sagt deshalb auch: Die Wurzel verankert die Pflanze im Boden. Die Wurzel nimmt außerdem Wasser und Mineralstoffe aus dem Boden auf und leitet sie in den Spross. Eine Wurzel besteht meist aus einer Hauptwurzel, die sich in viele Seitenwurzeln verzweigt. An den Seitenwurzeln befinden sich feine Wurzelhaare.

Die Sprossachse
Vom oberen Teil der Wurzel ausgehend wächst das Organ, das den Spross der Blütenpflanze stützt. Dieses Organ heißt Sprossachse. Sie trägt die Laubblätter und die Blüten und verbindet sie mit der Wurzel. Durch die Sprossachse werden Wasser, Mineralstoffe und Nährstoffe transportiert. Wenn die Sprossachse nicht verholzt ist, dann bezeichnet man sie auch als **Stängel**.
Ein Beispiel für eine Pflanze mit einem Stängel ist die Rapspflanze.

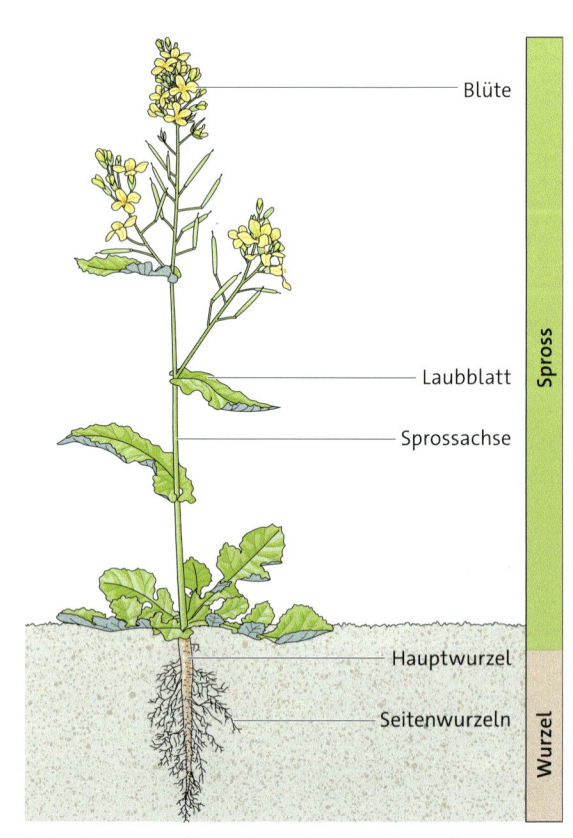

2 Der Bau einer Blütenpflanze (Beispiel: Rapspflanze)

DIE BLÜTENPFLANZEN

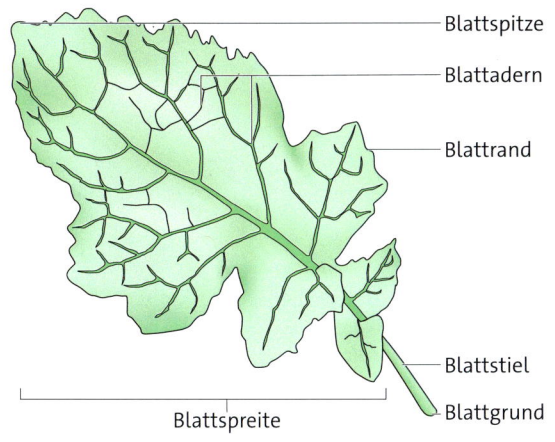

3 Der Bau eines Laubblatts

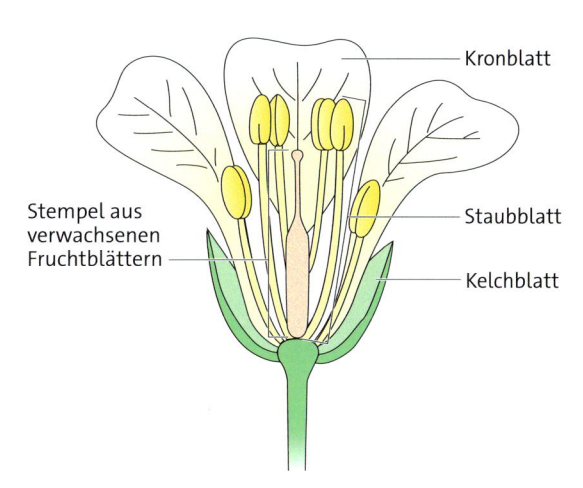

4 Der Bau einer Blüte

Die Laubblätter

An der Sprossachse wachsen grüne Blätter. Das sind die Laubblätter. Die Fläche eines Laubblatts heißt **Blattspreite**. Am unteren Ende der Blattspreite setzt der **Blattstiel** an (Bild 3). Er verbindet die Blattspreite mit der Sprossachse. Die Stelle, an der der Blattstiel an der Sprossachse sitzt, heißt **Blattgrund**. Das Blatt ist von Röhren durchzogen, die man von außen sehen kann. Ein anderes Wort für eine Röhre bei Lebewesen ist Ader. Im Blatt nennt man die Röhren deshalb **Blattadern**. In den Blattadern werden Wasser, Mineralstoffe und Nährstoffe transportiert. In den grünen Laubblättern werden mithilfe des Sonnenlichts Traubenzucker und Sauerstoff gebildet.

Die Blütenblätter

Eine Blüte besteht aus veränderten Blättern, den Blütenblättern. Die äußeren grünen Blütenblätter formen zusammen oft einen Kelch. Ein Kelch ist ein altes Wort für ein Trinkglas mit Stiel. Diese Blütenblätter heißen **Kelchblätter**. Die Kelchblätter schützen die inneren Blütenblätter, wenn die Blüte noch nicht geöffnet ist. Innen neben den Kelchblättern stehen farbige Blütenblätter. Zusammen sehen sie aus wie ein Kranz oder eine Krone. Diese Blütenblätter werden deshalb **Kronblätter** genannt. Durch die Farben der Kronblätter werden Insekten angelockt. Im Innern der Blüte befinden sich die Blütenblätter, die der Fortpflanzung der Pflanze dienen. Die Blütenblätter, die den Blütenstaub enthalten, heißen **Staubblätter**. Der Blütenstaub besteht aus vielen kleinen Körnern. Wenn die Körner durch die Luft fliegen, dann wirken sie wie Staubkörner. Die Blütenblätter, aus denen sich die Frucht der Pflanze entwickelt, heißen **Fruchtblätter**. Bei manchen Pflanzen ist ein Fruchtblatt verwachsen. Bei anderen Pflanzen sind mehrere Fruchtblätter verwachsen. Die verwachsenen Fruchtblätter werden auch als **Stempel** bezeichnet.

> Alle Blütenpflanzen bestehen aus drei Grundorganen. Die Grundorgane sind die Wurzel, die Sprossachse und die Blätter. Sprossachse und Blätter werden zusammen als Spross bezeichnet. Zu den Blättern zählen die Laubblätter und die Blütenblätter. Die Grundorgane haben bei allen Pflanzen die gleichen Aufgaben.

AUFGABEN

1 Die Blütenpflanzen
  Beschreibe, was Blütenpflanzen sind.

2 Die Grundorgane der Blütenpflanzen
  Erstelle eine Tabelle, in der du die Grundorgane der Blütenpflanzen und ihre Aufgaben nebeneinander darstellst.

3 Die Laubblätter
  a Nenne die Bestandteile eines Laubblatts.
  b Beschreibe, was Blattadern sind.
  c Nenne die Aufgabe der Blattadern.

4 Die Blütenblätter
  Nenne die Fachwörter für die verschiedenen Blütenblätter in einer Blüte.

DIE BLÜTENPFLANZEN

Verschiedene Pflanzenfamilien

1 Blühende Pflanzen auf einer Wiese

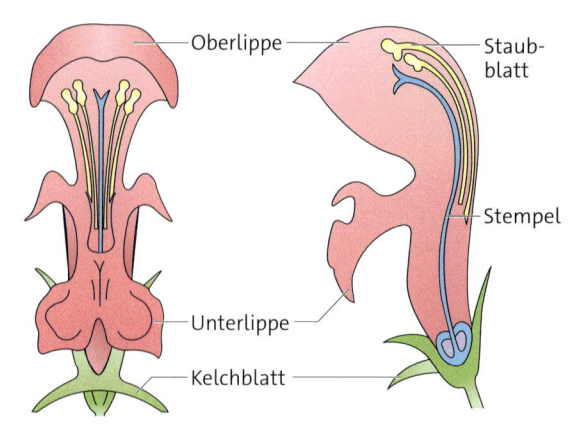

2 Der Bau einer Lippenblüte

Auf einer Sommerwiese wachsen viele verschiedene Blütenpflanzen. Manche sehen ähnlich aus, andere unterscheiden sich in ihren Merkmalen.

Die Pflanzenfamilien
Wenn man verschiedene Blütenpflanzen genauer betrachtet, dann stellt man fest, dass die Organe bei einigen Pflanzen ähnlich gebaut sind. Pflanzen mit ähnlichen Merkmalen fasst man zu **Pflanzenfamilien** zusammen. Im Alltag steht das Wort Familie für dich, deine Eltern, Geschwister und andere Verwandte. In der Biologie ordnet man Pflanzen, die sich im Bau ihrer Blüten und Laubblätter gleichen, ebenfalls Familien zu. Die Pflanzen einer Pflanzenfamilie sind miteinander verwandt. Sie haben sich aus gemeinsamen Vorfahren entwickelt. Wenn sich Pflanzen mit gleichen Merkmalen untereinander fortpflanzen können, dann gehören diese Pflanzen zu einer Pflanzenart. Als **Art** bezeichnet man in der Fachsprache jede Gruppe von Lebewesen, die gleiche Merkmale haben und sich untereinander fortpflanzen können.

Die Lippenblütengewächse
Bei manchen Pflanzen sind die Kronblätter der Blüten so miteinander verwachsen, dass sie wie eine **Oberlippe** und eine **Unterlippe** aussehen. Solche Pflanzen gehören zu den **Lippenblütengewächsen** (Bild 2). In der Mitte der Blüte befindet sich ein Fruchtknoten. Die Sprossachse ist vierkantig und hohl. Immer zwei Laubblätter stehen sich an der Sprossachse gegenüber. Viele Lippenblütengewächse sind Gewürzpflanzen. Wenn man ihre Laubblätter zerreibt, dann entwickelt sich oft ein würziger Geruch. In Deutschland wachsen verschiedene Lippenblütengewächse. Dazu gehören die Pfefferminze, die Taubnessel, die Goldnessel und der Wiesensalbei. Zu den Gewürzpflanzen zählen das Bohnenkraut, der Majoran, der Thymian und das Basilikum. Einige Lippenblütengewächse sind Heilpflanzen. Mit Melisse und Wiesensalbei werden zum Beispiel Entzündungen behandelt.

Die Rosengewächse
Die Blüten mancher Pflanzen haben fünf Kelchblätter und fünf Kronblätter. Diese Pflanzen gehören zu den **Rosengewächsen** (Bild 3). Die Kelchblätter und Kronblätter sind nicht verwachsen. Im Innern der Blüte befinden sich viele Staubblätter und viele Fruchtknoten. Zu den Rosengewächsen gehören zum Beispiel die Heckenrose, die Erdbeere und die Brombeere. Auch Obstbäume wie Apfel, Birne, Pfirsich, Pflaume und Kirsche gehören dazu. Außerdem sind viele Wildkräuter und Heilpflanzen Rosengewächse.

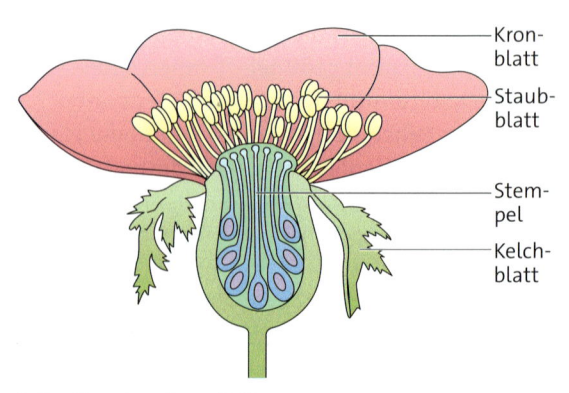

3 Der Bau einer Rosenblüte

DIE BLÜTENPFLANZEN

Die Korbblütengewächse

Bei einigen Pflanzen stehen viele einzelne Blüten eng zusammen und sehen dadurch aus wie eine einzige Blüte. Das nennt man einen **Blütenstand**. Wenn die Einzelblüten angeordnet sind wie ein Korb, dann gehört die Pflanze zur Familie der **Korbblütengewächse**. Bei der Sonnenblume besteht der Blütenstand aus über 100 einzelnen Blüten. Am Rand des Blütenstands befinden sich gelbe Blüten. Die Kronblätter dieser Blüten sind miteinander verwachsen, sodass sie wie Zungen aussehen. Deshalb heißen diese Blüten **Zungenblüten** (Bild 4). Durch ihre gelbe Farbe werden Insekten angelockt. In der Mitte des Blütenstandes stehen viele kleine braune Blüten dicht nebeneinander. Die Kelchblätter dieser Blüten sind so miteinander verwachsen, dass sie wie Röhren aussehen. Daher heißen diese Blüten **Röhrenblüten** (Bild 4). Im Innern der Röhre befinden sich ein Fruchtknoten und drei bis fünf Staubblätter. Die Staubblätter sind an ihren oberen Enden miteinander verwachsen. Zu den Korbblütengewächsen gehören die Sonnenblume, der Löwenzahn, die Ringelblume und die Wiesenschafgarbe. Die Menschen nutzen Teile einiger Korbblütengewächse als Nahrung, als Heilmittel oder als Gewürzpflanze.

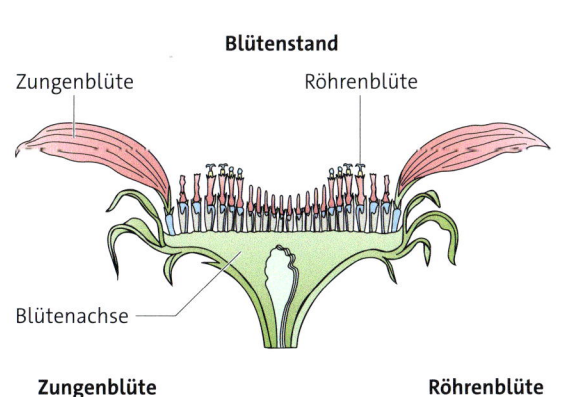

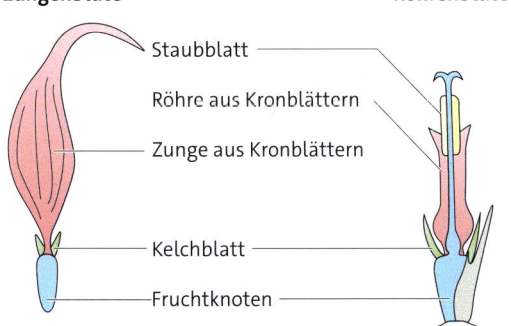

4 Der Bau einer Korbblüte

> Blütenpflanzen mit ähnlichen Merkmalen gehören zu einer Pflanzenfamilie. Vor allem am Bau der Blüten kann man die Pflanzenfamilien voneinander unterscheiden.

AUFGABEN

1 Die Pflanzenfamilien
a Beschreibe, was eine Pflanzenfamilie ist.
b Vergleiche die Merkmale der drei vorgestellten Pflanzenfamilien mithilfe einer Tabelle.

2 Der Vergleich von Blüten
 Vergleiche die beiden Blüten in Bild 5. Ordne sie jeweils einer der drei vorgestellten Pflanzenfamilien zu und begründe deine Entscheidung.

5 Zwei verschiedene Blüten

EXTRA Die Biodiversität

Auf einer Sommerwiese fällt auf, wie viele verschiedene Pflanzen es gibt. In Deutschland gibt es über 4000 verschiedene Pflanzenarten. Die Anzahl unterschiedlicher Arten in einem Lebensraum bezeichnet man als **Artenvielfalt**. Artenvielfalt gibt es auch bei Tieren. Die Artenvielfalt ist ein Teil der biologischen Vielfalt. Die biologische Vielfalt wird auch **Biodiversität** genannt. Dazu gehört auch die Vielfalt unterschiedlicher Lebensräume wie Wald, Wiese, Gebirge, Moor und Gewässer. Die biologische Vielfalt hat sich über Millionen von Jahren entwickelt und ist das Ergebnis der Angepasstheit der Lebewesen an verschiedene Umweltbedingungen. Biodiversität ist eine wichtige Lebensgrundlage für Lebewesen. Es liegt in der Verantwortung des Menschen, diese Vielfalt zu erhalten. Sie ist die beste Voraussetzung für den Schutz von Tieren und Pflanzen.

DIE BLÜTENPFLANZEN

Die Bäume, die Sträucher und die Kräuter

1 Verschiedene Blütenpflanzen an einem Waldrand und auf der Wiese

Es gibt viele verschiedene Blütenpflanzen. Manche sind nur wenige Zentimeter hoch, andere viele Meter. Auch ihre Form ist sehr unterschiedlich.

Die Bäume

Die größten Blütenpflanzen sind die **Bäume**. Eine Buche kann bis zu 30 Meter hoch werden. Die Sprossachse der Bäume ist dick und aus Holz. Man bezeichnet sie als **Stamm**. Der Stamm eines Baumes wird jedes Jahr ein bisschen dicker. Wenn man einen Baum absägt, dann erkennt man im Querschnitt des Stamms mehrere Ringe. Da jedes Jahr ein weiterer Ring dazukommt, nennt man die Ringe auch **Jahresringe**. An der Anzahl der Jahresringe kann man das Alter der Bäume erkennen. Bäume können sehr alt werden. Der älteste lebende Baum in Deutschland ist über 1200 Jahre alt. Der Stamm eines Baumes verzweigt sich einige Meter über der Erde in dünnere **Äste** und **Zweige** aus Holz. Die Äste und Zweige tragen die Blätter der Bäume. Äste, Zweige und Blätter zusammen bezeichnet man als die **Baumkrone** (Bild 5). Das Wort Krone kennst du als den Kopfschmuck von Königinnen und Königen. Hier steht es für den oberen Teil eines Baumes, der die Blätter trägt. In der Baumkrone befinden sich auch die Blüten der Bäume. Es gibt Bäume mit großen flachen Blättern. Diese Blätter heißen **Laubblätter**. Bäume mit Laubblättern nennt man **Laubbäume**. Andere Bäume haben kleine nadelförmige Blätter. Diese Blätter heißen **Nadelblätter**. Bäume mit Nadelblättern bezeichnet man als **Nadelbäume**.

Die Laubbäume

Die Laubblätter verschiedener Laubbäume haben verschiedene Formen und Größen. Anhand der Form der Laubblätter kann man den Namen der Laubbäume herausfinden. Im Sommer sind die Laubblätter grün. Im Herbst verfärben sie sich und fallen vom Baum. Die häufigsten Laubbäume in Deutschland sind die Buche (Bild 2), die Eiche, der Ahorn und die Linde.

Die Nadelbäume

Die Nadelblätter der meisten Nadelbäume sind lang, dünn und nadelförmig. Anhand der Form, Größe und Anzahl der Nadelblätter kann man den Namen der Nadelbäume herausfinden. Die meisten Nadelbäume werfen ihre Nadeln im Winter nicht ab. Die häufigsten Nadelbäume in Deutschland sind die Fichte (Bild 3), die Kiefer und die Tanne.

2 Die Buche ist ein Laubbaum.

3 Die Fichte ist ein Nadelbaum.

4 Ein Holunderstrauch

Die Sträucher

Blütenpflanzen mit einer holzigen Sprossachse, die sich dicht über der Wurzel in mehrere Stämme verzweigt, heißen **Sträucher** (Bild 5). Sträucher werden bis zu zehn Meter hoch und mehrere Jahre alt. Die Stämme der Sträucher verzweigen sich in dünnere Äste und Zweige aus Holz. Die Äste und Zweige tragen die Blätter und Blüten. Es gibt Sträucher mit Laubblättern und Sträucher mit Nadelblättern. Sträucher wachsen oft an Waldrändern. Dort stehen verschiedene Sträucher dicht nebeneinander (Bild 1). So eine Reihe dicht stehender Sträucher bezeichnet man als **Hecke**. Beispiele für Sträucher, die in Deutschland oft wachsen, sind die Hasel, der Weißdorn und der Holunder (Bild 4). Einige Sträucher tragen Früchte, die wir als Obst essen. Dazu gehören der Brombeerstrauch, der Himbeerstrauch und der Johannisbeerstrauch.

Die Kräuter

Es gibt Blütenpflanzen, bei denen die Sprossachse nicht verholzt ist. Man nennt sie **Kräuter** oder **krautige Pflanzen** (Bild 5). Kräuter sind die kleinsten Blütenpflanzen. Einige Kräuter wachsen aus einem Samen in einem Jahr zu einer blühenden Pflanze. Sie bilden dann Früchte und sterben ab. Solche Kräuter bezeichnet man als **einjährig**. Beispiele für einjährige Kräuter sind die Kamille und der Raps. Andere Kräuter wachsen mehrere Jahre bevor sie blühen und dann Früchte bilden und absterben. Diese Kräuter bezeichnet man als **mehrjährig**. Beispiele für mehrjährige Kräuter sind das Scharbockskraut und die Lupine.

> Bei den Blütenpflanzen unterscheidet man Bäume, Sträucher und Kräuter. Bäume und Sträucher haben verholzte Sprossachsen und werden mehrere Jahre alt. Die Sprossachsen der Kräuter sind nicht verholzt. Kräuter werden ein bis mehrere Jahre alt.

AUFGABEN

1 Die Bäume, die Sträucher und die Kräuter

a Vergleiche Bäume, Sträucher und Kräuter in einer Tabelle. Gehe darin auf die Sprossachse, die Größe und das Alter ein.

b Ergänze deine Tabelle um eine Spalte „Beispiele" und notiere jeweils zwei Pflanzen als Beispiele.

c Beschreibe, was Laubbäume und was Nadelbäume sind.

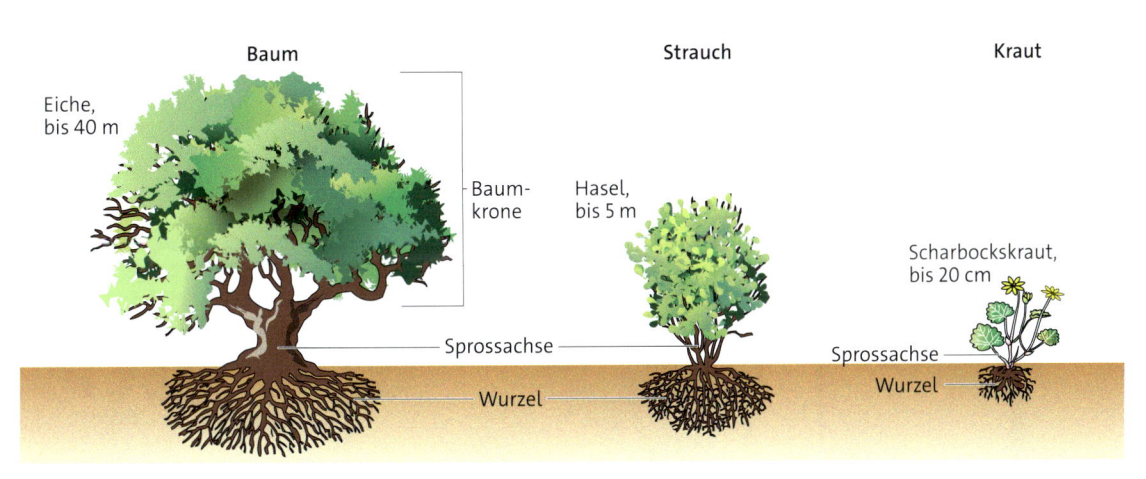

5 Die drei Wuchsformen der Blütenpflanzen: ein Baum, ein Strauch, ein Kraut

DIE BLÜTENPFLANZEN

Verschiedene Bäume

1 Eine Fichte: einzelner Baum (A), Nadelblatt (B), Blüten (C), Zapfen (D), Flugfrüchte (E)

Die häufigsten Bäume in unseren Wäldern sind Fichten, Kiefern, Buchen und Eichen.

Die Fichte
Fichten wachsen auf feuchten, schlammigen Böden. Die Wurzeln verzweigen sich flach unter der Erde in die Breite. Daher zählen Fichten zu den **Flachwurzlern**. Die Borke der Fichte ist rötlich bis graubraun und blättert in Schuppen ab. Die Baumkrone ist kegelförmig (Bild 1A). Die kurzen Nadelblätter sind stechend spitz (Bild 1B). Sie bleiben bis zu sieben Jahre am Baum. Fichten bilden männliche und weibliche Blüten, die durch den Wind bestäubt werden (Bild 1C). Die reifen Zapfen öffnen bei Trockenheit ihre Schuppen (Bild 1D). Dann fallen die Flugfrüchte heraus (Bild 1E).

Die Kiefer
Kiefern wachsen auf trockenen, sandigen Böden. Die lange, dicke Hauptwurzel der Kiefer wächst wie ein Pfahl in den Boden. Daher zählen Kiefern zu den **Pfahlwurzlern**. Die Kiefer kann mit der Pfahlwurzel Wasser aus bis zu 10 Metern Tiefe aufnehmen. Die Borke von jungen Bäumen ist glatt und graugelb. Später wird sie braunrot und reißt auf, sodass grobe Schuppen entstehen. Die Baumkrone ist schirmförmig und sitzt auf einem langen, astlosen Stamm (Bild 2A). Die langen Nadelblätter stehen paarweise am Zweig (Bild 2B). Sie bleiben zwei bis 30 Jahre am Baum. Kiefern bilden männliche und weibliche Blüten, die durch den Wind bestäubt werden (Bild 1C und D). Die reifen Zapfen öffnen bei Trockenheit ihre Schuppen (Bild 2E). Dann fallen die Flugfrüchte heraus (Bild 2F).

Die Buche
Buchen können auf feuchten und trockenen Böden wachsen. Eine Buche bildet mehrere dicke Wurzeln, die nach unten und schräg nach außen wachsen. Weil die Wurzeln zusammen wie ein Herz aussehen, werden Buchen als **Herzwurzler** bezeichnet. Die Borke der Buche ist hellgrau.

2 Eine Kiefer: einzelner Baum (A), Nadelblätter (B), weibliche (C) und männliche Blüten (D), Zapfen (E), Flugfrüchte (F)

3 Eine Buche: einzelner Baum (A), Laubblatt (B), Blüten (C), Früchte mit Samen (D), reife Bucheckern (E)

Die Baumkrone von Buchen ist rund (Bild 3A). Die Laubblätter sind eiförmig, der Blattrand ist leicht gewellt (Bild 3B). Die Laubblätter werden im Herbst abgeworfen. Buchen bilden männliche und weibliche Blüten, die durch den Wind bestäubt werden (Bild 3C). In den stacheligen Fruchthüllen befinden sich jeweils zwei dreieckige Nussfrüchte. Sie heißen **Bucheckern** (Bild 3D und E).

Die Eiche

Eichen wachsen an trockenen und warmen Orten. Sie bilden Pfahlwurzeln, die bis zu 40 Meter lang werden können. Die Borke von Eichen ist graubraun und tief eingerissen. Die Baumkrone ist oval (Bild 4A). Die Laubblätter sind gelappt (Bild 4B). Sie werden im Herbst abgeworfen. Eichen bilden männliche und weibliche Blüten, die durch den Wind bestäubt werden (Bild 4C). Die Nussfrüchte sind rund bis oval. Sie heißen **Eicheln** (Bild 4D und E).

> Fichten sind Flachwurzler, Kiefern und Eichen sind Pfahlwurzler, Buchen sind Herzwurzler. Fichten und Kiefern bilden Flugfrüchte, Buchen und Eichen bilden Nussfrüchte.

AUFGABEN

1 Bäume unterscheiden

a Ordne die Baumarten Fichte, Kiefer, Buche und Eiche den Nadelbäumen und Laubbäumen zu. Begründe deine Zuordnung.

b Liste die Merkmale von Fichte, Kiefer, Buche und Eiche in einer Tabelle auf. Übertrage dazu die Tabelle in dein Heft.

	Fichte	Kiefer	Buche	Eiche
Wurzel	…	…	…	…
Borke	…	…	…	…
Früchte	…	…	…	…

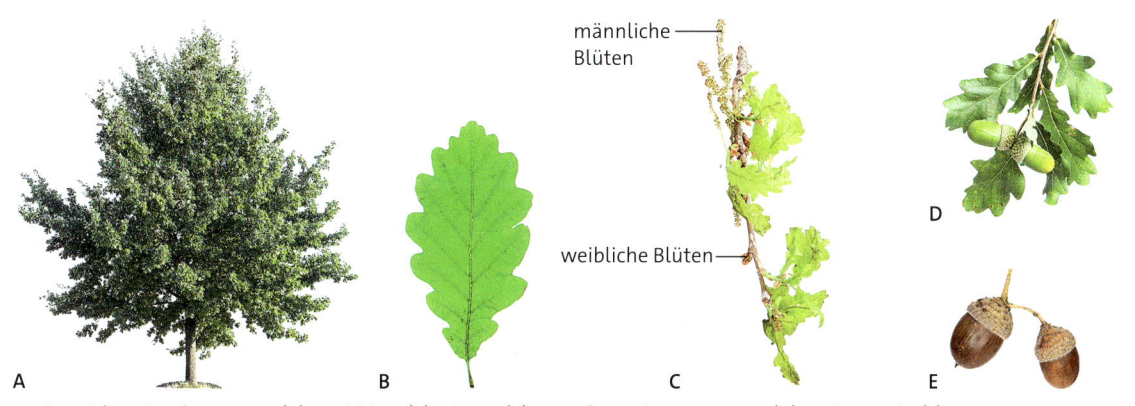

4 Eine Eiche: einzelner Baum (A), Laubblatt (B), Blüten (C), unreife Früchte am Zweig (D), reife Eicheln (E)

DIE BLÜTENPFLANZEN   tuteba

Die Bestimmungsmerkmale

1 Diese Pflanze ist Arseni schon oft aufgefallen.

Beim Spazierengehen fallen Arseni manchmal Pflanzen auf, die er schön findet oder die irgendwie außergewöhnlich aussehen. Manchmal weiß er nicht, wie die Pflanze heißt.

Pflanzen bestimmen
Die Pflanzen einer Pflanzenfamilie weisen im Bau ihrer Blüten und Laubblätter Merkmale auf, die man bei allen Pflanzen wiedererkennt. An diesen Merkmalen lässt sich die Pflanzenfamilie erkennen. Wenn man den Namen einer Pflanze herausfinden will, dann sagt man in der Fachsprache auch: Man will die Pflanze bestimmen. Dazu muss man ihre besonderen Merkmale erkennen. Je mehr Merkmale bekannt sind, desto genauer kann man eine Pflanze bestimmen. Merkmale, mit denen man eine Pflanze eindeutig bestimmen kann, werden **Bestimmungsmerkmale** genannt.

Der Bau der Blüten
Ein wichtiges Bestimmungsmerkmal ist der Bau der Blüten. Hier kommt es auf die Anzahl der Blütenblätter, auf ihre Form und auf ihre Farbe an. Auch ob die Blütenblätter verwachsen sind oder nicht, ist ein wichtiges Bestimmungsmerkmal.

Das Geschlecht der Blüten
An den Blütenblättern kann man das Geschlecht der Blüten erkennen. Das Geschlecht ist ein weiteres Bestimmungsmerkmal. **Männliche Blüten** haben Staubblätter, aber keinen Stempel. **Weibliche Blüten** haben nur Fruchtblätter, aber keine Staubblätter. Blüten, die Staubblätter und Fruchtblätter besitzen, bezeichnet man als **zwittrige Blüten** (Bild 2). Zwittrig bedeutet zweigeschlechtig.

Der Blütenstand
Blütenpflanzen können einzeln stehende Blüten haben oder die Blüten stehen eng zusammen in einem **Blütenstand**. Der Blütenstand ist ein Bestimmungsmerkmal. Die Blüten in einem Blütenstand sind entlang einer Achse angeordnet. Man nennt diese Achse **Blütenachse**. Ein Blütenstand, bei dem einzelne Blüten entlang der Blütenachse an kurzen Stielen sitzen, heißt **Traube** (Bild 3). Wenn die einzelnen Blüten ohne Stiel an der Blütenachse sitzen, dann nennt man das eine **Ähre**. Wenn die Stiele der Blüten an der Spitze der Blütenachse sitzen, dann spricht man von einer **Dolde**. Bei den Korbblütengewächsen ist die Blütenachse verbreitert und flach. Die Blütenachse und die Hüllblätter sehen zusammen aus wie ein Korb. Darin sind die Röhrenblüten angeordnet. Dieser Blütenstand heißt **Körbchen**.

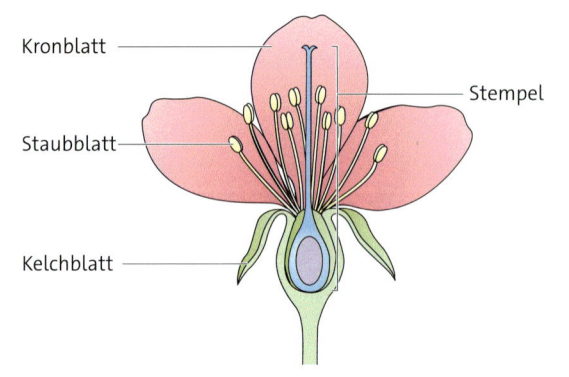

2 Der Bau einer zwittrigen Blüte

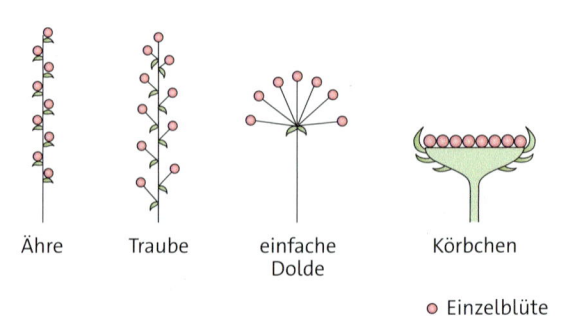

3 Verschiedene Blütenstände

Die Sprossachse und die Blattstellung

Die Oberfläche der Sprossachse und die Stellung der Laubblätter an der Sprossachse sind weitere Bestimmungsmerkmale. Bei krautigen Pflanzen kann der Stängel rund oder kantig, glatt oder fein behaart sein. Die Stellung der Laubblätter an der Sprossachse ist in Bild 4 zu sehen.

Das Aussehen der Laubblätter

Das Aussehen der Laubblätter ist ein weiteres Bestimmungsmerkmal. Die Blattform, der Blattrand und der Verlauf der Blattadern sind wichtige Merkmale, mit denen man Pflanzen unterscheiden kann. Bei einfachen Blättern ist die Blattspreite ungeteilt. Zusammengesetzte Blätter bestehen aus mehreren voneinander getrennten Blättchen. Wenn mehrere Blättchen zusammen so ähnlich aussehen wie eine Hand, dann sind die Blätter gefingert. Sind die Blättchen entlang einer Achse angeordnet, spricht man von gefiederten Blättchen.

> Bei der Bestimmung von Pflanzen helfen Bestimmungsmerkmale. Dazu gehören der Bau und die Anordnung der Blüten, der Bau der Sprossachse sowie das Aussehen und die Stellung der Laubblätter.

AUFGABEN

1 Bestimmungsmerkmale erkennen
a Sammle Blütenpflanzen.
b Zeichne zwei deiner gesammelten Pflanzen.
c Untersuche und beschreibe die Merkmale der beiden Pflanzen.

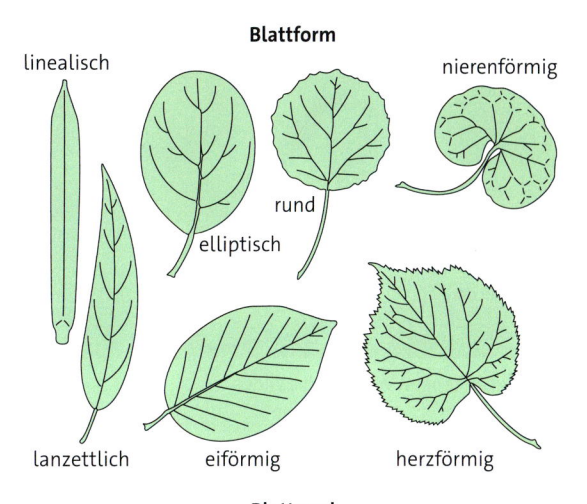

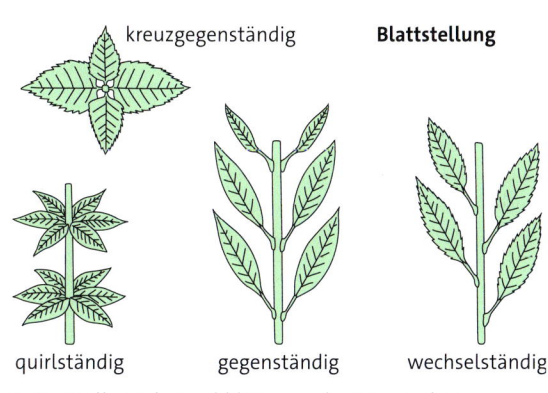

Blattform: linealisch, elliptisch, rund, nierenförmig, lanzettlich, eiförmig, herzförmig

Blattrand: gelappt, gekerbt, gezähnt, gesägt, gebuchtet, ganzrandig

Bau eines Laubblatts: Blattader, Blattspreite, Blattstiel – einfaches Blatt; Fiederblättchen – zusammengesetztes Blatt

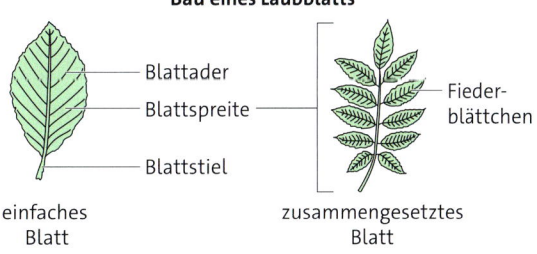

Zusammengesetzte Laubblätter: handförmig gefingert, 3-zählig gefingert, unpaarig gefiedert, paarig gefiedert

Blattstellung: kreuzgegenständig, quirlständig, gegenständig, wechselständig

4 Die Stellung der Laubblätter an der Sprossachse

5 Das Aussehen der Laubblätter

DIE BLÜTENPFLANZEN

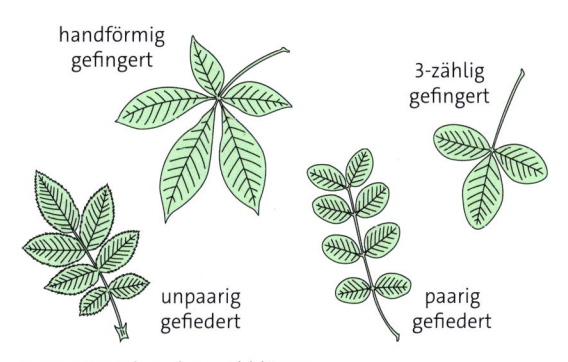

METHODE   Arbeiten mit einer Lupe

1 Lupen erzeugen vergrößerte Bilder.

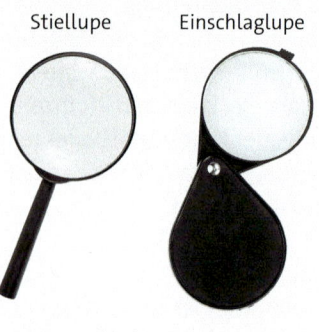

2 Drei verschiedene Lupen

Stiellupe   Einschlaglupe   Becherlupe

Originalgröße (1x)

2x bis 3x vergrößertes Bild mit Stiellupe

5x vergrößertes Bild mit Becherlupe

3 Verschiedene vergrößerte Bilder einer Kirschblüte

Die Bestandteile von Stoffgemischen, die Struktur von Steinen oder die Einzelheiten im Bau von Pflanzen und Tieren sind sehr klein. Du kannst sie mit bloßem Auge nicht erkennen. Lupen sind gute Hilfsmittel, um sich kleine Dinge genauer anzusehen.

Die Merkmale einer Lupe
Lupen enthalten eine durchsichtige Scheibe aus Glas oder Kunststoff. Diese Scheibe nennt man **Linse**. Die Linse ist nach außen gewölbt. Dadurch werden vergrößerte Bilder von Objekten erzeugt. Je stärker die Linse gewölbt ist, desto stärker vergrößert sind die Bilder.

Die Vergrößerungsleistung ist auf den Lupen oft mit einer Zahl und einem x angegeben. Steht 5x auf einer Lupe, bedeutet das, dass die Lupe ein fünffach vergrößertes Bild erzeugt.

Es gibt verschiedene Lupen. Jede Lupe eignet sich für einen bestimmten Zweck. Eine Stiellupe wird oft zum Lesen verwendet. Auch Pflanzen oder nicht lebende Objekte kann man mit Stiellupen betrachten. Eine Einschlaglupe passt in jede Hosentasche. Sie eignet sich für Untersuchungen in der Natur. Mit einer Becherlupe kann man zum Beispiel Insekten gut untersuchen. Sie können im Becher nicht wegkrabbeln. Nach der Untersuchung lässt man die Tiere wieder frei.

1 Die Auswahl der geeigneten Lupe
Überlege zunächst, welche Lupe für dein Vorhaben geeignet ist.

Ina soll sich die Grundorgane der Blütenpflanzen bei den Pflanzen im Schulgarten genauer ansehen. Sie entscheidet sich für eine Einschlaglupe.

2 Den richtigen Abstand finden
Schließe ein Auge. Halte die Lupe zwischen das geöffnete Auge und das Objekt. Die Lupe sollte nah an dem Objekt und an deinem Auge sein. Vergrößere dann den Abstand zwischen der Lupe und dem Objekt, bis du ein scharfes Bild siehst.

Ina kniet sich nah vor eine Pflanze, klappt die Lupe aus und kneift ein Auge zu. Sie hält die Lupe zwischen das geöffnete Auge und die Pflanze. Nun bewegt sie ihren Kopf von der Lupe weg, bis sie ein scharfes Bild sieht.

3 Das Objekt betrachten
Bewege die Lupe nun langsam im gleichen Abstand zum Objekt, bis der Teil, den du genauer betrachten willst, mittig vor der Lupe ist. Betrachte diesen Teil genauer.

Ina sieht sich zunächst die Blüte der Pflanze an, die sie untersuchen will. Sie betrachtet nacheinander die Kelchblätter, die Kronblätter, die Staubblätter und den Stempel.

METHODE Arbeiten mit einer Stereolupe

Einige Einzelheiten in der Struktur von Stoffen und Steinen oder im Bau von Pflanzen und Tieren sind so klein, dass du sie mit Handlupen nicht gut untersuchen kannst. Dann kannst du zum Beispiel eine Stereolupe benutzen.

Die Merkmale einer Stereolupe
Mit einer Stereolupe betrachtest du ein Objekt mit beiden Augen gleichzeitig. Daher kommt auch der Name: *Stereo* bedeutet zwei. Eine Stereolupe enthält zwei Linsen. Die erste ist das **Objektiv**. Sie erzeugt ein vergrößertes Bild des Objekts. Die zweite Linse ist das **Okular**. Damit schaust du dir das vergrößerte Bild des Objekts noch einmal vergrößert an. Wie stark ein Bild vergrößert ist, kannst du berechnen: Multipliziere die Vergrößerung des Okulars mit der Vergrößerung des Objektivs. Vergrößert zum Beispiel das Okular 4-fach und das Objektiv 10-fach, erscheint das Objekt 40-fach vergrößert. Viele Stereolupen erzeugen ein 20- bis 40-fach vergrößertes Bild. Manche Geräte können sogar bis zu 100-fach vergrößerte Bilder erzeugen.

Der Aufbau einer Stereolupe
Stereolupen bestehen aus einem Ständer, aus dem Objekttisch, einer oder zwei Lampen, den beiden Okularen und dem Objektiv. Der Abstand zwischen Objekttisch und Objektiv ist relativ groß. So passen auch etwas größere Objekte dazwischen. Mithilfe des Stellrads kannst du die Entfernung des Objektivs zum Objekt verändern. So stellst du das Bild scharf. Die Lampen beleuchten das Objekt.

1 Das Objekt auf dem Objekttisch platzieren
Lege das Objekt, das du untersuchen willst, auf den Objekttisch. Manchmal bietet es sich an, das Objekt in eine Petrischale zu legen. Lege eine Pinzette bereit, mit der du das Objekt vorsichtig drehen kannst.

Juri will sich die Blüte einer Kirsche genauer ansehen. Er legt die Kirschblüte mittig auf den Objekttisch.

2 Das Objekt ausleuchten
Schalte die Lampe oder die Lampen der Stereolupe ein. Wenn deine Stereolupe zwei Lampen besitzt, dann teste, ob du eine oder beide Lichtquellen brauchst, um die Einzelheiten bei deinem Objekt gut erkennen zu können.

Juri kann die Kirschblüte mit seiner Stereolupe von oben und von unten beleuchten. Er beleuchtet die Blüte von oben. So erscheint ihm alles am besten erkennbar.

3 Das Bild scharf stellen
Drehe das Objektiv mithilfe des Stellrads zuerst ganz nach oben. Schau dann durch die beiden Okulare. Drehe das Objektiv langsam nach unten, bis du das Bild scharf siehst.

Juri dreht das Objektiv ganz nach oben. Er steht auf und schaut durch die beiden Okulare seiner Stereolupe. Dann bewegt er das Objektiv mithilfe des Stellrads langsam in Richtung Objekt. Sobald er die Kirschblüte scharf sieht, stoppt er.

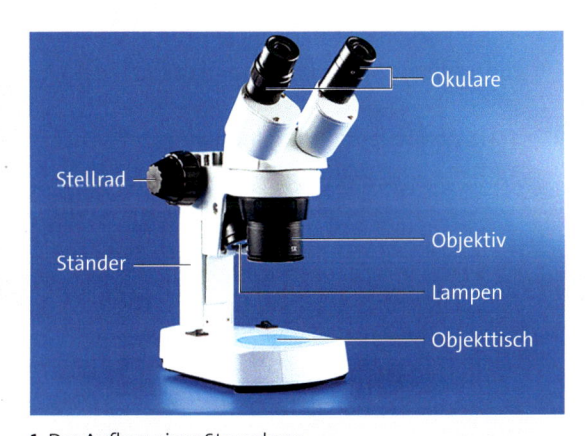

1 Der Aufbau einer Stereolupe

2 Die Staubblätter einer Kirschblüte (40x vergrößertes Bild)

DIE BLÜTENPFLANZEN

PRAXIS Blütenpflanzenorgane untersuchen

A Untersuchung von Sprossachsen

Material:
verschiedene Pflanzen, die im Sommer blühen (zum Beispiel Lichtnelken, Klatschmohn, Wiesen-Glockenblume, Margeriten), Lupe, Pinzette, Rasierklinge, Unterlage, Lineal

Durchführung:
– Schneide die Blütenpflanzen direkt über der Wurzel ab.
– Stelle die Pflanzen in eine Vase mit Wasser.
– Betrachte und betaste die Sprossachsen. Beschreibe sie mit folgenden Wörtern: glatt, rau, behaart, unbehaart, rund, kantig.
– Betrachte die Oberfläche der Sprossachsen mit der Lupe. Beschreibe, welche Einzelheiten du erkennen kannst.
– Miss die Längen der Sprossachsen. Vergleiche sie.
– Schneide vorsichtig mit der Rasierklinge 2 cm vom unteren Ende der Sprossachse ab. Betrachte den Anschnitt mit der Lupe und beschreibe diesen Querschnitt der Sprossachsen.

1 Ein Strauß aus Wiesenblumen

B Untersuchung von Laubblättern

Material:
Laubblätter der gesammelten Blütenpflanzen, Lupe, Papier, Bleistift

Durchführung:
– Betrachte die gesammelten Laubblätter. Fertige von mindestens 4 Laubblättern eine Bleistiftskizze an.
– Beschrifte deine Skizzen mit den Fachwörtern für die Teile eines Laubblatts.
– Betrachte die Laubblätter zuerst mit bloßem Auge und dann mit der Lupe alle Blattbestandteile. Beschreibe das Aussehen und die Beschaffenheit von Blattrand, Blattfläche, Blattstiel und Blattgrund.
– Vergleiche Blattoberseite und Blattunterseite. Notiere deine Beobachtungen neben den Blattskizzen.

C Untersuchung von Blüten

Material:
frische Blüten der gesammelten Sommerblüher, Pinzette, Schere, Stereolupe, Bleistift, Papier

Durchführung:
– Schneide die Blüten von den Sprossachsen ab. Betrachte die einzelnen Blütenbestandteile, benenne sie und gib jeweils ihre Anzahl an.
– Betrachte eine ganze Blüte mit der Stereolupe bei 20-facher Vergrößerung. Beschreibe die Kelchblätter, die Kronblätter sowie die Staubblätter und die Stempel.
– Entferne die Staubblätter und den Stempel mit einer Pinzette. Betrachte sie bei der stärksten Vergrößerung mit einer Stereolupe. Fertige eine Zeichnung dieser Blütenteile an.

Auswertung:
1 Nenne jeweils das Fachwort für die weiblichen und die männlichen Fortpflanzungsorgane der Blütenpflanzen.
2 „Blüten bestehen aus besonderen Blättern." Begründe diese Aussage.

AUFGABEN Die Blütenpflanzen

1 Blütenpflanzen
a ▸ Zeichne den Grundbauplan einer Blütenpflanze auf ein Blatt und beschrifte die Grundorgane.
b ▸ Beschreibe die Gemeinsamkeiten der Wiesenpflanzen in Bild 1.

Rotklee – Wiesen-Knäuelgras – Margerite – Wiesen-Lieschgras – Wiesen-Glockenblume – Wilde Möhre

1 Verschiedene Pflanzen auf einer Wiese

2 Flache und tiefe Wurzeln

Bei einigen Pflanzen wachsen die Wurzeln dicht unterhalb der Bodenoberfläche. Sie verzweigen sich in die Breite und sehen aus wie ein flacher Teller. Deshalb heißen diese Wurzeln **Flachwurzeln**. Andere Pflanzen haben eine lange, verdickte Hauptwurzel. Sie dringt wie ein Pfahl tief in den Boden ein. Man bezeichnet die Wurzel daher als **Pfahlwurzel**. Die Pfahlwurzel verzweigt sich in viele Seitenwurzeln.

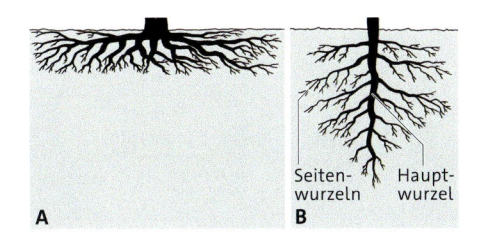

Seitenwurzeln   Hauptwurzel
A   B

2 Eine Flachwurzel (A) und eine Pfahlwurzel (B)

a ▸ Beschreibe den Bau von Flachwurzeln und Pfahlwurzeln.
b ▸ Nach einem starken Sturm kann man im Wald manchmal entwurzelte Bäume sehen. Andere Bäume sind nur umgeknickt. Stelle begründete Vermutungen an, warum das so ist.

3 Pflanzenfamilien
Vor allem am Bau der Blüten kann man erkennen, zu welcher Pflanzenfamilie eine Blütenpflanze gehört.

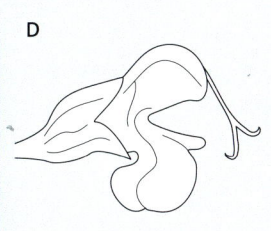

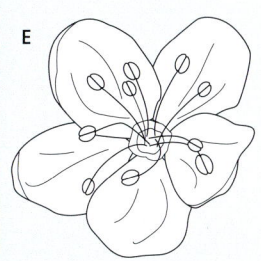

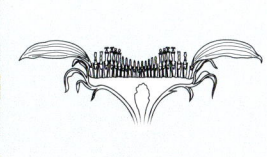

3 Drei Blüten von verschiedenen Pflanzenfamilien

a ▸ Ordne den Fotos A bis C in Bild 3 die Zeichnungen D bis F zu.
b ▸ Ordne die Blüten in Bild 3 jeweils der passenden Pflanzenfamilie zu: Lippenblütengewächse, Korbblütengewächse, Rosengewächse.
c ▸ Vergleiche in einer Tabelle den Bau der drei Blüten in Bild 3.
d ▸ „Die Blüte in Bild 4 gehört zu keiner der drei Pflanzenfamilien aus Aufgabe 1b." Begründe, ob diese Aussage richtig oder falsch ist.

4 Eine Blüte

PRAXIS Bäume bestimmen

Im Wald, auf dem Schulhof oder dem Heimweg kannst du unterschiedliche Pflanzen sehen. Mit Bestimmungsschlüsseln kannst du herausfinden, um welche Pflanzenarten es sich handelt.

Material:
Bestimmungsschlüssel, Notizblock, Stift

Durchführung:
– Suche fünf Laubblätter oder Nadelblätter.
– Fertige beschriftete Zeichnungen davon an.

Auswertung:
1 Bestimme mithilfe von Bild 1, zu welchen Baumarten die Blätter gehören. Notiere die Artnamen neben deine Zeichnungen.

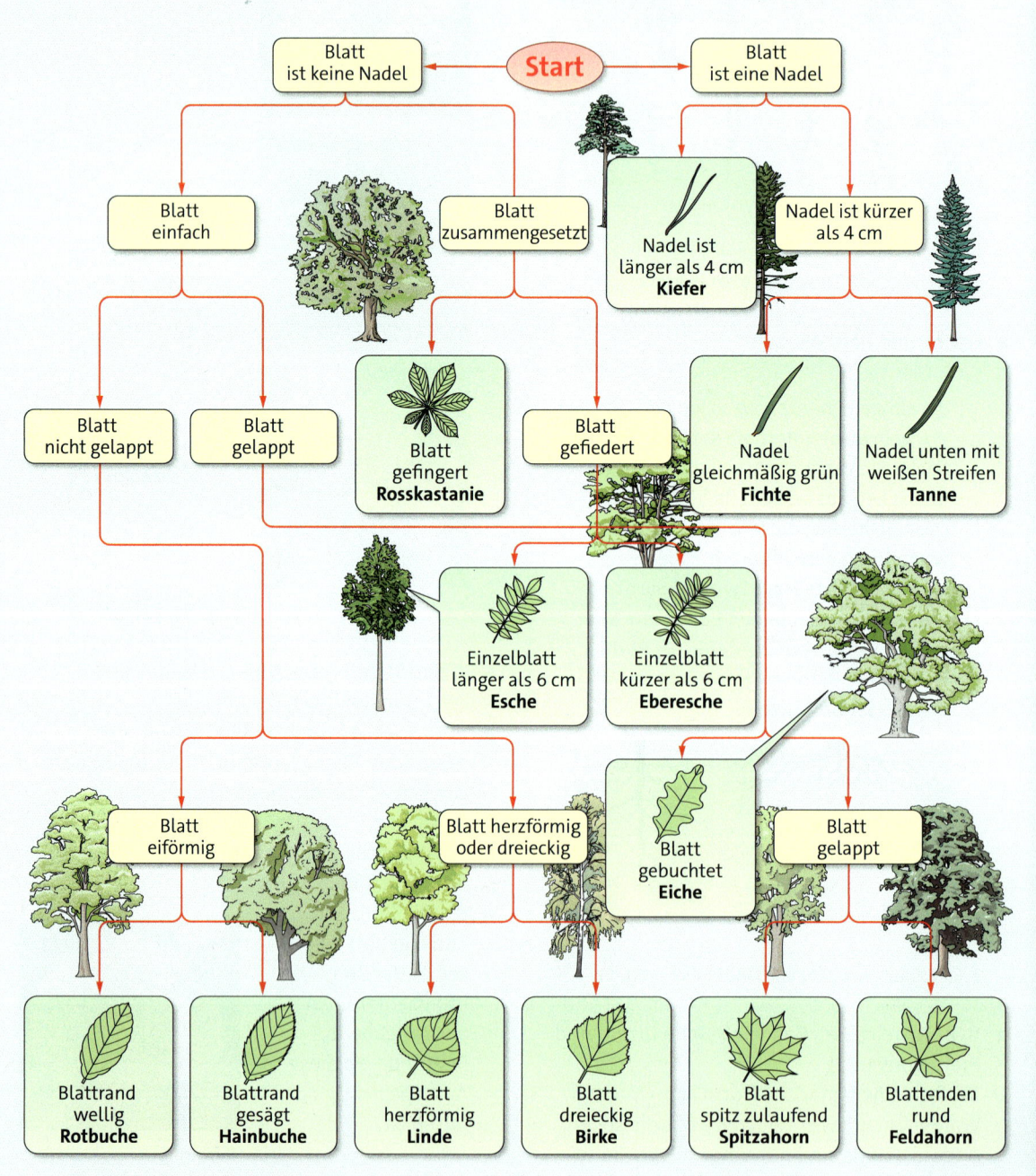

Start

- Blatt ist keine Nadel
  - Blatt einfach
    - Blatt nicht gelappt
      - Blatt eiförmig
        - Blattrand wellig — **Rotbuche**
        - Blattrand gesägt — **Hainbuche**
      - Blatt herzförmig oder dreieckig
        - Blatt herzförmig — **Linde**
        - Blatt dreieckig — **Birke**
    - Blatt gelappt
      - Blatt gebuchtet — **Eiche**
      - Blatt gelappt
        - Blatt spitz zulaufend — **Spitzahorn**
        - Blattenden rund — **Feldahorn**
  - Blatt zusammengesetzt
    - Blatt gefingert — **Rosskastanie**
    - Blatt gefiedert
      - Einzelblatt länger als 6 cm — **Esche**
      - Einzelblatt kürzer als 6 cm — **Eberesche**
- Blatt ist eine Nadel
  - Nadel ist länger als 4 cm — **Kiefer**
  - Nadel ist kürzer als 4 cm
    - Nadel gleichmäßig grün — **Fichte**
    - Nadel unten mit weißen Streifen — **Tanne**

1 Ein Bestimmungsschlüssel für Bäume

PRAXIS Wiesenpflanzen bestimmen

Durchführung:
Sammle sieben verschiedene Wiesenpflanzen.

> Hinweis: Pflanzen sind Lebewesen. Nimm nur Pflanzen mit, die in großer Anzahl vorhanden sind. Es gilt die 1:20-Regel: Von 20 gleichen Pflanzen am Standort solltest du höchstens eine entfernen.

Auswertung:
1. ☒ Bestimme mithilfe von Bild 1 die Pflanzen mindestens bis zum Familiennamen (blaue Kästen).
2. ☒ Erstelle Steckbriefe mit den Pflanzen.

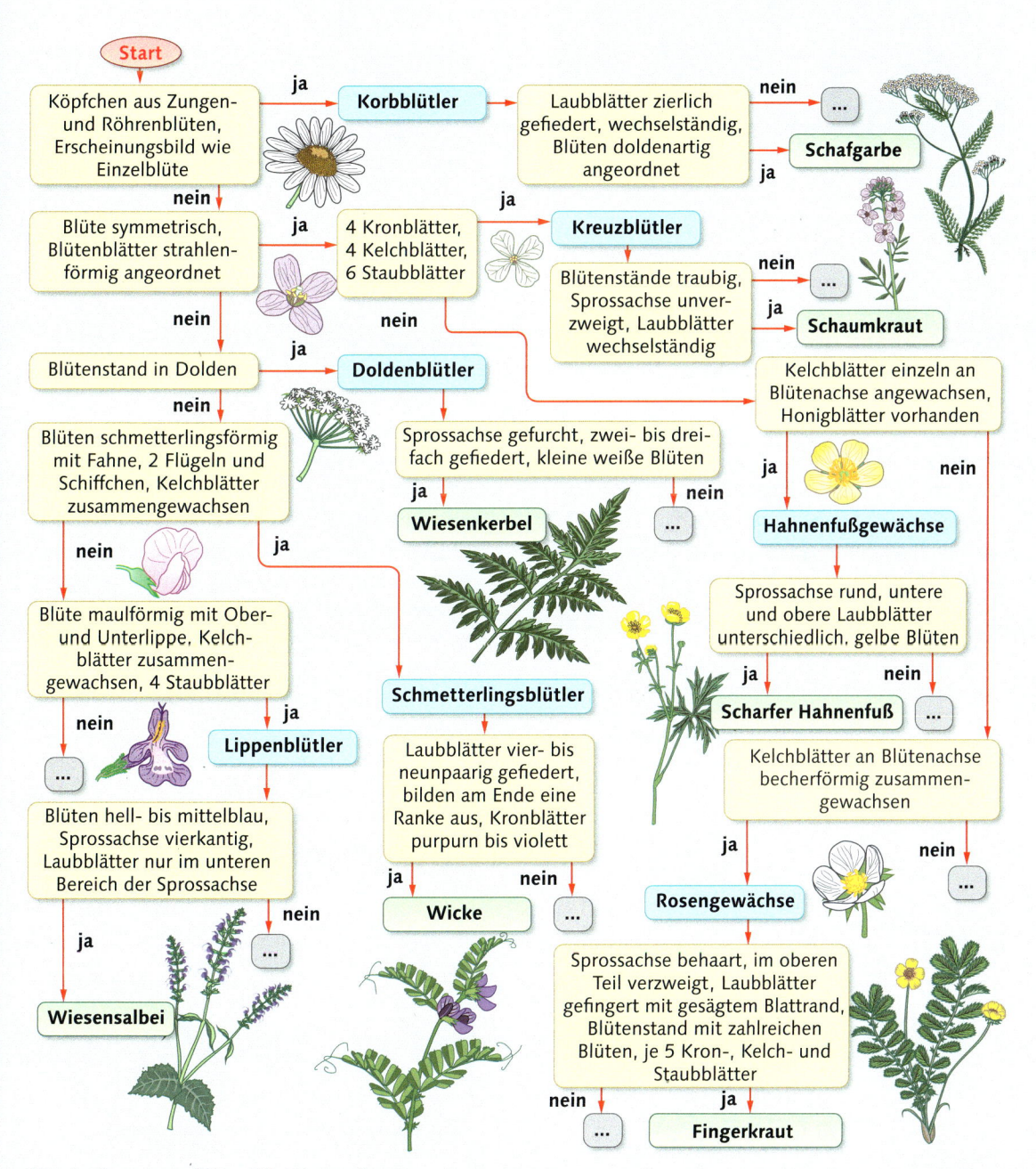

Start

- Köpfchen aus Zungen- und Röhrenblüten, Erscheinungsbild wie Einzelblüte
  - ja → **Korbblütler**
    - Laubblätter zierlich gefiedert, wechselständig, Blüten doldenartig angeordnet
      - ja → **Schafgarbe**
      - nein → ...
  - nein ↓
- Blüte symmetrisch, Blütenblätter strahlenförmig angeordnet
  - ja → 4 Kronblätter, 4 Kelchblätter, 6 Staubblätter
    - ja → **Kreuzblütler**
      - Blütenstände traubig, Sprossachse unverzweigt, Laubblätter wechselständig
        - ja → **Schaumkraut**
        - nein → ...
    - nein ↓
    - Kelchblätter einzeln an Blütenachse angewachsen, Honigblätter vorhanden
      - ja → **Hahnenfußgewächse**
        - Sprossachse rund, untere und obere Laubblätter unterschiedlich, gelbe Blüten
          - ja → **Scharfer Hahnenfuß**
          - nein → ...
          - Kelchblätter an Blütenachse becherförmig zusammengewachsen
            - ja → **Rosengewächse**
              - Sprossachse behaart, im oberen Teil verzweigt, Laubblätter gefingert mit gesägtem Blattrand, Blütenstand mit zahlreichen Blüten, je 5 Kron-, Kelch- und Staubblätter
                - ja → **Fingerkraut**
                - nein → ...
            - nein → ...
      - nein → ...
  - nein ↓
- Blütenstand in Dolden
  - ja → **Doldenblütler**
    - Sprossachse gefurcht, zwei- bis dreifach gefiedert, kleine weiße Blüten
      - ja → **Wiesenkerbel**
      - nein → ...
  - nein ↓
- Blüten schmetterlingsförmig mit Fahne, 2 Flügeln und Schiffchen, Kelchblätter zusammengewachsen
  - ja → **Schmetterlingsblütler**
    - Laubblätter vier- bis neunpaarig gefiedert, bilden am Ende eine Ranke aus, Kronblätter purpurn bis violett
      - ja → **Wicke**
      - nein → ...
  - nein ↓
- Blüte maulförmig mit Ober- und Unterlippe, Kelchblätter zusammengewachsen, 4 Staubblätter
  - ja → **Lippenblütler**
    - Blüten hell- bis mittelblau, Sprossachse vierkantig, Laubblätter nur im unteren Bereich der Sprossachse
      - ja → **Wiesensalbei**
      - nein → ...
  - nein → ...

1 Ein Bestimmungsschlüssel für Wiesenpflanzen

DIE BLÜTENPFLANZEN

PRAXIS   Ein Herbar anlegen

1 Eine Wiese mit verschiedenen Blütenpflanzen

Du kannst die Pflanzen in deiner Umgebung kennenlernen, indem du sie bestimmst und sammelst. Eine Sammlung von getrockneten Pflanzen oder Pflanzenteilen heißt **Herbarium**. Es wird auch kurz **Herbar** genannt. Wenn du ein Herbar erstellen willst, dann kannst du so vorgehen:

Material:
Bestimmungsbuch oder Bestimmungs-App, kleine Plastiktüten, Notizzettel, Stift, 2 Holzplatten, Tageszeitungen und dicke Bücher, weißes DIN-A4-Papier, durchsichtiges Klebeband

> **Hinweis:**
> Pflanzen sind Lebewesen. Überlege daher genau, was du sammeln willst. Nimm nur Pflanzen mit, die in großer Anzahl vorhanden sind. Es gilt die 1:20-Regel: Von 20 gleichen Pflanzen an einem Ort darfst du höchstens eine entfernen. Geschützte oder gefährdete Pflanzen darfst du nicht pflücken. Bestimme die Pflanzen deshalb vor dem Pflücken mithilfe eines Bestimmungsbuchs oder einer Bestimmungs-App.

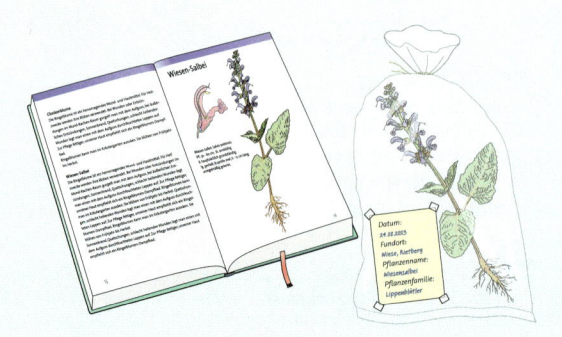

2 Die Pflanzen bestimmen und verpacken

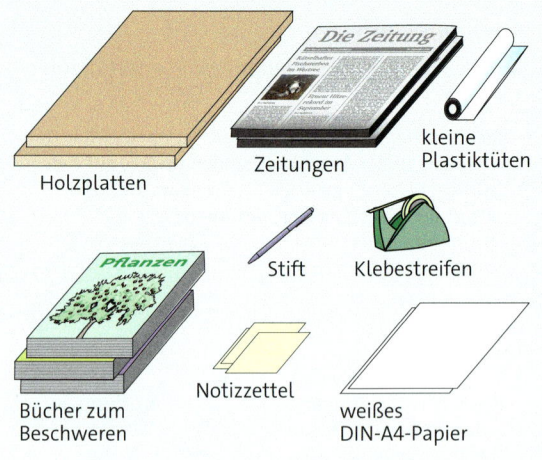

3 Das Material zum Herstellen eines Herbars

Durchführung:

Die Pflanzen sammeln
Du darfst überall Pflanzen sammeln, außer in Naturschutzgebieten, auf privaten Grundstücken und in gefährlichen Bereichen wie Straßen. Nimm immer vollständige Pflanzen mit Laubblättern und Blüten mit. Sie sollten nicht von Tieren angefressen sein. Gib jede Pflanze in eine eigene Tüte. Praktisch sind Gefriertüten mit Reißverschluss. Notiere auf einem Notizzettel das Datum und den Ort, an dem du die Pflanze gefunden hast. Schreibe auch den Namen der Pflanze und der Pflanzenfamilie dazu. Lege den Notizzettel zur Pflanze und verschließe dann die Tüte (Bild 3).

Die Pflanzen trocknen
Trockne die Pflanzen direkt nach dem Sammeln in einer Pflanzenpresse. Lege dazu eine Zeitung auf eine Holzplatte. Lege dann die Pflanzen einzeln so zwischen die Seiten der Zeitung, dass

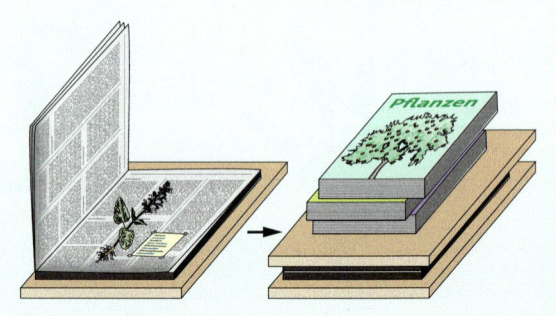

4 Die Pflanzen trocknen und pressen

Blüten und Blätter nicht geknickt sind und auch nicht übereinanderliegen. Lege auch die Notizzettel dazu (Bild 4). Zwischen zwei Pflanzen müssen sich immer mindestens acht Blätter Zeitungspapier befinden. Wenn eine Zeitung mit Pflanzen gefüllt ist, dann lege eine weitere Zeitung auf die erste und fülle diese ebenfalls mit Pflanzen. Lege zum Schluss die zweite Holzplatte oben auf den Zeitungsstapel. Beschwere den Stapel mit mehreren dicken Büchern (Bild 4). Tausche die Zeitungen nach zwei bis drei Tagen durch neue Zeitungen aus, da das Papier sonst durch den Pflanzensaft schimmeln könnte. Presse die Pflanzen mindestens zwei Wochen.

Die Herbarbögen erstellen

Nimm die getrockneten Pflanzen nacheinander aus der Pflanzenpresse. Gehe vorsichtig mit den getrockneten Pflanzen um, da sie leicht zerbrechen können. Lege jede Pflanze zusammen mit ihrem Notizzettel auf ein eigenes, festes weißes DIN-A4-Blatt. Klebe dann die Pflanze und den Notizzettel mit Klebestreifen auf.

5 Ein Beispiel für einen Herbarbogen

Das Herbar aufbewahren

In deinem Herbar sollten sich mindestens sieben Pflanzen befinden. Bewahre die Sammlung in einer Mappe auf.

Ein digitales Herbar

Du kannst ein Herbar auch mit frisch gepflückten Pflanzen anlegen. Dazu legst du sie mit den Notizzetteln auf die weißen DIN-A4-Blätter, ohne sie vorher zu trocknen und zu pressen. Dann fotografierst du die Herbarbögen. So erhältst du ein digitales Herbar, das du ausdrucken, digital bearbeiten und erweitern kannst. So kannst du zum Beispiel noch Informationen über die Giftigkeit bestimmter Pflanzenteile oder ihre Verwendung als Heilpflanze ergänzen.

Auswertung:
1. Lege ein Herbar mit 10 Pflanzen an.
2. Stelle die Pflanzen in deinem Herbar deinen Mitschülerinnen und Mitschülern vor.
3. Gestaltet mit euren Herbarbögen eine Ausstellung im Klassenraum oder im Schulgebäude.
4. Recherchiere, wo sich das größte Herbar Deutschlands befindet, wie viele Pflanzen sich darin befinden und wann es begonnen wurde.
5. Begründe, warum sich ein digitales Herbar besonders gut eignet, um die Früchte von Pflanzen zu sammeln.

6 Eine Ausstellung mit Herbarbögen

Von der Blüte zur Frucht

1 Eine Biene an einer Kirschblüte

Wenn du an einem warmen Frühlingstag unter einem Kirschbaum stehst, dann kannst du die Bienen summen hören, die die Blüten besuchen.

Die Fortpflanzungsorgane der Blütenpflanzen
Blüten besitzen Organe, mit denen sich die Pflanze fortpflanzen kann. Diese Organe heißen **Fortpflanzungsorgane**. Sie bilden besondere Zellen. Sie heißen **Geschlechtszellen**. Weibliche Fortpflanzungsorgane bilden weibliche Geschlechtszellen. Das sind die **Eizellen**. Männliche Fortpflanzungsorgane bilden männliche Geschlechtszellen. Das sind die **Spermienzellen**. Wenn eine Spermienzelle mit einer Eizelle verschmilzt, dann kann ein neues Lebewesen entstehen. Die Entstehung neuer Lebewesen durch die Verschmelzung von Geschlechtszellen wird **geschlechtliche Fortpflanzung** genannt.

Die männlichen Fortpflanzungsorgane
Die männlichen Fortpflanzungsorgane der Blüten sind die **Staubblätter**. Der längliche, fadenförmige Teil heißt **Staubfaden**. Sein oberes Ende ist rund und dick. Das ist der **Staubbeutel**. Der Staubbeutel enthält Blütenstaub, den **Pollen**. Er besteht aus vielen kleinen Pollenkörnern. Jedes Pollenkorn enthält eine Spermienzelle.

Die weiblichen Fortpflanzungsorgane
Die weiblichen Fortpflanzungsorgane der Blüten heißen **Fruchtblätter**. Mehrere Fruchtblätter können miteinander zu einem **Stempel** verwachsen. Sein unterer, dicker Teil heißt **Fruchtknoten**. Er enthält die Samenanlagen mit den Eizellen (Bild 2). Der mittlere, längliche Teil ist der **Griffel**. Das obere, breite Ende heißt **Narbe**. Sie ist oft klebrig, sodass Pollenkörner an ihr hängen bleiben.

Die Bestäubung
Für die geschlechtliche Fortpflanzung müssen die Spermienzellen zu den Eizellen gelangen. Dazu muss Pollen auf die Narbe übertragen werden. Diese Übertragung von Pollen heißt **Bestäubung**. Viele Blütenpflanzen werden von Insekten bestäubt. Sie ernähren sich von einem süßen Saft, den sie in den Blüten finden (Bild 1). Wenn ein Insekt in eine Blüte kriecht, dann bleibt Pollen an ihm hängen. Wenn das Insekt in die nächste Blüte kriecht, dann werden einige Pollenkörner an der Narbe des Stempels abgestreift. Bienen, Hummeln, Schmetterlinge und Käfer bestäuben Pflanzen. Man nennt sie daher **Bestäuber**.

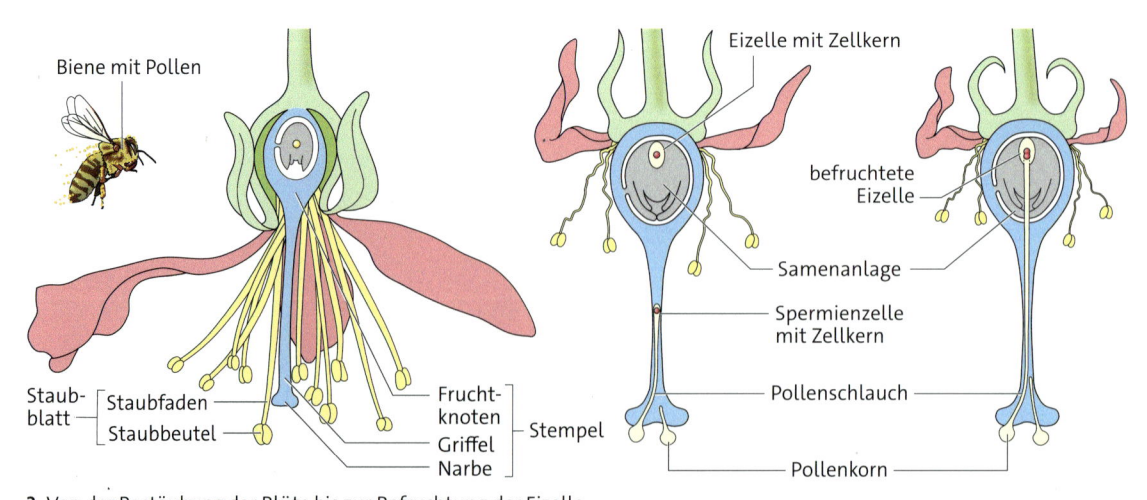

2 Von der Bestäubung der Blüte bis zur Befruchtung der Eizelle

DIE BLÜTENPFLANZEN

Die Birke, die Kiefer und die Haselnuss werden durch den Wind bestäubt. Die Blüten dieser Pflanzen sind sehr klein. Sie bilden jedoch sehr viele Pollenkörner, die vom Wind verbreitet werden.

Die Befruchtung
Nach der Bestäubung wächst auf der Narbe aus jedem Pollenkorn ein Schlauch. Das ist der **Pollenschlauch** (Bild 2). Er wächst durch die Narbe und den Griffel bis ins Innere des Fruchtknotens. In jedem Pollenschlauch befindet sich eine Spermienzelle. Der Pollenschlauch, der am schnellsten wächst, dringt in den Fruchtknoten ein. Dort wird die Spermienzelle freigegeben und kann dann mit der Eizelle in der Samenanlage verschmelzen. Diesen Vorgang nennt man **Befruchtung** (Bild 2).

Der Keimling im Samen
Nach der Befruchtung welken die Kelchblätter, die Kronblätter und die Staubblätter und fallen dann ab. Auch die Narbe vertrocknet. Der Fruchtknoten wächst. In seinem Innern entwickelt sich aus der befruchteten Eizelle eine junge Pflanze. Das ist der **Keimling**. Er ist von einer Schicht aus Nährstoffen umgeben. Das ist die **Nährschicht**. Der Keimling nutzt die Nährstoffe zum Wachsen. Um die Nährschicht bildet sich eine harte Schale, die den Keimling schützt. Das ist die **Samenschale**. Bei der Kirsche ist die Samenschale sehr hart, daher sagt man dazu auch **Stein**. Keimling, Nährschicht und Samenschale zusammen sind der **Samen**. Aus jedem Samen kann eine neue Pflanze heranwachsen.

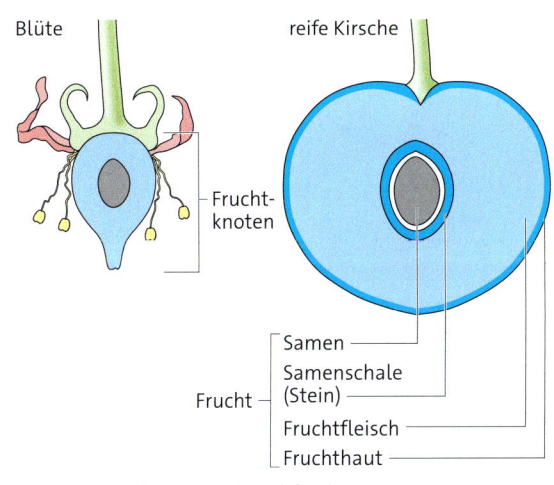

3 Die Entwicklung einer Kirschfrucht

Die Frucht
Die Hüllen um den Samen entwickeln sich aus dem Fruchtknoten. Der Samen und seine Hüllen werden zusammen als **Frucht** bezeichnet. Die innere Hülle ist die harte Samenschale. Die äußere Hülle ist eine dünne Haut, die **Fruchthaut**. Zwischen der inneren und der äußeren Hülle befindet sich das süße **Fruchtfleisch**. Jede Kirschfrucht enthält nur einen einzigen Samen (Bild 3).

> Bei der geschlechtlichen Fortpflanzung entstehen neue Lebewesen durch die Verschmelzung von Geschlechtszellen. Blüten bilden Geschlechtszellen in den Staubblättern und Fruchtblättern. Bei der Bestäubung werden Pollenkörner auf die Narbe übertragen. Die Verschmelzung einer Spermienzelle mit einer Eizelle heißt Befruchtung. Aus der befruchteten Eizelle entwickelt sich ein Keimling. Er befindet sich im Samen. Den Samen und seine Hüllen bezeichnet man als Frucht.

AUFGABEN

1 Die Fortpflanzungsorgane
a Nenne die Fachwörter für die männlichen und die weiblichen Geschlechtszellen.
b Beschreibe, was eine Geschlechtszelle ist.
c Beschreibe, wie die geschlechtliche Fortpflanzung bei Pflanzen erfolgt.

2 Von der Blüte zur Frucht
Arbeitet zu zweit. Entscheidet, wer von euch den Text zur Bestäubung liest und wer den Text zur Befruchtung liest.
a Fertigt kurze Notizen zu eurem Thema an.
b Erklärt euch gegenseitig, was die Fachwörter Bestäubung und Befruchtung bedeuten.
c Erstellt eine Lernlandkarte, die die Vorgänge von der Bestäubung der Blüte bis zur Bildung der Frucht zeigt.

3 Der Keimling im Samen
a Erläutere die Aufgaben der Nährschicht und der Samenschale für den Keimling.
b Der Samen ist durch die Samenschale gut geschützt. Stelle eine begründete Vermutung auf, welche Aufgaben Fruchtfleisch und Fruchthaut haben.

DIE BLÜTENPFLANZEN

Die Ausbreitung von Früchten und Samen

1 Dieser Baum wächst an einem ungewöhnlichen Ort.

Pflanzen kannst du an den ungewöhnlichsten Orten finden. Löwenzahn wächst zum Beispiel auch auf Mauern und Bäumen, manchmal sogar in der Dachrinne.

Die Ausbreitung von Samen

Zu den voll entwickelten Früchten von Pflanzen sagt man auch: Sie sind **reif**. Die reifen Früchte vieler Pflanzen gelangen auf unterschiedliche Art und Weise an andere Orte. Diesen Vorgang nennt man in der Fachsprache **Ausbreitung**. Die Ausbreitung von Samen und Früchten kann durch Wind, Wasser, Tiere, Menschen oder durch die Pflanzen selbst erfolgen. Wenn die Früchte auf einen geeigneten Boden gelangen, dann wachsen aus den Samen neue Pflanzen.

Die Ausbreitung durch den Wind

Viele Früchte werden durch den Wind ausgebreitet. Weil die Früchte mit dem Wind fliegen, nennt man sie **Flugfrüchte**. Die Flugfrüchte des Löwenzahns bestehen aus einem Samen, an dem ein Stiel befestigt ist. Das andere Ende des Stiels besitzt einen Kranz aus Härchen. Die Härchen sehen zusammen aus wie ein kleiner Schirm (Bild 2A). Durch diese Form können die Flugfrüchte vom Wind durch die Luft geweht werden. Sie können mehrere Kilometer weit fliegen. Die Früchte der Birke haben zwei dünne Flughäute. Diese wirken wie die Flügel eines Segelflugzeugs. Zwischen den Flughäuten befindet sich der Samen (Bild 2B). So können diese Früchte mehrere Kilometer durch die Luft gleiten. Alle Pflanzen, deren Samen durch den Wind ausgebreitet werden, bilden sehr viele Samen. So werden bestimmt einige Samen auf geeigneten Boden fallen und dort zu neuen Pflanzen heranwachsen.

Die Ausbreitung durch Tiere

Einige Früchte werden durch Tiere verbreitet. Manche dieser Früchte sind klein, rund und haben saftiges Fruchtfleisch. Heidelbeeren und Johannisbeeren sind solche **Beerenfrüchte**. Von ihren auffälligen Farben werden Tiere angelockt. Sie fressen die Früchte und scheiden die unverdaulichen Samen später mit dem Kot an einem anderen Ort aus. Dort können aus den Samen neue Pflanzen wachsen. Einige Tiere wie Eichhörnchen vergraben Nussfrüchte wie Walnüsse und Haselnüsse und Samen als Wintervorrat (Bild 3).

2 Ausbreitung durch den Wind: Die Flugfrüchte von Löwenzahn (A) und Birke (B)

3 Ausbreitung durch Tiere: Ein Eichhörnchen vergräbt eine Walnuss (A), ein Hund mit Klettfrüchten im Fell (B).

Sie finden aber nicht alle Vorräte wieder. Die Samen, die im Boden bleiben, können im Frühling austreiben. Manche Pflanzen bilden Früchte, die kleine Stacheln oder Haare mit Haken haben. Damit können die Früchte im Fell von Säugetieren hängen bleiben (Bild 3B). Solche Früchte heißen **Klettfrüchte**. Die Klettfrüchte fallen an einem anderen Ort wieder aus dem Fell. Dann können die Samen dort zu neuen Pflanzen heranwachsen.

Die Selbstausbreitung

Manche Pflanzen breiten ihre Früchte selbst aus. Wenn die reifen Früchte des Springkrauts trocknen, dann entsteht im Innern ein Druck. Wenn die Früchte berührt werden, dann platzen sie auf und schleudern die Samen mehrere Meter weit (Bild 4A). Daher werden diese Früchte **Schleuderfrüchte** genannt. Die Früchte des Klatschmohns haben oben kleine Öffnungen. Wenn die Früchte durch den Wind oder durch Berührung zur Seite gebogen werden, dann fallen die Samen durch die Öffnungen nach draußen (Bild 4B). Weil sie wie bei einem Salzstreuer aus der Frucht gestreut werden, heißen solche Früchte auch **Streufrüchte**.

Die Ausbreitung durch Wasser

Wasserpflanzen bilden Früchte mit Hohlräumen, die mit Luft gefüllt sind. Dadurch können die Früchte auf dem Wasser schwimmen und werden so an andere Orte transportiert. Solche Früchte heißen **Schwimmfrüchte**. Ein Beispiel ist die Kokosnuss. Sie gelangt im Meer treibend über Tausende von Kilometern zu anderen Stränden.

4 Selbstausbreitung: Eine Schleuderfrucht des Springkrauts (A), eine Streufrucht des Klatschmohns (B)

Die Ausbreitung durch den Menschen

Menschen sorgen oft unabsichtlich für die Ausbreitung von Früchten und Samen. Sie bleiben zum Beispiel an Schuhen oder Autoreifen hängen und werden so an andere Orte transportiert. Früchte und Samen können auch in Eisenbahnen, Flugzeugen oder auf Schiffen landen und so weltweit an neue Orte transportiert werden. Dadurch siedeln sich manchmal auch Pflanzen bei uns an, die eigentlich in anderen Ländern heimisch sind.

> Früchte und Samen können durch Wind, Wasser, Tiere, Menschen oder die Pflanze selbst ausgebreitet werden. Die Ausbreitungsart hängt vom Bau der Früchte und Samen ab.

AUFGABEN

1 Die Ausbreitungsarten

a Liste in einer Tabelle die verschiedenen Ausbreitungsarten auf und nenne jeweils eine Pflanze als Beispiel.

Ausbreitungsart	Beispiel
Wind	…
Tiere	…
…	…

b Erkläre, wie der Baum in Bild 1 in die Dachrinne gelangen konnte.

2 Der Bau von Früchten und Samen

a Ordne die Fruchtarten ihren Ausbreitungsarten zu: Schwimmfrucht, Klettfrucht, Streufrucht, Flugfrucht, Schleuderfrucht.
b „Die Form bestimmt die Funktion." Erläutere diese Aussage anhand einer Frucht.
c Die Früchte des Walnussbaums sind viel schwerer als die Früchte der Birke. Beschreibe, welche Auswirkung das Gewicht von Früchten auf die Ausbreitungsart hat.

3 Tiere als Umweltschützer?

 Im Amazonas-Fluss in Südamerika leben Fische, die sich von Früchten ernähren. James sagt: „Diese Fische helfen, die Amazonas-Regenwälder zu erhalten." Nimm Stellung zu dieser Aussage.

DIE BLÜTENPFLANZEN

METHODE Diagramme zeichnen

In Diagrammen kannst du Zahlen oder Informationen anschaulich darstellen.

Beyza macht Experimente zur Keimung von Samen und zum Wachstum von Pflanzen. Ihre Ergebnisse will sie leicht verständlich zeigen.

A Ein Kreisdiagramm
Ein rundes Diagramm heißt **Kreisdiagramm** (Bild 1). Es zeigt Verteilungen oder Anteile.

Beyza will zeigen, wie viele Samen von Warmkeimern und Dunkelkeimern sie gepflanzt hat.

1 Das Kreisdiagramm zeichnen
Zeichne einen Kreis und markiere den Mittelpunkt. Ziehe nun eine senkrechte Linie von der Kreislinie zum Mittelpunkt. Teile dann nach und nach die einzelnen Anteile mit Linien ab.

Beyza hat 24 Samen gepflanzt. Davon sind 6 Samen von Warmkeimern und 18 Samen von Kaltkeimern. Sie muss den Kreis also in $\frac{1}{4}$ und $\frac{3}{4}$ aufteilen. Beyza zeichnet dazu eine waagerechte Linie vom Kreismittelpunkt nach rechts.

2 Das Diagramm beschriften
Male die verschiedenen Kreisanteile in unterschiedlichen Farben an. Notiere neben dem Diagramm, was die verschiedenen Farben bedeuten. Das ist eine **Legende**. Schreibe zum Schluss eine Überschrift über dein Diagramm, die beschreibt, was das Diagramm zeigt.

Beyzas Kreisdiagramm siehst du in Bild 1.

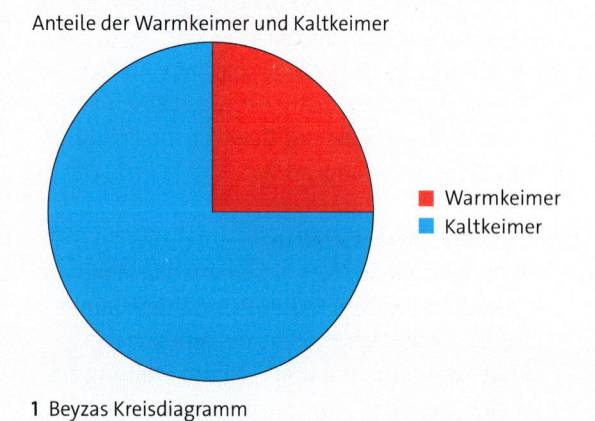

Anteile der Warmkeimer und Kaltkeimer

■ Warmkeimer
■ Kaltkeimer

1 Beyzas Kreisdiagramm

B Ein Säulendiagramm zeichnen
Ein Diagramm mit senkrechten Säulen heißt **Säulendiagramm** (Bild 2). Mit ihm kannst du Daten vergleichen und Unterschiede zeigen.

Beyza will zeigen, dass sie 2 Bohnensamen, 4 Basilikumsamen, 8 Schnittlauchsamen und 10 Dillsamen eingepflanzt hat.

1 Die Achsen zeichnen und beschriften
Zeichne eine senkrechte und eine waagerechte Linie. Diese Linien heißen **Achsen**. Die waagerechte Achse heißt **x-Achse**. Die senkrechte Achse heißt **y-Achse**. Trage auf der x-Achse die bekannte Größe ein und auf der y-Achse die Messwerte. Beschrifte die Achsen.

Beyza beschriftet die x-Achse mit den Pflanzennamen und die y-Achse mit dem Wort Anzahl.

2 Den Maßstab festlegen
Ein **Maßstab** gibt an, wie viele Zentimeter in der Zeichnung wie vielen Samen, Tagen oder anderen Werten entsprechen. Lege den Maßstab so fest, dass du die kleinsten und die größten Werte im Diagramm eintragen kannst.

Beyza hat 2 bis 10 Samen verwendet. Sie wählt als Maßstab 1 cm für 1 Samen.

3 Die Säulen zeichnen und die Überschrift formulieren
Zeichne für jeden Messwert eine Säule. Notiere dann eine Überschrift über deinem Diagramm, die beschreibt, was das Diagramm zeigt.

So viele Samen wurden jeweils eingepflanzt

Anzahl

2 Beyzas Säulendiagramm

DIE BLÜTENPFLANZEN

C Ein Liniendiagramm

Ein Diagramm mit einer oder mehreren dünnen Linien heißt **Liniendiagramm** (Bild 3). Es zeigt Entwicklungen oder Veränderungen.

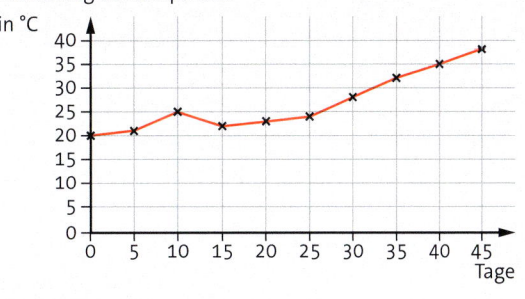

Beyza hat nach dem Einpflanzen der Samen regelmäßig die Temperatur gemessen. Die Messwerte hat sie in einer Tabelle notiert:

Datum	Temperatur in Grad Celsius
10.05.	20
15.05.	21
20.05.	25
25.05.	22
30.05.	23
04.06.	24
09.06.	28
14.06.	32
19.06.	35
24.06.	38

1 Ein Koordinatensystem zeichnen
Ein Koordinatensystem besteht aus einer waagerechten x-Achse und einer senkrechten y-Achse. Auf der x-Achse trägst du die bekannte Größe ein, das ist oft die Zeit. Auf der y-Achse trägst du die Messwerte ein.

Beyza hat alle 5 Tage die Temperatur gemessen. Die x-Achse ist daher ihre Zeit-Achse, die y-Achse ist ihre Temperatur-Achse.

2 Den Maßstab festlegen
Lege einen passenden Maßstab fest, damit du weißt, wie lang die Achsen sein müssen. Wähle den Maßstab so, dass du die kleinsten und die größten Werte im Diagramm eintragen kannst.

Beyza wählt als Maßstab 1 cm für 5 Tage und 0,5 cm für 5 Grad Celsius. Dadurch wird ihre y-Achse 2,5 cm und die x-Achse 9 cm lang.

3 Die Werte eintragen
Trage jedes Wertepaar aus deiner Tabelle mit einem Kreuz in das Koordinatensystem ein.

Beyza trägt ihre Messwerte in das Diagramm ein. Dazu sucht sie immer zuerst den Wert auf der waagerechten Achse und geht von dort senkrecht nach oben, bis sie auf der Höhe des passenden Wertes auf der senkrechten Achse ankommt. Dort macht sie ein kleines Kreuz.

4 Die Linie einzeichnen
Wenn du alle Kreuze eingetragen hast, dann zeichne Linien zwischen den Kreuzen ein.

Beyza zeichnet mit dem Lineal ein.

5 Das Diagramm beschriften
Beschrifte die Achsen des Diagramms mit den Maßeinheiten. Wenn es mehrere Linien in einem Diagramm gibt, dann zeichne sie in unterschiedlichen Farben ein. Notiere neben dem Kreisdiagramm, was die verschiedenen Farben bedeuten. Schreibe zum Schluss eine Überschrift über dein Diagramm, die beschreibt, was das Diagramm zeigt.

Beyza beschriftet die waagerechte Achse mit „Tage". Die senkrechte Achse beschriftet sie mit „T in °C". Das T steht für Temperatur und °C steht für Grad Celsius.

3 Beyzas Liniendiagramm

AUFGABEN

1 Ein Diagramm zeichnen
Bohnensamen brauchen 11 Tage, um zu keimen. Bei Basilikum sind es 15 Tage, bei Dill 20 und bei Schnittlauch 9 Tage.
a Begründe, mit welchem Diagramm du diese Keimungszeiten am besten darstellen kannst.
b Erstelle das Diagramm.

Die Quellung, die Keimung und das Wachstum

1 Aus einem Bohnensamen wächst eine neue Pflanze.

Wenn man einen Bohnensamen in feuchte Erde steckt, dann kann daraus eine neue Bohnenpflanze wachsen. Zuerst ist sie ganz klein. Doch schon bald hat sich eine ausgewachsene Pflanze entwickelt.

Der Bau von Samen

Ein Samen besteht aus der Samenschale, der Nährschicht und dem Keimling. Der Keimling ist von der Nährschicht umhüllt. Sie besteht aus einem oder zwei Blättern und enthält viele Nährstoffe. Das sind die **Keimblätter** (Bild 2). Der Keimling besteht aus einem Stängel mit einer Wurzel und ersten Laubblättern. Der Stängel des Keimlings wird **Keimstängel** genannt. Die Wurzel des Keimlings heißt **Keimwurzel** (Bild 2).

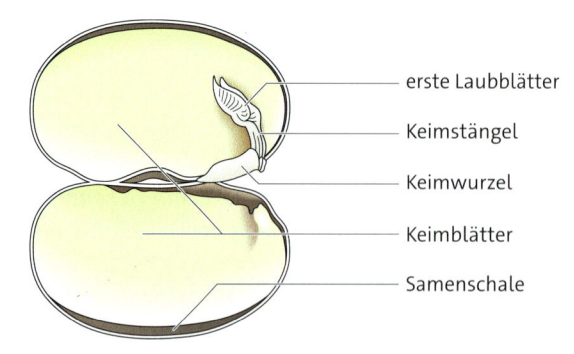

2 Der Bau eines Samens

Die Quellung

Wenn man einen Samen in feuchte Erde steckt, dann nimmt er Wasser auf. Dadurch wird der Samen größer. In der Fachsprache sagt man: Der Samen quillt. Der Vorgang, bei dem Samen Wasser aufnehmen und größer werden, wird **Quellung** genannt. Bei der Quellung werden vor allem der Keimling und die Keimblätter größer. Wenn sie eine bestimmte Größe erreicht haben, dann wird die Samenschale zu eng. Sie platzt auf.

Die Keimung

Nachdem die Samenschale geplatzt ist, kann der Keimling wachsen. Dafür nutzt er die Nährstoffe aus den Keimblättern. Zuerst wächst die Keimwurzel aus der Samenschale heraus. Sie dringt in den Boden ein. Aus dem Boden nimmt die Wurzel Wasser und Mineralstoffe auf. Dann wächst der Keimstängel nach oben aus der Samenschale heraus. Wenn der Keimstängel sich streckt, dann werden auch die beiden Keimblätter aus der Samenschale gezogen. Über der Erde entfalten sich am Keimstängel die ersten Laubblätter. Nun ist der Keimling vollständig entwickelt. Die Entwicklung des Keimlings beginnt also mit dem Wachstum der Keimwurzel und endet mit der Entfaltung der ersten Laubblätter. Diese Entwicklung des Keimlings wird **Keimung** genannt.

Die Bedingungen für die Keimung

Alle Samen brauchen Luft und Wasser, um keimen zu können. Die Ansprüche an Licht und bestimmte Temperaturen sind von Pflanze zu Pflanze unterschiedlich.
Die Samen mancher Pflanzen können nur im Dunkeln keimen. Solche Pflanzen heißen **Dunkelkeimer**. Ein Beispiel dafür sind Bohnenpflanzen. Pflanzen, deren Samen Licht zum Keimen brauchen, heißen **Lichtkeimer**. Ein Beispiel sind Tomatenpflanzen.
Die Samen mancher Pflanzen keimen nur bei höheren Temperaturen. Es muss also warm genug sein, daher werden solche Pflanzen als **Warmkeimer** bezeichnet. Bohnenpflanzen sind Warmkeimer, sie brauchen Temperaturen von 5 bis 11 °C. Die Samen anderer Pflanzen keimen nur, wenn es längere Zeit kalt ist. Daher werden solche Pflanzen als **Kaltkeimer** bezeichnet. Ein Beispiel sind Spinatpflanzen.

DIE BLÜTENPFLANZEN

Das Wachstum

Nach der Keimung beginnt die junge Pflanze zu wachsen. Die Wurzel bildet Seitenwurzeln mit Wurzelhaaren. In den ersten Laubblättern werden mithilfe des Sonnenlichts Nährstoffe gebildet. Dann welken die Keimblätter und fallen ab (Bild 3). Der Stängel streckt sich. Die Pflanze bildet weitere Laubblätter und schließlich auch Blüten. Nach der Bestäubung und der Befruchtung entstehen neue Samen und Früchte. Aus diesen Samen können wieder neue Pflanzen wachsen.

Bedingungen für das Wachstum

Ob Pflanzen wachsen können, hängt von den abiotischen Faktoren an ihrem Standort ab. Zum Wachsen brauchen Pflanzen eine bestimmte Temperatur und ausreichend Licht, Wasser, Mineralstoffe und Luft. Wenn einer dieser Faktoren nicht ausreichend vorhanden ist, dann wachsen Pflanzen langsamer oder gar nicht.

> Bei der Quellung nehmen Samen Wasser auf. Danach beginnt die Entwicklung des Keimlings, die Keimung. Dabei wachsen die Keimwurzel und der Keimstängel aus dem Samen heraus. Der Keimling nutzt die Nährstoffe in den Keimblättern zum Wachsen. Nach der Keimung wächst die Pflanze. Pflanzen brauchen zum Wachsen Wärme, Licht, Wasser, Mineralstoffe und Luft.

AUFGABEN

1 Die Keimung
a Nenne alle abiotischen Faktoren, die für die Keimung eines Samens wichtig sind.
b Erstelle ein Flussdiagramm, das die Vorgänge bei der Keimung darstellt.
c Erkläre, warum die Samen von Basilikum und Karotten nicht mit Erde bedeckt, sondern nur auf die Erdoberfläche gestreut werden.

2 Das Wachstum
a Begründe, warum die Keimblätter abfallen, sobald die ersten Laubblätter gebildet werden.
b Beschreibe die folgende Wachstumskurve:

c Stelle eine Vermutung auf, wie die Wachstumskurve weiterverlaufen würde, wenn die junge Pflanze ab Tag 15 kein Licht mehr bekäme.

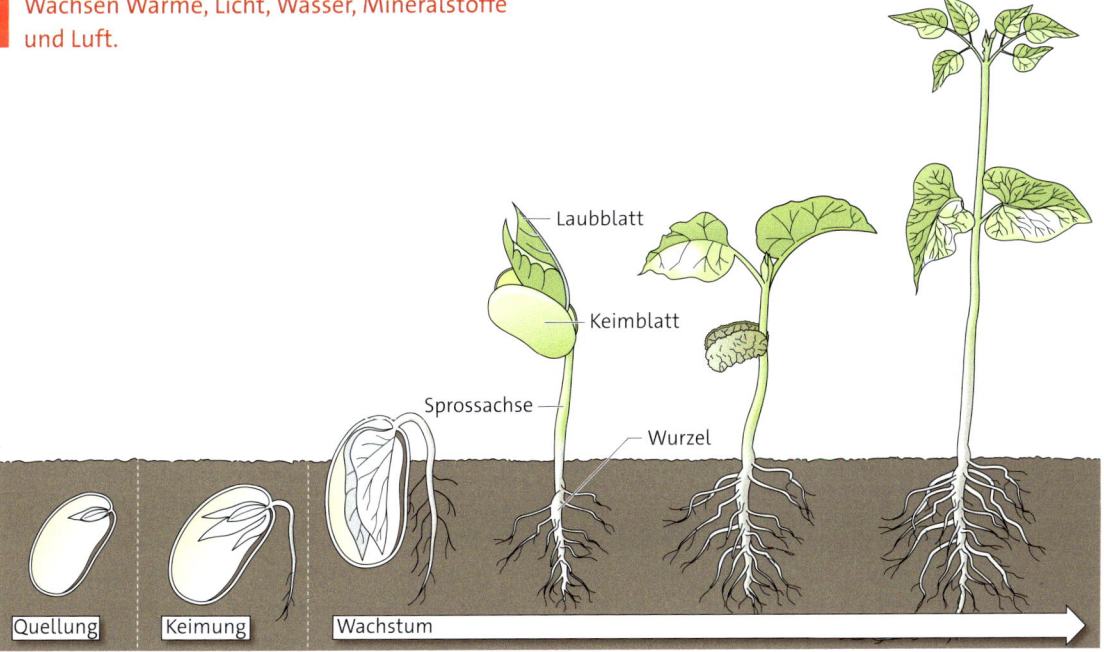

3 Die Entwicklung einer Gartenbohne

DIE BLÜTENPFLANZEN

PRAXIS Die Ausbreitung von Samen untersuchen

A Das Flugverhalten von Früchten

1 Ein Experiment zum Flugverhalten

Material:
Flugfrüchte verschiedener Waldbäume (zum Beispiel Bergahorn, Linde, Hainbuche, Esche, Birke), Standventilator, Stehleiter

Durchführung:
- Lasst nacheinander verschiedene Früchte aus mindestens 2,50 m Höhe in den Luftstrom des Ventilators fallen. Achtet darauf, dass die Früchte ihre typische Flugbewegung erreichen, bevor sie in den Luftstrom gelangen.
- Notiert Unterschiede und Gemeinsamkeiten beim Flugverhalten der Früchte.
- Messt den Abstand zwischen Abwurfstelle und Landeplatz der Flugfrüchte.

Auswertung:
1. Begründet das unterschiedliche Flugverhalten der verschiedenen Früchte.
2. Beschreibt mögliche Fehlerquellen während der Durchführung des Experiments.
3. Stellt Vermutungen an, welchen Vorteil die Früchte haben, die länger in der Luft sind.
4. Beschreibt, welche technischen Entwicklungen mit dem Flugverhalten der verschiedenen Früchte verglichen werden können.

B Modelle von Flugfrüchten bauen

2 Ein Löwenzahnsamen: Original (A) und Modell (B)

Material:
8 Büroklammern, Watte, Obstnetz, Frischhaltefolie, Papier, Faden, Schere, Klebeband

Durchführung:
- Schneidet aus der Watte, dem Obstnetz, der Frischhaltefolie und dem Papier jeweils einen Kreis mit einem Durchmesser von 5 cm aus.
- Befestigt ein Fadenende durch Knoten oder mithilfe eines Klebebands am Mittelpunkt jedes Kreises. Am anderen Ende der Fäden wird je eine Büroklammer angebracht.
- Lasst die verschiedenen Modelle aus 2 m Höhe zu Boden fallen.
- Hängt nun an jede Büroklammer eine zweite.
- Führt das Experiment ein weiteres Mal durch.
- Notiert eure Beobachtungen.

Auswertung:
1. Fertigt ein Protokoll an.
2. Beschreibt das unterschiedliche Flugverhalten eurer Flugmodelle.
3. Vergleicht das Flugverhalten und die Bestandteile von Modell und Löwenzahnsamen.
4. Übt Modellkritik, indem ihr eure Modelle mit echten Löwenzahnsamen vergleicht.

PRAXIS   Die Keimung von Samen untersuchen

Samen brauchen zum Keimen bestimmte Bedingungen. Diese Bedingungen heißen **Faktoren**. In einem Experiment kannst du untersuchen, ob die Faktoren Erde, Wasser, Wärme, Licht und Luft für die Keimung von Kressesamen notwendig sind.

Material:
6 Petrischalen, Erde, Löffel, Kressesamen, Wasser, Watte, Schuhkarton, Gefrierbeutel, Trinkhalm, Klippverschluss

Durchführung:
– Gib in die erste Schale etwas Erde und befeuchte sie mit Wasser. Streue Kressesamen auf die feuchte Erde und stelle die Schale an einen warmen, hellen Ort. Das ist deine **Kontrolle**, denn sie enthält alle Faktoren.
– Ändere in den anderen Schalen immer nur jeweils einen Faktor. Der veränderte Faktor heißt **Variable**. Die Faktoren, die gleich bleiben, heißen **Konstanten**. Beschrifte die Schalen jeweils mit dem Namen der Variable.
– Gib in die zweite Schale Erde und streue Kressesamen darauf. Stelle die Schale an einen warmen, hellen Ort. Schreibe auf die Schale „ohne Wasser".
– Gib in die dritte Schale Watte, befeuchte sie mit Wasser und streue Kressesamen darauf. Stelle die Schale an einen warmen, hellen Ort. Schreibe auf die Schale „ohne Erde".
– Gib in die vierte Schale Erde, befeuchte sie mit Wasser und streue Kressesamen darauf. Schreibe auf die Schale „ohne Licht". Stelle sie in den Schuhkarton. Stelle den geschlossenen Schuhkarton an einen warmen Ort.
– Gib in die fünfte Schale Erde, befeuchte sie mit Wasser und streue Kressesamen darauf. Stelle die Schale an einen hellen, kalten Ort. Schreibe auf die Schale „ohne Wärme".
– Gib in die sechste Schale Erde, befeuchte sie mit Wasser und streue Kressesamen darauf. Schreibe auf die Schale „ohne Luft". Stelle die Schale in den Gefrierbeutel und sauge mit dem Trinkhalm die Luft heraus. Verschließe den Beutel luftdicht mit dem Klippverschluss. Stelle die Schale an einen warmen, hellen Ort.
– Zähle nach 3 bis 7 Tagen, wie viele Samen in jeder Schale gekeimt sind. Vergleiche auch das Aussehen der Pflänzchen. Notiere deine Beobachtungen in einer Tabelle.

Auswertung:
1. Erstelle ein Protokoll zu diesem Experiment.
2. Formuliere aus deinen Beobachtungen eine Erkenntnis dazu, welche Faktoren die Kressesamen zum Keimen brauchen.
3. Gib mögliche Fehlerquellen bei diesem Experiment an und nenne Möglichkeiten zu ihrer Vermeidung.

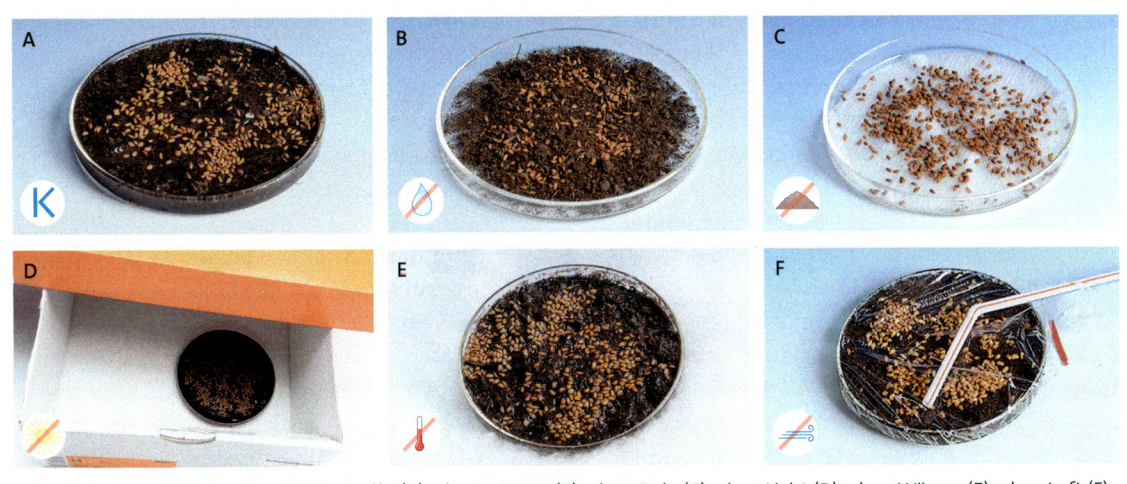

1 Petrischalen mit Kressesamen: Kontrolle (A), ohne Wasser (B), ohne Erde (C), ohne Licht (D), ohne Wärme (E), ohne Luft (F)

DIE BLÜTENPFLANZEN

Die ungeschlechtliche Fortpflanzung

1 Eine Erdbeerpflanze mit Sprossausläufern

2 Die Knollen einer Kartoffelpflanze

Mika isst im Garten einer Freundin frische Erdbeeren direkt vom Strauch. Er nimmt sich einen Ableger mit, um zu Hause auch Erdbeeren anzubauen.

Die Fortpflanzung ohne Geschlechtszellen
Viele Blütenpflanzen pflanzen sich geschlechtlich fort. Einige Pflanzen können aber auch Nachkommen hervorbringen, ohne Geschlechtszellen zu bilden. Diese Form der Fortpflanzung wird **ungeschlechtliche Fortpflanzung** genannt. Bei der ungeschlechtlichen Fortpflanzung haben alle Nachkommen die gleichen Merkmale wie das Lebewesen, aus dem sie hervorgegangen sind.

Die Fortpflanzung durch Sprossausläufer
Manche Pflanzen bilden neue Sprosse, die über dem Boden oder im Boden parallel zur Erdoberfläche wachsen. Diese seitlich wachsenden Sprosse heißen **Sprossausläufer**. Aus den Sprossausläufern können neue Pflanzen wachsen. Diese neuen Pflanzen haben Wurzeln und eine aufrecht wachsende Sprossachse mit Laubblättern und Blüten. Die neuen Pflanzen werden **Ableger** genannt. Erdbeerpflanzen und Grünlilien vermehren sich zum Beispiel durch Sprossausläufer (Bild 1).

Die Fortpflanzung durch Knollen
Kartoffelpflanzen bilden Sprossausläufer, die im Boden wachsen. Die Sprossausläufer sind an den Enden stark verdickt. Diese verdickten Enden wachsen zu Speicherorganen heran. Man bezeichnet sie als **Knollen** (Bild 2). An den Knollen kann man Vertiefungen erkennen. Aus diesen Vertiefungen wachsen neue Kartoffelpflanzen heran.

Die Fortpflanzung durch Brutknospen
Die Brutblattpflanze bildet am Rand ihrer Laubblätter winzige Pflanzen mit Wurzeln und Blättern. Sie werden **Brutknospen** genannt. Wenn die Brutknospen auf den Erdboden fallen, dann bilden sie Wurzeln aus und entwickeln sich zu ausgewachsenen Pflanzen.

> Bei der ungeschlechtlichen Fortpflanzung entstehen Nachkommen ohne die Bildung von Geschlechtszellen. Diese Nachkommen haben die gleichen Merkmale wie die Lebewesen, aus denen sie hervorgegangen sind. Pflanzen, die sich ungeschlechtlich vermehren, bilden zum Beispiel Sprossausläufer, Knollen oder Brutknospen.

AUFGABEN
1 Die Fortpflanzung
a ⊠ Nenne drei Formen der ungeschlechtlichen Fortpflanzung.
b ⊠ Vergleiche ungeschlechtliche und geschlechtliche Fortpflanzung miteinander.

2 Erdbeerpflanzen können beides
a ⊠ Beschreibe, wie sich die Erdbeerpflanze vermehrt.
b ⊠ Die Früchte der Erdbeerpflanze besitzen auf ihrer Oberfläche winzige gelbgrüne Körnchen. Stelle Vermutungen über ihre Aufgabe an.
c ⊠ „Die Ausläufer von Erdbeerpflanzen sind Klone der Mutterpflanze." Nimm Stellung zu dieser Aussage.

AUFGABEN   Die Fortpflanzung

1 Die Fortpflanzung bei Pflanzen
a Nenne die zwei Arten, wie sich Blütenpflanzen fortpflanzen können.
b Beschreibe, worin sich diese beiden Fortpflanzungsarten unterscheiden.
c Nenne die Fachwörter für männliche und weibliche Geschlechtszellen und die Organe, in denen sie gebildet werden.
d Beschreibe, was bei der Bestäubung geschieht.
e Beschreibe, was bei der Befruchtung geschieht.
f Nenne das Fachwort für die junge Pflanze im Samen.
g Im Supermarkt kann man kernlose Trauben kaufen. Nenne das Fachwort für die Bestandteile, die diesen Früchten fehlen.
h Begründe, warum aus kernlosen Trauben keine neuen Pflanzen wachsen können.
i Trauben sind die Früchte der Weinrebe. Beschreibe mithilfe von Bild 1, wie Weinzüchter diese Pflanzen vermehren.
j Nenne die drei Arten der ungeschlechtlichen Vermehrung.

2 Die Fortpflanzung von Pflanzen und Tieren vergleichen
Wenn man die geschlechtliche Fortpflanzung bei Säugetieren und Blütenpflanzen vergleicht, dann kann man Gemeinsamkeiten und Unterschiede erkennen.
a Übertrage die Tabelle in Bild 2 in dein Heft.
b Fülle die Tabelle in deinem Heft aus. Nutze dazu die Informationen in diesem Kapitel und auch Bild 3.

	Säugetiere	Blütenpflanzen
der Name der weiblichen Geschlechtszellen	…	…
der Name der männlichen Geschlechtszellen	…	…
der Vorgang, bei dem männliche und weibliche Geschlechtszellen zueinandergelangen	…	…
der Vorgang der Befruchtung	…	…
der Ort der Entwicklung der Nachkommen	…	…

2 Eine Mustertabelle für den Vergleich der Fortpflanzung bei Säugetieren und Blütenpflanzen

1 Die Vermehrung einer Weinpflanze

k Begründe, welche Art der ungeschlechtlichen Fortpflanzung die Weinzüchter für die Vermehrung von kernlosen Trauben nutzen.

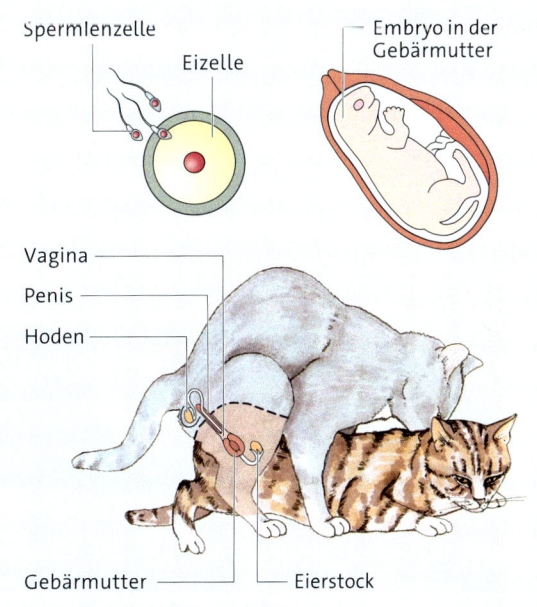

3 Die Fortpflanzung einer Katze

TESTE DICH!

1 Die Blütenpflanzen ↗ S. 130/131, 134/135

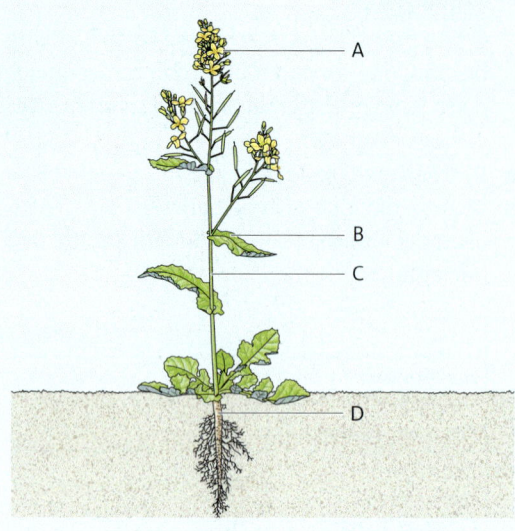

1 Aufbau einer Blütenpflanze

a ▣ Benenne die in Bild 1 mit Buchstaben gekennzeichneten Pflanzenteile mit den Fachwörtern.
b ▣ Nenne die Aufgaben der Pflanzenteile.
c ▣ Begründe, ob die folgenden Aussagen richtig oder falsch sind. Formuliere die falschen Aussagen so um, dass sie richtig sind.
Durch die Wurzel werden Wasser und Mineralstoffe aus dem Boden aufgenommen.
Es gibt Kelchblätter, die Pollen enthalten. Sie heißen Staubblätter.
Der Raps ist eine krautige Pflanze, weil er eine verholzte Sprossachse hat.
Die Bäume und die Sträucher haben verholzte Sprossachsen und werden mehrere Jahre alt.

2 Verschiedene Pflanzenfamilien ↗ S. 132/133
a ▣ Beschreibe, was eine Pflanzenfamilie ist.
b ▣ Nenne die Namen der beiden Pflanzen in Bild 2 und ordne sie Pflanzenfamilien zu.

2 Verschiedene Pflanzen

3 Die Bestimmungsmerkmale ↗ S. 138/139
a ▣ Beschreibe, was Bestimmungsmerkmale sind.
b ▣ Nenne drei Bestimmungsmerkmale.

4 Bäume und Sträucher ↗ S. 134–137
a ▣ Beschreibe anhand von zwei Kriterien den Unterschied zwischen Bäumen und Sträuchern.
b ▣ Nenne zwei Laubbäume und zwei Nadelbäume.
c ▣ Beschreibe, was mit den Fachwörtern Flachwurzler und Pfahlwurzler gemeint ist.

5 Die Fortpflanzung von Pflanzen
↗ S. 149/150, 158
a ▣ Nenne die Fachwörter für die männlichen und die weiblichen Teile der Blüte.
b ▣ Beschreibe, was bei der Bestäubung und der Befruchtung passiert.
c ▣ „Wenn die Bienen aussterben, dann sterben wenig später auch die Menschen." Nimm Stellung zu dieser Aussage.
d ▣ Nenne zwei Wege, wie Pollen übertragen werden können.
e ▣ Nenne die Fachwörter für die vier Bestandteile einer Frucht.
f ▣ Erkläre, warum man eine Kirsche auch als Steinfrucht bezeichnet.
g ▣ Vergleiche die geschlechtliche und die ungeschlechtliche Fortpflanzung miteinander.

6 Die Früchte und die Samen ↗ S. 150/151, 154/155
a ▣ Benenne die Früchte in Bild 3.

3 Verschiedene Früchte

b ▣ Erkläre, wie die Samen dieser Früchte verbreitet werden.
c ▣ Beschreibe, was bei der Keimung passiert.
d ▣ Begründe, ob Bohnensamen Licht und Wärme für die Keimung brauchen.

ZUSAMMENFASSUNG Die Blütenpflanzen

Die Merkmale der Blütenpflanzen
Grundorgane der Blütenpflanzen:
Wurzel: verankert die Pflanze im Boden, nimmt Wasser und Mineralstoffe auf
Sprossachse: stützt den Spross, trägt Laubblätter und Blüten, Ort des Transports von Wasser, Mineralstoffen und Nährstoffen
Laubblätter: Bildung von Traubenzucker und Sauerstoff mithilfe von Sonnenlicht
Blütenblätter: unterschiedliche Aufgaben

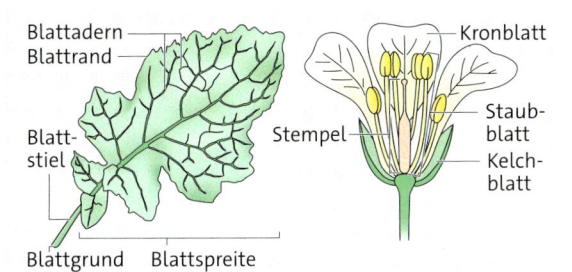

Verschiedene Pflanzenfamilien
Pflanzen mit ähnlichen Merkmalen werden zu **Pflanzenfamilien** zusammengefasst.
Bestimmungsmerkmale:
— Blütenform, Geschlecht der Blüten
— Anordnung der Blüten in Blütenständen
— Form, Bau und Stellung der Laubblätter
— Bau der Sprossachse

Die geschlechtliche Fortpflanzung
Befruchtung: Verschmelzung einer männlichen mit einer weiblichen **Geschlechtszelle**
Staubblätter: bilden die Spermienzellen
Fruchtblätter: bilden die Eizellen
Bestäubung: Übertragung von Pollenkörnern auf die Narbe des Stempels

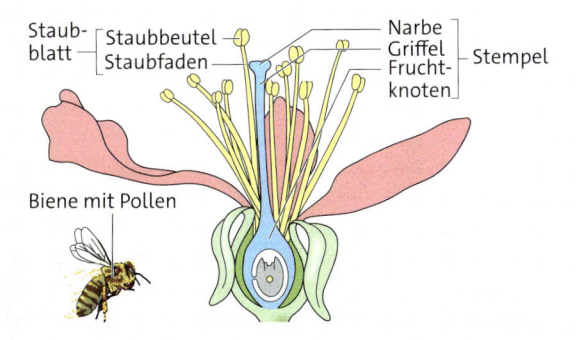

Die ungeschlechtliche Fortpflanzung
Nachkommen entstehen, **ohne** dass **Geschlechtszellen** gebildet werden.
Beispiele:
— Sprossausläufer der Erdbeere
— Knollen der Kartoffel

Die Ausbreitung von Früchten und Samen
Frucht: besteht aus Samen, Fruchtfleisch und Fruchthaut
Ausbreitung von Früchten und Samen durch:
— Wind
— Wasser
— Tiere
— Menschen
— die Pflanze selbst

Die Quellung, die Keimung und das Wachstum
Der Samen besteht aus:
— Samenschale
— Keimblättern
— Keimling
Der Keimling besteht aus:
— Keimstängel
— Keimwurzel
— ersten Laubblättern

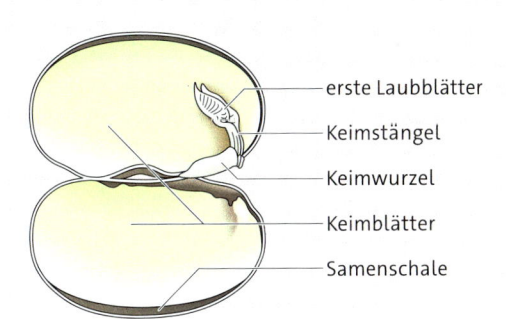

Quellung: Samen nimmt Wasser auf
Keimung des Keimlings: Keimwurzel und Keimstängel wachsen aus dem Samen heraus
Keimling: nutzt die Nährstoffe in den Keimblättern zum Wachsen
Bedingungen der Keimung:
— Luft, Wasser
— Licht, Temperatur, je nach Art: Lichtkeimer, Dunkelkeimer, Warmkeimer, Kaltkeimer
Nach der Keimung: **Wachstum**

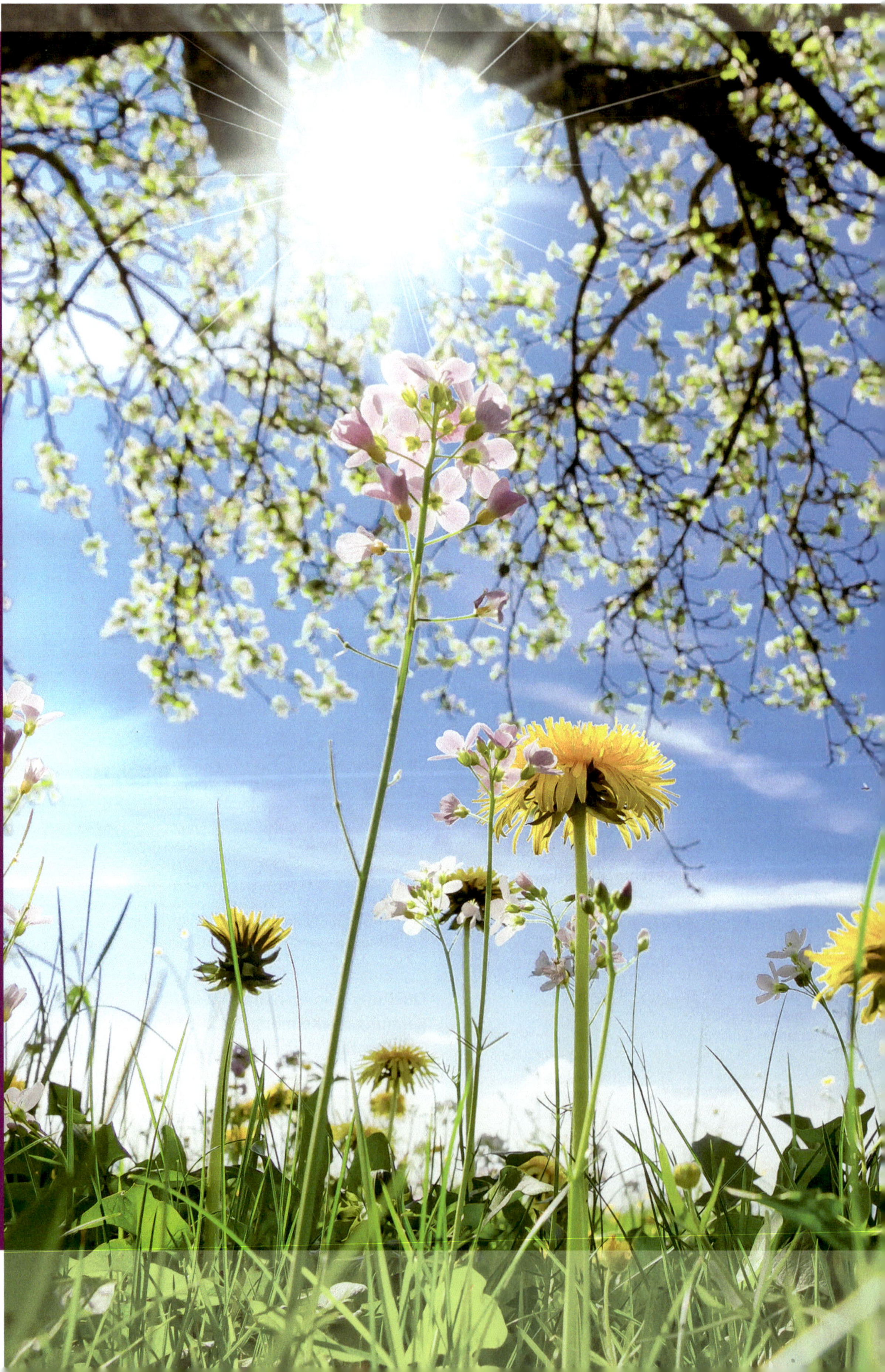

Die Lebensräume entdecken

In diesem Kapitel erfährst du, ...
- ... welche Lebensräume es gibt.
- ... wie die Bedingungen in einem Lebensraum die Lebewesen dort beeinflussen.
- ... was den Lebensraum Wiese kennzeichnet.
- ... welche Nahrungsbeziehungen zwischen Lebewesen bestehen.
- ... wie sich die Wiese im Laufe des Jahres verändert.

Die Lebensräume in der Umgebung

1 Eine Taube wird gefüttert.

Tauben leben eigentlich in Wäldern oder felsigen Gebieten. Aber sie leben auch in der Stadt. Sie ernähren sich zum Beispiel von Essensresten, die sie auf dem Boden finden. Das Füttern von Tauben ist in vielen Städten verboten, weil die Vögel sich dann zu stark vermehren.

Der Lebensraum
Ein Gebiet, in dem bestimmte Pflanzen und Tiere leben, nennt man **Lebensraum**. Im Lebensraum Stadt wachsen zum Beispiel Kastanienbäume. Außerdem leben dort Tauben und Spatzen. Die Tiere finden in der Stadt Nahrung und Schutz vor Fressfeinden. Sie können dort auch ihre Jungtiere aufziehen. Die Tiere und Pflanzen in einem Lebensraum sind eine **Lebensgemeinschaft**.

Die Umweltfaktoren
In jedem Lebensraum gibt es bestimmte Bedingungen. Sie werden **Umweltfaktoren** genannt. Auf das Wachstum einer Pflanze wirken zum Beispiel benachbarte Pflanzen oder Tiere wie Käfer und Raupe. Diese Umweltfaktoren sind lebendig. Man nennt sie **biotische Umweltfaktoren**. Die Vorsilbe *bio* im Wort biotisch heißt: Leben. Auf das Wachstum einer Pflanze wirken auch die Temperatur, die Bodenfeuchtigkeit und das Sonnenlicht. Diese Umweltfaktoren sind nicht lebendig. Man nennt sie daher **abiotische Umweltfaktoren**. Die Vorsilbe *a* im Wort abiotisch bedeutet: nicht.
Die Tiere und Pflanzen in einem Lebensraum kommen mit den Bedingungen dort gut zurecht. Man sagt: Sie sind **angepasst**.

Der Lebensraum Stadt
Der Mensch gestaltet und nutzt die Landschaft. Eine solche Landschaft nennt man **Kulturlandschaft**. Ein Beispiel dafür ist der Lebensraum Stadt. Städte bestehen aus Häusern und Straßen. Dort kann es im Sommer sehr heiß und trocken sein. In Städten gibt es aber auch Bäume, Blumenbeete, Wiesen, Gärten, Parks und kleine Gewässer. Dort ist es kühler und feuchter.
In Städten leben Wildtiere wie Mäuse, Ratten, Füchse, Marder, Waschbären und sogar Wildschweine. Sie leben in Gärten und Parks und ernähren sich zum Beispiel von Essensresten aus Mülltonnen. Die Wildtiere folgen also dem Menschen aus dem Freiland in die Kulturlandschaft. Deshalb nennt man sie **Kulturfolger**.

Der Lebensraum Wiese
Eine Wiese ist ein Lebensraum, der von Menschen geschaffen und genutzt wird. Die Pflanzen auf der Wiese werden als Nahrung für Tiere verwendet. Wenn die Pflanzen direkt auf der Wiese von Tieren gefressen werden, dann spricht man von einer Weide. Oft werden die Wiesenpflanzen auch zu den Tieren gebracht. Dazu schneidet man die Pflanzen ab: Die Wiese wird gemäht. Wiesenpflanzen wachsen so dicht, dass das Sonnenlicht und der Wind den Erdboden nicht erreichen können. Deshalb ist die Luft über den Wiesenpflanzen warm, doch am Boden der Wiese ist es kühl. Die Feuchtigkeit am Boden ist für Schnecken und Regenwürmer überlebenswichtig. Auf einer Wiese leben verschiedene Insekten, die sich von den Wiesenpflanzen ernähren. Die Insekten werden von Vögeln und anderen Tieren gefressen.

2 Eine Wiese

3 Ein Wald

4 Ein See

Der Lebensraum Wald

In einem Nadelwald wachsen Nadelbäume wie Fichten und Tannen. In einem Laubwald wachsen Laubbäume wie Buchen und Eichen. In einem Mischwald wachsen Laubbäume und Nadelbäume. Im Wald ist die Luft auch im Sommer kühl. Nadelbäume werfen ihre Nadeln im Winter nicht ab. Deshalb gelangt das ganze Jahr nur wenig Licht zum Waldboden. Am Boden von Nadelwäldern wachsen daher nur wenige Pflanzen. Aus diesem Grund leben in Nadelwäldern kaum Rehe und Hirsche, sondern vor allem Insekten und Vögel. Laubbäume werfen ihre Blätter im Herbst ab. Im Frühjahr kann deshalb viel Licht bis zum Boden gelangen. Am Boden von Laubwäldern wachsen daher Farne, Sträucher und Kräuter. Hier leben zum Beispiel Waldspitzmäuse, Salamander, Erdkröten, Laufkäfer und Spinnen. Auch Wildschweine, Hirsche und Dachse finden im Laubwald Nahrung und Verstecke.

Lebensräume am und im Wasser

In Flüssen und Bächen fließt das Wasser, in Seen und Teichen steht es. Flüsse, Bäche, Seen und Teiche werden **Gewässer** genannt. Sie sind Lebensräume für Fische, Frösche, Kröten und viele Insekten. Viele Säugetiere und Vögel finden am und im Wasser ihre Nahrung. Am See ist es wärmer als im Wald, aber kühler als auf der Wiese. Das Wasser an der Seeoberfläche ist wärmer als in der Tiefe. Die meisten Fische bevorzugen das kühlere, tiefe Wasser. An den Pflanzen am Seeufer finden Enten und andere Vögel Schutz und können dort ihre Jungtiere aufziehen.

> Die Tiere und Pflanzen in einem Lebensraum sind eine Lebensgemeinschaft. Sie beeinflussen sich gegenseitig und werden als biotische Umweltfaktoren bezeichnet. Temperatur, Sonnenlicht und Feuchtigkeit sind abiotische Umweltfaktoren. Lebensräume bieten Tieren Nahrung, Schutz und die Möglichkeit, ihre Jungtiere aufzuziehen.

AUFGABEN

1 Die Lebensräume
a Nenne drei verschiedene Lebensräume.
b Beschreibe, was ein Lebensraum und was eine Lebensgemeinschaft ist.
c Entscheide, ob Bild 3 einen Laubwald oder einen Nadelwald zeigt. Begründe deine Entscheidung.

2 Die Umweltfaktoren
a Nenne zwei biotische und zwei abiotische Umweltfaktoren.
b Beschreibe an einem Beispiel den Einfluss der Umweltfaktoren auf einen Lebensraum.
c Stelle die abiotischen und biotischen Umweltfaktoren der Lebensräume Wald und Wiese in einer Tabelle gegenüber.

3 Menschen verändern Lebensräume
a Nenne das Fachwort für einen Lebensraum, der von Menschen geschaffen oder verändert wurde.
b Begründe, ob ein Maisfeld ein natürlicher Lebensraum ist.

Die Umweltfaktoren wirken auf Lebewesen

1 Die Gräser auf der Picknickwiese im Park sind vertrocknet.

Jamal will mit ein paar Freunden in den Park. Sie wollen Fußball spielen und picknicken. Auf der Picknickwiese sind alle Gräser vertrocknet. „Kein Wunder. Es war so heiß und so trocken in diesem Sommer." sagt Jamal.

Die Umweltfaktoren wirken zusammen
In jedem Lebensraum gibt es bestimmte biotische und abiotische Umweltfaktoren. Alle Umweltfaktoren zusammen bestimmen, welche Lebewesen in einem Lebensraum vorkommen.

Der Umweltfaktor Wasser
Wasser ist im Boden eines Lebensraums enthalten. Auch in der Luft ist Wasser enthalten. Wenn viel Wasser vorhanden ist, dann sagt man auch: Der Lebensraum ist feucht. Wenn kein oder sehr wenig Wasser vorhanden ist, dann sagt man: Der Lebensraum ist trocken. Die Menge an Wasser in der Luft nennt man die **Luftfeuchtigkeit**. Die Menge an Wasser im Boden bezeichnet man als die **Bodenfeuchtigkeit**. Alle Lebewesen brauchen Wasser, denn sie bestehen zu einem großen Teil aus Wasser. Pflanzen nehmen Wasser aus dem Boden auf. Sie können nur wachsen, wenn genug Wasser vorhanden ist. Wenn es zu wenig Wasser gibt, dann vertrocknen die Pflanzen (Bild 1). Die Tiere und die Menschen müssen genug trinken, um zu überleben.

Der Umweltfaktor Temperatur
Die Temperatur in einem Lebensraum wirkt auf die Pflanzen und Tiere, die dort leben. Die Samen von Pflanzen keimen zum Beispiel nur bei bestimmten Temperaturen. Die Warmkeimer brauchen hohe Temperaturen, damit sie keimen können. Die Kaltkeimer keimen nur bei niedrigen Temperaturen. Viele Tiere überleben die niedrigen Temperaturen im Winter in einem Ruhezustand. Einige Tiere schlafen zum Beispiel im Winter. Bei höheren Temperaturen im Frühling sind die Tiere wieder aktiv. Die Temperatur hat auch Einfluss auf die Wassermenge in einem Lebensraum. Wenn die Temperatur im Sommer längere Zeit sehr hoch ist, dann sagt man auch: Es ist heiß. Wenn es heiß ist, dann wird viel Wasser über die Laubblätter der Pflanzen und aus dem Boden an die Luft abgegeben. Der Boden trocknet dadurch schneller aus. Die Pflanzen können dann nur noch wenig Wasser aus dem Boden aufnehmen. Sie vertrocknen schneller (Bild 1).

2 Abiotische Umweltfaktoren (links) und biotische Umweltfaktoren (rechts) wirken auf Lebewesen

DIE LEBENSRÄUME ENTDECKEN

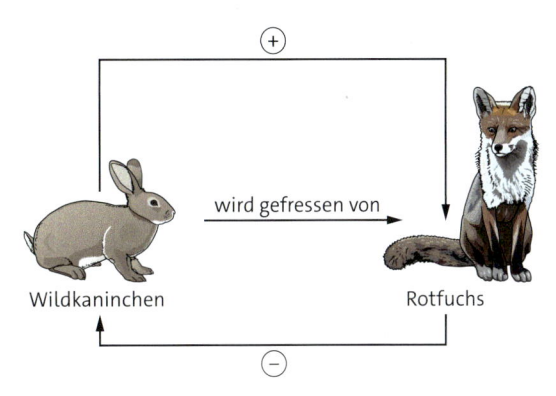

3 Ein Mückenschwarm am Abend

4 Die Lebewesen beeinflussen sich gegenseitig.
(+) Je mehr ..., desto mehr ... (−) Je mehr ..., desto weniger ...

Der Umweltfaktor Licht
Das Licht der Sonne beleuchtet die Erde und liefert ihr Energie. Pflanzen können die Energie des Sonnenlichts nutzen, um Traubenzucker herzustellen. Die Samen einiger Pflanzen keimen nur, wenn es dunkel ist. Andere Samen brauchen Licht, damit sie keimen können. Es gibt Tiere, die sind aktiv, wenn es hell ist und schlafen, wenn es dunkel ist. Andere Tiere schlafen, wenn es hell ist und wachen auf, wenn es dunkel wird. Im Frühling singen die Vögel, wenn es morgens hell wird. Mücken und Fledermäuse werden aktiv, wenn es im Sommer abends langsam dunkel wird (Bild 3).

Der Umweltfaktor Boden
Es gibt verschiedene Bodenarten mit unterschiedlichen Merkmalen. Die Art des Bodens hat zum Beispiel Einfluss darauf, wie viel Wasser der Boden speichern kann. Ein Lehmboden speichert viel Wasser. In einem lockeren Sandboden kann nur wenig Wasser gespeichert werden. Die Bodenart bestimmt auch, welche Lebewesen in einem Lebensraum vorkommen. In lockerem Sandboden können sich kaum Pflanzen ansiedeln, weil ihre Wurzeln darin nur wenig Halt haben. Ein steiniger Boden bietet Verstecke für kleine Tiere.

Die Lebewesen als Umweltfaktoren
Wildkaninchen nutzen Kräuter als Nahrung. Füchse nutzen die Wildkaninchen als Nahrung. Der Fuchs ist der **Fressfeind** der Wildkaninchen, die Wildkaninchen sind die **Beutetiere**. Fressfeinde und Beutetiere beeinflussen sich gegenseitig: Je mehr Beutetiere es gibt, desto mehr Fressfeinde können sich davon ernähren (Bild 4). Je weniger Beutetiere es gibt, desto weniger Fressfeinde gibt es. Das liegt daran, dass die Fressfeinde dann weniger Nahrung finden und sich somit weniger stark fortpflanzen können. In einem Lebensraum gibt es nur eine bestimmte Menge Licht, Wasser und Bodenfläche. In einem Wald können nicht unendlich viele Bäume wachsen. Die Lebewesen konkurrieren also um diese Umweltfaktoren.

> Die Umweltfaktoren in einem Lebensraum wirken auf die Lebewesen, die dort leben. Sie bestimmen, wie gut die Lebewesen wachsen und sich fortpflanzen können. Die Umweltfaktoren beeinflussen auch das Verhalten und die Aktivität der Lebewesen.

AUFGABEN

1 Die abiotischen Umweltfaktoren
a Beschreibe, was die Luftfeuchtigkeit ist.
b Erläutere an einem Beispiel, welchen Einfluss der Umweltfaktor Licht auf Lebewesen hat.
c Nenne die Ursachen dafür, dass die Gräser auf der Wiese in Bild 1 vertrocknet sind.
d Begründe deine Antwort aus Aufgabe 1c.

2 Die biotischen Umweltfaktoren
a Erläutere, warum die Lebewesen in einem Lebensraum um die Umweltfaktoren in dem Lebensraum konkurrieren.
b Beschreibe mithilfe von Bild 4, wie sich Beutetiere und Fressfeinde gegenseitig beeinflussen. Formuliere Je-desto-Sätze.

Die Lebensgemeinschaft in der Wiese

1 Ein Feldhase frisst eine Löwenzahnpflanze.

Bennos Schulklasse macht einen Wandertag. Auf einer Wiese können sie Heuschrecken, Vögel und sogar einen Feldhasen beobachten. Benno sieht, wie der Feldhase an einem Löwenzahn knabbert.

Die Erzeuger
Pflanzen können mithilfe von Sonnenlicht energiereiche Stoffe erzeugen. Sie werden deshalb **Erzeuger** genannt. Ein anderes Wort für erzeugen ist produzieren. In der Fachsprache heißen sie daher **Produzenten**. Pflanzen sind die Nahrung für viele Tiere. Zu den Produzenten auf der Wiese gehören die Gräser und die Kräuter (Bild 2).

Die Verzehrer
Tiere können energiereiche Stoffe nicht selbst erzeugen. Deshalb müssen sie diese Stoffe mit der Nahrung aufnehmen. Tiere können Pflanzen oder das Fleisch von anderen Tieren fressen. Sie sind also **Pflanzenfresser** oder **Fleischfresser**. Feldhasen und Heuschrecken sind Pflanzenfresser. Maulwürfe und Mäusebussarde sind Fleischfresser (Bild 2). Statt fressen kann man auch verzehren sagen. Tiere werden daher **Verzehrer** genannt. Ein anderes Wort für verzehren ist konsumieren. In der Fachsprache heißen Verzehrer **Konsumenten**.

Die Zersetzer
Alle Lebewesen sterben irgendwann. Im Boden gibt es Lebewesen, die tote Pflanzen und Tiere zersetzen. Sie heißen **Zersetzer**. In der Fachsprache heißen sie **Destruenten**. Der Regenwurm ist ein Destruent im Boden der Wiese (Bild 2). Wenn Destruenten tote Lebewesen zersetzen, dann werden Stoffe frei. Diese Stoffe können dann wieder von den Produzenten genutzt werden. Alle Stoffe bewegen sich also in einem Kreislauf.

2 Die Nahrungsbeziehungen in einer Wiese: Löwenzahn (A), Rispengras (B), Rotschwingel (C), Storchschnabel (D), Eiche (E), Feldhase (F), Ackerschnecke (G), Feldmaus (H), Feldheuschrecke (I), Wiesenschnakenlarve (J), Wiesenschaumzikade (K), Kleiner Feuerfalter (L), Ackerhummel (M), Grauammer (N), Goldlaufkäfer (O), Blindschleiche (P), Maulwurf (Q), Wespenspinne (R), Mäusebussard (S), Regenwurm (T)

DIE LEBENSRÄUME ENTDECKEN

Pflanze — Pflanzenfresser — Fleischfresser

Rispengras → Heuschrecke → Grauammer

3 Eine Nahrungskette in einer Wiese

Die Nahrungskette
Die Lebewesen der Wiese fressen und werden gefressen. Sie sind also über ihre Nahrung miteinander verbunden. Ein anderes Wort für Verbindung ist Beziehung. Man sagt daher: Die Lebewesen stehen miteinander in **Nahrungsbeziehungen**. Ein Beispiel zeigt Bild 3: Die Heuschrecke frisst das Rispengras. Die Grauammer frisst die Heuschrecke. Die Nahrungsbeziehungen zwischen Lebewesen kann man darstellen, indem man sie in einer Reihe aufschreibt und mit Pfeilen zeigt, wer wen frisst:
Rispengras → Heuschrecke → Grauammer.
Die Pfeilspitze zeigt dabei immer auf den Konsumenten. Das Fachwort für diese Reihe ist **Nahrungskette**.

Das Nahrungsnetz
Lebewesen fressen oft nicht nur eine Nahrung, sondern mehrere verschiedene. Ein Beispiel ist der Mäusebussard. Er frisst Blindschleichen und Feldmäuse. Die Blindschleiche frisst Ackerschnecken und Regenwürmer. Die Ackerschnecke frisst Rispengräser und Käfer. Auch die Feldmaus frisst Rispengräser. Wenn man alle Nahrungsketten aufschreibt, dann überkreuzen sich die Pfeile (Bild 2). Es entsteht ein verzweigtes Netz. Es heißt **Nahrungsnetz**. Die Nahrungsketten sind also miteinander verbunden. Je mehr Arten in einem Lebensraum leben, desto mehr Nahrungsketten gibt es. Je mehr Nahrungsketten es gibt, desto stärker ist das Nahrungsnetz verzweigt.

Das biologische Gleichgewicht
Wenn sich die Pflanzen stark vermehren, dann haben die Pflanzenfresser mehr Nahrung. Dadurch können sie sich ebenfalls stark vermehren.

> **BASISKONZEPT** System
> Die Wiese ist ein Lebensraum, in dem viele Lebewesen leben. Die Lebensbedingungen und alle Lebewesen der Wiese wirken zusammen und stehen in Beziehungen zueinander. So etwas nennt man in der Biologie ein **System**. Produzenten, Konsumenten und Destruenten sind eigene Systeme. Zusammen bewirken die Teile, dass das ganze System seine Aufgaben erfüllen kann. Wenn Teile fehlen, dann funktioniert das System nicht mehr.

Wenn es mehr Pflanzenfresser gibt, dann haben auch die Fleischfresser mehr Nahrung. Dadurch können auch sie sich stark vermehren. Doch wenn es mehr Pflanzenfresser gibt, dann fressen sie auch mehr Pflanzen. Dadurch sinkt die Zahl der Pflanzen auf der Wiese. Die Pflanzenfresser finden weniger Nahrung und können sich weniger stark vermehren. Die Zahl der Pflanzenfresser sinkt. Dadurch sinkt auch die Zahl der Fleischfresser. Die verschiedenen Lebewesen in einem Lebensraum beeinflussen sich also gegenseitig. Wenn die Umweltfaktoren in einem Lebensraum gleichbleiben, dann verändert sich die Anzahl der Lebewesen im Laufe der Zeit immer weniger. Schließlich verändert sie sich kaum noch. Das nennt man **biologisches Gleichgewicht**. Je mehr Arten es in einem Lebensraum gibt, desto stabiler ist das biologische Gleichgewicht.

> Produzenten, Konsumenten und Destruenten stehen in Nahrungsbeziehungen. Dadurch bewegen sich Stoffe in Kreisläufen und das biologische Gleichgewicht bleibt erhalten.

AUFGABEN
1 Die Nahrungsbeziehungen in der Wiese
a Nenne die Fachwörter für die Erzeuger, die Verzehrer und die Zersetzer.
b Notiere zwei möglichst lange Nahrungsketten aus Bild 2.
c Erstelle eine weitere Nahrungskette, an deren Ende der Mensch steht.
d Beschreibe mithilfe eines Flussdiagramms, wie sich die Stoffe in einem Kreislauf bewegen.
e Erläutere, was das biologische Gleichgewicht ist.

kuzafi

Die Wiese im Jahresverlauf

1 Die geernteten Wiesenpflanzen werden getrocknet.

Viele Wiesen werden landwirtschaftlich genutzt. Die Wiesenpflanzen dienen als Futter für Nutztiere. Bei der Ernte schneidet man die Wiesenpflanzen ab. Wenn man sie trocknet, dann wird zum Beispiel Heu daraus. Nach der Ernte wachsen viele Pflanzen auf der Wiese wieder.

Eine Wiese im Frühling und Frühsommer

Die ersten Pflanzen, die im Frühling auf einer Wiese wachsen, sind Frühblüher wie Veilchen und Schlüsselblumen. Ab Ende April wachsen die Gräser. Im Frühling und im Frühsommer scheint die Sonne von Tag zu Tag länger. Die Temperaturen steigen. Dann wachsen und blühen mit der Zeit immer mehr Wiesenpflanzen. Anfang Juni ist die Wiese dicht bewachsen. Viele Pflanzen haben ihre volle Größe erreicht und blühen (Bild 3). Jetzt erntet man die Wiesenpflanzen. Dazu schneidet man sie mithilfe von Maschinen ab. Das nennt man **Mähen**. Die Maschinen schneiden die Blüten und die oberen Pflanzenteile ab.

Die Wiesenpflanzen überstehen die Ernte

Gräser haben am unteren Ende ihrer Sprossachsen einen Bereich, aus dem nach dem Mähen schnell wieder neue Pflanzen wachsen. Ein anderes Wort für Bereich ist Zone. Dieser Bereich heißt deshalb **Wachstumszone**. Bei vielen anderen Wiesenpflanzen befinden sich die Wachstumszonen am oberen Ende der Sprossachsen. Sie werden beim Mähen abgeschnitten. Diese Wiesenpflanzen können deshalb nicht so schnell nachwachsen. Die Gräser sind daher die häufigsten Pflanzen auf der Wiese. Bei einigen Wiesenpflanzen wachsen die Sprossachsen liegend am Boden. Sie werden deshalb nicht abgemäht. Der Weißklee zum Beispiel hat so eine liegende Sprossachse. Gänseblümchen und Löwenzahn haben Laubblätter, die nah am Boden kreisförmig um die Sprossachse wachsen. Diese **Blattrosetten** bleiben beim Mähen erhalten. Nach der Ernte wachsen diese Pflanzen wieder. Sie werden aber nicht mehr ganz so hoch (Bild 2). Im August mäht man ein zweites Mal. In Regionen, in denen es länger warm ist und in denen genug Wasser vorhanden ist, kann man noch öfter mähen.

Die Fortpflanzung der Wiesenpflanzen

Viele Wiesenpflanzen pflanzen sich ungeschlechtlich mithilfe von Erdsprossen oder Ausläufern fort. Diese wachsen im Boden oder am Boden und werden deshalb nicht abgemäht. Wiesenpflanzen, die sich geschlechtlich vermehren, bilden ihre Früchte und Samen vor dem ersten Mähen oder erst danach. Frühblüher und der Löwenzahn blühen früh im Jahr. Sie bilden noch vor dem ersten Mähen Früchte und Samen. Die Kohldistel, die Wilde Möhre und der Bärenklau blühen erst nach dem ersten Mähen. Dann werden auch ihre Früchte und Samen gebildet.

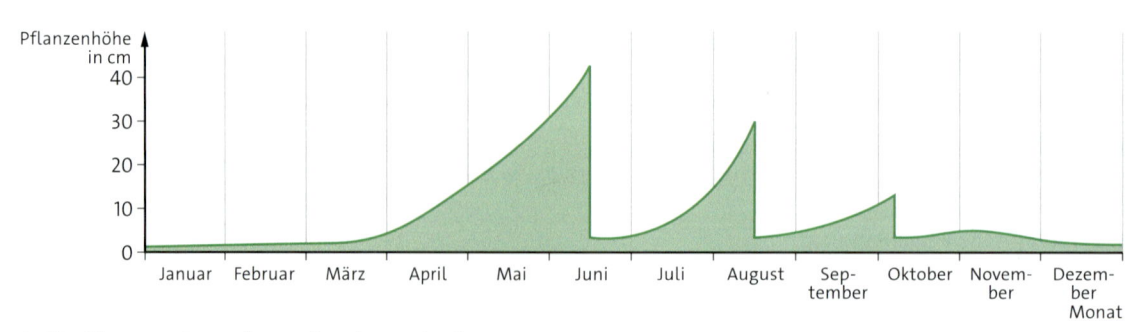

2 Die Höhe von Wiesenpflanzen im Jahresverlauf

3 Die Wiesenpflanzen im Jahresverlauf

Die Wiese im Herbst und im Winter
Im Herbst sind die meisten Wiesenpflanzen verblüht. Sie wachsen nach dem letzten Mähen nicht mehr nach. Die Pflanzenteile über dem Boden vertrocknen. Viele Pflanzen haben im Boden Speicherorgane wie Erdsprosse, Zwiebeln oder Wurzelknollen gebildet. Im nächsten Frühling wachsen sie daraus wieder heran.

> Landwirtschaftlich genutzte Wiesen werden mindestens einmal im Jahr gemäht. Die Wiesenpflanzen wachsen nach dem Mähen schnell nach oder bilden ihre Pflanzenorgane nahe am Boden aus, sodass diese nicht abgemäht werden. Viele Wiesenpflanzen pflanzen sich ungeschlechtlich fort. Andere bilden vor oder nach dem Mähen Früchte und Samen.

AUFGABEN

1 Die Wiesenpflanzen werden gemäht
a Gib an, wofür Wiesenpflanzen in der Landwirtschaft genutzt werden.
b Beschreibe, was mit dem Wort Mähen gemeint ist.
c Beschreibe das Diagramm in Bild 2.
d Nenne die Voraussetzungen dafür, dass eine Wiese dreimal im Jahr gemäht werden kann.

2 Die Wiesenpflanzen im Jahresverlauf
a Beschreibe das Aussehen einer Wiese im Jahresverlauf mithilfe des Textes und Bild 3.
b Beschreibe, wie Wiesenpflanzen den Winter überstehen.

3 Die Wiesenpflanzen überstehen die Ernte
a Schreibe die Fachwörter aus dem Abschnitt „Die Wiesenpflanzen überstehen die Ernte" in dein Heft und ergänze eine Worterklärung.
b Nenne drei Möglichkeiten, mit denen Wiesenpflanzen die Ernte überstehen.

4 Die Fortpflanzung der Wiesenpflanzen
a Begründe, warum die Wiesenpflanzen, die sich ungeschlechtlich fortpflanzen, auf der Wiese überleben können.
b Begründe, warum es ein Vorteil ist, wenn die Wiesenpflanzen vor oder nach dem Mähen Früchte und Samen bilden.

EXTRA   Schaden und Nutzen durch das Mähen

1 Ein Wiesenknopf-Ameisenbläuling

Der Wiesenknopf-Ameisenbläuling ist ein Schmetterling. Er lebt auf wenig genutzten feuchten Mähwiesen. Seine Eier legt er nur in die Blüten des Großen Wiesenknopfs. Wenn die Wiesen zu früh gemäht werden, dann finden die Wiesenknopf-Ameisenbläulinge keine Blüten, in die sie ihre Eier ablegen können. Durch großflächiges Mähen gefährdet man den gesamten Bestand dieser Schmetterlingsart.

Die Interessen der Landwirte ...
Ein Landwirtschaftsbetrieb lässt seine Wiese mähen. Das Grünfutter ist für die 60 Kühe im Stall. Früher mähte man Wiesen per Hand mit der Sense erstmals um den Johannistag am 24. Juni. Heute wird oft schon früher gemäht. Dadurch kann man häufiger mähen und somit mehr Futter erzeugen. Doch der gewählte Zeitpunkt für das Mähen hat große Auswirkungen auf einzelne Pflanzen und Tiere und damit auch auf die Lebensgemeinschaft Wiese.

... und die Interessen des Naturschutzes
Der Wiesenknopf-Ameisenbläuling stellt nur ein Beispiel für viele gefährdete Arten dar, die durch intensive Landwirtschaft bedroht sind. Naturschutzorganisationen haben zum Ziel, die Vielfalt von Tieren und Pflanzen zu erhalten. Durch Vereinbarungen mit der Landwirtschaft kann unter anderem der Zeitpunkt für das Mähen festgelegt werden. Sinken dadurch die Einnahmen für die landwirtschaftlichen Betriebe, weil sie weniger Grünfutter ernten, bekommen sie zum Ausgleich Geld.

AUFGABEN

1 Landwirtschaft und Naturschutz
Formuliere die Interessen der Landwirtschaft und die des Naturschutzes in eigenen Worten.

2 Auswirkungen des Mähens
Beschreibe mithilfe von Bild 2 die Auswirkungen von einmaligem, zweimaligem und dreimaligem Mähen.

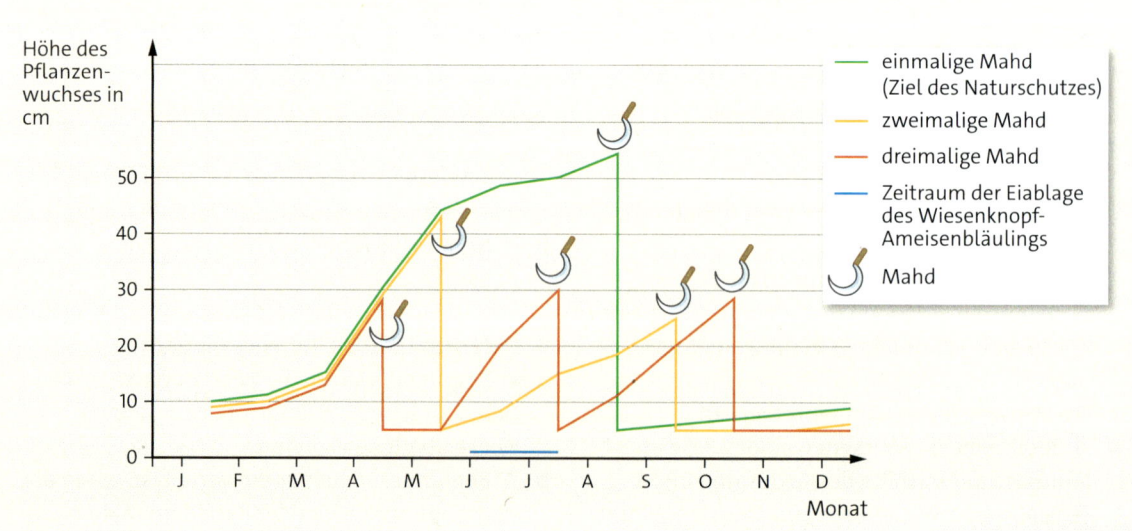

2 Auswirkungen des Mähens auf die Pflanzenhöhe

DIE LEBENSRÄUME ENTDECKEN

AUFGABEN Rasen oder Wiese?

1 Die Düngung und die Artenanzahl

Pflanzen brauchen Luft, Wasser, Wärme, Licht und Nährstoffe aus dem Boden, damit sie wachsen können. Im Garten und in der Landwirtschaft reichert man den Boden deshalb oft mit Nährstoffen an. Dazu benutzt man Dünger. Dünger enthält Nährstoffe für Pflanzen. Man nennt den Vorgang, bei dem man Dünger auf den Boden gibt, Düngung. Nach der Düngung wachsen bestimmte Pflanzen wie Gräser und Gemüse schneller als andere Pflanzen.

1 Eine Wiese: ungedüngt (A), gedüngt (B)

a ▸ Beschreibe die beiden Wiesen in Bild 1.
b ▸ Beschreibe anhand von Bild 2, wie sich das regelmäßige Düngen einer Wiese auf die Pflanzen und Tiere der Wiese auswirkt.
c ▸ Begründe, weshalb sich die Artenanzahl der Insekten durch mehrmaliges Düngen verändert.

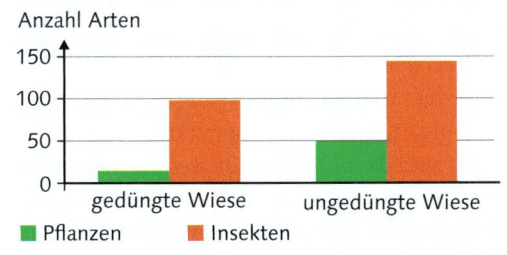

2 Artenanzahl auf gedüngter und ungedüngter Wiese

d ▸ Recherchiere im Internet nach der Wirkung von Dünger auf das Wachstum von Wiesenpflanzen. Begründe, weshalb auf gedüngten Flächen nur noch wenige blühende Wiesenpflanzen wachsen.
e ▸ Ein Rasenstück im Garten soll in eine naturnahe Wiese umgewandelt werden. Beschreibe, wie man vorgehen muss.

2 Ein gepflegter Rasen

3 Ein Rasen im Fußballstadion

Ein gepflegter Rasen besteht ausschließlich aus bestimmten Gräsern. Den Rasen muss man häufig mähen, düngen, bewässern und belüften, damit keine anderen Wiesenpflanzen auf der Fläche wachsen.

a ▸ Vergleiche die beiden Diagramme in Bild 4.
b ▸ Plane ein Experiment, mit dem man zu diesen Ergebnissen kommt.
c ▸ Beschreibe die Bedeutung des Düngers für das Rasenwachstum.

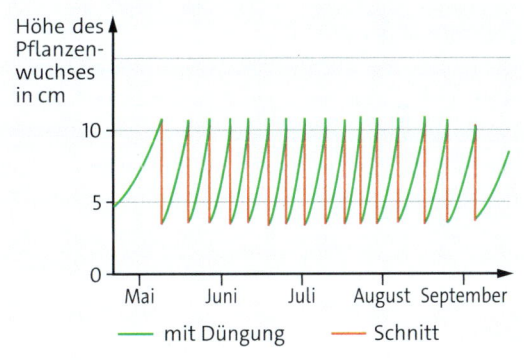

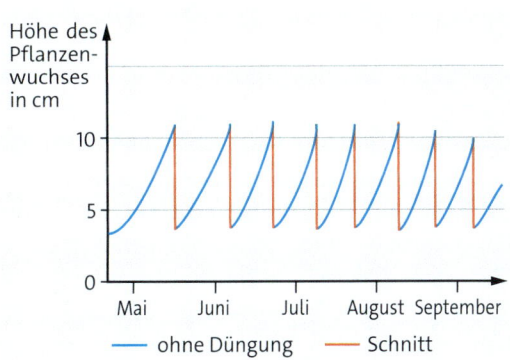

4 Die Pflege von Rasen mit und ohne Düngung

EXTRA   Die Streuobstwiese

1 Obstbäume auf einer Wiese

2 Buntspechte an und in einem toten Baum

Verstreute Obstbäume

Auf einer Wiese stehen verstreut viele Obstbäume. So eine Wiese nennt man **Streuobstwiese**. Hier findest du verschiedene Bäume wie Apfelbäume, Birnbäume und Zwetschgenbäume. Streuobstwiesen sind oft an Rändern von Orten. In Süddeutschland sind diese Wiesen ein wichtiger Bestandteil der Landschaft.

Vielfalt auf der Wiese

Die Bäume auf der Streuobstwiese stehen sehr weit voneinander entfernt. Daher fällt viel Licht auf den Boden. Zwischen den Bäumen wachsen viele Blütenpflanzen wie das Wiesenschaumkraut, der Hahnenfuß oder die Wilde Möhre. Insekten wie Käfer, Bienen und Hummeln finden auf den Wiesen viel Nahrung. Auch Reptilien und Amphibien wie die Blindschleiche und die Erdkröte leben auf der Wiese. Sie ernähren sich von Regenwürmern, Schnecken, Insekten, Käfern und Spinnen.

Obstbäume als Lebensraum

In einem Obstbaum kann man mehr als 1000 verschiedene wirbellose Tiere finden. Bereits im Frühjahr werden zahlreiche Insekten durch den Duft der Blüten der Obstbäume angelockt. Schmetterlingsraupen ernähren sich von jungen Blättern. Blattläuse, Zikaden und Blattwespen sind auf die Blätter, Knospen, Blüten oder den Saft der Obstbäume angewiesen. Diese verschiedenen Insekten dienen als Nahrung für verschiedene Vogelarten und Säugetiere.

Wertvolles Totholz

Ältere Obstbäume haben in ihrem Innern morsches Holz. Das alte Holz wird löchrig und fault. Äste sterben ab. Man spricht dann von **Totholz**. Viele Käferarten und Asseln ernähren sich von Totholz oder vom Holz geschwächter Bäume. Vögel wie der Buntspecht und der Grünspecht bauen in den Baumstämmen Höhlen, in denen sie ihre Jungtiere großziehen. Die verlassenen Baumhöhlen dienen nachtaktiven Säugetieren wie dem Siebenschläfer oder der Haselmaus als Nist- und Wohnhöhle. Viele Fledermausarten finden in alten Baumhöhlen Unterschlupf. Auch andere Vögel wie die Kohlmeise, der Kleiber oder seltene Arten wie der Steinkauz und der Wendehals ziehen in den Höhlen ihre Jungen auf.

Erhalt der Streuobstwiesen

Die Zahl der Streuobstwiesen nimmt ab. Gründe hierfür sind die mühsame Obsternte von den hohen Bäumen, die preisgünstige Obstproduktion auf niedrig wachsenden Plantagenbäumen und die Einfuhr von billigem Obst aus dem Ausland. Auch der steigende Flächenbedarf von Städten und Gemeinden führt zum Rückgang der Streuobstwiesen, weil an den Ortsrändern Wohnungen und Industriegebiete gebaut werden. In der Folge verschwinden viele Tierarten oder stehen kurz vor dem Aussterben. Mittlerweile setzen sich viele Gemeinden und Naturschutzorganisationen für die Rettung der Streuobstwiesen als wertvollen Lebensraum ein.

3 Kohlmeise (A), Siebenschläfer (B), Blindschleiche (C), Erdkröte (D), Honigbiene (E), Blattläuse (F), Wilde Möhre (G), Hahnenfuß (H), Wiesenschaumkraut (I)

AUFGABEN

1 Streuobstwiese
a ▢ Zerlege das Wort Streuobstwiese in seine drei Bestandteile.
b ▢ Beschreibe, was die Wortbestandteile bedeuten.
c ▢ Nenne drei weitere Wörter mit dem Bestandteil Obst.

2 Leben und Bedeutung der Streuobstwiese
a ▢ Ordne in einer Tabelle die Tiere von Bild 3 in die Gruppen Wirbeltiere und Wirbellose.
b ▢ Beschreibe die Bedeutung von Totholz für die Lebensgemeinschaft der Streuobstwiese.
c ▢ Erkläre, warum die Anpflanzung von Streuobstwiesen gefördert wird.

pofexu

METHODE   Lebensräume untersuchen

1 Ein Blick von oben auf ein Schulgelände

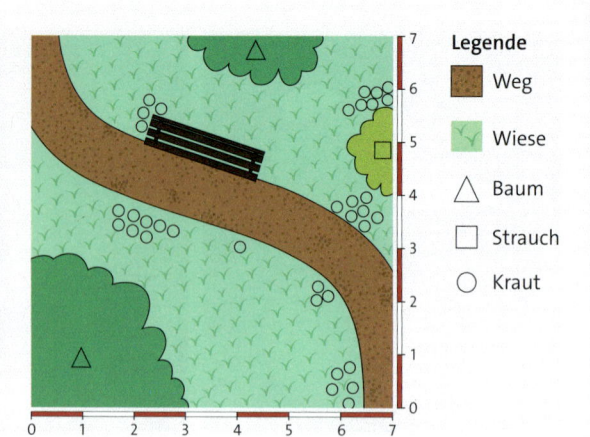

2 Eine Karte eines Geländes

Euer Schulgelände ist ein Lebensraum für viele Tiere und Pflanzen. Das erkennst du oft erst, wenn du die Lebensräume näher untersuchst.

1 Das Material besorgen
Besorgt alles, was ihr für die Untersuchung des Geländes braucht.

Die Klasse 5b braucht Papier, Stifte, Maßbänder, Schnüre, Stöcke und ein Thermometer.

2 Einen Überblick verschaffen
Betrachtet zuerst das Gelände. Ihr könnt euch auch einen Lageplan davon besorgen.

Die Klasse schaut sich auf dem Schulhof um. Sie vergleicht das Schulgelände mit dem Lageplan, den sie im Sekretariat bekommen hat.

3 Das Gelände aufteilen
Teilt das Schulgelände in kleine Flächen auf. Nutzt dazu den Lageplan. Eine Fläche von 10 m × 10 m ist übersichtlich. Messt die Flächen mit dem Maßband ab und markiert sie mit Stöcken. Bildet Gruppen. Jede Gruppe untersucht eine Fläche. Benennt die Lebensräume, die auf eurer Fläche zu finden sind.

Die Klasse teilt das Schulgelände in acht Flächen auf und bildet acht Gruppen. Sie legen fest, welche Gruppe welche Fläche untersucht. Jede Gruppe misst ihre Fläche ab und markiert sie. Viktor notiert die Lebensräume auf der Fläche seiner Gruppe: Weg, Wiese, Hecke.

4 Eine Karte anfertigen
Erstellt eine Karte von eurer Fläche, wie sie von oben betrachtet aussieht. Zeichnet alle Einzelheiten auf, auch Mauern, Zäune, Hecken, Bänke, Wege, Blumenbeete, Rasenflächen oder den Spielplatz. Zeichnet die einzelnen Teile des Geländes so auf eure Karte, dass sie ein verkleinertes Abbild der Wirklichkeit zeigen. Tragt Bäume und Sträucher in die Karte ein. Färbt die einzelnen Bestandteile eurer Karte mit Buntstiften. Kennzeichnet die verschiedenen Bestandteile mit Buchstaben oder Symbolen und schreibt eine Erklärung dazu. Das nennt man eine **Legende**.

Sugesh zeichnet die Karte für seine Gruppe. Er achtet darauf, dass die Größe der einzelnen Bestandteile und ihre Lage zueinander der Wirklichkeit entsprechen.

5 Die abiotischen Faktoren untersuchen
Fertigt einen Überblicksbogen an wie in Bild 3 gezeigt. Bestimmt die abiotischen Faktoren auf eurer Fläche. Wenn auf eurer Fläche verschiedene Lebensräume vorkommen, dann bestimmt die abiotischen Faktoren für jeden Lebensraum. Messt die Temperatur an verschiedenen Standpunkten etwa einen Meter über dem Boden und in Bodennähe. Notiert alles auf dem Überblicksbogen. Notiert auch, ob die Lebensräume auf der Fläche sonnig, halbschattig oder schattig sind. Beschreibt, wie der Boden beschaffen ist. Gebt auch an, ob der Boden feucht oder trocken ist.

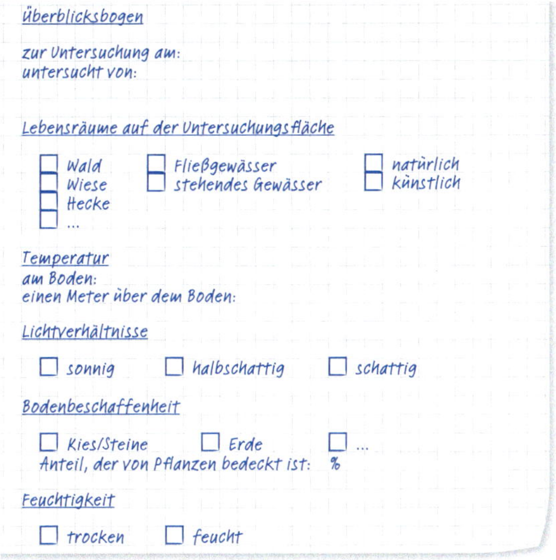

Überblicksbogen

zur Untersuchung am:
untersucht von:

Lebensräume auf der Untersuchungsfläche

☐ Wald   ☐ Fließgewässer   ☐ natürlich
☐ Wiese   ☐ stehendes Gewässer   ☐ künstlich
☐ Hecke
☐ ...

Temperatur
am Boden:
einen Meter über dem Boden:

Lichtverhältnisse

☐ sonnig   ☐ halbschattig   ☐ schattig

Bodenbeschaffenheit

☐ Kies/Steine   ☐ Erde   ☐ ...
Anteil, der von Pflanzen bedeckt ist: %

Feuchtigkeit

☐ trocken   ☐ feucht

3 Ein Überblicksbogen

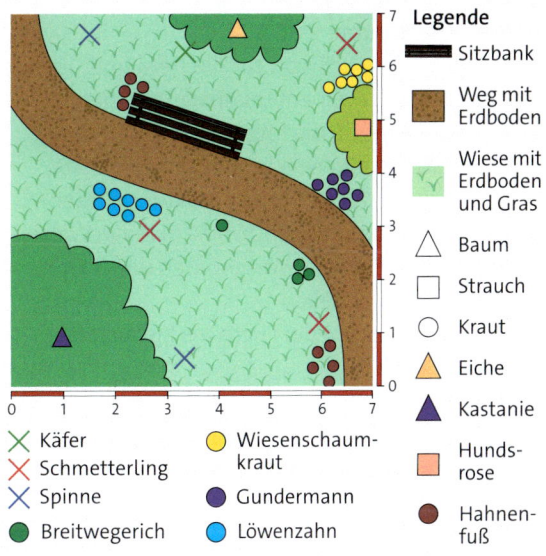

Legende
- Sitzbank
- Weg mit Erdboden
- Wiese mit Erdboden und Gras
- △ Baum
- ☐ Strauch
- ○ Kraut
- △ Eiche
- ▲ Kastanie
- ☐ Hundsrose
- ● Hahnenfuß

✕ Käfer   ● Wiesenschaumkraut
✕ Schmetterling
✕ Spinne   ● Gundermann
● Breitwegerich ● Löwenzahn

4 Eine Karte mit Pflanzen und Tieren

Madita notiert, dass die Wiese und der Weg einen Erdboden haben. Der Boden der Wiese ist fast vollständig mit Gras bewachsen. Die Wiese wird von der Sonne beschienen. Die angrenzende Straße ist durch eine Hecke vom Schulgelände getrennt. Madita misst mit dem Thermometer die Temperatur. Sie misst auf der Wiese und auch im Schatten eines Baumes. Sie notiert auch die Uhrzeit ihrer Messungen.

6 Die Pflanzen und Tiere bestimmen
Sucht nach Pflanzen und Tieren. Bestimmt sie mithilfe von Bestimmungsbüchern oder Bestimmungs-Apps. Ihr müsst die Lebewesen nicht exakt bestimmen. Wichtig ist, dass ihr sie einer Gruppe zuordnen könnt. Zeichnet die Fundorte aller Tiere und Pflanzen in eure Karte ein. Verwendet verschiedene Symbole und Farben. Wenn bestimmte Pflanzen oder Tiere häufig vorkommen, dann zeichnet mehrere Symbole in die Karte. Zeichnet alle Symbole aus eurer Karte mit einer Erklärung in die Legende eurer Karte.

Anwar hat neben einer Eiche ein Insekt gefunden. Er trägt den Fundort auf der Karte ein. In die Legende schreibt er „Käfer", weil er das Tier nicht genauer bestimmen kann. Anwar macht noch ein Foto von dem Käfer, um ihn den Jugendlichen aus den anderen Gruppen zu zeigen.

7 Die Ergebnisse zusammenführen
Fertigt eine Liste an mit allen Pflanzen und Tieren, die ihr gefunden habt. Einigt euch auf ein Symbol für jedes Lebewesen. Zeichnet eine Karte des gesamten Schulgeländes mit allen Einzelheiten und allen Lebewesen.

Die Gruppe von Leonie hat für die Eiche das gleiche Symbol verwendet wie Maditas Gruppe für den Löwenzahn. Die Klasse einigt sich darauf, das Symbol für die Eiche zu verwenden. Für den Löwenzahn finden sie ein anderes Symbol.

AUFGABEN

1 Die Umgestaltung eines Schulhofs
Ein gepflasterter Schulhof wird durch eine Rasenfläche mit einigen Bäumen ersetzt.
a ☒ Nenne alle abiotischen Faktoren, die sich durch diese Umgestaltung verändert haben.
b ☒ Vergleiche die beiden Lebensräume miteinander.
c ☒ Formuliere eine Vermutung, wie ein Regenwurm diese Umgestaltung finden würde. Begründe deine Vermutung.

2 Ein Gelände kartieren
☒ Besorge einen Lageplan deines Wohnorts oder deiner Straße. Wähle eine Fläche aus und kartiere sie.

paqoti

TESTE DICH!

1 Die Lebensräume ↗ S.164/165

a Nenne das Fachwort für die Tiere und Pflanzen, die in einem Lebensraum leben.

b Entscheide, ob die folgenden Wörter einen Lebensraum oder eine Lebensgemeinschaft beschreiben: Wald, Fische, Insekten, Wiesenpflanzen, Stadt, Tauben, Wildschweine, Wiese.

c Begründe, warum Waschbären und Ratten auch in Städten leben.

d Erkläre, warum der Fuchs als Kulturfolger bezeichnet wird.

e Auf deinem Schulweg siehst du verschiedene Lebensräume. Benenne diese Lebensräume und beschreibe ihre Lage.

2 Die Umweltfaktoren ↗ S.166/167

a Nenne die Fachwörter für lebendige und nicht lebendige Umweltfaktoren.

b Nenne zwei biotische und zwei abiotische Umweltfaktoren.

c Beschreibe an einem Beispiel, wie die jahreszeitlich bedingte Änderung des Umweltfaktors Temperatur die Aktivität von Tieren beeinflusst.

d Erläutere, warum auf sandigem Boden kaum Pflanzen wachsen können.

3 Der Lebensraum Wiese ↗ S.168/169

a Beschreibe die Lebensbedingungen für Pflanzen und Tiere auf einer Wiese.

b Erläutere, warum die Artenvielfalt der Insekten auf Wiesen sehr groß ist und welche Vorteile das für die Pflanzen und die anderen Tiere auf der Wiese hat.

c Nenne drei Speicherorgane, aus denen viele Wiesenpflanzen nach dem Winter wieder heranwachsen.

d Beschreibe die Gefahren der häufigen Mahd für die Feldlerche. Nutze dazu Bild 1.

4 Die Lebewesen in der Wiese ↗ S.168/169

a Nenne je ein Beispiel für einen Produzenten, einen Konsumenten und einen Destruenten im Lebensraum Wiese.

b Die folgende Nahrungskette enthält Fehler: Mäusebussard → Löwenzahn → kleiner Feuerfalter → Blindschleiche → Regenwurm Ordne die Tiere der Nahrungskette in der richtigen Reihenfolge.

c Ein Lebewesen passt nicht in die Nahrungskette. Nenne es.

d Erkläre, warum Produzenten für Tiere und Menschen wichtig sind.

e Beschreibe mögliche Folgen für den Goldlaufkäfer, wenn auf der Wiese kein Löwenzahn mehr wächst. Nutze dazu Bild 2.

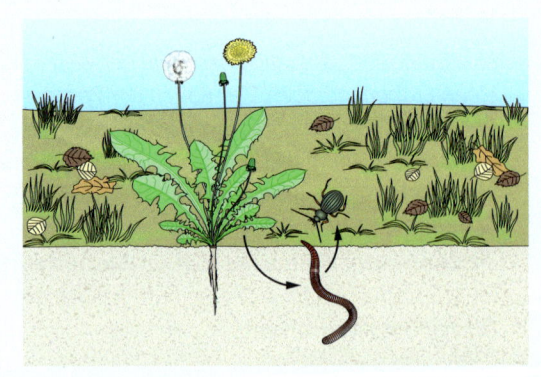

2 Die Nahrungsbeziehungen des Goldlaufkäfers

5 Lebensraum Streuobstwiese ↗ S.174/175

a Nenne fünf verschiedene Tiergruppen, die auf Streuobstwiesen leben, und beschreibe jeweils, wovon sie sich ernähren.

b Ältere Obstbäume auf der Streuobstwiese haben in ihrem Innern morsches Holz. Erläutere den Nutzen von diesen morschen Obstbäumen für Vögel wie den Steinkauz (Bild 3).

1 Eine Feldlerche füttert ihre Jungen.

3 Jungtiere des Steinkauzes

ZUSAMMENFASSUNG Die Lebensräume entdecken

Die Lebensräume in der Umgebung
Lebensraum: Gebiet, in dem bestimmte Pflanzen und Tiere leben
Lebensgemeinschaft: Pflanzen und Tiere in einem Lebensraum

Umweltfaktoren wirken auf die Lebewesen ein. Man unterscheidet:
abiotische Umweltfaktoren: nicht lebendige Umweltfaktoren, zum Beispiel Temperatur, Sonnenlicht und Feuchtigkeit
biotische Umweltfaktoren: andere Lebewesen, die ein Lebewesen beeinflussen, zum Beispiel ist der Fuchs ein **Fressfeind** der Wildkaninchen, die Wildkaninchen sind **Beutetiere**

⊕ Je mehr ..., desto mehr ... ⊖ Je mehr ..., desto weniger ...

Die Pflanzen und Tiere in einem Lebensraum sind an die Umweltfaktoren dort angepasst.

Die Umweltfaktoren wirken auf Lebewesen
Die Umweltfaktoren in einem Lebensraum wirken auf die Lebewesen, die dort leben. Sie
– bestimmen, wie gut die Lebewesen wachsen.
– bestimmen, wie gut die Lebewesen sich fortpflanzen können.
– beeinflussen das Verhalten der Lebewesen.
– beeinflussen die Aktivität der Lebewesen.

Die Lebensgemeinschaft in der Wiese
Produzenten: Pflanzen, können mithilfe von Sonnenlicht energiereiche Stoffe bilden
Konsumenten: Tiere, fressen Pflanzen oder Tiere
Destruenten: zersetzen abgestorbene Lebewesen. Zwischen Lebewesen bestehen **Nahrungsbeziehungen**. Diese kann man in Nahrungsketten darstellen.

Pflanze → Pflanzenfresser → Fleischfresser

Rispengras → Heuschrecke → Grauammer

Die Wiesenpflanzen im Jahresverlauf
– Frühling: Erste Frühblüher wie Veilchen und Schlüsselblumen erscheinen.
– ab Ende April: Immer mehr Wiesenpflanzen wachsen und blühen.
– Anfang Juni: Die Wiese ist dicht bewachsen.
– Herbst: Viele Wiesenpflanzen sind verblüht, Pflanzenteile über dem Boden vertrocknen.

Nutzung der Wiesen
Viele landwirtschaftlich genutzte Wiesen werden mehrmals im Jahr gemäht. Durch das **Mähen** fehlt vielen Tieren Unterschlupf und Nahrung. Die **Streuobstwiese** wird seltener gemäht. Viele Tiere finden hier Nahrung und Unterschlupf.

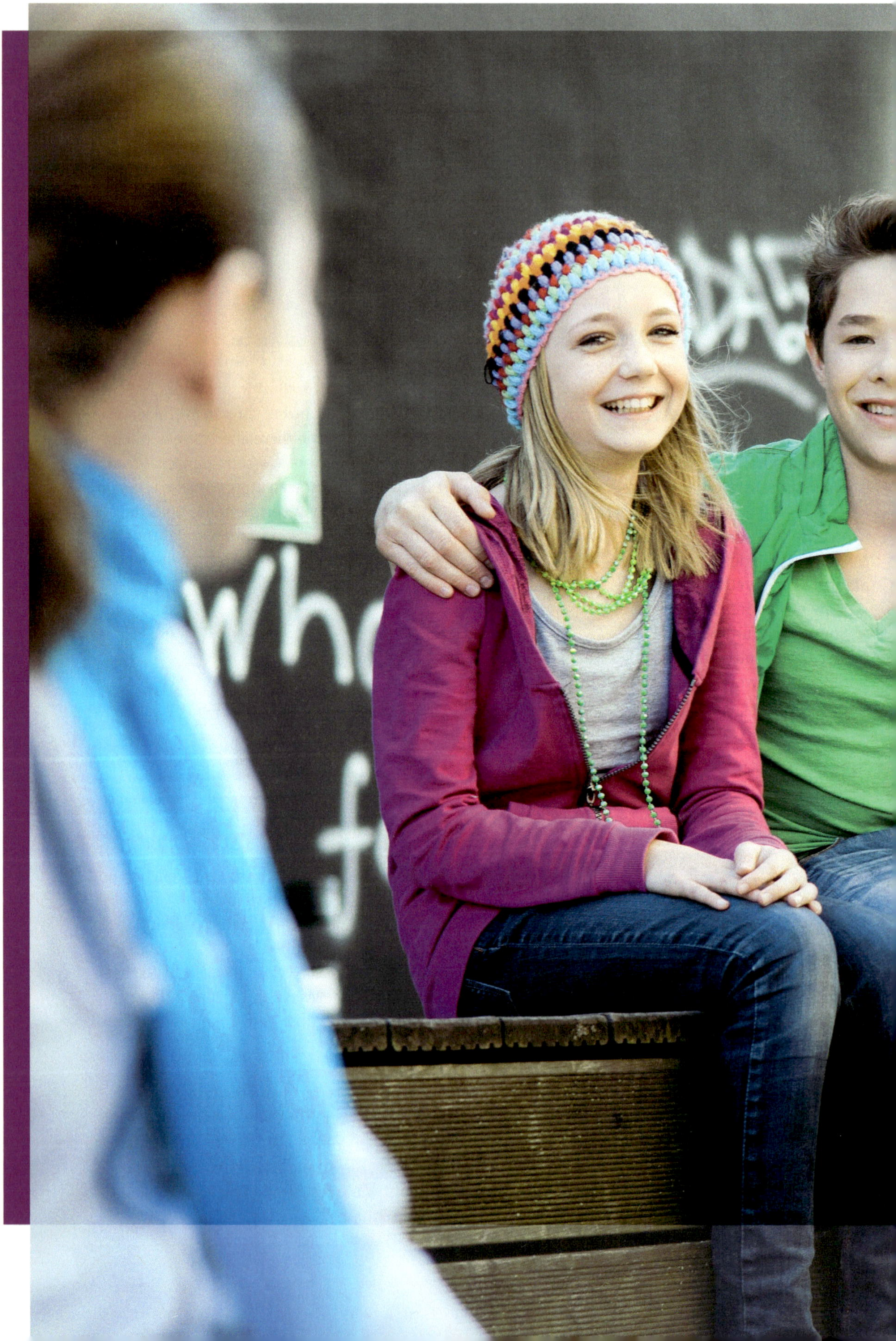

Die Pubertät

In diesem Kapitel erfährst du, ...
- ... wie sich dein Körper in der Pubertät verändert.
- ... was man unter Verliebtsein versteht.
- ... wie du eine Schwangerschaft verhindern kannst.
- ... wie neues Leben entsteht und sich während der Schwangerschaft weiterentwickelt.
- ... wie eine Geburt abläuft.

Die Veränderungen in der Pubertät

1 Helena und Jeremy erleben eine Achterbahn der Gefühle.

Helena ist 12 Jahre alt. In letzter Zeit ist vieles anders geworden. Als Jeremy sie neulich anlächelte, klopfte ihr Herz plötzlich wie wild. Er sieht so toll aus! Aber sie konnte kein Wort sagen. Seitdem denkt sie nur noch an ihn.

Du wirst erwachsen
Im Alter zwischen 10 und 16 Jahren werden aus Kindern langsam junge Erwachsene. Diesen Lebensabschnitt nennt man **Pubertät**. Das Erwachsenwerden beginnt bei Mädchen meist zwei Jahre früher als bei Jungen. Die Pubertät verläuft bei allen Jugendlichen unterschiedlich schnell.

Die Ursache der Pubertät
Die Pubertät beginnt, wenn das Gehirn ein Signal an den Körper sendet. Dann werden in verschiedenen Organen Botenstoffe hergestellt. Diese werden ins Blut abgegeben und darüber im ganzen Körper verteilt. Die Botenstoffe bewirken Veränderungen im Körper. Organe, die Stoffe herstellen und abgeben, heißen **Drüsen**. Die Botenstoffe werden auch **Hormone** genannt.

Die körperlichen Veränderungen in der Pubertät
In der Pubertät wächst der Körper sehr schnell, dadurch können die Gelenke schmerzen. Im Gehirn werden neue Zellen gebildet. Auch zwischen den Gehirnzellen entstehen neue Verbindungen. Die Stimme wird tiefer. Unter den Achseln und zwischen den Beinen wachsen Haare. Jungen bekommen einen Bart. Bei Mädchen entwickeln sich Brüste. Einige Organe werden größer und verändern ihre Funktion. Dadurch erhalten Mädchen die Fähigkeit, Kinder zu bekommen. Jungen erhalten die Fähigkeit, Kinder zu zeugen. Man sagt: Sie können sich nun fortpflanzen. Die Organe für die Fortpflanzung heißen **Geschlechtsorgane**.

Die seelischen Veränderungen in der Pubertät
Die Hormone und die körperlichen Veränderungen beeinflussen auch Gefühle, Stimmungen und Bedürfnisse. Gefühle werden jetzt intensiver erlebt. Das ist ungewohnt. Jugendliche müssen erst lernen, ihre Empfindungen zu verstehen und zu kontrollieren. Schon Kleinigkeiten können zu einem Gefühlsausbruch führen. Deshalb kommt es in der Pubertät öfter zum Streit mit den Eltern. Auch die Eltern müssen lernen, mit der veränderten Situation umzugehen. Für sie ist es schwierig, Verantwortung abzugeben. Jugendliche sollten darauf vertrauen können, dass ihre Eltern das Beste für sie wollen.

Freundinnen und Freunde werden in der Pubertät oft wichtiger als die Eltern. Vielen Jugendlichen gefällt es, etwas Eigenes zu leisten. Manche entdecken mit großem Herzklopfen, dass sie mit ihrem Aussehen und Verhalten die Blicke anderer auf sich lenken können. Einige verlieben sich zum ersten Mal.

2 Verschiedene Jugendliche im gleichen Alter

3 Romy hat in letzter Zeit öfter Streit mit ihrer Mutter.

4 Freunde sind wichtig in der Pubertät.

Zu sich selbst finden

Jugendliche probieren in der Pubertät verschiedene Rollen aus, um zu sich selbst zu finden. Rollenvorbilder können Freundinnen oder Freunde sein, deren Verhalten bewundert wird, oder ein Popstar, der unglaublich gut aussieht. Aber auch die Eltern, Großeltern oder andere Verwandte können Vorbilder dafür sein, eine eigene Vorstellung darüber zu entwickeln, welche Eigenschaften wichtig sind. Freundschaft, Respekt, Vertrauen, Ehrlichkeit, Anerkennung, Gerechtigkeit, Toleranz, Mitgefühl, Selbstachtung, Liebe, Erfolg, Freiheit, Sicherheit, Hilfsbereitschaft, Kreativität oder Verantwortungsbewusstsein sind Beispiele für diese **Wertvorstellungen** oder **Werte**. Sie geben Orientierung und helfen, das eigene Handeln einzuschätzen. Für die Entwicklung der Persönlichkeit ist es wichtig, eine eigene Meinung zu haben und sie zu vertreten. Auch Neinsagen muss erst gelernt werden. Jugendlichen fällt es oft schwer, sich anders zu verhalten, als die Freundinnen und Freunde es tun. Man sollte sich zum Beispiel gut überlegen, ob man nur rauchen will, weil die anderen es tun.

> In der Pubertät entwickeln sich Kinder zu jungen Erwachsenen. Hormone steuern die Veränderungen von Körper und Gehirn. Dadurch erhält der Körper die Fähigkeit, sich fortzupflanzen. Auch Gefühle und Interessen verändern sich während der Pubertät. In dieser Zeit können Jugendliche zu sich selbst und ihre Rolle in der Gesellschaft finden.

AUFGABEN

1 Die Pubertät
Die Pubertät verläuft bei allen Jugendlichen unterschiedlich.
a Nenne die Ursache der Pubertät.
b Beschreibe, wie sich der Beginn der Pubertät bei Jungen und Mädchen unterscheidet.
c Beschreibe, welchen Einfluss die Hormone während der Pubertät auf den Körper und die Gefühle haben.

2 Eltern meinen es doch nur gut
Eltern können nerven. Aber oft reagieren wir auf ihre Hinweise heftiger, als es angebracht wäre.
a Nenne fünf Themen, über die du früher mit deinen Eltern oder Erziehenden nicht gestritten hast, in der letzten Zeit aber schon.
b Stell dir vor, es hat zu Hause mal wieder Streit wegen einer Kleinigkeit gegeben. Jetzt sitzt du in deinem Zimmer und hast ein schlechtes Gewissen. Schreibe eine Nachricht, in der du erklärst, wie es aus deiner Sicht zu dem Streit kam. Schlage auch eine Lösung vor.

c Übertrage die Tabelle in dein Heft und fülle sie aus. Ergänze zwei weitere Beispiele.

Die Eltern sagen:	Damit meinen sie vielleicht:
Beispiel: Du musst heute Abend pünktlich zu Hause sein!	Beispiel: Ich mache mir Sorgen, wenn du so spät noch allein draußen bist.
Wie du wieder aussiehst! Du holst dir noch eine Erkältung in dem Outfit.	...
...	Ich will deine Musik nicht den ganzen Tag hören. Mich nervt sie. Manchmal will ich gerne auch mal meine Musik hören.
Jetzt komm endlich, ich habe extra für dich gekocht.	...
...	Ich brauche deine Hilfe bei der Hausarbeit. Ich habe den Eindruck, dass du nur am Handy sitzt und eigentlich Zeit hättest.

fixeni

Vom Jungen zum Mann

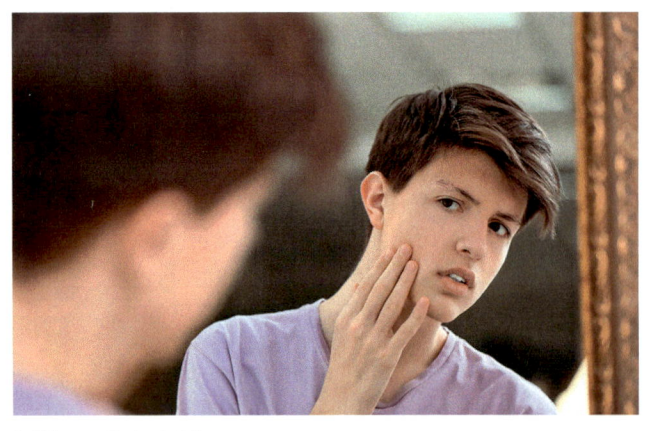

1 Alles verändert sich ...

Justin betrachtet sich im Spiegel. In letzter Zeit hat sich sein Körper verändert: Alles sieht irgendwie eckiger und muskulöser aus. Was geschieht im Körper eines Jungen während der Pubertät?

Die Geschlechtsmerkmale
In der Pubertät werden bei Jungen die Schultern breiter als das Becken. Die Stimme wird tiefer und die Körperbehaarung entwickelt sich. Der Bartwuchs beginnt (Bild 2). Da diese Merkmale erst während der Pubertät entstehen, nennt man sie **sekundäre Geschlechtsmerkmale**. Das Wort *sekundär* bedeutet später. Die Geschlechtsorgane dagegen sind bereits bei der Geburt vorhanden. Deshalb nennt man sie **primäre Geschlechtsmerkmale**. Das Wort *primär* bedeutet zuerst.

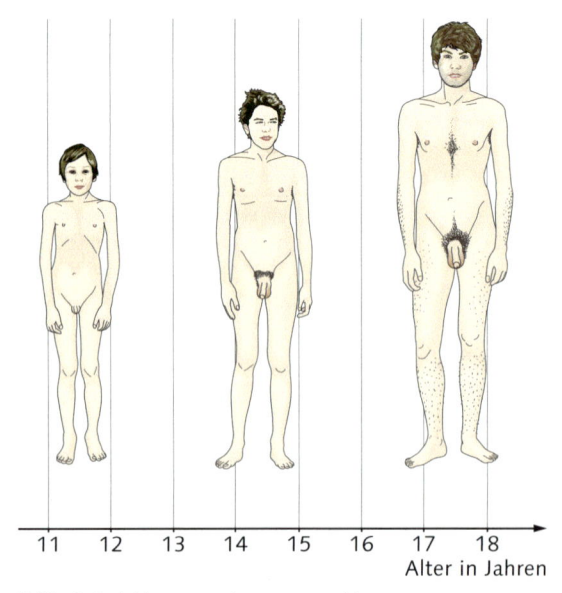

2 Die Entwicklung vom Jungen zum Mann

Die Geschlechtsorgane
Die meisten männlichen Geschlechtsorgane befinden sich außerhalb des Körpers. Den Bereich des Körpers, in dem sich die Geschlechtsorgane befinden, nennt man **Intimbereich**. Früher sagte man dazu auch Schambereich. Dieses Fachwort stammt vom Wort schämen. Doch für die eigenen Geschlechtsorgane muss man sich nicht schämen. Die Geschlechtsorgane verschiedener Menschen unterscheiden sich in Farbe und Form, genau wie die Augen oder die Ohren.

Die Bildung von Spermienzellen
Die Fortpflanzung wird durch bestimmte Zellen möglich, die **Geschlechtszellen**. Die männlichen Geschlechtszellen sind die **Spermienzellen**. Sie werden in zwei pflaumenförmigen Organen gebildet, den **Hoden** (Bild 3). Diese stellen auch Hormone her. Die Hoden liegen außerhalb des Körpers im **Hodensack**. Dadurch sind die Hoden etwas kühler als das Körperinnere. So gelingt die Spermienzellbildung am besten. Die noch unreifen Spermienzellen werden in den halbmondförmigen **Nebenhoden** gespeichert. Dort reifen die Spermienzellen, das bedeutet, sie erlangen ihre Funktion.

Der Penis
Das männliche Glied wird auch **Penis** genannt (Bild 3). Der Penis besteht aus weichem Bindegewebe, Muskeln, Nerven und Schwellkörpern, die sich vergrößern können. Durch den Penis wird Urin nach außen abgegeben. Die Penisspitze heißt **Eichel**. Bei unbeschnittenen Jungen und Männern ist die Eichel von der **Vorhaut** bedeckt.

> **EXTRA Die Beschneidung**
> Wenn die Vorhaut zu eng ist, dann lässt sie sich nur mühsam oder unter Schmerzen hinter die Eichel zurückziehen. Unter der Vorhaut können so Entzündungen entstehen. Der Arzt verordnet dann meist eine Creme. Sie macht die Vorhaut bei regelmäßiger Anwendung dehnbar. Wenn das nicht hilft, dann kann eine Beschneidung notwendig sein. Dabei wird die Vorhaut des Penis teilweise oder vollständig entfernt. In manchen Familien wird eine Beschneidung auch aus kulturellen oder religiösen Gründen durchgeführt.

184 DIE PUBERTÄT

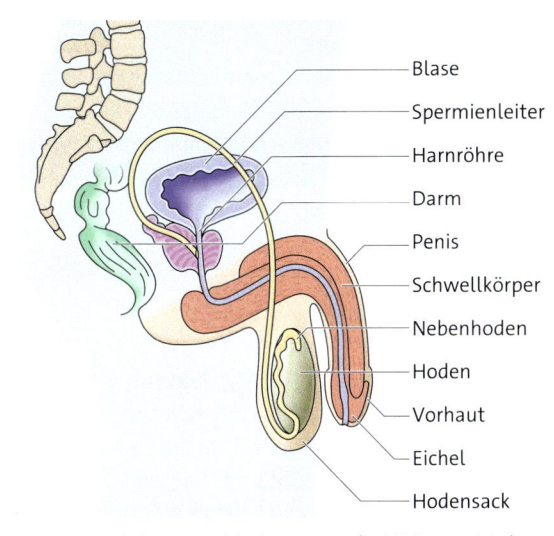

3 Die männlichen Geschlechtsorgane (seitliche Ansicht)

Labels: Blase, Spermienleiter, Harnröhre, Darm, Penis, Schwellkörper, Nebenhoden, Hoden, Vorhaut, Eichel, Hodensack

dafür ist **Pollution**. Mit dem ersten Samenerguss ist ein Junge **geschlechtsreif**, das bedeutet, er kann jetzt Kinder zeugen.

> Die primären Geschlechtsmerkmale sind von Geburt an vorhanden. Die sekundären Geschlechtsmerkmale entwickeln sich erst in der Pubertät. Die Geschlechtsorgane dienen der Fortpflanzung und dem Vergnügen.

Der Orgasmus
Die Berührung der Geschlechtsorgane kann schöne Gefühle erzeugen. Bei Jungen und Männern ist vor allem der Penis sehr empfindlich. Durch Streicheln oder Reiben füllen sich die Schwellkörper mit Blut und werden größer. Diese Reaktion wird als Erregung bezeichnet. Dadurch wird der Penis dicker und länger und richtet sich auf. Das nennt man **Erektion**. Der Höhepunkt der Erregung heißt **Orgasmus**. Dabei wird meist ein intensives Glücks- und Lustgefühl empfunden.

Der Samenerguss
Beim Orgasmus gelangen Spermienzellen von den Nebenhoden durch die **Spermienleiter** in die Harnröhre (Bild 3). Verschiedene Drüsen geben Flüssigkeit dazu, diese schützt die Spermienzellen und macht sie beweglich. Spermienzellen und Flüssigkeit zusammen werden als **Sperma** bezeichnet. Das Sperma ist weißlich, trübe und etwas klebrig. Die Abgabe von Sperma aus dem Penis nennt man **Samenerguss**. Das Sperma eines Samenergusses kann bis zu 500 Millionen Spermienzellen enthalten.

Die Geschlechtsreife
Die Hoden beginnen meist zwischen dem 12. und 13. Lebensjahr mit der Bildung von Spermienzellen. Die erste Erektion geschieht oft im Schlaf. Sie kann aber auch durch Berührungen, Gefühle oder Bilder ausgelöst werden. Dabei kann es auch zu einem Samenerguss kommen. Das Fachwort

AUFGABEN

1 Die Geschlechtsmerkmale
a Nenne drei körperliche Veränderungen bei Jungen während der Pubertät.
b Ordne den Buchstaben A bis J die richtigen Fachwörter zu. Nutze dazu auch Bild 3.

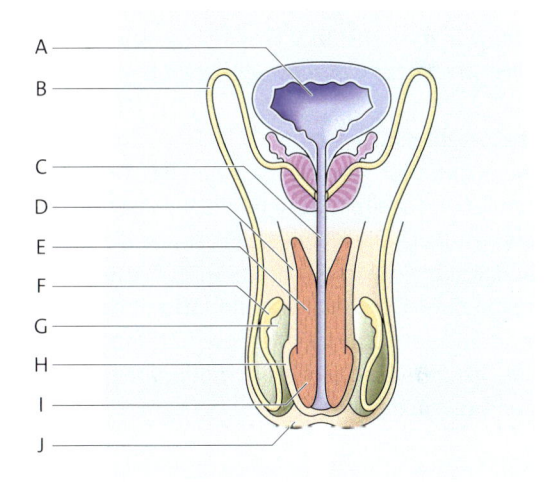

4 Die männlichen Geschlechtsorgane (Ansicht von vorn)

c Beschreibe die Aufgaben der äußeren männlichen Geschlechtsorgane.
d Beschreibe den Unterschied zwischen primären und sekundären Geschlechtsmerkmalen.

2 Der Orgasmus
a Erkläre einem Freund in einer E-Mail, was ein Orgasmus ist. Verwende dabei Fachwörter.
b Beschreibe den Weg der Spermienzellen von ihrem Entstehungsort bis zum Samenerguss.
c Bis zu 500 Millionen Spermienzellen verlassen bei einem Samenerguss den Körper. Beschreibe den Zusammenhang zwischen dem ersten Samenerguss und der Geschlechtsreife.

naruya

Vom Mädchen zur Frau

1 Alles verändert sich …

Suza betrachtet sich im Spiegel. In letzter Zeit hat sich ihr Körper verändert: Alles sieht irgendwie runder und weicher aus. Was geschieht im Körper eines Mädchens während der Pubertät?

Die Geschlechtsmerkmale
In der Pubertät wird bei Mädchen das Becken runder und breiter, während die Schultern schmal bleiben. Auch die weibliche Brust und die Körperbehaarung entwickeln sich (Bild 2). Diese **sekundären Geschlechtsmerkmale** entstehen erst während der Pubertät. Die Geschlechtsorgane sind als **primäre Geschlechtsmerkmale** bereits bei der Geburt vorhanden.

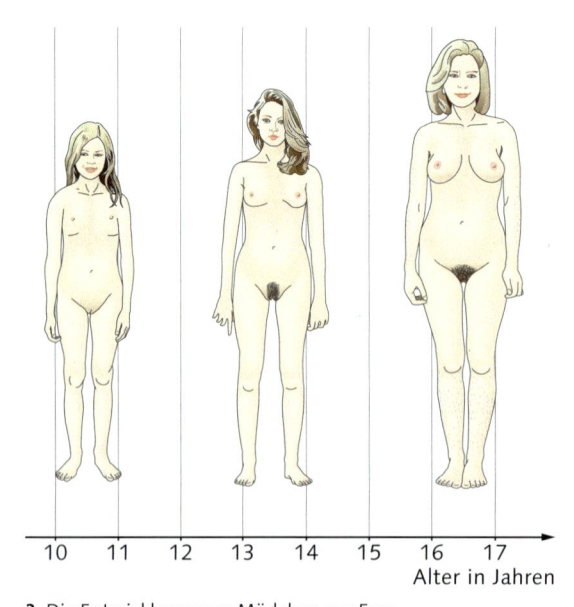

Die Geschlechtsorgane
Die meisten weiblichen Geschlechtsorgane liegen geschützt im unteren Teil des Bauches. Die von außen sichtbaren Geschlechtsorgane werden **Vulva** genannt. Der Bereich, in dem die Vulva liegt, heißt **Intimbereich**. Farbe und Form der Geschlechtsorgane sind bei allen Menschen verschieden.

Die äußeren Geschlechtsorgane
Über dem vorderen Teil des Beckenknochens befindet sich eine hügelförmige Erhebung. Das ist der **Venushügel**, er ist nach der Liebesgöttin Venus benannt. Vom Venushügel führen vier Hautfalten weg. Das sind die äußeren und inneren **Vulvalippen**. Sie verdecken den Vaginaeingang, die Öffnung der Harnröhre und die **Klitoris**. Die Klitoris besteht wie der Penis aus Bindegewebe, Muskeln, Nerven und Schwellkörpern, die sich vergrößern können. Die Klitoris ist etwa 7 bis 12 Zentimeter groß, der größte Teil befindet sich im Innern des Körpers. Von außen sichtbar sind nur die Vorhaut und die Eichel, sie liegen zwischen den äußeren Vulvalippen (Bild 3).

Die inneren Geschlechtsorgane
Vom Vaginaeingang führt ein 8 bis 12 Zentimeter langer, dehnbarer Muskelschlauch nach innen. Das ist die **Vagina**, sie wird auch **Scheide** genannt. Ab der Pubertät bildet sie eine geruchlose, milchigweiße Flüssigkeit, den **Weißfluss**. Wenn Krankheitserreger in die Vagina gelangen, dann werden sie mit dem Weißfluss wieder nach draußen befördert. Auf diese Weise schützt die Vagina die weiter innen liegenden Geschlechtsorgane.

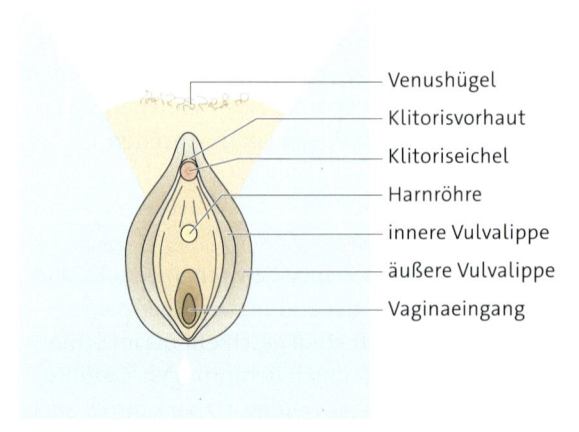

2 Die Entwicklung vom Mädchen zur Frau

3 Die Vulva (Ansicht von unten)

- Venushügel
- Klitorisvorhaut
- Klitoriseichel
- Harnröhre
- innere Vulvalippe
- äußere Vulvalippe
- Vaginaeingang

DIE PUBERTÄT

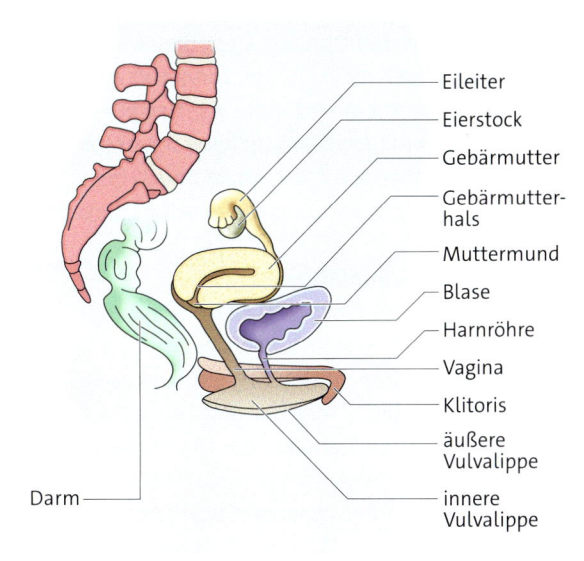

4 Die weiblichen Geschlechtsorgane (seitliche Ansicht)

Die Vagina führt zu einem faustgroßen Hohlmuskel, der mit einer Schleimhaut ausgekleidet ist. Das ist die **Gebärmutter**. Dieser Name ist abgeleitet vom Wort gebären, das bedeutet „ein Kind hervorbringen". In der Gebärmutter kann sich also ein Kind entwickeln. Der untere, schmale Teil der Gebärmutter heißt **Gebärmutterhals**. Er ist durch den **Muttermund** verschlossen (Bild 4).

Die Bildung von Eizellen
Die weiblichen Geschlechtszellen heißen **Eizellen**. Sie werden in zwei Organen gebildet, die auch Hormone herstellen. Diese Organe liegen rechts und links neben der Gebärmutter. Sie werden **Eierstöcke** genannt. Im Alltag ist mit einem Stock eine Gehstütze gemeint. Hier bedeutet das Wort aber Vorrat. Ein Eierstock enthält also einen Eizellvorrat. Bereits bei der Geburt des Mädchens befinden sich über eine Million unreife Eizellen in den Eierstöcken. Gebärmutter und Eierstöcke sind durch Röhren verbunden, die **Eileiter** heißen (Bild 4).

Der Orgasmus
Die Berührung der Geschlechtsorgane kann schöne Gefühle erzeugen. Bei Mädchen und Frauen ist vor allem die Klitoris sehr empfindlich. Durch Streicheln oder Reiben füllen sich die Schwellkörper mit Blut und werden größer. Diese Reaktion wird **Erregung** genannt. Der Höhepunkt der Erregung ist der **Orgasmus**. Dabei wird meist ein intensives Glücks- und Lustgefühl empfunden.

Die Geschlechtsreife
Die Eizellreifung beginnt meist zwischen dem 10. und 14. Lebensjahr. Jeden Monat reift eine Eizelle, das heißt, sie erlangt ihre Funktion. Das Mädchen kann nun Kinder bekommen, man sagt dazu auch: Das Mädchen ist **geschlechtsreif**.

> Die primären Geschlechtsmerkmale sind von Geburt an vorhanden. Die sekundären Geschlechtsmerkmale entwickeln sich erst in der Pubertät. Die Geschlechtsorgane dienen der Fortpflanzung und dem Vergnügen.

AUFGABEN
1 Die Geschlechtsmerkmale
a ▶ Nenne drei körperliche Veränderungen bei Mädchen während der Pubertät.
b ▶ Ordne den Buchstaben A bis H die richtigen Fachwörter zu. Nutze dazu auch Bild 4.

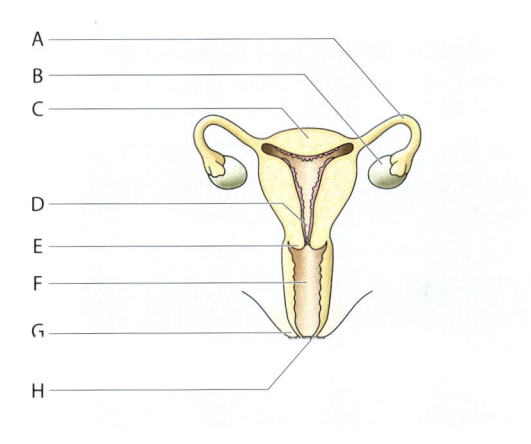

5 Die weiblichen Geschlechtsorgane (Ansicht von vorn)

c ▶ Beschreibe die Aufgabe der Gebärmutter bei der Fortpflanzung.
d ▶ Begründe, warum die Klitoris nicht eindeutig den äußeren oder den inneren Geschlechtsorganen zugeordnet werden kann.
e ▶ Erkläre die Aufgabe von Weißfluss.

2 Der Orgasmus
▶ Beschreibe den weiblichen Orgasmus.

3 Die Geschlechtsreife
▶ Erläutere in einer E-Mail an eine Freundin den Zusammenhang zwischen den reifen Eizellen und der Geschlechtsreife.

poheme

Der weibliche Zyklus

1 Chiara spricht mit ihrer Mutter.

Chiara ist erleichtert. Sie hat ihre „Tage" bekommen. Chiaras Mutter erklärt ihr, dass Hormone die Vorgänge in ihrem Körper steuern.

Die Zeit der Vorbereitung
Ab der Pubertät bereitet sich der Körper einer Frau darauf vor, ein Kind bekommen zu können. Hormone lassen jeden Monat die Schleimhaut in der Gebärmutter wachsen. Gleichzeitig reift in einem Eierstock eine Eizelle in einem Eibläschen heran. Wenn die Eizelle reif ist, platzt das Eibläschen. Dabei wird die Eizelle aus dem Eierstock in den Eileiter ausgestoßen. Dieser Vorgang wird **Eisprung** genannt. Die Eizelle wird durch den Eileiter zur Gebärmutter transportiert. An den Tagen um den Eisprung herum öffnet sich der Muttermund. Der Gebärmutterhals bildet einen nährstoffreichen Schleim, in dem Spermienzellen etwa fünf Tage überleben können. Gelangen sie durch die Gebärmutter in die Eileiter, kann dort eine Spermienzelle mit einer Eizelle verschmelzen. Ab diesem Zeitpunkt ist das Mädchen **schwanger**. Der Zeitraum, in dem sich das Kind im Bauch der Mutter entwickelt, wird **Schwangerschaft** genannt.

Die Zeit der Aufräumarbeiten
Wenn keine Spermienzelle zur Eizelle gelangt, dann löst sich die Gebärmutterschleimhaut ab und wird zusammen mit der Eizelle und etwas Blut ausgeschieden. Diese Blutung aus der Vagina wird **Regelblutung**, **Periode** oder **Menstruation** genannt (Bild 2). Sie kann bis zu sieben Tage dauern. Auch wenn es nach mehr aussieht, sind es insgesamt nur etwa 50 bis 80 Milliliter Blut. Bereits während der Periode reift eine neue Eizelle heran. Der Kreislauf von Eizellreifung, Eisprung und Menstruation wird **Zyklus** genannt. Der Zeitraum von Blutung zu Blutung kann länger oder kürzer als einen Monat sein.

Schwanger vor der ersten Periode?
Mädchen bekommen die erste Periode etwa zwei Wochen nach dem ersten Eisprung. Das bedeutet, bereits zwei Wochen vor der ersten Periode befindet sich eine reife Eizelle im Eileiter des Mädchens. Gelangt eine Spermienzelle zu dieser Eizelle, können die beiden Zellen miteinander verschmelzen und sich zu einem Kind entwickeln. Mädchen können also schon vor der ersten Regelblutung schwanger werden.

2 Der Zyklus

> Der Zyklus ist die monatliche Vorbereitung des weiblichen Körpers auf eine mögliche Schwangerschaft. Ein Zyklus besteht aus Eizellreifung, Eisprung und Menstruation.

AUFGABEN
1 Der Zyklus
a Nenne zwei weitere Fachwörter für die Periode und drei aus der Alltagssprache.
b Beschreibe den Ablauf des Zyklus mithilfe von Bild 2.
c Erkläre in einen Brief an eine Freundin, ab wann Frauen schwanger werden können.
d Beschreibe, was während der Periode geschieht.

AUFGABEN   Die Menstruation

1 Ein Menstruationskalender

Emma hat vor einem halben Jahr zum ersten Mal ihre Periode bekommen. Nun hat sie einen Menstruationskalender geschenkt bekommen, in den sie eintragen kann, wann sie ihre Periode hat. So kann sie den Rhythmus ihres Zyklus beobachten und besser einschätzen.

a Erstelle in deinem Heft einen Kalender für die Monate Januar bis Juni wie in Bild 1 gezeigt.

b Kennzeichne in deinem Kalender nun die Tage mit einem X, an denen Emma ihre Periode hatte. Verwende dazu die folgenden Einträge aus Emmas Tagebuch:

> 5.1. Heute habe ich zum ersten Mal meine Periode bekommen! Sie hat 5 Tage gedauert.
>
> 10.2. Heute ist es endlich vorbei. Dieses Mal hat es 7 Tage gedauert.
>
> Oje ... dieses Mal hat es in der Schule angefangen, am 1. März ... für 6 Tage!
>
> In den Osterferien sind wir verreist, und ich wurde am 15.4. von den Erdbeertagen überrascht :-(. Hatte sie dann 5 Tage lang.
>
> Am 10.5. hatte ich dolle Bauchschmerzen. Einen Tag später ging es los und dauerte 7 Tage.

c Berechne, wie lange Emmas einzelne Zyklen jeweils gedauert haben.

d Emma hat gelesen, dass ein Zyklus 28 bis 30 Tage dauert. Trifft das auch bei ihr zu? Begründe deine Antwort.

e Am 3. Juni hat Emma Geburtstag. Sie fragt sich, ob sie dann ihre Tage haben wird. Markiere in deinem Kalender die Tage im Juni, an denen Emma wahrscheinlich ihre Periode haben wird. Beantworte dann Emmas Frage.

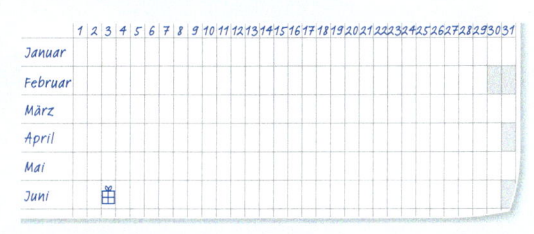

1 Emmas Menstruationskalender

2 Unterschiedliche Hygieneartikel

Mit Beginn der Menstruation informieren sich viele Mädchen über die verschiedenen Hygieneprodukte. Diese besitzen eine unterschiedliche Aufnahmefähigkeit für Flüssigkeit. Bild 2 zeigt die Messwerte für unterschiedliche Produkte.

Produkt	Flüssigkeitsmenge in ml
Slipeinlage Starter	< 6
Tampon Mini	8
Tampon Normal	10
Tampon Super	13
Tampon Extra	16
Tampon Super Plus	20

2 So viel Flüssigkeit können die Produkte aufnehmen

a Erstelle aus den Werten in Bild 2 ein Säulendiagramm.

b Beschreibe mithilfe von Bild 3, wie die Aufnahmefähigkeit der verschiedenen Hygieneprodukte im Labor gemessen wurde.

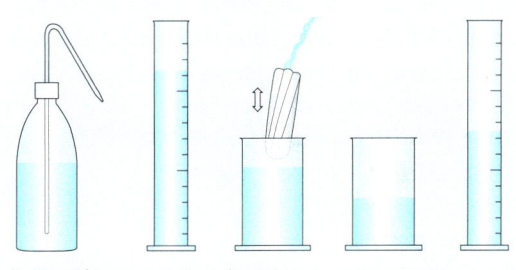

3 Eine Skizze zum Experiment

c Mädchen verwenden zu Beginn der Pubertät oft Slipeinlagen oder Tampons in Minigrößen. Begründe mithilfe von Bild 4, an welchen Tagen die Hygieneprodukte öfter gewechselt werden müssen und an welchen seltener.

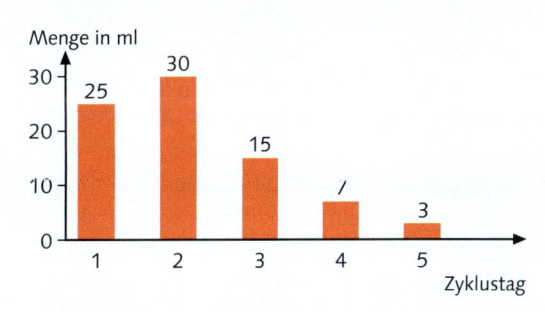

4 Die Blutmenge während der Menstruation

Auf den eigenen Körper achten

1 Duschen macht Spaß.

„Alle zwei bis drei Tage duschen reicht." Kinder duschen nach dem Sport oder wenn die Eltern es sagen. In der Pubertät verändert sich der Körper und damit auch die Haut. Sie braucht nun mehr Pflege.

Die Körperpflege
Die Pubertät wird durch Hormone ausgelöst. Sie regen auch die Drüsen in der Haut an, mehr Fett und Schweiß zu bilden. Dadurch kann ein unangenehmer Geruch entstehen. Regelmäßiges Zähneputzen, Duschen und Haarewaschen ist deshalb wichtig. Die Kleidung muss regelmäßig gewechselt und gewaschen werden, Unterwäsche und Socken sogar täglich. Diese Maßnahmen zur Körperpflege nennt man **Hygiene**.

Die Hautprobleme
Das Fett, das eine Hautdrüse produziert, wird auch Talg genannt. Die Drüse heißt deshalb Talgdrüse. Wenn eine Talgdrüse verstopft, dann entsteht ein kleiner dunkler Punkt. Man nennt ihn **Mitesser**. Wenn sich die Talgdrüse entzündet, dann entsteht ein Bläschen, das mit Eiter gefüllt ist. Man spricht von einem **Pickel**. Für die Gesichtspflege kann man Waschgel oder Gesichtswasser verwenden. Eine Vielzahl von entzündeten Pickeln im Gesicht oder auf dem Rücken wird **Akne** genannt. Hier kann eine Hautärztin oder ein Hautarzt helfen.

Die Hygienemaßnahmen für Jungen
Jungen sollten beim Duschen die Vorhaut des Penis zurückziehen und die Eichel mit warmem Wasser waschen. Dort sammeln sich Hautschuppen und Talg an, die unangenehm riechen und zu Entzündungen führen können.

Die Hygienemaßnahmen für Mädchen
Mädchen sollten den Vaginaeingang beim Duschen nur mit warmem Wasser und von vorn nach hinten waschen. Seifen und Duschgels stören den Weißfluss der Vagina und können zu Entzündungen führen.

Die Hygieneprodukte während der Periode
Das Menstruationsblut kann mithilfe von verschiedenen Hygieneprodukten aufgefangen werden. **Tampons** sind längliche, gepresste Wattebäusche, die in die Vagina eingeführt werden. **Slipeinlagen** und **Monatsbinden** sind dünne, saugfähige Einlagen, die in den Slip geklebt werden. **Menstruationsunterwäsche** besitzt mehrere Stoffschichten, die das Blut aufnehmen. Alle Hygieneprodukte müssen regelmäßig gewechselt werden. Die Häufigkeit hängt von der Stärke der Blutung ab. Da die Periode in den ersten Jahren unregelmäßig sein kann, sollten Mädchen immer ein paar Hygieneprodukte dabeihaben.

> Ab der Pubertät bilden Hautdrüsen mehr Fett und Schweiß. Regelmäßige Körperpflege kann Gerüche und Hautprobleme verhindern.

AUFGABEN
1 **Die Körperhygiene**
a Nenne drei Hygieneprodukte für Mädchen und Frauen.
b Beschreibe, wie ein Pickel entsteht.
c Beschreibe, wie du deinen Intimbereich waschen solltest.

2 Verschiedene Hygieneprodukte

EXTRA   Typisch Mädchen?! Typisch Jungs?!

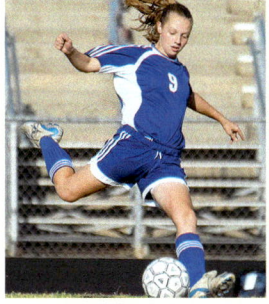

1 Eine Fußballspielerin und ein Balletttänzer

3 Im Beruf zählen die Fähigkeiten, nicht das Geschlecht.

Die Geschlechtsmerkmale bestimmen das **Körpergeschlecht**. Eigenschaften und Verhaltensweisen, die von der Gesellschaft als typisch für ein Geschlecht angesehen werden, beschreiben die **Geschlechterrolle**. Das Geschlecht, zu dem ein Mensch sich zugehörig fühlt, ist die **Geschlechtsidentität**. Menschen, deren Körpergeschlecht sich von ihrer Geschlechtsidentität unterscheidet, werden **Transgender** genannt.

Latifa (10 Jahre): *Manche sagen, dass Mädchen nicht Fußball spielen können. Aber ich spiele gerne Fußball und bin auch richtig gut! Mein Bruder liebt Ballett. Einige sagen, dass das nichts für Jungs ist. Aber es macht ihm so viel Freude! Das ist doch das Einzige, was wirklich wichtig ist.*

Tom (11 Jahre): *Meine Eltern ziehen meinem Bruder oft blaue Klamotten an und schenken ihm Spielzeugautos. Meine Schwester trägt meist rosa Klamotten und bekommt viele Puppen geschenkt.*

Lisa (12 Jahre): *In der Werbung und den sozialen Medien sieht man oft schlanke und hübsche Mädchen und Frauen. Jungs und Männer dagegen sehen darin meist muskulös und sportlich aus.*

Karim (32 Jahre): *Meine Frau ist Feuerwehrfrau. Sie kann genauso gut mit den Schläuchen und Pumpen umgehen wie ein Mann. Dass ein Mensch aufgrund seines Geschlechts etwas nicht gut kann, stimmt einfach nicht.*

Katja (28 Jahre): *Mein Mann ist Erzieher. Es macht ihm Freude, sich mit Kindern zu beschäftigen. Jungs sind genauso gut für soziale Berufe geeignet wie Mädchen für technische Berufe.*

Alex (23 Jahre): *Ich wurde mit einem biologisch männlichen Körper geboren. Aber schon als Kind dachte ich, dass ich ein Mädchen bin. Heute weiß ich: Ich bin transgender. Und es ist okay, dass ich so fühle. Durch eine Operation habe ich mein Körpergeschlecht an meine Geschlechtsidentität anpassen lassen. Transgender ist eine Frage der Identität. Es hat nichts damit zu tun, von welchem Geschlecht man sich angezogen fühlt. Ich stehe auf Jungs, ich bin also eine heterosexuelle trans Frau.*

2 Jungen spielen mit Autos, Mädchen mit Puppen?

AUFGABEN

1 Typisch für wen?
a Beschreibe, was man unter einer Geschlechterrolle versteht.
b Erläutere den Unterschied von Körpergeschlecht und Geschlechtsidentität.
c „Lange Haare sind typisch Mädchen!" Bewerte diese Behauptung.

Erste Liebe

1 Simon mag Ranja.

Simon ist aufgeregt. Er hat Ranja angesprochen. Sein Herz schlägt so schnell, dass er kaum sprechen kann. Am liebsten würde er sie fragen, ob sie etwas mit ihm unternehmen will.

Schmetterlinge im Bauch
Das Verliebtsein kommt ganz plötzlich. Du fühlst dich zu einem anderen Menschen hingezogen. Du kannst an nichts anderes mehr denken. Du möchtest immer in seiner Nähe sein. Vielleicht klopft dein Herz schneller, wenn du dem Menschen begegnest. Ob mehr daraus wird, entscheidet sich erst später.

Das Interesse zeigen
Viele Menschen sind erstmal unsicher, wenn sie anderen ihr Interesse zeigen wollen. Sie trauen sich oft gar nicht, einen Flirt anzufangen. Wenn du Interesse an einer Person hast, dann zeig es ihr. So kannst du herausfinden, ob sie dein Interesse erwidert. Dazu kannst du mit Blicken und mit Worten Kontakt zu der Person aufnehmen. Das nennt man **flirten**. Du kannst die Person zum Beispiel öfter ansehen und anlächeln. Vielleicht wirst du rot, wenn die Person dich ansieht oder zurücklächelt. Das macht nichts. Auch dadurch zeigst du ihr dein Interesse. Irgendwann solltest du die Person ansprechen. Sei dabei am besten ganz du selbst. Du brauchst keine Sprüche oder Tricks. Du willst ja, dass die andere Person dich so kennenlernt, wie du bist.

Ein Flirt muss beiden Spaß machen
Ein Flirt kann aufregend sein. Wichtig bei einem Flirt ist, dass sich beide wohlfühlen und Spaß haben. Folgende Tipps können dir helfen:
- Sei freundlich. Lächle oft und versuche Blickkontakt zu halten.
- Sag der anderen Person, was dir an ihr gefällt. Das kann auch ein schöner Pullover oder ein schönes Kleid sein.
- Wenn du nicht weißt, was du sagen sollst, dann erfinde einen Grund: Frage zum Beispiel nach einem Hotspot.
- Du könntest fragen, ob die Person dir eine Matheaufgabe erklären kann, die du nicht verstanden hast.

Manchmal hast du kein Interesse an einer Person, die mit dir flirten will. Vielleicht fühlst du dich sogar belästigt. Dann sag der Person das klar und deutlich. Du musst auch akzeptieren, wenn jemand kein Interesse an einem Flirt mit dir hat. Dann lass die Person in Ruhe.

Und was ist mit Sex?
Verliebtsein führt zu der aufregenden Chance, einen anderen Menschen näher kennenzulernen: seine Gedanken, Ansichten und sein Verhalten. Beim Austausch von Zärtlichkeiten kann man sich ganz nah sein. Das wird **Pettig** genannt. Und was ist mit Sex? Niemand darf sich unter Druck setzen lassen. Jeder muss den richtigen Zeitpunkt für sich finden. Vielleicht fühlst du nicht reif dafür. Oder du möchtest einfach warten, bis der richtige Partner kommt und ihr beide auch frei und gern dazu bereit seid. Die meisten Jugendlichen wünschen sich Sex erst in einer länger andauernden Liebesbeziehung.

> Wenn man verliebt ist, dann fühlt man sich zu einem anderen Menschen hingezogen. Durch Flirten kann man einer Person zeigen, dass man sich für sie interessierst.

AUFGABEN
1 Flirten
a Beschreibe, was man unter Verliebtsein versteht.
b Vermute, warum es manchen Menschen schwer fällt, zu flirten.

EXTRA Was ist Liebe?

Ich war auf einer Party. Als ich mit einem Jungen eng und langsam tanzte, verliebte ich mich plötzlich in ihn. Wenn er mich berührte, dann zitterte ich. Und als wir tanzten, fühlte es sich an, als würden wir auf einer Wolke schweben.

Verliebtsein ist der Anfang jeder Liebe.

Wenn ich verliebt bin, fühle ich mich plötzlich zu jemandem hingezogen. Es überkommt mich, ob ich will oder nicht. Liebe dagegen ist etwas Aktives. Wenn ich liebe, dann gebe ich, ohne Gegenleistung. Ich freue mich, wenn ich meinem Freund eine Freude machen kann. Wir respektieren einander, wir hören uns zu und können über alles miteinander reden.

Liebe braucht Zeit, Zärtlichkeit und Zuwendung.

Wenn mich jemand wirklich mag, nimmt er mich so, wie ich bin. Ich kann ihm vertrauen, er nutzt mich nicht aus und lügt mich nicht an.

Ich liebe mein neues Smartphone. Ich habe sechs Monate lang Zeitungen ausgetragen und es mir dann geleistet.

Manche Beziehungen sind Kurzgeschichten. Aber deswegen sind sie nicht weniger erfüllt mit Liebe.

Liebe ist mehr als ein starkes Gefühl. Wenn sie echt ist, ist immer der Verstand beteiligt.

Ich liebe es, zu singen. Es macht mich einfach glücklich.

1 Sofia liebt Orlando.

2 Abdullah liebt seinen Freund Dominik.

3 Lasse und Luzie lieben ihren Hund.

4 Samira liebt ihre Oma.

nach einer Woche	20 %
nach einem Monat	23 %
nach drei Monaten	15 %
nach sechs Monaten	8 %
nach neun Monaten	1 %
nach einem Jahr	2 %
nach zwei Jahren	1 %
habe ich noch nie gesagt	5 %
ich habe noch nie jemanden geliebt	2 %
weiß nicht/keine Angabe	22 %

5 Wann Menschen „Ich liebe dich!" sagen

Die Verhütung

1 Lukas und Selma wollen miteinander schlafen.

Lukas und Selma sind schon länger ein Paar. Sie wollen miteinander schlafen, fühlen sich aber noch zu jung, um ein Kind zu bekommen. Deshalb informieren sich über mögliche Verhütungsmittel.

Eine Schwangerschaft verhindern
Beim **Geschlechtsverkehr** gleitet der Penis des Mannes in der Vagina der Frau. Beim Orgasmus des Mannes kommt es zum Samenerguss. Dabei wird Sperma in die Vagina der Frau abgegeben. Das Sperma enthält Spermienzellen, die von der Vagina durch die Gebärmutter bis in die Eileiter schwimmen können. Trifft dort eine Spermienzelle auf eine Eizelle, können die beiden Zellen miteinander verschmelzen. Ab diesem Zeitpunkt beginnt die Schwangerschaft.

Wenn die beiden kein Kind bekommen wollen, müssen sie versuchen, eine Schwangerschaft zu verhindern. Das Fachwort für die Verhinderung einer Schwangerschaft ist **Verhütung**.

Unterschiedliche Verhütungsmittel
Es gibt verschiedene Möglichkeiten, eine Schwangerschaft zu verhindern. Mit einem Kondom kann man verhindern, dass Spermienzellen in die Vagina gelangen. Mit Hormonen kann man den Eisprung verhindern, sodass keine reife Eizelle vorhanden ist (Bild 2).

Kein Verhütungsmittel ist hundertprozentig sicher. Den größtmöglichen Schutz können Verhütungsmittel nur dann bieten, wenn man sie richtig anwendet und auch über mögliche Risiken Bescheid weiß.

Die Anwendung von Kondomen
Ein **Kondom** ist eine weiche, dünne Gummihaut, die vor dem Sex über den steifen Penis abgerollt wird. Dabei muss das Röllchen am Rand des Kondoms außen sein. Beim Abrollen hält man den oberen Teil des Kondoms zusammengedrückt. Darin sammelt sich das Sperma. Beim Herausziehen des Penis aus der Vagina muss das Kondom festgehalten werden, damit es nicht abrutscht. Jedes Kondom darf nur einmal verwendet werden.

Die Sicherheit von Kondomen
Wenn sie richtig angewendet werden, dann sind Kondome relativ sichere Verhütungsmittel. Beim Kauf müssen Haltbarkeitsdatum und CE-Zeichen beachtet werden. Die Verpackung muss vorsichtig geöffnet werden, damit das Kondom nicht beschädigt wird. Auch durch spitze Fingernägel oder bei der Aufbewahrung im Geldbeutel kann das Kondom beschädigt werden. Dann darf man es nicht mehr verwenden. Es gibt verschiedene Kondomgrößen, denn es muss gut passen: Wenn es zu eng ist, dann kann es reißen. Wenn es zu weit ist, dann kann es abrutschen.

Kondome schützen als einzige Verhütungsmittel auch vor der Übertragung von Krankheiten während des Geschlechtsverkehrs. Solche Krankheiten heißen **Geschlechtskrankheiten**.

Die Anwendung der Antibabypille
Manche Medikamente enthalten Hormone, die den Schleim des Gebärmutterhalses zähflüssiger machen. Dadurch können die Spermienzellen nicht so leicht in die Gebärmutter gelangen. Die Hormone verhindern außerdem die Reifung der Eizellen und den Eisprung. Ein Medikament mit dieser Wirkung heißt **Antibabypille**. Die Vorsilbe anti bedeutet gegen, eine Pille ist eine Tablette. Die Pille wird täglich eingenommen. Sie muss vom Arzt verschrieben werden.

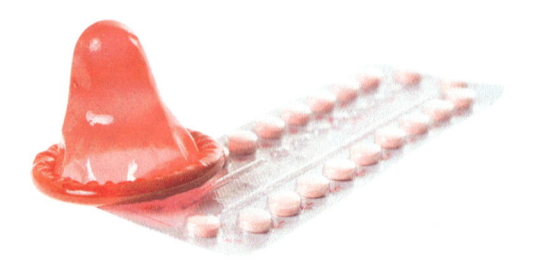

2 Ein Kondom und eine Monatspackung der Antibabypille

Die Sicherheit der Antibabypille

Wenn sie richtig angewendet wird, dann ist die Pille ein sehr sicheres Verhütungsmittel. Durch die Einnahme der Hormone kann die Periode kürzer, schwächer und weniger schmerzhaft werden. Die Schutzwirkung kann aber durch Erbrechen, Durchfall und manche Medikamente verringert werden. Dann müssen zusätzlich andere Verhütungsmethoden angewendet werden, zum Beispiel ein Kondom. Die Hormone der Pille beeinflussen die Vorgänge im Körper. Das kann auch Nebenwirkungen haben. Vor allem bei Raucherinnen kann die Hormoneinnahme zu Problemen führen.

Die Verhütung mit dem Vaginalring

Der **Vaginalring** ist ein Ring aus weichem Silikon, der Hormone enthält (Bild 3). Er wird am ersten Zyklustag in die Vagina eingesetzt. Dort gibt er drei Wochen lang Hormone ab, die durch die Vaginaschleimhaut ins Blut aufgenommen werden. Der Vaginalring enthält weniger Hormone als die Pille, wirkt aber genauso. Er ist fast so sicher wie die Pille, die Schutzwirkung wird jedoch durch Erbrechen oder Durchfall nicht verringert. Beim Geschlechtsverkehr stört der Ring meist nicht. Er kann aber bis zu drei Stunden entfernt und danach wieder eingesetzt werden. Nach drei Wochen wird der Ring entsorgt, dann setzt die Periode ein.

„Aufpassen" ist keine Verhütungsmethode!

Manche Menschen versuchen, eine Schwangerschaft zu verhindern, indem sie den Penis kurz vor dem Samenerguss aus der Vagina ziehen. Dieser **unterbrochene Geschlechtsverkehr** wird auch als „Aufpassen" bezeichnet. Doch das ist keine sichere Verhütungsmethode! Denn bereits vor dem Samenerguss gelangen einige Spermienzellen aus dem Penis in die Vagina.

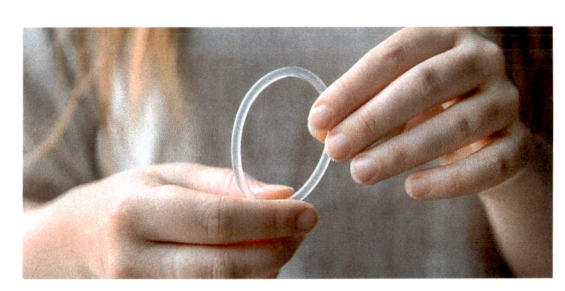

3 Ein Vaginalring

Beide Partner tragen die Verantwortung

Für die Verhütung seid ihr beide verantwortlich. Ihr dürft euch nicht einfach darauf verlassen, dass der oder die andere sich schon darum kümmern wird. Sichere Verhütung ist nur möglich, wenn ihr miteinander darüber sprecht. Lasst euch nicht zu einer Methode überreden, sondern einigt euch auf eine, die für euch beide passt. In einer Arztpraxis könnt ihr Informationen bekommen und euch beraten lassen.

> Die Verhinderung einer Schwangerschaft heißt Verhütung. Als sehr sicher gelten Pille und Vaginalring. Kondome schützen außerdem vor der Übertragung von Geschlechtskrankheiten.

AUFGABEN

1 **Die Verhütungsmittel**
a Beschreibe, was Verhütung bedeutet.
b Nenne zwei Verhütungsmittel.
c Erkläre, wie die Pille wirkt.

2 **Die richtige Anwendung von Kondomen**
a Beschreibe mithilfe von Bild 4, wie ein Kondom richtig angewendet wird.
b Nenne drei mögliche Fehler bei der Anwendung eines Kondoms.
c Begründe, warum jedes Kondom nur einmal verwendet werden darf.

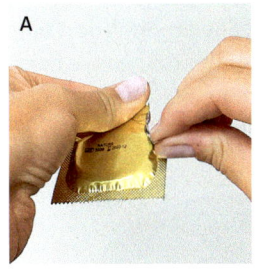

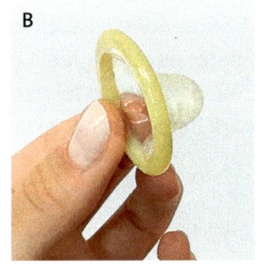

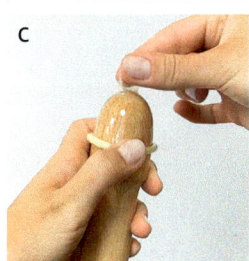

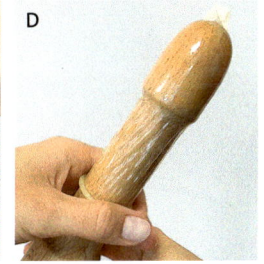

4 Die richtige Anwendung eines Kondoms

Ein Kind entsteht

1 Nicole und Jens wünschen sich ein Kind.

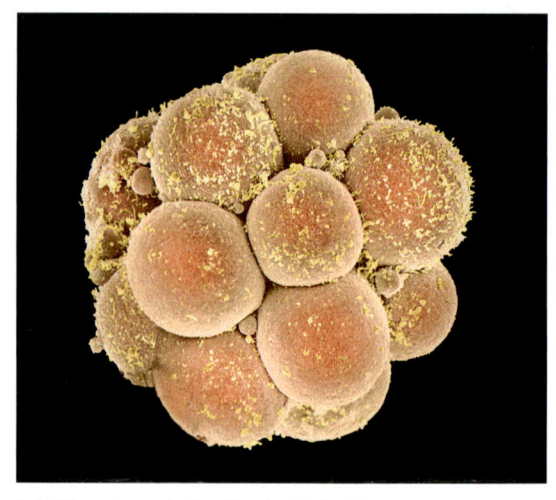

3 Zellkugel am vierten Tag der Befruchtung

Nicole und Jens sind schon lange ein Paar. Vor einiger Zeit haben sie miteinander über ihren Kinderwunsch gesprochen. Beide fühlten sich bereit für ein Kind.

Alles beginnt mit der Befruchtung

Wenn ein Paar beim Geschlechtsverkehr keine Verhütungsmittel verwendet, dann kann die Frau schwanger werden. Beim Orgasmus des Mannes gelangen bis zu 500 Millionen Spermienzellen in die Vagina der Frau. In den Tagen um den Eisprung herum öffnet sich der Muttermund. Die Spermienzellen gelangen in den Gebärmutterhals, wo sie im nährstoffreichen Schleim etwa fünf Tage überleben können. Von der Gebärmutter schwimmen die Spermienzellen in die Eileiter. Trifft dort eine Spermienzelle auf eine Eizelle, können die beiden Zellen miteinander verschmelzen. Dieser Vorgang wird **Befruchtung** genannt (Bild 2).

2 Eine Spermienzelle trifft auf eine Eizelle.

Von der Befruchtung zum Embryo

Die befruchtete Eizelle wird auch **Zygote** genannt. Sie wird durch den Eileiter in die Gebärmutter transportiert. Dabei teilt sich die Zygote: Aus einer Zelle entstehen zwei Zellen. Man spricht jetzt vom **Embryo**. Nach weiteren Zellteilungen ist eine Zellkugel entstanden. Fünf bis sechs Tage nach der Befruchtung hat der Embryo den etwa 15 Zentimeter langen Weg durch den Eileiter bis in die Gebärmutter zurückgelegt. Er besteht nun aus einer hohlen Kugel mit etwa 100 Zellen. Nun heftet sich der Embryo an die Gebärmutterschleimhaut an und verwächst mit ihr. Dieser Vorgang wird **Einnistung** genannt.

Die Versorgung des ungeborenen Kindes

Aus Zellen des Embryos und der Gebärmutter entwickelt sich ein Organ, das nur schwangere Frauen besitzen. In diesem Organ liegen die Blutgefäße von Mutter und Kind dicht zusammen. So kann das Blut des Kindes Sauerstoff und Nährstoffe aus dem Blut der Mutter aufnehmen. Vom Blut des Kindes wird Kohlenstoffdioxid an das Blut der Mutter abgegeben. Dabei vermischen sich das Blut von Mutter und Kind nicht direkt. Durch dieses besondere Organ wird also das Kind von der Mutter ernährt, daher heißt es **Mutterkuchen**. Das Fachwort für Mutterkuchen ist **Plazenta**. Der Embryo ist durch mehrere Blutgefäße mit dem Mutterkuchen verbunden. Diese Gefäße bilden zusammen eine Verbindung, die **Nabelschnur** genannt wird (Bild 4).

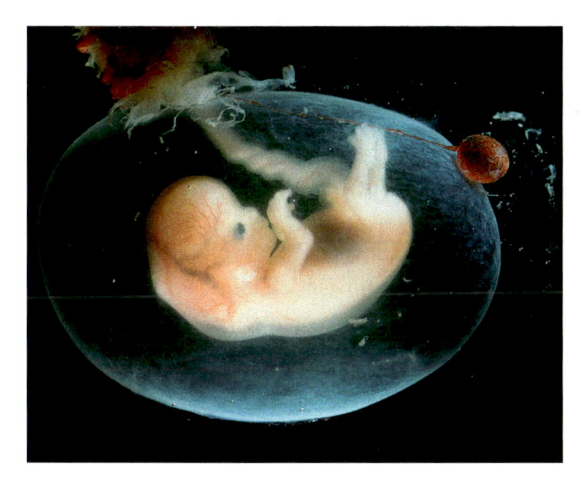

4 Ein acht Wochen alter Embryo ist etwa 4 cm groß.

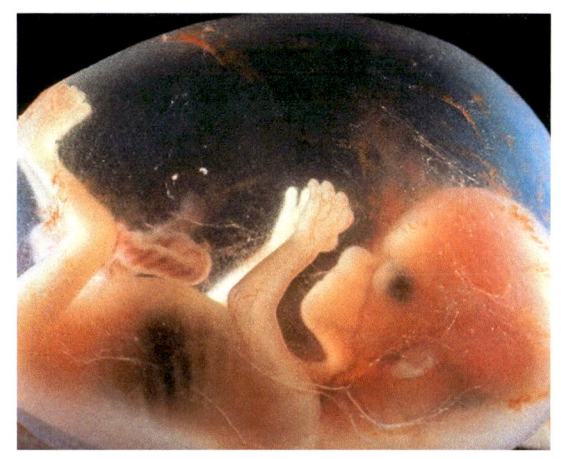

5 Ein vierzehn Wochen alter Fetus ist etwa 8 cm groß.

Vom Embryo zum Fetus

Der Embryo wächst. Um ihn herum bildet sich eine Hülle. Diese Hülle wird **Fruchtblase** genannt. Sie ist mit Flüssigkeit gefüllt, dem **Fruchtwasser** (Bild 4). Es schützt den Embryo vor Erschütterungen und Stößen. Fünf Wochen nach der Befruchtung ist der Embryo etwa 10 mm lang. Sein Herz schlägt und das Gehirn beginnt sich zu entwickeln. Ab der neunten Woche nach der Befruchtung wird das Kind Fetus genannt.

Die Entwicklung des Fetus bis zur Geburt

Der Fetus wächst sehr schnell (Bild 5). Er besitzt schon jetzt alle Organe. Sie reifen bis zur Geburt. Im vierten Monat trinkt der Fetus bereits Fruchtwasser, nuckelt am Daumen und bewegt sich. Die Mutter kann die Bewegungen des Kindes jedoch erst im fünften Monat spüren. Nach 40 Wochen wird das Kind geboren.

Fruchtbare Tage

Ein Mädchen oder eine Frau kann fast an jedem Tag des Zyklus schwanger werden. Die „fruchtbare Phase" ist zwar nur sechs Tage lang, aber wann genau diese Phase ist, hängt davon ab, wie lange es dauert, bis eine Eizelle herangereift ist und es zum Eisprung kommt. Das dauert von Frau zu Frau und von Zyklus zu Zyklus unterschiedlich lange. Nur wer gelernt hat, bestimmte Körperzeichen genau zu beobachten, kann diese Zeit gut eingrenzen. Dazu ist jedoch fachkundige Anleitung nötig. Falls ihr also keine Schwangerschaft riskieren möchtet, müsst ihr verhüten oder auf Geschlechtsverkehr verzichten.

> Beim Geschlechtsverkehr gelangen Spermienzellen in die Vagina der Frau. Bei der Befruchtung verschmelzen Eizelle und Spermienzelle. Die befruchtete Eizelle nistet sich in der Gebärmutter ein und heißt nun Embryo. Er wird durch die Nabelschnur und den Mutterkuchen versorgt. Ab der neunten Woche wird der Embryo als Fetus bezeichnet.

AUFGABEN

1 Geschlechtsverkehr und Befruchtung
  Beschreibe, was bei der Befruchtung passiert.

2 Die Entwicklung bis zur Geburt
a Schreibe die Sätze in der Reihenfolge auf, in der sich ein Kind entwickelt, und ergänze dabei die Fachwörter Zygote, Embryo und Fetus:
*Ab der neunten Woche nach der Befruchtung nennt man das Kind …
Eine befruchtete Eizelle wird auch … genannt.
Die Zellkugel, die sich an die Gebärmutterschleimhaut anheftet, heißt …*
b Erkläre, was mit der scherzhaften Aussage gemeint ist: „Das Kind im Bauch der Mutter hat es gut. Es wird mit Kuchen versorgt und trinkt Wasser mit dem Strohhalm."

3 Fruchtbare Tage
a Begründe, warum ein Mädchen oder eine Frau fast an jedem Tag des Zyklus schwanger werden kann.
b Nenne Möglichkeiten, wie eine Schwangerschaft verhindert werden kann.

hosivo

Die Schwangerschaft und die Geburt

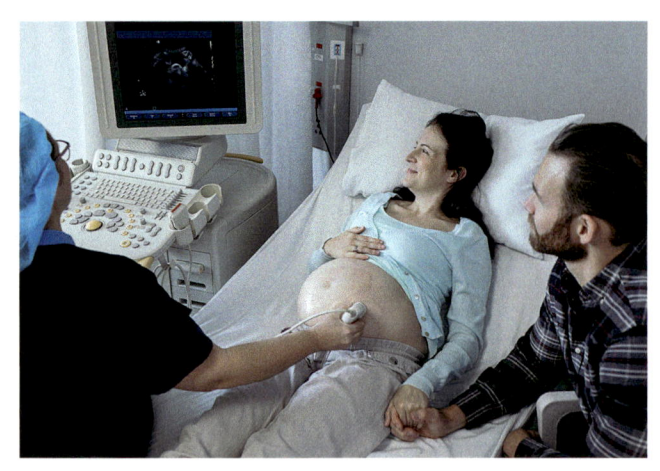

1 Auf dem Ultraschallbild sehen Maja und Sebastian ihr Kind.

> **BASISKONZEPT** Entwicklung
> Alle Lebewesen verändern sich im Laufe ihres Lebens. Man sagt: Sie entwickeln sich. Auch Menschen durchlaufen verschiedene Stufen der Entwicklung. Aus einer befruchteten Eizelle wird ein Embryo. Der Embryo wächst weiter, wird zum Fetus und schließlich als Säugling geboren. Der Säugling wächst und entwickelt sich zum erwachsenen Menschen. Auch wenn Lebewesen ausgewachsen sind, verändern sie sich täglich weiter. Die Entwicklung ist also ein Vorgang, bei dem sich Lebewesen im Laufe der Zeit verändern.

Maja und Sebastian fühlen sich schon lange bereit für ein Kind. Nun ist Maja schwanger. Die werdenden Eltern bestaunen das Kind in Majas Bauch bei einer Ultraschall-Untersuchung.

Die Schwangerschaft ist eine besondere Zeit
Eine Schwangerschaft bedeutet für eine Frau große körperliche und seelische Veränderungen. Werdende Mütter spüren in den ersten Wochen oft Müdigkeit und Übelkeit. Wenn das Kind an Größe und Gewicht zunimmt, dann drückt es auch auf innere Organe der Mutter. Dann kann die Schwangere Rückenschmerzen oder Atemnot bekommen. Zudem können die Gefühle der Schwangeren zwischen Freude und Angst wechseln.

Das ungeborene Kind braucht Schutz
Das ungeborene Kind im Bauch der Mutter ist sehr empfindsam. Das Kind reagiert auf Stimmungen und Gefühle der werdenden Mutter. Zärtliches Streicheln des Bauchs, vertraute Stimmen und entspannende Musik beruhigen es. Eine gesunde Lebensweise der Mutter mit viel Bewegung an der frischen Luft und genug erholsamem Schlaf sind wichtig für die Gesundheit von Mutter und Kind. Eine Ernährung mit viel Obst und Gemüse liefert Mutter und Kind die benötigten Nährstoffe. Rauchen und das Trinken von Alkohol in der Schwangerschaft schädigen das Kind. Medikamente dürfen in der Schwangerschaft nur nach Absprache mit einer Ärztin oder einem Arzt eingenommen werden.

Regelmäßige Untersuchungen vor der Geburt
Während einer Schwangerschaft überwacht man die Gesundheit der Mutter und die Entwicklung des Kindes in regelmäßigen Untersuchungen. Diese Untersuchungen heißen **Vorsorgeuntersuchungen**. Bei jedem Termin misst man den Blutdruck und überprüft das Gewicht und den Urin der Schwangeren. Ein spezielles Gerät kann mithilfe von Ultraschallwellen ein Computerbild des ungeborenen Kindes erstellen. Bei so einer Ultraschall-Untersuchung können die Größe und die Lage des Kindes im Bauch der Mutter bestimmt werden (Bild 1). Außerdem kann die Entwicklung der Organe beim ungeborenen Kind beobachtet werden. Modernere Geräte können dreidimensionale Bilder erstellen (Bild 2). Etwa ab dem 8. Schwangerschaftsmonat kontrolliert man auch die Herztöne des Kindes regelmäßig.

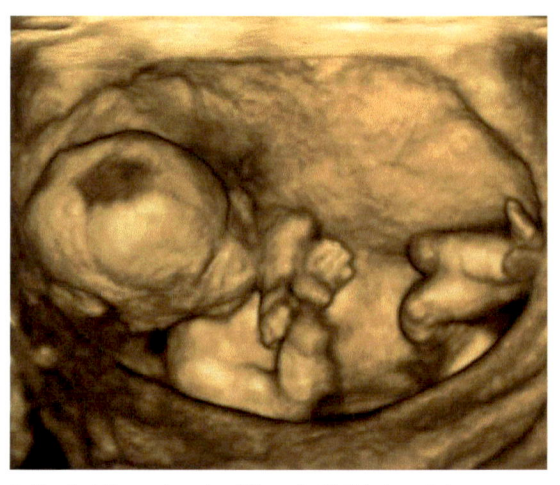

2 Ein dreidimensionales Ultraschallbild eines Fetus

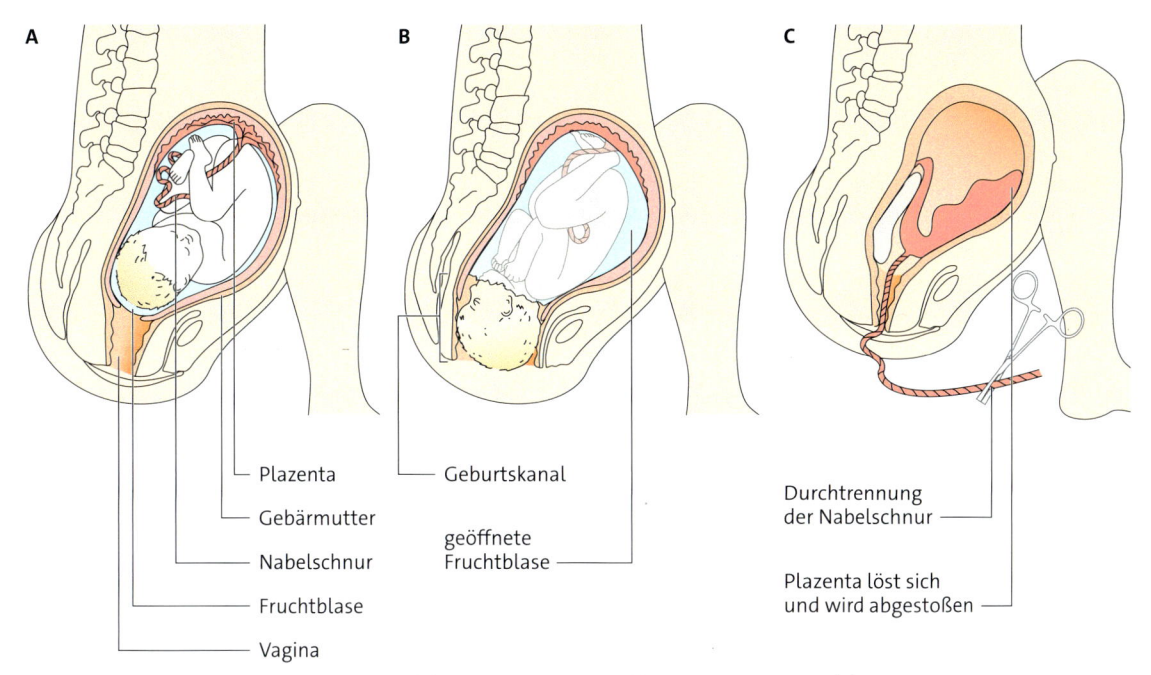

3 Die Phasen der Geburt: Eröffnungsphase (A), Austreibungsphase (B), Nachgeburtsphase (C)

Bildbeschriftungen:
- A: Plazenta, Gebärmutter, Nabelschnur, Fruchtblase, Vagina
- B: Geburtskanal, geöffnete Fruchtblase
- C: Durchtrennung der Nabelschnur, Plazenta löst sich und wird abgestoßen

Die Geburt beginnt
Etwa 38 Wochen nach der Befruchtung bewirken Hormone, dass sich die Gebärmuttermuskulatur in regelmäßigen Abständen zusammenzieht. Diese **Wehen** spürt die Frau als krampfartige Schmerzen. Mit ihnen beginnt die Geburt. Eine natürliche Geburt verläuft in drei Phasen.

Die Eröffnungsphase
In der ersten Phase der Geburt drücken die Wehen das Kind immer wieder gegen den Eingang der Gebärmutter. Das ist der **Muttermund**. Dadurch öffnet sich der Muttermund langsam. Man nennt die Phase **Eröffnungsphase**. Wenn der Muttermund etwa 10 Zentimeter weit geöffnet ist, dann beginnt die zweite Phase der Geburt.

Die Austreibungsphase
Wenn der Muttermund weit genug geöffnet ist, dann drücken die Wehen den Fetus in die Vagina. Die Mutter beginnt, bei jeder Wehe zu pressen. Die Wehen und das Pressen der Mutter schieben den Fetus Stück für Stück durch die Vagina nach außen. Diese Phase nennt man **Austreibungsphase**. Die Nabelschnur wird nach der Geburt nah am Bauch des Kindes durchtrennt. Der Fetus ist nun ein Säugling und trinkt oft schon das erste Mal Muttermilch.

Die Nachgeburtsphase
Nach der Austreibungsphase zieht sich die Gebärmuttermuskulatur noch einige Male zusammen. Durch diese Nachwehen löst sich die Plazenta und wird zusammen mit dem Rest der Nabelschnur nach außen abgegeben. Dies bezeichnet man als Nachgeburt. Die Geburtsphase heißt **Nachgeburtsphase**.

> Durch regelmäßige medizinische Untersuchung vor der Geburt überwacht man die Gesundheit von Mutter und Kind und die Entwicklung des Kindes bis zur Geburt. Etwa 38 Wochen nach der Befruchtung wird die Geburt durch Wehen eingeleitet. Eine natürliche Geburt verläuft in drei Phasen.

AUFGABEN
1 **Regelmäßige Untersuchungen sind wichtig.**
   Nenne Untersuchungen, die man während einer Schwangerschaft regelmäßig durchführt.

2 **Eine natürliche Geburt verläuft in Phasen**
a Beschreibe, was eine Wehe ist.
b Nenne die drei Phasen der Geburt.
c Beschreibe die Funktionen der Wehen während der Geburt.

AUFGABEN Pubertät, Verhütung, Schwangerschaft und Geburt

1 Typisch?!
Arbeitet in Gruppen.
a ▢ Erstellt ein Plakat. Zeichnet den Umriss einer Person möglichst groß in die Mitte. Teilt den Umriss dann der Länge nach durch einen Strich in zwei Hälften.
b ▢ Ergänzt den Umriss in der einen Hälfte mit typisch weiblichen Merkmalen und in der anderen Hälfte mit typisch männlichen Merkmalen. Zeichnet dazu Kleidung, Haare, Gesichtszüge, Körperteile …
c ▢ Notiert typische Hobbys, Verhaltensweisen oder Charaktereigenschaften auf beiden Seiten.
d ▢ Vergleicht die Plakate der verschiedenen Gruppen.
e ▢ Diskutiert in der Klasse darüber.

2 Die Verhütung geht beide etwas an
Zum Thema Verhütung gibt es viele „Fake News".
a ▢ Lies die unten stehenden Behauptungen. Finde in jedem Satz den inhaltlichen Fehler.
b ▢ Formuliere die Regeln zur Verhütung korrekt und schreibe sie auf.
c ▢ Ergänze die Liste mit zwei weiteren Regeln.

Regeln für die Verhütung
- Plane die Verhütung bereits nach dem ersten Geschlechtsverkehr.
- Verhüten muss man erst ab 14 Jahren.
- Für die Verhütung ist nur der Junge zuständig.
- Mit Kondomen kann man auch Krankheiten wie Krebs oder Herzinfarkt verhindern.
- Die Pille kann man einfach ab und zu nehmen.
- Unterbrochener Geschlechtsverkehr ist die sicherste Verhütungsmethode.
- Wenn bei der Verhütung etwas schiefgegangen ist, dann sollte man am besten schweigen und niemandem davon erzählen.
- Ein Kondom kann man auch mehrmals benutzen.
- Verhütungsmittel können nur Erwachsene in der Apotheke kaufen.

3 Ein Modell zur Fruchtblase
Das Kind ist in der Fruchtblase gut geschützt. Das kann man mit diesem Modell zeigen:

a ▢ Beschreibe den Aufbau des Modells.
b ▢ Ordne den Teilen des Modells die entsprechenden Bestandteile des Körpers zu. Erstelle dazu eine Tabelle in deinem Heft:

Modell	Körper
Glasgefäß	…
Gefrierbeutel	…
Flüssigkeit	…
Hühnerei	…

c ▢ Wenn man das geschlossene Glasgefäß schüttelt, dann geht das rohe Ei nicht kaputt. Übertrage das auf den Körper der Mutter und das ungeborene Kind.
d ▢ Bewerte das Modell. Beschreibe dazu, was es gut zeigt und was nicht.
e ▢ Begründe, ob es ein Strukturmodell oder ein Funktionsmodell ist.

4 Schwangerschaft und Geburt
a ▢ Für die gesunde Entwicklung des Embryos ist es wichtig, dass die werdende Mutter ein gesundes Leben führt. Stelle die positiven und schädigenden Einflüsse auf das Kind in einer Zeichnung dar.
b ▢ Das Kind wiegt kurz vor der Geburt etwa drei bis vier Kilogramm, die werdende Mutter hat aber etwa 11 Kilogramm zugenommen. Stelle Vermutungen an, warum das so ist.

METHODE   Eine Expertin oder einen Experten befragen

Zu manchen Themen gibt es mehr Fragen, als im Unterricht, im Schulbuch oder im Internet beantwortet werden. Dann könnt ihr mit einer Expertin oder einem Experten sprechen.

1 **Die Fragen sammeln**
Überlegt gemeinsam, was ihr schon über das Thema wisst. Notiert dann die Fragen, die ihr habt. Ordnet die Fragen und legt fest, in welcher Reihenfolge sie gestellt werden sollen.

Die Klasse 5c hat folgende Fragen gesammelt:
- *Ab welchem Alter setzt die Periode ein?*
- *Darf eine Freundin/ein Freund mit zur Untersuchung in die Frauenarztpraxis kommen?*
- *Was wird bei einer Untersuchung gemacht?*
- *Stimmt es, dass die Pickel verschwinden, wenn man die Pille nimmt?*

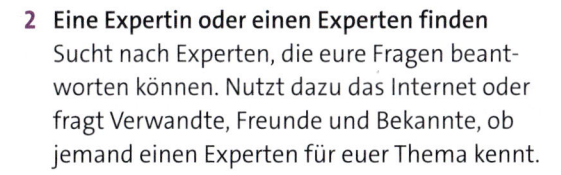

1 Die Klasse 5c befragt eine Frauenärztin.

2 **Eine Expertin oder einen Experten finden**
Sucht nach Experten, die eure Fragen beantworten können. Nutzt dazu das Internet oder fragt Verwandte, Freunde und Bekannte, ob jemand einen Experten für euer Thema kennt.

Die Klasse entscheidet, eine Frauenärztin zu befragen. Lien fragt ihre Mutter nach dem Namen und den Kontaktdaten ihrer Frauenärztin.

3 **Die Expertin oder den Experten einladen**
Legt fest, wer den Experten kontaktiert. Ihr könnt anrufen oder eine E-Mail schreiben. Nennt das Thema, zu dem ihr Fragen habt. Schreibt auch dazu, wie lange eure Befragung dauern soll. Vereinbart einen Termin und Ort. Das kann euer Klassenzimmer, der Arbeitsort des Experten oder eine Videokonferenz sein.

Lien schreibt eine E-Mail an die Frauenärztin.

4 **Die Befragung vorbereiten**
Vereinbart, wer die Fragen stellt und wer die Antworten notiert. Am besten machen mehrere von euch Notizen.

Jana wird die Fragen stellen. Annika, Sarah, Ben und Anton werden Notizen machen. Tom wird Fotos von der Befragung machen.

5 **Die Befragung durchführen**
Begrüßt die Expertin. Stellt dann die Fragen und hört gut zu. Fragt nach, wenn ihr etwas nicht versteht. Bedankt euch bei der Verabschiedung.

Jana begrüßt Frau Dr. Müller und bittet sie, sich vorzustellen. Tom fragt, ob er Fotos machen darf. Dann stellt Jana die gesammelten Fragen. Annika, Sarah, Ben und Anton notieren die Antworten. Zur Pille gibt es einige Nachfragen. Am Ende bedankt Jana sich im Namen der Klasse bei Frau Dr. Müller und verabschiedet sie.

6 **Die Befragung auswerten**
Besprecht eure Erkenntnisse. Erstellt ein Plakat oder einen Artikel für die Schülerzeitung oder die Internetseite eurer Schule. Ihr könnt auch eine Tonaufnahme der Befragung machen und als Podcast veröffentlichen, wenn die Befragten einverstanden sind. Zieht Schlussfolgerungen für weitere Befragungen.

Die Klasse erstellt ein Plakat und hängt es in der Schule auf. Die nächste Befragung will die Klasse auch filmen, wenn die Expertin oder der Experte einverstanden ist. Außerdem wollen sie mehr Fragen vorbereiten.

AUFGABE

1 **Eine Expertin oder einen Experten einladen**
Formuliert die E-Mail, die Lien an die Frauenärztin geschrieben hat, um sie einzuladen.

Du entscheidest

1 Innere Stärke kann man nicht sehen.

3 Nein sagen ist okay.

Ob jemand innerlich stark ist, kann man ihr oder ihm nicht ansehen. Jeder Mensch kann lernen, stark und selbstbewusst zu sein. Diese Fähigkeiten kannst du in der Schule, durch Freunde und Familie, aber auch durch eigene Erfahrungen erlangen.

Vorbilder sind wichtig
Jeder Mensch besitzt besondere Eigenschaften und Fähigkeiten. Auch Schwächen sind normal. Doch Menschen können sich ändern. Dabei helfen dir Rollenvorbilder wie Familienmitglieder, Lehrkräfte oder Freunde. Aus ihren Erfahrungen kannst du etwas für dich selbst lernen.

Soziale Netzwerke
Freundschaften sollten von Ehrlichkeit, Vertrauen, gegenseitiger Unterstützung und dem Teilen von Freude geprägt sein. In sozialen Netzwerken sind die „Freunde" aber meist anonym und keineswegs nur sozial. Denn nicht allen Menschen kannst du vertrauen. Auch Fremde können dort deine privaten Daten sehen. Achte darauf, welche Informationen du öffentlich machst. Veröffentliche keine privaten Informationen wie deinen Wohnort oder vertrauliche Gespräche unter Freunden. Auch Bilder, auf denen du wenig bekleidet bist, solltest du nicht öffentlich zeigen.

Sage Nein!
Was auf dich einwirkt oder was von dir erwartet wird, muss nicht immer gut und richtig sein. Achte auf deine Gefühle. Sie zeigen dir, was dir guttut und was nicht. Wenn du eine Berührung oder ein liebes Wort gerne magst, dann ist das gut. Es kann aber vorkommen, dass du bei etwas nicht mitmachen willst, dass du in einer Sache anderer Meinung bist oder dass dir etwas unangenehm ist (Bild 4). Das musst du dir nicht gefallen lassen. Sage Nein, wehre dich und zeige deutlich, dass es dir nicht gefällt. Auch wenn du dich unsicher oder unwohl fühlst, ist es richtig, Nein zu sagen oder Ablehnung zu signalisieren.

2 Ein Selfie mit Freunden

4 Nicht jede Berührung ist angenehm.

5 Böse Menschen wollen, dass man schweigt.

7 In Kursen kannst du lernen, dich selbst zu verteidigen.

Sexueller Missbrauch

Es gibt Erwachsene, die Kinder und Jugendliche dazu überreden oder zwingen, ihnen Nacktfotos zu schicken, sie an ihren Geschlechtsteilen anzufassen oder mit ihnen Sex zu haben. Diese Menschen nutzen ihre Macht aus, um ihre Lust an Jüngeren oder Schwächeren zu befriedigen. Solche Handlungen werden **sexueller Missbrauch** oder **sexualisierte Gewalt** genannt. Es ist immer eine schreckliche Erfahrung für das Opfer. Es wird durch den Täter seelisch und meist auch körperlich geschädigt. Das Opfer braucht Hilfe. In Deutschland gibt es ein Gesetz, nach dem Täter streng bestraft werden.

Lass dir helfen!

Wenn jemand deine Grenzen überschritten hat, dann sprich mit einer Person darüber, der du vertraust. Das Hilfetelefon erreichst du unter 0800 2 25 55 30. Die Menschen dort helfen dir kostenfrei und anonym. Wenn du in einer Situation sofort Hilfe brauchst, dann kannst du das anderen Menschen mit dem Handzeichen in Bild 6 zeigen.

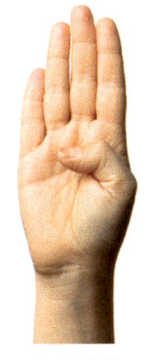

6 So zeigst du „Ich brauche Hilfe!"

Was dich stark machen kann

Vielen Jugendlichen hilft es, wenn sie über ihre Probleme reden. Sie sprechen mit Eltern oder Freunden darüber, was sie bewegt. Oder sie vertrauen einem Tagebuch ihre Gefühle und Gedanken an. Manche Menschen gewinnen mehr Stärke, wenn sie bei Sport und Spiel Erfolge erleben. Wieder andere gewinnen Selbstsicherheit und Selbstvertrauen, indem sie sich freiwillig für andere einsetzen. Das kann in einem Sportverein oder in der Kirche sein, im Umweltschutz, in der Schülervertretung oder auch in der Tierpflege.
Es gibt Kurse und Trainingsangebote zur Selbstverteidigung. Dort kannst du üben, deine Gefühle wahrzunehmen und ihnen zu vertrauen. Du kannst trainieren, Gefahren zu erkennen und wie du am besten darauf reagierst. Und du kannst Techniken lernen, mit denen du dich im Notfall gegen andere Menschen wehren kannst.

> Wenn du etwas falsch, schlecht oder unangenehm findest, dann wehre dich und sage Nein. Manche nutzen andere Menschen oder Informationen über sie aus. Falls dir das passiert, sprich mit jemandem, der oder dem du vertraust.

AUFGABEN

1 **Dein Körper gehört dir!**
a ☒ Erstelle ein Plakat mit Dingen, die dir guttun und dich stark und selbstsicher machen.
b ☒ Stell dir vor, dass von deinen Geschwistern ein riesiges Foto an eurer Hauswand hängt. Beschreibe, wie du dich fühlen würdest.
c ☒ Beschreibe, was man unter sexuellem Missbrauch versteht.

TESTE DICH!

1 Die Pubertät ↗ S. 182–187

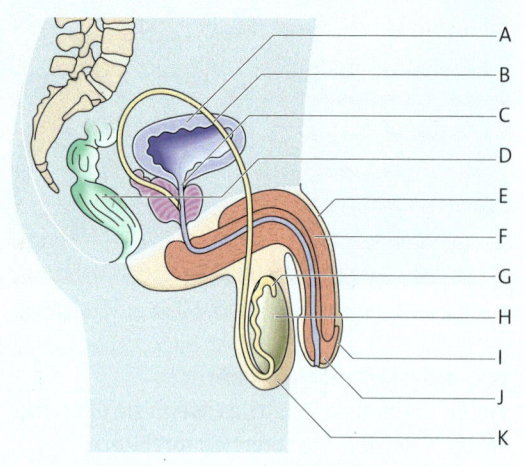

1 Die männlichen Geschlechtsorgane

a Benenne in zwei getrennten Listen jeweils die mit Buchstaben gekennzeichneten Organe in den Bildern 1 und 2 mit den Fachwörtern.
b Notiere in einer Tabelle die primären und sekundären Geschlechtsmerkmale von Mann und Frau.
c Nenne jeweils zwei Merkmale, an denen Jungen und Mädchen erkennen, dass sie geschlechtsreif sind.
d Begründe, warum Körperpflege in der Pubertät wichtig ist.
e Beschreibe je eine Hygienemaßnahme an den äußeren Geschlechtsorganen für Jungen und Mädchen.
f Erkläre, wodurch sich in der Pubertät die Gefühle und Bedürfnisse verändern.

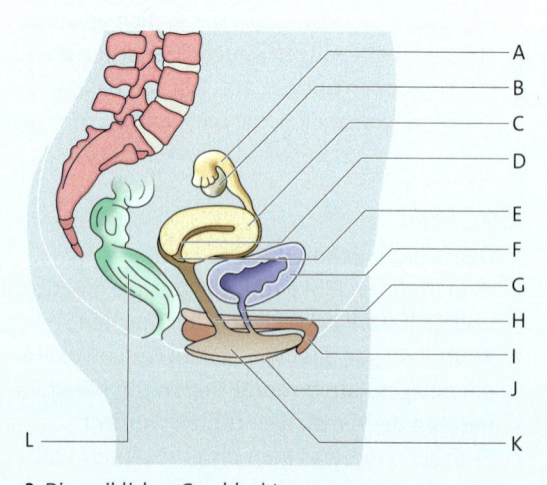

2 Die weiblichen Geschlechtsorgane

2 Der Zyklus ↗ S. 188

a Beschreibe, was mit dem Fachwort Zyklus gemeint ist.
b Beschreibe, wie die Regelblutung entsteht.
c Begründe, ob es möglich ist, dass ein zwölfjähriges Mädchen schwanger wird.

3 Sex und Verhütung ↗ S. 192–195

a Beschreibe mit eigenen Worten, wie es zu einer Schwangerschaft kommen kann.
b Erläutere, was Geschlechtsverkehr mit Verantwortung zu tun hat.
c Nenne drei Verhütungsmittel.
d Beschreibe die Anwendung eines dieser Verhütungsmittel.
e Nenne zwei Beispiele, wann Kondome nicht mehr zuverlässig schützen.
f Begründe, warum „Aufpassen" keine Verhütungsmethode ist.
g Notiere ein Gespräch, wie du mit deinem Partner über Verhütung sprechen könntest.
h „Verhütung ist Frauensache!" Beurteile diese Aussage.

4 Schwangerschaft und Geburt ↗ S. 196–199

a Nenne die Fachwörter für eine befruchtete Eizelle sowie für das Kind bis zur 8. Woche und von der 9. Woche bis zur Geburt.
b Beschreibe Bild 3, wie der Embryo in der Mutter versorgt und geschützt wird.

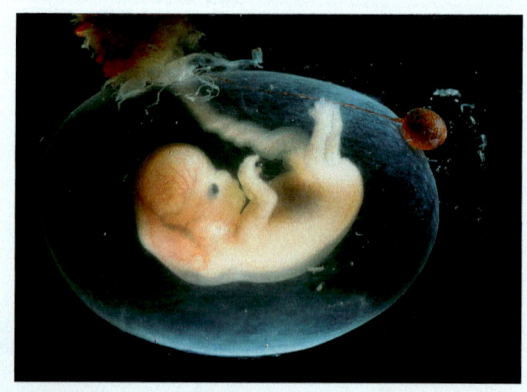

3 Ein Embryo

c Nenne die Untersuchungsmethode, mit der man die Größe und die Lage des Kindes im Bauch kontrollieren kann.
d Nenne die Phasen der Geburt.

ZUSAMMENFASSUNG Die Pubertät

Die Pubertät
Hormone bewirken ...
- Veränderungen im Körper und im Gehirn.
- die Entwicklung von Kindern zu jungen Erwachsenen.
- das Einsetzen der Geschlechtsreife.
- Veränderungen von Gefühlen und Interessen.

Vom Jungen zum Mann
Veränderungen:
- Stimme wird tiefer
- vermehrte Körperbehaarung
- Bildung der **Spermienzellen** in den **Hoden**

Vom Mädchen zur Frau
Veränderungen:
- Becken wird breiter
- Entwicklung von Brust und Körperbehaarung
- Reifung der **Eizellen** in den **Eierstöcken**

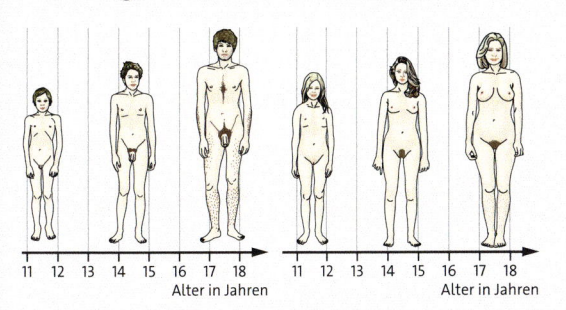

Der weibliche Zyklus
Eizellreifung, **Eisprung**, **Regelblutung**
Während der **Menstruation** wird eine unbefruchtete Eizelle mit der Gebärmutterschleimhaut nach außen abgegeben.

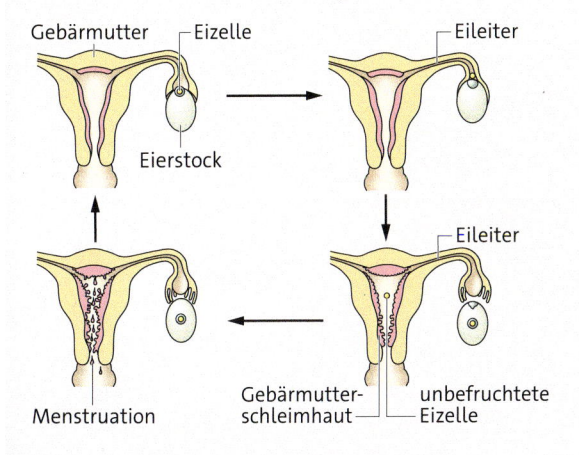

Auf den eigenen Körper achten
Regelmäßige **Körperpflege** ist wichtig,
- da Hautdrüsen mehr Fett und Schweiß bilden
- da Körpergeruch und Hautprobleme auftreten können.

Sex und Verhütung
Petting: Austausch von Zärtlichkeiten am ganzen Körper
Geschlechtsverkehr: Einführen des Penis in die Vagina
Verhütungsmittel:
- Verhinderung einer Schwangerschaft
- **Pille** und **Vaginalring**: enthalten Hormone, die den Eisprung unterdrücken.
- **Kondome**: verhindern, dass Spermienzellen in die Vagina gelangen und schützen vor Geschlechtskrankheiten

Ein Kind entsteht
Befruchtung: verschmelzen von Eizelle und Spermienzelle
Embryo: nistet sich in der Gebärmutter ein, Bildung von **Fruchtblase** mit **Fruchtwasser**
Versorgung: durch **Nabelschnur** und **Mutterkuchen** wird das Kind mit Nährstoffen und Sauerstoff versorgt

Schwangerschaft und Geburt
Schwangerschaft:
- für die Frau Zeit großer körperlicher und seelischer Veränderungen
- für das Kind: größtmöglicher Schutz nötig

Vorsorgeuntersuchungen:
- für die Mutter: Überwachung der Gesundheit
- für das Kind: Überwachung der Gesundheit und der Entwicklung

Geburt: drei Phasen: **Eröffnungsphase**, **Austreibungsphase**, **Nachgeburtsphase**

Du entscheidest
Wichtige **Regeln**:
- Sage Nein, wenn du etwas falsch, schlecht oder unangenehm empfindest.
- Veröffentliche keine Fotos oder Informationen von dir im Internet.
- Sprich mit jemandem, der oder dem du vertraust, wenn dir etwas passiert.

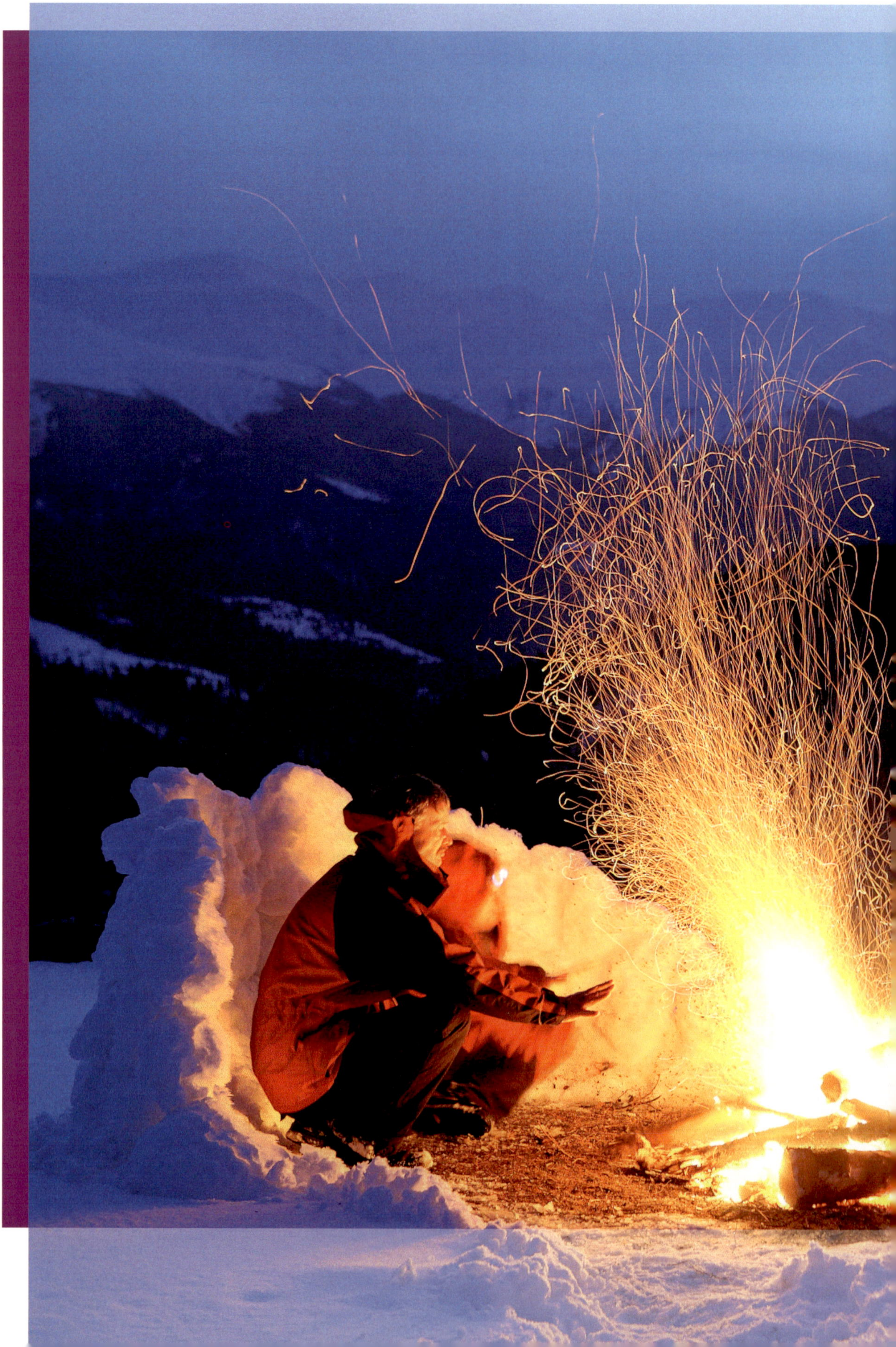

Energie nutzen

In Unterkapitel „Energie übertragen und nutzen" erfährst du, ...
- ... was Energie ist und wie sie umgewandelt wird.
- ... wie Pflanzen die Energie der Sonne für andere Lebewesen nutzbar machen.
- ... welche Nährstoffe Lebewesen benötigen.
- ... wie Nutzpflanzen für die Gewinnung von Energie genutzt werden können.

Im Unterkapitel „Temperatur und Wärme" erfährst du, ...
- ... worauf es ankommt, wenn man ein Lagerfeuer entzünden will.
- ... wie Brände gelöscht werden können.
- ... wie man Temperaturen misst.
- ... wie Wärme transportiert wird.

Im Unterkapitel „Tiere sind angepasst" erfährst du, ...
- ... wie Tiere an die Veränderungen der Jahreszeiten angepasst sind.
- ... welche Angepasstheiten Vögel für eine energieoptimierte Fortbewegung in der Luft aufweisen.

Energie und Energieformen

1 Energieformen im Alltag

2 Windräder im Südschwarzwald

Max nutzt die letzten warmen Sonnenstrahlen des Tages, um mit seinem BMX-Rad ein paar coole Sprünge zu üben. Hinter ihm treibt der Wind ein Windrad an. Das Windrad sorgt dafür, dass die Straßenlaternen in Max' Heimatstadt nach Sonnenuntergang leuchten.
Diese Vorgänge erscheinen auf den ersten Blick ohne Zusammenhang. Sie haben aber eine Gemeinsamkeit: Sie alle brauchen Energie.

Energie
Bei allen Vorgängen, die in der Umwelt und Technik ablaufen, ist Energie im Spiel. Man kann sagen: **Energie** ist die Voraussetzung für jeden Vorgang. Energie kommt dabei in verschiedenen **Energieformen** vor.

Licht
Lampen, Blitze, Flammen, Lava, Glühwürmchen und besondere Algen senden **Licht** aus. Licht ist eine Energieform. Die Sonne ist unsere wichtigste Quelle dieser Form von Energie.

Wärme
Die Sonne ist auch die wichtigste Quelle für Energie in Form von **Wärme**. Ohne die Sonne wäre es auf der Erde sehr kalt und Leben wäre nicht möglich. Wärme tritt bei allen Vorgängen auf – ob man das will oder nicht. Wenn Max mit dem BMX-Rad bremst, dann werden die Bremsbeläge und Felgen warm. Hier wird Bewegungsenergie in Wärme umgewandelt.

Bewegungsenergie
Wenn Körper sich bewegen, dann ist **Bewegungsenergie** im Spiel. Wenn Max mit dem BMX-Rad schneller fährt, dann besitzt er mehr Bewegungsenergie, als wenn er langsam fährt. Wenn Max mit dem Fahrrad stehen bleibt, dann hat er keine Bewegungsenergie mehr.

Lageenergie
Wenn ein Körper hochgehoben wird, dann ändert er die Lage. Die Energie, die er dadurch besitzt, nennt man daher **Lageenergie**. Je höher Max mit seinem BMX-Rad springt, desto mehr Lageenergie hat er (Bild 1).

Chemische Energie
In Nahrung ist Energie gespeichert. Diese Energie nennt man **chemische Energie**. Chemische Energie ist auch in Erdöl oder in Feuerwerksraketen gespeichert.

Elektrische Energie
Für das moderne Leben ist **elektrische Energie** wichtig. Das Windrad stellt elektrische Energie bereit, indem es die Bewegungsenergie des Windes nutzt (Bild 2). Elektrische Energie wird auch bei der Verbrennung von Kohle gewonnen.

> Energie ist Voraussetzung für jeden Vorgang. Sie ist nötig, um etwas zu bewegen, anzuheben, zu erwärmen oder zu beleuchten. Energie tritt in verschiedenen Formen auf.

Energie ist in Sonnenlicht gespeichert.

Energie ist im gestauten Wasser gespeichert.

Wind transportiert Energie.

Energie ist in Pflanzen und Tieren gespeichert.

Fließendes Wasser transportiert Energie.

Energie ist in Bewegung gespeichert.

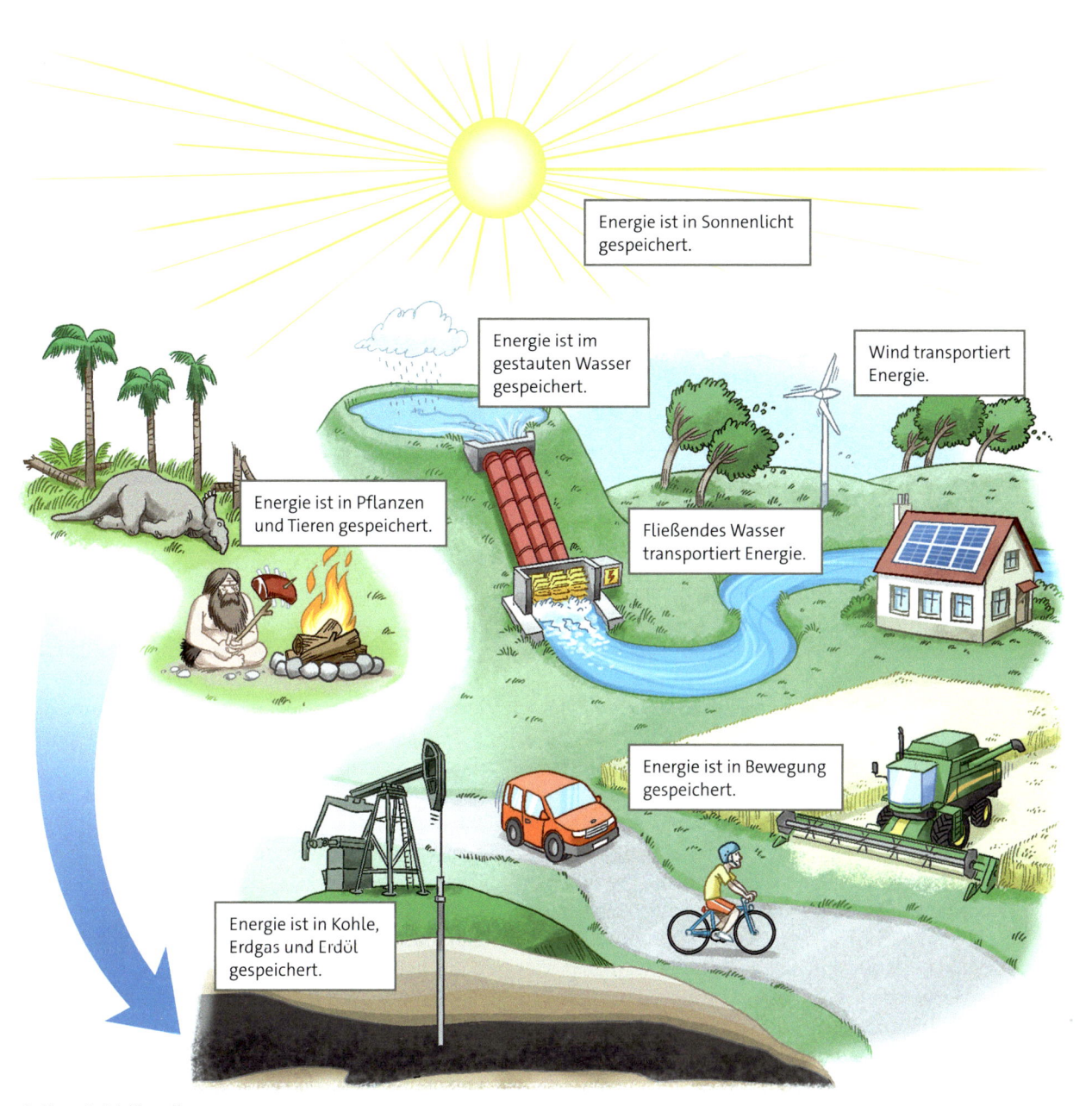

Energie ist in Kohle, Erdgas und Erdöl gespeichert.

3 Energie ist überall.

AUFGABEN

1 Energieformen im Alltag
a Nenne Vorgänge in Bild 3, bei denen die verschiedenen Energieformen auftreten.
b Gib weitere Vorgänge aus deinem täglichen Leben an, denen du Energieformen zuordnen kannst. Notiere sie.
c Entscheide, welche Energieformen in Bild 3 für dein Leben wichtig oder weniger wichtig sind. Begründe deine Entscheidung.

2 Energieformen zeichnen
a Zeichne ein Bild, in dem die folgenden Energieformen vorkommen: chemische Energie, Wärme, Licht, Bewegungsenergie.
b Tausche dein Bild gegen das Bild einer Mitschülerin oder eines Mitschülers. Finde dort die Energieformen aus Aufgabenteil a.
c Zeichne ein Bild über die Energieformen Lageenergie und Bewegungsenergie.

EXTRA Energie sparen

1 Verschwendung elektrischer Energie

3 Demonstration zum Abschalten der Kohlekraftwerke

In unserem Alltag nutzen wir ständig Energie:
- Wir nutzen Energie, damit es in der Wohnung warm ist.
- Wir nutzen Energie, um Strom zu produzieren.

Manchmal gehen wir verschwenderisch mit der Energie um:
- Der Fernseher wird oft nicht ausgeschaltet, sondern läuft im Stand-by-Modus weiter.
- Das Licht wird angelassen, wenn man den Raum verlässt.

Im Jahr 2022 wurden in Deutschland fast 80 Prozent des Stroms und der Wärme durch die Verbrennung der fossilen Energieträger Kohle, Gas und Erdöl gewonnen (Bild 2). Dabei werden große Mengen des Gases **Kohlenstoffdioxid** (CO_2) frei. CO_2 trägt dazu bei, dass sich die durchschnittliche Temperatur auf der Erde erhöht.

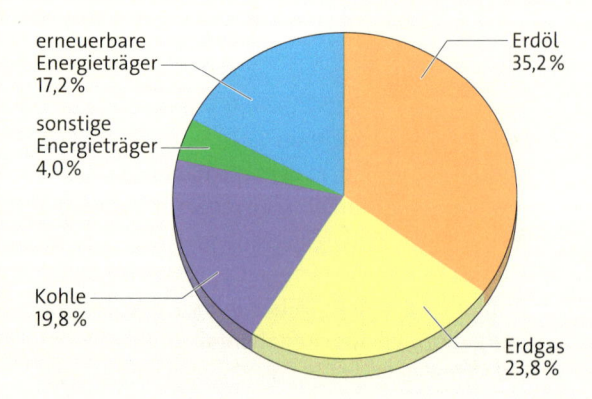

Wegen der Belastung der Umwelt fordern viele Menschen, die Kohlekraftwerke abzuschalten. Alle Kohlekraftwerke sofort abzuschalten ist jedoch noch schwierig. Denn der Energiebedarf in Deutschland ist sehr hoch. Und Energie aus erneuerbaren Energiequellen steht nicht immer in ausreichender Menge zur Verfügung. Außerdem wird sie nicht immer da bereitgestellt, wo wir sie brauchen. Deshalb suchen Forschende nach Möglichkeiten, elektrische Energie besser zu speichern und zu transportieren als bisher. Zwar werden ständig neue Kraftwerke zur Umwandlung von erneuerbarer Energie in elektrische Energie gebaut. Aber auch du kannst dabei helfen, dass die Kohlekraftwerke schneller abgeschaltet werden. Dazu ist es vor allem notwendig, weniger elektrische Energie zu verschwenden. Hier kannst auch du einen Beitrag leisten, indem du deinen Stromverbrauch einschränkst.

- erneuerbare Energieträger 17,2 %
- sonstige Energieträger 4,0 %
- Kohle 19,8 %
- Erdöl 35,2 %
- Erdgas 23,8 %

2 Energieversorgung in Deutschland im Jahr 2022

AUFGABEN

1 Sparsamer Umgang mit Energie
Erkläre, warum man mit Energie sparsam umgehen muss.

2 Energieversorgung in Deutschland
Bestimme den Gesamtanteil der erneuerbaren und der nicht erneuerbaren Energie an der Energieversorgung in Deutschland für das Jahr 2022. Nutze dafür Bild 2.

PRAXIS So kannst du Energie sparen

Durchführung:
- Bildet für diesen Wettbewerb vergleichbare Gruppen, zum Beispiel alle 6. Klassen deiner Schule oder du und deine Geschwister oder Dreiergruppen in deiner Klasse.
- Für jedes Verhalten, mit dem Energie eingespart wird, gibt es entsprechend der Tabelle Energiesparpunkte. Besprich die grün markierten Felder mit deinen Eltern. Beispiel: Wenn du am Tag 30 Minuten weniger Zeit an der Spielekonsole verbringst, erhältst du 2 Punkte. Wenn du 60 Minuten weniger Zeit an der Spielekonsole spielst, sind es sogar 4 Punkte.
- Jede Gruppe führt während des Spielzeitraums ein Energiespar-Tagebuch und stellt dieses im Unterricht vor.

Auswertung:
Gewonnen hat, wer am Ende des vereinbarten Zeitraums am meisten Punkte gesammelt hat. Und die Umwelt gewinnt sowieso.

1 Werde zum Energieprofi.

Bonuspunkte:
Finde weitere stromsparende Maßnahmen für die Bereiche Licht, Elektronik und Energieversorgung. Pro Maßnahme erhältst du einen Bonuspunkt. Auch in anderen Bereichen kann man Energie sparen. Finde energiesparende Maßnahmen für die Bereiche Kochen, Kühlen und Wassernutzen. Pro Maßnahme erhältst du einen Bonuspunkt.

Licht	Schalte tagsüber das Licht aus.	2 P
	Schalte in ungenutzten Räumen das Licht aus.	2 P
	Ziehe bei Lampen mit Netzteilen den Stecker heraus oder trenne sie mit einem Schalter vom Netz.	1 P
	Ersetze Glühlampen durch LEDs.	1 P
	Dunkle Wände absorbieren Licht. Wähle für dein Zimmer eine hellere Wandfarbe.	1 P
Elektronik	Schalte elektrische Geräte wie einen Computer nur dann ein, wenn du sie benötigst.	2 P
	Stelle den Computer so ein, dass sich der Bildschirm abschaltet, wenn 10 Minuten lang nichts passiert.	2 P
	Reduziere die Zeit, die du an der Spielekonsole verbringst, um 30 Minuten.	2 P
	Reduziere die Zeit am Smartphone um 30 Minuten.	2 P
	Ziehe bei Ladegeräten den Stecker aus der Steckdose, wenn du gerade nichts damit auflädst.	2 P
	Sprich mit deinen Eltern darüber, auf Elektrogeräte der Energieeffizienzklasse A umzusteigen.	1 P
	Schalte Geräte komplett aus, anstatt sie im Stand-by-Modus laufen zu lassen.	2 P
	Ein Haartrockner benötigt viel elektrische Energie. Lass deine Haare im Sommer von der Sonne trocknen.	2 P
	Verzichte im Sommer auf eine Klimaanlage. Lüfte stattdessen frühmorgens oder spätabends, wenn es kühl ist.	2 P
	Eine Waschmaschine benötigt neben Wasser viel elektrische Energie. Überlege jeweils, ob du ein Kleidungsstück noch einmal anziehen kannst, bevor du es in die Wäsche gibst.	2 P
Heizen	Regle die Temperatur in deinem Zimmer auf maximal 20 °C.	1 P
	Lüfte dein Zimmer zwei- bis dreimal täglich kurz, aber kräftig (Stoßlüften).	1 P

ENERGIE ÜBERTRAGEN UND NUTZEN

Lebensgrundlage Sonnenenergie

1 Maike läuft mit ihrer Schwester durch ein Maislabyrinth.

3 Beim Essen nimmt man Energie auf.

Maike läuft zusammen mit ihrer großen Schwester durch ein Maislabyrinth. Dabei genießt sie den Sonnenschein. Mit den Sonnenstrahlen gelangt Energie auf unsere Erde. Genauer gesagt, gelangt Energie in Form von Licht und Energie in Form von Wärme auf die Erde.

Energie von der Sonne
Das Leben auf der Erde wäre ohne die Energie der Sonne nicht möglich. Die Wärme der Sonne sorgt für angenehme Temperaturen. Grüne Pflanzen wie die Maispflanze nehmen das Licht der Sonne auf. Sie brauchen das Licht zum Wachsen. Viele Tiere leben davon, dass sie die Pflanzen fressen. Somit machen die Pflanzen die Energie der Sonne auch für andere Lebewesen nutzbar.

> Von der Sonne gelangt Energie in Form von Licht und Wärme auf die Erde. Ohne diese Energie wäre kein Leben auf der Erde möglich.

Energie wird umgewandelt
Mithilfe des Sonnenlichts stellen Pflanzen Traubenzucker her. Traubenzucker besitzt chemische Energie. Pflanzen wandeln also Licht in chemische Energie um. Man sagt: Pflanzen sind **Energiewandler**.

Wenn die Maiskolben reif sind, kannst du sie essen (Bild 3). In den Maiskolben ist die umgewandelte Energie des Sonnenlichts gespeichert. Dein Körper kann diese chemische Energie aufnehmen und in andere Energieformen umwandeln. Wenn Maike zum Beispiel durch ein Maislabyrinth läuft, dann wird ihre durch die Nahrung aufgenommene chemische Energie in Bewegungsenergie und Wärme umgewandelt. Maikes Körper ist also auch ein Energiewandler – deiner auch.

> Energie kann gespeichert und umgewandelt werden. Menschen, Tiere und Pflanzen sind Beispiele für Energiewandler.

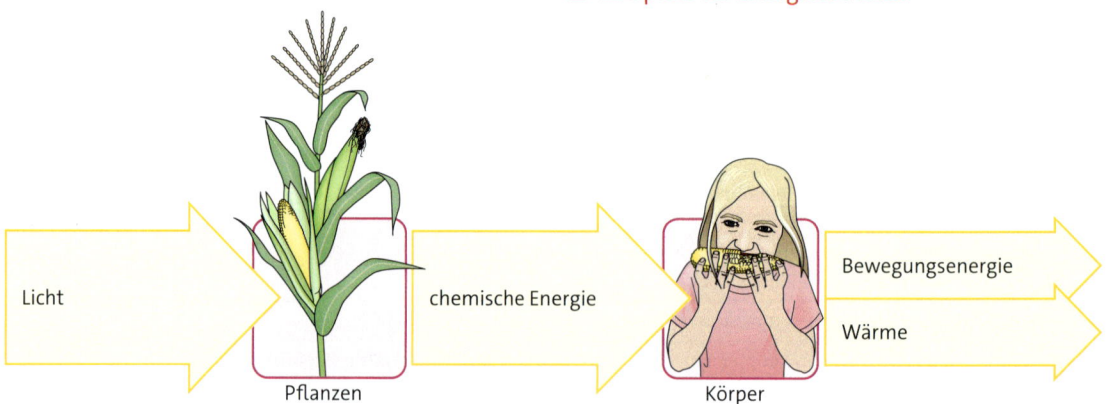

2 Energieumwandlungen von der Sonne zum Menschen

ENERGIE NUTZEN

Bewegungsenergie → **Wind-rad** → **elektrische Energie**

4 Energiekette beim Windrad

Energieumwandlungen darstellen

In der Physik veranschaulicht man Energieumwandlungen durch **Energieketten** (Bild 4). Sie zeigen:
- die beteiligten Energieformen in Pfeilen.
- die beteiligten Energiewandler in Kästen.

Meist wird die Energie nacheinander in mehrere verschiedene Energieformen umgewandelt. Es handelt sich dann um mehrstufige Energieketten.

Bild 2 zeigt die Energieumwandlungen in der Maispflanze und beim anschließenden Essen eines Maiskolbens. Die Energiewandler, also die Maispflanze und Maike, sind jeweils in den Kästen dargestellt. Die Energieformen – also Licht, chemische Energie, Bewegungsenergie und Wärme – stehen in den Pfeilen. Die Menge der umgewandelten Energie wird jeweils durch die Breite des Pfeils dargestellt.

Aber nicht nur Pflanzen und Menschen sind Energiewandler. Ein Windrad zum Beispiel kann die Bewegungsenergie des Windes in elektrische Energie umwandeln. Weil das Windrad der Energiewandler ist, wurde das Wort Windrad in Bild 4 in den Kasten geschrieben. Weil das Windrad Bewegungsenergie in elektrische Energie umwandelt, steht die Bewegungsenergie links vom Kasten und die elektrische Energie rechts vom Kasten.

> Energieumwandlungen lassen sich als Energieketten darstellen. Diese Energieketten bestehen aus Kästen für die Energiewandler und Pfeilen für die Energieformen.

BASISKONZEPT Energie

Energie tritt in verschiedenen Formen auf. Sie kann gespeichert, umgewandelt und transportiert werden. Energie bleibt dabei immer erhalten, sie kann weder erschaffen noch vernichtet werden. Energie ist daher ein wichtiges **Basiskonzept**. Die Sonne ist unsere wichtigste Energiequelle. Grüne Pflanzen stellen mithilfe des Sonnenlichts energiereichen Traubenzucker her. Menschen und Tiere nehmen mit der Nahrung den Traubenzucker auf. Die Energie des Traubenzuckers wird im Körper zum Beispiel in Bewegungsenergie umgewandelt.

AUFGABEN

1 Energieketten zeichnen

a Zeichne die Energieketten in dein Heft ab.

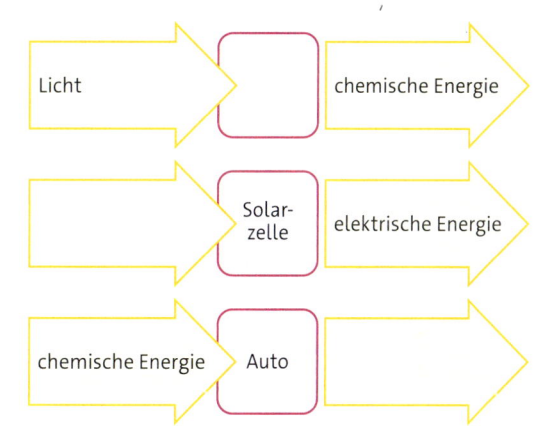

Licht → ☐ → **chemische Energie**

☐ → **Solarzelle** → **elektrische Energie**

chemische Energie → **Auto** → ☐

b Ergänze jeweils den fehlenden Energiewandler oder die fehlende Energieform.
c In einem Elektroauto wird elektrische Energie in Bewegungsenergie umgewandelt. Zeichne eine Energiekette für ein Elektroauto.
d Nenne zwei weitere Energieumwandlungen und zeichne für diese Energieumwandlungen jeweils eine Energiekette.

2 Energie beim Fahrradfahren

a Beschreibe, woher ein Radfahrer seine Bewegungsenergie erhält. Zeichne dazu eine Energiekette, die Sonnenlicht, Pflanzen und einen Radfahrer enthält.
b Begründe, wie sich die Energiekette verändert, wenn der Radfahrer bergauf fährt.

Der Bau und die Aufgaben von Laubblättern

1 Ein Laubblatt von einem Ahorn

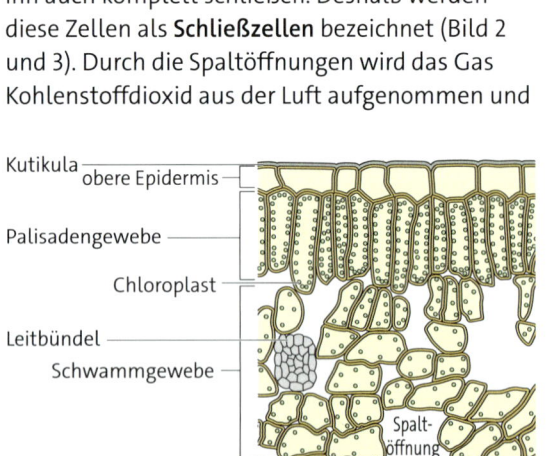

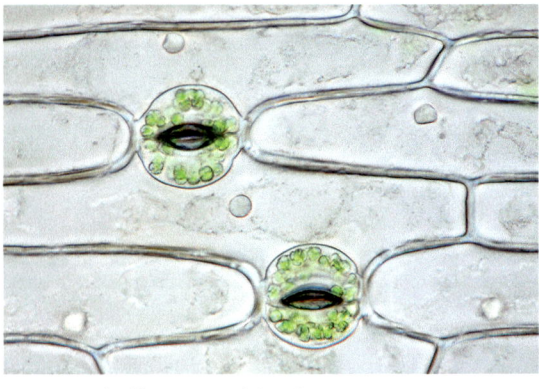

3 Zwei Spaltöffnungen auf der Blattunterseite

Die Laubblätter verschiedener Pflanzen haben unterschiedliche Formen. Im Innern sind alle Laubblätter aber gleich gebaut.

Die Begrenzung eines Laubblatts
Laubblätter besitzen oben und unten jeweils eine Schicht aus farblosen Zellen. Diese Schichten heißen **obere Epidermis** und **untere Epidermis** (Bild 2). Sie sind von einer Wachsschicht überzogen, die das Blatt vor Austrocknung schützt. Das Fachwort für diese Schicht ist **Kutikula**.

Die Öffnungen eines Laubblatts
In der unteren Epidermis befinden sich kleine Öffnungen. Sie bestehen aus zwei bohnenförmigen Zellen, zwischen denen sich ein kleiner Spalt befindet. Deshalb werden die Öffnungen als **Spaltöffnungen** bezeichnet. Die bohnenförmigen Zellen können die Größe des Spalts verändern und ihn auch komplett schließen. Deshalb werden diese Zellen als **Schließzellen** bezeichnet (Bild 2 und 3). Durch die Spaltöffnungen wird das Gas Kohlenstoffdioxid aus der Luft aufgenommen und das Gas Sauerstoff an die Luft abgegeben. Diesen Vorgang nennt man **Gasaustausch**. Zudem regeln die Spaltöffnungen die Abgabe von Wasserdampf. Wenn es draußen sehr warm ist, dann schließen die Schließzellen die Spaltöffnungen. So wird verhindert, dass zu viel Wasser verdunstet und die Pflanze austrocknet.

Die inneren Schichten eines Laubblatts
Unter der oberen Epidermis liegt eine Schicht aus lang gestreckten Zellen. Das Fachwort für diese Schicht ist **Palisadengewebe** (Bild 2). Es enthält sehr viele Chloroplasten, in denen mithilfe von Licht energiereiche Stoffe aufgebaut werden. Unter dem Palisadengewebe liegen unregelmäßig geformte Zellen, zwischen denen sich viele Hohlräume befinden. Diese Schicht heißt **Schwammgewebe**. Die Hohlräume zwischen den Zellen sorgen für die Durchlüftung des Gewebes. Laubblätter besitzen außerdem dünne Röhren, in denen Wasser, Mineralstoffe und Nährstoffe durch die Pflanze geleitet werden. Diese Röhren heißen **Leitbündel** (Bild 2).

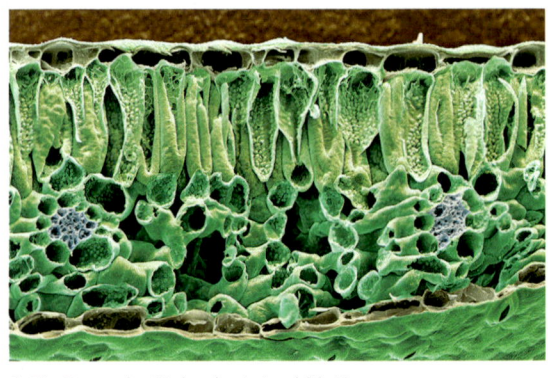

2 Die Schichten eines Laubblatts

4 Ein Querschnitt durch ein Laubblatt

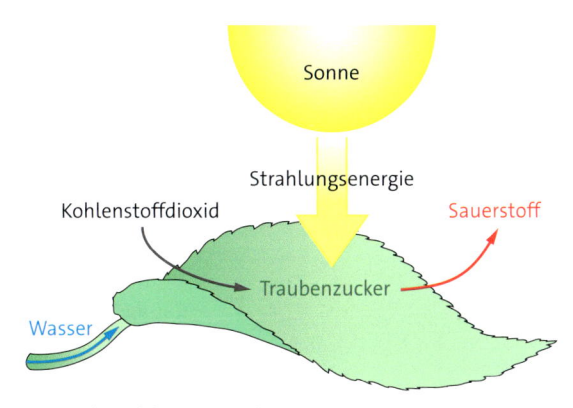

5 Der Ablauf der Fotosynthese

Die Fotosynthese

Pflanzen wandeln die **Strahlungsenergie** der Sonne in chemische Energie um. Das geschieht in den Pflanzenzellen, die Chloroplasten mit dem grünen Farbstoff Chlorophyll enthalten. Dort werden Kohlenstoffdioxid und Wasser mithilfe von Strahlungsenergie in Traubenzucker und Sauerstoff umgewandelt (Bild 5 und 6). Das Fachwort für diesen Vorgang heißt **Fotosynthese**. Das Wort Foto bedeutet Licht. Das Wort Synthese bedeutet zusammenfügen. Die Fotosynthese ist also das Zusammenfügen von Stoffen mithilfe von Licht. Der dabei freigesetzte Sauerstoff wird über die Spaltöffnungen an die Luft abgegeben. Der gebildete Traubenzucker wird über die Leitbündel in der Pflanze verteilt.

Die Nährstoffe werden gespeichert

Pflanzen können mit den Mineralstoffen aus dem Boden und dem selbst gebildeten Traubenzucker alle Stoffe aufbauen, die sie zum Leben brauchen. Den Traubenzucker, den eine Pflanze nicht sofort braucht, wandelt sie in einen Speicherstoff um. Dieser Stoff heißt **Stärke**. Diese Stärke wird zum Beispiel im Samen von Pflanzen gespeichert. So kann die Pflanze die Stärke später für ihr Wachstum oder für die Fortpflanzung nutzen.

Bedeutung der grünen Pflanzen für das Leben

Nur Pflanzen können die Strahlungsenergie der Sonne in chemische Energie umwandeln und dabei Sauerstoff bilden. Menschen und Tiere können das nicht. Sie müssen die von der Pflanze gebildeten energiereichen Stoffe aufnehmen. Der Mensch mahlt zum Beispiel die Samen des Weizens zu Mehl und backt daraus ein Brot. Wenn er das Brot isst, dann nimmt er die energiereichen Stoffe auf, die die Pflanze mithilfe der Sonnenenergie gebildet hat. Wenn eine Kuh Gras frisst, dann nimmt sie dabei die energiereichen Stoffe auf, die im Gras gebildet worden sind. Wenn der Mensch ein Stück Fleisch isst oder Milch trinkt, dann nimmt er damit auch die umgewandelte Strahlungsenergie der Sonne auf. Der Sauerstoff wird gebraucht, um Energie aus den Nährstoffen freizusetzen.

> In Pflanzen werden aus Wasser und Kohlenstoffdioxid mithilfe von Strahlungsenergie Traubenzucker und Sauerstoff hergestellt. Traubenzucker kann in Stärke umgewandelt und gespeichert werden. Pflanzen sind Nahrungsgrundlage und Sauerstofflieferant für Pflanzen und Tiere.

AUFGABEN

1 Der Bau von Laubblättern
a ☐ Nenne die Schichten eines Laubblatts.
b ☐ Beschreibe die einzelnen Blattschichten.
c ☐ Erläutere, was der Gasaustausch ist.

2 Die Fotosynthese
a ☐ Nenne die Wortgleichung der Fotosynthese.
b ☐ Erläutere, was während der Fotosynthese geschieht.
c ☐ Erkläre, wofür Pflanzen Stärke brauchen.
d ☐ Beschreibe den Weg der Energie von der Sonne zu einem Glas Milch.

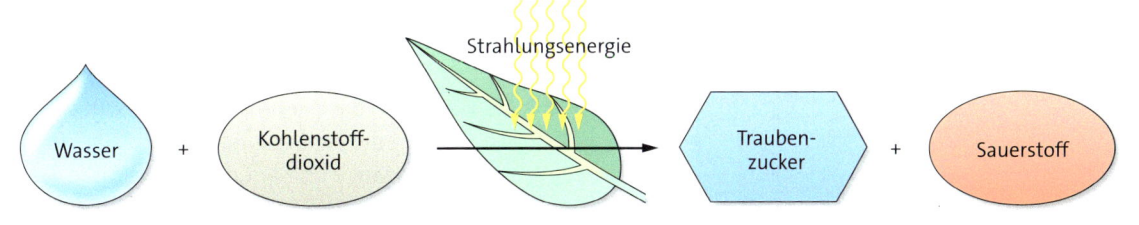

6 Die Wortgleichung der Fotosynthese

ENERGIE ÜBERTRAGEN UND NUTZEN

PRAXIS Die Fotosynthese untersuchen

A Nachweis der Sauerstoffproduktion

Material:
Becherglas, Wasser, Wasserpest, Trichter, Reagenzglas, Stativ, Holzspan, Feuerzeug

> **Achtung!** Setzt die Schutzbrillen auf.

Durchführung:
Gebt mehrere Stängel der Wasserpest in ein Becherglas mit Wasser und stellt es ins Licht. Stülpt den Glastrichter umgekehrt über die Wasserpest, sodass der Trichter ganz untertaucht. Füllt ein Reagenzglas mit Wasser. Stülpt es unter der Wasseroberfläche über den Trichter, sodass das Wasser im Reagenzglas bleibt. Befestigt es am Stativ. Wartet mehrere Tage, bis sich das Reagenzglas mit Gas gefüllt hat. Haltet es unter Wasser mit dem Daumen zu und nehmt es vom Trichter.
Führt eine Glimmspanprobe durch. Entzündet dazu einen Holzspan und pustet ihn aus. Haltet die noch glühende Spitze des Holzspans in das Gas im Reagenzglas. Beschreibt eure Beobachtungen.

Auswertung:
1. ☒ Erstellt ein Protokoll zu diesem Experiment.
2. ☒ Mit der Glimmspannprobe kannst du das Gas bestimmen, das von der Wasserpest freigesetzt wird. Nenne das Gas.

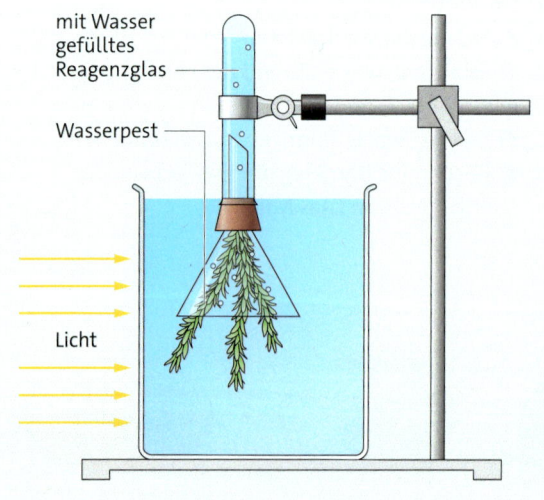

1 Der Aufbau des Experiments

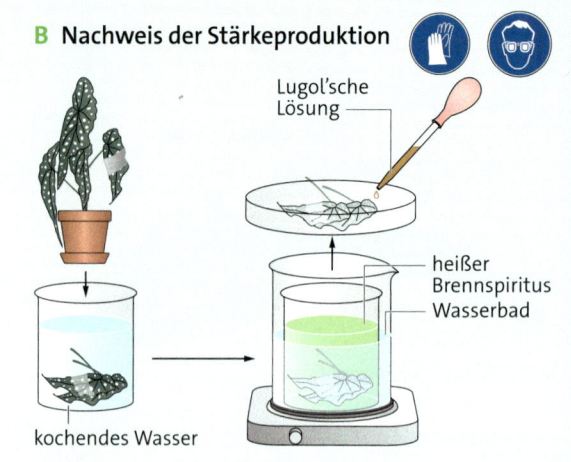

B Nachweis der Stärkeproduktion

2 Der Ablauf des Experiments

Material:
grünweiße Forellenbegonie, Alufolie, Heizplatte, großes und kleineres Becherglas, Wasser, Brennspiritus, Pinzette, 2 Petrischalen, Pipette, Lugol'sche Lösung, Speisestärke

> **Achtung!** Brennspiritus ist leicht entzündlich und kann schwere Augenreizungen verursachen. Lugol'sche Lösung kann die Haut reizen. Setzt die Schutzbrille auf und zieht Schutzhandschuhe an.

Durchführung:
Deckt einen Teil eines Begonienblatts mit einem Streifen Alufolie ab. Stellt die Pflanze einen Tag ins Sonnenlicht. Trennt das abgedeckte Blatt und ein normales Blatt ab und legt sie kurz in kochendes Wasser. Stellt das Becherglas mit dem Brennspiritus in das heiße Wasser und gebt die Blätter hinein. Wenn sie fast farblos sind, dann entnehmt sie mit der Pinzette. Spült die Blätter mit Wasser ab und legt sie für 15 Minuten in die Petrischale mit Lugol'scher Lösung. Gebt in die zweite Petrischale einige Tropfen Lugol'sche Lösung auf etwas Speisestärke. Beschreibt eure Beobachtungen.

Auswertung:
1. ☒ Erstellt ein Protokoll zum Experiment.
2. ☒ Vergleicht die Wirkung der Lugol'schen Lösung auf die weißen und grünen Teile der Begonienblätter und auf die Speisestärke.
3. ☒ Erklärt eure Beobachtung.

WEITERGEDACHT Laubblätter und Fotosynthese

1 Laubblätter sind unterschiedlich

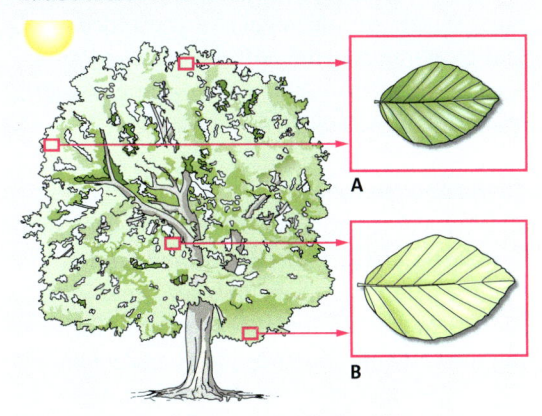

1 Ein Laubbaum mit unterschiedlichen Blättern

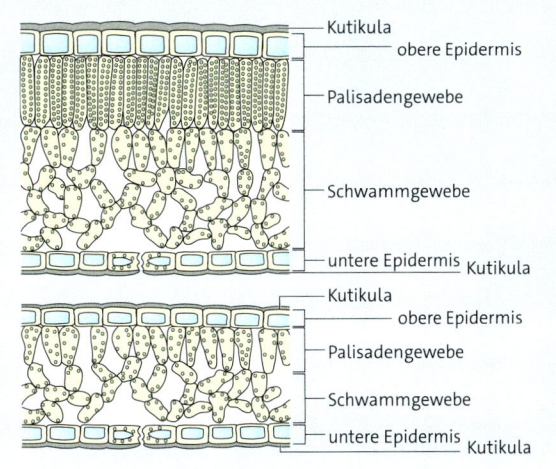

2 Zwei Querschnitte durch zwei verschiedene Laubblätter

Ein Laubbaum hat unterschiedliche Laubblätter.

a ▣ Vergleiche das Aussehen der beiden Laubblätter in Bild 1.
b ▣ Beschreibe mithilfe von Bild 1, wo die beiden Blattarten vorkommen und wie viel Licht auf sie fällt. Verwende dabei die Wörter Baumkrone, unten, oben, innen, außen, viel Licht, wenig Licht.
c ▣ Ordne den beiden Blattarten in Bild 1 die Fachwörter Sonnenblatt und Schattenblatt zu. Begründe deine Zuordnung.
d ▣ Vergleiche den Aufbau der beiden Laubblätter in Bild 2. Beachte dabei auch die Dicke der Blätter und die Menge der Chloroplasten.
e ▣ Ordne den beiden Blattquerschnitten in Bild 2 die Fachwörter Sonnenblatt und Schattenblatt zu. Begründe deine Zuordnung.
f ▣ Nenne mithilfe von Bild 2 die Blattschicht, die die meisten Chloroplasten enthält.
g ▣ Beschreibe, was in den Chloroplasten geschieht, wenn Licht darauf trifft. Verwende auch das Fachwort für diesen Vorgang.
h ▣ Nenne mithilfe von Bild 2 die Blattart, die mehr Fotosynthese betreiben kann. Begründe deine Antwort.
i Auf Schattenblätter fällt weniger Licht als auf Sonnenblätter. Trotzdem können auch Schattenblätter Fotosynthese betreiben.
▣ Erkläre mithilfe von Bild 2, wie der Aufbau des Schattenblatts das ermöglicht.
j ▣ Begründe, warum es sinnvoll ist, dass ein Laubbaum unterschiedliche Blätter hat.

2 Die Bildung energiereicher Stoffe

a ▣ Nenne den energiereichen Stoff, den Pflanzen durch Fotosynthese herstellen.
b Pflanzen wandeln den größten Teil des Traubenzuckers in Stärke um und speichern sie.
▣ Benenne die Speicherorte in Bild 3.
c ▣ Ordne in einer Tabelle die Speicherorte in Bild 3 der Wurzel, der Sprossachse, den Blättern oder den Blüten zu.
d ▣ Nenne die Ursache für den süßen Geschmack von Früchten.
e Früchte enthalten Samen, die von Tieren verbreitet werden.
▣ Stelle begründete Vermutungen an, warum Früchte Traubenzucker enthalten.

3 Verschiedene Speicherorte

ENERGIE ÜBERTRAGEN UND NUTZEN

Unser Körper braucht Nahrung

1 Schülerinnen und Schüler in der Mittagspause

Die Jugendlichen freuen sich: Endlich Pause! Gemeinsam laufen sie zur Mensa der Schule und genießen dort ihr Mittagessen.

Energie für den Körper
Beim Sport, beim Lernen und sogar beim Schlafen braucht der Körper Energie. Diese Energie erhält der Körper durch die Nahrung. Die Bestandteile der Nahrung, die dem Körper Energie liefern, heißen **Betriebsstoffe**. Das Wort Betrieb stammt von betreiben, das bedeutet arbeiten. Betriebsstoffe sind also Stoffe, die der Körper braucht, um seine Aufgaben erfüllen zu können. Betriebsstoffe sind für den Körper das Gleiche wie der Kraftstoff für ein Auto.

Verschiedene Energieformen
Die Sonne liefert die Energie für das Leben auf der Erde. Pflanzen bauen mithilfe der Strahlungsenergie Stoffe auf und speichern sie (Bild 2). Beim Essen wird diese gespeicherte Energie mit der Nahrung aufgenommen. Die aufgenommene Energie wird im Körper zum Beispiel in Bewegungsenergie oder Wärmeenergie umgewandelt. Energie geht dabei nie verloren, sie wird immer nur von einer Form in eine andere umgewandelt. Man sagt auch: Energie wird umgesetzt.

Energiemengen angeben
Die Energiemenge, die ein Mensch braucht, nennt man **Energiebedarf**. Die Maßeinheit für die Energie wurde nach dem Physiker James Prescott Joule benannt: das **Joule** (sprich: dschuul). Im Alltag wird oft eine andere Maßeinheit verwendet, um den Energiegehalt von Nahrungsmitteln anzugeben: die **Kalorie**. Das Wort Kalorie bedeutet Wärme. Eine Kalorie ist die Menge an Wärmeenergie, die nötig ist, um ein Gramm Wasser um ein Grad Celsius zu erwärmen.
Joule und Kalorie werden mit J und cal abgekürzt. Auf Lebensmittelverpackungen stehen meist Kilojoule oder Kilokalorien. Die Vorsilbe *Kilo* bedeutet 1000. Ein Kilojoule sind also 1000 Joule. Kilojoule und Kilokalorie werden mit kJ oder kcal abgekürzt.

Der Energiebedarf in Ruhe
Der Körper braucht Energie für Lebensvorgänge wie Herzschlag, Atmung, Körpertemperatur und Gehirntätigkeit. Die Energiemenge, die dafür pro Tag in völliger Ruhe gebraucht wird, heißt **Grundumsatz**. Der Grundumsatz hängt vom Alter, von der Größe, dem Körpergewicht und dem Geschlecht ab. In der Kindheit und der Jugend braucht der Körper viel Energie zum Wachsen. Je älter man wird, desto niedriger wird der Energiebedarf (Bild 3). Männer haben meist einen etwas höheren Grundumsatz als Frauen, weil sie etwas mehr Muskelmasse besitzen.

Strahlungsenergie

Pflanzen nutzen die Strahlungsenergie.

Lebensmittel enthalten energiereiche Stoffe.

Umsetzung in Bewegungs- und Wärmeenergie

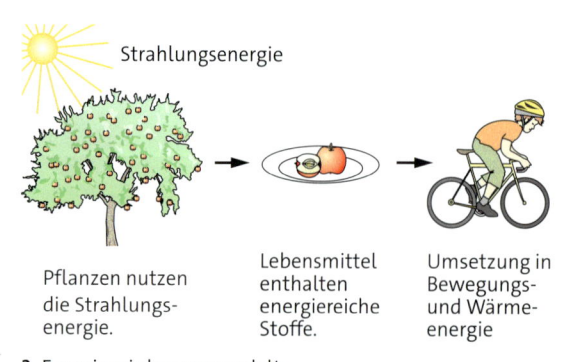

2 Energie wird umgewandelt.

Alter	Männer	Frauen
11–15 Jahre	1570 kcal / 6 580 kJ	1380 kcal / 5 780 kJ
15–19 Jahre	1820 kcal / 7 628 kJ	1460 kcal / 6 113 kJ
19–25 Jahre	1820 kcal / 7 628 kJ	1390 kcal / 5 820 kJ
25–51 Jahre	1740 kcal / 7 285 kJ	1340 kcal / 5 610 kJ
51–65 Jahre	1580 kcal / 6 615 kJ	1270 kcal / 5 317 kJ

3 Der durchschnittliche Grundumsatz pro Tag nach Alter und Geschlecht

4 Energiebedarf bei verschiedenen Tätigkeiten in 30 Minuten

Der Energiebedarf durch Aktivität

Für jede körperliche oder geistige Aktivität wird zusätzliche Energie gebraucht. Die Energiemenge, die zusätzlich zum Grundumsatz gebraucht wird, nennt man **Leistungsumsatz**. Der Energiebedarf des Körpers ist also auch abhängig von der Lebensweise: Wenn man körperlich aktiv ist und sich viel bewegt, dann braucht der Körper mehr Energie (Bild 4). Wenn man viel sitzt und wenig Sport macht, dann braucht der Körper weniger Energie. Die Energie, die ein Mensch pro Tag braucht, besteht also aus Grundumsatz plus Leistungsumsatz. Diesen gesamten Energiebedarf nennt man **Gesamtumsatz**.

Baustoffe für den Körper

Unser ganzes Leben lang wird der Körper ständig aufgebaut und erneuert. Am Wachsen der Haare und Fingernägel oder an der Wundheilung kann man das gut beobachten. Der Körper braucht Baumaterial, um sich aufzubauen und zu erneuern. Dieses Baumaterial erhält der Körper aus der Nahrung. Die Bestandteile der Nahrung, die der Körper als Baumaterial nutzt, heißen **Baustoffe**. Für das Knochenwachstum und das Körperwachstum sowie die Gewichtszunahme in der Kindheit und Jugend werden viele Baustoffe gebraucht.

> Die Nahrung liefert dem Körper Betriebsstoffe und Baustoffe. Den gesamten Energiebedarf des Körpers nennt man Gesamtumsatz. Er besteht aus Grund- und Leistungsumsatz.

AUFGABEN

1 Betriebsstoffe und Baustoffe
a Betriebsstoffe und Baustoffe gibt es überall. Ordne in einer Tabelle die folgenden Beispiele den Betriebsstoffen oder den Baustoffen zu: Mauersteine, Batterien, Holz, Eisen, Strom.
b Vergleiche Betriebsstoffe und Baustoffe.

2 Verschiedene Energieformen
Betrachte Bild 2. Ordne jeweils einen Satz aus dem Text der Sonne, dem Baum, dem Apfel, dem Kind sowie dem gesamten Bild 2 zu.

3 Energiemengen
a Auf Lebensmittelverpackungen wird die enthaltene Energiemenge angegeben. Stelle eine Vermutung an, warum das so ist.
b Berechne, wie viele Kalorien nötig sind, um 200 g Wasser um 1 °C zu erwärmen.
c Eine Tafel Schokolade hat etwa 500 kcal. Berechne, wie viel Wasser man mit dieser Energiemenge um 1 °C erwärmen könnte.

4 Der Energiebedarf
a Erkläre in eigenen Worten, was mit den Fachwörtern Grundumsatz, Leistungsumsatz und Gesamtumsatz gemeint ist.
b Recherchiere und berechne deinen persönlichen Gesamtumsatz.
c Nenne zwei mögliche Gründe, warum ältere Menschen einen geringeren Energiebedarf haben als Kinder.

5 Ein aktiver Tag
Enrico ist 12 Jahre alt. Gestern hatte er 270 Minuten Unterricht, ist mit dem Fahrrad 15 Minuten zur Schule und zurückgefahren und hat mit seinen Freunden 120 Minuten Fußball gespielt. Abends hat er eine Stunde seine Lieblingsserie geschaut.
a Nenne mithilfe von Bild 3 Enricos Grundumsatz.
b Berechne mithilfe von Bild 4 Enricos Leistungsumsatz.
c Berechne Enricos Gesamtumsatz.
d Schau dir verschiedene Lebensmittelverpackungen an. Stelle Mahlzeiten zusammen, die Enricos Gesamtumsatz decken.

Die Nährstoffe in unserer Nahrung

1 Verschiedene Lebensmittel

Essen schmeckt lecker und macht satt. Durch die Inhaltsstoffe kann sich dein Körper warm halten und du kannst denken, laufen und wachsen.

Die Nährstoffe
Die Nahrung enthält Stoffe, die der Körper als Baustoffe und Betriebsstoffe nutzt. Diese Stoffe heißen **Nährstoffe**. Es gibt drei Gruppen von Nährstoffen: Fette, Kohlenhydrate und Eiweiße.

Die Fette
Fette sind Baustoffe und Betriebsstoffe. Sie werden für den Stoffwechsel und die Erneuerung der Zellen gebraucht. Unter der Haut dient Fett als Energiespeicher und schützt vor Wärmeverlust. An Fersen und Fußballen wirkt Fett als Stoßdämpfer. Öle und Butter enthalten viel Fett (Bild 2A). In Wurst und Käse sind Fette oft nicht sichtbar. Fette aus Pflanzenölen und von Fischen sind sehr gesund.

Die Kohlenhydrate
Kohlenhydrate sind Betriebsstoffe. Sie liefern Energie für die Muskeln und das Gehirn. Zucker und Stärke sind Beispiele für Kohlenhydrate. Traubenzucker wird direkt ins Blut aufgenommen und zu den Zellen transportiert. So liefert der Traubenzucker dem Körper schnell Energie. Stärke liefert dem Körper langsam Energie. Sie muss zuerst in Einzelbausteine zerlegt werden, nur diese können ins Blut aufgenommen werden. Stärke ist in Brot, Kartoffeln und Nudeln vorhanden (Bild 2B). Sie schmeckt nicht süß. Obst, Honig und Süßigkeiten enthalten Zucker.

Die Eiweiße
Eiweiße sind Baustoffe. Sie werden für den Stoffwechsel und den Aufbau von Zellen gebraucht. Kinder und Jugendliche brauchen mehr Eiweiß als Erwachsene, weil sie noch wachsen. Eiweißreiche Lebensmittel sind Fleisch, Fisch, Käse und Milchprodukte (Bild 2C). Auch Linsen, Bohnen und Soja enthalten viel Eiweiß.

> Fette, Kohlenhydrate und Eiweiße sind Nährstoffe. Nährstoffe sind Baustoffe und Betriebsstoffe für den Körper.

AUFGABEN
1 Die Nährstoffe und ihre Aufgaben
a Lege eine Tabelle mit einer Spalte für jeden Nährstoff und zwei Zeilen für „Nahrungsmittel" und „Aufgaben" an.
b Notiere in jeder Spalte mindestens zwei Nahrungsmittel, in denen der jeweilige Nährstoff enthalten ist.
c Notiere die Aufgaben jedes Nährstoffs in deiner Tabelle.
d Kennzeichne in der Tabelle die Baustoffe und die Betriebsstoffe.

2 Lebensmittel enthalten Nährstoffe: Fette (A), Kohlenhydrate (B) und Eiweiße (C).

PRAXIS Nährstoffe nachweisen

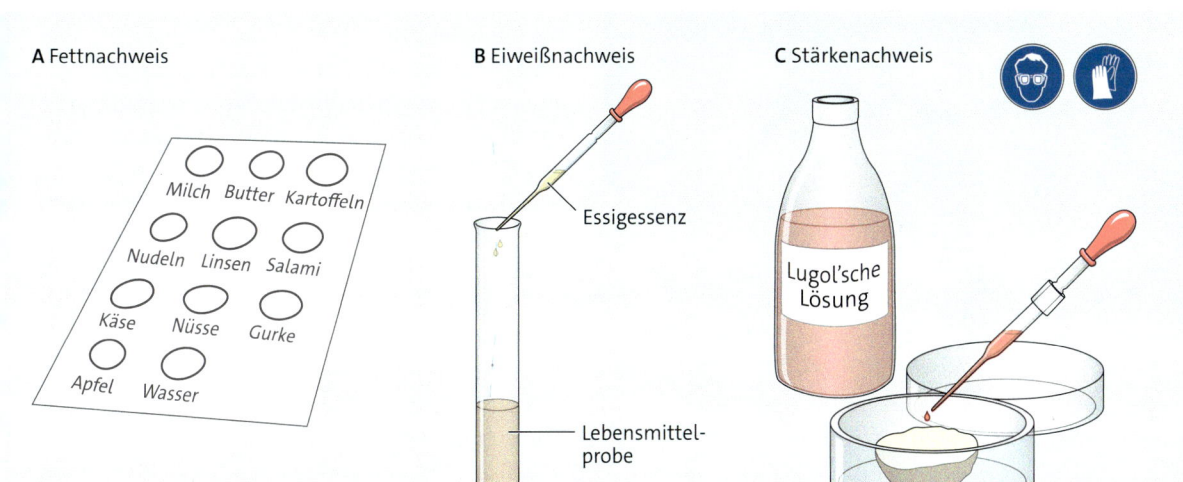

A Fettnachweis
B Eiweißnachweis
C Stärkenachweis

1 Die Materialien für den Fettnachweis (A), für den Eiweißnachweis (B) und für den Stärkenachweis (C)

Material für den Fettnachweis:
Papier, Stift, Haartrockner, Milch, Butter, Kartoffeln, Nudeln (gekocht), Linsen (gekocht), Salami, Käse, Nüsse, Gurke, Apfel, Wasser

Durchführung des Fettnachweises:
– Reibe die Lebensmittel und auch das Wasser auf ein Blatt Papier.
– Markiere die Stellen mit Kreisen und notiere jeweils daneben, was sich dort befindet.
– Lass die Proben trocknen. Mit einem Haartrockner kannst du sie schneller trocknen.

Hinweis: Fett hinterlässt auf Papier einen bleibenden durchscheinenden Fleck.

Material für den Eiweißnachweis:
Reagenzgläser, Glasstab, Pipette, (Essigsäure, 25%ig), Milch, Apfelsaft, Sojamilch, Linsen (gekocht, püriert, filtriert), Wasser

> **Achtung!**
> Essigessenz ist stark ätzend. Setze die Schutzbrille auf und ziehe Schutzhandschuhe an.

Durchführung des Eiweißnachweises:
– Fülle jedes Reagenzglas 4 cm hoch mit einem Lebensmittel und ein Reagenzglas mit Wasser.
– Gib dann jeweils 10 bis 15 Tropfen Essigessenz hinzu und rühre mit dem Glasstab um.

Hinweis: Eiweiße verklumpen nach Zugabe von Essigessenz. Dabei entstehen kleine Flocken in der Flüssigkeit.

Material für den Stärkenachweis:
Petrischalen, Pipette, Lugol'sche Lösung, Milch, Butter, Kartoffeln, Reis, Nudeln, Linsen (alle gekocht), Weißbrot, Salami, Käse, Gurke, Apfel, Wasser

> **Achtung!**
> Lugol'sche Lösung kann die Haut reizen. Setze die Schutzbrille auf und ziehe Schutzhandschuhe an.

Durchführung des Stärkenachweises:
– Gib auf jedes Lebensmittel und in das Wasser je zwei Tropfen Lugol'sche Lösung.

Hinweis: Stärke verfärbt Lugol'sche Lösung dunkelviolettblau.

Auswertung:
1. Erstelle eine Tabelle (Bild 2). Notiere die Lebensmittel in der ersten Spalte und deine Beobachtungen in den weiteren Spalten.
2. Formuliere für jeden Nachweis die Ergebnisse des Experiments.
3. Begründe, warum bei allen Nachweisen auch Wasser getestet wird.
4. Erkläre, warum sauberes Arbeiten bei diesem Experiment sehr wichtig ist.

Lebensmittel	Stärke	Fett	Eiweiß
Milch	...	...	...
Nudeln	...	...	...

2 Eine Vorlage für deine Tabelle

Die Ergänzungsstoffe in unserer Nahrung

1 Obst und Gemüse gibt es in vielen verschiedenen Farben.

Obst und Gemüse sind bunt und lecker. Sie sind außerdem gesund und wichtig für den Körper.

Die Ergänzungsstoffe
Die Nahrung enthält auch Stoffe, die keine Baustoffe oder Betriebsstoffe sind. Trotzdem sind sie lebensnotwendig für den Körper. Diese Stoffe heißen **Ergänzungsstoffe**. Dazu gehören Vitamine, Mineralstoffe, Ballaststoffe und Wasser.

Die Vitamine
Einige Stoffe in der Nahrung schützen uns vor Krankheiten. Diese Stoffe heißen **Vitamine**. Es gibt 13 verschiedene Vitamine. Sie sind vor allem in Gemüse, Obst, Milchprodukten und Vollkornprodukten enthalten (Bild 2). Der Körper braucht jeweils nur geringe Mengen davon. Viele Vitamine können durch starkes Erhitzen oder lange Lagerung zerstört werden.

Die Mineralstoffe
Viele Vorgänge im Körper können nur ablaufen, wenn genug Salze vorhanden sind. Diese Salze heißen **Mineralstoffe**. Sie sind wichtig für die Nervenzellen und die Muskeln, das Körperwachstum und die Blutbildung (Bild 2). Mineralstoffe werden meist in Wasser gelöst aufgenommen. Von den Mineralstoffen Calcium, Kalium, Magnesium und Natrium braucht der Körper nur wenige Gramm pro Tag. Von den Mineralstoffen Fluor, Iod, Zink und Eisen sind es sogar nur wenige Milligramm. Ein anderes Wort für eine so kleine Menge ist Spur. Zu einem Bestandteil sagt man auch Element. Deshalb nennt man Fluor, Iod, Zink und Eisen auch **Spurenelemente**.

Die Ballaststoffe
Einige Pflanzenteile kann unser Körper nicht verdauen. Sie werden **Ballaststoffe** genannt. Sie sind vor allem in Getreide, Kartoffeln, Hülsenfrüchten und Gemüse enthalten. Ballaststoffe quellen im Magen auf, deshalb fühlen wir uns schneller satt. Sie haben eine positive Wirkung auf die Verdauung, weil sie die Bewegung des Darms anregen.

Das Wasser
Wasser dient im Körper als Transportmittel und Lösungsmittel. Es ist für uns lebenswichtig. Täglich müssen wir etwa 1,5 Liter Wasser trinken.

> Vitamine, Mineralstoffe, Ballaststoffe und Wasser sind Ergänzungsstoffe. Sie sind lebensnotwendig und wichtig für die Gesundheit.

AUFGABEN

1 Vitamine und Mineralstoffe
Welcher Inhaltsstoff wird wofür gebraucht und mit welchem Nahrungsmittel nehmen wir ihn auf? Formuliere mithilfe von Bild 2 je einen Satz für drei Vitamine oder Mineralstoffe.

2 Die Aufgabe der Ballaststoffe
„Etwas Wertloses, Schweres, das Stabilität bringt, wird Ballast genannt." Beschreibe mithilfe dieser Aussage, was Ballaststoffe sind.

Inhaltsstoff	wird gebraucht für	ist enthalten in
Vitamin A	Augen, Haut	Leber, Karotten, Kürbis, Grünkohl, Milchprodukte
Vitamin B	Wachstum, Nervenzellen	Fleisch, Eier, Gemüse, Nüsse, Vollkornprodukte
Vitamin C	Abwehrkräfte, Blut	Brokkoli, Paprika, Zitrusfrüchte, Sauerkraut, Leber
Vitamin D	Abwehrkräfte, Knochen, Zähne	Fisch, Eier, Champignons, Milchprodukte
Calcium	Knochen, Zähne	Milchprodukte, Grünkohl, Vollkornprodukte
Magnesium	Muskeln	Vollkornprodukte, Haferflocken, grünes Gemüse
Natrium	Nervenzellen	Kochsalz
Eisen	Blutbildung	Fleisch, Hülsenfrüchte, Vollkornprodukte

2 Einige Vitamine und Mineralstoffe

EXTRA   Informationen auf Verpackungen von Lebensmitteln

Durchschnittliche Nährwerte	100 g	1 Portion 50 g	GDA pro Portion	GDA*
Brennwert	1438 kJ	719 kJ	9 %	
	341 kcal	170 kcal		2000 kcal
Eiweiß	9,6 g	4,8 g	10 %	50 g
Kohlenhydrate	61,3 g	30,6 g	11 %	270 g
davon Zucker	24,7 g	12,4 g	14 %	90 g
Fett	6,3 g	3,2 g	5 %	70 g
davon gesättigte Fettsäuren	1,1 g	0,6 g	3 %	20 g
Ballaststoffe	7,7 g	3,9 g	15 %	25 g
Natrium	0,065 g	0,033 g	1 %	2,4 g
Kochsalz	0,16 g	0,08 g	1 %	6 g

*GDA: Richtwert für die Tageszufuhr eines Erwachsenen, basierend auf einer Ernährung von 2000 kcal. Der persönliche Bedarf variiert nach Alter, Geschlecht und körperlicher Aktivität.

1 Ein prüfender Blick beim Einkauf im Supermarkt

2 Ein Beispiel für eine Nährwerttabelle

Die Informationen auf der Verpackung

Auf den Verpackungen von Nahrungsmitteln befinden sich Informationen über ihre Zusammensetzung und den Energiegehalt. Das steht in sogenannten **Nährwerttabellen** (Bild 2). Die Angaben beziehen sich immer auf 100 g des Nahrungsmittels. Oft gibt es zusätzliche Angaben, die sich auf eine Portion beziehen. Kohlenhydrate und Fette werden teilweise noch in Untergruppen aufgegliedert. Die Angabe des Energiegehalts hilft beim Abschätzen, ob man die empfohlene tägliche Energiemenge einhält. Viele Hersteller geben auch den Gehalt an Vitaminen, Mineralstoffen, Salzen und Ballaststoffen auf der Verpackung an.

Vielfältige Darstellung

Es gibt keine Vorschrift, wo und wie Nährwerte auf Verpackungen angegeben werden müssen. Oft sind Nährwerttabellen sehr klein und stehen an wenig auffälligen Stellen, zum Beispiel auf der Rückseite oder dem Boden der Verpackung. Einen schnellen Überblick über den Energiegehalt einer Portion des Nahrungsmittels geben die **Kurzinformationen** (Bild 3). Allerdings ist die Portionsgröße hier entscheidend: Oft sind es sehr geringe Mengen. Hier steht auch, wie viel Prozent des empfohlenen Tagesbedarfs die Nährstoffe in einer Portion entsprechen. Eine weitere Art zur Kennzeichnung der Nährwerte von Nahrungsmitteln ist diese fünfstufige Farb- und Buchstabenskala. Sie heißt **Nutri-Score**.

AUFGABEN

1 Nährwerttabellen

a Nenne drei Möglichkeiten, wie Zusammensetzung und Energiegehalt von Nahrungsmitteln auf Verpackungen angegeben werden.

b Erstelle aus den Angaben in Bild 2 ein Säulendiagramm mit den Nährstoffen. Nutze dazu die Angaben pro 100 g.

c Sammle Nährwerttabellen von Nahrungsmitteln. Ordne sie nach ihrem Gesamtenergiegehalt. Suche dann das Nahrungsmittel heraus, das am meisten Energie für deine Muskeln und dein Gehirn liefert.

2 Die Kurzinformation und der Nutri-Score

a Vergleiche die Portionsgrößen in Bild 2 und 3. Begründe, warum die Grammangaben hier wichtig sind.

b Recherchiere im Internet, welche Inhaltsstoffe sich günstig oder ungünstig auf die Berechnung des Nutri-Scores auswirken.

c Zeichne einen Nutri-Score für ein sehr ungesundes Lebensmittel.

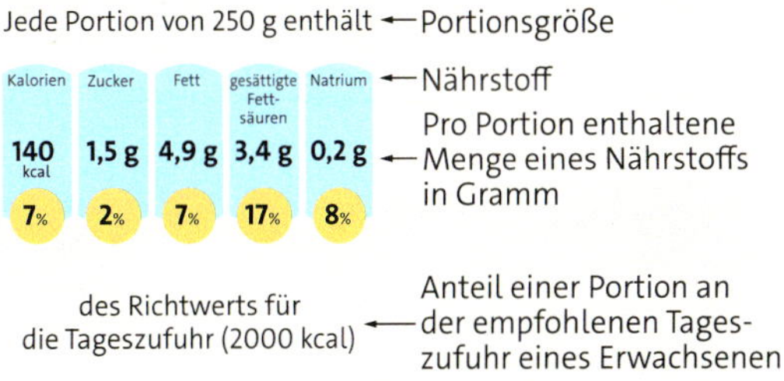

Jede Portion von 250 g enthält ← Portionsgröße

Kalorien | Zucker | Fett | gesättigte Fettsäuren | Natrium ← Nährstoff

140 kcal | 1,5 g | 4,9 g | 3,4 g | 0,2 g ← Pro Portion enthaltene Menge eines Nährstoffs in Gramm

7% | 2% | 7% | 17% | 8%

des Richtwerts für die Tageszufuhr (2000 kcal) ← Anteil einer Portion an der empfohlenen Tageszufuhr eines Erwachsenen

3 Ein Beispiel für eine Kurzinformation

Nutzpflanzen liefern dem Menschen Energie

1 Der Romanesco ist ein Kohl, der in Rom gezüchtet wurde.

Kohl gibt es in vielen verschiedenen Formen und Farben. Wie kam diese Vielfalt zustande?

Die Entstehung von Nutzpflanzen

Unsere Vorfahren waren Jäger und Sammler: Sie jagten Wildtiere und sammelten **Wildpflanzen**. Vor etwa 12 000 Jahren wurden die Menschen sesshaft. Das bedeutet, sie zogen nicht mehr umher, sondern gründeten Siedlungen. Sie pflanzten nun die Wildpflanzen in ihrer Nähe an, von denen sie sich ernährten. Die Menschen beobachteten, dass unterschiedliche Pflanzen verschieden große Früchte bilden. Um möglichst viel Nahrung zu erhalten, suchten sie für den Anbau nur die Samen von Pflanzen mit großen Früchten aus. Ein anderes Wort für dieses Aussuchen ist Auslese. Deshalb spricht man auch von **Auslesezüchtung**. Über Tausende von Jahren entstanden so Pflanzen, die sich deutlich von den Wildpflanzen unterscheiden. Die Menschen nutzen diese Pflanzen als Nahrung, um daraus Energie zu gewinnen, aber auch für die Gewinnung von Fasern zur Herstellung von Kleidung. Deshalb werden sie **Nutzpflanzen** genannt. Nutzpflanzen sehen anders aus und schmecken anders als die Wildpflanzen, aus denen sie gezüchtet wurden. Aus einer Wildpflanze können verschiedene Nutzpflanzen gezüchtet werden.

Der Kohl

Der Wildkohl stammt ursprünglich aus dem Gebiet um das Mittelmeer. Durch Züchtung sind daraus Weißkohl, Rotkohl, Blumenkohl, Grünkohl und Brokkoli entstanden (Bild 2). Diese Kohlsorten werden heute in fast ganz Deutschland angebaut. Sie werden vor allem im Herbst und Winter geerntet. Aus Kohl kann man Eintöpfe, Kohlrouladen, Krautsalat und Sauerkraut machen. Kohl enthält viele Vitamine und Mineralstoffe.

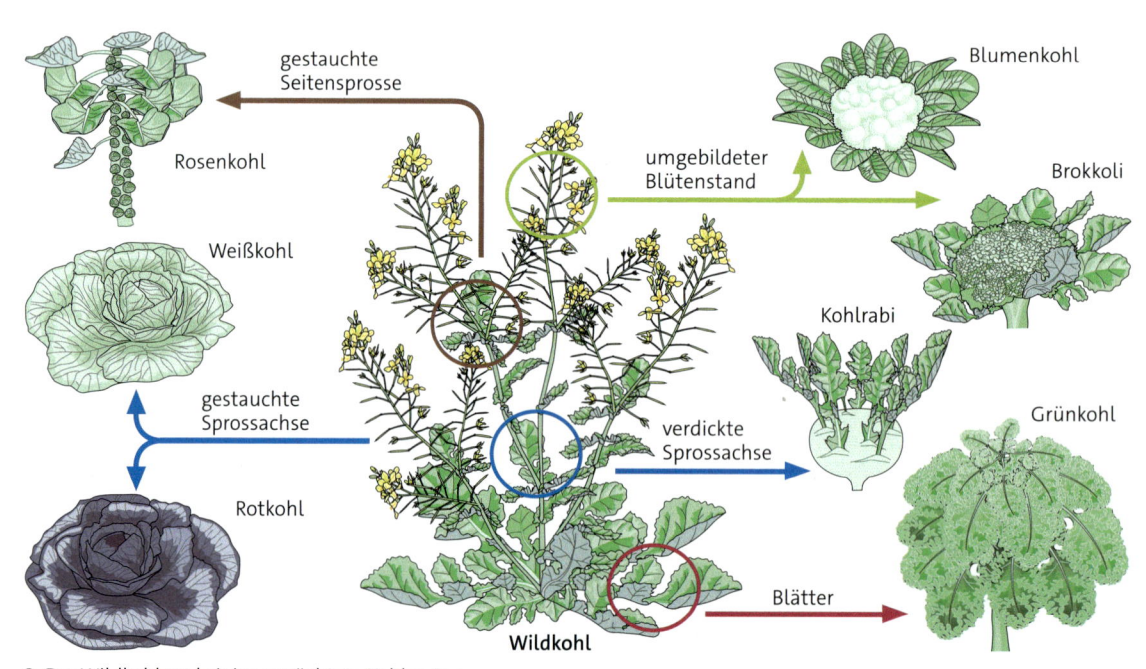

2 Der Wildkohl und einige gezüchtete Kohlsorten

3 Hülsenfrüchte auf dem Wochenmarkt

Die Hülsenfrüchte

Hülsenfrüchte wie Bohnen, Erbsen und Linsen stammen ursprünglich aus Südamerika, dem östlichen Mittelmeer oder China (Bild 3). Die dazugehörenden Pflanzen, die **Hülsenfrüchtler**, werden auch in Deutschland angebaut. Die Samen dieser Pflanzen reifen in einer **Hülse** heran. Getrocknet kann man sie lange lagern. Die Samen enthalten Kohlenhydrate, viel Eiweiß, Vitamine und Mineralstoffe. Hülsenfrüchte werden für Eintöpfe, Aufläufe und Salate verwendet. Hülsenfrüchtler können mit ihren Wurzeln den Stickstoff aus der Luft in Mineralstoffe für sich und andere Pflanzen umwandeln. Daher bauen Landwirte und Landwirtinnen sie zur Verbesserung der Bodenqualität an.

Die Kartoffel

Ursprünglich stammt die Kartoffel aus Südamerika. Dort pflanzte man sie schon vor etwa 2000 Jahren an. Vor etwa 500 Jahren wurde die Kartoffel nach Europa gebracht. In Deutschland ist sie erst seit etwa 300 Jahren als Gemüse bekannt. Heute sind Kartoffeln eines der wichtigsten Grundnahrungsmittel der Welt. Sie sind beliebt als Beilage für viele Gerichte. Außerdem werden daraus Stärkemehl und verschiedene Fertigprodukte hergestellt. Kartoffeln werden auch als Viehfutter und zur Herstellung von Biokraftstoff genutzt. Blätter, Stängel und Früchte der Kartoffelpflanze sind giftig. Essbar sind nur die unterirdischen Organe der Kartoffel (Bild 4). Sie heißen **Knollen**. Darin speichert die Pflanze vor allem Stärke. Steckt man eine Kartoffel in die Erde, wächst daraus eine neue Kartoffelpflanze: Neue Pflanzenstängel wachsen aus den kleinen Knospen der Knolle. Die neuen Pflanzenstängel heißen **Triebe**, die Knospen werden **Augen** genannt.

> Nutzpflanzen sind durch Auslesezüchtung aus Wildpflanzen entstanden. Hülsenfrüchte enthalten sehr viel Eiweiß. Die Kartoffel gehört zu unseren wichtigsten Grundnahrungsmitteln.

AUFGABEN

1 Kohlsorten sind Nutzpflanzen
a Beschreibe, was Nutzpflanzen sind.
b Nenne drei Kohlsorten.
c Gib an, welche Pflanzenteile des Wildkohls sich bei der Züchtung der drei von dir genannten Kohlsorten aus Aufgabe 1b verändert haben. Bild 2 hilft dir dabei.

2 Hülsenfrüchte und Kartoffel
a Erkläre, warum Hülsenfrüchte als Ersatz für fleischreiche Nahrung dienen können.
b Beschreibe, was Kartoffeln sind.
c Nenne eine Aufgabe, die die Kartoffel für die Kartoffelpflanze hat (Bild 5).

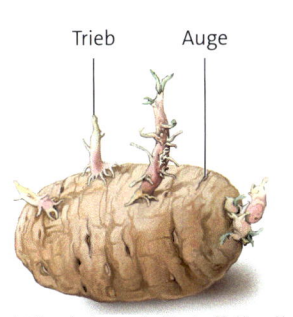

4 Eine Kartoffelpflanze

5 Eine keimende Kartoffelknolle

Getreide ernährt die Welt

1 Getreide ist vielfältig.

Das Frühstücksmüsli, die Spaghetti zum Mittagessen und das belegte Abendbrot schmecken lecker. Aber sie haben noch eine weitere Gemeinsamkeit.

Getreide
Menschen bauen bestimmte Gräser an, um ihre Samen als Nahrung zu nutzen. Solche Gräser werden **Getreide** genannt. Beispiele sind Weizen, Gerste, Roggen und Hafer, aber auch Mais, Hirse und Reis. Alle heute bekannten Getreidesorten sind durch Auslesezüchtung aus Wildgräsern entstanden. Die Samen der Getreidepflanzen heißen **Getreidekörner**. Sie werden in Mühlen zerrieben, so entsteht **Mehl**. Es enthält sehr viel Stärke sowie Eiweiß und verschiedene Mineralstoffe.

Der Weizen
Weizen wurde bereits vor 10 000 Jahren in den Tälern der Flüsse Nil, Euphrat und Tigris angebaut. Nach Europa kam er vor etwa 1000 Jahren. Weizenpflanzen werden bis zu einem Meter hoch.

Die Weizenkörner sitzen am oberen Teil der Pflanze. Dieser Teil wird **Ähre** genannt. Wenn der Sommer trocken und warm ist, dann wächst Weizen am besten. In Deutschland ist Weizen das Getreide, das am häufigsten angebaut wird (Bild 2). Der größte Teil der Weizenkörner wird zu Mehl verarbeitet. Daraus werden Brot und viele andere Backwaren sowie Nudeln hergestellt. Die Pflanzenstängel von Getreidepflanzen heißen **Halme**. Wenn man sie trocknet, dann entsteht **Stroh**. Es wird als Tierfutter, Düngemittel, Brennmaterial und zur Herstellung von Biokraftstoffen verwendet.

Der Mais
Mais wird seit 7000 Jahren in Mittel- und Südamerika angebaut. Nach Europa kam der Mais erst vor etwa 500 Jahren. Maispflanzen werden bis zu zwei Meter hoch und bis zu fünf Zentimeter dick. Die Maiskörner sitzen an dicken Stielen, die seitlich am Stängel wachsen. Die Stiele mit den Körnern werden **Kolben** genannt. An einem Kolben können bis zu 800 Körner wachsen (Bild 3). Jeder Kolben ist von mehreren Blättern eingehüllt. Mais ist anspruchslos, das bedeutet, er kommt mit unterschiedlichem Wasserangebot, verschiedenen Böden und Temperaturen zurecht.

Mais ist das Getreide, das weltweit am häufigsten angebaut wird. Mais wird vor allem als Tierfutter verwendet, dabei wird die gesamte Pflanze verfüttert. In einigen Ländern backt man Brot aus Maismehl. In Italien wird aus Mais ein fester Brei gekocht, die Polenta. In Deutschland essen wir Maiskörner meist als Gemüse oder machen Popcorn daraus. Seit einigen Jahren wird aus Mais Biogas produziert, das dann zur Erzeugung von Strom und Wärme verwendet wird.

2 Ein Weizenfeld und zwei Weizenähren

3 Ein Maisfeld und ein Maiskolben

4 Ein Hirsefeld und eine Hirserispe

Die Hirse
Hirse wurde bereits vor 8000 Jahren in China angebaut. In Europa war Hirse bis zur Einführung der Kartoffel ein wichtiges Nahrungsmittel. Hirse ist anspruchslos, genau wie Mais. Hirsepflanzen können 5 Meter groß werden (Bild 4). Die Hirsekörner sitzen am oberen Teil des Halms, liegen aber weiter auseinander als Weizenkörner in ihrer Ähre. Der obere Teil der Hirsepflanze wird **Rispe** genannt. Hirsekörner sind kleiner als Weizenkörner. In Europa wird nur selten Hirse angebaut, sie wird vor allem aus Afrika und Asien eingeführt. Dort ist Hirse in vielen Gebieten das Hauptnahrungsmittel. Hirsekörner haben eine Besonderheit: Sie enthalten kein Klebereiweiß wie die meisten anderen Getreidesorten. Das Klebereiweiß heißt **Gluten**. Manche Menschen vertragen Gluten nicht. Für sie ist Hirse eine Alternative zu Weizen.

Der Reis
Reis wurde bereits vor über 8000 Jahren in China angebaut. Heute wird Reis in vielen Teilen Asiens angepflanzt. Reispflanzen brauchen viel Wasser und Wärme. In Deutschland ist es nicht warm genug, deshalb wird bei uns kein Reis angebaut. Reispflanzen können 1,60 Meter groß werden (Bild 5). Die Reiskörner sitzen am oberen Teil des Halms in einer Rispe. Reis ist für mehr als die Hälfte der Weltbevölkerung das Hauptnahrungsmittel. In einigen Ländern Asiens macht Reis 80 Prozent der gesamten Nahrung aus. Reis und Weizen sind die beiden wichtigsten Getreidearten für die Ernährung des Menschen. Es gibt sehr viele verschiedene Reissorten. In Europa wird hauptsächlich Langkornreis gegessen.

> Weizen, Mais, Hirse und Reis sind durch Züchtung aus Wildgräsern entstanden. Getreide ist ein Grundnahrungsmittel für große Teile der Weltbevölkerung.

5 Ein Reisfeld und eine Reisrispe

AUFGABEN
1 Getreide und Getreideprodukte
a Beschreibe, was Getreide ist.
b Beschreibe, wie Mehl hergestellt wird.
c Nenne vier Beispiele für Getreidesorten.
d Zu Hause findest du unterschiedliche Produkte, die aus Getreide hergestellt sind. Erstelle eine Liste mit mindestens vier Getreideprodukten in deinem Haushalt.
e Ordne den Produkten jeweils die Getreidepflanze zu, aus denen sie hergestellt wurden.

2 Der Weizen, der Mais und der Reis
a Nenne je drei Produkte, die aus Weizen hergestellt werden.
b Nenne drei Produkte, die aus Mais hergestellt werden.
c Begründe, warum Reis nicht in Deutschland wachsen kann.
d Mais wird weltweit am häufigsten angebaut. Stelle Vermutungen an, warum das so ist.

3 Getreide und das Gluten
a Beschreibe, was mit dem Fachwort Gluten gemeint ist.
b Nenne eine Getreidesorte, die kein Gluten enthält.
c Erstelle mithilfe des Textes einen Steckbrief für die Getreidesorte, die kein Gluten enthält.

EXTRA Pflanzen liefern Energie

1 Maisernte für die Biogasgewinnung

Pflanzen als nachwachsende Rohstoffe

Lange Zeit wurden zur **Energiegewinnung** die fossilen Energieträger Kohle, Erdöl und Erdgas genutzt. Der Vorrat an diesen Rohstoffen ist aber begrenzt. Außerdem wird bei deren Verbrennung in großen Mengen Kohlenstoffdioxid frei, das als Verursacher der Erwärmung der Erde gilt. Eine Alternative stellt die Nutzung von Pflanzen dar. Diese kann man in der Landwirtschaft oder in der Fortwirtschaft erzeugen. Deshalb bezeichnet man sie als **nachwachsende Rohstoffe**.

Energie aus Biomasse

Wenn Lebewesen wachsen, dann werden sie größer und schwerer. Man sagt: Ihre Masse wird größer. Die Masse von Lebewesen wird **Biomasse** genannt. Diese Biomasse von Pflanzen kann zur Gewinnung von Energie genutzt werden. Man kann dafür schnell wachsende Bäume, extra dafür angebaute Nutzpflanzen wie Mais oder auch Reste von Pflanzen wie Pflanzenstroh verwenden (Bild 1). Weil man immer wieder neue Pflanzen anbauen kann, nennt man die aus ihnen gewonnene Energie **erneuerbare Energie**.

Mais als Energielieferant

Eine Möglichkeit, die in Mais gespeicherte Energie nutzbar zu machen, ist die Herstellung von **Biogas**. In Biogasanlagen werden in großen Tanks Pflanzenteile oder eigens dafür angebaute ganze Pflanzen von Bakterien abgebaut (Bild 2). Oft wird die in der Tierhaltung anfallende Gülle mitverwendet. Das dabei entstehende Gas wird verbrannt. Die Wärmeenergie wird zum Heizen verwendet oder in elektrische Energie umgewandelt. Eine weitere Möglichkeit ist die Herstellung von **Bioethanol**. Dazu wird die Stärke aus den Maiskörnern durch den Prozess der Gärung mithilfe von Hefepilzen zu Bioethanol umgewandelt. Dann wird es mit Benzin vermischt. Ein Vorteil der Verwendung von Pflanzen als Energielieferant ist, dass bei der Verbrennung nur so viel Kohlenstoffdioxid frei wird, wie die Pflanzen zuvor während ihres Wachstums gespeichert haben.

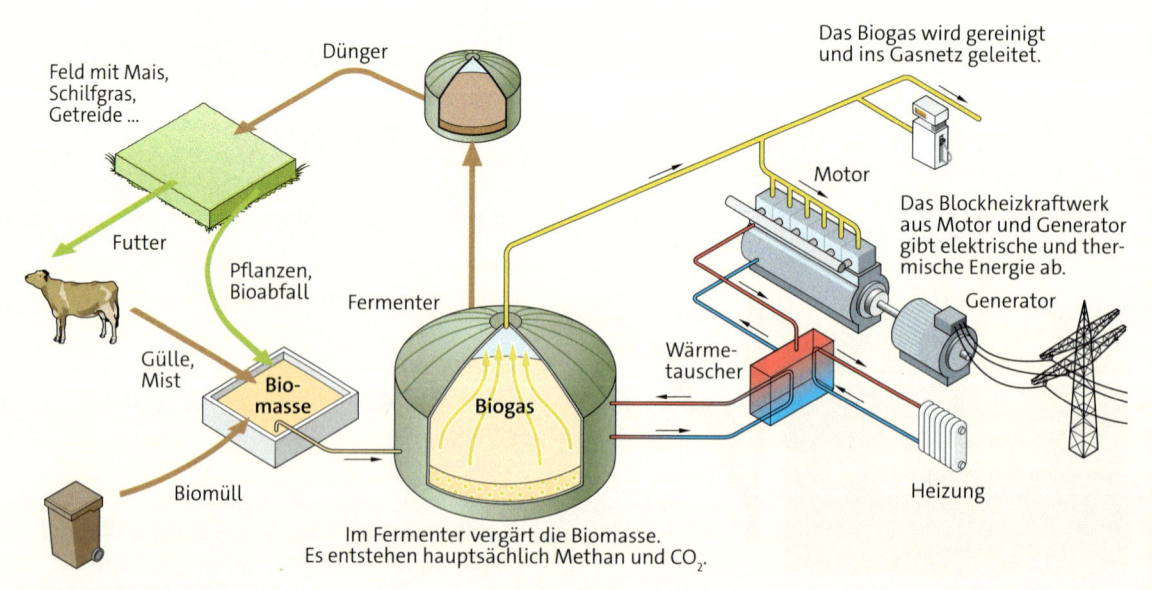

2 Aufbau einer Biogasanlage

3 Raps: Feld (A) und Samen (B)

4 Pellets werden aus Holzspänen hergestellt.

Raps als Energielieferant

Pflanzen nehmen Wasser aus dem Boden und Kohlenstoffdioxid aus der Luft auf. Durch Fotosynthese können sie daraus energiereichen Traubenzucker herstellen. So können sie die Sonnenenergie in Form von Traubenzucker speichern. Einen Teil des Traubenzuckers wandeln Pflanzen mit Mineralstoffen aus dem Boden in energiereiche Stoffe wie Stärke und Öl um. In diesen Nährstoffen ist der Kohlenstoff aus dem Kohlenstoffdioxid gespeichert. Diese werden im Pflanzensamen gespeichert, der Keimling nutzt sie für die Keimung. Ein Rapssamen besteht fast zur Hälfte aus Öl. Wenn der Samen keimt, dann nutzt das neue Pflänzchen diese Energie, bis es grüne Blätter gebildet hat und sich durch Fotosynthese selbst versorgen kann. Die Energie der Pflanzensamen kann man als Quelle für erneuerbare Energie nutzen. Aus Ölpflanzen wie Raps kann durch eine chemische Reaktion **Biodiesel** hergestellt werden, der dem aus Erdöl gewonnenen Diesel beigemischt wird.

Holz als Energielieferant

Die Stämme und Äste von Bäumen bestehen aus Holz. Holz wird als Baustoff zum Beispiel für Möbel und Häuser genutzt. Die anfallenden Holzreste können zur Energiegewinnung verwendet werden. Die bei der Verarbeitung anfallenden Holzspäne werden zu kleinen Stücken, den **Pellets**, zusammengepresst (Bild 4). **Hackschnitzel** werden mit einem scharfen Messer aus Restholz hergestellt. Pellets und Hackschnitzel können zur Wärmegewinnung verbrannt werden.

Nachteile der Verwendung von Nutzpflanzen

Mais und Raps wurde lange Zeit vor allem als Nahrungsmittel und Futter für Nutztiere verwendet. Wenn man diese Pflanzen nun für die Energiegewinnung und Herstellung von Biokraftstoff anbaut, dann gehen Anbauflächen für die Erzeugung von Nahrungsmitteln und Futterpflanzen verloren. Für den Anbau dieser Pflanzen werden große Mengen an Pflanzenschutzmitteln benötigt. Wenn auf riesigen Feldern nur eine einzige Nutzpflanzenart angebaut wird, dann leben hier nur wenige andere Pflanzenarten und Tierarten. Artenreiche Wiesen und Wälder werden zerstört, um riesige Felder anzulegen. Die Gärreste aus den Biogasanlagen enthalten sehr viele Nährstoffe. Wenn sie als Dünger verwendet werden, dann kann sich daraus Nitrat im Regenwasser lösen, ins Grundwasser und dann auch in unser Trinkwasser gelangen. Von Nitrat können wir krank werden.

AUFGABEN

1 Pflanzen liefern Energie

a ✉ Beschreibe, was nachwachsende Rohstoffe sind.

b ✉ Erkläre, warum die aus Pflanzen gewonnene Energie erneuerbare Energie genannt wird.

c ✉ Eine Wissenschaftlerin warnt: „Wenn wir viel Biomasse zur Energiegewinnung nutzen, dann sind der Boden, das Wasser und die Artenvielfalt bedroht". Erläutere diese Aussage.

d ✉ Begründe, ob du die Verwendung von Nutzpflanzen zur Energiegewinnung richtig findest.

TESTE DICH!

1 Energieformen ↗ S. 208
☐ Nenne vier im Bild versteckte Energieformen.

1 Kinder auf dem Schulhof

2 Energieumwandlungen ↗ S. 212/213
a ☐ Zeichne für 2A–2D jeweils eine Energiekette:

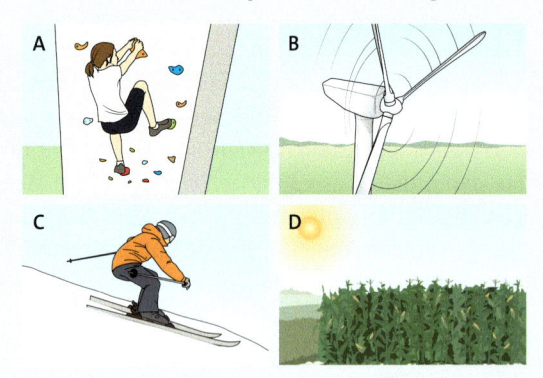

A B C D

2 Energieumwandlungen

b ☐ Wenn die Solarzelle an einer Solar-Wackelfigur beleuchtet wird, bewegt sich die Wackelfigur. Zeichne eine zweistufige Energiekette.
c ☐ Filip versucht den Ball in den Papierkorb zu werfen. Zeichne eine Energiekette.

3 Wackelfigur

4 Filip wirft einen Ball.

3 Die Fotosynthese ↗ S. 214/215
a ☐ Zeichne Bild 5 in dein Heft und notiere die Fachwörter an den Pfeilen.

5 Ein Schema zur Fotosynthese

b ☐ Erläutere, wieso die Fotosynthese auch für die Menschen wichtig ist.
c ☐ Begründe, welche Pflanze in Bild 6 besser Fotosynthese betreiben kann.

6 Welche Pflanze kann besser Fotosynthese betreiben?

4 Energie für den Körper ↗ S. 218/219
a ☐ Nenne zwei Maßeinheiten für die Energie.
b ☐ Beschreibe, was mit den Fachwörtern Grundumsatz, Leistungsumsatz und Gesamtumsatz gemeint ist.

5 Die Bestandteile der Nahrung ↗ S. 220, 222
a ☐ Nenne die drei Nährstoffe und ordne sie den Baustoffen und den Betriebsstoffen zu.
b ☐ Beschreibe, welche Aufgaben Vitamine, Mineralstoffe, Ballaststoffe und Wasser im Körper haben.

6 Energie aus Nutzpflanzen ↗ S. 224/225, 228/229
a ☐ Beschreibe die Bedeutung der Hülsenfrüchte und Kartoffeln für den Menschen.
b ☐ Beschreibe am Beispiel des Mais zwei Möglichkeiten, wie daraus Energie gewonnen wird.
c ☐ Erläutere an zwei Beispielen, welche Probleme entstehen, wenn Nutzpflanzen zur Energiegewinnung verwendet werden.

ZUSAMMENFASSUNG Energie übertragen und nutzen

Energie

Energie
- ist für jeden Vorgang notwendig.
- **Energieformen:** Lageenergie, Bewegungsenergie, Licht, Wärme, chemische Energie, elektrische Energie

Lageenergie

Bewegungsenergie

Licht

Wärme

chemische Energie

elektrische Energie

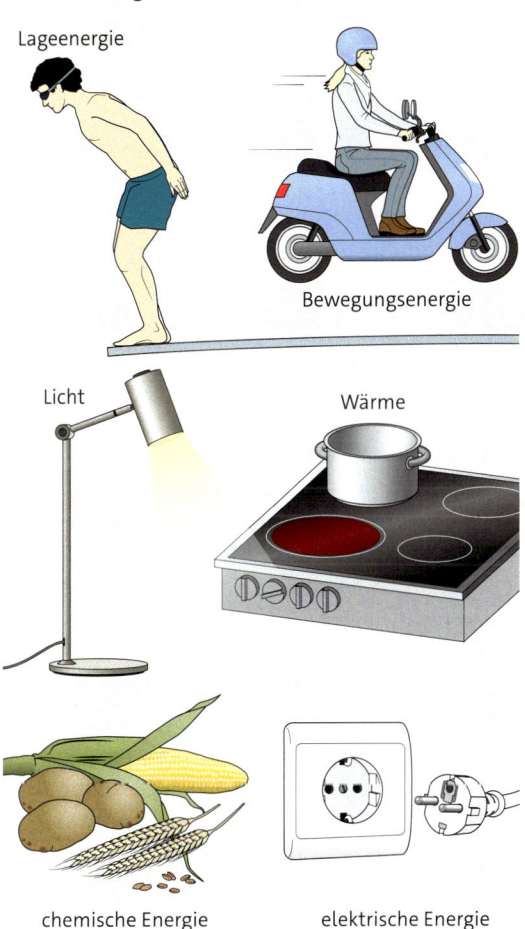

Energieumwandlungen

Energieformen können von **Energiewandlern** in andere Energieformen umgewandelt werden. **Energieumwandlungen** stellt man mit **Energieketten** dar. Energieformen werden als Pfeile dargestellt und Energiewandler als Kästen. Eine Energieform kann in mehrere Energieformen umgewandelt werden.

chemische Energie → Flugzeug → Bewegungsenergie / Lageenergie

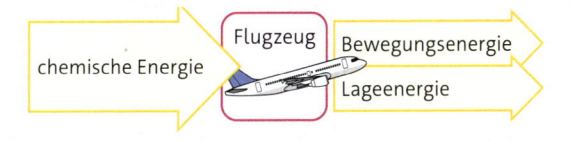

Die Fotosynthese

Fotosynthese:
- findet in den Chloroplasten der Pflanzen statt
- aus Wasser und Kohlenstoffdioxid werden mithilfe der Strahlungsenergie der Sonne Traubenzucker und Sauerstoff hergestellt
- Traubenzucker kann in Stärke umgewandelt und gespeichert werden

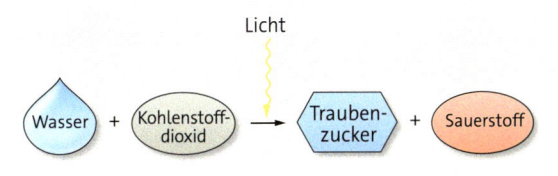

Wasser + Kohlenstoffdioxid —(Licht)→ Traubenzucker + Sauerstoff

Bedeutung der Fotosynthese

Nur Pflanzen können die **Strahlungsenergie** der Sonne in **chemische Energie** umwandeln. Menschen und Tiere müssen die von der Pflanze gebildeten energiereichen Stoffe aufnehmen.

Energie für den Körper aus der Nahrung

Die Nahrung liefert dem Körper **Betriebsstoffe** und **Baustoffe** in Form von **Fetten**, **Kohlenhydraten** und **Eiweißen**.
Vitamine, **Mineralstoffe**, **Ballaststoffe** und Wasser sind Ergänzungsstoffe. Sie sind lebensnotwendig und wichtig für die Gesundheit.

Nutzpflanzen

Nutzpflanzen:
- Pflanzen, die Menschen als Nahrung, für die Herstellung von Kleidung, als Baumaterial oder zur Energiegewinnung nutzen
- sind durch **Auslesezüchtung** aus **Wildpflanzen** entstanden
- Beispiele für Nutzpflanzen, die der **Ernährung** dienen: Kohl, Hülsenfrüchtler, Kartoffel, Getreidearten
- Beispiele für Pflanzen, die der **Energiegewinnung** dienen: Mais, Raps, Holz verschiedener Bäume
- Beispiele für die Problematik der Verwendung von Nutzpflanzen zur Energiegewinnung: Verlust von Anbauflächen, Verlust der Artenvielfalt

Feuer und Flamme

1 Wie entzündet man ein Grillfeuer?

2 Die drei Bedingungen für die Entstehung eines Feuers

Die Holzkohle allein genügt nicht, wenn man grillen will. Um ein Grillfeuer zu entzünden, müssen weitere Bedingungen erfüllt sein.

Die Bedingungen für ein Feuer
Für eine Verbrennung braucht man brennbares Material. In der Chemie spricht man anstelle von Material auch von Stoff. Brennbare Stoffe nennt man **Brennstoffe**. Brennstoffe sind zum Beispiel Kohle, Holz, Papier, Erdgas, Benzin, Spiritus oder Kerzenwachs.

Für die Verbrennung muss Luft vorhanden sein. Ohne Luftzufuhr kann man kein Feuer entzünden. Die Luft enthält den für die Verbrennung notwendigen **Sauerstoff**.

Um die Holzkohle zu entzünden, muss aber auch die **Entzündungstemperatur** erreicht werden. Darunter versteht man die Temperatur, auf die man die Holzkohle erhitzen muss, damit sie sich von selbst entzündet. Die verschiedenen Brennstoffe unterscheiden sich in ihren Entzündungstemperaturen (Bild 4). Die drei Bedingungen, die für ein Feuer nötig sind, werden im sogenannten Verbrennungsdreieck gezeigt (Bild 2).

Die Flammtemperatur
Die Entzündungstemperatur von Autobenzin ist 260 °C, die Entzündungstemperatur von Papier ist 180 °C. Warum ist dann auf dem Benzinkanister das Gefahrensymbol mit der Flamme abgebildet, auf deinem Schreibheft jedoch nicht? Warum ist Benzin also leicht entzündlich?

Manche Stoffe verdampfen bereits bei niedrigen Temperaturen. Zusammen mit dem Sauerstoff der Luft entsteht dann ein brennbares Gasgemisch, das durch einen Funken entzündet werden kann. Die Temperatur, bei der das Gemisch entflammt werden kann, heißt **Flammtemperatur**. Die Flammtemperatur von Benzin ist −20 °C.

Der Zerteilungsgrad
Einen großen Holzklotz kann man in kleinere Holzstücke zersägen. Durch Schleifen kann man ein Holzstück noch feiner zerteilen. Dabei entsteht Holzstaub mit einem hohen **Zerteilungsgrad**. Bild 3 zeigt, dass ein Stoff, der fein zerteilt ist, eine große Oberfläche hat. Je größer die Oberfläche ist, desto besser kann der Stoff mit Sauerstoff in Kontakt kommen und damit auch leichter entzündet werden.

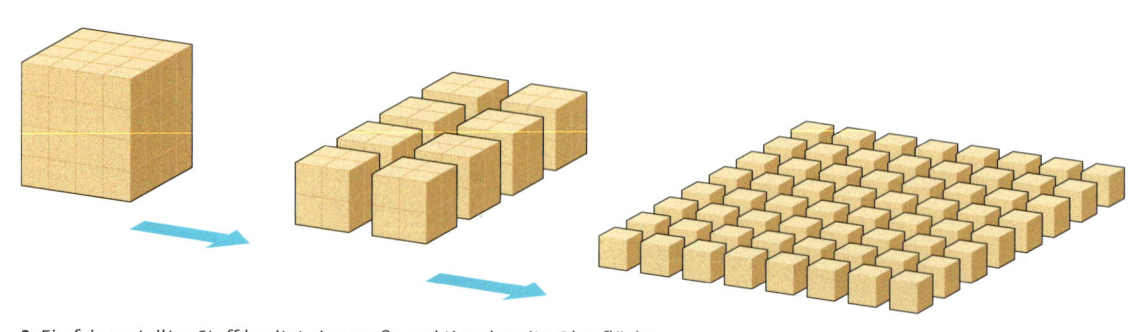

3 Ein fein zerteilter Stoff besitzt eine große reaktionsbereite Oberfläche.

ENERGIE NUTZEN

Stoff	Entzündungstemperatur
Streichholzkopf	80 °C
Zeitungspapier	180 °C
Kerzenwachs	250 °C
Autobenzin	260 °C
Holz	280 °C

4 Die Entzündungstemperaturen einiger Stoffe

> Ein Feuer entsteht, wenn ein Brennstoff und Sauerstoff vorhanden sind und die Entzündungstemperatur erreicht ist. Je höher der Zerteilungsgrad eines Stoffes ist, umso leichter kann er entzündet werden.

Die Entstehung einer Kerzenflamme

Wenn man ein Streichholz an den Docht einer Kerze hält, dann schmilzt zunächst das Wachs, mit dem der Docht überzogen ist. Dann verdampft das Wachs. Es entsteht ein Wachsdampf-Luft-Gemisch, das sich entzündet. Die Wärme lässt das feste Wachs um den Docht weiter schmelzen. Das nun flüssige Wachs steigt im Docht hoch bis zur Flamme. Dort verdampft es und verbrennt.

Die Flammenzonen einer Kerze

Eine Kerzenflamme kann in verschiedene Zonen unterteilt werden. Dies sind die **Flammenzonen**.
Die **leuchtende Zone** (1200 °C): Diese Zone heißt so, weil sie gelb leuchtet. Das Leuchten der Flamme kommt von den nicht verbrannten, glühenden Rußpartikeln.
Der **Flammensaum** (1400 °C): Der heißeste Bereich legt sich wie eine Umrandung, auch Saum genannt, um die leuchtende Zone. In dieser farblosen Außenzone kann die Verbrennung gut ablaufen, weil die Bedingungen für die Verbrennung bestmöglich erfüllt sind.
Die **dunkle Zone** (600–800 °C): In dieser Zone am Docht verdampft das Wachs. Es kann aber nicht optimal verbrennen, da in dieser Zone zu wenig Luft ist.

> Der Flammensaum ist der heißeste Bereich einer Kerzenflamme. In der dunklen Zone direkt am Docht ist die Temperatur am niedrigsten. Zwischen dunkler Zone und Flammensaum befindet sich die leuchtende Zone.

5 Die Flammenzonen einer Kerze

AUFGABEN

1 Das Verbrennungsdreieck
Nenne die Bedingungen für die Entstehung eines Feuers.

2 Lagerfeuer
Du willst ein Lagerfeuer entzünden.
a Nenne geeignete Brennstoffe.
b Beschreibe, wie du die Brennstoffe aufschichtest.

3 Mit dem Streichholz entzünden
Mit einem Streichholz wird Papier entzündet.
a Gib die Entzündungstemperaturen der beteiligten Stoffe an.
b Erkläre, wie die Entzündungstemperaturen erreicht werden.

4 Die dunkle Flammenzone
Erkläre, warum eine Kerzenflamme direkt am Docht die niedrigste Temperatur hat.

5 Ein Gasfeuerzeug
Bei einem Gasfeuerzeug genügt ein Funke, um das Gas zu entzünden. Erkläre, warum das bei einer Kerze nicht funktioniert.

TEMPERATUR UND WÄRME

METHODE   Erhitzen im Unterricht

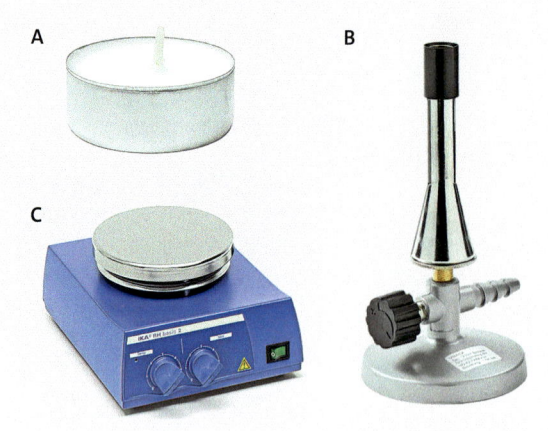

1 Heizquellen im Nawi-Raum: Teelicht (A), Gasbrenner (B), Heizplatte (C)

Selma soll Wasser erhitzen und dabei genau beobachten, was passiert. Zum Erhitzen gibt es verschiedene Möglichkeiten. Selma sieht im Schrank die Geräte aus Bild 1: eine Heizplatte, ein Teelicht und einen Gasbrenner.

A Verschiedene Heizquellen

1 Die richtige Heizquelle wählen
- Wenn du einen Stoff nicht so stark erhitzen möchtest, dann reicht auch ein Teelicht.
- Eine Heizplatte kannst du einsetzen, wenn du Stoffe langsam und nicht so stark erhitzen willst. Bei leicht entzündlichen Stoffen ist es zudem sicherer, mit der Heizplatte zu erhitzen statt mit dem Gasbrenner. Die Stoffe werden meist in einem Becherglas erhitzt.
  Manche Heizplatten haben eine automatische Rührfunktion. Damit kannst du gleichmäßig erhitzen und musst nicht selbst von Hand umrühren.
- Wenn du sehr hohe Temperaturen brauchst, dann verwendest du einen Gasbrenner. Dies kann beispielsweise ein Bunsenbrenner oder ein Teclubrenner sein. Kleinere Flüssigkeitsmengen erhitzt du in einem Reagenzglas.

Selma möchte nur eine kleine Menge Wasser im Reagenzglas erhitzen. So kann sie genau beobachten, was passiert. Sie holt sich ein Reagenzglas und eine Reagenzglasklammer. Als Heizquelle wählt sie den Gasbrenner.

2 Mit der Heizquelle vertraut machen
Informiere dich genau, wie die Heizquelle vorbereitet und verwendet wird:
- Überprüfe beispielsweise das Kabel und den Stecker der Heizplatte. Informiere dich auch über die Funktion der Schalter und Regler.
- Mache dich mit dem Aufbau eines Gasbrenners vertraut, bevor du ihn benutzt.

Wie an den meisten Schulen wird an Selmas Schule ein Teclubrenner wie in Bild 2 verwendet. Mithilfe des Bildes macht Selma sich mit seinen Bestandteilen vertraut.

B Erhitzen mit dem Gasbrenner

1 Vorbereitungen
- Setze die Schutzbrille auf.
- Binde lange Haare zusammen.
- Entferne alle brennbaren Gegenstände vom Experimentiertisch.
- Prüfe, ob der Luftregler und der Gasregler am Gasbrenner geschlossen sind.
- Stelle den Gasbrenner in die Tischmitte. Schließe den Gasschlauch am Gasanschluss an.

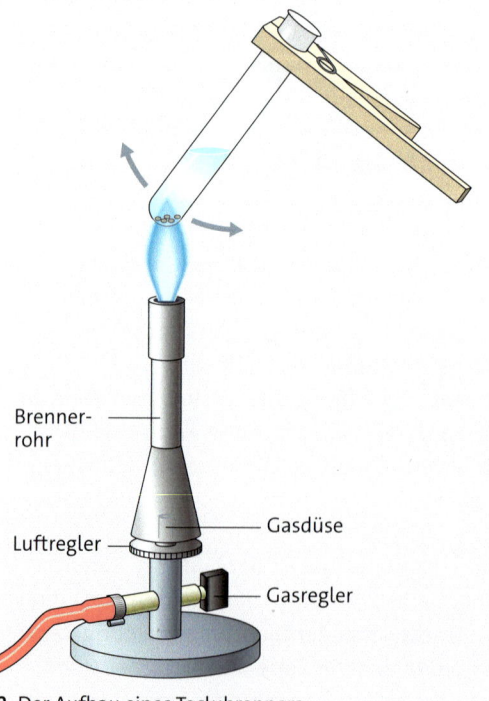

2 Der Aufbau eines Teclubrenners

234   ENERGIE NUTZEN

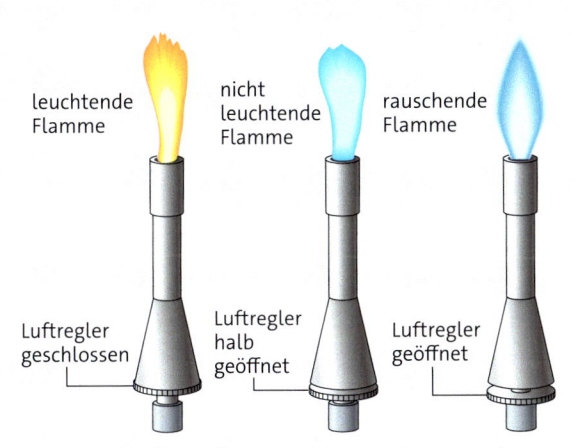

3 Die verschiedenen Flammentypen

Außenkegel erkennen. An der Spitze des Innenkegels befindet sich die heißeste Stelle der Flamme. Die Temperatur beträgt dort etwa 1500 °C.

Selma bereitet alles sorgfältig vor und entzündet dann die Brennerflamme. Sie wählt die nicht leuchtende Flamme, denn sie will nicht, dass das Reagenzglas mit Ruß beschmutzt wird.

2 Entzünden der Brennerflamme
- Halte die Zündquelle, zum Beispiel ein Stabfeuerzeug, bereit.
- Öffne den Gashahn am Experimentiertisch.
- Öffne den Gasregler am Brenner, entzünde sofort das austretende Gas und reguliere die Flammenhöhe mithilfe des Gasreglers.
- Öffne je nach Flammentyp den Luftregler.

3 Einstellen des Flammentyps
In Bild 3 siehst du die drei verschiedenen Flammentypen, die du über den Luftregler des Gasbrenners einstellen kannst:
- **Leuchtende Flamme:** Wenn der Luftregler geschlossen ist, dann ist die Flamme leuchtend gelb. Diese Flamme hat eine Temperatur von etwa 900 °C. Ein Gegenstand, den man in die Flamme hält, bekommt einen schwarzen Belag, den Ruß. Man sagt: Die Flamme rußt.
- **Nicht leuchtende Flamme:** Öffne den Luftregler langsam. So strömt Luft von außen in das Brennerrohr. Die leuchtend gelbe Flamme verschwindet. Stattdessen siehst du eine fast durchsichtige, nicht leuchtende Flamme. Die Temperatur dieser Flamme beträgt etwa 1000 °C. Die Temperatur dieser Flamme reicht für die meisten Experimente aus und wird daher am meisten genutzt. Diese Flamme rußt nur wenig.
- **Rauschende Flamme:** Wenn du den Luftregler noch weiter öffnest, dann hörst du ein Rauschen. In der rauschenden Flamme kannst du einen Innenkegel und einen

4 Erhitzen im Reagenzglas
- Fülle das Reagenzglas ein bis zwei Zentimeter hoch mit dem Stoff, den du erhitzen willst.
- Wenn Flüssigkeiten erhitzt werden, kann es unter bestimmten Umständen plötzlich stark spritzen. Um dies zu verhindern, gib ein bis zwei Siedesteinchen hinzu.
- Halte das Reagenzglas mit einer Reagenzglasklammer wie in Bild 2 fest.
- Bewege das Reagenzglas beim Erhitzen gleichmäßig in der Flamme hin und her.
- Richte das Reagenzglas nie auf dich oder auf andere Personen.

Selma füllt das Reagenzglas mit wenig Wasser, gibt ein Siedesteinchen hinzu und hält das untere Ende des Reagenzglases mithilfe einer Reagenzglasklammer in die Brennerflamme. So erhitzt sie das Wasser im Reagenzglas.

5 Löschen der Brennerflamme
- Drehe zuerst den Luftregler am Gasbrenner zu.
- Schließe den Gasregler am Gasbrenner.
- Schließe den Gashahn am Experimentiertisch.

Selma erhitzt das Wasser so lange, bis es blubbert. Dann löscht sie die Brennerflamme, wie sie es gelernt hat.

AUFGABEN
1 Heizquellen und ihre Verwendung
a Erstelle ein Erklärvideo: Zeige, wie man einen Gasbrenner verwendet.
b Begründe, mit welchem Flammentyp im Unterricht selten gearbeitet wird.

PRAXIS Stoffe verbrennen

A Die Erzeugung einer Tochterflamme

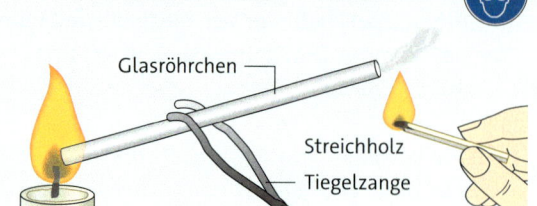

1 Eine Tochterflamme wird erzeugt.

Material:
etwa 6 cm langes Glasrohr, Tiegelzange, Kerze, Streichhölzer

Durchführung:
– Entzünde die Kerze.
– Halte die eine Öffnung des Glasrohrs mit der Tiegelzange in die dunkle Zone der Kerzenflamme.
– Versuche das ausströmende Gas am anderen Ende des Glasrohrs zu entzünden.

Auswertung:
1. Beschreibe deine Beobachtungen.
2. Erkläre deine Beobachtungen.
3. Beschreibe, wie sich die Gase in der dunklen Zone und im Flammensaum unterscheiden.
4. Erläutere, wie es zu dieser unterschiedlichen Gasbildung kommt.

B Untersuchen der Entzündungstemperatur

Material:
Gasbrenner, Feuerzeug, 2 Reagenzgläser, Reagenzglashalter, Streichhölzer

Durchführung:
– Brich die Köpfe von 3 Streichhölzern ab.
– Gib die Köpfe in das eine und die Hölzchen in das andere Reagenzglas.
– Erhitze die beiden Reagenzgläser mit dem Gasbrenner.

Auswertung:
1. Vergleiche die Entzündungstemperaturen von Holz und Streichholzkopf.

C Die Flammtemperatur

Material:
feuerfeste Unterlage, 2 Porzellanschalen, Metallplatte, Brennspiritus, Lampenöl, Holzspan, Feuerzeug

Durchführung:
– Gib etwa 10 Tropfen Brennspiritus und 10 Tropfen Lampenöl in jeweils eine Porzellanschale.
– Stelle die Porzellanschalen auf die feuerfeste Unterlage.
– Nähere den Flüssigkeiten langsam von oben einen brennenden Holzspan.
– Decke das Feuer rasch mit der Metallplatte ab.

Auswertung:
1. Beschreibe deine Beobachtungen.
2. Vergleiche die Flammtemperaturen der beiden Brennstoffe.

D „Schnellfeuer"-Wettbewerb

Plant im Team ein Experiment, bei dem das Holz möglichst schnell verbrennt. Das Feuerzeug darf maximal 3 Sekunden eingesetzt werden.

Material:
feuerfeste Unterlage, Porzellanschale, Messer, Feuerzeug, Holzstück, Stoppuhr

Durchführung:
– Sichtet das Material und besprecht den Auftrag.
– Plant gemeinsam, wie ihr vorgehen wollt. Verteilt sinnvolle Aufgaben und Rollen im Team. Beispiele: Skizze anfertigen, Material vorbereiten, Zeit stoppen, Beobachtungen notieren.
– Verbrennt das Holz.
– Stoppt die Zeit vom Entzünden des Feuerzeugs, bis das Holz vollständig abgebrannt ist.

Auswertung:
1. Ermittelt das schnellste Team der Klasse.
2. Stellt Vermutungen an, was das schnellste Team anders gemacht hat als andere Teams.
3. Das schnellste Team erläutert sein Vorgehen. Vergleicht mit euren Vermutungen.

EXTRA Die Geschichte des Feuers

1 Ein Feuer wärmte, gab Licht und hielt Raubtiere fern.

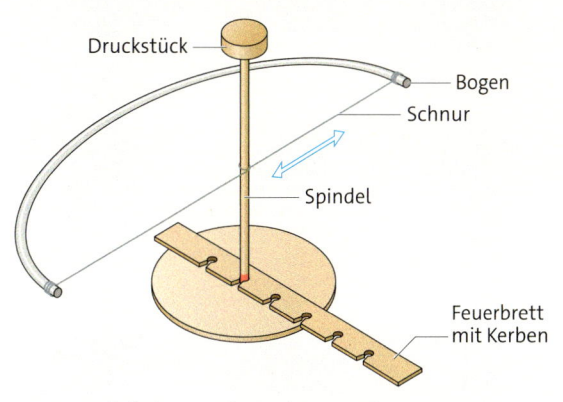

2 Das Modell eines Geräts zum Feuerreiben

Feuer sicherte das Überleben
Bereits die Steinzeitmenschen nutzten die Energie des Feuers. Die Technik des Feuermachens war für die Menschen eine wichtige Fähigkeit, denn das Feuer wärmte sie und hielt wilde Tiere ab.
Ob die Menschen das Feuer selbstständig entfacht oder zufällig gefunden und am Leben erhalten haben, ist nicht geklärt. Funde von Feuerzeugen belegen, dass unsere Vorfahren zwei Grundtechniken zur Entfachung von Feuer beherrschten: das Feuerschlagen und das Feuerreiben.

Das Feuerschlagen
Wenn ein Quarzstein und ein eisenhaltiger Stein gegeneinander geschlagen werden, dann entstehen Funken. Diese lässt man auf einen Baumpilz fallen. Genauer gesagt auf einen leicht entzündlichen Zunderschwamm. Dann bläst man vorsichtig an. Mithilfe von Stroh oder trockenem Laub kann sich die Glut zu einem Feuer entwickeln.

Das Feuerreiben
Wenn man Feuer durch Reiben entzünden will, dann muss man Reibungswärme erzeugen. Dazu werden zwei Holzstücke mit unterschiedlicher Härte gegeneinander gerieben. Ein Stab aus hartem Holz, beispielsweise aus Eiche, wird in einer geschnitzten Vertiefung auf einem Brett aus einem weichen Holz wie Birke oder Pappel schnell hin- und herbewegt. Durch das Reiben löst sich aus dem weichen Holz feiner Holzstaub. Der Holzstaub fängt durch die Reibungswärme an zu glühen. Wenn der glühende Holzstaub auf einen Zunderschwamm fällt, dann kann ein Feuer entstehen.

Von der Steinzeit zur Kupferzeit
Funde von Werkzeugen und Waffen beweisen, dass in Ägypten bereits vor etwa 6000 Jahren die Kunst der Kupfergewinnung bekannt war. Für die Gewinnung von Kupfer sind hohe Temperaturen notwendig. Schon damals bauten die Menschen Öfen, mit denen höhere Temperaturen erreicht werden konnten als mit offenem Feuer.

Feuer macht feuerfest
Gefäße aus Tiermägen, Früchten, Leder oder Holz waren nicht feuerbeständig. Gefäße aus gebranntem Lehm und Ton schon. In China formte man bereits vor 18 000 Jahren auf der Töpferscheibe Tongefäße, die anschließend im Brennofen gebrannt wurden. Mit den feuerfesten Tongefäßen eröffneten sich neue Möglichkeiten der Essenszubereitung und der Aufbewahrung.

AUFGABEN

1 Feuer in der Steinzeit
a Zunder bezeichnet ein leicht brennbares Material. Erkläre den Namen Zunderschwamm für einen Baumpilz.
b Nenne Einsatzmöglichkeiten des Feuers in der Steinzeit.
c Beschreibe ein Verfahren, mit dem die Steinzeitmenschen Feuer entfachen konnten.

2 Tongefäße in China
a Beschreibe, welche Funktion das Feuer bei der Herstellung von Tongefäßen hatte.
b Nenne Vorteile von Tongefäßen gegenüber Holzgefäßen.

Die Bekämpfung von unerwünschten Verbrennungen

1 Die Feuerwehr löscht einen Hausbrand.

2 Das Verbrennungsdreieck zerfällt.

Ein Hausbrand ist eine unerwünschte Verbrennung. Die Feuerwehr hat in Deutschland pro Jahr etwa 200 000 Einsätze wegen Bränden und Explosionen. Darunter sind viele Hausbrände und Wohnungsbrände.

Löschen eines Feuers
Wer ein Feuer löschen will, muss das Verbrennungsdreieck zerstören (Bild 2). Man muss also dafür sorgen, dass mindestens eine der drei Bedingungen für die Verbrennung nicht mehr erfüllt ist: Entweder entfernt man die brennbaren Stoffe, verhindert den Luftzutritt oder kühlt die brennbaren Stoffe unter die Entzündungstemperatur ab.

Wenn man einen Brand möglichst schnell und sicher löschen will, wendet man zwei oder alle drei Löschmethoden gleichzeitig an.

> So löscht man ein Feuer:
> – den Brennstoff entfernen,
> – die Luftzufuhr unterbinden,
> – den Brennstoff unter die Entzündungstemperatur abkühlen.

Löschen eines Lagerfeuers
Wenn ein Lagerfeuer gelöscht werden soll, dann zieht man zuerst vorsichtig die großen Holzstücke aus dem Feuer. Dadurch wird der Brennstoff entfernt. Wenn man nun das Lagerfeuer noch mit Erde zuschüttet, dann wird die Luftzufuhr unterbunden und das noch vorhandene Feuer erstickt.

Mit Wasser löschen
Bei einem Hausbrand wird meist mit Wasser gelöscht (Bild 1). Wenn das Löschwasser fein verteilt gespritzt wird, dann hat das zwei Effekte: Der Wassersprühnebel legt sich wie eine Glocke über das Feuer. So wird verhindert, dass weitere Luft an den Brennstoff gelangt. Gleichzeitig kühlt das Wasser, sodass die Entzündungstemperatur des Brennstoffs nicht mehr erreicht wird.

Maßnahmen gegen Waldbrände
Um Waldbränden vorzubeugen, werden im Wald breite Zonen angelegt, in denen keine Bäume wachsen. Diese Zonen nennt man **Feuerschneisen**. Das Feuer kann an diesen baumfreien Stellen gestoppt werden, weil der Brennstoff fehlt. Wenn es im Wald brennt, werden manchmal sogenannte **Gegenfeuer** gelegt. So nimmt man dem Feuer kontrolliert den Brennstoff weg. Bei Waldbränden werden auch Löschflugzeuge eingesetzt, die den Waldbrand von oben mit Wasser löschen.

3 Ein Löschflugzeug im Einsatz

Löschen eines Fettbrands

Wenn die Flamme noch klein ist, kann ein Fettbrand mit einem Deckel oder einer Feuerlöschdecke erstickt werden. Bei einer größeren Flamme kann man sich bei einem Löschversuch stark verbrennen. Daher sollte man unter der Notrufnummer 112 die Feuerwehr anrufen. Die Feuerwehr setzt spezielle Feuerlöscher für Fettbrände und Ölbrände ein. Das darin enthaltene Löschmittel legt sich wie ein Schutzschirm über den Brand und verhindert so den Zutritt von Luft. Gleichzeitig kühlt und bindet es die brennende Flüssigkeit.

> Gieße niemals Wasser auf brennendes Fett oder Öl! Ein Fettbrand wird gelöscht, indem die Luft vom Brennstoff getrennt wird. Die Feuerwehr löscht Fettbrände mit speziellen Feuerlöschern.

4 Löschversuch eines Fettbrands mit Wasser

Kein Wasser auf brennendes Fett!

Wenn man eine Pfanne mit Speisefett auf der eingeschalteten Herdplatte vergisst, dann kann das schlimme Folgen haben, denn bei etwa 300 °C entzündet sich das Fett. Ein solcher **Fettbrand** kann nicht mit Wasser gelöscht werden! Wenn man Wasser auf brennendes Fett spritzt, verdampft das Wasser explosionsartig und reißt Fett mit sich (Bild 4). Dabei entstehen aus einem Liter flüssigem Wasser 1700 Liter Wasserdampf. Dieser Wasserdampf enthält Millionen winziger Wassertröpfchen. Jedes dieser Wassertröpfchen ist mit dem leichteren Fett überzogen. Das Fett nimmt so eine große Oberfläche ein und kann mit viel Luft in Kontakt kommen (Bild 5).

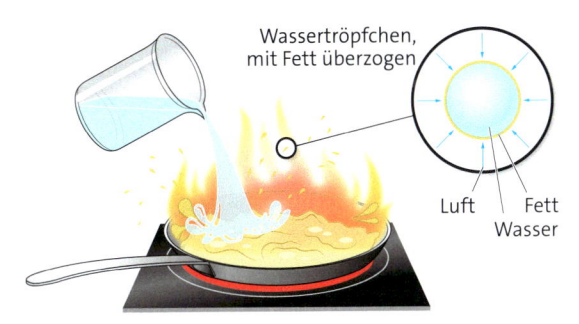

5 Mit Fett überzogene Wassertröpfchen: guter Luftzutritt

AUFGABEN

1 Löschen eines Feuers
 Nenne die drei Methoden zum Löschen eines Feuers.

2 Löschen einer Kerze
a Nenne verschiedene Verfahren, wie du eine Kerze löschen kannst.
b Gib zu jedem Verfahren aus Aufgabe 2a die Löschmethoden an.

3 Waldbrände
 Erläutere, wie man Waldbränden vorbeugen und sie eindämmen kann. Verwende die Fachwörter Feuerschneise und Gegenfeuer.

4 Fettbrand
a Beschreibe, wie sich Fett in einer Pfanne entzünden kann.
b Gib die Notrufnummer der Feuerwehr an.
c Solange die Flamme noch klein ist, kann man versuchen, sie selbst zu löschen. Nimm Stellung zu folgenden Löschvorschlägen:
– Einen Deckel auf die Pfanne legen.
– Das brennende Fett aus dem Fenster gießen.
– Die Flamme mit einer Decke ersticken.
– Mit einem Topf Wasser auf die Flamme gießen.

TEMPERATUR UND WÄRME

PRAXIS Vorbeugen von Bränden und Brandbekämpfung

A Wasser im Pralinenförmchen

1 Der Aufbau von Experiment A

Material:
feuerfeste Unterlage, Drahtgestell eines Sektflaschenverschlusses, Teelicht, Pralinenförmchen (aus Papier), Wasser, Feuerzeug

Durchführung:
− Stelle das Drahtgestell über das Teelicht.
− Lege ein Pralinenförmchen auf das Drahtgestell.
− Entzünde das Teelicht (Bild 1A).
− Wiederhole das Experiment mit einem Pralinenförmchen, in das etwas Wasser eingefüllt wird (Bild 1B).
− Lösche das Teelicht nach etwa 1 Minute. Nimm das Pralinenförmchen vorsichtig vom Drahtgestell und gieße das Wasser weg.

Auswertung:
1. Vergleiche die Beobachtungen von Experiment 1A und 1B.
2. Erkläre die unterschiedlichen Beobachtungen.
3. Nenne ein Praxisbeispiel für die Methode der Brandvorbeugung von Experiment 1B.

C Die Streichholzallee

Material:
feuerfeste Unterlage, Knetmasse, Streichhölzer

Durchführung:
− Stecke 6 Streichhölzer hintereinander in eine Knetmasse. Zwischen den Streichhölzern 1–5 ist der Abstand 0,5 cm. Zwischen dem 5. und 6. Streichholz ist der Abstand 2 cm.
− Entzünde das 1. Streichholz.

B Löschen wie von Zauberhand

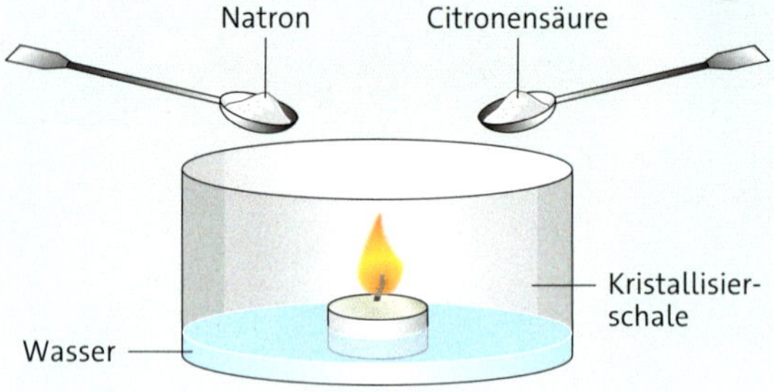

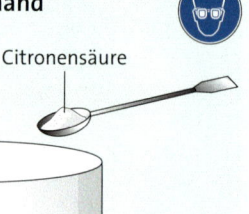

2 Der Aufbau von Experiment B

Material:
Kristallisierschale, Spatel, Teelicht, Natriumhydrogencarbonat (auch Natron genannt, im Handel in Form von Backpulver erhältlich), Citronensäure ⟨!⟩, Wasser, Feuerzeug

Durchführung:
− Fülle 40 ml Wasser in die Kristallisierschale und rühre gleichmäßig 2 Spatel Natriumhydrogencarbonat ein.
− Stelle das Teelicht in die Kristallisierschale und entzünde es.
− Gib 1 Spatel Citronensäure hinzu.

Auswertung:
1. Beschreibe deine Beobachtungen.
2. Erkläre, wodurch das Feuer gelöscht wurde.
3. Zeichne die Kristallisierschale mit den Luftteilchen in dein Heft.
4. Zeichne die Löschgasteilchen ein und stelle dar, wie sie das Feuer löschen.

Auswertung:
1. Beschreibe deine Beobachtungen.
2. Erkläre deine Beobachtungen. Verwende die Fachwörter Entzündungstemperatur und Brennstoff.
3. Beschreibe den Zusammenhang zwischen diesem Experiment und einem Waldbrand.
4. Erläutere, welche vorbeugenden Maßnahmen durchgeführt werden können, um die Ausbreitung von Waldbränden einzudämmen.

EXTRA   Löschmittel in Feuerlöschern

1 Ein Notebook kann in Brand geraten.

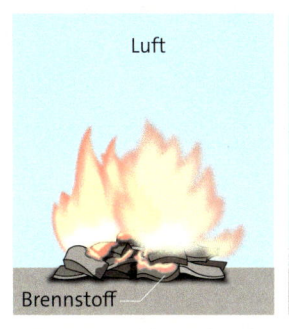

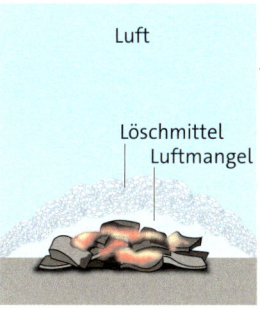

2 Der Schutzschirm über dem Brennstoff

Flammen aus dem Notebook
Oft ist es der Akku eines elektrischen Geräts, der in Brand gerät (Bild 1). Mit Wasser darf dieser Brand nicht gelöscht werden, weil Wasser den elektrischen Strom leitet. Es könnte zu einem Stromschlag kommen. Zum Löschen eines brennenden Notebooks wird ein Feuerlöscher eingesetzt. Dieser muss ein Löschmittel enthalten, das den elektrischen Strom nicht leitet.

Die Funktion eines Löschmittels
Das Löschmittel hat die Funktion, die Luft vom Brennstoff fernzuhalten, indem es sich wie ein Schutzschirm über den brennenden Stoff legt. So können die aus dem Brennstoff austretenden brennbaren Gase nicht mit Luft in Kontakt kommen und die Flammen ersticken (Bild 2).

Löschmittel in Feuerlöschern
Feuerlöscher können mit folgenden Löschmitteln befüllt sein: Wasser, Löschschaum, Kohlenstoffdioxid oder Löschpulver.

Kohlenstoffdioxid: Ein brennendes Notebook kann man mit einem Kohlenstoffdioxid-Löscher löschen. Kohlenstoffdioxid ist ein nichtbrennbares Gas. Weil Kohlenstoffdioxid schwerer ist als Luft, sinkt es nach unten. Dadurch verdrängt es die Luft und legt sich über den Brandherd.
Da es den Brandherd vor der Luftzufuhr schützt, wird Kohlenstoffdioxid auch als **Schutzgas** bezeichnet. Kohlenstoffdioxid eignet sich auch als Löschmittel für flüssige Stoffe wie Benzin, Heizöl oder Alkohol.

Löschpulver: Pulverlöscher enthalten einen fein verteilten Feststoff. Der Feststoff schmilzt und die flüssige Schicht, die Schmelzschicht, legt sich wie ein Deckel über den Brennstoff. Am häufigsten werden Feuerlöscher mit ABC-Löschpulver eingesetzt. Die Buchstaben ABC beziehen sich auf die **Brandklassen**. Viele feste Stoffe gehören zur Brandklasse A, flüssige Stoffe zur Brandklasse B und gasförmige Stoffe zur Brandklasse C. Mit dem ABC-Pulver können Brände dieser Brandklassen gelöscht werden. Zum Löschen von Metallbränden der Brandklasse D und Fettbränden der Brandklasse F braucht man spezielle Metallbrand- und Fettbrandpulver.

Löschschaum: Ein Schaumlöscher enthält ein Schaummittel, Wasser und ein Treibmittel. Wenn man die Sicherung am Feuerlöscher entfernt, bildet das Schaumpulver mit dem Wasser den Löschschaum. Der Löschschaum kühlt und hält die Luft vom Brennstoff fern.

AUFGABEN

1 Löschmittel
a ☒ Beschreibe, wie das Löschen mit Kohlenstoffdioxid funktioniert. Erläutere dabei das Fachwort Schutzgas.
b ☒ Feuerlöscher mit ABC-Löschpulver werden häufig verwendet. Begründe dies und erkläre dabei das Fachwort Brandklasse.

2 Löschen eines Magnesiumbrands
Ein Metallbrandpulver enthält pulvriges Kochsalz mit einer Schmelztemperatur von 801 °C. Bei der Verbrennung von Magnesiumspänen entstehen Temperaturen von bis zu 3000 °C.
a ☒ Beschreibe, was mit dem Kochsalz passiert, wenn das Löschpulver auf den Magnesiumbrand geblasen wird.
b ☒ Skizziere den Löschvorgang.

Die Temperatur messen

1 Emil und Katja empfinden die Wassertemperatur unterschiedlich.

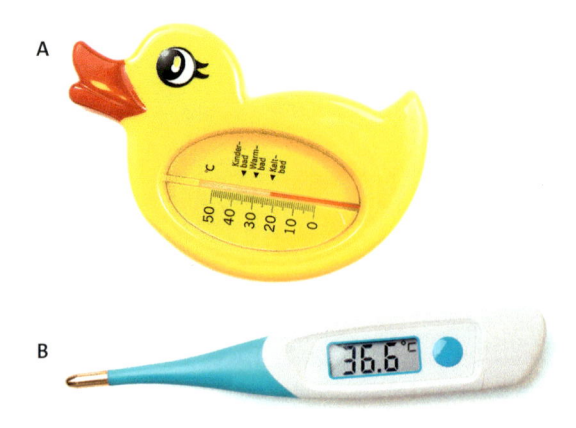

2 Analoges Thermometer (A), digitales Thermometer (B)

Emil ist das Wasser zu kalt. Er friert. Katja hat vor dem Baden eiskalt geduscht und findet das Wasser angenehm.

Temperaturen fühlen
Die Haut ist das größte Sinnesorgan des menschlichen Körpers. Der Mensch kann mit der Haut wahrnehmen, ob etwas warm oder kalt ist. Dafür sorgen Sinneszellen in der Haut. Diese Sinneszellen reagieren auf Veränderungen der **Temperatur**.
Die gleiche Temperatur kann sich aber für verschiedene Personen unterschiedlich anfühlen, wie die Temperatur des Wassers in Bild 1. Mit der Haut kann man daher keine genauen Temperaturen bestimmen. Wenn man die genaue Temperatur ermitteln will, dann braucht man ein Messgerät.

Temperaturen messen
Das Messgerät für die Temperatur heißt **Thermometer**. Thermometer gibt es in vielen verschiedenen Ausführungen. Thermometer können Temperaturen auf zwei verschiedene Arten anzeigen:
– Die eine Art von Thermometern besitzt Zahlen und Messstriche. Diese beschrifteten Messstriche nennt man **Skala**. Diese Thermometer haben ein mit einer Flüssigkeit gefülltes Röhrchen. Manche haben auch einen Zeiger. So kann man auf der Skala dann die Temperatur ablesen. Ein solches Thermometer nennt man **analoges Thermometer**. Ein Beispiel für ein analoges Thermometer ist das Badewannenthermometer in Bild 2A.

– Die andere Art von Thermometern hat ein Display. Auf dem Display erscheint die gemessene Temperatur als Zahlenwert.
So ein Thermometer nennt man **digitales Thermometer**. Ein Beispiel dafür ist das Fieberthermometer in Bild 2B.

Die verschiedenen Eigenschaften der beiden Arten von Thermometern zeigt die Tabelle in Bild 4.

> Zum Messen von Temperaturen braucht man ein geeignetes Messgerät. Dieses Messgerät heißt Thermometer.

Temperaturen angeben
Temperaturen werden bei uns in Deutschland in der Einheit **Grad Celsius** angegeben. Diese Einheit wird mit **°C** abgekürzt.
Die Körpertemperatur eines gesunden Menschen beträgt ungefähr 37 Grad Celsius – kurz 37 °C.

> Temperaturen werden in Deutschland in Grad Celsius angegeben. Die Abkürzung dafür ist °C.

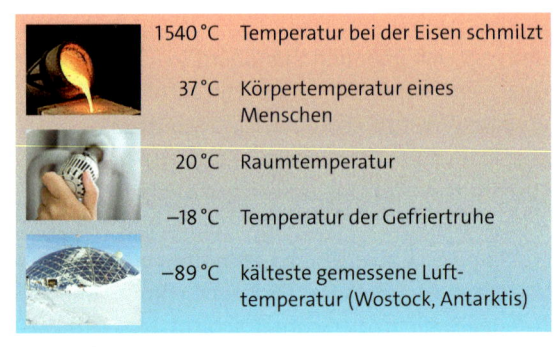

1540 °C	Temperatur bei der Eisen schmilzt
37 °C	Körpertemperatur eines Menschen
20 °C	Raumtemperatur
–18 °C	Temperatur der Gefriertruhe
–89 °C	kälteste gemessene Lufttemperatur (Wostock, Antarktis)

3 Typische Temperaturen

ENERGIE NUTZEN

	Analoge Thermometer	Digitale Thermometer
Genauigkeit	Wie genau man das Thermometer ablesen kann, hängt davon ab, um wie viel Grad sich zwei benachbarte Teilstriche auf der Skala unterscheiden.	Es gibt digitale Thermometer, die die Temperatur mit einer Genauigkeit von ein oder zwei Stellen nach dem Komma angeben können.
Ablesefehler	Man muss gerade auf die Skala schauen, da sonst die Temperatur falsch abgelesen wird.	Die Zahl auf dem Display kann man sehr einfach ablesen.
Zeit	Die Anpassung an die zu messende Temperatur braucht einige Zeit.	Die Anpassung an die zu messende Temperatur geht meist recht schnell.
Batterie	Es ist keine Batterie nötig.	Das Gerät benötigt eine Batterie oder eine Steckdose.

4 Thermometer im Vergleich

Die Genauigkeit von Thermometern
Kein Thermometer kann alle Temperaturen messen. Für verschiedene Zwecke gibt es verschiedene Thermometer. Ein Fieberthermometer zum Beispiel misst im Bereich zwischen 35 °C und 42 °C besonders zuverlässig. Das Fieberthermometer ist sehr empfindlich und kann sogar Bruchteile von einem Grad erfassen.
Ein Fieberthermometer ist aber nicht geeignet, um im Winter Lufttemperaturen im Garten zu messen. Dafür braucht man ein Thermometer, das auch unter 0 °C messen kann.
Wenn man ein Thermometer in einem Messbereich verwendet, für den es nicht geeignet ist, dann kann das Thermometer sogar kaputtgehen.

> Für das Messen von Temperaturen muss man jeweils das passende Thermometer auswählen. Die Thermometer unterscheiden sich in dem Temperaturbereich, in dem sie zuverlässige Ergebnisse liefern.

AUFGABEN

1 Temperaturen beschreiben
a ☒ Nenne möglichst viele Wörter, die Temperaturen beschreiben. Beispiele: eiskalt, lauwarm
b ☒ Bewerte jeweils, wie genau die Angaben sind.
c ☒ Begründe mithilfe deiner Beobachtungen, warum man Temperaturen nicht mit den Händen bestimmen kann.

2 Thermometer testen
a ☒ Probiere ein analoges Thermometer und ein digitales Thermometer aus. Miss mit beiden Thermometern an verschiedenen Orten die Raumtemperatur. Vergleiche die Messergebnisse der beiden Thermometer miteinander.
b ☒ Falls die Messwerte in Aufgabenteil a voneinander abweichen, prüfe mithilfe der Angaben in Bild 4, ob dir beim Messen der Temperatur Fehler unterlaufen sind.

3 Digital oder analog – was ist besser?
a ☒ Nenne in eigenen Worten, welche Vorteile und Nachteile ein analoges Thermometer gegenüber einem digitalen Thermometer hat. Bild 4 kann dir dabei helfen.
b ☒ Begründe, warum du zum Messen der Raumtemperatur ein analoges oder ein digitales Thermometer bevorzugst.

4 Verschiedene Thermometer
a ☒ Nenne möglichst viele Thermometer, die du aus deinem Alltag kennst. Beispiele: Fieberthermometer, Badewannenthermometer
b ☒ Gib an, in welchem Temperaturbereich man mit den von dir genannten Thermometern messen kann.
c ☒ Erkläre, warum man mit einem Fieberthermometer nicht die Temperatur eines frisch gebrühten Tees messen sollte.

TEMPERATUR UND WÄRME

PRAXIS Ein Thermometer bauen

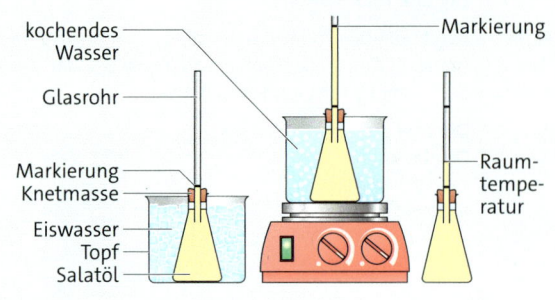

1 Die Temperaturskala wird festgelegt.

Wir bauen uns mit einfachen Mitteln unser eigenes Flüssigkeitsthermometer. Es besteht aus einem Glasröhrchen mit einer Skala und einer farbigen Flüssigkeit. Beim Erwärmen dehnt sich die Flüssigkeit aus und steigt im Glasrohr nach oben.

Material:
Erlenmeyerkolben oder leere Flasche aus Glas (ca. 100 ml), Glasröhrchen, Salatöl, Knetmasse, Topf, Heizplatte, wasserfester Stift, Papiertücher

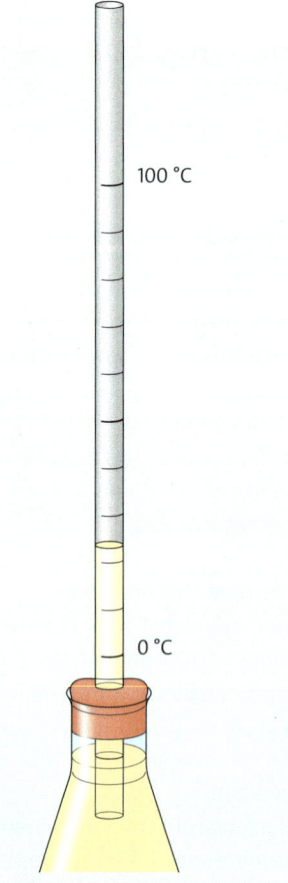

Durchführung:
Thermometer vorbereiten:
– Die Glasflasche muss sauber und trocken sein. Fülle sie mit dem Salatöl fast voll.
– Forme aus der Knetmasse einen Stopfen um das Glasrohr. Das Rohr sollte unten etwa 1 cm aus dem Stopfen herausschauen.
– Befestige das Glasrohr mit der Knetmasse so in der Flasche, dass es fest im Flaschenhals steckt. Die Knetmasse muss die Flasche luftdicht verschließen. Dabei wird ein bisschen Salatöl im Glasrohr nach oben steigen.

Festlegen der Temperaturskala:
– Fülle den Topf mit Wasser und Eiswürfeln. Es sollte so viel Eiswasser sein, dass die Flasche fast bis zum Hals darin stehen kann. Jetzt musst du warten. Wenn sich der Stand des Öls im Glasrohr nicht mehr verändert, dann markiere den Ölstand auf dem Glasrohr mit dem wasserfesten Stift. Dies ist die Markierung für 0 °C.
– Fülle den Topf mit Wasser und bringe das Wasser auf der Heizplatte zum Sieden. Auch jetzt sollte die Flasche fast bis zum Hals im Wasser stehen. Wenn sich der Stand des Öls im Glasrohr nicht mehr verändert, dann markiere den Ölstand wieder mit dem wasserfesten Stift. Das ist die Markierung für 100 °C.
– Unterteile den Zwischenraum zwischen deinen Markierungen in gleichmäßigen Schritten wie in Bild 2.
– Warte, bis das Wasser und dein Thermometer wieder auf Raumtemperatur abgekühlt sind, und lies den Temperaturwert ab.

Auswertung:
1 Miss die Raumtemperatur auch mit einem gekauften Thermometer und vergleiche die Temperaturen.
2 Stelle Vermutungen an, woher Abweichungen stammen könnten.
3 Begründe, ob es sinnvoll ist, Wasser als Flüssigkeit in einem Thermometer zu verwenden.
4 Erläutere, was Luftblasen in der Thermometerflüssigkeit bewirken können.

2 Die Skala des selbst gebauten Thermometers

ENERGIE NUTZEN

EXTRA Temperatur und Wärme

1 Jasper und Fynn wollen den Pool aufheizen.

Jasper und Fynn wollen baden gehen, doch das Wasser im Pool ist ihnen zu kalt. Können sie das Poolwasser mit einem Wasserkocher erwärmen?

Ein Gedankenexperiment
Das Wasser in Jaspers Pool hat eine Temperatur von 20 °C. Jasper und Fynn wollen das Wasser im Pool auf 30 °C erwärmen. Jasper schöpft Wasser aus dem Pool in einen Wasserkocher. Das Wasser hat im Wasserkocher immer noch eine Temperatur von 20 °C.
Wenn Jasper den Wasserkocher einschaltet, wandelt der Wasserkocher elektrische Energie in Wärme um. Diese Wärme gibt er an das Wasser ab. Dadurch steigt die Temperatur des Wassers im Wasserkocher in kurzer Zeit auf 30 °C.
Wenn Fynn nun das warme Wasser aus dem Wasserkocher in den Pool gießt, dann verteilt sich die zugeführte Energie in Form von Wärme im ganzen Pool. Obwohl Jasper damit dem Wasser im Pool die gleiche Menge Wärme zugeführt hat wie vorher dem Wasser im Wasserkocher, erhöht sich die Temperatur im Pool dadurch fast gar nicht. Denn der Pool enthält viel mehr Wasser. Angenommen Fynn und Jasper benutzen die Wasserkocher der gesamten Nachbarschaft und erwärmen das gesamte Wasser des Pools auf 30 °C: Zwar hätten das Wasser im Pool und das Wasser in einem der Wasserkocher die gleiche Temperatur. Im Pool steckt aber bei gleicher Wassertemperatur viel mehr Energie als in dem Wasserkocher.

Die Temperatur
Alles in unserer Umgebung hat eine Temperatur. Die Temperatur zeigt an, wie warm oder kalt etwas ist. Man kann die Temperatur bei festen Stoffen wie Jaspers Körper messen, aber auch bei Flüssigkeiten wie dem Wasser in seinem Pool und bei Gasen wie der Luft, die Jasper atmet. Man braucht allerdings ein geeignetes Thermometer. Auch wenn sich Dinge im gleichen Raum oder der gleichen Umgebung befinden, haben sie nicht unbedingt die gleiche Temperatur. Jaspers Körper ist gerade wärmer als die Luft um ihn herum. Er hat also eine höhere Temperatur. Dafür ist sein Poolwasser vielleicht kälter und hat eine niedrigere Temperatur als die Luft.
Die Temperatur ist nicht übertragbar. Durch die Übertragung von Wärme kann sich die Temperatur eines Körpers aber ändern.

Die Wärme
Wärme ist eine Form von Energie. Andere Energieformen können in Wärme umgewandelt werden. Zum Beispiel wird elektrische Energie vom Wasserkocher in Wärme umgewandelt. Umgekehrt kann auch Wärme in andere Energieformen umgewandelt werden. In Kraftwerken wird oft Verbrennungswärme in elektrische Energie umgewandelt. Besonders schmerzhaft spürt Fynn die Übertragung von Wärme, als er sich versehentlich am Wasserkocher verbrennt. Dabei geht Energie in Form von Wärme vom Wasserkocher auf Fynns Körper über.

AUFGABEN
1 Geräte zur Wärmeübertragung
☒ Ein Wasserkocher überträgt Wärme auf das enthaltene Wasser. Dadurch steigt die Wassertemperatur. Nenne mindestens drei weitere Geräte, die Wärme übertragen. Beschreibe auch, wie sich dabei die Temperatur ändert.

Der Wärmetransport

1 Leo holt seinen Kuchen aus dem Backofen.

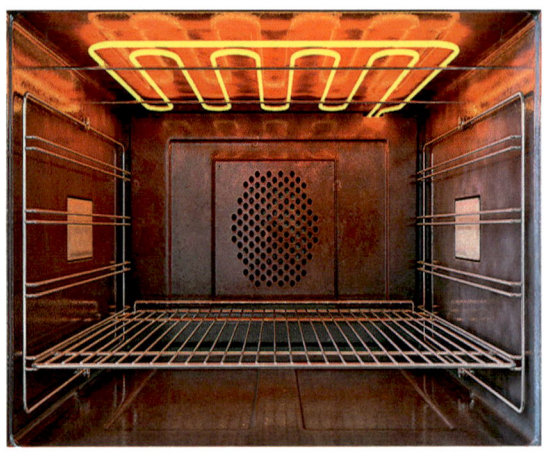

2 Der Innenraum eines Backofens

Leo hat einen Kuchen gebacken und ist gespannt, ob er auch schmeckt. Jetzt muss Leo den Kuchen nur noch aus dem Backofen nehmen. Doch dabei muss er vorsichtig sein. Denn wenn Leo die Ofentür öffnet, dann kommt ihm ein Schwall heißer Luft entgegen. Wenn er dabei sein Gesicht vor den Backofen hält, dann kann er sich verletzen.

Beim Herausnehmen des Kuchens muss Leo auch aufpassen. Er darf die Backform oder die Wände des Backofens nicht mit der Haut berühren. Er könnte sich sonst verbrennen.

Wärmetransport im Backofen

In Bild 2 siehst du, wie ein Backofen von innen aufgebaut ist. In großen Heizdrähten an der Ofendecke wird elektrische Energie in Wärme umgewandelt. Die Energie in Form von Wärme wird dann in den Innenraum des Backofens transportiert. Man spricht deshalb von **Wärmetransport**. Die Heizdrähte strahlen die Wärme in den Innenraum des Backofens ab. Diese Art des Wärmetransports nennt man daher **Wärmestrahlung**. Die Wärmestrahlung spürt Leo, wenn er vor dem Backofen auf seinen Kuchen wartet. Der Backofen strahlt auch bei geschlossener Tür etwas Wärme in den Raum ab.

Wenn man will, dass sich die Wärme im Backofen gleichmäßiger verteilt, dann kann man die Umluftfunktion einschalten. Die Umluftfunktion schaltet den Ventilator an der Rückwand des Backofens an. Der Ventilator erzeugt einen Luftstrom, der die Wärme gleichmäßig durch den ganzen Backofen transportiert. Diese Art des Wärmetransports nennt man **Wärmeströmung**. Die Wärmeströmung spürt Leo auch, wenn er die Ofentür öffnet und ihm die heiße Luft entgegenkommt. Auch die Metallteile im Backofen wie das Backblech erwärmen sich. Das Backblech leitet dann die Wärme an die Speisen weiter. Diese Art des Wärmetransports nennt man **Wärmeleitung**. Die Wärmeleitung würde Leo spüren, wenn er das heiße Backblech ohne Ofenhandschuhe anfassen würde.

> Beim Wärmetransport unterscheidet man zwischen Wärmestrahlung, Wärmeströmung und Wärmeleitung.

Für die Wärmeleitung braucht man einen Stoff, in dem sich die Wärme ausbreiten kann. Dieser Stoff kann fest, flüssig oder gasförmig sein.
Bei der Wärmeströmung braucht man einen Stoff, der sich bewegt und die Wärme mit sich führt. Dieser Stoff ist meist flüssig oder gasförmig. Wärmestrahlung benötigt keinen Transportstoff. Die Wärmestrahlung der Sonne kommt zum Beispiel durch das leere Weltall zu uns.

Die Wärmeleitfähigkeit von Stoffen

Verschiedene Stoffe leiten die Wärme unterschiedlich gut. Metall ist ein guter **Wärmeleiter**. Innerhalb von Metallen breitet sich Wärme schnell aus. Aus diesem Grund sind Backöfen innen aus Metall.
Textilien sind schlechte Wärmeleiter. Aber auch die meisten Kunststoffe leiten Wärme schlecht. Topfhandschuhe wie in Bild 3 werden daher aus

3 Topfhandschuhe aus Baumwolle (A) und Silikon (B)

4 Der Kuchen kühlt draußen schneller ab.

dickem Baumwollstoff oder Silikon, einem Kunststoff, hergestellt.
Auch Holz leitet Wärme schlecht. In einer Pizzeria werden darum große Holzbretter benutzt, um Pizza aus dem Ofen zu holen.

> Verschiedene Stoffe leiten Wärme unterschiedlich gut. Metalle sind gute Wärmeleiter. Textilien und die meisten Kunststoffe sind schlechte Wärmeleiter.

Der Temperaturausgleich
Der frische Kuchen ist zu warm, um ihn direkt zu schneiden. Leo stellt den Kuchen daher zum Abkühlen auf den kühlen Balkon.

Bei einem Temperaturunterschied zwischen einem Körper und seiner Umgebung gleicht sich die Temperatur mit der Zeit aus. Die Wärme wird vom Warmen zum Kalten transportiert. Erst wenn es keinen Temperaturunterschied mehr gibt, endet der Wärmetransport.
Der Wärmetransport läuft umso schneller ab, je größer der Temperaturunterschied ist. Aus diesem Grund stellt Leo den Kuchen auf den Balkon. Auf dem Balkon ist es kälter als in der Küche und der Kuchen kühlt deshalb schneller ab.

> Wärme wird vom Warmen zum Kalten transportiert. Je größer der Temperaturunterschied ist, desto schneller ist der Wärmetransport.

AUFGABEN

1 Wärme wird transportiert
a Nenne die drei verschiedenen Arten, wie Wärme transportiert wird.
b Beschreibe, wie der Wärmetransport im Backofen abläuft.
c Nenne mindestens drei weitere Beispiele aus deinem Alltag, bei denen Wärme transportiert wird.
d Beim Backen soll so wenig Wärme wie möglich den Backofen verlassen. Überlege, wie ein Backofen konstruiert sein muss, damit möglichst wenig Wärme auf unterschiedliche Art nach draußen transportiert wird.
e Erkläre mithilfe deines Wissens über den Transport von Wärme, wie ein Heizkörper die Wärme an den Raum weitergibt.

2 Temperaturen gleichen sich aus
a Erkläre, warum Leos Kuchen auf dem Balkon schneller abkühlt als in der Küche.
b Leos Vater schimpft: „Mach die Balkontür zu! Die ganze Kälte kommt rein." Begründe, ob diese Aussage stimmt.
c Erkläre, warum Menschen im Winter frieren und sogar erfrieren können.

3 Stoffe leiten Wärme
a Nenne mindestens fünf Gegenstände, die Wärme gut leiten, und mindestens fünf Gegenstände, die Wärme schlecht leiten.
b Erkläre, warum man ein heißes Backblech mit Topfhandschuhen anfassen kann.

Wärmestrahlung wird absorbiert und reflektiert

1 Paul kommt aus dem Freibad und will losradeln.

Pauls Fahrrad stand stundenlang in der heißen Sommersonne. Der Sattel ist so heiß geworden, dass sich Paul verbrannt hat, als er aufs Rad steigen wollte. Paul wundert sich, warum ausgerechnet der Sattel so heiß geworden ist.

Gegenstände erwärmen sich unterschiedlich
Die meiste Wärmestrahlung auf der Erde liefert uns die Sonne. Manche Gegenstände wie Pauls Fahrradsattel heizen sich in der Sonne stark auf. Andere Gegenstände können lange in der Sonne stehen und heizen sich dabei nur wenig auf.

Wie stark sich ein Körper aufheizt, hängt davon ab, wie viel Wärmestrahlung er aufnimmt und wie viel er zurückwirft. Das Material und die Eigenschaften des Materials, aus dem der Körper besteht, ist dabei sehr wichtig.

Wärmestrahlung wird absorbiert
Das Aufnehmen von Strahlung wird **Absorption** genannt. Man sagt: Körper absorbieren Strahlung. Wie gut ein Körper Wärmestrahlung absorbieren kann, hängt vor allem von der Farbe des Körpers ab. Je dunkler der Körper ist, desto besser absorbiert er Wärmestrahlung. Pauls Fahrradsattel ist schwarz und hat darum viel Wärmestrahlung absorbiert. Auch die Beschaffenheit der Oberfläche spielt eine Rolle. Je rauer die Oberfläche ist, desto mehr Wärmestrahlung absorbiert sie. Pauls Sattel ist abgenutzt und rau.
Jetzt sucht Paul nach einer Lösung, damit sein Sattel nicht noch mal so heiß wird.

Wärmestrahlung wird reflektiert
Licht wird von einem Spiegel oder einer glatten Fläche zurückgeworfen. Bei der Wärmestrahlung ist das genauso. Ein großer Teil der Wärmestrahlung wird bei glatten Flächen zurückgeworfen. Das Zurückwerfen von Strahlung nennt man **Reflexion**. Man sagt: Ein Körper reflektiert Strahlung.
Auch bei der Reflexion spielt die Farbe eines Körpers die wichtigste Rolle: Je heller ein Körper ist, desto mehr Wärmestrahlung reflektiert er.

> Für die Aufnahme von Wärmestrahlung sind die Farbe und die Beschaffenheit der Oberfläche eines Körpers wichtig.
> – Dunkle, raue Oberflächen absorbieren den Großteil der Wärmestrahlung.
> – Helle, glatte Oberflächen reflektieren den Großteil der Wärmestrahlung.

Pauls Mutter gibt Paul einen glatten weißen Überzug für den Sattel. Weiß reflektiert die Wärmestrahlung am besten. Eine glatte Fläche reflektiert mehr Wärmestrahlung als eine raue Fläche. Jetzt heizt sich Pauls Sattel nicht mehr so stark auf.

AUFGABEN

1 Absorption von Wärmestrahlung
a Erkläre, warum Pauls Fahrradsattel in der Sonne so heiß geworden ist.
b Nenne mindestens drei weitere Beispiele für Gegenstände, die sich in der Sonne stark aufheizen.

2 Wärmestrahlung nutzen
a Auf vielen Dächern sind Sonnenkollektoren für Solaranlagen angebracht. Erkläre, warum es günstig ist, wenn die Oberfläche der Sonnenkollektoren rau und schwarz ist.
b Begründe, welche Farbe ein Lkw haben sollte, der gekühlte Lebensmittel transportiert.

3 Nur Mode?
 Im Winter tragen viele Menschen eher dunkle Kleidung. Im Sommer ist Kleidung in hellen Farben beliebt. Begründe, ob das nur ein Modetrend ist oder ob es auch praktische Gründe für diesen Unterschied gibt.

PRAXIS Temperaturen fühlen

A Wassertemperaturen fühlen

1 Verschiedene Temperaturen fühlen

Material:
3 Schüsseln, kaltes Wasser, warmes Wasser, lauwarmes Wasser, Handtuch

Durchführung:
— Stelle die drei Schüsseln vor dir auf.
— Fülle in die rechte Schüssel das kalte Wasser, in die mittlere Schüssel das lauwarme Wasser und in die linke Schüssel das warme Wasser.
— Lege eine Hand in die Schüssel mit dem kalten Wasser und lege gleichzeitig die andere Hand in die Schüssel mit dem warmen Wasser.
— Zähle im Kopf langsam bis 30 und lass die Hände so lange in den Schüsseln.
— Lege danach beide Hände gleichzeitig in die mittlere Schüssel mit lauwarmem Wasser.
— Trockne dir zuletzt die Hände mit dem Handtuch ab.

Auswertung:
1. Beschreibe, wie sich deine Hände während des Experiments angefühlt haben. Achte dabei besonders auf Unterschiede zwischen den Händen.
2. Formuliere eine Erklärung für die gefühlten Unterschiede zwischen den Händen.
3. Erkläre, warum empfohlen wird, kalt zu duschen, bevor man im Schwimmbad ins Wasser geht.
4. Bewerte, wie gut sich deine Hände zum Messen von Temperaturen eignen.

B Temperaturen von festen Stoffen fühlen

Material:
Thermometer für Oberflächen, 5 flache Gegenstände aus unterschiedlichen Materialien (zum Beispiel: Holzbrett, Glasplatte, Aluschale, Kunststoffteller, Wolltuch)

Durchführung:
— Lege die fünf Gegenstände auf den Tisch.
— Lege jeweils eine Hand auf einen der Gegenstände und die andere Hand auf einen anderen Gegenstand. Entscheide, welcher Gegenstand sich wärmer anfühlt.
— Bringe jetzt die Gegenstände in eine Reihenfolge: Der Gegenstand, der sich am wärmsten anfühlt, liegt ganz links, der kälteste ganz rechts.
— Erstelle eine Tabelle. Trage die Gegenstände in der von dir festgelegten Reihenfolge in die obere Zeile ein.

Gegenstand	…	…	…	…	…
geschätzte Temperatur	…	…	…	…	…
gemessene Temperatur	…	…	…	…	…

— Schätze die Temperatur der Gegenstände und trage diese Werte jeweils in Grad Celsius in die mittlere Zeile ein.
— Miss die Temperatur auf der Oberfläche der Gegenstände mit dem Thermometer. Trage deine Messwerte in die untere Zeile der Tabelle ein.

Auswertung:
1. Vergleiche die gemessenen Temperaturen der einzelnen Gegenstände.
2. Vergleiche die gemessenen mit den geschätzten Temperaturen. Gib an, wo die Unterschiede am größten und am kleinsten sind.
3. Vergleicht die Ergebnisse in der Klasse. Diskutiert dabei mögliche Ähnlichkeiten und Unterschiede.
4. Stelle Vermutungen zu den Unterschieden zwischen der geschätzten Temperatur und der gemessenen Temperatur an.

WEITERGEDACHT Zebrastreifen und Isolierflasche

1 Warum haben Zebras Streifen?

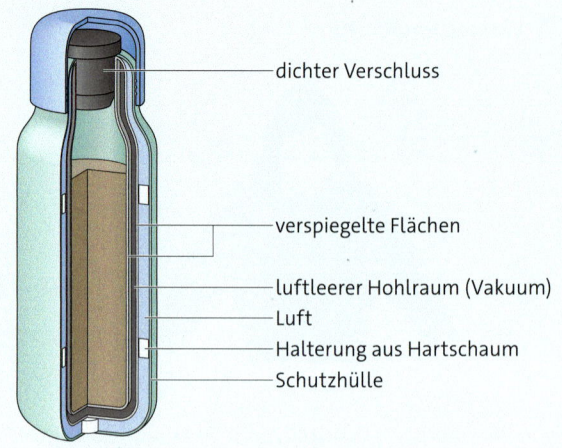

2 Der Aufbau einer Isolierflasche: dichter Verschluss, verspiegelte Flächen, luftleerer Hohlraum (Vakuum), Luft, Halterung aus Hartschaum, Schutzhülle

1 Zebrastreifen

Eine Theorie besagt, dass sich die schwarzen Flächen des Zebrafells in der Sonne stärker aufheizen als die weißen Flächen und dass dadurch kühlende Luftwirbel entstehen. Schwedische Forscherinnen und Forscher überprüften diese Theorie mit einem Experiment. Sie füllten Fässer mit Wasser, überzogen sie dann mit Tierfellen und stellten die Fässer in die Sonne. Die Felle stammten von Rindern, Zebras und Pferden und waren schwarz, weiß, schwarz-weiß gestreift und grau. Die Wassertemperatur wurde regelmäßig gemessen. Außerdem wurden die Oberflächen der Felle mit speziellen Wärmebildkameras beobachtet.

a Stelle das Experiment mit Würfeln aus Pappe nach. Dazu benötigst du einen schwarzen und drei weiße Pappwürfel. Einen der weißen Würfel beklebst du mit Streifen aus schwarzem Klebeband. Einen anderen malst du grau an. Stelle die Würfel in die Sonne und stecke in jeden Würfel ein Thermometer. Miss alle zwei Minuten die Temperatur in allen vier Würfeln und trage die Werte in eine Wertetabelle ein.

b Zeichne Temperaturkurven für alle vier Würfel in ein Koordinatensystem und vergleiche die Kurven miteinander. Stimmt die Theorie der kühlenden Wirkung der Streifen? Begründe deine Antwort.

c Benutze eine Wärmebildkamera und beobachte damit die Oberfläche deiner Würfel. Beschreibe, was auf dem Display der Wärmebildkamera angezeigt wird.

d Vergleiche deine Messwerte aus der Wertetabelle mit den Werten der Wärmebildkamera.

Die schwedischen Forscherinnen und Forscher kamen zu dem Ergebnis, dass die Theorie falsch ist. Beim Zebrafell wurde das Wasser in den Fässern genauso stark erwärmt wie bei grauem Fell. Bei weißem Fell wurde das Wasser dagegen weniger stark erwärmt. Bei schwarzem Fell erwärmte sich das Wasser am stärksten. Die Aufnahmen mit den Wärmebildkameras bestätigten diese Ergebnisse.

2 Die Funktionsweise einer Isolierflasche

Lea wundert sich, wie ihre Isolierflasche es schafft, den Tee auch im Winter so lange warm zu halten. Lea hat im Internet recherchiert und eine Abbildung gefunden, die zeigt, wie eine Isolierflasche aufgebaut ist.

a Beschreibe anhand von Bild 2 in eigenen Worten, wie eine Isolierflasche aufgebaut ist. Schlage Wörter nach, die du nicht kennst.

b Um den Tee warm zu halten, muss die Isolierflasche alle drei Arten des Wärmetransports verhindern. Benenne die drei Arten des Wärmetransports. Ordne jeder Art ein Bauteil der Isolierflasche zu, das diese Art des Wärmetransports verhindert. Begründe deine Wahl.

c Du hast gerade keine Isolierflasche, willst aber deinen Tee warm halten. Sammle mindestens drei Ideen, wie du den Tee warm halten kannst, und begründe, warum sie funktionieren.

PRAXIS Der Heißluftballon

A Solarballons

1 Ein Solarballon steigt bei Sonnenschein in die Höhe.

Material:
2 luftgefüllte Solarballons

Durchführung:
− Lege einen Solarballon in die Sonne, den anderen in den Schatten.
− Beschreibe deine Beobachtung.

Auswertung:
1. Überlege, warum Solarballons dunkel gefärbt sind.
2. Beschreibe, was mit der Luft in einem Solarballon geschieht, wenn er in der Sonne liegt.
3. Erläutere, wodurch sich warme Luft von kalter Luft unterscheidet.
4. Erkläre, weshalb einer der Solarballons zuerst aufsteigt.

3 Echte Heißluftballons steigen auf, weil mit großen Gasbrennern heiße Luft erzeugt wird.

B Die fliegende Mülltüte

2 Eine schwebende Mülltüte

Material:
Toaster, Mülltüten, Trinkhalme, durchsichtiges Klebeband

Durchführung:
− Stabilisiere die Öffnung der Mülltüte mithilfe von Trinkhalmen. Bilde dazu einen Rahmen aus Trinkhalmen und klebe diesen mithilfe des Klebebands an der Tüte fest. Es ist wichtig, dass du so wenig Material wie möglich verwendest.
− Halte die Öffnung der Mülltüte über den Toaster und schalte den Toaster ein. Achtung: Die Mülltüte darf den heißen Toaster nicht berühren!
− Bei welcher Gruppe steigt die Mülltüte am höchsten? Bei welcher Gruppe bleibt die Mülltüte am längsten in der Luft?

Auswertung:
1. Beschreibe deine Beobachtungen.
2. Erkläre, was mit der Luft in der Tüte passiert, wenn sie erwärmt wird.
3. Gib die Quelle der Wärme an und zeichne eine Energiekette.
4. Erkläre, weshalb die Mülltüten nach einiger Zeit wieder absinken.

> Plastik gehört nicht in die Natur. Bitte sammle die in diesen Experimenten verwendeten Plastiktüten oder Ballons nach dem Experimentieren wieder ein.

TESTE DICH!

1 Ein Feuer entzünden ↗ S. 232/233
a Nenne die drei Bedingungen für die Entstehung eines Feuers.
b Nenne drei Brennstoffe.
c Beschreibe die Zonen einer Kerzenflamme.

2 Ein Feuer löschen ↗ S. 238/239
Es gibt verschiedene Möglichkeiten, ein Feuer zu löschen.
a Erstelle in deinem Heft eine Tabelle mit drei Spalten wie in Bild 1.
b Ergänze in der Tabelle die fehlenden Wörter.

Feuer	Löschmethode	Bedingung
Brennende Kerze	Auspusten	...
Waldbrand	...	Brennstoff fehlt
Hausbrand	...	Entzündungstemperatur wird nicht mehr erreicht
...	...	Sauerstoffzufuhr ist unterbunden
Lagerfeuer	...	Brennstoff fehlt
leichter Fettbrand in der Pfanne	...	...
größerer Fettbrand	...	...

1 Bedingungen, um ein Feuer zu löschen

3 Vor Feuer schützen ↗ S. 238
In Altstädten mit vielen Fachwerkhäusern sind Brände besonders gefährlich. Da die Häuser eng beieinander stehen, greift das Feuer oft auch auf benachbarte Gebäude über. Um das zu verhindern, bespritzt die Feuerwehr auch die umliegenden Gebäude mit Wasser.
Begründe, warum das Bespritzen der Nachbargebäude mit Wasser die Ausbreitung des Brandes verhindern kann.

2 Diese Fachwerkhäuser stehen eng zusammen.

4 Temperatur fühlen und messen ↗ S. 242/243
a Mit unserer Haut können wir wahrnehmen, ob etwas warm oder kalt ist. Erläutere, warum unsere Haut trotzdem nicht zum Messen der Temperatur geeignet ist und wir stattdessen Thermometer dafür brauchen.
b Nenne zwei verschiedene Thermometer und was du damit messen kannst.
c Erstelle in deinem Heft eine Tabelle mit drei Spalten wie in Bild 3.
d Schreibe die Vorteile und die Nachteile eines analogen und eines digitalen Thermometers in die Tabelle.

	Analoges Thermometer	Digitales Thermometer
Vorteile	...	...
Nachteile	...	...

3 Vergleich von Thermometern

5 Ein Analogthermometer richtig bedienen
↗ S. 242
a Nenne Regeln zum richtigen Messen der Temperatur mit einem analogen Thermometer.
b Begründe für jede Regel, warum es wichtig ist, diese zu befolgen.

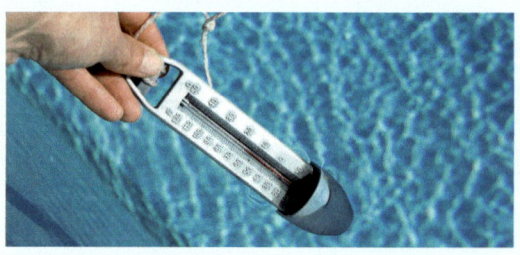

4 Ein Thermometer

6 Wärmetransport und Wärmestrahlung
↗ S. 246–248
a Beschreibe die drei Möglichkeiten des Wärmetransports.
b Ordne die folgenden Beispiele jeweils einer Transportart zu: Wärmelampe, Haartrockner, Heizkörper, Grillrost, Lüfter im Computer, Wärmflasche, Wasserhahn, Topfboden, Sitzheizung, Sonne, Flamme.
c Eisbären haben durchsichtige Haare und schwarze Haut. Begründe, warum dies den Eisbären hilft, nicht zu erfrieren.

ZUSAMMENFASSUNG   Temperatur und Wärme

Ein Feuer entzünden
Das Verbrennungsdreieck: Damit ein Feuer entstehen kann,
- braucht man einen Brennstoff,
- muss Sauerstoff vorhanden sein,
- muss die Entzündungstemperatur des Brennstoffs erreicht werden.

Erhitzen im Unterricht
Heizquellen:
- Teelicht
- Gasbrenner
- Heizplatte

Wichtig:
- Informationen über die Heizquellen einholen
- Sicherheitsvorschriften einhalten

Ein Feuer löschen
Wer ein Feuer **löschen** will, muss das Verbrennungsdreieck zerstören:
- Entfernung der brennbaren Stoffe
- Verhinderung des Luftzutritts
- Abkühlung der brennbaren Stoffe unter die Entzündungstemperatur

Die Temperatur und ihre Messung
Temperaturen werden in Deutschland in Grad Celsius, kurz °C, angegeben.
Wenn man Temperaturen messen will, muss man das passende Thermometer auswählen und das Thermometer richtig bedienen.

Der Wärmetransport
Beim Wärmetransport unterscheidet man:
Wärmestrahlung: Für die Aufnahme von Wärmestrahlung sind die Farbe eines Körpers und die Beschaffenheit seiner Oberfläche wichtig.
- Dunkle, raue Oberflächen absorbieren den Großteil der Wärmestrahlung.
- Helle, glatte Oberflächen reflektieren den Großteil der Wärmestrahlung.

Wärmeströmung: In Flüssigkeiten und Gasen kann Wärme durch Wärmeströmung transportiert werden.

Wärmeleitung: Verschiedene Stoffe leiten Wärme unterschiedlich gut.
- Metalle sind gute Wärmeleiter.
- Textilien und die meisten Kunststoffe sind schlechte Wärmeleiter.

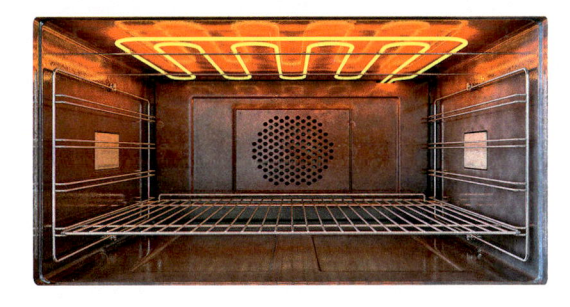

Wärme wird vom Warmen zum Kalten transportiert. Der Wärmetransport ist umso schneller, je größer der Temperaturunterschied ist.

Tiere regulieren ihre Körpertemperatur

1 Ein Rotkehlchen im Winter

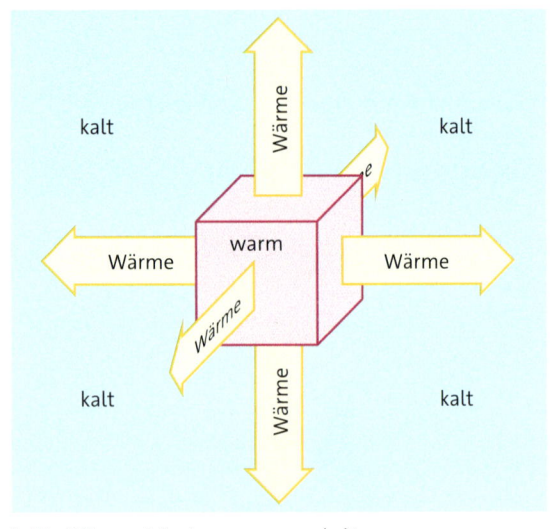

3 Die Wärme strömt von warm zu kalt.

Wenn es sehr kalt ist, dann stellen viele Vögel ihre Federn auf. Man sagt: Sie plustern sich auf.

Die Körpertemperatur
Die Temperatur im Körper von Tieren und Menschen heißt **Körpertemperatur**. Bei Vögeln und bei Säugetieren bleibt die Körpertemperatur gleich, egal ob es in ihrer Umgebung wärmer oder kälter wird. Man sagt deshalb: Vögel und Säugetiere sind **gleichwarm**.
Bei Amphibien, Fischen, Reptilien und wirbellosen Tieren ändert sich die Körpertemperatur, wenn sich die Temperatur in ihrer Umgebung ändert. Ein anderes Wort für ändern ist wechseln. Amphibien, Fische, Reptilien und wirbellose Tiere werden deshalb als **wechselwarm** bezeichnet (Bild 2).

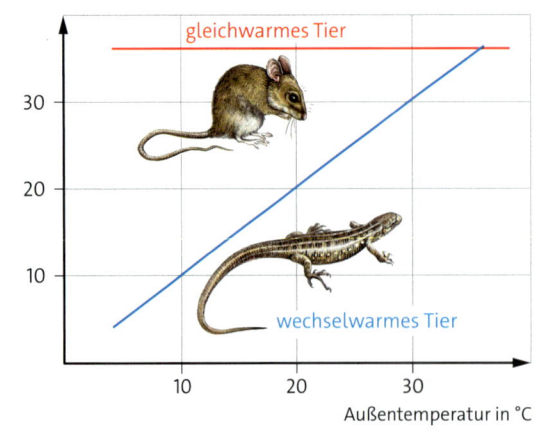

2 Die Körpertemperatur und die Außentemperatur

Wechselwarme Tiere
Wenn die Temperatur im Körper wechselwarmer Tiere anders ist als in ihrer Umgebung, dann gleichen sich die beiden Temperaturen aus. Die Wärme wird dabei vom Warmen zum Kalten transportiert (Bild 3). Das geschieht so lange, bis die Körpertemperatur und die Temperatur in der Umgebung gleich sind. Wenn es in der Umgebung kälter ist als im Körper, dann wird Wärme aus dem Körper an die Umgebung abgegeben. Dadurch sinkt die Körpertemperatur. Wenn die Temperatur in der Umgebung höher ist als im Körper, dann nimmt der Körper Wärme auf. Dadurch steigt die Körpertemperatur. Wechselwarme Tiere regeln ihre Körpertemperatur vor allem durch ihr Verhalten. Wenn die Körpertemperatur steigen soll, dann halten sich die Tiere an warmen, sonnigen Orten auf. Wenn es im Sommer zu heiß ist, suchen sie dagegen kühle, schattige Plätze auf.

Gleichwarme Tiere haben Fell und Federn
Zwischen den Fellhaaren der Säugetiere und zwischen den Federn der Vögel ist Luft eingeschlossen. Luft ist ein schlechter Wärmeleiter. Die eingeschlossene Luft wirkt deshalb wie eine Hülle, durch die weniger Wärme nach außen oder innen gelangt. Dieses Verringern des Wärmetransports durch eine Hülle bezeichnet man auch als **Wärmeisolation**. Durch ihr Fell oder ihre Federn sind gleichwarme Tiere also davor geschützt, dass ihr Körper im Winter zu viel Wärme abgibt und im Sommer zu viel Wärme aufnimmt.

ENERGIE NUTZEN

Das Aufstellen der Haare und Federn

Wenn es im Winter sehr kalt ist, dann richten Säugetiere ihre Fellhaare auf. Vögel richten ihre Federn auf. Dadurch wird die mit Luft gefüllte Schicht, die den Körper der Tiere umgibt, dicker. Das verstärkt die Wärmeisolation.

Fett schützt vor Wärmeverlust

Viele gleichwarme Tiere nehmen vor dem Winter große Mengen Nahrung zu sich, damit sich unter ihrer Haut eine Fettschicht bildet. Die Fettschicht schützt vor Wärmeverlust, denn Fett leitet Wärme schlecht. Zudem enthält Fett viel Energie. Wenn die Tiere im Winter wenig Nahrung finden, dann können sie die Energie aus der Fettschicht nutzen.

Gleichwarme Tiere im Sommer

Im Sommer kühlen gleichwarme Tiere ihren Körper, damit ihre Körpertemperatur gleich bleibt. Der Mensch und einige Tiere geben Schweiß ab, um den Körper zu kühlen. Wenn Schweiß auf der Haut verdunstet, dann wird dem Körper Wärme entzogen. Viele Tiere können aber nicht schwitzen. Hunde öffnen ihr Maul und atmen schnell und heftig. Das nennt man **hecheln** (Bild 4). Durch das Hecheln verdunstet Speichel auf der Zunge und auf der Schleimhaut im Maul des Hundes. Dabei wird dem Körper Wärme entzogen. Viele gleichwarme Tiere kühlen sich auch beim Baden im Wasser oder beim Wälzen im Schlamm ab. Zudem bewegen sich gleichwarme Tiere im Sommer weniger, weil dann weniger Wärme frei wird und ihr Körper nicht so schnell aufheizt.

4 Ein Hund mit heraushängender Zunge

Gleichwarme Tiere brauchen viel Energie

Im Winter wärmen gleichwarme Tiere ihren Körper, damit ihre Körpertemperatur gleich bleibt. Dafür ist Energie notwendig. Die Energie erhalten die Tiere aus ihrer Nahrung. Die Muskeln und die Organe im Körper wandeln die Energie in der Nahrung in andere Energieformen um. Dabei wird Wärme frei. Die Wärme wird mit dem Blut im Körper verteilt. Wenn es im Winter sehr kalt ist, dann beginnen die Muskeln zu zittern. Dadurch wird mehr Energie umgewandelt und somit mehr Wärme frei. Auch das Kühlen des Körpers durch Schwitzen oder Hecheln kostet Energie.

> Die Körpertemperatur von wechselwarmen Tieren ändert sich mit der Temperatur der Umgebung. Sie regulieren ihre Körpertemperatur durch ihr Verhalten. Vögel und Säugetiere sind gleichwarm. Ihre Körpertemperatur ist immer ungefähr gleich hoch. Damit sie ihre Körpertemperatur aufrechterhalten können, ist Energie notwendig. Fell, Federn und Fett schützen gleichwarme Tiere vor Wärmeverlust.

AUFGABEN

1 Wechselwarme Tiere
a Beschreibe, was mit dem Fachwort wechselwarm gemeint ist.
b Wechselwarme Tiere regulieren ihre Körpertemperatur durch ihr Verhalten. Beschreibe, wie sie dabei vorgehen.
c Erkläre, warum sich die Körpertemperatur wechselwarmer Tiere ändert, wenn sich die Umgebungstemperatur ändert.

2 Gleichwarme Tiere
a Beschreibe, was mit dem Fachwort gleichwarm gemeint ist.
b Erkläre, wie Fell vor Wärmeverlust schützt.
c Nenne die beiden Vorteile einer Fettschicht für Tiere im Winter.
d Begründe, warum gleichwarme Tiere viel Energie brauchen.
e Beschreibe, wie die gleichwarmen Tiere Energie in Wärme umwandeln.
f Stelle Vermutungen an, warum einige gleichwarme Tiere den Winter nicht überleben.

TIERE SIND ANGEPASST

Die Säugetiere im Winter

1 Ein Siebenschläfer in seiner Höhle

Vor dem Winter graben Siebenschläfer eine Höhle in die Erde. Dort schlafen sie mehrere Monate und verbringen so den Winter.

Schlafen im Winter

Siebenschläfer, Fledermäuse und Igel schlafen den ganzen Winter, ohne aufzuwachen. Man sagt auch: Die Tiere halten **Winterschlaf** (Bild 1). Die Tiere fressen sich vor dem Winter eine Fettschicht an. Die Fettschicht verringert die Abgabe von Wärme an die Umgebung und speichert Energie, damit die Tiere die lange Zeit ohne Nahrung überleben. Während des Winterschlafs schlägt das Herz langsamer und die Tiere atmen langsamer. Dann sinkt die Körpertemperatur der Tiere auf etwa 5 °C ab. Dadurch wird Energie gespart. Wenn die Körpertemperatur zu niedrig ist, erwachen die Tiere kurz, damit sie nicht erfrieren. Dann wandeln die Muskeln im Körper die Energie aus den Zellen in der Fettschicht in Wärme um. Die Wärme wird mit dem Blut im Körper verteilt. Danach schlafen die Tiere weiter.

2 Das Eichhörnchen hat eine versteckte Nuss gefunden.

Ruhen im Winter

Eichhörnchen, Dachse und Braunbären schlafen zwar im Winter, aber zwischendurch wachen sie öfter auf. Das nennt man **Winterruhe**. Ihre Körpertemperatur sinkt in der Zeit nur wenig. Auch die Anzahl ihrer Herzschläge und Atemzüge bleibt gleich. Einige Tiere, die Winterruhe halten, nehmen Nahrung auf, wenn sie aufwachen. Eichhörnchen legen dafür im Herbst Vorräte an (Bild 2).

Aktiv durch den Winter

Viele Säugetiere halten weder Winterschlaf noch Winterruhe. Dazu gehören zum Beispiel Rehe, Wildschweine, Füchse und Feldmäuse. Man sagt: Sie sind den ganzen Winter **aktiv**. Das ist möglich, weil sie gut gegen Wärmeverlust geschützt sind. Säugetiere, die im Winter aktiv sind, bekommen im Winter oft ein dickeres Fell. Dieses **Winterfell** hat viele Wollhaare und ist sehr dicht. Dadurch wird weniger Wärme nach außen abgegeben. Außerdem haben sich die Tiere im Herbst eine Fettschicht angefressen. Die Fettschicht verringert die Wärmeabgabe an die Umgebung und liefert Energie. Das ist wichtig, denn im Winter finden die Tiere weniger Nahrung.

> Viele Säugetiere sind im Winter aktiv. Andere schlafen im Winter, wachen aber öfter auf. Sie halten Winterruhe. Säugetiere, die den ganzen Winter schlafen, halten Winterschlaf.

AUFGABEN

1 **Der Winterschlaf**
a Beschreibe die Veränderungen im Körper von Säugetieren während des Winterschlafs.
b Erkläre, warum sehr leichte Igel einen strengen Winter vermutlich nicht überleben.

2 **Die Winterruhe**
a Nenne zwei Tiere, die Winterruhe halten.
b „Squirrel" ist die englische Bezeichnung für Eichhörnchen. Im Englischen bedeutet to squirrel away „auf die hohe Kante legen". Erkläre diese Redewendung.

3 **Winteraktive Tiere**
Beschreibe, wie sich winteraktive Tiere vor Wärmeverlust schützen.

PRAXIS Schutz vor Wärmeverlust

A Isolierung schützt vor Wärmeverlust

Material:
6 Bechergläser (600 ml), 6 Bechergläser (250 ml), 6 Thermometer, glatte Schnur, flauschige Wolle, Öl, Wasser, Wasserkocher

Durchführung:
- Fülle die großen Bechergläser jeweils mit einem der folgenden Materialien: kaltes Wasser, glatte Schnur, flauschige Wolle, nasse Wolle, Öl. Ein großes Becherglas bleibt nur mit Luft gefüllt.
- Stelle in jedes Becherglas ein kleines Becherglas, sodass es vom Füllmaterial gleichmäßig umgeben ist.
- Erwärme Wasser im Wasserkocher auf 60 °C.
- Verteile das heiße Wasser auf die kleinen Bechergläser.
- Stelle ein Thermometer in das Wasser.
- Lies alle 3 Minuten die Temperatur ab, bis sich das Wasser im letzten Becherglas auf 20 °C abgekühlt hat.
- Protokolliere die Messergebnisse.

Auswertung:
1. Stelle die Messergebnisse in einem Liniendiagramm dar. Nutze für jedes Becherglas eine andere Farbe.
2. Beschreibe das Diagramm aus Aufgabe 1. Nenne die Materialien, die sich am besten als Schutz vor Wärmeverlust eignen.
3. Begründe mithilfe der Messergebnisse, weshalb viele Tiere im Herbst doppelt so viel Nahrung zu sich nehmen wie im Sommer.

B Je enger, desto wärmer

Material:
großes Becherglas, 8 Reagenzgläser, 3 Thermometer, Gummiband, Eiswasser, Wasserkocher, warmes Wasser (60 °C)

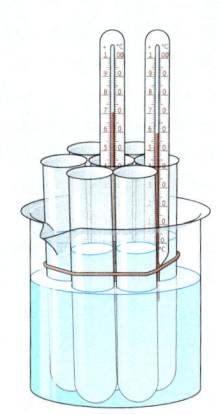

Durchführung:
- Fülle alle Reagenzgläser mit warmem Wasser.
- Binde 7 Reagenzgläser mit dem Gummiband zusammen und stelle sie in das große Becherglas.
- Das 8. Reagenzglas bleibt im Reagenzglasständer.
- Fülle das Eiswasser in das Becherglas. Miss die Temperatur alle 3 Minuten:
  - in dem einzelnen Reagenzglas
  - in dem mittleren Reagenzglas
  - in einem der Randreagenzgläser
- Protokolliere deine Messergebnisse.

2 Der Aufbau zu Experiment B

Auswertung:
1. Stelle die Messergebnisse in einem Liniendiagramm dar. Nutze für jedes Reagenzglas eine andere Farbe.
2. Beschreibe das Diagramm.
3. Begründe mithilfe der Messergebnisse, warum viele Tiergruppen im Winter eng zusammenstehen.

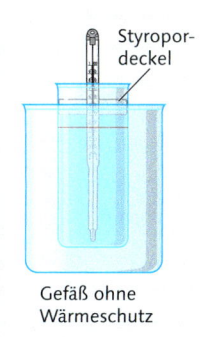

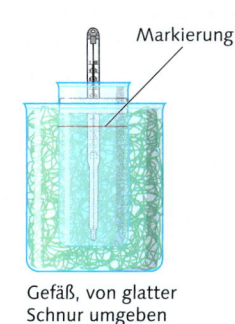

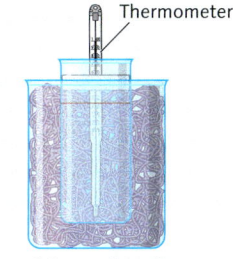

Styropordeckel — Markierung — Thermometer — Becherglas

Gefäß ohne Wärmeschutz | Gefäß, von glatter Schnur umgeben | Gefäß, von flauschiger Wolle umgeben | Gefäß mit Ölmantel

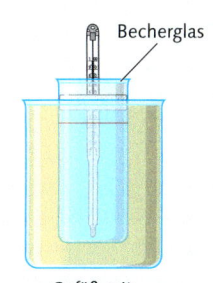

1 Ein Modellexperiment zur Wärmeisolierung

TIERE SIND ANGEPASST

METHODE Im Internet recherchieren

1 Esben und Maxi recherchieren im Internet.

Wenn du im Internet nach Informationen suchst, dann sagt man auch: Du **recherchierst**. Dabei helfen dir die folgenden Schritte:

1 Die Frage formulieren
Formuliere eine Frage, auf die du eine Antwort suchst. Oder notiere das Thema, zu dem du Informationen finden willst.

Esben und Maxi fragen sich: „Wie verbringen die Tiere im Garten den Winter?" Sie wollen Informationen sammeln, wie ein Garten aussehen muss, damit darin verschiedene Tiere überwintern können.

2 Die Suchwörter festlegen und suchen
Eine Internetrecherche nach einem einzelnen Wort ergibt oft sehr viele Treffer. Überlege dir deshalb zu deiner Frage oder zu deinem Thema passende Suchwörter. Das sind einzelne Wörter aus deiner Frage oder deinem Thema. Gib die Suchwörter in das Suchfeld einer Suchmaschine ein. Achte darauf, dass du die Wörter richtig schreibst.

Esben und Maxi geben die Wörter „Tiere", „Garten" und „Winter" in das Suchfeld der Suchmaschine ein.

Tipp: Es gibt spezielle Suchmaschinen für Kinder und Jugendliche, die nur wenige Treffer mit leicht verständlichen Informationen anzeigen. Beispiele sind schule.helles-koepfchen.de und schule.fragFinn.de.

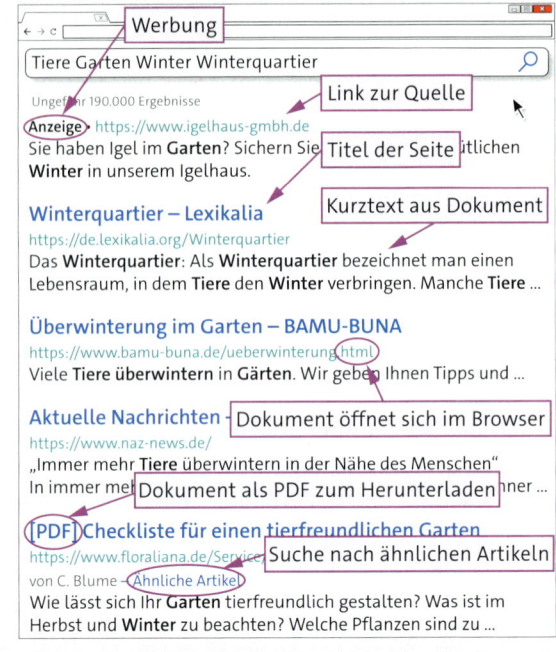

2 Trefferliste für die Suchwörter von Esben und Maxi

3 Die Suchergebnisse ansehen
Die Ergebnisse der Suche werden als Liste von Internetseiten angezeigt. Manche Suchmaschinen zeigen ganz oben in der Liste Werbeeinträge an. Diese Einträge kannst du an dem Wort „Anzeige" oder „Werbung" erkennen. Beachte sie nicht. Schau dir mindestens zehn Treffer aus deiner Trefferliste an. Lies den Kurztext. Daran kannst du abschätzen, welche Informationen du auf der Internetseite findest. Wenn du zu viele Treffer angezeigt bekommst, dann füge Suchwörter hinzu. So bekommst du oft ein genaueres Ergebnis.

Die Suche von Esben und Maxi ergab viele Treffer. Sie ergänzen als Suchwort noch das Wort „Winterquartier", damit ihre Suche noch genauer wird. Dann scrollen sie durch ihre Trefferliste in Bild 2. Ganz oben in der Liste sind zwei Einträge mit dem Wort „Werbung" gekennzeichnet. Diese beachten die beiden nicht. Darunter stehen Internetseiten von Tageszeitungen und Fernsehsendern, von Naturschutzvereinen, vom Bundesministerium für Umwelt und Naturschutz und von einem Forum für Gärtner. Sie wählen fünf Internetseiten aus, die sie sich genauer ansehen wollen.

258 ENERGIE NUTZEN

Gartenfreude – Das Forum

Überwinterung von Tieren im Garten

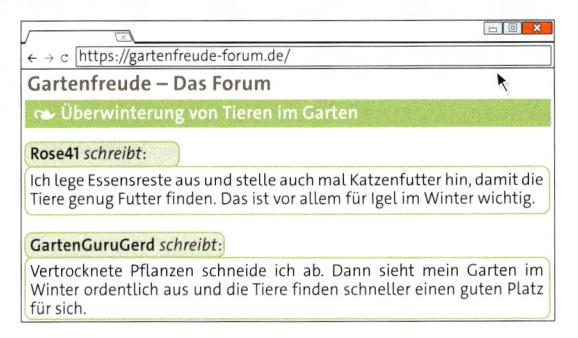

Rose41 *schreibt*:
Ich lege Essensreste aus und stelle auch mal Katzenfutter hin, damit die Tiere genug Futter finden. Das ist vor allem für Igel im Winter wichtig.

GartenGuruGerd *schreibt*:
Vertrocknete Pflanzen schneide ich ab. Dann sieht mein Garten im Winter ordentlich aus und die Tiere finden schneller einen guten Platz für sich.

3 Ein Forum, das Maxi und Esben gefunden haben

4 Die Internetseiten bewerten und speichern
Im Internet können alle Menschen Texte, Bilder oder Videos veröffentlichen. Es wird nicht geprüft, ob die Informationen korrekt sind. In Bild 5 findest du Kennzeichen, an denen du verlässliche Informationen auf Internetseiten erkennen kannst. Sei kritisch, denn jeder Betreiber einer Internetseite stellt seine Sichtweise dar. Behörden, Universitäten und öffentliche Einrichtungen wollen meist sachlich und objektiv informieren. In sozialen Medien werden oft Meinungen ausgetauscht. Wenn du eine zuverlässige und passende Internetseite gefunden hast, dann speichere sie als Lesezeichen in deinem Browser.

Die Texte auf den Seiten, die Esben und Maxi sich ansehen, sind manchmal schwer zu verstehen. Auf anderen Seiten tauschen Menschen ihre Meinungen aus. Esben und Maxi finden auf der Seite des WWF Informationen zur Überwinterung von Tieren im Garten, die sie verstehen. Da die Informationen auf der Seite der bekannten Naturschutzorganisation stehen, halten sie die Informationen für verlässlich.

Natur- und Artenschutz im Garten
Je naturbelassener ein Garten ist, desto mehr Lebensräume bietet der Garten verschiedenen Tieren. Ein Vogelhaus, ein Insektenhotel, Laub auf dem Boden, Reste von vertrockneten Pflanzen in den Beeten, kleine Steinhaufen – Natur- und Artenschutz im Garten ist leicht umsetzbar. Wir erläutern Ihnen, wie Sie mit verschiedenen Maßnahmen zur Artenvielfalt im Garten beitragen können.

4 Eine Internetseite, die Maxi und Esben gefunden haben

– Die Webseite oder das Video stammt aus einer vertrauenswürdigen Quelle, zum Beispiel einer Universität oder Behörde.
– Die Inhalte sind verständlich formuliert.
– Das Datum der Veröffentlichung liegt noch nicht lange zurück.
– Die Informationen auf der Seite stimmen mit Informationen auf anderen verlässlich wirkenden Seiten überein.

5 Einige Kennzeichen von verlässlichen Internetseiten

5 Die Informationen notieren und ordnen
Notiere die wichtigsten Informationen der Internetseiten, die du ausgewählt hast. Übernimm nur Informationen, die du verstehst. Überlege, wie du die Informationen ordnen kannst. Notiere die Quellen, denen du etwas entnommen hast.

Esben und Maxi notieren die wichtigsten Informationen in Stichpunkten. Dabei ordnen sie die Informationen nach Tiergruppen, die im Garten vorkommen. Als Quelle notieren sie die Internetseite, auf der sie die Informationen gefunden haben.

AUFGABEN

1 Recherchieren Im Internet
Beschreibe, wie du geeignete Suchwörter für eine Internetrecherche festlegst.

2 Internetseiten bewerten
a Erstelle anhand von Bild 5 eine Liste mit Kriterien, an denen du nicht vertrauenswürdige Internetseiten erkennst.
b Begründe mithilfe deiner Kriterien aus Aufgabe 2a, welche der Internetseiten in Bild 3 und 4 Esben und Maxi nicht nutzen sollten.

3 Eine Internetrecherche durchführen
a Recherchiere im Internet zur Frage von Esben und Maxi.
b Erstelle eine Liste mit Tipps, wie man seinen Garten anlegen sollte, damit verschiedene Tiere dort überwintern können.

Das Igeljahr

1 Ein Igel auf Futtersuche

Manchmal kann man nachts im Garten ein Rascheln, Schnaufen und Schmatzen hören. Das könnte ein Igel sein, der dort nach Nahrung sucht.

Der Lebensraum der Igel
Igel leben in Gärten, Parks oder an Waldrändern. Nachts sind sie wach und suchen nach Nahrung. Tagsüber schlafen sie in einem Nest aus trockenem Laub und Moos.

Durch Stacheln geschützt
Die Körperoberseite der Igel ist vollständig mit Stacheln bedeckt. Bei Gefahr rollt sich ein Igel zu einer Kugel ein. Dabei richten sich die Stacheln auf. Durch die Stacheln sind die Igel vor fast allen heimischen Raubtieren geschützt.

Die Hauptnahrung sind Insekten
Igel ernähren sich vor allem von Insekten. Sie fressen aber auch andere wirbellose Tiere wie Spinnen, Tausendfüßer und Regenwürmer. Manchmal erbeuten die Igel auch kleine Wirbeltiere wie einen Frosch oder eine Maus. Im Herbst fressen Igel manchmal Früchte. Igel haben ein **Insektenfressergebiss**. Es besteht aus 36 spitzen Zähnen (Bild 2). Damit können Igel die harten Insektenpanzer und sogar Knochen zerkleinern.

Im Sommer ist Paarungszeit
Von April bis August sind Igelweibchen zur Paarung mit einem Igelmännchen bereit. Die Igelmännchen begeben sich in dieser Zeit auf die Suche nach einem paarungsbereiten Weibchen. Nach der Paarung bauen die Weibchen ein Nest. Dort bringen sie im August vier bis fünf Jungtiere zur Welt. Die Stacheln der Jungtiere sind bei der Geburt weich und weiß (Bild 3). Ihre Augen sind noch geschlossen. Die Jungtiere saugen an den Zitzen des Weibchens, um Muttermilch zu trinken. Sie sind noch einige Zeit unselbstständig und müssen versorgt werden.

Vorbereitungen im Herbst
Im Herbst gibt es viele Insekten. Dann nehmen Igel sehr viel Nahrung zu sich. Sie fressen sich für den Winter eine Fettschicht an. Die Fettschicht schützt die gleichwarmen Tiere vor Wärmeverlust. Außerdem enthält Fett viel Energie. Im späten Herbst suchen Igel Orte auf, die vor Nässe und Frost geschützt sind. Dort bauen sie sich ein

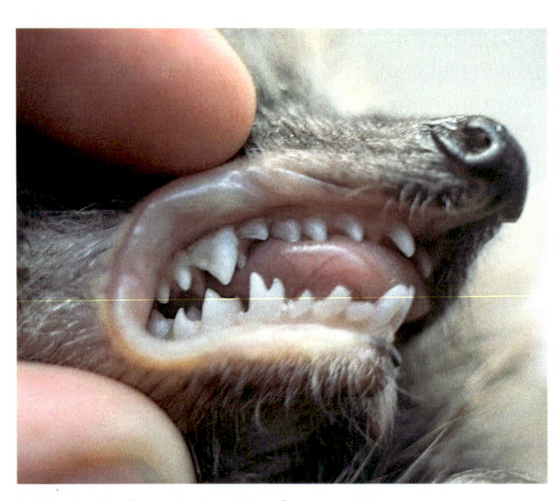

2 Die Igel haben ein Insektenfressergebiss.

3 Eine Igelmutter mit Jungtieren

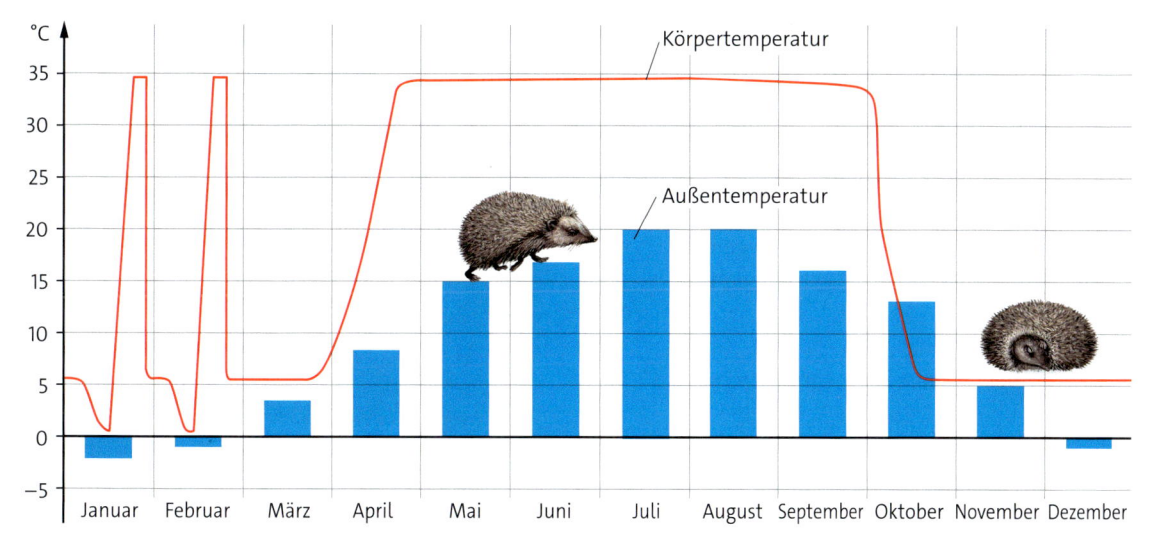

4 Die Körpertemperatur des Igels im Jahresverlauf

trockenes Nest. Geeignete Plätze finden die Igel in dichtem Gebüsch, in Laub- oder Komposthaufen sowie unter Holzstapeln.

Igel halten Winterschlaf
Im Winter halten Igel Winterschlaf. Dann nehmen sie keine Nahrung zu sich. Die Energie, die sie zum Überleben brauchen, erhalten sie aus der Fettschicht unter ihrer Haut. Das Herz schlägt während des Winterschlafs langsamer und die Anzahl der Atemzüge wird weniger. Dann sinkt auch die Körpertemperatur der Igel auf 5 °C (Bild 4).

Das Erwachen im Winter
Wenn die Körpertemperatur eines Igels unter einen bestimmten Wert fällt, dann wacht er auf. Das ist wichtig, damit der Igel nicht erfriert. Seine Körpertemperatur erhöht sich dann für kurze Zeit wieder auf 35 °C (Bild 4). Dafür muss Energie in Wärme umgewandelt werden. Säugetiere, die Winterschlaf halten, haben ein spezielles Fettgewebe. Dieses **braune Fettgewebe** wandelt Energie in Wärme um, sobald die Tiere aufwachen.

Das Erwachen im Frühling
Im Frühling erwachen die Igel aus dem Winterschlaf. Sie haben dann etwa ein Drittel ihres Körpergewichts verloren. Nun finden sie endlich wieder genug Nahrung, damit sie wieder an Gewicht zulegen. Nach dem Aufwachen erhöhen sich die Anzahl der Herzschläge und Atemzüge sowie die Körpertemperatur (Bild 4).

> Igel fressen vor allem Insekten. Ihre Stacheln schützen sie vor den meisten Feinden. Die Jungtiere werden nach der Geburt sechs bis sieben Wochen mit Muttermilch gesäugt. Igel halten Winterschlaf. Wenn ihre Körpertemperatur zu niedrig ist, dann wachen die Igel auf. Dann wird ihr Körper mithilfe des braunen Fettgewebes erwärmt. Im Frühling erwachen die Igel aus dem Winterschlaf.

AUFGABEN

1 Die Nahrung der Igel
a ▫ Nenne fünf Beispiele für Nahrung der Igel.
b ▫ Beschreibe ein Insektenfressergebiss.

2 Igel im Winter
a ▫ Beschreibe die Veränderungen im Igelkörper während des Winterschlafs.
b ▪ Werte das Diagramm in Bild 4 aus.
c ▪ Suche nach Gründen, warum nicht alle Igel den Winterschlaf überleben.

3 Der Lebensraum der Igel
a ▫ Nenne Orte, an denen Igel leben.
b ▪ Beschreibe einen igelfreundlichen Garten.

4 Igel schützen sich
a ▫ Beschreibe, wie sich Igel vor Angreifern schützen.
b ▪ Stelle Vermutungen an, warum Autos eine Gefahr für Igel sind.

PRAXIS Einen Winterschlafplatz für Igel anlegen

A Einen Reisighaufen aufschichten

In Siedlungen und aufgeräumten Gärten finden Igel nur noch selten Überwinterungsquartiere. An einem trockenen und schattigen Platz könnt ihr auf dem Schulgelände oder im eigenen Garten Winterquartiere für Igel anlegen.

Material:
dünne Zweige, dickere Äste, Laub, Stroh

Durchführung:
- Sucht einen ruhigen Platz auf dem Schulgelände. Er sollte vor Regen, Schnee und Sonne geschützt sein.
- Schichtet zunächst dickere Äste übereinander, sodass Hohlräume entstehen. Sie sollten circa 30 cm × 30 cm × 30 cm groß sein.
- Füllt etwas Stroh in die Hohlräume.
- Schichtet nun dünne Zweige über die dicken Äste, sodass eine Kuppel entsteht.
- Bedeckt die Kuppel mit Laub.
- Neben dem Haufen sollte weiteres Laub aufgehäuft werden.

Auswertung:
1. Beschreibe, wo der Igel sein Nest im Reisighaufen bauen kann.
2. Igel bauen sich ein weiches, gepolstertes, trockenes Nest. Beschreibe, wofür der Igel Laub neben seinem Nest benötigt.
3. Begründe, warum es problematisch für den Igel ist, wenn sein Nest im Frühling von der Sonne stark erwärmt wird.

1 Ein Reisighaufen als Winterquartier für Igel

B Ein Winterquartier für Igel bauen

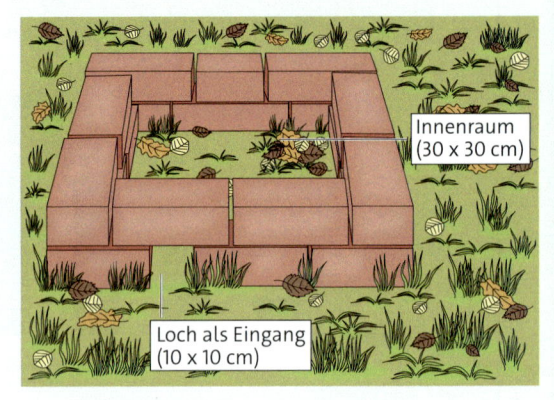

2 So legst du die Steine für das Winterquartier.

Material:
Backsteine oder Pflastersteine (circa 10 cm dick), 1–2 Holzbretter, Kies, Folie

Durchführung:
- Suche einen ruhigen, trockenen und schattigen Platz auf dem Schulgelände.
- Lege die untere Reihe der Steine so, dass ein 10 cm × 10 cm großes Loch zwischen zwei Steinen bleibt und der Innenraum mindestens 30 cm × 30 cm groß ist.
- Schütte den Innenraum mit Kies aus.
- Lege weitere Reihen Steine auf die untere Reihe, bis das Haus mindestens 30 cm hoch ist.
- Lege ein oder zwei Holzbretter als Dach oben auf die Steine.
- Lege die Folie über das Dach. Sie sollte 10 cm über den Rand reichen.
- Beschwere das Dach mit mehreren Steinen.

3 Das fertige Winterquartier

AUFGABEN Säugetiere im Winter

1 Das warme Winterfell
Viele Säugetiere bekommen im Winter ein Winterfell. Das Winterfell ist besonders dicht und schützt dadurch besser vor Wärmeverlust.

a ▸ Beschreibe die Unterschiede zwischen dem Sommerfell und dem Winterfell des Hermelins mithilfe der Bilder 1 und 2.

b ▸ Begründe, warum ein Fellwechsel im Frühjahr und Herbst für Tiere mit Fell überlebenswichtig ist.

c ▸ Erkläre den Zusammenhang zwischen den dichten Wollhaaren und der Luft als schlechtem Wärmeleiter.

d ▸ Nenne Gründe, weshalb es so wichtig ist, dass die Grannenhaare wasserabweisend sind.

e ▸ Nenne Gründe, die für den Farbwechsel des Hermelinfells sprechen.

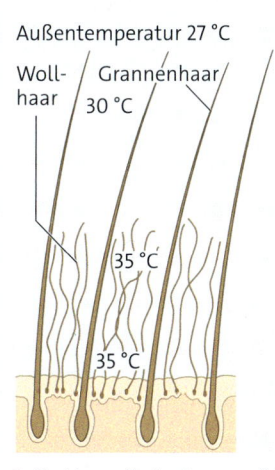

2 Verschiedene Überwinterungsstrategien
Säugetiere überwintern unterschiedlich. Einige sind den gesamten Winter aktiv, andere halten Winterruhe oder Winterschlaf. Die Diagramme in Bild 3 zeigen die Körpertemperatur und die Herzschläge pro Minute im Jahresverlauf bei Eichhörnchen und Fledermaus.

a ▸ Beschreibe den Verlauf der Körpertemperatur und die Anzahl der Herzschläge beim Eichhörnchen und bei der Fledermaus in Bezug zur Außentemperatur.

b ▸ Vergleiche den Verlauf der Körpertemperatur und die Anzahl der Herzschläge beim Eichhörnchen und bei der Fledermaus.

c ▸ Gib an, ob die beiden Tierarten jeweils Winterruhe oder Winterschlaf halten.

d ▸ Eichhörnchen ernähren sich von Nüssen und Samen. Fledermäuse sind Insektenfresser. Erläutere die Zusammenhänge zwischen der Nahrung und der Überwinterungsstrategie.

1 Ein Hermelin im Sommerfell

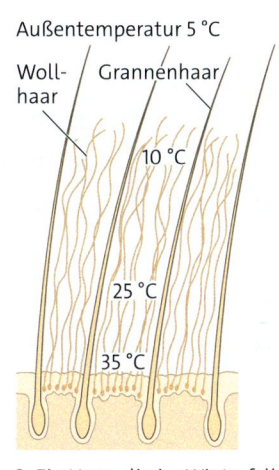

2 Ein Hermelin im Winterfell

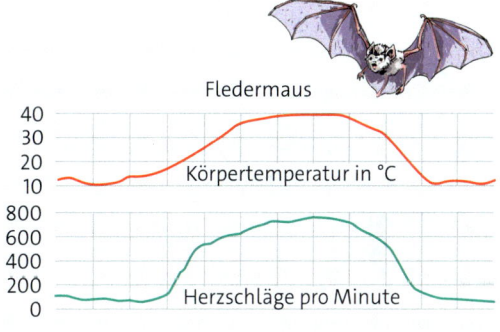

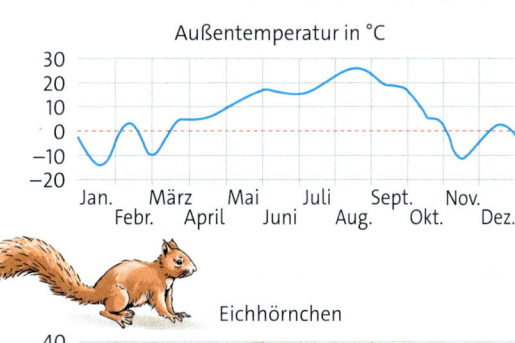

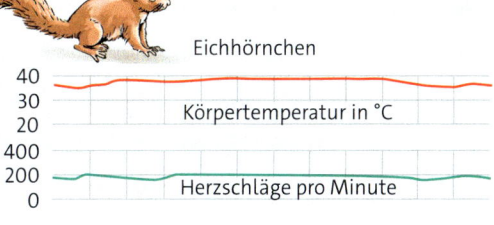

3 Die Körpertemperatur und die Herzschläge von Eichhörnchen und Fledermaus im Jahresverlauf

Leben in der Arktis und Antarktis

1 Ein Eisbärenweibchen mit ihren Jungtieren

Eisbären leben in der Arktis. Im Winter können die Temperaturen dort auf bis −50 °C sinken.

Die Angepasstheiten an das Leben in der Kälte

Eisbären können in der Arktis überleben, weil ihr Körper dazu geeignet ist. Man sagt auch: Ihr Körperbau ist an diesen Lebensraum angepasst. Die Merkmale, die es Lebewesen ermöglichen, in einem Lebensraum zu überleben, nennt man **Angepasstheiten**. Eisbären haben ein Fell aus Deckhaaren und dichten Wollhaaren. Das Fell schützt die Tiere vor Wärmeverlust. Die Fellhaare sind eingefettet. Dadurch gelangt kein Wasser durch die Haare bis zur Haut der Eisbären. Die Haare sind hohl und mit Luft gefüllt (Bild 2). Die Luft in den Haaren schützt vor Wärmeverlust und sorgt beim Schwimmen für Auftrieb. Eisbären haben eine dicke Fettschicht unter der Haut. Diese Fettschicht schützt vor Wärmeverlust und dient als Vorrat für Energie. Die Haut der Eisbären ist schwarz. Dadurch kann sie die Wärmestrahlung der Sonne gut aufnehmen. Die Pfoten der Eisbären sind groß. Deshalb sinken die Eisbären beim Laufen im Schnee nicht tief ein. Die Haare auf den Pfoten verhindern, dass zu viel Wärme abgegeben wird. Zwischen den Zehen haben die Eisbären Schwimmhäute. Dadurch wirken die Pfoten im Wasser wie Paddel. So können die Eisbären gut und lange schwimmen. Die Ohren der Eisbären sind klein und ihr Schwanz ist kurz, sodass darüber nur wenig Wärme abgegeben wird.

Die Eisbären sind geschickte Jäger

Eisbären jagen Robben. Robben jagen Fische unter dem Eis. Um zu atmen, tauchen die Robben auf. Dafür nutzen sie Löcher im Eis. Eisbären haben einen guten Geruchssinn. Sie riechen die Löcher, an denen die Robben auftauchen. Wenn die Eisbären ein Atemloch gefunden haben, dann warten sie dort, bis eine Robbe auftaucht. Mit ihrer Pfote packen sie die Robbe und ziehen sie aus dem Wasser. Dann töten sie die Robbe.

Die Fortpflanzung der Eisbären

Von März bis Juni ist die Zeit, in der Eisbären sich paaren. Wenn ein Eisbärenweibchen schwanger ist, dann gräbt es sich vor dem Winter eine Höhle und lässt sich einschneien. In der Höhle bringt es ein bis zwei Jungtiere zur Welt. Die Jungtiere werden mit Muttermilch gesäugt. Nach etwa vier Monaten verlassen die Eisbären die Schneehöhle.

2 Angepasstheiten des Eisbären

- Fettschicht unter der Haut
- hohles Eisbärenhaar
- kleine Ohren
- schwarze Haut
- behaarte Pfote mit Schwimmhäuten

Die Kaiserpinguine in der Antarktis

Die Antarktis ist mit bis zu −70 °C im Winter die kälteste Region der Erde. Dort leben die Kaiserpinguine. Kaiserpinguine werden bis zu 130 Zentimeter groß und 37 Kilogramm schwer. Sie haben kurze Deckfedern, die wie die Schuppen bei einem Fisch dicht übereinanderliegen. Die Federn sind eingefettet. So kommt das kalte Wasser nicht an die Haut der Pinguine. Unter den Deckfedern befinden sich Daunenfedern. Die Deckfedern und die Daunenfedern schützen die Tiere vor Wärmeverlust. Unter der Haut haben die Kaiserpinguine eine dicke Fettschicht. Die Fettschicht liefert den Tieren Energie und schützt vor Wärmeverlust. Mit ihren stark verkürzten Flügeln können die Kaiserpinguine beim Schwimmen unter Wasser steuern.

Die Fortpflanzung der Kaiserpinguine

Im April wandern die Kaiserpinguine vom Meer aus zu den Plätzen, auf denen sie ihre Eier ausbrüten. Dort paaren sich die Pinguine. Danach legt jedes Pinguinweibchen ein Ei und übergibt es dem Männchen. Das Männchen legt das Ei auf seine Füße und umschließt es mit seiner Bauchfalte. Die Oberseite der Füße ist stark durchblutet. Dadurch wird das Ei gewärmt. Die Unterseite der Füße ist wenig durchblutet. So wird über die Füße wenig Wärme abgegeben. Für die nächsten 60 Tage steht das Männchen auf dem Eis, um das Ei auszubrüten. In dieser Zeit nimmt es keine Nahrung zu sich. Die Weibchen kehren zurück zum Meer, um Futter zu holen. Während die Pinguinmännchen das Ei auf ihren Füßen ausbrüten, stehen sie in Gruppen eng zusammen. Die Plätze innerhalb der Gruppe sind wärmer und windgeschützt. Am Rand der Gruppe ist es kälter. In regelmäßigen Abständen wechseln die Pinguinmännchen ihre Plätze in der Gruppe von innen nach außen und umgekehrt. So schützen sie sich vor Auskühlung.

Die Aufzucht der Jungtiere

Die Jungtiere der Pinguine heißen Küken. Nachdem die Küken geschlüpft sind, müssen sie gefüttert werden. Nach der Rückkehr der Weibchen suchen beide Elterntiere abwechselnd nach Nahrung für das Jungtier und für sich selbst. Die Jungtiere bleiben in kleinen Gruppen zurück. Sie stehen eng zusammen, um sich vor Auskühlung und vor dem Wind zu schützen.

3 Die Küken wärmen sich auf den Füßen eines Elterntiers.

> Eisbären und Pinguine sind durch ihren Körperbau und ihr Verhalten an ein Leben in der Kälte angepasst. Das dichte Fell und die schwarze Haut der Eisbären sowie die Deckfedern und Daunenfedern der Pinguine schützen die Tiere vor Wärmeverlust. Die Fellhaare der Eisbären und die Deckfedern der Pinguine sind eingefettet und halten so Wasser von der Haut der Tiere ab.

AUFGABEN

1 Die Eisbären in der Arktis
a Beschreibe, was Angepasstheiten sind.
b Nenne die körperlichen Angepasstheiten der Eisbären an das Leben in der Kälte.
c Beschreibe die Nahrungssuche von Eisbären.
d Begründe, weshalb die Eisbärenweibchen sich eine dicke Fettschicht anfressen, bevor sie ihre Jungen zur Welt bringen.

2 Die Pinguine in der Antarktis
a Nenne die körperlichen Angepasstheiten der Kaiserpinguine an das Leben in der Kälte.
b Begründe, warum Kaiserpinguine nur ein Ei legen können.
c Begründe, warum der Kaiserpinguin das Ei auf seinen Füßen ausbrütet.
d Beschreibe, wie sich die jungen Kaiserpinguine vor Wärmeverlust schützen, während die Eltern auf Nahrungssuche sind.

Leben in der Wüste

1 Ein Dromedar in der Wüste

In der Wüste ist es sehr trocken. Die Temperatur am Tag ist viel höher als die Temperatur in der Nacht. Dromedare können in diesem Lebensraum überleben.

Die Angepasstheiten an das Leben in der Hitze
Dromedare haben ein dichtes Fell. Dadurch sind sie am Tag davor geschützt, dass ihr Körper zu viel Wärme aufnimmt. In den kalten Nächten schützt das Fell davor, dass ihr Körper zu viel Wärme abgibt. Beim Laufen spreizen sie die Zehen ihres breiten Fußes. So vergrößert sich die Fläche und die Füße sinken nicht im Sand ein. Das spart Kraft beim Laufen. Am Brustbein, an den Füßen und an den Beingelenken haben die Dromedare Stellen, die verdickt und verhornt sind (Bild 2). Dadurch sind diese Stellen vor heißem Sand geschützt. Die Ohren, die Augen und die Nase sind durch ihren Bau davor geschützt, dass zu viel Sand eindringt: Die Ohren sind klein und dicht behaart. Die Wimpern sind sehr lang. Die Dromedare können ihre Nasenlöcher öffnen und schließen.

Harte Pflanzen als Nahrung
Dromedare fressen harte Gräser und Dornenbüsche. Mit den kräftigen Schneidezähnen im Unterkiefer beißen sie Teile der Pflanzen ab. Die Oberlippe ist gespalten und kann auseinandergezogen und zurückgezogen werden. So ist das Maul vor Verletzungen geschützt.

Auf Wassermangel eingestellt
Dromedare können bis zu einer Woche ohne Wasser auskommen. Sie können viel Wasser aufnehmen und speichern und geben nur wenig Wasser aus ihrem Körper ab. Wenn Dromedare eine Wasserstelle finden, dann können sie innerhalb weniger Minuten bis zu 100 Liter trinken. Sie speichern das Wasser in ihrem Magen. Im Höcker der Dromedare befindet sich eine Fettschicht. Wenn die Tiere Energie brauchen, dann wird das Fett in der Fettschicht abgebaut. Dabei wird auch Wasser freigesetzt. Durch die Nasenschleimhaut nehmen Dromedare beim Ausatmen Wasser aus der Atemluft auf. Dadurch geben sie beim Ausatmen weniger Wasser an die Luft ab. Im Urin und im Kot ist sehr wenig Wasser enthalten. Dadurch scheiden Dromedare weniger Wasser wieder aus.

2 Angepasstheiten des Dromedars
- dicke Hornschwielen
- breite Füße
- gepolsterte Fußsohle
- gespaltene Oberlippe
- verschließbare Nasenlöcher
- dicht behaartes Ohr
- lange Wimpern

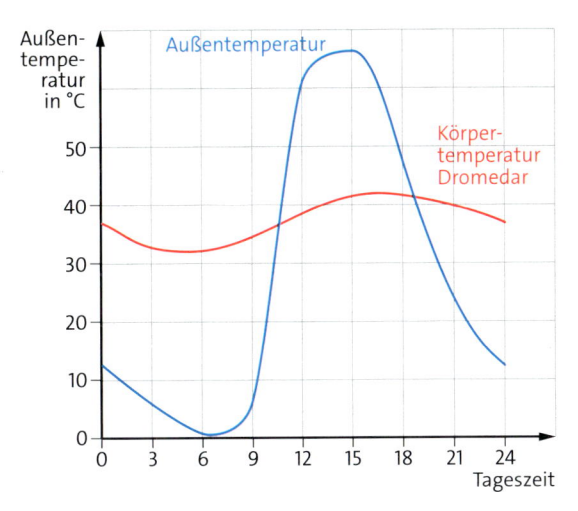

3 Die Körpertemperatur des Dromedars im Tagesverlauf

4 Das Kalb trinkt Muttermilch.

Die Körpertemperatur ändert sich
Am Tag erhöht sich die Körpertemperatur eines Dromedars auf bis zu 42 °C. Erst dann beginnt es zu schwitzen, um den Körper zu kühlen. In den kalten Wüstennächten sinkt die Körpertemperatur auf etwa 32 °C (Bild 3). Am nächsten Tag erhöht sich die Körpertemperatur erst langsam wieder. Deshalb dauert es länger, bis das Dromedar wieder schwitzt und dadurch Wasser verliert.

Die Fortpflanzung der Dromedare
Dromedare leben in Gruppen aus mehreren Weibchen, ihren Jungtieren und einem Männchen. Im Winter paart sich das Männchen mit den Weibchen aus der Gruppe. Dabei können die Weibchen schwanger werden. Eine Schwangerschaft dauert etwas mehr als ein Jahr. Danach bringt ein Weibchen meist ein Jungtier zur Welt. Das Jungtier heißt Kalb. Es kann nach der Geburt stehen und laufen. Es ist ein Nestflüchter. Dromedare säugen ihre Jungtiere bis zu eineinhalb Jahre mit Muttermilch (Bild 4).

Das Dromedar als Nutztier
Für die Menschen, die in Afrika und in Asien in den Wüsten leben, sind Dromedare wichtige Nutztiere. Die Menschen reiten auf den Dromedaren, um sich fortzubewegen. Dromedare dienen auch als Lastentiere. Ein Dromedar kann Lasten von über 200 Kilogramm tragen. Den Kot der Tiere nutzen die Menschen als Baumaterial und zum Heizen. Außerdem liefern Dromedare den Menschen Fleisch, Milch, Leder und Wolle.

> Dromedare sind an den Lebensraum Wüste angepasst. Für die dort lebenden Menschen sind sie ein wichtiges Nutztier.

AUFGABEN
1 Die Angepasstheiten des Dromedars
a Erstelle eine Tabelle und liste die Angepasstheiten des Dromedars an das Leben in der Wüste auf. Schreibe daneben, wovor diese Angepasstheiten schützen.

Angepasstheit	Schutz vor …
dichtes Fell	am Tag wird weniger Wärme aufgenommen, in der Nacht weniger Wärme abgegeben

b Begründe, weshalb Dromedare an den Ellenbogen, Knien und an der Brust verdickte und verhornte Stellen haben.
c Begründe, warum es wichtig ist, dass die Körpertemperatur in der Nacht stark absinkt.

2 Nahrung und Wasser
a Nenne die hauptsächliche Nahrung der Dromedare.
b Beschreibe vier Strategien der Dromedare, um Wasser zu gewinnen und zu speichern.

3 Das Dromedar als Nutztier
Dromedare werden in Afrika und Asien als Arbeitstiere eingesetzt. Beschreibe Beispiele.

TIERE SIND ANGEPASST

METHODE   Schwierige Wörter verstehen

Der Boden hat Durst

Durch die Erhitzung des Klimas nehmen Dürren weltweit zu. Auch Deutschland hat immer häufiger mit Dürrezeiten zu kämpfen. Nach der Trockenheit der Jahre 2018 bis 2020 waren die Böden so hart, dass sie kaum noch die Fähigkeit hatten, Wasser aufzunehmen. Fällt dann ein Starkregen, fließt das Wasser ungenutzt ab. Das schadet der Landwirtschaft, denn Pflanzen brauchen im Wachstum viel Wasser. Reicht die Verfügbarkeit des Wassers dann nicht aus, kann es zu schweren Ernteausfällen kommen. Noch können die Felder mit künstlicher Bewässerung versorgt werden. Aber irgendwann wird das Wasser vermutlich auch in Deutschland knapp.

1 Fachtext aus einer Regionalzeitung zur Klimakrise

Die Texte in diesem Buch sind Fachtexte. Aber auch viele Texte in Zeitungen, Büchern und im Internet sind Fachtexte. Fachtexte sind häufig schwer zu verstehen. Das liegt unter anderem daran, dass sie viele komplizierte oder unbekannte Wörter enthalten. Manche Wörter haben in der Wissenschaft auch eine ganz andere Bedeutung. Die Bedeutung dieser Wörter musst du dir erst erschließen, um den Text verstehen zu können. Dafür gibt es aber einige hilfreiche Tipps.

Annabella liest den oben abgebildeten Fachtext. Die Wörter, die sie nicht versteht, unterstreicht sie. Um diese Wörter zu knacken, nutzt sie jeweils den passenden der folgenden Tipps:

1 Zusammengesetzte Wörter
Längere Wörter in Fachtexten sind häufig aus mehreren Wörtern zusammengesetzt, zum Beispiel das Wort Starkregen. Es hilft, wenn du die Wörter voneinander trennst. Überlege dann, was die Wörter einzeln bedeuten. Wenn du die Bedeutung nicht kennst, schlage sie nach. Das Wort *Starkregen* besteht aus dem Adjektiv stark, das kräftig oder heftig bedeutet, und dem Nomen Regen.
 – Das Wort am Ende sagt immer, worum es sich handelt: Stark*regen* ist Regen.
 – Das Wort am Anfang sagt, was für eine Art es ist: *Stark*regen ist eine besonders starke, also kräftige Art von Regen.
Das zusammengesetzte Wort hat immer denselben Artikel wie das Wort am Ende.

Annabella hat im Text mehrere zusammengesetzte Wörter entdeckt und legt eine Tabelle an. Dabei trennt sie die jeweiligen Wortbestandteile mit einem Strich ab. Wortbestandteile, die sie nicht kennt, schlägt sie nach.

Zusammengesetztes Wort	Bedeutung des zusammengesetzten Wortes
die Dürre | zeit	eine Zeit, in der Dürre herrscht die Dürre: eine lange Trockenheit, ohne Regen
der Stark | regen	ein Regen, der besonders stark ist; besonders starker Regen
der Ernte | ausfall	das Ausfallen einer Ernte; wenn eine Ernte ausfällt – die Ernte: was Bauern von Feldern oder Bäumen sammeln können – der Ausfall: wenn etwas wegfällt

2 Nomen aus Verben oder Adjektiven
Viele Nomen werden aus Verben oder Adjektiven gebildet. Diese Wörter erkennst du häufig an Endungen wie -ung, -keit, -heit oder -tum. Du verstehst diese Nomen besser, wenn du dir überlegst, von welchem Wort sie abstammen.
 – Wörter, die auf -heit oder -keit enden, stammen von Adjektiven ab und beschreiben Eigenschaften. Diese Nomen sind immer weiblich.
 – Wörter, die auf -ung enden, stammen von Verben ab und beschreiben Vorgänge. Auch diese Nomen sind immer weiblich.

Annabella hat einige Nomen im Text gefunden und sucht Umschreibungen dafür. Einige Wörter schlägt sie nach und vereinfacht den Text dann weiter.

Nomen und Verb	Umschreibung
die Erhitz*ung* ⇒ von erhitzen	die Erhitzung des Klimas ⇒ weil sich das Klima erhitzt erhitzen = heiß werden
das Wachs*tum* ⇒ von wachsen	im Wachstum ⇒ solange sie wachsen
die Bewässer*ung* ⇒ von bewässern	mit künstlicher Bewässerung ⇒ dadurch, dass künstlich bewässert wird bewässern = mit Wasser versorgen

Nomen und Adjektiv	Umschreibung
die Trocken*heit* ⇒ von trocken	nach der Trockenheit ⇒ nachdem es trocken war
die Fähig*keit* ⇒ von fähig	die Fähigkeit hatten ⇒ fähig waren
die Verfügbar*keit* ⇒ von verfügbar	die Verfügbarkeit reicht nicht aus ⇒ es ist nicht genug verfügbar über etwas verfügen = etwas haben

Trockene Böden

Weil das Klima heißer wird, nehmen Dürren weltweit zu. Auch Deutschland hat immer häufiger mit Zeiten zu kämpfen, in denen Dürre herrscht. Nachdem es in den Jahren 2018 bis 2020 trocken war, waren die Böden so hart, dass sie kaum noch fähig waren, Wasser aufzunehmen. Fällt dann starker Regen, fließt das Wasser ungenutzt ab. Das schadet der Landwirtschaft, denn Pflanzen brauchen, solange sie wachsen, viel Wasser. Haben sie dann nicht genug Wasser, kann die Ernte ausfallen.
Noch können Felder künstlich mit Wasser versorgt werden. Aber irgendwann wird das Wasser vermutlich auch in Deutschland knapp.

2 Annabellas „Übersetzung" des Fachtextes

AUFGABEN

1 Zusammengesetzte Wörter

a Nenne Gründe, warum Fachtexte schwierig zu verstehen sind.

b Zerlege diese zusammengesetzten Nomen in ihre Bestandteile: Winterschlaf, Sonnenstrahlung, Wärmeisolation, Körpertemperatur, Sauerstoffkreislauf, Zellwand, Laubblatt.

c Umschreibe die Wörter aus Aufgabenteil b.

2 Nomen verstehen

Standvogel Feuchtigkeit Winterruhe
Schwammgewebe Speicherorgan
Angepasstheit
Messung Frühlingswanderung Überwinterung
Blattnarbe Spaltöffnung

a Ordne die Wörter aus der Wortwolke.

Zusammen-gesetzte Wörter	Nomen, die von Verben stammen	Nomen, die von Adjektiven stammen
...	...	...

b Umschreibe die Wörter aus Aufgabe 2a. Gehe dabei vor wie Annabella.

3 Einen Fachtext vereinfachen

> Die Wirtschaftlichkeit beim Nutzpflanzenanbau hängt stark von der Ausprägung der Umweltbedingungen wie Regenmenge und Bodenbeschaffenheit ab. Auch die Verfügbarkeit landwirtschaftlicher Nutzflächen sowie die Notwendigkeit der Einhaltung gesetzlicher Vorschriften spielen dabei eine Rolle.

a Schreibe den Text in dein Heft ab.
b Unterstreiche alle Nomen im Text.
c Lege eine Tabelle mit zwei Spalten an. Notiere in der linken Spalte die Nomen.
d Formuliere Umschreibungen für die Nomen. Notiere sie in der rechten Tabellenspalte.
e Schreibe eine vereinfachte Version des Textes auf.

TIERE SIND ANGEPASST

WEITERGEDACHT   Körperbau und Temperatur

Gleichwarme Tiere wärmen ihren Körper, indem sie einen Teil der Energie aus ihrer aufgenommenen Nahrung in Wärme umwandeln. Je größer das Volumen ihres Körpers ist, desto mehr Wärme kann im Körper freigesetzt werden. Tiere geben Wärme über ihre Körperoberfläche ab. Wie viel Wärme sie abgeben, hängt von der Körperbedeckung und von der Größe der Körperoberfläche ab. In kalten Gebieten darf der Körper nicht zu viel Wärme abgeben, damit er nicht unterkühlt. In warmen Gebieten muss ein Körper mehr Wärme abgeben, damit er nicht überhitzt.

1 Beobachtungen zu Körperanhängen
Beine, Ohren und der Schwanz von Tieren werden auch als Körperanhänge bezeichnet. Körperanhänge vergrößern die Körperoberfläche.

a ▢ Die Bilder zeigen einen Rotfuchs, einen Polarfuchs und einen Wüstenfuchs. Recherchiere die Lebensräume der drei Fuchsarten.
b ▢ Ordne die Namen der Fuchsarten aus Aufgabe a den Bildern 1A, 1B und 1C zu.
c ▢ Vergleiche die Größe der Ohren der drei Fuchsarten in Bild 1.
d ▢ Berechne für jede Fuchsart die Differenz aus Kopf-Rumpf-Länge und Schwanzlänge.
e ▢ Gib an, welche der drei Fuchsarten im Vergleich zur Körperlänge den längsten Schwanz hat und welche den kürzesten Schwanz hat.
f ▢ Vergleiche die Beinlänge der drei Fuchsarten in Bild 1.
g ▢ Formuliere einen Zusammenhang zwischen der Größe der Körperanhänge und der Temperatur im Lebensraum der Fuchsarten.

In einem Experiment soll untersucht werden, welchen Einfluss die Größe der Körperanhänge auf die Wärmeabgabe hat.

h ▢ Formuliere eine Vermutung.
i ▢ Plane ein Experiment, um deine Vermutung zu überprüfen. Die Materialien in Bild 2 stehen dir dafür zur Verfügung.

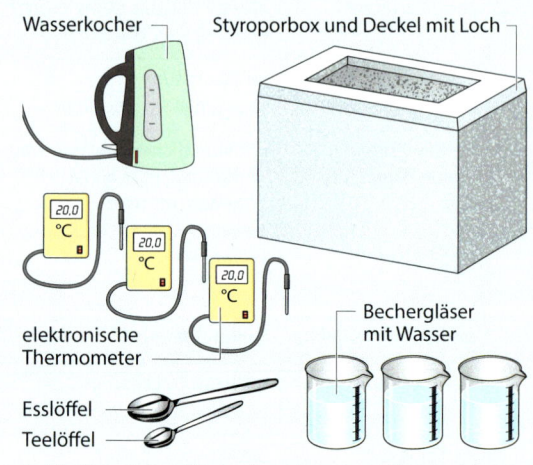

2 Die Materialien für das Experiment zu Körperanhängen

j ▢ Fertige eine Skizze vom Aufbau deines Experiments an.
k ▢ Führe das Experiment durch.
l ▢ Fertige ein Protokoll an und dokumentiere die Ergebnisse.
m ▢ Formuliere den Zusammenhang zwischen der Größe der Körperanhänge und der Geschwindigkeit der Wärmeabgabe in einem Je-desto-Satz.
n ▢ Begründe, warum die Größen der Körperanhänge der drei Fuchsarten in Bild 1 in ihrem jeweiligen Lebensraum ein Vorteil sind.

A
Schulterhöhe: 30 cm
Kopf-Rumpf-Länge: 60 cm
Schwanzlänge: 30 cm

B
Schulterhöhe: 20 cm
Kopf-Rumpf-Länge: 35 cm
Schwanzlänge: 25 cm

C
Schulterhöhe: 40 cm
Kopf-Rumpf-Länge: 65 cm
Schwanzlänge: 40 cm

1 Drei Fuchsarten und ihre durchschnittlichen Körpermaße

2 Beobachtungen zur Körpergröße

Pinguine leben auf der Südhalbkugel der Erde. Es gibt verschiedene Pinguinarten. Sie leben in verschiedenen Regionen auf der Südhalbkugel.

a 🔲 Recherchiere, wo die Pinguinarten aus Bild 4 leben. Ordne den Buchstaben A bis D in der Karte in Bild 3 die dort lebende Pinguinart zu.

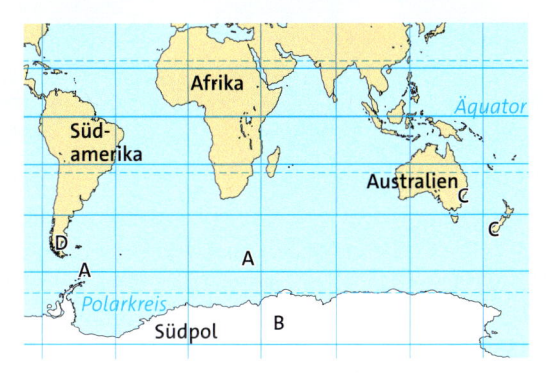

3 Karte der Südhalbkugel unserer Erde

b 🔲 Die Temperatur auf der Erde nimmt vom Äquator zu den Polen hin ab. Formuliere den Zusammenhang zwischen der Körpergröße der Pinguinarten aus Bild 4 und der Temperatur in ihrem Lebensraum in einem Je-desto-Satz.

c 🔲 Galapagospinguine leben auf den Galapagosinseln in der Nähe des Äquators. Stelle Vermutungen über die Größe der Galapagospinguine an.

4 Die Körpergrößen verschiedener Pinguinarten

3 Der Einfluss der Körpergröße

In einem Experiment hat man drei unterschiedlich große Gefäße mit 80 °C heißem Wasser gefüllt. Dann hat man das Wasser abkühlen lassen. Dabei hat man alle fünf Minuten die Temperatur des Wassers gemessen.

Messung nach	100 ml	250 ml	1000 ml
5 Minuten	70 °C	73 °C	75 °C
10 Minuten	67 °C	69 °C	73 °C
15 Minuten	57 °C	66 °C	71 °C

5 Erkalten von Wasser in unterschiedlich großen Gefäßen

a 🔲 Stelle die gemessenen Temperaturwerte aus Bild 5 in Abhängigkeit von der Zeit für jedes Gefäß in einem Liniendiagramm dar. Verwende für jedes Gefäß eine andere Farbe.

b 🔲 Beschreibe das Diagramm.

c 🔲 Formuliere den Zusammenhang zwischen der Größe des Gefäßes und der Geschwindigkeit, mit der das Wasser abkühlt, in einem Satz.

d 🔲 Bild 6 zeigt drei Würfel mit unterschiedlichen Kantenlängen. Berechne für jeden Würfel das Volumen und die Oberfläche.

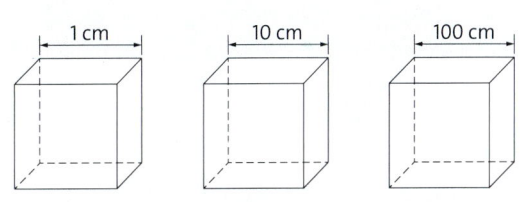

6 Drei Würfel mit unterschiedlicher Kantenlänge

e 🔲 Vergleiche den Wert für die Oberfläche von Würfel A mit dem Wert für das Volumen von Würfel A.

f 🔲 Wiederhole den Vergleich aus Aufgabe 3e für die Würfel B und C.

g 🔲 Schreibe den folgenden Satz in dein Heft und fülle die Lücke aus:
Je größer ein Würfel ist, desto _____ ist seine Oberfläche im Vergleich zu seinem Volumen.

h 🔲 Den Satz aus Aufgabe 3g kannst du auf die Körpergröße von Tieren übertragen. Viele gleichwarme Tiere in kalten Regionen sind größer als nah verwandte Arten in wärmeren Regionen. Begründe, warum dies für die Tiere ein Vorteil ist.

TIERE SIND ANGEPASST

Wechselwarme Tiere im Winter

1 Eine Erdkröte im Winterquartier

2 Marienkäfer in Kältestarre

Kilian und seine Mutter wollen den Haufen mit Gartenabfällen an eine andere Stelle versetzen. Plötzlich entdeckt Kilian einen Hohlraum unter dem Haufen. Darin liegt eine Erdkröte. Sie ist starr und bewegt sich nicht.

Wechselwarme Tiere im Winter
Wenn es im Winter draußen kälter wird, dann sinkt die Körpertemperatur wechselwarmer Tiere. Wenn ihre Körpertemperatur zu niedrig wird, dann können sich die Tiere nicht mehr bewegen. Dann schlägt auch ihr Herz langsamer und die Tiere atmen weniger. Weil die Tiere dann fast unbeweglich oder starr sind, nennt man diesen Zustand auch **Kältestarre**. Vor dem Winter suchen wechselwarme Tiere Plätze auf, an denen sie vor Frost geschützt sind. Dort verbringen sie den Winter in Kältestarre.

Die Amphibien und die Reptilien
Amphibien und Reptilien verbringen den Winter zum Beispiel in Komposthaufen oder Erdhöhlen. Wenn es sehr kalt ist, dann sinkt die Temperatur auch an diesen Orten unter den Gefrierpunkt. Die Tiere produzieren jedoch einen bestimmten Stoff. Dieser Stoff verhindert, dass das Blut gefriert. Deshalb können die Tiere Temperaturen bis −5 °C überleben. Bei Umgebungstemperaturen unter −5 °C erfrieren die Tiere.

Die Fische
Im Winter ist die Wassertemperatur in einem Teich und in einem See am Boden der Gewässer am höchsten. Dort beträgt sie den ganzen Winter 4 °C. Die Fische in Teichen und Seen verbringen den Winter deshalb an den tiefsten Stellen der Gewässer. Dort sind sie gut vor Frost geschützt.

Die wirbellosen Tiere
Auch wirbellose Tiere wie Insekten, Spinnen, Schnecken und Würmer verbringen den Winter an Plätzen, die vor Frost geschützt sind. Das sind zum Beispiel hohle Baumstümpfe, Laubhaufen oder Dachböden. Bei einigen Insektenarten sterben die erwachsenen Tiere vor dem Winter. Ihre Nachkommen überstehen den Winter als Larve oder Puppe. Marienkäfer und einige andere Käferarten produzieren einen bestimmten Stoff, der verhindert, dass die Körperflüssigkeiten gefrieren. Weinbergschnecken vergraben sich im Boden. Sie verschließen ihr Haus bis zum Frühjahr mit einem Deckel aus Kalk (Bild 3).

3 Eine Weinbergschnecke mit Kalkdeckel

Die Körpertemperatur wechselwarmer Tiere passt sich der Umgebungstemperatur an. Bei niedrigen Temperaturen fallen die Tiere in Kältestarre. Dann sind der Herzschlag und die Atmung verlangsamt. Die Tiere bewegen sich nicht mehr und nehmen keine Nahrung auf. Um den Winter zu überleben, suchen sie Plätze auf, die vor Frost geschützt sind. Manche Tiere produzieren einen Stoff, der verhindert, dass das Blut gefriert. Bei zu niedrigen Umgebungstemperaturen erfrieren wechselwarme Tiere.

AUFGABEN

1 Wechselwarme Tiere im Winter
a Beschreibe, was mit dem Fachwort Kältestarre gemeint ist.
b Nenne die körperlichen Veränderungen der Tiere während der Kältestarre.

2 Orte für die Überwinterung
a Liste in einer Tabelle alle Tiere aus Bild 4 mit dem Ort auf, an dem sie jeweils den Winter verbringen.
b Nenne die Gemeinsamkeit der Lurche und Marienkäfer, durch die sie bis zu einer Außentemperatur von −5 °C nicht erfrieren.

3 Die Temperaturen im Gewässer
Begründe mithilfe von Bild 4, warum sich Fische im Winter am Boden eines Teiches aufhalten.

EXTRA Die Verbreitung von Reptilien
Von über 6500 Reptilienarten weltweit leben nur 15 Arten in Deutschland. Die meisten Reptilienarten kommen in wärmeren Gebieten vor. Dort erreichen die wechselwarmen Tiere schnell ihre optimale Körpertemperatur. Das ist zum Beispiel bei der Flucht vor Feinden wichtig, weil sich die Tiere bei niedriger Körpertemperatur nur langsam bewegen können. Wenn die Körpertemperatur von wechselwarmen Tieren zu stark ansteigt, dann fallen sie in eine Hitzestarre. In diesem Zustand können sich die Tiere nicht bewegen. Längere Hitzestarre führt zum Tod, weil die Baustoffe des Körpers zerstört werden. In besonders heißen Gebieten schützen sich die Tiere deshalb vor der Hitze. Sie vergraben sich zum Beispiel im Sand.

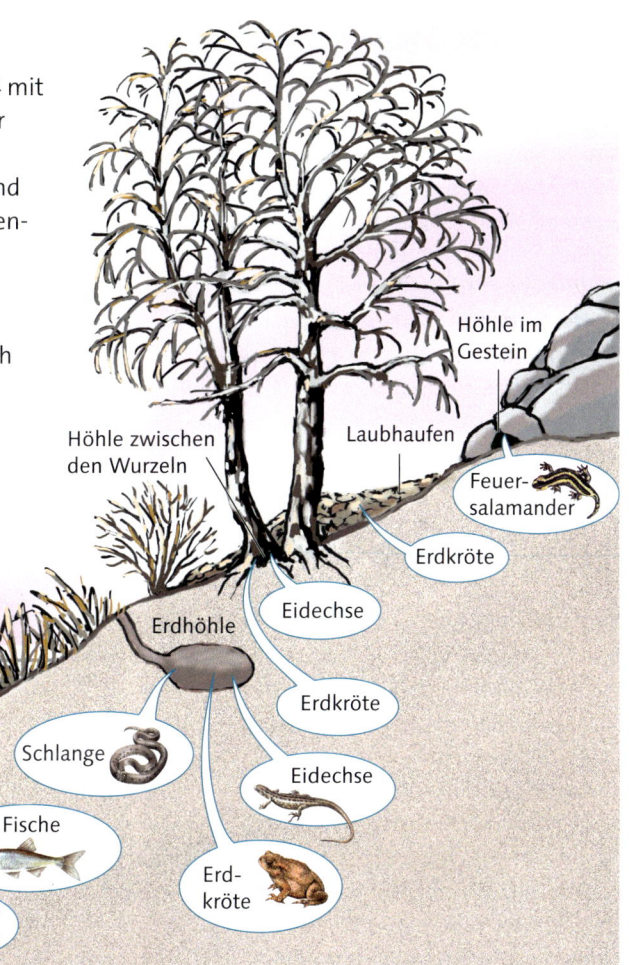

4 Winterquartiere einiger wechselwarmer Tiere

TIERE SIND ANGEPASST

Die Vögel im Winter

1 Zugvögel in V-Formation

Im Herbst kann man am Himmel manchmal eine Gruppe von Vögeln beobachten, die in Form des Buchstabens V vorbeifliegt. Die Zeit des Vogelzugs hat begonnen.

Verschiedene Vögel im Winter

Manche Vögel wie zum Beispiel der Haussperling, die Kohlmeise und die Elster bleiben das ganze Jahr über im selben Gebiet. Man könnte auch sagen: Sie bleiben am selben Standort. Solche Vögel werden deshalb auch als **Standvögel** bezeichnet. Andere Vögel wechseln im Winter in ein Gebiet, in dem sie mehr Nahrung finden. Ein anderes Wort für Gebiet ist Landstrich. Solche Vögel werden deshalb **Strichvögel** genannt. Der Eisvogel ist ein Beispiel für einen Strichvogel. Er ernährt sich von Fischen und sucht deshalb im Winter in wärmeren Gebieten nach nicht zugefrorenen Gewässern. Vögel, die im Herbst in weit entfernte Gebiete im Süden umziehen und im Frühling in ihr Brutgebiet zurückkehren, werden **Zugvögel** genannt. Beispiele für Zugvögel sind Storch, Kranich, Singdrossel und Rauchschwalbe. Die Winter bei uns werden wegen des Klimawandels immer wärmer. Deshalb finden Zugvögel auch im Winter genug Nahrung. Immer mehr Zugvögel überwintern daher bei uns.

Die Gründe für den Vogelzug

Vögel sind im Winter durch ihre Federn vor Wärmeverlust geschützt. Manche Vögel ernähren sich vor allem von Körnern. Solche Vögel werden auch **Körnerfresser** genannt. Sie finden auch im Winter ausreichend Nahrung. Deshalb können sie den Winter in Deutschland verbringen. Vögel, die sich von Schnecken, Würmern und Insekten ernähren, finden dagegen im Winter wenig Nahrung. Deshalb fliegen sie in wärmere Regionen, in denen genug Nahrung vorhanden ist. Das regelmäßige Umziehen der Zugvögel zwischen ihrem Brutgebiet und dem Winterquartier wird **Vogelzug** genannt. Jede Zugvogelart fliegt einen bestimmten Weg. Das Fachwort für diesen Weg ist **Zugroute**.

Den Vogelzug erforschen

Um die Zugrouten von Zugvögeln zu erforschen, werden die Vögel schon seit vielen Jahren mit Aluminiumringen markiert. Die Aluminiumringe sind sehr leicht. Jeder Ring ist mit einer Nummer versehen. Die Vögel werden gefangen. Dann wird ein Ring um einen Vogelfuß befestigt. Jede Nummer wird aufgeschrieben. Dann werden die Vögel wieder freigelassen. Wer einen toten Vogel mit Aluminiumring findet, wird gebeten, den Ring unter Angabe des Fundorts zu melden. Die Auswertung vieler Funde ermöglicht es, die Zugrouten verschiedener Vogelarten herauszufinden. Größere Vögel werden mit Minisendern ausgestattet (Bild 2). Satelliten fangen die Signale der Minisender auf. So können die genauen Wege und die Gewohnheiten der Vögel auf ihrer Wanderung erforscht werden. Mithilfe von Radargeräten kann man die Anzahl der Zugvögel und ihre Flughöhe herausfinden. Diese Informationen helfen dabei, Zusammenstöße mit Flugzeugen zu verhindern. Auf den Radargeräten kann man auch die Muster erkennen, in denen die Zugvögel fliegen. Anhand der Flugmuster erkennt man die Zugvogelart.

2 Ein Weißstorch mit Minisender

Wie sich Zugvögel orientieren

Wohin die Zugvögel fliegen und wann sie ihren Hin- und Rückflug beginnen, ist angeboren. Damit sie den richtigen Weg finden, orientieren sich Vögel, die vor allem tagsüber fliegen, am Stand der Sonne. Vögel, die nachts fliegen, orientieren sich an den Sternen. Zugvögel haben außerdem eine besondere Fähigkeit: Sie können das Magnetfeld der Erde wahrnehmen. Diese Fähigkeit wird als **Magnetsinn** bezeichnet. Dadurch haben sie eine Art „inneren Kompass", der ihnen den richtigen Weg weist. Große Gebirge, Städte, Seen oder Flüsse sind auffällige Orte, die man auch **Landmarken** nennt. Solche Landmarken können Zugvögel zusätzlich nutzen, um sich noch besser zu orientieren.

Die Zugrouten nach Afrika

Viele Zugvögel verbringen den Winter in Afrika. Sie fliegen manchmal große Umwege, um nicht über ein offenes Meer, über Wüsten oder über Gebirge fliegen zu müssen. Viele Zugvögel fliegen die **Westroute** über Frankreich, Spanien und Marokko. Die **Ostroute** verläuft über Südosteuropa nach Griechenland und über die Türkei. Manche kleinere Zugvogelarten überqueren Italien und fliegen auf der **Mittelmeerroute** über das Mittelmeer (Bild 3).

Gefahren für die Zugvögel

Wenn Zugvögel über Meere, Wüsten oder Gebirge fliegen, dann können sie vor allem bei schlechtem Wetter schnell erschöpft sein. Wenn sie auf ihrem Weg nur wenig Nahrung finden, dann fehlt ihnen Energie, die sie für den langen Flug brauchen. Die größte Gefahr für die Vögel geht aber vom Menschen aus. In manchen Ländern werden Singvögel gejagt. Zugvögel machen auf ihren Zugrouten in bestimmten Gebieten eine Pause. Man sagt auch: Sie machen **Rast**. Wenn diese Gebiete durch menschliche Eingriffe zerstört werden, dann finden die Vögel keine geeigneten Rastplätze mehr. Viele Gebiete, die Zugvögel zur Rast nutzen, stehen deshalb heute unter Naturschutz.

> Standvögel bleiben das ganze Jahr im gleichen Gebiet. Strichvögel wechseln im Winter in ein Gebiet, in dem sie Nahrung finden. Zugvögel ziehen im Winter in weit entfernte Gebiete im Süden, weil sie bei uns wenig Nahrung finden. Im Sommer kommen sie zurück.

AUFGABEN

1 Verschiedene Vögel im Winter
Schreibe die fett gedruckten Fachwörter aus dem Absatz „Verschiedene Vögel im Winter" in dein Heft. Schreibe zu jedem Fachwort dazu, was damit gemeint ist.

2 Die Gründe für den Vogelzug
Nenne Gründe für die unterschiedliche Überwinterung der Vögel.

3 Den Vogelzug erforschen
Beschreibe zwei Möglichkeiten, den Vogelzug zu erforschen.

4 Wie sich Zugvögel orientieren
Beschreibe, wie sich Zugvögel orientieren.

5 Gefahren für die Zugvögel
a Nenne Gefahren für die Zugvögel auf ihren Zugrouten.
b Beschreibe, was ein Rastgebiet ist.
c Begründe, warum Rastgebiete unter Naturschutz stehen.

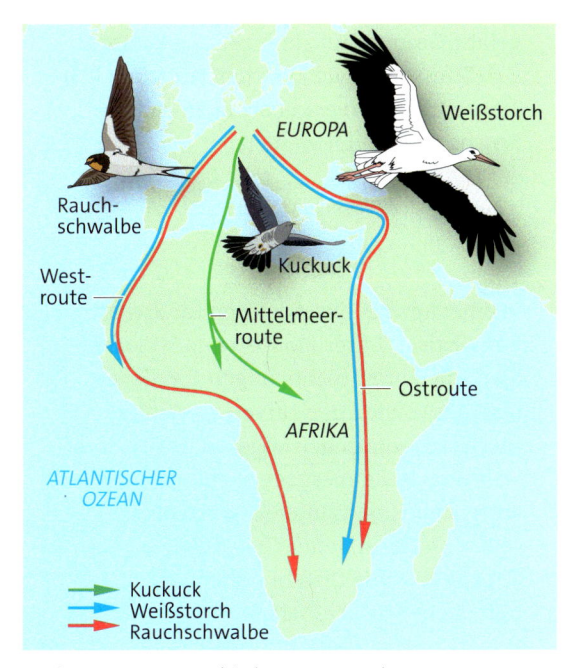

3 Die Zugrouten verschiedener Zugvogelarten

TIERE SIND ANGEPASST

EXTRA   Soll man Vögel im Winter füttern?

Der Natur ganz nah sein

1 Eine Blaumeise am Futterspender

Die Winterfütterung von Vögeln hat in unserem Land eine lange Tradition. Auch ich liebe es, wenn die verschiedenen Vögel im Winter unser Futterhaus besuchen. Mit meinen Kindern beobachte ich das bunte Treiben aus nächster Nähe. Immer wieder entdecken wir neue Verhaltensweisen. Solche Erlebnisse begeistern auch meine Kinder. Ich denke, ich kann ihnen dadurch ein bisschen Naturverbundenheit vermitteln und nebenbei lernen sie ein paar Vogelarten kennen.

2 Die Aussage eines Vogelfreunds

Den Vögeln Gutes tun

Verkehr, Bebauung und Umweltverschmutzung zerstören die Lebensräume der Vögel. Dadurch finden die Tiere weniger geeignete Nistplätze und die Nahrungssuche wird immer schwieriger. Mit der Vogelfütterung können wir zumindest teilweise einen Ausgleich schaffen. Die Fütterung der Vögel ist daher für mich ein Beitrag zum Natur- und Vogelschutz. Ich stelle den Vögeln auf meinem Balkon das ganze Jahr über Futter zur Verfügung. Wenn wir den Vögeln die Lebensgrundlage entziehen, sollten wir sie zumindest mit Futter unterstützen.

3 Die Aussage einer Vogelfreundin

Nur wenige Arten kann man füttern!

4 Erlenzeisige sind typische Gäste am Vogelhaus.

Vor allem die seltenen, bedrohten Arten kommen gar nicht zu den Futterstellen. Von der Fütterung profitieren hauptsächlich Arten wie Meisen, Finken, Rotkehlchen und Drosseln, die in ihrem Bestand nicht gefährdet sind. Daher trägt die Winterfütterung wenig zum Erhalt gefährdeter Arten bei. Im Gegenteil: Die Vögel, die zum Futterhäuschen kommen, verlieren ihre Fähigkeit, nach natürlichen Nahrungsquellen zu suchen, und werden möglicherweise aus dem Gebiet verdrängt. Außerdem besteht an künstlichen Futterstellen Ansteckungsgefahr. Gesunde und kranke Tiere kommen sich sehr nahe. Auch über den Kot erkrankter Tiere können Erreger übertragen und Seuchen verbreitet werden.

5 Die Aussage einer Vogelkundlerin

In einer abwechslungsreichen Landschaft gibt es viele Gräser, Stauden und Sträucher, die Samen und Früchte tragen. Sie dienen Insekten sowie ihren Larven als Winterverstecke. Dort finden Vögel auch im Winter Nahrung. Gartenbesitzer, die für natürliche Futterstellen im Winter sorgen wollen, sollten Gartenstauden, Gräser und „Unkräuter" wie Disteln stehen lassen. Das hilft auch menschenscheuen Vogelarten.

6 Die Aussage eines Naturschützers

Die Fütterung von Wasservögeln

7 Enten zu füttern ist nicht nur im Winter beliebt.

Tipps für die Vogelfütterung
- Füttere Wildvögel erst bei anhaltendem Frost oder Schnee.
- Wenn du Vögel fütterst, dann solltest du regelmäßig Futter bereitstellen. Die Vögel gewöhnen sich schnell an die neue Futterquelle.
- Wähle am besten Futterspender, bei denen die Tiere nicht im Futter herumlaufen und es mit Kot verschmutzen können.
- Wenn du herkömmliche Futterhäuschen verwenden willst, dann reinige sie regelmäßig mit heißem Wasser. Trage dabei Handschuhe.
- Wasche dir nach dem Reinigen gründlich die Hände.
- Verwende nur geeignetes Futter. Informationen findest du im Internet, zum Beispiel auf der Webseite des Naturschutzbunds.
- Stelle auch einen Napf mit Trinkwasser bereit. Das Wasser solltest du regelmäßig austauschen.
- Platziere den Futterspender oder das Futterhäuschen mit genug Abstand zur nächsten Glasscheibe und möglichst sicher vor Katzen.

Ich füttere die Vögel an unserem Teich so gern. Es erfreut mich, ihnen zuzusehen. Im Winter ist der Teich manchmal zugefroren. Und wenn es dann auch noch geschneit hat, dann finden die Tiere doch gar nichts mehr zu fressen. Da helfe ich ihnen gern. Das ist doch auch eine Form von Naturschutz: Ich helfe den Tieren, den Winter zu überleben. Und im Sommer schadet es doch auch nicht, wenn sie von Menschen gefüttert werden. Den Kindern macht es so viel Spaß, die Vögel zu füttern. Das ist herzerwärmend. So werden die Kinder doch auch gleich etwas mehr an die Natur herangeführt. Das ist für die Menschen und für die Vögel gut.

8 Die Aussage einer Rentnerin

Wasservögel zu füttern ist unnötig. In Städten sind die Vögel so sehr daran gewöhnt, gefüttert zu werden, dass sie regelrecht nach Futter „betteln". Das ist problematisch. Denn sie gehen nicht mehr selbst auf Nahrungssuche. Zudem wird den Vögeln oft so viel Futter angeboten, dass gar nicht alles aufgefressen wird. Brot, das nicht gefressen wird, sinkt auf den Grund des Gewässers. Das eingetragene Brot und anderes Futter führt zunehmend zu einer Verschlechterung der Wasserqualität.

9 Die Argumente eines Naturschutzvereins

AUFGABEN

1 Eine Diskussion über die Vogelfütterung

a Lies die Textabschnitte. Schreibe die wichtigsten Aussagen aus jedem Textabschnitt in Stichpunkten in dein Heft.

b Gib für die Textabschnitte an, wer für und wer gegen die Vogelfütterung argumentiert.

c Erstelle eine Tabelle mit zwei Spalten. Liste in einer Spalte die Argumente aus den Textabschnitten auf, die für die Vogelfütterung sprechen. Liste in der anderen Spalte die Argumente aus den Textabschnitten auf, die gegen die Vogelfütterung sprechen.

d Sammle auf der Webseite des NABU weitere Informationen über die Fütterung von Vögeln. Ergänze deine Tabelle eventuell.

e Bildet Zweierteams. Diskutiert darüber, ob man Vögel füttern sollte. Entscheidet vorher, wer in der Diskussion für und wer gegen die Fütterung von Vögeln ist.

f Schreibe deinen eigenen Standpunkt zur Fütterung von Vögeln in einem Text auf. Begründe deinen Standpunkt in dem Text. Finde eine Überschrift für deinen Text.

g Diskutiere mit Kindern aus deiner Klasse, die nicht deinen Standpunkt vertreten. Versucht, euch zu einigen.

Vögel fliegen

1 Ein Mäusebussard

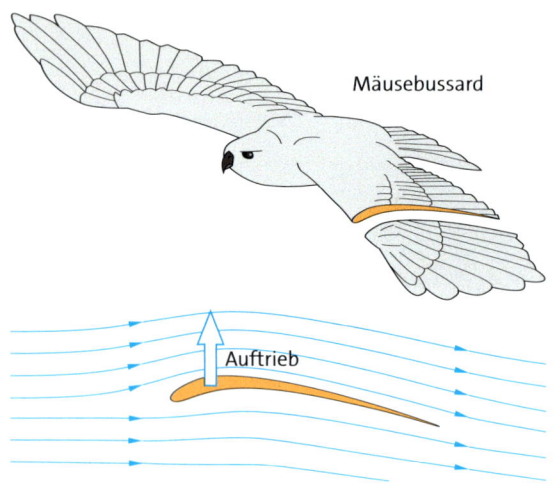

2 Der Auftrieb am Flügel

Susan beobachtet einen Mäusebussard. Er fliegt in großen Kreisen hoch in der Luft.

Ein leichter Körper
Vögel sind an das Fliegen angepasst. Der Vogelkörper läuft am Kopf und am Schwanz spitz zu. Dieser spindelförmige Körper kann leicht durch die Luft gleiten. Die Knochen der Vögel sind innen hohl und haben dünne Wände. Dadurch sind sie leichter als die Knochen anderer Wirbeltiere. Auch die Federn sind innen hohl und dadurch leicht. Vögel haben keine Zähne. Im Körper befinden sich Luftsäcke. Der Körper der Vögel ist also sehr leicht gebaut. Man spricht daher auch von der **Leichtbauweise**. Durch ihre Leichtbauweise sind Vögel leichter als andere Tiere mit der gleichen Körpergröße. Eine Singdrossel ist etwa so groß wie eine Ratte. Die Singdrossel wiegt etwa 80 Gramm, die Ratte wiegt etwa 300 Gramm.

Vögel brauchen viel Energie zum Fliegen. Deshalb fressen sie oft, nehmen aber immer nur kleine Mengen auf. Die Nahrung wird schneller verdaut als bei anderen Tieren. Die Reste werden als Kot und Urin schnell wieder ausgeschieden. Auch dadurch bleibt der Vogelkörper leicht.

Fliegen gegen die Schwerkraft
Die Anziehungskraft der Erde heißt Schwerkraft. Sie hält alle Lebewesen am Boden. Beim Fliegen müssen Kräfte erzeugt werden, die gegen diese Anziehungskraft wirken. Solche Kräfte entstehen, wenn Luft über eine Fläche strömt. Je schneller die Luft strömt, desto stärker sind die Kräfte.

Fliegen mit Auftrieb
In Bild 2 siehst du, wie ein Flügel aussieht, wenn du ihn von der Seite betrachtest: Der Flügel ist nach oben gebogen. Wenn Luft von vorne auf den Flügel trifft, dann muss sie oben und unten vorbeiströmen. Der Weg über die Oberseite ist länger als der Weg über die Unterseite. Deshalb muss die Luft auf der Oberseite schneller strömen. Wenn Luft schneller strömt, dann sinkt der Luftdruck. Der geringere Luftdruck über dem Flügel saugt den Flügel nach oben. Der größere Luftdruck unter dem Flügel drückt den Flügel nach oben. Auf den Flügel wirkt also eine Kraft, die ihn nach oben saugt und drückt. Diese Kraft heißt **Auftrieb**. Der Auftrieb wirkt entgegen der Schwerkraft.

> Vögel sind leicht gebaut. Ihre Knochen und Federn sind hohl. In ihrem Körper befinden sich Luftsäcke. Vögel verdauen ihre Nahrung schnell. An den Flügeln entsteht beim Fliegen Auftrieb.

AUFGABEN
1 Wie Vögel fliegen
a ◩ Nenne das Fachwort für den leichten Bau des Vogelkörpers.
b ◩ Beschreibe den Bau von drei Körperteilen, durch den der Vogelkörper leicht ist.
c ◩ Erläutere, wie Vögel durch ihre Ernährungsweise leicht bleiben.
d ◩ Beschreibe mithilfe von Bild 2, wie der Auftrieb das Fliegen ermöglicht.

PRAXIS Federn und Auftrieb untersuchen

A Eine Feder untersuchen

Material:
Schwanzfedern oder Schwungfedern, Fertigpräparate aus Federstücken, die mit einem durchsichtigen Klebestreifen auf einem Objektträger befestigt wurden, spitzer Bleistift, Lupe, Mikroskop

Durchführung:
- Betrachte die Feder mit bloßem Auge und danach mit der Lupe.
- Manchmal streift ein Vogel einen Ast mit dem Flügel. Zeige mithilfe des Bleistifts, was dabei mit einer Feder passieren kann (Bild 1B).
- Vögel ziehen ihre Federn durch den Schnabel. Stelle diesen Vorgang nach, indem du die Feder zwischen Daumen und Zeigefinger hindurchziehst.
- Betrachte ein Fertigpräparat eines Federstücks im Mikroskop. Finde die Bestandteile, die die Federäste zusammenhalten.

Auswertung:
1. Beschreibe deine Beobachtungen.
2. Skizziere eine Feder und beschrifte die verschiedenen Bauteile.
3. Erstelle eine Zeichnung des mikroskopischen Bildes und beschrifte sie.
4. Erläutere, wie der Bau der Feder es ermöglicht, dass eine ungeordnete Feder ganz einfach repariert werden kann.

1 Eine geordnete Feder (A) und eine ungeordnete Feder (B)

B Den Auftrieb im Modell untersuchen

2 Ein Modell eines Flügels

Material:
DIN-A5-Blatt, Buch, Büroklammern

Durchführung:
- Klemme das Papierblatt so in das Buch, dass der größte Teil des Blattes herausschaut.
- Befestige dann eine Büroklammer am äußeren Ende des Blattes.
- Halte nun das Buch mit dem Blatt vor dich wie in Bild 2 gezeigt. Puste dann über das Blatt hinweg.
- Befestige eine weitere Büroklammer an der ersten. Wiederhole dann das Experiment. Wie viele Büroklammern kannst du anhängen, bis sich das Blatt beim Pusten nicht mehr bewegt?

Auswertung:
1. Beschreibe deine Beobachtungen.
2. Erkläre deine Beobachtungen mit deinem Wissen über den Auftrieb.
3. Begründe, ob das Modell ein Strukturmodell oder ein Funktionsmodell ist.
4. Ordne den Teilen des Modells die entsprechenden Bestandteile des Originals zu.
5. Vergleiche das Modell mit einem Vogelflügel. Nenne dazu Gemeinsamkeiten und Unterschiede.
6. Bewerte das Modell. Beschreibe dazu, was es besonders gut zeigt und was es nicht gut zeigt.

TIERE SIND ANGEPASST

TESTE DICH!

1 Tiere regulieren ihre Körpertemperatur ↗ S. 254, 256

Der Teichmolch (eine Amphibie) – zieht sich vor dem Winter in ein frostsicheres Versteck an Land oder am Grund eines Gewässers zurück.

Die Schwalbe (ein Vogel) – frisst vor allem Insekten. Diese findet sie im Winter in Afrika.

Der Siebenschläfer (ein Säugetier) – übersteht den Winter ohne Nahrung. Seine Körpertemperatur fällt auf 5 °C ab. Beim Aufwachen wandelt das braune Fettgewebe schnell Energie in Wärme um.

Der Dachs (ein Säugetier) – frisst sich vor dem Winter eine dicke Fettschicht an. Dann schläft er in seinem Bau. Seine Körpertemperatur bleibt fast gleich. Ab und zu wacht er auf, um zu fressen.

1 Steckbriefe verschiedener Tiere im Winter

a Beschreibe, was wechselwarme und was gleichwarme Tiere sind.
b Lies die Steckbriefe in Bild 1. Gib an, ob die Tiere wechselwarm oder gleichwarm sind.
c Der Siebenschläfer und der Dachs sind Säugetiere (Bild 1). Nenne das Fachwort für ihre jeweilige Überwinterungsform.
d Beschreibe, wie gleichwarme Tiere im Winter vor Wärmeverlust geschützt sind.

2 Leben in extremen Lebensräumen ↗ S. 264–267

a Nenne je zwei körperliche Angepasstheiten von Eisbären und Pinguinen.
b Beschreibe, wie die Jungtiere von Eisbären und Kaiserpinguinen vor Wärmeverlust geschützt sind.
c Beschreibe die Lebensbedingungen in der Wüste.
d Nenne drei körperliche Angepasstheiten des Dromedars an das Leben in der Wüste.
e Beschreibe, wie Dromedare an die Trockenheit der Wüste angepasst sind.

3 Wechselwarme Tiere im Winter ↗ S. 272/273

a Beschreibe, was sich im Körper von wechselwarmen Tieren im Winter verändert.
b Begründe, warum wechselwarme Tiere den Winter in Kältestarre verbringen.
c Beschreibe, was ein Platz bieten muss, den wechselwarme Tiere zum Überwintern aufsuchen.
d Beschreibe die Temperaturverteilung im See in Bild 2.
e Ordne Bild 2 einer Jahreszeit zu.
f Erkläre mithilfe von Bild 2, wo sich Fische und Amphibien in diesem See aufhalten.

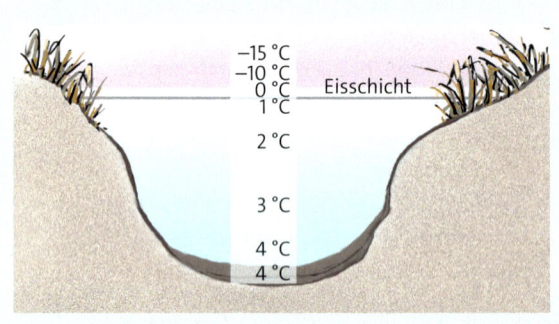

2 Die Temperaturen in einem See

4 Die Vögel im Winter ↗ S. 274/275

a Beschreibe die drei verschiedenen Arten, wie Vögel überwintern.
b Begründe, warum einige Vögel im Winter in den Süden fliegen.
c Beschreibe, wie sich Zugvögel während des Fluges orientieren.
d Nenne drei verschiedene Gefahren für Zugvögel.

5 Vögel fliegen ↗ S. 278/279

a Nenne das Fachwort für die Kraft in Bild 3, die den Vogel im Flug nach oben drückt.
b Beschreibe an drei Beispielen, wie Vögel durch ihren Körperbau an das Fliegen angepasst sind.

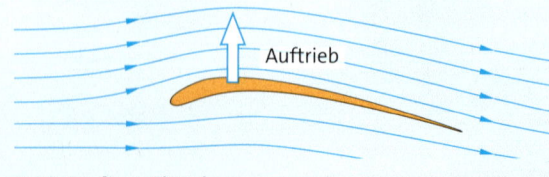

3 Die Kraft am Flügel

ZUSAMMENFASSUNG Tiere sind angepasst

Tiere regulieren ihre Körpertemperatur
wechselwarm:
- Fische, Amphibien und Reptilien
- Körpertemperatur ändert sich mit der Umgebungstemperatur
- Regulation durch Verhalten

gleichwarm:
- Vögel und Säugetiere
- Körpertemperatur bleibt gleich
- benötigte Energie stammt aus der Nahrung
- Schutz vor Wärmeverlust mit Fell, Federn und Fett
- Schutz vor Wärme durch Schwitzen, Hecheln und Baden

Säugetiere im Winter
Aktiv im Winter: Säugetiere, die im Winter aktiv sind. Beispiele: Rehe, Wildschweine
Winterruhe: Säugetiere, die im Winter schlafen, aber öfter aufwachen. Beispiele: Eichhörnchen, Dachs
Winterschlaf: Säugetiere, die den ganzen Winter schlafen. Sie haben **braunes Fettgewebe**, das Energie in Wärme umwandelt, sobald die Tiere aufwachen. Beispiele: Siebenschläfer, Fledermäuse, Igel
Schutz vor Wärmeverlust: dichtes Winterfell, Fettschicht

Leben in extremen Lebensräumen
Kälte: Beispiel Eisbär: dichtes Fell, schwarze Haut, Fettschicht
Hitze: Beispiel Dromedar: dichtes Fell, verschließbare Nasenlöcher, Hornschwielen, gepolsterte Fußsohlen

Wechselwarme Tiere im Winter
Kältestarre:
Wechselwarme Tiere suchen im Winter Plätze, wo sie vor Frost geschützt sind.

Vögel im Winter
Standvögel: verbringen das gesamte Jahr im gleichen Gebiet
Strichvögel: wechseln im Winter in ein Gebiet, in dem sie Nahrung finden
Zugvögel: ziehen im Winter in weit entfernte Gebiete im Süden, weil sie bei uns wenig Nahrung finden, im Sommer zurück

Vögel können fliegen
Vögel sind an das Fliegen in der Luft angepasst. Zu den Angepasstheiten zählen hohle Federn und Knochen, Luftsäcke und eine schnelle Verdauung.

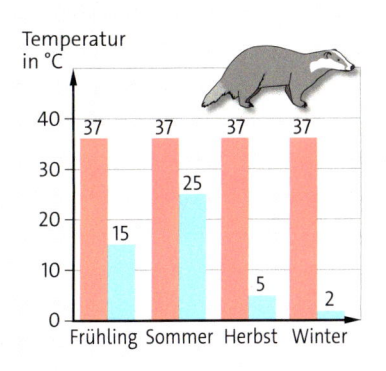

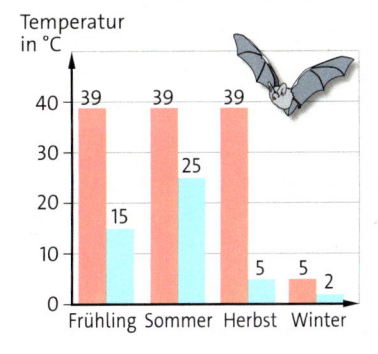

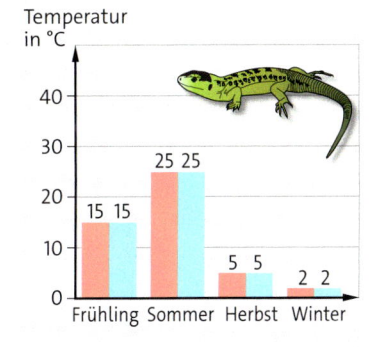

TIERE SIND ANGEPASST

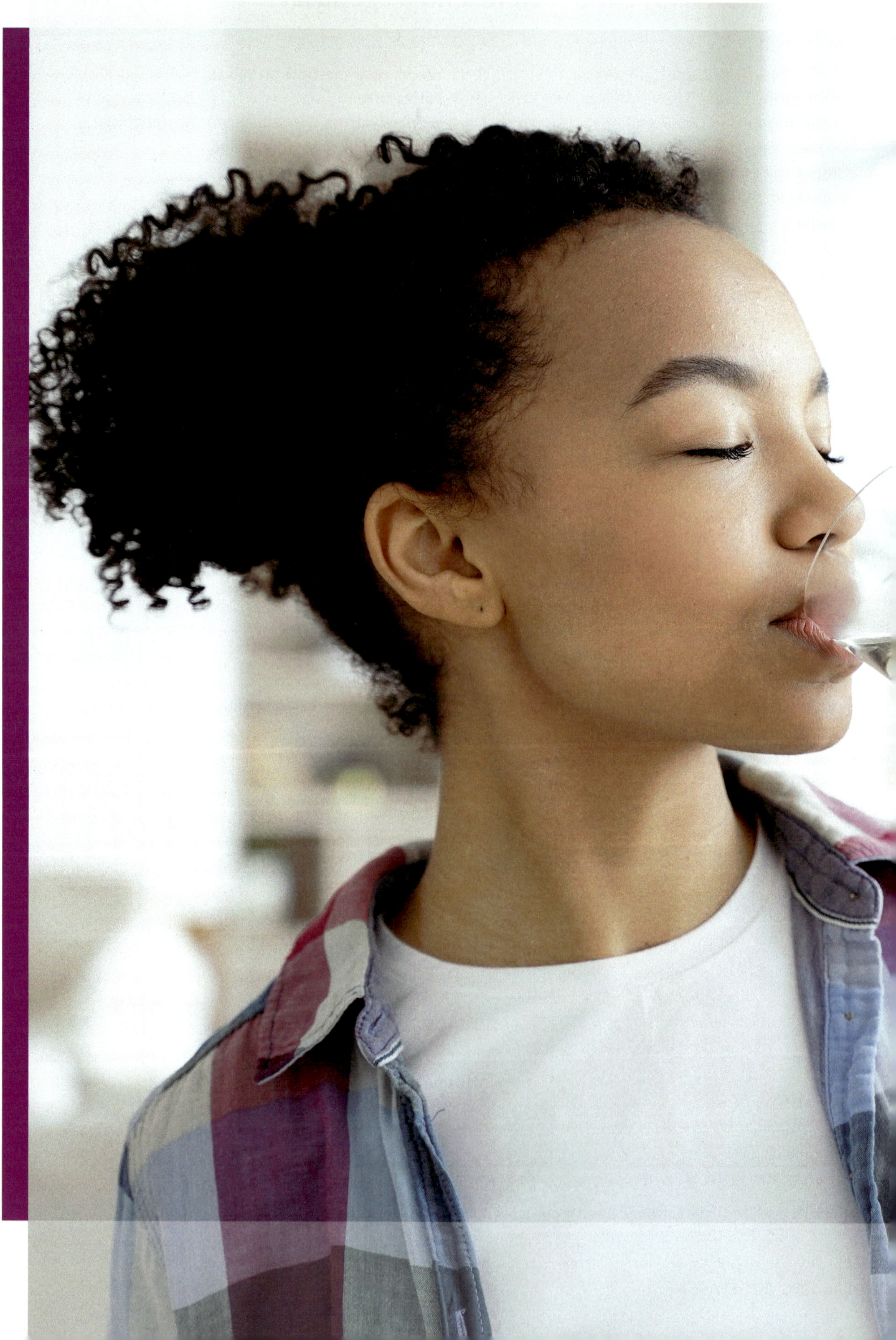

Wasser ist lebenswichtig

In diesem Kapitel erfährst du, ...
... wie viel Wasser es auf der Erde gibt.
... wie Wasser genutzt wird.
... welche Stoffe sich in Wasser lösen.
... wie Wasser gereinigt werden kann.
... wie man die Gewässergüte bestimmt.
... warum ein Eiswürfel auf dem Wasser schwimmt.
... was die Dichte mit dem Schweben eines Fisches zu tun hat.

Wasser ist lebensnotwendig

1 Menschen, Tiere und Pflanzen benötigen Wasser zum Leben.

Lebewesen brauchen Wasser fürs Überleben. Deswegen trinken Menschen und Tiere Wasser. Auch Pflanzen brauchen Wasser, um zu wachsen. Wasser ist außerdem Lebensraum für viele Tiere und Pflanzen.

Lebewesen brauchen Wasser

Der menschliche Körper besteht zu etwa 60 Prozent aus Wasser. Das Wasser ist der Hauptbestandteil der Körperflüssigkeiten wie Blut, Schweiß, Speichel, Urin oder Tränen. Außerdem enthalten die Zellen des Körpers Wasser. Manche Tiere wie Quallen bestehen zu über 90 Prozent aus Wasser (Bild 2). Auch die meisten Pflanzen haben einen hohen Wasseranteil. Der Körper eines erwachsenen Menschen braucht etwa 2 bis 3 Liter Wasser täglich. Wir nehmen dieses Wasser über die Nahrung auf.

Das Wasservorkommen auf der Erde

Bild 3 zeigt, dass etwa 71 Prozent der Erdoberfläche mit Wasser bedeckt sind.
Bei Wasser wird zwischen Salzwasser und Süßwasser unterschieden. Etwa 97 Prozent des Wassers auf der Erde enthält Salz und schmeckt daher salzig. Dieses Wasser heißt **Salzwasser**. Das Salzwasser befindet sich hauptsächlich in den Meeren.
Etwa 3 Prozent des Wassers der Erde enthält so wenig Salz, dass es nicht salzig schmeckt. Es wird **Süßwasser** genannt. Nur das Süßwasser können wir trinken. Wasser, das wir trinken und im täglichen Leben nutzen, wird Trinkwasser genannt. Weil ein großer Teil des Süßwassers als Eis am Nordpol und am Südpol gebunden ist, können wir nur etwa 1 Prozent des gesamten Wassers auf der Erde als Trinkwasser nutzen.

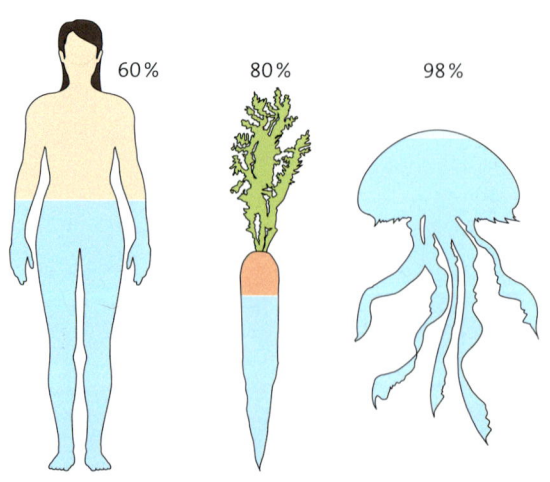

2 Lebewesen bestehen aus Wasser.

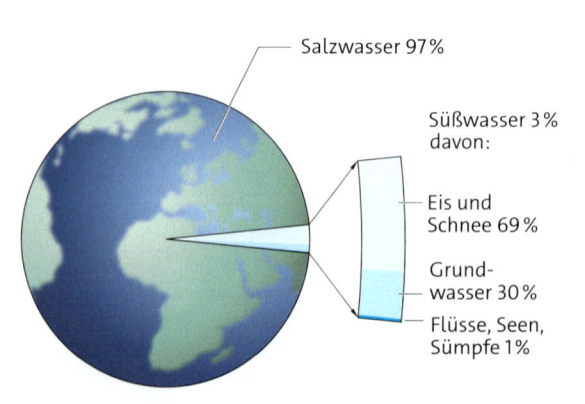

3 Die Wasserverteilung auf der Erde

Salzwasser 97 %
Süßwasser 3 % davon:
Eis und Schnee 69 %
Grundwasser 30 %
Flüsse, Seen, Sümpfe 1 %

4 Dieser Junge schleppt Kanister mit Trinkwasser.

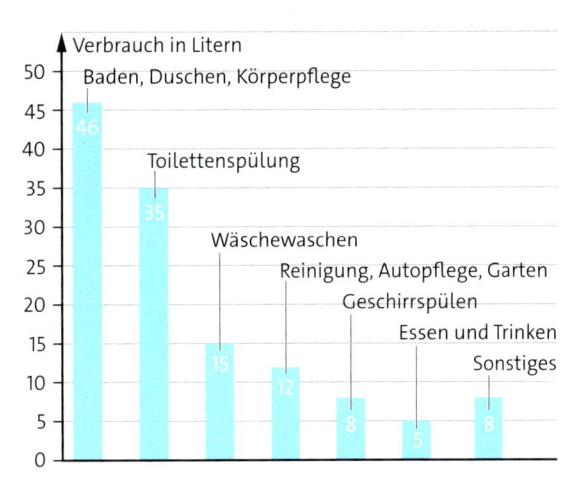

5 Die Trinkwasserverwendung im Haushalt in Litern

Die Versorgung mit Trinkwasser

Die Weltgesundheitsorganisation WHO schätzt, dass etwa 800 Millionen Menschen keinen direkten Zugang zu sauberem Trinkwasser haben (Bild 4). Trinkwasser ist auf der Erde ungleich verteilt. Besonders in Nordafrika und in Zentralafrika, im Nahen Osten, in Indien, in Pakistan und in Mexiko ist Trinkwasser knapp. Die Menschen dort haben nur wenig Wasser zur Verfügung. Wenn man zu wenig trinkt, dann trocknet der Körper aus. Außerdem ist das Wasser, das zur Körperpflege und zum Trinken zur Verfügung steht, oft verschmutzt. Dadurch können Krankheiten übertragen werden. Weil immer mehr Menschen auf der Erde leben, steigt auch der Bedarf an Wasser ständig. Der Klimawandel führt zu häufigeren und extremeren Regenfällen und Hitzewellen. Dies gefährdet die Versorgung mit sauberem Trinkwasser zusätzlich.

EXTRA Die Wasseruhr

In jedem Haushalt gibt es eine Wasseruhr. Durch sie fließt das Wasser, das im Haushalt genutzt wird. Die Wassermenge wird in Kubikmetern (m^3) angezeigt.

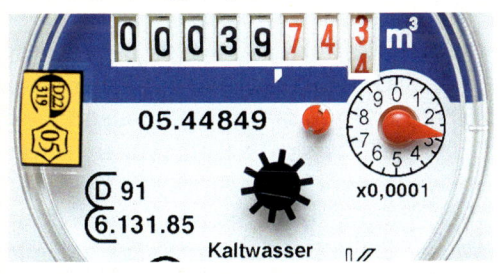

6 Eine Wasseruhr zeigt die Wassermenge an.

Die Trinkwasserverwendung in Deutschland

Wir nutzen Wasser zum Trinken, Duschen, Wäschewaschen und Geschirrspülen (Bild 5). Jeder Mensch in Deutschland braucht durchschnittlich 129 Liter Trinkwasser am Tag. Zusätzlich brauchen auch Industrie, Landwirtschaft, Kraftwerke und öffentliche Einrichtungen wie Krankenhäuser und Schwimmbäder Wasser.

> Wasser ist für alle Lebewesen lebensnotwendig. Nur ein kleiner Teil des Wassers steht uns als Trinkwasser zur Verfügung. Viele Menschen haben keinen Zugang zu sauberem Trinkwasser.

AUFGABEN

1 Das Wasservorkommen auf der Erde
a Beschreibe die Verteilung des Wassers auf der Erde. Nutze dazu Bild 3.
b Erkläre, warum wir nur 1 Prozent des Wassers als Trinkwasser nutzen können.

2 Der Wasserbedarf
a Nenne vier Situationen, in denen deine Familie an einem Tag Trinkwasser braucht.
b Überlege dir drei Maßnahmen, wie du die Menge des von dir verbrauchten Trinkwassers verringern kannst.
c Recherchiere, wie viel Wasser deine Familie an einem Tag nutzt. Schaue dazu auf die Wasseruhr bei dir zu Hause und schreibe den Wert in Kubikmeter (m^3) auf (Bild 6). Vergleiche euren Wasserbedarf mit den Werten in Bild 5.

Wie Wasser genutzt wird

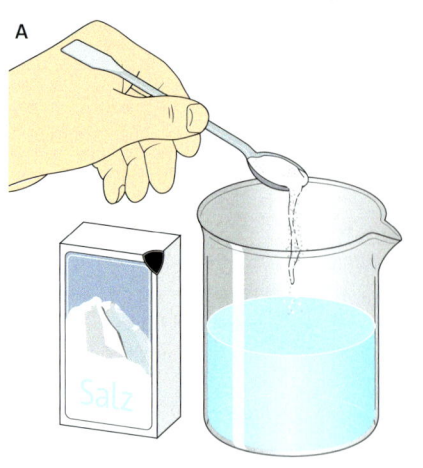

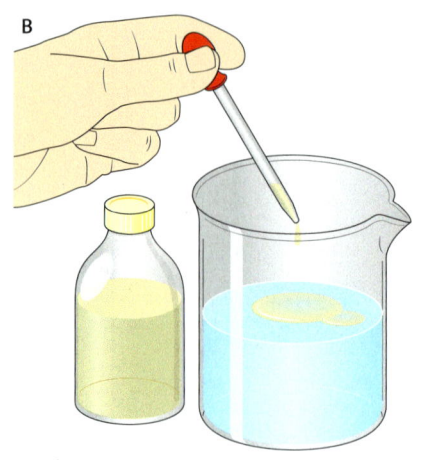

1 Kochsalz in Wasser (A), Öl schwimmt auf dem Wasser (B), Sprudelflasche (C)

Wenn du Kochsalz in Wasser gibst, scheint das Kochsalz nach einiger Zeit zu verschwinden. Am salzigen Geschmack merkst du, dass das Kochsalz noch da ist.

Wasser als Lösungsmittel

Beim Einstreuen von Kochsalz in Wasser verteilt sich das Kochsalz so fein, dass man es nicht mehr sehen kann (Bild 1A). Man sagt, das Kochsalz löst sich in Wasser. Wenn du Zucker oder Wasserfarben in Wasser einrührst, lösen sie sich. Sie sind **wasserlöslich**. Eine Flüssigkeit wie Wasser, in der sich andere Stoffe lösen, nennt man **Lösungsmittel**. Wasser ist ein gutes Lösungsmittel für viele Stoffe. Es gibt aber auch Stoffe, die sich nicht in Wasser lösen. Sand oder Eisenpulver lösen sich nicht im Wasser, sondern setzen sich am Boden ab. Sand und Eisen sind **nicht wasserlöslich**.

Mineralwasser

Auf einer Mineralwasserflaschen findet man viele verschiedene Angaben zu den Stoffen, die im Wasser gelöst sind. In **Mineralwasser** sind unterschiedliche **Mineralien** gelöst. Bei diesen Mineralien handelt es sich ebenfalls um Salze, zum Beispiel Natrium- und Calciumsalze (Bild 2). Die Mineralien stammen aus tiefen Gesteinsschichten der Erde. In dem dort vorhandenen Grundwasser lösen sich diese Mineralien. Dieses Wasser wird für die Trinkwasseraufbereitung oder auch für Mineralwasser verwendet.

Flüssigkeiten lösen sich in Wasser

Auch Flüssigkeiten können sich in Wasser auflösen. Wenn man Himbeersirup in Wasser gibt, kann man das beobachten. Nach kurzer Zeit erhält man ein rotes Getränk. Olivenöl löst sich nicht in Wasser, sondern schwimmt an der Wasseroberfläche (Bild 1B). Da sich Fette oder Öle nicht in Wasser lösen, kann man einen Fettfleck auch nicht mit Wasser entfernen. Für Stoffe wie Fette oder Öle benötigt man ein anderes Lösungsmittel, etwa Waschbenzin.

Gase in Wasser

Wenn du eine Sprudelflasche öffnest, zischt es und im Sprudel steigen Bläschen auf (Bild 1C). Bei diesen Bläschen handelt es sich um Kohlenstoffdioxid. Kohlenstoffdioxid ist ein Gas, das im Sprudelwasser gelöst ist. Beim Öffen der Flasche und beim Schütteln oder Erwärmen entweicht dieses Gas aus dem Wasser. Ohne das Kohlenstoffdioxidgas prickelt das Sprudelwasser nicht mehr. Es schmeckt dann nicht mehr so gut.

Auch Sauerstoff löst sich in Wasser. Das ist wichtig für Tiere, die im Wasser leben. Die Tiere im Wasser brauchen den im Wasser gelösten Sauerstoff zum Atmen. Gase lösen sich im kalten Wasser besser als im warmen Wasser. Wenn sich ein Gewässer zu stark erwärmt, dann wird weniger Sauerstoff im Wasser gelöst. Dann können Fische aufgrund von Sauerstoffmangel in Atemnot geraten.

Zusammensetzung in $\frac{mg}{l}$		Gesamtmineralsalzgehalt: 936,27 $\frac{mg}{l}$	
Natrium (Na$^+$)	4,4		
Kalium (K$^+$)	1,97	Chlorid (Cl$^-$)	5,9
Magnesium (Mg^{2+})	36	Sulfat (SO$_4^{2-}$)	430
Calcium (Ca^{2+})	200	Hydrogencarbonat (HCO$_3^-$)	258

2 Ein Mineralwasseretikett mit Gehaltsangaben

3 Ein Wasserrad

4 Ein Schaden durch Hochwasser

Wasserkraft
Seit Jahrhunderten werden durch die Kraft des Wassers Wasserräder in Bewegung gesetzt. Mit Wasserrädern wurden früher Mühlen betrieben (Bild 3). Im **Wasserkraftwerk** wird die Energie des Wassers genutzt. Wenn das Wasser durch eine Maschine strömt, dann dreht sich die Maschine. Diese Maschine heißt **Turbine**. Die Turbine gibt die Bewegungsenergie des Wassers an die nächste Maschine, den **Generator**, weiter. Im Generator wird die elektrische Energie in Bewegungsenergie umgewandelt. Bewegtes Wasser ist eine erneuerbare Energiequelle.

Wasser als Kühlmittel
Wenn wir Sport treiben, dann schwitzen wir. Dabei wird Wasser über die Hautporen ausgeschieden und verdunstet auf der Haut. Das sorgt für Kühlung. In Autos werden Motoren mit Wasser gekühlt. In Kraftwerken sorgt die Wasserkühlung dafür, dass die Generatoren nicht zu heiß werden.

Wasser als Transportmittel
Wasser wird als Transportmittel und Transportweg genutzt. Mithilfe von Wasser wird Schmutz durch die Kanalisation zu den Kläranlagen transportiert. Frachtschiffe bringen auf großen Flüssen Waren in verschiedene Länder. Große Containerschiffe bringen ihre Ladung über die Meere in alle Welt.

Die Gefährdung des Lebensraums Wasser
Um das Wasser als Verkehrsweg zu nutzen, wurden viele Flüsse begradigt. Den Flüssen fehlen dann die Windungen, Nebenflüsse und Seitenarme. So verlieren viele Pflanzen und Tiere ihren Lebensraum am und im Wasser. Wenn bei einem Hochwasser das Flusswasser sich nicht mehr in Nebenflüsse oder auf Wiesen verteilen kann, dann bedroht es auch die Menschen. Durch Überflutungen kann es zu großen Zerstörungen kommen (Bild 4). Daher ist ein umweltschonender Umgang mit dem Wasser in der Natur wichtig.

> Menschen nutzen Wasser als Lösungsmittel, Kühlmittel, Transportmittel und zur Energiegewinnung. Dabei ist ein umweltschonender Umgang mit dem Wasser wichtig.

AUFGABEN
1 Zitronenlimonade
  Nenne zwei Stoffe, die in Zitronenlimonade gelöst sind.

2 Fische im Wasser
a Nenne das Gas, das Fische zum Atmen brauchen.
b Erkläre, warum Fische Atemprobleme bekommen können, wenn sich das Wasser eines Sees zu stark erwärmt.

3 Malen mit Wasserfarben
  Begründe, warum man beim Malen mit Wasserfarben einen Becher mit Wasser benötigt.

4 Die Nutzung des Wassers
  Nenne zwei verschiedene Nutzungsmöglichkeiten von Wasser in der Technik.

EXTRA Der Wasserkreislauf

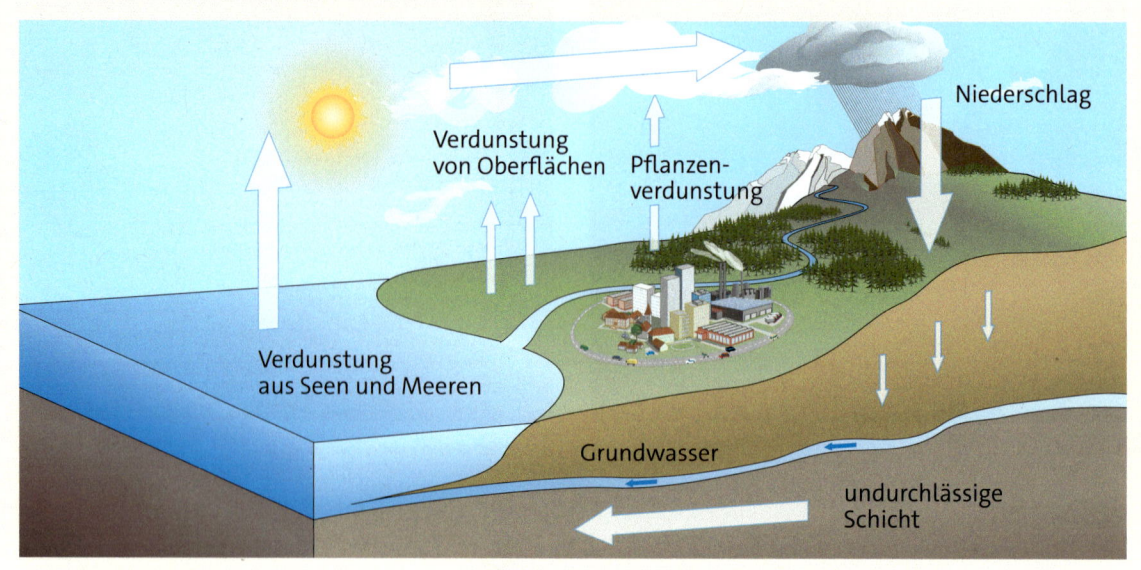

1 Der Wasserkreislauf

Wasser im Kreislauf des Lebens

Weil sich Wasser in Flüssen und Seen an der Oberfläche der Erde befindet, nennen wir dieses Wasser auch **Oberflächenwasser**. Aus Oberflächenwasser wird auch Trinkwasser gewonnen. Obwohl das Wasser entnommen wird, geht es nicht verloren. Die Gesamtmenge an Wasser auf der Erde bleibt gleich. Durch Verdunstung und Kondensation bleibt das Wasser in einem Kreislauf, dem **Wasserkreislauf** (Bild 1). Weil wir Wasser trinken, schwitzen und Wasser wieder ausscheiden, sind wir auch ein Teil des Wasserkreislaufs.

Verdunsten

Wenn die Sonne die Erdoberfläche erwärmt, dann verdunstet das Wasser aus dem Meer, aus den Flüssen und aus Seen. Das Wasser verdunstet auch aus dem Boden und aus den Pflanzen. Der entstehende Wasserdampf steigt in die Atmosphäre auf.

Kondensieren

In der Erdatmosphäre wird es umso kälter, je weiter man von der Erde entfernt ist. Der Wasserdampf kühlt also auf dem Weg nach oben immer weiter ab. Gasförmiges Wasser wird wieder flüssig. Man sagt, das Wasser **kondensiert**. Dabei entstehen winzige Wassertröpfchen. Sie bilden Wolken.

Dieses Wasser fällt in Form von Regen, Hagel oder Schnee wieder auf die Erde herunter. Wir bezeichnen dieses Wasser als **Niederschlag**. Die Niederschläge werden direkt von den Meeren, Seen oder Flüssen aufgenommen.

Der Weg im Boden

Das Wasser wird von den Pflanzen aufgenommen und sickert in den Boden ein, bis es im Boden auf eine wasserundurchlässige Schicht trifft. Dort sammelt sich das Wasser als **Grundwasser**. Grundwasser kann an anderer Stelle wieder als Quelle hervortreten. Aus Quellen werden Bäche, aus Bächen werden Flüsse, die schließlich zum Meer fließen.

AUFGABEN

1 Der Wasserkreislauf
a ◨ Erkläre die Fachwörter Oberflächenwasser und Grundwasser.
b ◨ Beschreibe den Wasserkreislauf in der Natur. Nutze die Fachwörter aus dem Text und aus Bild 1.

2 Wassernutzung
a ◨ Beschreibe, woher das Gießwasser bei dir zu Hause kommt.
b ◨ Erläutere, warum das Fachwort Wasserverbrauch eigentlich nicht korrekt ist.

Trinkwasser gewinnen

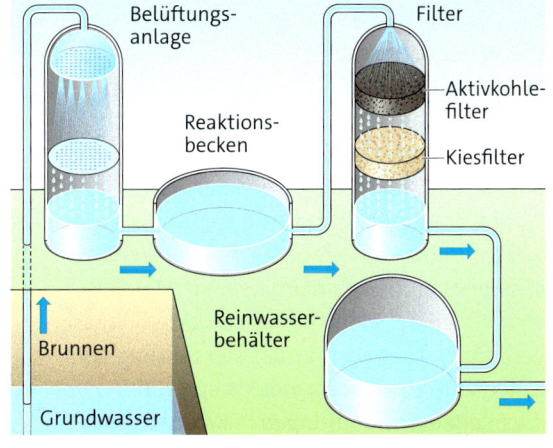

1 Das Trinkwasser wird geprüft, bevor es aus der Leitung kommt.

2 Eine Anlage zur Trinkwasseraufbereitung

Das Wasser aus Stauseen oder Flüssen wirkt meist recht sauber. Bevor es aber aus dem Wasserhahn kommt, wird es aufbereitet und kontrolliert.

Die Trinkwasseraufbereitung

Das Wasser aus dem Wasserhahn können wir trinken. Daher wird es Trinkwasser genannt. Bevor das Wasser als Trinkwasser aus dem Wasserhahn kommt, wird es im Wasserwerk in einer **Trinkwasseraufbereitungsanlage** aufbereitet. Dort werden Schmutz, Krankheitserreger und Schadstoffe aus dem Wasser entfernt.
Schadstoffe sind zum Beispiel Düngemittel oder Schädlingsbekämpfungsmittel. Niederschläge können solche Schadstoffe beispielsweise aus dem Ackerboden auswaschen. Diese Schadstoffe gelangen dann in den Wasserkreislauf und müssen wieder entfernt werden, bevor wir das Wasser trinken können.
Das meiste Trinkwasser in Deutschland stammt aus Grundwasser. Bild 2 zeigt eine Trinkwasseraufbereitungsanlage. Zuerst wird das Grundwasser in die Anlage gepumpt. Dann wird das Wasser belüftet. Dadurch werden schädliche Gase entfernt. Das Wasser gelangt dann ins **Reaktionsbecken**. Dort werden die Krankheitserreger mithilfe von Chlor, Ozon oder durch UV-Strahlen entfernt. Zum Schluss wird der Schmutz mit verschiedenen Filtern und Sandschichten aus dem Wasser filtriert.

Die Trinkwasserverordnung

Trinkwasser muss regelmäßig überprüft werden. Für viele Schadstoffe wie Düngemittel, Schädlingsbekämpfungsmittel und Stoffe wie Blei, Cadmium oder Nitrat sind bestimmte Werte festgelegt. Diese Werte dürfen wie eine Grenze nicht überschritten werden, weil sie dann den Menschen schaden können. Man nennt diese Werte daher **Grenzwerte**. Die Grenzwerte stehen in der **Trinkwasserverordnung** und müssen eingehalten werden.

> Trinkwasser stammt aus Grundwasser und Oberflächenwasser. In der Trinkwasseraufbereitungsanlage wird das Wasser gereinigt. Die Trinkwasserverordnung regelt die Schadstoffmenge, die im Trinkwasser erlaubt ist.

AUFGABEN

1 Vorkommen von Trinkwasser
a Nenne zwei Gewässer, die zu den Oberflächengewässern zählen.
b Beschreibe, woher Grundwasser kommt und wie man es gewinnt.

2 Aufbereitung von Trinkwasser
a Begründe, warum Trinkwasser aufbereitet werden muss.
b Beschreibe den Weg des Wassers in einer Anlage für Trinkwasseraufbereitung mithilfe von Bild 2.

3 Grenzwerte im Trinkwasser
Nenne mindestens drei Schadstoffe, deren Mengen im Trinkwasser begrenzt sein müssen.

EXTRA   Hoher Wasserverbrauch

Der Wasserverbrauch
Die Hauptursachen für die Wasserknappheit auf der Erde sind der Klimawandel und die wachsende Weltbevölkerung. Je mehr Menschen auf der Welt leben, desto mehr Trinkwasser wird verbraucht. Daher ist wichtig zu wissen, wofür das wertvolle Trinkwasser genutzt wird. Wenn wir Wasser zum Trinken, beim Kochen oder Waschen verwenden, sprechen wir von **direktem Wasserverbrauch**. Aber auch für die Herstellung von Lebensmitteln, Waren, Industrieprodukten und für die Energieumwandlungen in Kraftwerken wird Wasser gebraucht. Dieser Wasserverbrauch heißt **indirekter Wasserverbrauch**.

Wie viel Wasser für ein Rindersteak?
Das gesamte Wasser, das gebraucht und verschmutzt wird, um ein Produkt herzustellen, wird **virtuelles Wasser** genannt. Jeder Mensch in Deutschland braucht daher täglich nicht nur 129 Liter Trinkwasser, sondern zusätzlich im Durchschnitt 4000 Liter virtuelles Wasser. Die Menge ist abhängig von der Ernährung und dem persönlichen Konsumverhalten.
Bild 1 zeigt, wie viel virtuelles Wasser jeweils zur Herstellung von 1 Kilo der verschiedenen Lebensmittel gebraucht wird. Für 1 Kilogramm Rindfleisch sind es beispielsweise etwa 15 500 Liter Wasser. Diese Menge kommt zustande, weil ein Rind etwa drei Jahre alt ist, wenn es geschlachtet wird. Bis dahin trinkt und frisst das Tier. Auch für den Anbau und die Herstellung von Futter wird Wasser benötigt.

Der Import von virtuellem Wasser
Für den Anbau von Pflanzen reicht meist das Wasser aus Niederschlägen. Wenn aber wenig Niederschläge fallen, dann wird zusätzlich auch Grundwasser und Oberflächenwasser zur Bewässerung verwendet. Viele Pflanzen wie Kaffee, Kakao, Reis, Baumwolle oder Zuckerrohr für die Zuckerproduktion werden in Ländern angebaut, in denen für die Bevölkerung nur wenig Trinkwasser zur Verfügung steht. Auch Futtermittel für Tiere werden oft in Ländern wie Brasilien angebaut, in denen das Trinkwasser knapp ist.
Bei vielen Lebensmitteln können wir Verbraucher wählen. Denn eine Erdbeere aus Deutschland

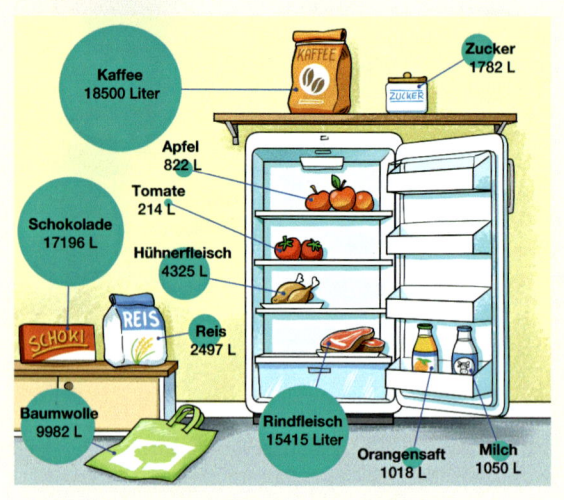

Kaffee 18500 Liter
Zucker 1782 L
Apfel 822 L
Tomate 214 L
Schokolade 17196 L
Hühnerfleisch 4325 L
Reis 2497 L
Baumwolle 9982 L
Rindfleisch 15415 Liter
Orangensaft 1018 L
Milch 1050 L

1 Virtueller Wasserverbrauch für je 1 kg des Lebensmittels

muss beispielsweise viel weniger zusätzlich mit Trinkwasser bewässert werden als eine Erdbeere aus Spanien. Für die Herstellung von 1 Liter Kuhmilch werden etwa 1000 Liter Wasser gebraucht. Auch hier wird neben dem Trinkwasser der Kühe Wasser für die Produktion des Futters, den Vertrieb und Transport der Milch gebraucht. Milchalternativen aus Mandeln, Hafer, Reis und Soja benötigen durchschnittlich weniger Wasser. Aber auch hier gibt es Unterschiede. Mandeln werden besonders in Kalifornien angebaut. Dort ist es warm und trocken. Der Hafer für einen Haferdrink kann dagegen in Deutschland angebaut werden. Für einen Liter Mandeldrink braucht man etwa 370 Liter Wasser, für einen Liter Haferdrink werden nur 50 Liter Wasser gebraucht.

AUFGABEN
1 Der Verbrauch an virtuellem Wasser
a Nenne je zwei Beispiele für direkten und indirekten Wasserverbrauch.
b Virtuell heißt: nicht in Wirklichkeit vorhanden. Erläutere an einem Beispiel, was virtuelles Wasser ist.
c Erkläre den hohen Verbrauch an virtuellem Wasser bei der Fleischproduktion.
d Nenne drei Maßnahmen, wie du deinen Verbrauch an virtuellem Wasser verringern kannst.
e Deutschland importiert mehr virtuelles Wasser, als es exportiert. Erkläre.

EXTRA Sauberes Wasser für alle!

1 Trinkwasser wird zur Bewässerung genutzt.

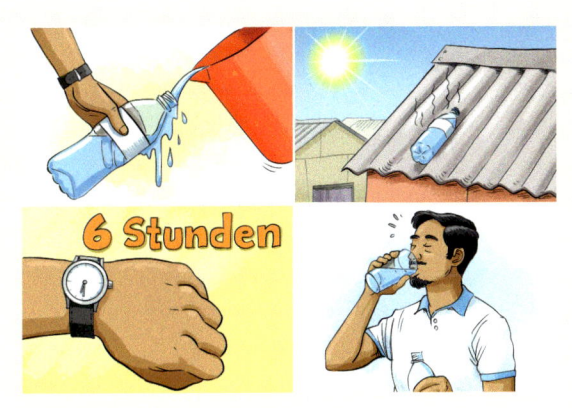

3 Eine Anweisung zum SODIS-Verfahren

Wasserknappheit bedroht viele Menschen

Über 2 Milliarden Menschen weltweit haben keinen sicheren Zugang zu sauberem Trinkwasser. Vor allem Länder im Mittleren Osten, in Afrika, in Südeuropa und Asien sind von Wasserknappheit bedroht. Aber auch in Mittel- und Südamerika haben viele Menschen keinen Zugang zu sauberem Trinkwasser.

Forschende konnten unter anderem folgende Ursachen für Wasserknappheit benennen:
- Der Klimawandel mit extremer Hitze und Starkregen führt zu Dürren und Fluten.
- Trinkwasser wird zur Bewässerung von landwirtschaftlichen Flächen und zur Herstellung von Konsumgütern genutzt (Bild 1).
- Die steigenden Wassertemperaturen sorgen für weniger Sauerstoff im Wasser. Damit sinkt die Qualität des Wassers in Flüssen und Seen.
- Abwässer werden nicht gereinigt und verunreinigen die Natur und das Trinkwasser.
- Die fehlenden technischen Installationen von Brunnen, Pumpen und Sanitäranlagen verhindern einen Zugang zu Trinkwasser.

2 Die gefüllte PET-Flasche wird in die Sonne gelegt.

Sauberes Wasser aus Plastikflaschen

In vielen Entwicklungsländern werden Menschen krank, weil sie Wasser trinken, das durch Schmutz, Schadstoffe und Krankheitserreger verunreinigt ist. Jeden Tag sterben weltweit mehr als 4000 Kinder an den Folgen von Durchfallerkrankungen. Der Bau von Brunnen, Pumpen und Sanitäranlagen dauert manchmal lange. Um dennoch die Zahl der Krankheitserreger im Wasser zu verringern, kann man eine einfache Methode nutzen: das sogenannte SODIS-Verfahren. SODIS steht für *Solar Water Disinfection*. Übersetzt heißt dies: solare Wasserdesinfektion. Dabei wird Wasser in klare, durchsichtige PET-Flaschen oder Plastikbeutel gefüllt und mindestens 6 Stunden in die Sonne gelegt. In dieser Zeit töten die UV-Strahlen der Sonne die Krankheitserreger im Wasser ab.

AUFGABEN

1 Wasserknappheit
a Nenne 4 Länder, in denen große Wasserknappheit besteht.
b Nenne mindestes vier Ursachen, die auf der Welt zu Wassermangel führen.
c Erkläre, was getan werden kann, damit mehr Menschen Zugang zu sauberem Trinkwasser haben können.

2 Trinkwasser aus Plastikflaschen
a Beschreibe Bild 2 und was es mit sauberem Trinkwasser zu tun hat.
b Erstelle eine Anweisung zur Anwendung des SODIS-Verfahrens. Nutze dazu Bild 3.

WASSER IST LEBENSWICHTIG

Wässrige Stoffgemische trennen

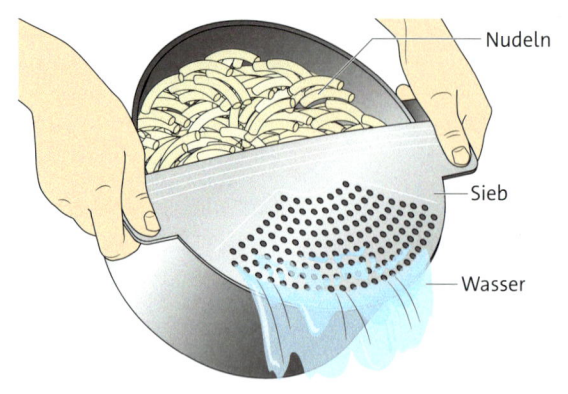

1 Das Sieben von Nudelwasser

2 Das Filtrieren von Kaffee

Zur Zubereitung eines Nudelgerichts musst du zunächst die Nudeln in Salzwasser kochen. Wenn die Nudeln weich sind, dann kannst du sie mit einem Sieb vom Salzwasser trennen.

Sieben
Wenn Stoffe wie Nudeln im Wasser verteilt sind, spricht man von einem **wässrigen Stoffgemisch**. Die Nudeln können vom Wasser durch ein Küchensieb getrennt werden. Beim **Sieben** bleiben die Nudeln im Sieb hängen (Bild 1). Das Wasser und die darin gelösten Salzteilchen gehen durch die Löcher des Siebes hindurch.

Filtrieren
Fein gemahlenes Kaffeepulver kann von einem Sieb nicht zurückgehalten werden. Die Körnchen des Kaffeepulvers sind zu klein. Beim Kaffeekochen muss man **filtrieren**. Im Prinzip funktioniert der **Filter** wie ein Sieb. Die Löcher des Filters, man sagt die Poren, sind aber kleiner als die Löcher eines Siebes. In Bild 2 siehst du, dass die festen Kaffeepulverkörnchen nicht durch die Poren passen. Die Kaffeekörnchen bleiben im Filter zurück. Sie bilden den **Filterrückstand**. Die Flüssigkeit, die durch den Filter hindurch läuft, wird als **Filtrat** bezeichnet. Beim Kaffeekochen ist der Kaffee das Filtrat.

Eindampfen
Im Wasser gelöstes Salz lässt sich auch durch einen Filter mit kleinen Poren nicht zurückhalten. Man erhitzt das Salzwasser, bis das Wasser verdampft ist. Das Salz bleibt als fester Rückstand zurück. Dieses Trennverfahren bezeichnet man als **Eindampfen**.

Sedimentieren und Dekantieren
Wenn trübes, verschmutztes Wasser eine Weile steht, dann wird es klarer. Die nicht wasserlöslichen, schweren Schmutzteilchen setzen sich am Boden ab. Das nennt man **sedimentieren**. Die Flüssigkeit über der Schicht am Boden kann man abgießen. Das nennt man **dekantieren**.

Adsorbieren
Man kann Schadstoffe mithilfe von Aktivkohle abtrennen. Diese besteht aus Körnchen, die viele Hohlräume haben. Dadurch haben sie eine große Oberfläche. An der Oberfläche werden die Schadstoffteilchen festgehalten. Man sagt: Sie werden **adsorbiert**. Adsorbieren ist ein Trennverfahren.

> Stoffe, die sich nicht in Wasser lösen, können durch Sieben, Filtrieren, Sedimentieren und Dekantieren oder Adsorbieren aus dem Wasser entfernt werden. Gelöste Stoffe werden durch Eindampfen vom Wasser getrennt.

AUFGABEN
1 Trennverfahren im Alltag
a Nenne Gemeinsamkeiten und Unterschiede der Trennverfahren Sieben und Filtrieren.
b Beschreibe die Trennverfahren, die beim Kaffeekochen angewandt werden.

2 Zuckerwasser
a Begründe, warum Zucker durch Filtrieren nicht aus dem Wasser entfernt werden kann.
b Erläutere, wie man aus Zuckerwasser den Zucker gewinnen kann.

PRAXIS Wasser ist ein vielfältiges Lösungsmittel

A Löslichkeit von Feststoffen

Material:
Schutzbrille, 5 Reagenzgläser, 5 Stopfen, Reagenzglasständer, Spatel, Wasser, Zucker, Gips, Soda, Kochsalz, Wachsstück

Durchführung:
– Fülle jedes Reagenzglas 3 cm hoch mit Wasser.
– Gib jeweils 1 Spatelspitze Zucker, Gips, Soda, Kochsalz und Wachs hinzu.
– Verschließe die Reagenzgläser mit den Stopfen und schüttle sie.

Auswertung:
1 Beobachte und notiere, welche Stoffe sich im Wasser lösen und welche nicht.
2 Ordne die Stoffe nach der Wasserlöslichkeit.

B Löslichkeit von Flüssigkeiten

Material:
Schutzbrille, 4 Reagenzgläser, Reagenzglasständer, 4 Tropfpipetten, Wasser, Essig, Pflanzenöl, Spiritus, Milch

Durchführung:
– Fülle jedes Reagenzglas 3 cm hoch mit Wasser.
– Gib jeweils eine halbe Tropfpipette einer Flüssigkeit in die Reagenzgläser.

Auswertung:
 Beobachte und notiere, welche Flüssigkeiten sich im Wasser lösen und welche nicht.

C Gase in Wasser

Material:
2 Spritzen (60 ml) mit Hahn, Becherglas, Wasser, 2 Gase: Sauerstoff, Kohlenstoffdioxid (Bild 1)

Durchführung:
– Fülle eine Spritze mit 20 ml Gas.
– Sauge zum Gas 20 ml Wasser.
– Verschließe die Spritze und schüttle sie kräftig.
– Bestimme das Gasvolumen.

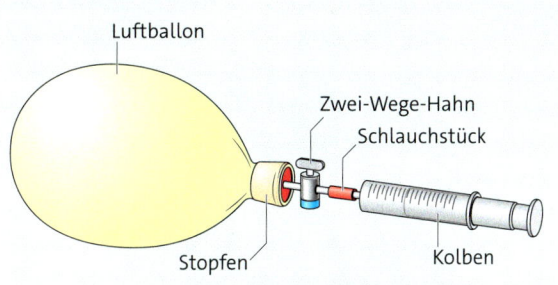

1 Gasdepots für Kohlenstoffdioxid und Sauerstoff

Auswertung:
1 Gib an, wie viel Kohlenstoffdioxid und wie viel Sauerstoff sich in 20 ml Wasser gelöst haben.
2 Vergleiche die Wasserlöslichkeit von Kohlenstoffdioxid und Sauerstoff.

D Sprudelndes Mineralwasser

Material:
Schutzbrille, Gasbrenner, Dreifuß, Keramik-Drahtnetz, Porzellanschale, Spritze (60 ml) mit Verschlusskappe, sprudelndes Mineralwasser

Durchführung:
– Sauge 20 ml Sprudel in eine Spritze.
– Verschließe die Spritze und schüttle sie kräftig.
– Fülle eine Porzellanschale zu einem Drittel mit Sprudel und erhitze sie auf dem Drahtnetz, bis das Wasser verdampft ist (Bild 2).

Auswertung:
1 Beschreibe, wie sich beim Schütteln das Gasvolumen in der Spritze ändert.
2 Erkläre die Änderung des Gasvolumens.
3 Begründe, wie das Experiment zeigt, dass es sich um ein Mineralwasser handelt.

2 Erwärmen von Sprudel

Das Abwasser reinigen

1 Das Regenwasser fließt in die Kanalisation.

Das Wasser in Bild 1 fließt in die Kanalisation und wird dann in die Kläranlage geleitet. Dort wird es gereinigt, bevor es zurück in ein Gewässer gelangt.

Das Abwasser fließt zur Kläranlage
Das Wasser, das wir genutzt haben, wird Abwasser genannt. Das Wasser fließt durch die Kanalisation zu einer technischen Anlage, in der es gereinigt wird. Man kann auch sagen: Das Wasser wird geklärt. Man spricht deshalb von einer **Kläranlage** (Bild 2). Dort findet die Reinigung statt.

1. Stufe: Die mechanische Abwasserreinigung
Etwa 30 Prozent der Schmutzstoffe werden mithilfe von mechanischen Trennverfahren beseitigt. Größere Gegenstände wie Papier, Flaschen oder Äste werden durch einen **Rechen** aus dem Wasser entfernt. Im sogenannten **Sandfang** lagern sich grobe Stoffe wie Kies und Sand am Boden ab. Das Wasser gelangt dann ins **Vorklärbecken**. Dort bleibt das Wasser, bis sich die feinen Schwebstoffe als Schlamm am Boden absetzen.

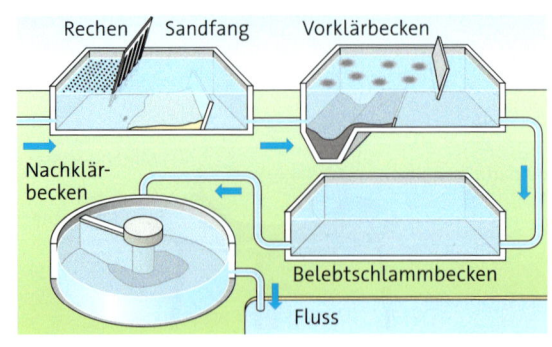

2 Das Modell einer Kläranlage

2. Stufe: Die biologische Abwasserreinigung
Im nächsten Becken befinden sich Kleinstlebewesen. Daher wird dieses Becken **Belebtschlammbecken** genannt. Die Kleinstlebewesen ernähren sich von organischen Stoffen und entfernen diese Stoffe aus dem Wasser. Das Wasser gelangt danach ins **Nachklärbecken**. Dort sinken die Kleinstlebewesen als Schlamm zu Boden und werden abgepumpt. Etwa 60 Prozent der Schmutzstoffe werden so biologisch beseitigt.

3. Stufe: Die chemische Abwasserreinigung
Die restlichen 10 Prozent der Verunreinigungen werden durch chemische Prozesse beseitigt. Im Nachklärbecken wird dem Wasser ein Mittel zugesetzt, das gelöste Schadstoffe wie Phosphate bindet. Man bezeichnet es als **Fällungsmittel**. Aus dem Fällungsmittel und dem Phosphat entsteht eine chemische Verbindung. Da diese nicht wasserlöslich ist, entsteht ein fester Niederschlag, der sich als Schlamm am Boden absetzt. Man sagt auch: Die Verbindung fällt aus. Der Schlamm wird abgepumpt. Zum Schluss wird die Qualität des gereinigten Wassers geprüft und das Wasser anschließend in ein Gewässer eingeleitet.

> Abwasser wird in der Kläranlage gereinigt. In der Kläranlage gibt es drei Stufen: die mechanische, die biologische und die chemische Abwasserreinigung.

AUFGABEN

1 Der Aufbau einer Kläranlage
  Beschreibe den Weg des Wassers von der Kanalisation durch die Kläranlage, bis es in den Fluss geleitet wird. Nutze dabei Bild 2. Nenne die verschiedenen Bereiche der Kläranlage.

2 Methoden der Abwasserreinigung
a Benenne die Trennverfahren, die bei der mechanischen Abwasserreinigung genutzt werden.
b Erläutere die Funktion der Kleinstlebewesen in der biologischen Abwasserreinigung.
c Beschreibe den Prozess der chemischen Abwasserreinigung.

PRAXIS Die Reinigung von Wasser

A Herstellen eines Modell-Schmutzwassers

1 So wird das Modell-Schmutzwasser hergestellt.

Material:
Becherglas, Spatel, Rührstab, Wasser, Gartenerde, Sand, kleine Kiesel, Tinte, Kochsalz, Mehl, Styropor

Durchführung:
- Vermische alle Stoffe in einem Becherglas.
- Lass das Becherglas 3 Minuten lang stehen.

Auswertung:
1. Beschreibe, was du bei den einzelnen Stoffen beobachtest, wenn sie im Wasser sind.
2. Erkläre, was mit den verschiedenen Stoffen im Wasser geschieht. Nutze dazu die Stoffeigenschaften.

B Trennen der Stoffe aus dem Wasser

Material:
Becherglas, Pinzette, Rundfilter, 2 Erlenmeyerkolben, Spatel, Gummistopfen, Rührkern, Magnetrührer, Modell-Schmutzwasser, Aktivkohle

Durchführung:
- Sortiere das Styropor mit der Pinzette heraus.
- Gieße die Flüssigkeit, die über dem Bodensatz steht, in ein anderes Becherglas.
- Filtriere die abgegossene Flüssigkeit durch den Rundfilter in einen Erlenmeyerkolben.
- Gib einen Rührkern in den Erlenmeyerkolben. Gib einen Spatel Aktivkohle hinzu.
- Stelle den Erlenmeyerkolben auf einen Magnetrührer und rühre bei mittlerer Geschwindigkeit 3 Minuten lang.
- Filtriere die Flüssigkeit noch einmal durch einen Rundfilter in einen Erlenmeyerkolben.

2 Die verschiedenen Trennmethoden bei der Reinigung von Schmutzwasser

Auswertung:
1. Beschreibe deine Beobachtungen nach den Trennmethoden. Nutze Bild 2.
2. Benenne die verschiedenen Trennmethoden, die in Bild 2 abgebildet sind.
3. Entwirf ein Experiment, das nachweist, ob im Wasser noch Kochsalz ist.

WASSER IST LEBENSWICHTIG

Die Qualität unserer Gewässer

1 Ist dieses Wasser gut?

2 Ist dieses Wasser schlecht?

Ruben fragt sich, wie gut das Wasser im Fluss bei ihm im Dorf ist. Er schaut sich das Wasser genauer an: Das Wasser ist klar und es sind einige Algen und Fische im Wasser zu sehen. Er fragt sich, woran man gutes und schlechtes Wasser erkennen kann.

Gewässer sind verschieden
Gewässer sind nicht alle gleich. Manche Gewässer sind klar, andere nicht. Manche fließen schnell, andere langsam oder gar nicht. Der Boden im Gewässer ist auch unterschiedlich: Er kann steinig, sandig oder schlammig sein. Wenn man die Qualität eines Gewässers beurteilen will, muss man weitere Merkmale beobachten und messen.

Wasserverschmutzung ist überall ein Thema
Wenn Ruben am Rhein in Mannheim ist, dann sieht er die Industrie und die vielen Container, die auf Schiffe verladen werden sollen. Diese Schiffe fahren dann auf dem Rhein (Bild 2). Sie alle können das Wasser verunreinigen. Bei Ruben zu Hause gibt es keine Industrie und nur wenige Schiffe. Dennoch können auch hier Verunreinigungen ins Wasser gelangen. Aus dem Feld neben dem Fluss können Stoffe ausgewaschen und in den Fluss gespült werden. Wenn die Felder zu stark gedüngt werden, dann kann der Dünger das Wasser verschmutzen.

Gewässergüteklassen
Wenn man über die Qualität eines Gewässers spricht, dann nennt man dies auch die **Gewässergüte**. Die Gewässergüte wird in verschiedenen Stufen oder Klassen angegeben, die auch **Gewässergüteklassen** genannt werden (Bild 3). Für jede Gewässergüteklasse werden biologische, physikalische und chemische Merkmale bestimmt. Man untersucht beispielsweise die Konzentration an Schadstoffen, die Sauerstoffversorgung und wie viele und welche Arten von Lebewesen im Gewässer vorkommen. Mithilfe von Beobachtungen und Messergebnissen kann man so beschreiben, welche Gewässergüte ein Gewässer hat.

Gewässer mit einer guten Wasserqualität haben beispielsweise einen hohen Sauerstoffgehalt und einen geringen Schadstoffgehalt. Wenn viele Pflanzen, Algen und Kleinstlebewesen im Wasser sind, dann ist das Wasser meist nur gering belastet. Wenn jedoch wenige Algen, viel Schlamm und wenige Fische vorhanden sind, dann ist dieses Gewässer verschmutzt.

Merkmale des Wassers	Zustand
klar, nährstoffarm, sehr hoher Sauerstoffgehalt, wenig Bakterien, mäßig bis dicht besiedelt mit Algen, Insektenlarven, Strudelwürmer	sehr gut
klar, Nährstoffgehalt gering, sauerstoffreich	
hoher Sauerstoffgehalt, große Artenvielfalt, viele Fischarten	gut
trüb, geringer Sauerstoffgehalt	
trüb, niedriger Sauerstoffgehalt, Schlammablagerungen, wenige Algen, viele Schwämme, Egel, Wasserasseln, Bakterien, Fischsterben	mäßig
trüb, Schlamm, großer Sauerstoffmangel, wenige Fische	unbefriedigend
sehr geringer Sauerstoffgehalt, Fäulnisprozesse, viele Bakterien, keine Fische	schlecht

3 Kriterien für Gewässergüteklassen

Der Sauerstoffgehalt im Wasser
Wenn in einem Gewässer viele Nährstoffe sind, dann können viele Pflanzen wachsen. Wenn die Pflanzen absterben, dann sinken sie auf den Boden des Gewässers und werden dort von Bakterien zersetzt. Die Bakterien benötigen dazu Sauerstoff. Auf diese Weise sinkt der Sauerstoffgehalt des Gewässers, der Schlamm nimmt zu und Tiere können dort nicht mehr leben.

Die chemische Gewässergüte
Im Wasser können sich Stoffe wie Nitrat, Phosphat, Quecksilber, Benzol oder Chrom befinden. Diese Stoffe stammen beispielsweise aus weggeworfenen Medikamenten, Farben und Batterien, aus abgelassenem Öl beim Ölwechsel, aus Waschmitteln und Reinigungsmitteln oder aus der Industrie und der Landwirtschaft. Ab einer bestimmten Konzentration können diese Stoffe Auswirkungen auf die Lebewesen im und am Wasser haben. Daher werden für jeden Stoff bestimmte Werte festgelegt.

Mehr Wasser mit guter Wasserqualität
Die Europäische Union fordert in der **Wasserrahmenrichtlinie**, dass Wasser in ausreichender Menge und hoher Qualität vorhanden sein soll. Außerdem soll es gute Lebensbedingungen für alle Pflanzen und Tiere geben, die im und am Wasser leben. Noch werden die Ziele der Wasserrahmenrichtlinie für viele Gewässer in Deutschland nicht erreicht. Weitere Maßnahmen sind notwendig, um die Verschmutzung zu verringern und die Qualität des Wassers zu verbessern.

Chemikalie	Grenzwert in mg/l
Acrylamid	0,0001
Benzol	0,001
Chrom	0,025
Fluorid	1,5
Nitrat	50
Pestizide	0,0001
Quecksilber	0,001
Uran	0,01

4 Die Grenzwerte für einige Chemikalien laut Trinkwasserverordnung (Stand: 2023)

EXTRA
Wasserschutzgebiete
Das Schild zeigt ein Gebiet an, das als Wasserschutzgebiet eingestuft wurde. Personen, die in ihrem Fahrzeug wassergefährdende Stoffe geladen haben, müssen sich hier besonders vorsichtig verhalten.

Trinkwasser wird besonders geschützt
Die Trinkwasserverordnung regelt die Schadstoffmengen, die im Trinkwasser erlaubt sind. Die Trinkwasseraufbereitungsanlagen müssen regelmäßig Proben nehmen und die Konzentration der Stoffe im Wasser prüfen. Bild 4 zeigt einige Grenzwerte aus der Trinkwasserverordnung. In 1 Liter Wasser dürfen beispielsweise nur höchstens 50 Milligramm Nitrat enthalten sein.

> Die Wasserqualität wird regelmäßig untersucht. Dazu werden biologische, physikalische und chemische Qualitätsmerkmale festgelegt.

AUFGABEN
1 Die Qualität von Gewässern
a Beschreibe, was Gewässergüteklassen sind.
b Nenne mindestens vier Qualitätsmerkmale, die sehr gutes Wasser kennzeichnen.

2 Die chemische Gewässergüte
a Beschreibe, was man unter einem Grenzwert versteht. Gib dazu ein Beispiel aus Bild 4 an.
b Erläutere an zwei Beispielen, wie schädliche Chemikalien ins Wasser gelangen können.

3 Der Schutz von Trinkwasser
a Nenne drei Möglichkeiten, Gewässer vor Verschmutzungen zu schützen.
b Erstellt ein Plakat mit dem Titel „Wir schützen unser Trinkwasser".

Die Übergänge zwischen den Aggregatzuständen

1 Selbst gemachte Eiswürfel brauchen Zeit.

3 Nudeln kommen in siedendes Wasser.

Fabian kümmert sich heute um das Abendessen. Es gibt Nudeln und Limonade. Nachmittags füllt Fabian Wasser in Eiswürfelförmchen und stellt sie ins Gefrierfach, um Eis für die Limonade zu haben.

Gefrieren
Eis ist gefrorenes, also festes Wasser. Wenn die Temperatur unter 0 °C sinkt, dann gefriert das Wasser. Die Temperatur in Fabians Gefrierfach beträgt –18 °C. Nach einigen Minuten scheint Eis in den Förmchen zu sein (Bild 1). Als Fabian einen Eiswürfel berührt, zerbricht eine dünne Eisschicht. Darunter ist das Wasser noch flüssig. Die Eiswürfel **gefrieren** erst nach einer Weile vollständig (Bild 2). Das Wasser gibt Wärme an das Gefrierfach ab und wird dadurch kälter und gefriert.

Schmelzen
Zum Abendessen legt Fabian die fertigen Eiswürfel in die wärmere Limonade. Die Limonade gibt nun die Wärme an die Eiswürfel ab. Die Eiswürfel **schmelzen**, bis das Eis wieder flüssig ist.

Schmelztemperatur und Gefriertemperatur
Wenn die Temperatur über 0 °C steigt, dann **schmilzt** das Eis. Wenn die Temperatur unter 0 °C sinkt, dann **erstarrt** das Wasser (Bild 2). Man sagt auch, das Wasser **gefriert**. Diese Temperatur nennt man daher **Schmelztemperatur** oder **Gefriertemperatur**.

> Wasser hat eine Schmelztemperatur von 0 °C. Das heißt: Wasser wird bei 0 °C flüssig.

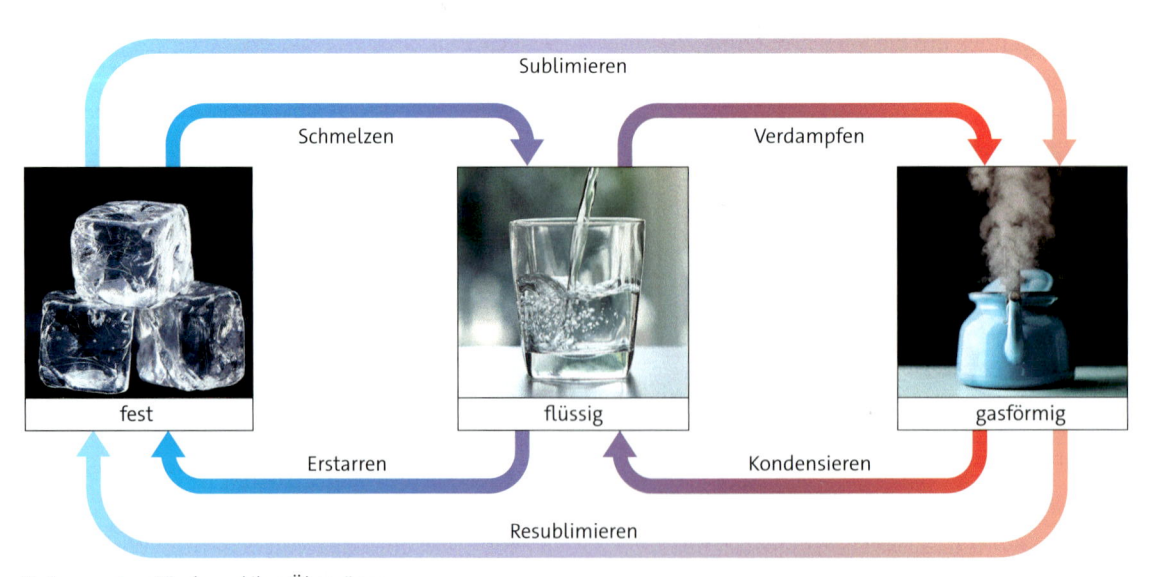

2 Aggregatzustände und ihre Übergänge

fest — Schmelzen → flüssig — Verdampfen → gasförmig
gasförmig — Kondensieren → flüssig — Erstarren → fest
Sublimieren: fest → gasförmig
Resublimieren: gasförmig → fest

Verdampfen

Fabian stellt den Topf mit dem Nudelwasser auf die Herdplatte. Über die Herdplatte wird dem Wasser Energie in Form von Wärme zugeführt. Nach einiger Zeit beginnt das Wasser zu sprudeln, es kocht. In den Naturwissenschaften sagt man statt kochen **sieden**. Das Sprudeln entsteht, weil das Wasser gasförmig wird und die Gasblasen an die Oberfläche steigen. Das gasförmige Wasser entweicht aus dem Topf und verteilt sich in der Küche. Diesen Vorgang bezeichnet man als **Verdampfen** (Bild 2).

Kondensieren

Fabian gibt die Nudeln ins Wasser und legt einen Glasdeckel auf den Topf. Fabian sieht, dass sich am Glasdeckel von innen Wassertropfen bilden. Wenn das gasförmige Wasser auf den kühleren Deckel trifft, gibt es Wärme an den Deckel ab. Das gasförmige Wasser kühlt ab und wird flüssig. Man nennt dies **Kondensieren** (Bild 2).

Die Siedetemperatur

Bei 100 °C siedet Wasser und wird gasförmig. Diese Temperatur, bei der das flüssige Wasser gasförmig wird, nennt man **Siedetemperatur**.

> Wasser hat eine Siedetemperatur von 100 °C. Das heißt: Wasser wird bei 100 °C gasförmig.

Sublimieren und Resublimieren

Obwohl das Eis nicht schmilzt, kann die Eisdecke eines Sees auch bei Temperaturen unter 0 °C dünner werden. Ein Teil des festen Wassers geht, ohne zu schmelzen, direkt in den gasförmigen Zustand über. Diesen Vorgang nennt man **Sublimieren**. Es geht auch umgekehrt. Im Winter kann sich gasförmiges Wasser als Eisblume an einer kalten Glasscheibe niederschlagen (Bild 4). Den Übergang vom gasförmigen in den festen Zustand bezeichnet man als **Resublimieren**.

Aggregatzustände

Im Gefrierfach liegt das Wasser in fester Form vor. Im Nudeltopf ist das Wasser flüssig. Wenn man Wasser bis zum Sieden erhitzt, verdampft es und wird gasförmig. Die unterschiedlichen Zustandsformen fest, flüssig und gasförmig nennt man **Aggregatzustände**.

4 Eine Eisblume

> Wasser kann fest, flüssig oder gasförmig sein. Die unterschiedlichen Zustandsformen nennt man die Aggregatzustände. In welchem Aggregatzustand das Wasser vorliegt, hängt von der Temperatur ab.

AUFGABEN

1 Wasser wechselt den Aggregatzustand
Beschreibe, was man unter Schmelzen, Verdampfen, Kondensieren und Sublimieren versteht.

2 Eiswürfel entstehen
Erläutere, was die Gefriertemperatur ist. Verwende dabei das Beispiel eines Eiswürfels, den du im Gefrierfach herstellst.

3 Beispiele für Aggregatzustandsänderungen
Beschreibe die Aggregatzustandsänderung in den folgenden Beispielen mit den Fachwörtern:
a Im Winter beschlägt eine Brille beim Betreten eines warmen Raumes.

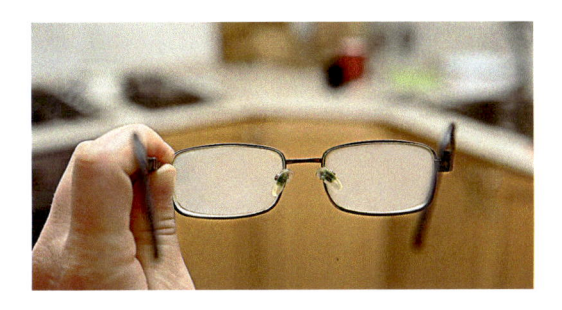

b Im Winter beobachtet man bei trockenem, sonnigem Wetter, dass gewaschene Wäsche gefriert und anschließend trocknet.

Wasser verhält sich anders

1 Getränkeflaschen sollte man nicht im Eisfach vergessen.

2 Die Eiswürfel schwimmen oben, das feste Wachs sinkt.

Eisgekühlte Getränke sind erfrischend. Wer Wasserflaschen im Eisfach abkühlen will, sollte sie dort jedoch nicht vergessen. Denn Wasser verhält sich beim Abkühlen anders als andere Stoffe.

Die Anomalie des Wassers

Die meisten Stoffe ziehen sich zusammen, wenn sie abgekühlt werden, und dehnen sich aus, wenn sie erwärmt werden. Wenn Wasser abgekühlt wird, dann nimmt auch sein Volumen zunächst ab. Beim Wasser gibt es jedoch eine Besonderheit: Wenn Wasser unter 4 °C abgekühlt wird, dann dehnt es sich aus. Das Volumen von Wasser im festen Aggregatzustand ist größer als im flüssigen Aggregatzustand.

Daher kann es passieren, dass eine Flasche Wasser gesprengt wird, wenn das Wasser zu Eis gefriert (Bild 1). Weil dieses Verhalten im Vergleich zu anderen Stoffen nicht normal ist, spricht man von der **Anomalie des Wassers**.

Das Eis schwimmt oben

Bild 2 zeigt, dass Würfel aus festem Wachs in flüssigem Wachs sinken. Festes Wasser, also Eis, ist jedoch leichter als flüssiges Wasser und schwimmt oben. Wasser ist bei einer Temperatur von 4 °C am schwersten.

Das 4 °C warme Wasser befindet sich daher unten im See. Wenn die Temperatur am See unter 0 °C sinkt, befindet sich die Eisschicht jedoch oben. So können die Fische am Grund des Sees überleben, obwohl der See darüber gefroren ist (Bild 3).

> Wenn Wasser unter 4 °C abgekühlt wird, dann dehnt es sich aus. Dies ist die Anomalie des Wassers. Bei 0 °C gefriert Wasser zu Eis. Eis ist leichter als flüssiges Wasser.

AUFGABEN

1 Die Anomalie des Wassers
a Erläutere, was mit den Glasflaschen in Bild 1 passiert ist.
b Erläutere den Unterschied zwischen den beiden Bechergläsern in Bild 2.
c Beschreibe Bild 3.
d Begründe, warum Fische im Winter in einem „zugefrorenen" See überleben können (Bild 3).

3 Die Temperaturen in einem See im Sommer und im Winter

METHODE   Die Siedetemperatur von Wasser bestimmen

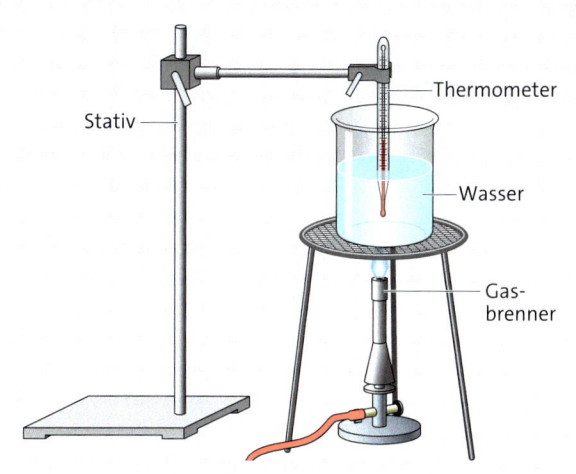

1 Bestimmung der Siedetemperatur

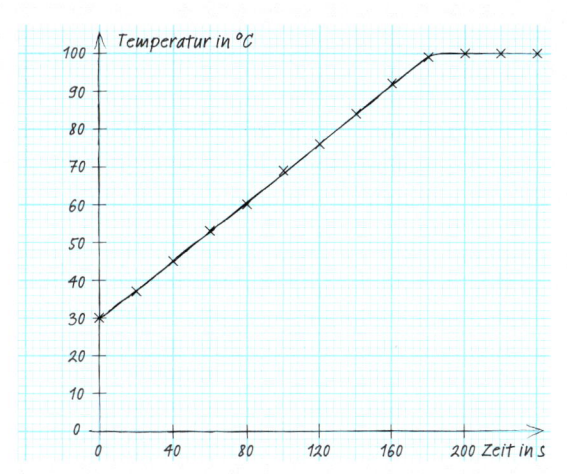

3 Menas Diagramm zeigt ihre Werte als Kurve.

Mena will die Siedetemperatur von Wasser bestimmen und diese grafisch darstellen.

1 Experiment aufbauen
Baue das Experiment wie in Bild 1 auf.

Mena befestigt das Thermometer so, dass es etwa 1 cm tief ins Wasser eintaucht, und erhitzt das Wasser mit dem Gasbrenner.

2 Werte bestimmen
Miss die Temperatur des Wassers in regelmäßigen Zeitabständen.

Mena misst alle 20 Sekunden die Temperatur des Wassers.

3 Tabelle anlegen
Trage die gemessenen Werte in eine Tabelle ein.

Bild 2 zeigt Menas Wertetabelle.

4 Achsen des Diagramms
Erstelle ein Diagramm mit einer waagrechten und einer senkrechten Achse (Bild 3).

Bei Mena ist die waagrechte Achse die Zeit-Achse und die senkrechte Achse die Temperatur-Achse.

5 Maßstab festlegen
Der Maßstab gibt an, wie viele Zentimeter im Diagramm wie vielen Minuten oder wie viel Grad Celsius entsprechen. Wähle den Maßstab so, dass die Werte gut ablesbar sind und das Diagramm auf deine Seite passt.

Mena wählt für ihre x-Achse folgenden Maßstab: 0,5 cm entspricht 20 Sekunden. Für die y-Achse legt sie fest: 1 cm entspricht 20 °C.

6 Die Werte eintragen
Trage jedes Wertepaar aus deiner Wertetabelle mit einem kleinen Kreuz in das Diagramm ein.

Mena überträgt ein Wertepaar, indem sie den x-Wert auf der waagrechten Achse sucht und von dort um den y-Wert senkrecht nach oben geht. Sie markiert den Punkt mit einem Kreuz. Die Kreuze verbindet sie zu einer Kurve.

7 Auswertung
Du erhältst eine Kurve, die zunächst ansteigt und beim Erreichen der Siedetemperatur des Wassers von 100 °C waagrecht verläuft (Bild 3).

Formuliere eine Vermutung, warum Menas gemessener Wert von 100 °C abweichen kann.

Zeit in Sekunden	0	20	40	60	80	100	120	140	160	180	200	220
Temperatur in °C	30	37	45	53	60	69	76	84	92	99	100	100

2 Menas Wertetabelle

WASSER IST LEBENSWICHTIG

METHODE   Masse und Volumen bestimmen

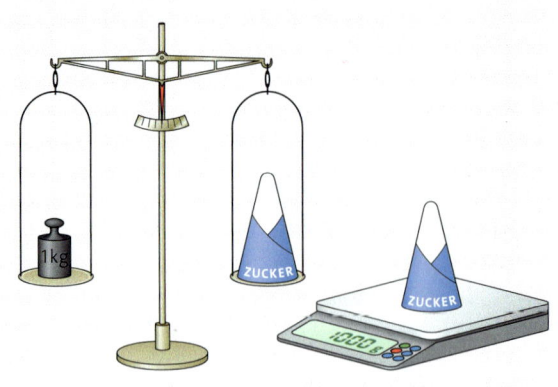

1 Eine Balkenwaage und eine elektronische Waage

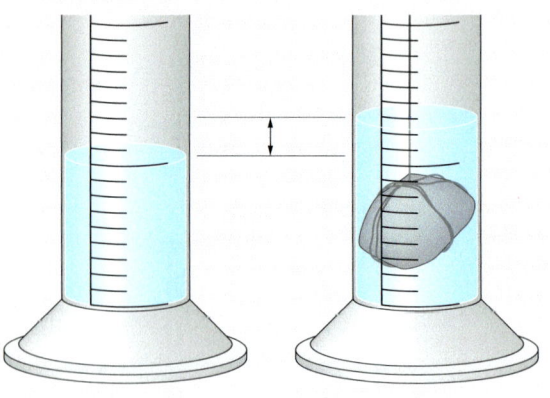

2 Die Steigmethode

Die Masse durch Wiegen ermitteln
Die Masse eines Körpers kannst du mit einer Waage bestimmen. Früher waren Balkenwaagen üblich. Solche Waagen vergleichen die Masse eines Körpers mit einem bekannten Massestück. Heute nutzt du eine elektronische Waage. Die Einheit der Masse ist das Kilogramm.

Das Volumen durch Messen ermitteln
Wenn du das Volumen eines Quaders bestimmen willst, kannst du dies auch durch Messen und Rechnen tun. Du brauchst dazu ein Lineal.

1 Messen
Miss die Länge, die Breite und die Höhe deines Körpers. Notiere die Werte.

2 Berechnen
Das Volumen des Quaders berechnest du mit der Formel: Volumen = Länge · Breite · Höhe

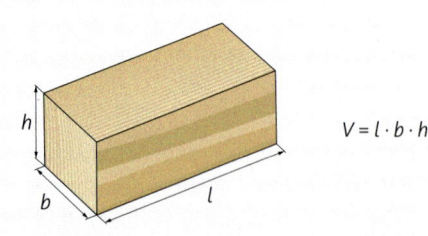

$$V = l \cdot b \cdot h$$

Beachte:
Wenn du die Werte in Zentimetern (cm) gemessen hast und damit das Volumen berechnest, dann hat dein Ergebnis die Einheit Kubikzentimeter (cm³). Du kannst die Einheit cm³ durch Milliliter (ml) ersetzen, denn 1 cm³ entspricht 1 ml.

$$1\,cm^3 \,\hat{=}\, 1\,ml$$

Das Volumen mit der Steigmethode ermitteln
Wenn ein Körper vollständig in Wasser eingetaucht wird, dann verdrängt er genau die Menge Wasser, die seinem Volumen entspricht. Du bestimmst das Volumen des Körpers, indem du den Wasserstand vor und nach dem Eintauchen vergleichst. Du brauchst einen Messzylinder und einen Faden.

1 Vorbereitungen
Fülle den Messzylinder mit Wasser. Lass ausreichend Platz, damit das Wasser später nicht überläuft. Notiere den Wasserstand.

2 Eintauchen
Befestige den Körper an einem Faden. Tauche ihn langsam, aber vollständig in das mit Wasser gefüllte Gefäß. Ziehe ihn nicht heraus.

3 Ablesen
Lies den Wasserstand ab. Der Unterschied zwischen den beiden Wasserständen entspricht dem Volumen des eingetauchten Körpers.

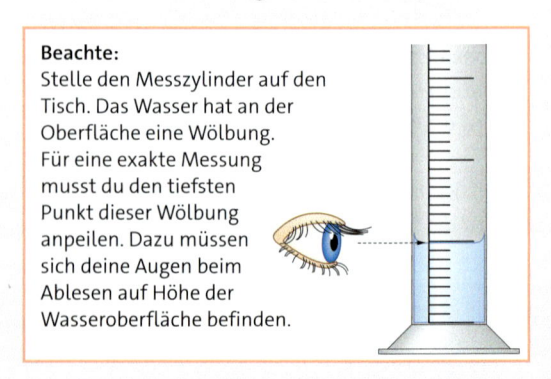

Beachte:
Stelle den Messzylinder auf den Tisch. Das Wasser hat an der Oberfläche eine Wölbung. Für eine exakte Messung musst du den tiefsten Punkt dieser Wölbung anpeilen. Dazu müssen sich deine Augen beim Ablesen auf Höhe der Wasseroberfläche befinden.

WASSER IST LEBENSWICHTIG

Die Dichte

1 Gleiche Masse – unterschiedliches Volumen

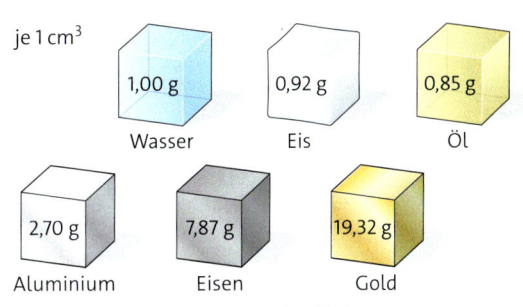

je 1 cm³: Wasser 1,00 g; Eis 0,92 g; Öl 0,85 g; Aluminium 2,70 g; Eisen 7,87 g; Gold 19,32 g

2 Gleiches Volumen – unterschiedliche Massen

Julian behauptet: „100 Gramm Blei sind schwerer als 100 Gramm Federn." Nisa antwortet: „Beide Stoffe sind gleich schwer, sie nehmen nur unterschiedlich viel Raum ein!" Wer hat recht?

Gleiche Masse – unterschiedliche Volumen
Bild 1 zeigt zwei Waagschalen. Auf der einen befinden sich 100 Gramm Federn, auf der anderen 100 Gramm Blei. Es ist deutlich zu sehen, dass beide Stoffe unterschiedlich viel Raum einnehmen. 100 Gramm Federn haben ein größeres Volumen als 100 Gramm Blei. Bei gleicher Masse haben beide Stoffe verschiedene Volumen.

Gleiches Volumen – unterschiedliche Massen
In Bild 2 sind sechs verschiedene Würfel dargestellt, die alle das gleiche Volumen von 1 Kubikzentimeter (cm³) haben. Die Würfel unterscheiden sich jedoch in ihrer Masse. Durch Wiegen kann man herausfinden, welcher Stoff bei gleichem Volumen wie schwer ist.

Masse und Volumen bestimmen die Dichte
Man kann sich Stoffe unterschiedlich dicht gepackt vorstellen. Deswegen spricht man auch von der **Dichte** eines Stoffes. Die Dichte ist eine Stoffeigenschaft. Sie gibt an, welche Masse ein bestimmtes Volumen eines Stoffes hat. Wir können die Dichten von Stoffen gut miteinander vergleichen, wenn wir gleiche Volumen betrachten. In Bild 2 haben wir jeweils ein Volumen von einem Kubikzentimeter.
1 cm³ Eisen wiegt 7,86 g. Daher ist die Dichte von Eisen: 7,86 g pro cm³ oder kürzer: 7,86 g/cm³

> Wasser hat eine Dichte von:
> 1 g/cm³ oder 1 g/ml

Schwimmen, Schweben, Sinken
Ist die Dichte eines Stoffes höher als die von Wasser, sinkt der Körper im Wasser nach unten. Ist die Dichte eines Stoffes gleich der des Wassers, schwebt der Körper im Wasser. Körper, die aus Stoffen mit einer kleineren Dichte als Wasser bestehen, schwimmen oben.

> Bei gleicher Masse hat der Körper mit dem kleineren Volumen die größere Dichte.
> Bei gleicher Masse hat der Körper mit dem größeren Volumen die kleinere Dichte.

AUFGABEN
1 Dichte vergleichen
a Beschreibe, wie die Fachwörter Masse, Volumen und Dichte zusammenhängen.
b Ein Kunststoffwürfel und ein Holzwürfel haben das gleiche Volumen. Beschreibe, wie man feststellen kann, welcher Stoff die kleinere Dichte hat.

2 Schwimmen, Schweben, Sinken
a Beschreibe das Experiment in Bild 3.
b Nenne für jeden Ballon einen Stoff, mit dem er gefüllt sein könnte.

3 Schwimmen, Schweben, Sinken

WASSER IST LEBENSWICHTIG

Schwimmen und Sinken

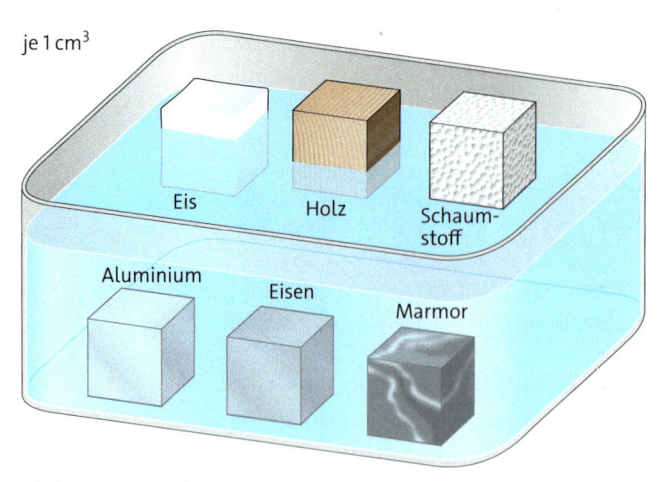

je 1 cm³

1 Körper, die schwimmen oder sinken

2 Ein Schiff schwimmt.

Im Alltag sagt man: Fische schwimmen im Wasser. Sie können in die Tiefe tauchen und wieder hochsteigen. In der Physik spricht man dagegen nur dann von „Schwimmen", wenn ein Körper an der Oberfläche des Wassers treibt.

Das Verhalten verschiedener Würfel
Ein Eiswürfel, ein Holzwürfel und ein Schaumstoffwürfel schwimmen an der Wasseroberfläche (Bild 1). Ein Stahlwürfel, ein Aluminiumwürfel und ein Marmorwürfel sinken im Wasser und liegen auf dem Boden des Gefäßes. Die Dichten von Eis, Schaumstoff und Holz sind kleiner als die Dichte von Wasser (Bild 3). Stahl, Aluminium und Marmor haben eine größere Dichte als Wasser.

Die Bedeutung der Dichte
Ob ein Körper schwimmt oder sinkt, hängt vom Stoff ab, aus dem der Körper besteht. Die Schwimmfähigkeit hängt davon ab, welche Dichte der Stoff hat. Wenn die Dichte des Stoffes kleiner als die Dichte von Wasser ist, steigt der Körper im Wasser auf. Er steigt, bis er die Oberfläche erreicht. Dann schwimmt der Körper. Ein Körper sinkt, wenn die Dichte des Stoffes, aus dem er besteht, größer als die Dichte von Wasser ist.

> Ob ein Körper im Wasser schwimmt oder sinkt, hängt von der Dichte des Stoffes ab, aus dem der Körper besteht:
> Wenn die Dichte des Körpers kleiner ist als die Dichte von Wasser, schwimmt der Körper.
> Ist die Dichte des Körpers größer als die Dichte von Wasser, sinkt er.

Stoff	Dichte in g/m³
Stahl	7,8
Aluminium	2,7
Wasser	1,00
Kunststoff (PE)	0,95
Eis	0,92
Fichtenholz	0,46
Schaumstoff	0,35
Luft	0,001

3 Die Dichte einiger Stoffe

Warum schwimmt ein Schiff?
Ein Schiff besteht aus vielen verschiedenen Stoffen: Der Schiffsrumpf ist aus Stahl, im Schiff sind weitere Metalle, Holz, Kunststoffe und viele andere Stoffe verbaut. Die Tanks enthalten Öl. Dazu kommt die Luft, die sich in den Hohlräumen im Schiffsinneren befindet (Bild 2).
Das Schiff schwimmt, weil seine mittlere Dichte kleiner als die Dichte von Wasser ist. Die mittlere Dichte eines Körpers ergibt sich aus den Dichten aller am Körper beteiligten Stoffe. Beim Schiff wird die mittlere Dichte aus den Dichten von Stahl, weiteren Metallen, Holz, Kunststoffen und Luft gebildet. Die geringe Dichte der Luft ist entscheidend dafür, dass die mittlere Dichte des Schiffs kleiner als die Dichte von Wasser ist (Bild 3). Die Luft bewirkt, dass das Schiff schwimmt.

> Wenn ein Körper verschiedene Stoffe enthält, entscheidet die Gesamtdichte des Körpers, ob er schwimmt oder sinkt.

4 Das Anlegen einer Hydrokultur

5 Ein Wasserstandsanzeiger

Wasserstandsanzeiger

Ein Wasserstandsanzeiger ist ein Gerät, das anzeigt, wie hoch das Wasser in einem Gefäß steht. Der **Wasserstandsanzeiger** kommt zum Beispiel bei Hydrokulturen zum Einsatz. Bei einer Hydrokultur wächst eine Pflanze nicht in Blumenerde, sondern in einem Topf mit kleinen Tonkügelchen und einer Nährlösung (Bild 4). Mit einem Wasserstandsanzeiger kann man kontrollieren, ob die Pflanze genügend Wasser hat (Bild 5).

Der Wasserstandsanzeiger funktioniert mithilfe eines Schwimmers. Ein Schwimmer ist ein Körper, der eine geringere Dichte als Wasser hat und daher auf dem Wasser schwimmt. Der Schwimmer ist mit einem Messstab verbunden. Schwimmer und Messstab befinden sich in einem durchsichtigen Kunststoffröhrchen. In diesem können sie sich mit dem Wasserstand auf und ab bewegen. Am Kunststoffröhrchen ist eine Messskala angebracht. An dieser kann man den Wasserstand ablesen.

AUFGABEN

1 Schwimmende Körper
a ☒ Beschreibe, wann ein Körper auf dem Wasser schwimmt.
b ☒ Entnimm der Tabelle in Bild 3, welche Stoffe auf dem Wasser schwimmen.

2 Wasserstandsanzeiger
a ☒ Beschreibe die Funktionsweise eines Wasserstandsanzeigers anhand von Bild 5.
b ☒ Nenne einen Stoff, aus dem der Schwimmer bestehen kann.

3 Warum Cola light?
☒ Lege eine Flasche mit Cola und eine mit Cola light in eine Wanne mit Wasser. Notiere deine Beobachtungen und erkläre sie.

4 Flaschen schwimmen und sinken
Zwei Trinkflaschen aus Aluminium und eine Kunststoff-flasche werden in eine Wanne mit Wasser gegeben (Bild 6).

a ☒ Nenne Stoffe, die sich in den Flaschen befinden könnten.
b ☒ Begründe, warum du diese Stoffe gewählt hast.

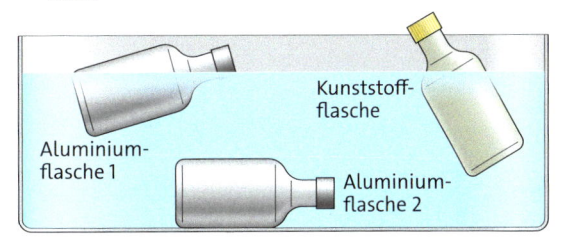

6 Flaschen schwimmen und sinken

5 Tauchgang der Rosinen
☒ Lass einige Rosinen in ein Glas mit Wasser fallen. Notiere deine Beobachtungen und erkläre sie.

WASSER IST LEBENSWICHTIG

kayapo

Das Schweben

1 Ein Taucher bei Unterwasserarbeiten

2 Schweben unter Wasser

Ein Taucher kann im Wasser in die Tiefe tauchen und wieder hochsteigen. Er kann sich aber auch ohne zu sinken oder zu steigen unter Wasser halten. Dann sagt man: Der Taucher schwebt.

Schweben im Gleichgewicht

Ein Körper schwebt im Wasser, wenn er weder sinkt noch steigt. Ein Körper kann dann schweben, wenn seine mittlere Dichte genauso groß ist wie die Dichte des Wassers, das ihn umgibt. Der Taucher in Bild 1 schwebt im Wasser. Durch den hohen Luftanteil in seinem Taucheranzug würde er auf dem Wasser schwimmen. Deshalb legt er einen Bleigürtel an, um seine Masse und damit seine mittlere Dichte zu vergrößern.

> Ein Körper schwebt im Wasser, wenn die mittlere Dichte des Körpers gleich der Dichte von Wasser ist.

Tarieren durch Änderung des Volumens

Der Taucher in Bild 1 hat eine Weste an, mit der er sein Volumen verändern kann. Die Weste ist über einen Schlauch an die Druckgasflasche angeschlossen. Über Knopfdruck kann der Taucher Luft in die Weste blasen. Dadurch nimmt das Volumen zu, die Masse ändert sich aber so gut wie nicht. Er bläst so lange, bis die mittlere Dichte von Taucher mit Weste gleich groß wie die Dichte des Wassers ist. Diesen Vorgang nennt man **Tarieren**. Wenn der Taucher tariert hat, kann er in der gewünschten Wassertiefe schweben.

Man kann auch mit der Lunge tarieren: Die Frau in Bild 2 kann frei im Wasser schweben, indem sie die passende Menge Luft ausatmet.

> Die Gesamtdichte eines Körpers lässt sich regulieren, indem man bei gleichbleibender Masse das Volumen ändert.

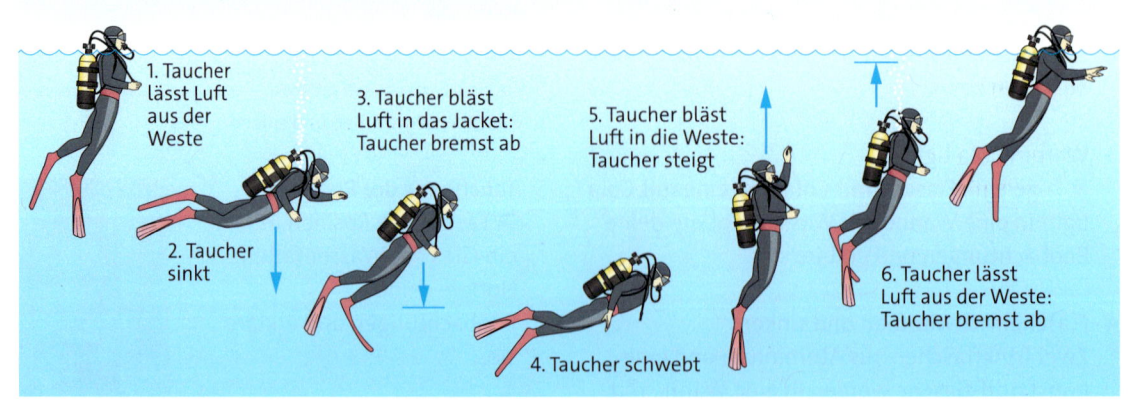

1. Taucher lässt Luft aus der Weste
2. Taucher sinkt
3. Taucher bläst Luft in das Jacket: Taucher bremst ab
4. Taucher schwebt
5. Taucher bläst Luft in die Weste: Taucher steigt
6. Taucher lässt Luft aus der Weste: Taucher bremst ab

3 Ein Tauchgang mit Weste

Tarieren durch Änderung der Masse

U-Boote können im Wasser schwimmen, abtauchen, auftauchen und schweben. Wie funktioniert das? Ein U-Boot hat sogenannte Ballasttanks. Das sind Kammern, die mit Wasser oder Luft befüllt werden. Dadurch verändert sich die Masse des U-Boots. Sein Volumen bleibt aber gleich.

Schwimmen: Wenn die Ballasttanks nur Luft enthalten, ist die mittlere Dichte des U-Boots kleiner als die Dichte des Wassers. Trotz seiner Stahlwände kann das U-Boot daher schwimmen.

Sinken: Wenn das U-Boot zum Sinken gebracht werden soll, muss seine mittlere Dichte erhöht werden. Dazu wird so lange Meerwasser in die Ballasttanks gefüllt bis die mittlere Dichte des U-Boots größer als die Dichte des Wassers ist.

Steigen: Wenn das U-Boot auftauchen will, wird Wasser aus den Ballasttanks mit Pressluft herausgepumpt. Die mittlere Dichte des U-Boots ist nun kleiner als die Dichte des Wassers. Das U-Boot steigt.

Schweben: Um das U-Boot zum Schweben zu bringen, muss seine mittlere Dichte der Dichte des Wassers angepasst werden: Das U-Boot wird tariert. Dazu wird in die Ballasttanks Wasser geleitet oder das Wasser wird mit Pressluft herausgepresst.

> Die mittlere Dichte eines Körpers kann man regulieren, indem man bei gleichbleibendem Volumen die Masse ändert.

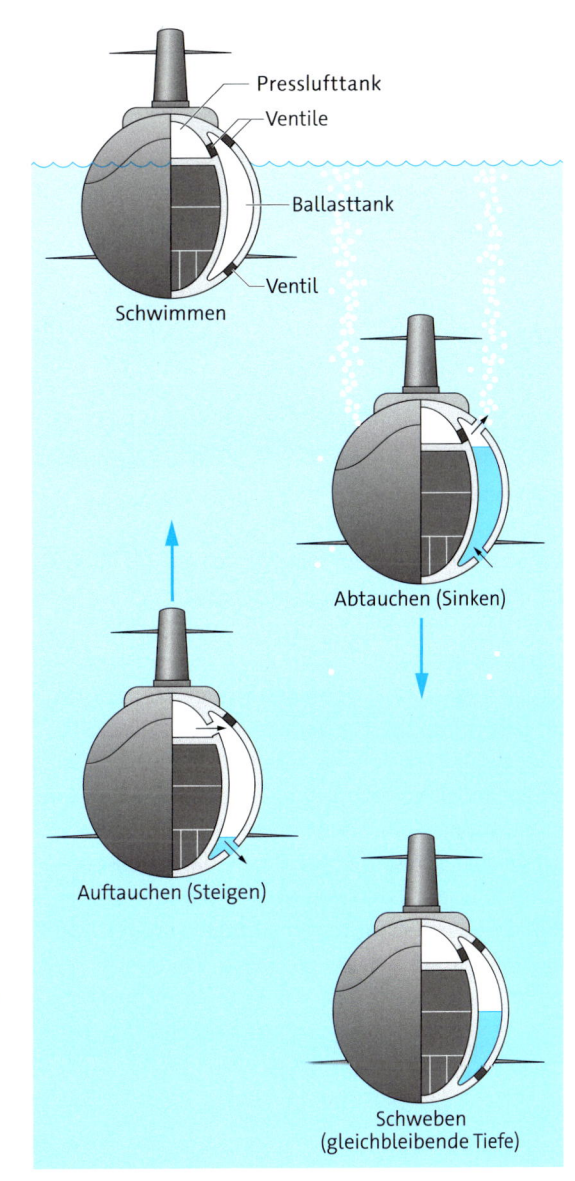

4 Tarieren beim U-Boot

AUFGABEN

1 Schweben
a Beschreibe, was man unter Schweben versteht.
b Nenne drei Beispiele für Körper, die im Wasser schweben können.

2 Tauchen
a Beschreibe, was der Taucher in Bild 2 machen muss, um tiefer zu sinken.
b Begründe, warum der Taucher sinkt.

3 Ein U-Boot taucht auf
a Beschreibe, wie ein U-Boot zum Steigen gebracht wird. Verwende den Begriff Ballasttank.
b Begründe, warum das U-Boot steigt. Verwende den Begriff mittlere Dichte.

4 Schwimmhilfe für Kinder
Einem Kind werden Schwimmflügel angelegt. Erkläre, wie sich die folgenden Werte verändern: Volumen, Masse und mittlere Dichte

Fische leben im Wasser

1 Die Forelle schwebt im Wasser.

Die Bachforelle lebt im Wasser. Sie kann im Wasser schweben, aufsteigen oder absinken.

Leben im Wasser

Fische sind durch die **spindelförmige** Körperform und die schuppige Haut an das Leben im Wasser angepasst. Wenn ein Fisch sich im Wasser fortbewegen möchte, dann bewegt er die **Flossen** mithilfe von Muskeln. Fische atmen mit **Kiemen**. Wenn ein Fisch sein Maul öffnet, dann fließt frisches Wasser zu den Kiemen. An den Kiemen finden die Sauerstoffaufnahme und die Kohlenstoffdioxidabgabe statt.

Schweben im Wasser

Ein Fisch schwebt im Wasser, wenn er genauso viel Wasser verdrängt, wie er wiegt. Mit der Tiefe nimmt der Druck des Wassers zu, dieser wirkt auf den Fisch ein. Körper und Schwimmblase werden zusammengedrückt, sodass der Fisch jetzt weniger Wasser verdrängt als zuvor. Seine Masse bleibt aber gleich. Daher würde der Fisch nun zu Boden sinken. Das wird verhindert, indem so viel Gas in die Schwimmblase gegeben wird, dass das Wasser, das der Fischkörper jetzt verdrängt, wieder genauso viel wiegt wie er selbst.

> Fische sind spindelförmig und atmen mit Kiemen. Mithilfe von Flossen und Schwimmblase schwimmen und schweben sie im Wasser.

AUFGABEN

1 **Angepasstheit der Fische**
   Nenne drei Angepasstheiten der Fische an den Lebensraum Wasser.

2 **Fische schweben**
a Nenne das Fachwort für das Organ, dass der Fisch zum Schweben benötigt.
b Erkläre, wie ein Fisch seine Dichte anpasst, um zu schweben. Nutze Bild 2.

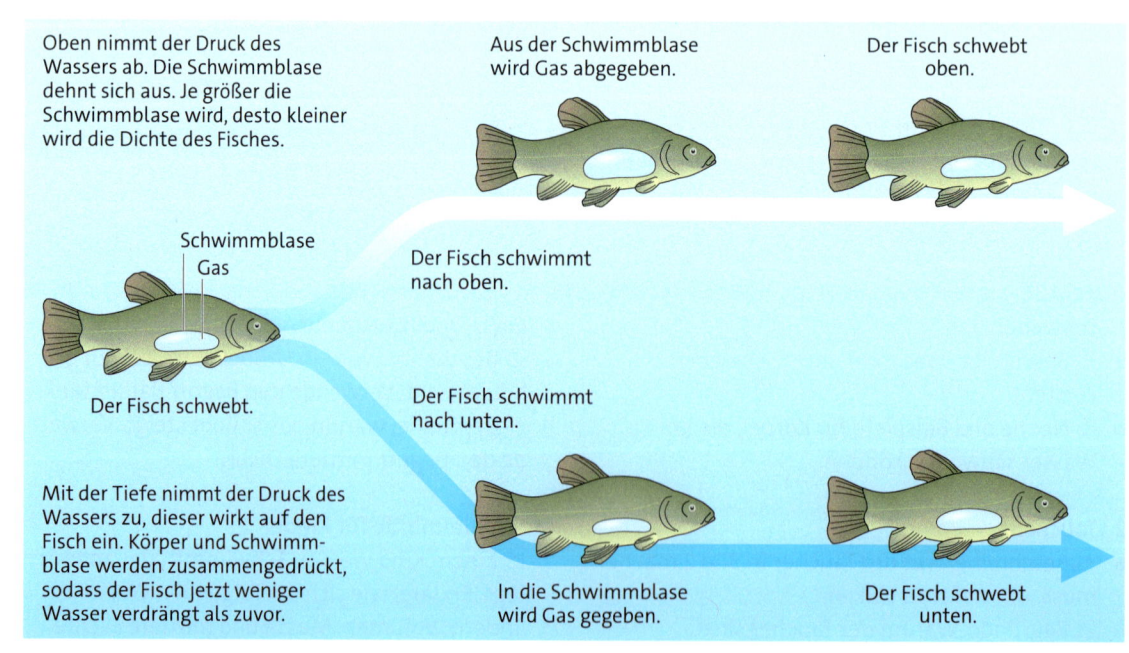

Oben nimmt der Druck des Wassers ab. Die Schwimmblase dehnt sich aus. Je größer die Schwimmblase wird, desto kleiner wird die Dichte des Fisches.

Aus der Schwimmblase wird Gas abgegeben.

Der Fisch schwebt oben.

Schwimmblase
Gas

Der Fisch schwimmt nach oben.

Der Fisch schwebt.

Der Fisch schwimmt nach unten.

Mit der Tiefe nimmt der Druck des Wassers zu, dieser wirkt auf den Fisch ein. Körper und Schwimmblase werden zusammengedrückt, sodass der Fisch jetzt weniger Wasser verdrängt als zuvor.

In die Schwimmblase wird Gas gegeben.

Der Fisch schwebt unten.

2 Ein Fisch kann mithilfe der Schwimmblase in verschiedenen Wassertiefen schweben.

PRAXIS Schwimmen wie ein Fisch

A Die Körperform untersuchen

Material:
Knetmasse, Waage, 2 hohe Standzylinder, starker Draht, Wasser

Durchführung:
– Stellt aus der Knetmasse vier gleich schwere Stücke her. Wiegt sie dazu mit der Waage.
– Formt aus den Stücken einen Würfel, einen Zylinder, einen Tropfen und eine Scheibe (Bild 1).
– Füllt beide Standzylinder mit Wasser.
– Haltet nun jeweils ein Knetstück über jeden Standzylinder. Lasst die beiden Knetstücke gleichzeitig los und beobachtet, wie sie zu Boden sinken. Holt dann die Knetstücke mit dem Draht wieder aus dem Wasser.
– Notiert die Formen der beiden Körper auf einem Zettel und streicht den Namen der langsamer sinkenden Form durch.
– Wiederholt das Experiment so oft, bis ihr alle Formen gegeneinander getestet habt.

Auswertung:
1 Erstellt ein Protokoll zu eurem Experiment.
a Formuliert eine Frage und eine Vermutung.
b Notiert das Material und die Durchführung.
c Fügt eure Notizen mit den Ergebnissen ein.
d Wertet eure Ergebnisse aus. Welche Körperform sinkt am schnellsten zu Boden?
e Begründet mithilfe eurer Ergebnisse den Vorteil der Körperform von Fischen.
f Notiert mögliche Fehler, die beim Experiment zu falschen Ergebnissen führen können.

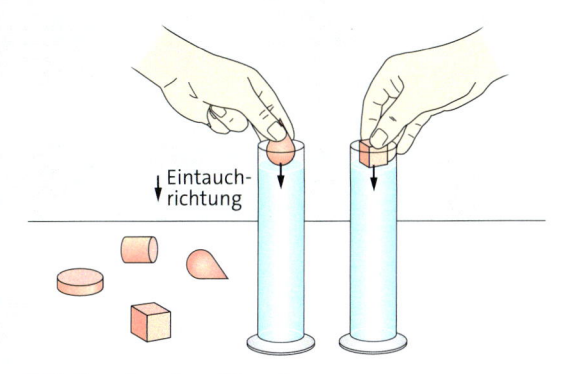

1 Ein Experiment zur Körperform

B Die Haut im Modell untersuchen

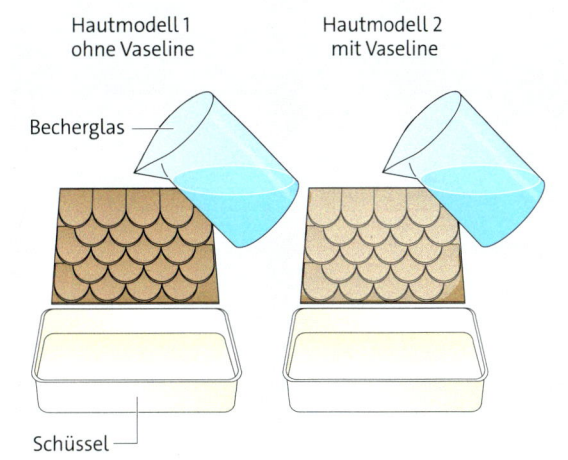

2 Ein Modell zum Bau der Fischhaut

Material:
2 Stück dickerer Pappkarton (je 15 cm × 15 cm), 1 DIN-A4-Zeichenkarton, Schere, Kleber, Vaseline, Becherglas, Wasser, große Schüssel

Durchführung:
– Baut ein Modell der Fischhaut. Schneidet dazu aus dem Zeichenkarton 40 große Papierschuppen aus und klebt je 20 auf jeden Pappkarton wie in Bild 2 gezeigt.
– Bestreicht eines der beiden Hautmodelle mit Vaseline.
– Haltet das Modell ohne Vaseline schräg über die Schüssel. Schüttet nun langsam Wasser über das Hautmodell.
– Wiederholt das Vorgehen mit dem Modell, das mit Vaseline bestrichen ist.
– Beschreibt eure Beobachtungen.

Auswertung:
1 Ordnet den Bauteilen der Modelle die entsprechenden Teile des Fischkörpers zu.
2 Formuliert die Frage, die mit dem Experiment beantwortet werden soll.
3 Notiert, was ihr bei der Durchführung des Experiments beobachten konntet.
4 Erklärt mithilfe der Ergebnisse des Experiments, welche Bedeutung die Schleimschicht auf der Körperoberfläche von Fischen hat. Bedenkt dabei auch, wie sich die Vaseline angefühlt hat.

WASSER IST LEBENSWICHTIG

Der Lebensraum See

1 Menschen nutzen Seen zum Baden

Endlich Sommer! Es ist warm und sonnig. Ida und ihre Freunde baden in einem See. Für Menschen sind Seen Orte für Freizeitspaß und Entspannung.

Die Umweltfaktoren im und am See
Jeder See hat ein Ufer, einen Seeboden und einen Bereich mit Freiwasser. Dort gibt es verschiedene Pflanzen und Tiere. Das Licht, die Temperatur, der Wind, das Wasser und der Boden bestimmen die Bedingungen für die Lebewesen.

Das Licht
Die Jahreszeit und das Sonnenlicht bestimmen, ab welcher Tiefe es im See dunkel ist. Im Wasser schweben kleine Pflanzen und Tiere, die das Wasser trüben. Wenn es im Sommer warm und hell ist, dann wachsen viele Pflanzen im Wasser. Auch kleine Lebewesen wie Wasserflöhe vermehren sich stark. Je mehr Lebewesen es in einem See gibt, desto weniger tief kann man in einen See schauen.

Die Temperatur
Die Jahreszeit, das Sonnenlicht und die Wassertiefe beeinflussen die Temperatur des Wassers im See. In flachen Seen ist die Temperatur meist überall gleich. In tiefen Seen entstehen im Sommer und im Winter unterschiedlich warme Wasserschichten (Bild 2A und 2C). Wasser mit einer Temperatur von 4 °C sinkt im See nach unten. Weil das Wasser in tiefen Seen im Winter nicht gefriert, können hier Tiere überwintern.

Die Mineralstoffe
Wenn tote Lebewesen im See zersetzt werden, dann werden viele Mineralstoffe frei. Sie gelangen in das Seewasser und in den Seeboden. Durch Bäche und bei Regen werden weitere Mineralstoffe in den See geschwemmt. Die Mineralstoffe wirken auf Pflanzen und Algen wie Dünger. Dadurch wachsen die Pflanzen und Algen stark.

Der Sauerstoff
Im Seewasser sind auch Gase wie Sauerstoff und Kohlenstoffdioxid gelöst. Die Lebewesen nehmen den Sauerstoff beim Atmen aus dem Wasser auf und geben Kohlenstoffdioxid ab. Kaltes Wasser enthält mehr Sauerstoff als warmes Wasser. In den Wasserschichten, in die das Sonnenlicht gelangt, produzieren Wasserpflanzen und Algen sehr viel Sauerstoff. Am Seeboden ist es dunkel. Hier ist das Wasser sauerstoffarm. Im Frühjahr und im Herbst durchmischen sich die Wasserschichten. Dadurch gelangt sauerstoffreiches Wasser in die Tiefe. Außerdem hat dann das Wasser überall im See die gleiche Temperatur (Bild 2B).

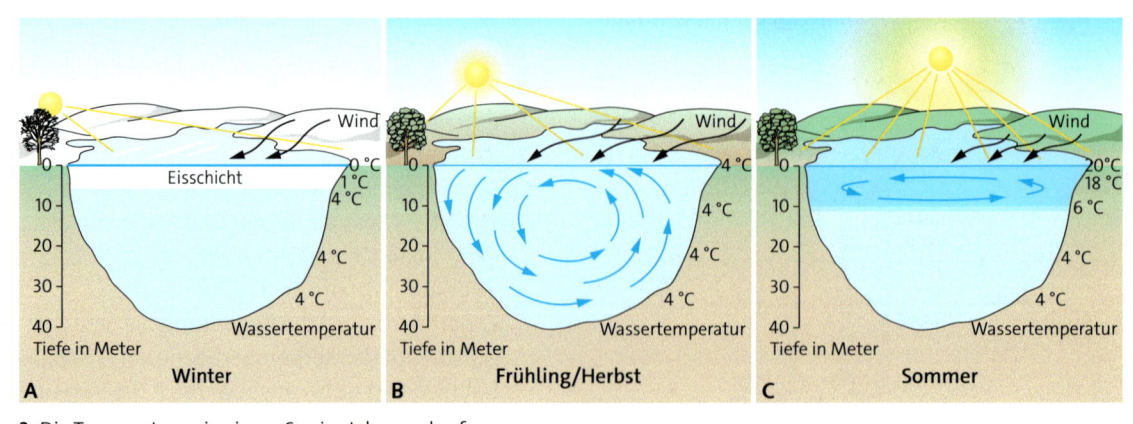

2 Die Temperaturen in einem See im Jahresverlauf

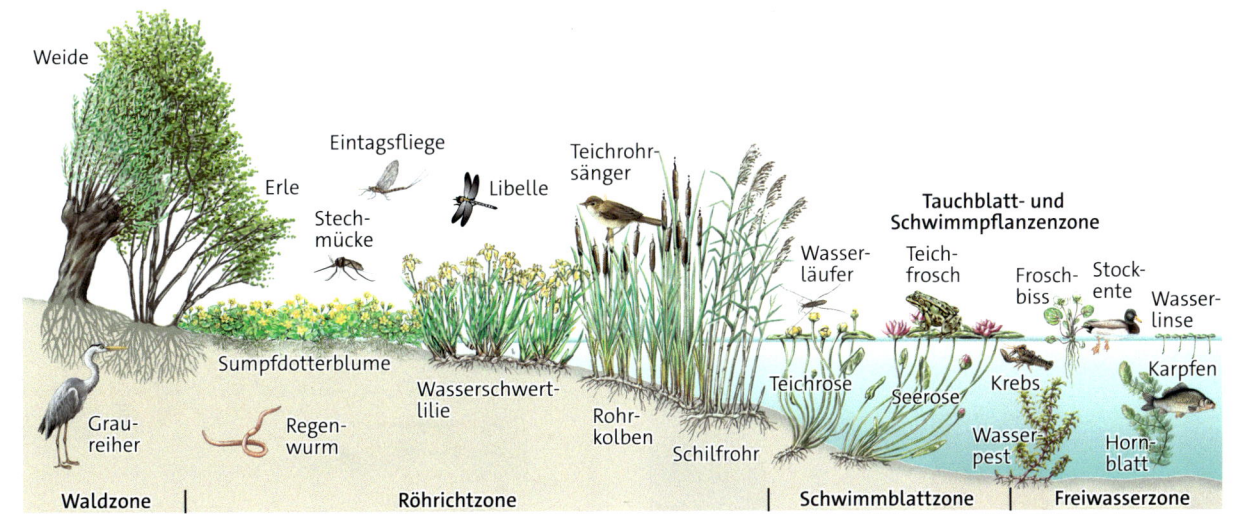

3 Die Tiere und Pflanzen in den Zonen im See

Die Pflanzen am und im See

In Bild 3 siehst du, dass der See in verschiedene Bereiche eingeteilt wird. Ein anderes Wort für Bereich ist Zone. In der ersten Zone wachsen Weiden und Erlen. An diesen Bäumen erkennt man die **Waldzone**. Pflanzen, die auf feuchtem Boden am Wasser wachsen, heißen **Feuchtpflanzen**. In der nächsten Zone findet man Rohrkolben und Schilfrohr. Sie gehören zu den Röhrichtgewächsen. Nach ihnen ist diese **Röhrichtzone** benannt. Hier wachsen auch Sumpfdotterblumen und Wasserschwertlilien (Bild 3). Pflanzen, die im Wasser wachsen, heißen **Wasserpflanzen**. Beispiele sind Teichrosen und Seerosen. Ihre Wurzeln sind im Seeboden verankert. Die Blätter schwimmen an der Wasseroberfläche. Daher spricht man von der **Schwimmblattzone**. Auch Wasserpest und Hornblatt sind Wasserpflanzen (Bild 3). Sie leben komplett untergetaucht, deshalb heißt diese Zone **Tauchblattzone**. Im Freiwasser wachsen Wasserlinse und Froschbiss. Weil das Licht hier nicht bis zum Seeboden gelangt, schwimmen sie an der Wasseroberfläche. Daher heißt diese Zone **Schwimmpflanzenzone**.

Die Tiere am und im See

Am Ufer bieten Bäume, Sträucher und Röhricht Verstecke und Nistplätze für Graureiher, Bachstelzen und Teichrohrsänger. Die Vögel ernähren sich von Insekten wie Käfern, Mücken und Eintagsfliegen. Im weichen Uferboden leben Regenwürmer. In der Schwimmblattzone und der Tauchblattzone leben Krebse, Wasserläufer und Libellen. Auf den Schwimmblättern der Seerosen sitzen Frösche. Im Freiwasser leben vor allem Fische wie Barsche, Hechte und Karpfen. Auf dem Wasser schwimmen Enten und Schwäne.

> Ein See ist in verschiedene Zonen eingeteilt. Die Umweltfaktoren in den Zonen bestimmen, welche Tiere und Pflanzen dort leben.

AUFGABEN

1 Die Umweltfaktoren
a Fülle die Lücken im Text: *Je tiefer im See, desto ... Licht. Je tiefer im See, desto ... Sauerstoff. Je tiefer im See, desto ... die Temperatur. Je mehr Mineralstoffe im Wasser sind, desto ... das Pflanzenwachstum.*
b Beschreibe, wie sich die Temperatur und die Sauerstoffmenge im See im Jahresverlauf verändern.

2 Die Lebewesen
a Erstelle eine Tabelle mit drei Spalten. Notiere in der ersten Spalte die Namen der fünf Zonen eines Sees. Notiere in der zweiten und dritten Spalte für jede Zone zwei Pflanzen und zwei Tiere, die dort leben.
b Nenne drei Vögel, drei Insekten und drei Fische, die am und im See leben.
c Beschreibe, wie sich Feuchtpflanzen und Wasserpflanzen unterscheiden.

TESTE DICH!

1 Das Wasservorkommen ↗ S. 288

a 🖉 Bild 1 zeigt die Verteilung von Süßwasser und Salzwasser auf der Erde. Zeichne das Bild in dein Heft und beschrifte die linke Säule.

b ✖ Wo befindet sich der größte Teil des auf der Erde vorkommenden Süßwassers? Beschrifte die rechte Säule.

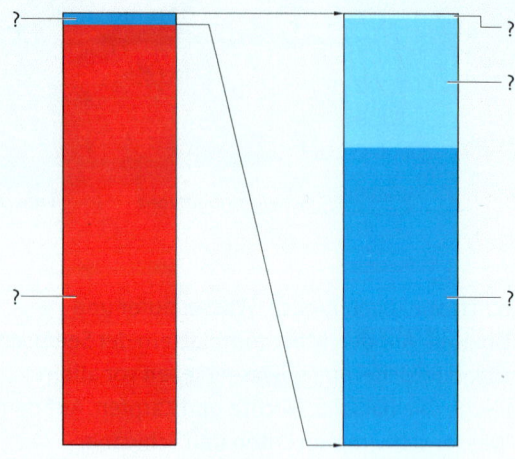

1 Die Verteilung von Süßwasser und Salzwasser

2 Nutzung von Wasser ↗ S. 288, 290/291, 293, 295

a 🖉 Nenne die Menge an Wasser, die ein Mensch täglich trinken sollte.

b 🖉 Nenne zwei Nutzungsmöglichkeiten von Wasser in der Technik.

c ✖ Nenne vier Verwendungsmöglichkeiten für Trinkwasser im Haushalt.

d 🖉 Nenne zwei Gewässerarten, aus denen Trinkwasser gewonnen wird.

e ✖ Begründe, warum die Trinkwasserqualität besonders gut überwacht wird.

f ✖ Nenne drei verschiedene Ursachen für die Gefährdung des Trinkwassers.

g ✖ Nenne zwei Ursachen, warum Menschen keinen Zugang zu sauberem Trinkwasser haben.

3 Die Kläranlage ↗ S. 298

a 🖉 Nenne die drei Reinigungsstufen einer Kläranlage.

b ✖ Beschreibe die Abläufe in den einzelnen Reinigungsstufen in ein bis zwei Sätzen pro Reinigungsstufe.

c ✖ Erläutere die Aussage: „Die Wassermenge auf der Erde bleibt immer gleich, aber die Sauberkeit des Wassers verändert sich."

4 Wasser verhält sich anders ↗ S. 304

2 Angeln im Eis

a 🖉 Zeichne eine Übersicht der Aggregatzustände des Wassers und benenne die Übergänge.

b ✖ Erläutere, wieso man durch ein Loch im zugefrorenen See einen Fisch angeln kann (Bild 2).

5 Dichte in der Küche ↗ S. 308/309

Wird Eiweiß zu Eischnee geschlagen, nimmt sein Volumen zu, aber die Masse bleibt gleich.

a 🖉 Begründe, warum die Dichte des Eischnees kleiner ist als die Dichte des Eiweißes.

b ✖ Lässt man Eischnee zu lange stehen, fällt er wieder zusammen. Beschreibe, wie sich dabei die Dichte verändert.

6 Schwimmen, Schweben, Sinken ↗ S. 308/309

3 Ein Experiment mit Kugeln

Bei zwei gleichen Stahlkugeln wird das Verhalten im Wasser untersucht. Die eine Kugel wird ins Wasser gelegt, die andere Kugel wird in ein Plastik-Ei gesteckt (Bild 3).

a 🖉 Beschreibe, wann ein Gegenstand im Wasser schwimmt, schwebt oder sinkt.

b ✖ Erkläre, warum die einzelne Kugel sinkt und die Kugel im Plastik-Ei schwimmt.

ZUSAMMENFASSUNG Wasser ist lebenswichtig

Das Wasservorkommen auf der Erde

Trinkwasser 1 %
Süßwasser (Eis) 2 %
Salzwasser 97 %

Die Wassernutzung
Wasser
- ist für alle Lebewesen lebensnotwendig.
- steht vielen Menschen nicht in Form von sauberem Trinkwasser zur Verfügung.

Wasser aus Grundwasser, Oberflächenwasser und Fließgewässern wird vielseitig genutzt:
- als Lösungsmittel
- als Trinkwasser
- als Mineralwasser
- als Lösungsmittel
- als Kühlmittel
- zur Energiegewinnung
- als Transportmittel

Das Trinkwasser
Trinkwasser
- kann aus Grundwasser und Oberflächenwasser gewonnen werden.
- wird in **Trinkwasseraufbereitungsanlagen** von Schmutz, Krankheitserregern und Schadstoffen befreit.
- wird regelmäßig nach der **Trinkwasserverordnung** geprüft, um die Menschen vor gesundheitlichen Gefahren zu schützen.
- wird zur Körperpflege, für die Toilettenspülung, zum Wäschewaschen, zum Geschirrspülen und als Lebensmittel verwendet.

Methoden der Trennung von wässrigen Stoffgemischen
- Sieben
- Filtrieren
- Eindampfen
- Sedimentieren
- Dekantieren
- Adsorbieren

Die Kläranlage
Reinigung von Abwasser in drei Stufen:
1. Stufe: **mechanische** Reinigung (Rechen, Filtration)
2. Stufe: **biologische** Reinigung (Kleinstlebewesen)
3. Stufe: **chemische** Reinigung (Fällmittel)

Die Aggregatzustände des Wassers
Den Aggregatzustand eines Stoffes kann man durch Zufuhr oder Abgabe von Wärme ändern:

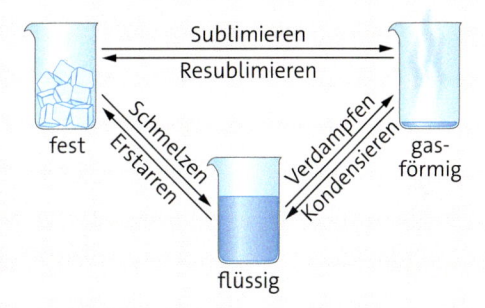

fest — Sublimieren / Resublimieren — gasförmig
Schmelzen / Erstarren — flüssig — Verdampfen / Kondensieren

Die Anomalie des Wassers
Anomalie des Wassers: Wasser dehnt sich im Gegensatz zu anderen Stoffen aus, wenn es unter 4 °C abgekühlt wird.

Die Dichte
- Stoffeigenschaft, gibt an, welche Masse ein bestimmtes Volumen eines Stoffes hat.
- Bei gleicher Masse hat der Körper mit kleinerem Volumen die größere Dichte.
- Bei gleicher Masse hat der Körper mit dem größeren Volumen die kleinere Dichte.

Schwimmen, Schweben, Sinken
- Wenn die Dichte des Körpers kleiner ist als die von Wasser, dann **schwimmt** er.
- Wenn die mittlere Dichte des Körpers gleich ist wie die von Wasser ist, dann **schwebt** er.
- Wenn die Dichte des Körpers größer als die von Wasser, dann **sinkt** er.

Die Angepasstheit von Fischen an Wasser
- sind **spindelförmig** und atmen mit **Kiemen**
- schwimmen mithilfe von **Flossen**
- schweben mithilfe der **Schwimmblase**

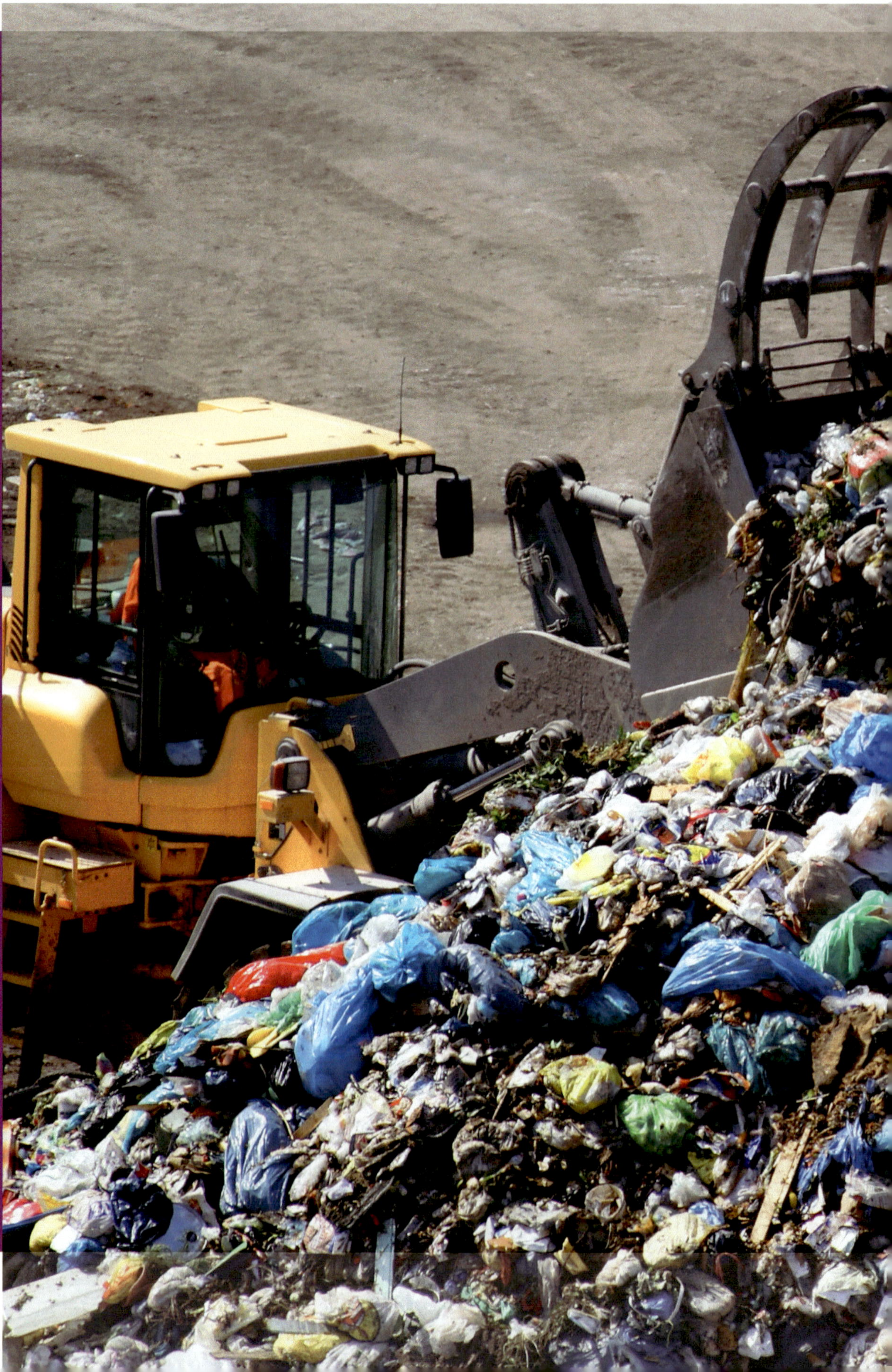

Abfalltrennung und Recycling

In diesem Kapitel erfährst du,
- … aus welchen Stoffen Müll besteht.
- … wie man verschiedene Materialien trennen kann.
- … aus welchen Schichten ein Verbundstoff aufgebaut ist.
- … wie man Problemmüll entsorgt.
- … wie man Papier recyceln kann.
- … wie in der Natur Stoffe wiederverwertet werden.
- … wie du selbst Müll vermeiden kannst.

Müll trennen und wiederverwerten

1 Die Kinder sammeln Müll im Wald.

2 Sperrmüll am Straßenrand

Im Alltag fällt bei vielen Tätigkeiten Abfall an. Auch im Wald kannst du über weggeworfene Dinge stolpern. Der Abfall wird auf unterschiedlichste Arten beseitigt und vielfach auch als Rohstoff für neue Produkte verwendet.

Was ist Müll?
Als **Müll** oder **Abfall** bezeichnet man Gegenstände, die nicht mehr benötigt werden. Dazu gehören auch Behälter, die flüssige oder gasförmige Stoffe enthalten. Chemische Rückstände wie Abwässer oder Abgase nennt man Abfallstoffe.

Müll im Haushalt
In allen Bereichen des Haushalts fällt täglich Müll an. Dieser Müll muss beseitigt werden. Die Beseitigung nennt man **Entsorgung**. Man kann den Müll in unterschiedliche Mülltonnen oder Müllsäcke werfen. Verpackungen gehören in den gelben Sack oder in die gelbe Tonne. In der **Restmülltonne** werden Reste des Haushalts wie Essensreste, kaputtes Porzellan, Windeln oder Watte gesammelt. In einigen Gemeinden findet man zusätzlich eine braune, grüne oder blaue Tonne vor dem Haus. Hier werden je nach Gemeinde Papier oder kompostierbare Abfälle gesammelt. Altglas kann man in Glascontainern an speziellen Stellen abgeben.

Sperrmüll
Größere Gegenstände wie alte Möbel können nicht in die Mülltonne geworfen werden. Diese großen Gegenstände nehmen viel Platz weg und sind sperrig. Diesen Müll nennt man **Sperrmüll**. Wenn man solche Gegenstände entsorgen möchte, dann kann man bei der Stadt die Sperrmüllabfuhr bestellen. Große Elektrogeräte wie kaputte Waschmaschinen, Kühlschränke oder Fernsehapparate werden von der Elektrogeräteabfuhr abgeholt. Auch für größere Metallteile, zum Beispiel alte Fahrräder oder Blechwannen, gibt es einen Abholservice. Die abgeholten Gegenstände werden sortiert, der unbrauchbare Abfall wird im Müllheizkraftwerk verbrannt.

Elektroschrott ist wertvoller Müll
Elektrische Geräte, die defekt oder alt sind, nennt man **Elektroschrott**. Dazu gehören zum Beispiel Fernseher, Computer, Waschmaschinen, Haartrockner und Handys. Elektroschrott enthält wertvolle Metalle wie Eisen, Kupfer, Aluminium, aber auch die Edelmetalle Gold und Silber.

Schwieriger Sondermüll
Alle Abfälle, die giftige, explosive oder brennbare Stoffe enthalten, dürfen nicht in den Hausmüll. Sie müssen auf besonderem Weg entsorgt werden. Daher nennt man diesen Müll **Sondermüll**. In leeren Lackdosen können noch giftige Reste von Chemikalien sein. Spraydosen sind gefährlich, weil sie unter Hitzeeinwirkung explodieren können. Leere Batterien enthalten giftige Stoffe. Altöl und Kraftstoffe von Autos, Lösungsmittel und Verdünnungen gehören auch zum Sondermüll. Auch Abfälle von Krankenhäusern, die Krankheitserreger enthalten können, gehören zum Sondermüll. Sondermüll kann an Sammelstellen abgegeben werden. Dann kann er fachgerecht entsorgt werden, damit er die Umwelt nicht belastet.

3 Sondermüll: Batterien (A), Altöl (B), Spraydosen (C), Lacke (D)

Wiederverwendung und Recycling

Viele aussortierte Stoffe können weiter genutzt werden. Viele Kleidungsstücke, die bei der Altkleidersammlung abgegeben werden, können von anderen Menschen noch getragen werden. Es gibt viele Leute, die sich freuen, wenn sie gebrauchte Möbel günstig erwerben können. Getränkeflaschen aus Glas werden gereinigt und dann ebenfalls wiederverwendet. Viele Abfälle sind zu schade, um sie wegzuwerfen. Durch ihre Aufbereitung können wichtige Wertstoffe zurückgewonnen werden. Die Wertstoffe kann man als Rohstoffe zur Herstellung neuer Produkte einsetzen. Sie werden wiederverwertet. Diesen Vorgang bezeichnet man als **Recycling**. Durch das Recyceln von Kunststoffabfällen wird Kunststoff wiedergewonnen, aus dem neue Kunststoffstühle gefertigt werden. Dieser Kunststoffabfall muss dann nicht entsorgt werden. Metallschrott wird zur Produktion von neuem Stahl verwendet.

Umgang mit dem Restmüll

Abfälle, die nicht recycelt werden können, bezeichnet man als **Restmüll**. Früher wurde der meiste Restmüll auf Mülldeponien gelagert und vergraben. Der Müll auf den Deponien lockt Ratten an, verursacht Geruchsbelästigungen und verschmutzt das Grundwasser. Daher wurden fast alle Mülldeponien geschlossen. Heute wird der meiste Restmüll in Müllverbrennungsanlagen verbrannt. Dabei bleiben nur wenige Verbrennungsreste zurück, die auf Deponien gelagert werden müssen. Gleichzeitig wird bei der Müllverbrennung Energie in Form von Wärme gewonnen.

> Abfall entsteht in allen Lebensbereichen. Dieser Abfall wird sortiert. Dann kann er aufbereitet und zum Teil wiederverwendet werden. Beim Recycling werden Wertstoffe aus dem Müll zu neuen Produkten verarbeitet.

AUFGABEN

1 **Mülltrennung**
   ◼ Übertrage die folgende Tabelle in dein Heft. Erkundige dich zuhause, in welche Abfallarten eure Abfälle getrennt werden. Trage in die Tabelle die Abfallarten ein und nenne jeweils zwei Beispiele. Ergänze die Entsorgung.

Abfallart	Beispiele	Entsorgung
Sperrmüll	Kleiderschrank, Sonnenschirm	...
Elektroschrott	...	...
...	...	...

2 **Recycling und Umwelt**
a ◼ Beschreibe in eigenen Worten, was Recycling bedeutet.
b ◼ Erläutere, warum Kleidungsstücke in Sammelcontainern gesammelt werden.
c ◼ Erläutere am Beispiel von Kunststoffabfall die Bedeutung des Recyclings.
d ◼ Formuliere fünf Regeln, wie mit verschiedenem Müll umgegangen werden muss, damit Umwelt und Rohstoffe geschont werden.
e ◼ Beschreibe die Möglichkeiten, wie Restmüll entsorgt werden kann.

ABFALLTRENNUNG UND RECYCLING

Mülltrennung in der Sortieranlage

1 Müll wird von Hand getrennt.

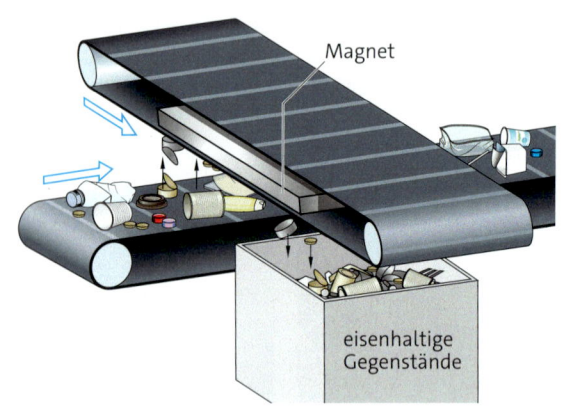

2 Das Aussortieren von Eisen

Im Haushalt fällt viel Verpackungsmüll an. Dieser enthält Wertstoffe, die man wiederverwenden kann. In speziellen Anlagen wird der Müll sortiert.

Was gehört in die gelbe Tonne?
In Deutschland wird Verpackungsmaterial in einer gelben Tonne oder in einem gelben Sack gesammelt. Darin sollen nur Verpackungen aus Kunststoff, Metall oder Verbundstoffen gesammelt werden. Verbundstoffe sind aus Schichten von verschiedenen Materialien wie Karton, Kunststoff oder Aluminium zusammengesetzt. Dazu gehören zum Beispiel Joghurtbecher, Milch- und Saftkartons und Kaffeeverpackungen. Auch Dosen oder Verpackungen aus Aluminiumfolie gehören in den gelben Sack oder die gelbe Tonne. Zahnbürsten, CDs, Einwegrasierer oder Verpackungen aus Pappe gehören nicht in diese Sammelbehälter.

Die Müllsortieranlage
Im gelben Sack oder in der gelben Tonne wird ein Gemisch verschiedener Wertstoffe gesammelt. Damit man die Wertstoffe wiederverwerten kann, muss der Müll aus der gelben Tonne getrennt werden. Man trennt die Wertstoffe nach ihrer Sorte. Deshalb nennt man dieses Trennen **Sortieren**. Die Anlagen, in denen getrennt wird, heißen **Müllsortieranlagen**. Der Müll wird dazu auf lange Förderbänder geschüttet. Dann wird der Müll zu verschiedenen Trennstationen transportiert. In manchen Anlagen werden einzelne **Müllsorten** per Hand aussortiert (Bild 1). In anderen Anlagen wird mit verschiedenen Trennverfahren maschinell sortiert.

Sieben und Einsatz des Windsichters
Zunächst werden die Abfälle in riesigen Siebtrommeln nach ihrer Größe sortiert und auf Förderbänder transportiert. Durch ein großes Gebläse wird Wind erzeugt. Durch den Wind werden leichte Tüten und Verpackungsfolien vom schweren Restmüll getrennt. Dieses Trennverfahren nennt man **Windsichten**.

Trennung durch Magnete
Der nächste Schritt ist die **Magnettrennung**. Über dem Förderband hängen große Magnete, die Eisen anziehen (Bild 2). Durch die magnetische Anziehung werden Dosen aus Weißblech, Schraubdeckel und Kronkorken vom Förderband gezogen. Die so entfernten Eisenteile werden zu Ballen gepresst und in Stahlwerken zu neuem Stahl eingeschmolzen.

EXTRA Magnetismus

Magnete ziehen Eisen, Nickel und Kobalt an. Die magnetische Anziehung kann durch andere Gegenstände wie die Hand oder Kunststoff hindurch wirken (Bild 3).

3 Ein Magnet zieht beschichtete Büroklammern an.

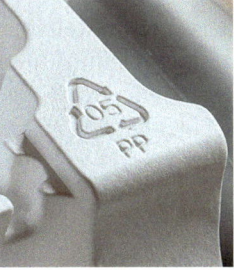

4 Eine Kennzeichnung von Verpackungsmaterialien

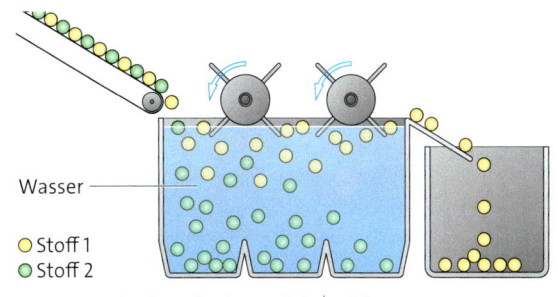

5 Das Prinzip des Schwimm-Sink-Verfahrens

Das Schwimm-Sink-Verfahren

Für die Herstellung von Verpackungsmaterialien werden unterschiedliche Kunststoffe eingesetzt. Auf den Verpackungen findet man einen Hinweis darauf, aus welchem Stoff sie bestehen (Bild 4). Dabei werden üblicherweise Abkürzungen für die chemischen Namen der Kunststoffarten wie PP, PE oder PET verwendet. Typischerweise sind zum Beispiel Einkaufstüten aus PE, Joghurtbecher aus PP und Flaschen aus PET. Diese verschiedenen Kunststoffe können voneinander getrennt werden. Beim **Schwimm-Sink-Verfahren** werden die unterschiedlichen Dichten der Kunststoffe ausgenutzt (Bild 6). Die Kunststoffgegenstände werden zu Schnipseln zerkleinert und in eine Wanne mit Wasser gegeben. Wenn die Dichte des Kunststoffs größer als die Dichte von Wasser ist, sinken die Kunststoffschnipsel ab.

Ist der Kunststoff leichter als Wasser, schwimmen die Schnipsel an der Wasseroberfläche und können abgeschöpft werden.

Stoff	Dichte in g/ml
PE	0,85
PP	0,92
Wasser	1,0
PET	1,38

6 Kunststoffe und ihre Dichten

> In Müllsortierungsanlagen werden die gesammelten Verpackungsmaterialien in die unterschiedlichen Wertstoffe getrennt. Bei den verschiedenen Trennverfahren werden die unterschiedlichen Materialeigenschaften des Mülls genutzt.

AUFGABEN

1 Trennverfahren in der Müllsortieranlage
Nenne die Trennverfahren in einer Müllsortieranlage. Ordne ihnen in einer Tabelle die jeweils genutzten Stoffeigenschaften zu.

Trennverfahren	Stoffeigenschaft
Foliensauger	…
Magnettrennung	…
Schwimm-Sink-Verfahren	…
…	…

2 Verschrottung eines Autos
Ein Schrottauto enthält Aluminium und Eisen.
a Beschreibe, wie man die beiden Metalle voneinander trennen kann.
b Erläutere, warum das Recycling von Aluminium besonders lohnenswert ist.

3 Das Schwimm-Sink-Verfahren
a Beschreibe das Vorgehen beim Schwimm-Sink-Verfahren in einer Müllsortieranlage mithilfe von Bild 5.
b Beschreibe mithilfe von Bild 6, unter welchen Bedingungen sich zwei Kunststoffe durch das Schwimm-Sink-Verfahren trennen lassen.
c Nenne zwei Kunststoffe, die man durch das Schwimm-Sink-Verfahren trennen kann.

4 Verpackungen
a Protokolliere drei Tage lang, welche Verpackungen bei dir zu Hause in der gelben Tonne oder dem gelben Sack gesammelt werden.
b Nenne drei Vorschläge, wie die Menge des Verpackungsmülls in deinem Haushalt verkleinert werden könnte.

Der Verbundkarton

1 Jaspal trinkt gerne Milch.

Jaspal trinkt zum Frühstück gerne ein Glas Milch. Die Milch steht immer in praktischen Verpackungen im Kühlschrank. Im Supermarkt gibt es noch weitere Lebensmittel, die ähnlich verpackt sind.

Aufbau eines Verbundkartons
In einem **Verbundkarton** werden flüssige Nahrungsmittel verpackt. Der Aufbau eines Verbundkartons ist davon abhängig, womit er befüllt wird. Bei Lebensmitteln mit kurzer Haltbarkeit besteht ein Verbundkarton aus einer dicken Schicht Karton und mehreren Schichten Kunststoff. Durch die Kartonschicht bekommt der Verbundkarton eine stabile Form. Die Kunststoffschichten schützen den Karton davor, durch Feuchtigkeit von innen oder außen aufzuweichen. Frischmilch kann in einen solchen Verbundkarton abgefüllt werden, wenn sie kurzfristig verbraucht wird.

Bei Lebensmitteln mit längerer Haltbarkeit wird zusätzlich eine Aluminiumschicht eingesetzt. Das Aluminium macht die Verpackung luftdicht und schützt den Inhalt vor Licht. Dadurch wird verhindert, dass die Vitamine und Aromastoffe in den Lebensmitteln zersetzt werden. Im Durchschnitt enthält ein Verbundkarton etwa 75 Prozent Karton, 20 Prozent Kunststoff und 5 Prozent Aluminium.

Vorteile und Nachteile des Verbundkartons
Im Verbundkarton sind Lebensmittel lange haltbar und sie bewahren auch nach längerer Lagerung ihren Geschmack. Beim Vergleich mit Flaschen werden weitere Vorteile deutlich: Eine Glasflasche mit einem Volumen von 1 Liter wiegt schon leer 600 Gramm, ein Getränkekarton dagegen nur 30 Gramm. Dadurch spart man Energie und Kosten beim Transport. Durch die Quaderform können Kartons platzsparend gestapelt werden. So lässt sich auf der Ladefläche eines LKW eine größere Menge Kartons unterbringen. Auch im Supermarkt und zu Hause wird im Kühlschrank Platz gespart, der für andere Lebensmittel genutzt werden kann.
Aber der Verbundkarton hat auch Nachteile. Er ist nicht durchsichtig. Deshalb kann man nicht sehen, wie viel Flüssigkeit noch im Karton ist oder ob sich auf der Flüssigkeit gesundheitsgefährdender Schimmel gebildet hat. Kohlensäurehaltige Getränke können nicht in einem Verbundkarton abgefüllt werden. Durch einen Überdruck könnte der Karton platzen.

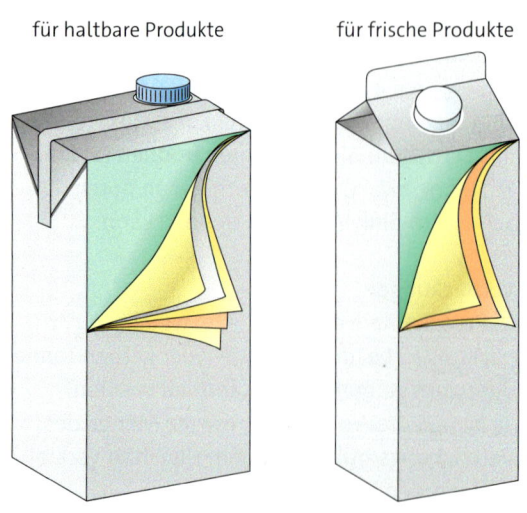

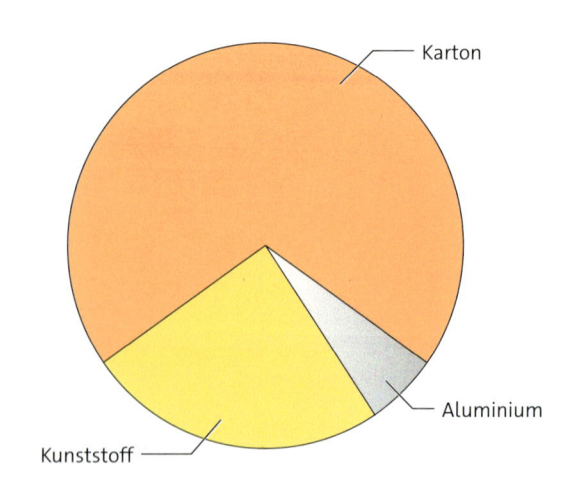

für haltbare Produkte   für frische Produkte

2 Die Bestandteile eines Getränkekartons

Karton
Aluminium
Kunststoff

ABFALLTRENNUNG UND RECYCLING

3 Selbst gemachte Taschen aus Verbundkarton

5 Werbung für einen neuen Getränkekarton

Weiterverwendung und Entsorgung

Ein Getränkekarton gehört nicht in die Papiertonne und auch nicht in den Restmüll. Ein solcher Getränkekarton eignet sich beispielsweise auch zum Basteln (Bild 3). Soll er entsorgt werden, so kann er zusammengefaltet in die gelbe Tonne gegeben werden. Die Inhalte der gelben Tonne werden vom Entsorgungsunternehmen recycelt.

Trennung des Verbundmaterials

Verbundkartons können durch ein spezielles Trennverfahren zerlegt werden. Zunächst werden die Kartons in einer Art riesigen Waschmaschine aufgeweicht und umgewälzt. Dabei quilt der Papieranteil auf und löst sich als Papierbrei aus dem Verbund. Manche Anlagen können auch das Kunststoff-Aluminium-Gemisch trennen. Da dieses Verfahren aber sehr aufwendig ist, wird es heute noch kaum angewendet.

Wiederverwertung der Rohstoffe

Das Kunststoff-Aluminium-Gemisch kann bei der Herstellung von Zement eingesetzt werden. Zement wird beim Gebäude- und Brückenbau verwendet. Der Papierbrei wird getrocknet und zu Altpapierprodukten wie Tüten, Kopierpapier, Zeitungen oder Toilettenpapier verarbeitet (Bild 4).

Probleme für die Umwelt

Das Papier für den Karton wird aus Holz hergestellt. Wenn der Verbundkarton in die gelbe Tonne gegeben und fachgerecht recycelt wird, kommt der Rohstoff Holz mehrmals zum Einsatz. Viele Getränkekartons werden aber in die Restmülltonne gegeben und dann im Müllheizkraftwerk verbrannt. Das hat zur Folge, dass der Holzverbrauch steigt. Zur Herstellung von Aluminium wird viel Energie benötigt. Dabei entsteht sehr viel Kohlenstoffdioxid, das unsere Umwelt belastet. Forschende suchen nach Materialien, die das Aluminium als Barriere im Verbundkarton ersetzen können. So wirbt eine Molkerei mit einen aluminiumfreien Verbundkarton (Bild 5). Anstelle des Aluminiums wird eine dünne Schicht eines speziellen Kunststoffes als Barriere eingesetzt. Damit verringert sich die Umweltbelastung.

> Verbundkartons sind leicht, gut stapelbar und vielseitig einsetzbar. Sie bestehen aus unterschiedlichen Materialschichten, die recycelt werden müssen. Die gewonnenen Rohstoffe können wiederverwendet werden.

AUFGABEN

1 Flüssigkeiten in Verbundkartons
a ◨ Nenne die Bestandteile eines Getränkekartons für einen Fruchtsaft.
b ◼ Liste die Vorteile und die Nachteile eines Getränkekartons und einer Glasflasche auf.

2 Nachhaltige Verpackung
a ◼ Erkläre die Funktion der Aluminiumschicht im Getränkekarton.
b ◼ Erläutere, wie eine nachhaltigere Verpackung aufgebaut sein kann.

4 Wiederverwertung: Zement (A), Papiertüte (B)

Papier ist ein wertvoller Rohstoff

1 Ein Altpapierlager

Die Schülerinnen und Schüler der Klasse 6 haben bei der Altpapiersammlung mitgeholfen. Sie besuchen einen Recyclingbetrieb, um zu sehen, was mit dem Altpapier geschieht. Sie sind sehr beindruckt von dem Altpapierlager.

Papierverbrauch
Im Jahr 2022 wurden in Deutschland pro Einwohner 220 Kilogramm Papier verbraucht. Über die Hälfte davon wird für die Herstellung von Verpackungen verwendet. Außerdem wird Papier für Bücher, Schreibpapier und Zeitungspapier sowie für Hygienepapiere wie Toilettenpapier und Feuchttücher genutzt.

Papierherstellung
Holz besteht zu einem Großteil aus einem Faserstoff, den man **Cellulose** nennt. Die langen, reißfesten Cellulosefasern bilden das Grundgerüst von Papier. Bei der Herstellung von Papier wird Holz zuerst fein zerrieben. Dann wird das zerriebene Holz in Wasser eingeweicht, anschließend gepresst und dann getrocknet. Dabei werden die Cellulosefasern des Holzes miteinander vernetzt. Man kann für die Papierherstellung auch schon benutztes Papier verwenden. Wenn man die Cellulosefasern aus Altpapier gewinnt, dann brechen diese bei jeder Wiederverwendung und werden immer kürzer. Mit diesen kurzen Cellulosefasern kann kein stabiles Netz mehr gebildet werden. Das ist nach ungefähr zehn Recyclingvorgängen der Fall. Man muss immer auch frisches Holz verwenden.

Altpapier und Umweltschutz
Für die Herstellung von Papier werden große Mengen Holz, Wasser, Energie sowie umweltschädigende Chemikalien wie Chlor und Säuren benötigt. Wenn man Papier aus Altpapier herstellt, dann müssen weniger Bäume gefällt werden. Außerdem werden weniger Chemikalien und Wasser verbraucht. Durch den niedrigeren Energieverbrauch wird auch weniger Kohlenstoffdioxid ausgestoßen. Daher ist die Wiederverwendung von Altpapier Umweltschutz. Bild 2 zeigt, was zur Herstellung von 1 Kilogramm Papier benötigt wird.

	Rohstoff	Wasserverbrauch	Energiebedarf
Frischfaserpapier	2,2 kg Holz	100 Liter	4,0 kWh
Recyclingpapier	1,2 kg Altpapier	20 Liter	1,5 kWh

2 Verbrauch bei der Herstellung von verschiedenen Papierarten

Recycling von Altpapier
Für die Papierindustrie ist Altpapier ein wertvoller Rohstoff. Aus den gesammelten Papierabfällen aus Haushalten und Gewerbebetrieben wird wiederverwendbares Papier hergestellt. Beschichtetes Verpackungsmaterial wie Getränkekartons, verschmutztes Hygienepapier oder Tapeten gehören nicht in die Altpapiertonne.

> Papier besteht aus vernetzten Cellulosefasern, die aus Holz oder aus Altpapier gewonnen werden können. Altpapier ist ein wertvoller Rohstoff.

AUFGABEN
1 Papierherstellung
   Beschreibe, wie neues Papier hergestellt wird.

2 Recycling von Altpapier
a Begründe, warum das Sammeln von Altpapier ein Beitrag für den Umweltschutz ist.
b Erkläre, warum man Altpapier nicht beliebig oft recyceln kann.
c Nenne Papiersorten, die nicht in die Papiertonne gehören.

WEITERGEDACHT Wertstoffe aus dem Müll gewinnen

1 Das Papierrecycling

Leo braucht für die Schule Papier zum Ausdrucken. Im Schreibwarenladen gibt es eine große Auswahl an verschiedenen Papiersorten. Einige sind als Recyclingpapier gekennzeichnet. Er recherchiert mit seinem Smartphone, was das bedeutet. Recyclingpapier wird aus Papierabfällen, also aus Altpapier, hergestellt (Bild 1). Das Altpapier wird dazu im Wasser in seine Fasern zerlegt und zu neuem Papier gepresst. Leo denkt an die bunten Zeitungen und Prospekte in seinem Papierabfall zuhause und betrachtet das weiße Recyclingpapier. Er findet heraus, dass man aus Altpapier weißes Papier herstellen kann, wenn man vorher die Druckfarben entfernt. Dies geschieht durch ein spezielles Trennverfahren, das man Flotation nennt.

a ▸ Lies den Infokasten zur Flotation (Bild 2).
b ▸ Benenne die Stoffgemische, die durch Flotation getrennt werden können, mit dem Fachwort.
c ▸ Das Wort *float* ist Englisch und bedeutet schwimmen. Beschreibe mithilfe dieser Wortbedeutung, wie das Trennverfahren Flotation funktioniert.
d ▸ Gib die Bestandteile des Stoffgemischs an, das zum Papierrecycling hergestellt wird. Gib auch an, welche der Bestandteile voneinander getrennt werden sollen.
e ▸ Erstelle einen Informationstext für deine Mitschüler und Mitschülerinnen, indem du ausführlich erklärst, wie die Druckerfarbe vom Altpapier entfernt wird.
f ▸ Erläutere, wie wichtig Trennverfahren für das Recycling von Papier und somit für die Umwelt ist.
g ▸ Worauf sollte Leo beim Papierkauf deiner Meinung nach achten. Begründe deine Empfehlung.
h ▸ Leo findet auf einer Papierverpackung einen „Blauen Engel". Recherchiere, was das Kennzeichen bedeutet.

1 Altpapier

Die Flotation ist ein Verfahren, um unlösliche fein verteilte Feststoffe aus einer Flüssigkeit, meist Wasser, zu entfernen. Bei dem Trennverfahren wird Luft in die Flüssigkeit geleitet und fein verteilt. Die Luftblasen lagern sich an den Feststoffpartikeln an. Sie wirken wie Schwimmflügel und geben den Feststoffpartikeln so viel Auftrieb, dass sie nach oben zur Wasseroberfläche steigen. Von dort können sie abgeschöpft werden.
Die Luftblasen können sich nur an Feststoffpartikeln anlagern, deren Oberfläche wasserabweisend ist. Das nutzt man zum Beispiel bei der Trennung von Altpapier und Druckerfarbe, denn die Farbpartikel der Druckerfarbe sind wasserabweisend. Die Papierfasern hingegen saugen sich mit Wasser voll.

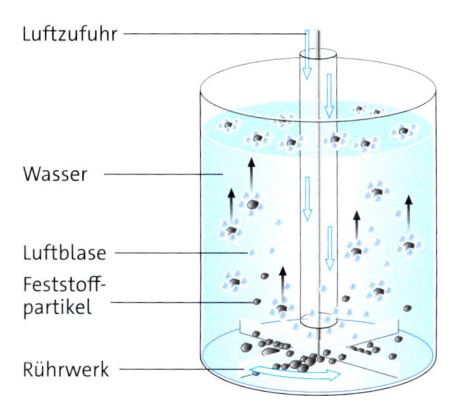

2 Prinzip der Flotation

ABFALLTRENNUNG UND RECYCLING

PRAXIS Papier selbst herstellen

1 Die Zusammenstellung der Materialien

2 Den Papierbrei verteilen

Mit einfachen Mitteln kannst du aus Altpapier dein eigenes Papier herstellen.

Material:
Kunststoffwanne, feines Drahtgitter entsprechend der gewünschten Papiergröße, Kochlöffel, Nudelroller, alte Handtücher, Packung Küchenvlies, Bügeleisen, Wasser, unbeschichtetes Altpapier, zum Beispiel Zeitung, Packpapier, Eierkarton

Durchführung:
Papierbrei herstellen
- Zerreiße das Altpapier in möglichst kleine Schnipsel und gib diese in eine Wanne.
- Übergieße die Schnipsel mit Wasser, sodass sie gut bedeckt sind.
- Rühre mit dem Kochlöffel kräftig um und lass die Papierschnitzel über Nacht einweichen.
- Verrühre das Wasser-Papier-Gemisch mit dem Mixer zu einem feinen Papierbrei. Wenn das Gemisch zu fest ist, dann kannst du noch etwas Wasser dazugeben.

Papier schöpfen
- Tauche das Drahtgitter senkrecht bis zum Wannenboden in die Wanne, drehe es und hebe es dann waagrecht aus dem Papierbrei nach oben. Lasse das Wasser abtropfen.
- Bewege das Gitter vorsichtig hin und her, damit sich der Papierbrei gleichmäßig auf dem Sieb verteilt.
- Bedecke den abgetropften Papierbrei mit einer Lage Küchenvlies und kippe das Ganze mit dem Vlies nach unten auf ein Handtuch.

Pressen, Trocknen und Glätten
- Klopfe auf das Drahtgitter und löse es vorsichtig vom Papierbrei.
- Lege ein weiteres Küchenvlies auf den Brei und rolle mit dem Nudelholz darüber. Zwischendurch musst du das Vlies immer wieder auswringen.
- Wenn das Blatt kaum noch Feuchtigkeit enthält, kannst du es mit dem Bügeleisen trocken und glatt bügeln. Um das Bügeleisen zu schonen, lässt du das Vlies beim Bügeln auf dem Papier. Das Bügeleisen sollte eine mäßige Temperatur haben.

Kreative Gestaltung
Du willst dein Papier verzieren. Das kannst du dann machen, wenn der feuchte Papierbrei gleichmäßig auf dem Sieb verteilt ist.
Gepresste Blüten oder Blätter machen sich gut als Dekoration. Lege sie einfach in den feuchten Papierbrei. Wenn du von der letzten Party noch etwas Konfetti übrighast, kannst du die bunten Schnipsel auch auf dein Papier streuen und so lustige Farbakzente setzen.

Auswertung:
1. Nenne mehrere Beispiele, wofür du dein selbsthergestelltes Papier verwenden könntest.
2. Beschreibe, wie du vorgehen musst, um helles oder einfarbiges Papier herzustellen.
3. Untersuche, womit du auf dem selbst hergestellten Papier gut schreiben oder zeichnen kannst. Berichte.

PRAXIS Die Mülltrennung

A Trennung im Wasser

Material:
Becherglas (600 ml), Schere, Glasstab, wasserfester Stift, Wasser, unterschiedliche Kunststoffverpackungen wie Flaschen und Joghurtbecher

Durchführung:
- Recherchiere, aus welchem Kunststoff die Verpackungen bestehen.
- Zerschneide die unterschiedlichen Kunststoffverpackungen in kleine, ungefähr gleich große Schnipsel.
- Beschrifte die Schnipsel mit Symbolen für den jeweiligen Kunststoff.
- Fülle das Becherglas mit Wasser. Gib die Schnipsel in das Wasser und rühre mit dem Glasstab um.
- Beobachte, welche Kunststoffart auf dem Wasser schwimmt und welche sinkt.

Auswertung:
1. Vergleiche den Aufbau des Experiments mit der Schwimm-Sink-Wanne einer Müllsortieranlage.
2. Nenne die Stoffeigenschaft, die bei diesem Trennverfahren ausgenutzt wird.
3. Stelle Vermutungen an, warum es wichtig ist, den Müll sortenrein zu trennen.

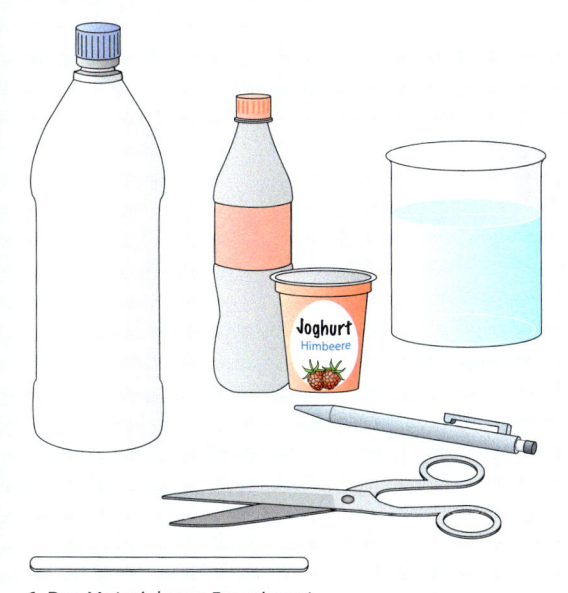

B Trennung im Windsichter

Material:
Föhn, Messer, Schere, Fliegengitternetz, Klebeband, gesäuberte dünnwandige Getränkeflasche (1,5 Liter), Papier, Folie, Styropor, Joghurtbecher

Durchführung:
- Schneide die Getränkeflasche vorsichtig etwa 10 cm unterhalb des Flaschenhalses ab.
- Klebe mit dem Klebeband ein Stück Fliegengitter über die durch den Schnitt entstandene Öffnung. Den oberen Teil der Flasche klebst du anschließend wieder darauf.
- Nun schneidest du den Flaschenboden ab.
- Fülle in die umgedrehte Flasche über den geöffneten Flaschenboden Papierschnipsel, Folienschnipsel, Styroporstückchen und Stücke des Joghurtbechers.
- Schalte den Föhn ein und stelle ihn auf „kalt", da sonst das Klebeband schmilzt.
- Halte den Flaschenhals so über den Föhn, dass du einen Luftstrom durch die Flasche erhältst.

Auswertung:
1. Vergleiche deinen Aufbau mit dem Windsichter einer Müllsortieranlage.
2. Nenne die Stoffeigenschaft, die bei diesem Trennverfahren ausgenutzt wird.

1 Das Material zum Experiment

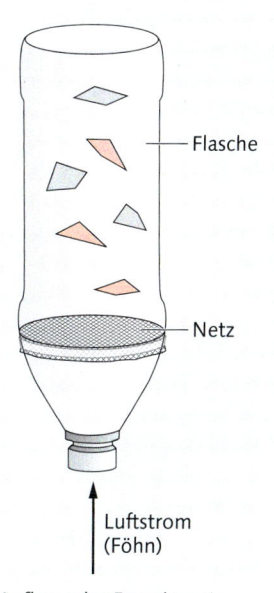

2 Skizze des Aufbaus des Experiments

ABFALLTRENNUNG UND RECYCLING

Recycling eines alten Smartphones

1 Jana freut sich über das neue Smartphone.

Jana hat ein neues Smartphone bekommen. Sie überlegt, was sie mit dem alten Smartphone machen soll. Jana hat gehört, dass in Smartphones viele wertvolle Rohstoffe enthalten sind.

Die Bestandteile eines Smartphones
In Deutschland liegen ungefähr 200 Millionen nicht mehr benutzte Smartphones in Schränken und Schubladen. Jedes dieser Smartphones enthält bis zu 100 verschiedene Stoffe. Fast die Hälfte des Gewichts machen Metalle aus. Außerdem besteht ein Smartphone aus Kunststoff und Glas. Bild 2 zeigt die Gewichtsanteile der einzelnen Bestandteile eines Smartphones.

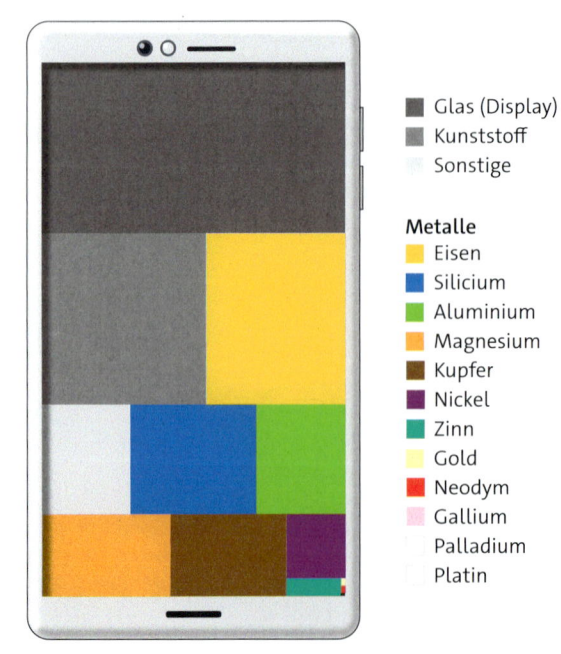

2 Verwendete Stoffe im Smartphone, ohne Akku

Die Metalle im Smartphone
In einem Smartphone sind viele verschiedene Metalle wie Kupfer, Eisen, Lithium und Aluminium und Edelmetalle wie Gold, Silber, Platin und Palladium enthalten. Die Metalle Kupfer und Gold braucht man, weil sie gute elektrische Leiter sind. Gold ist chemisch sehr stabil. Darum wird es für die Kontaktflächen an der SIM-Karte und dem Akku genutzt. Im Akku befindet sich außerdem das Metall Lithium. In geringen Mengen sind im Smartphone die Metalle Cer und Neodym zu finden. Da es von diesen Metallen in der Natur nur sehr kleine Vorkommen gibt, werden sie als **Seltene Erden** bezeichnet.

Metallrecycling
Smartphones enthalten wertvolle Rohstoffe und gehören daher nicht in den Hausmüll. Die Gewinnung neuer Rohstoffe ist teuer und belastet die Umwelt. Wenn man ein altes Smartphone recycelt, dann trägt man zur Wiederverwertung wertvoller Rohstoffe und damit zum Umweltschutz bei. Man kann ein ausgedientes Smartphone zum Recyclinghof bringen oder in den Handel zurückgeben. Dort werden die Smartphones gesammelt und zum Recyclingbetrieb weitergeleitet.

> Smartphones enthalten viele Wertstoffe. Deshalb sollten alte Smartphones gesammelt und wiederverwertet werden.

AUFGABEN

1 Recycling des Smartphones
a Nenne zwei Vorteile des Smartphone-Recyclings.
b Viele alte Smartphones liegen unbenutzt in der Schublade. Forschende sprechen hier von einer urbanen, also städtischen Mine. Erkläre, was damit gemeint ist.
c In einem Smartphone sind etwa 30 Milligramm Gold verbaut. Berechne, wie viel Gold alle ungenutzten Smartphones zusammen in Deutschland enthalten.

2 Was tun mit dem alten Smartphone?
Erstelle einen kurzen Text, ein Audio oder Video, in dem du erklärst, was man mit alten Smartphones machen sollte.

Sondermüll im Haushalt

1 Problematischer Müll

2 Eine Sammelbox für Batterien

Moritz und sein Vater haben die Garage aufgeräumt. Sie haben dabei alte Kanister und viele Lackdosen gefunden und erst mal vor die Garagentür gestellt. Moritz überlegt, was damit passiert.

Müll, der Probleme macht
In privaten Haushalten und der Industrie fällt Sondermüll an, von dem eine Gefahr für die Gesundheit oder die Umwelt ausgeht. Dazu gehören Farben, Öle, Klebstoffe, chemische Reinigungsmittel und Batterien. Dieser Sondermüll darf auf keinen Fall im normalen Hausmüll entsorgt werden. Wenn Sondermüll auf eine Hausmülldeponie kommt, dann können schädliche Inhaltsstoffe ins Grundwasser gelangen und dieses verseuchen. Bei der Verbrennung in Müllverbrennungsanlagen können giftige Gase entstehen, die in die Luft abgegeben werden.

Sondermüll richtig entsorgen
Sondermüll muss sachgerecht entsorgt werden. Dazu bringt man ihn zur Sammelstelle auf dem Wertstoffhof oder gibt ihn bei einem Schadstoffmobil ab. Die Entsorgung von Sondermüll ist teuer. Er wird zum Teil in besonderen Verbrennungsanlagen bei hohen Temperaturen verbrannt. Der Rest wird auf abgedichteten Sondermülldeponien endgelagert, damit die Schadstoffe nicht in die Luft oder in den Boden gelangen.

Recycling von Batterien
Batterien enthalten Wertstoffe, können aber auch gesundheits- und umweltgefährdende Stoffe beinhalten. Deshalb gehören Altbatterien nicht in den Hausmüll. Sie können kostenlos bei den Sammelstellen der Händler oder auf dem Wertstoffhof abgegeben werden. Ausgelaufene Batterien sollten dabei nur mit Handschuhen angefasst werden.

Vermeidung von Sondermüll
Am besten ist es, wenn die Problemabfälle gar nicht erst entstehen. Beim Kauf eines Geräts kann man darauf achten, dass es einen wiederaufladbaren Akku statt einer Batterie enthält. Bei Putzmitteln kann man Produkte ohne schädliche Chemikalien verwenden und bei Lacken auf lösungsmittelfreie Produkte zurückgreifen.

> **Sondermüll enthält Schadstoffe, die Menschen oder die Umwelt gefährden können. Deshalb muss er an einer besonderen Sammelstelle abgegeben und entsorgt werden.**

AUFGABEN

1 Sondermüll
a Nenne vier Abfälle, die zum Sondermüll gehören.
b Begründe, warum diese Stoffe zum Sondermüll gehören.
c Beschreibe, wie diese Stoffe entsorgt werden.

2 Entsorgung von Altbatterien
a Beschreibe zwei Möglichkeiten, wo du deine alten Batterien abgeben kannst.
b Bewerte die folgende Aussage: „Wenn du wiederaufladbare Batterien verwendest, produzierst du weniger Sondermüll."

Der Laubfall

1 Luna macht einen Ausflug in den Herbstwald.

Die Laubblätter verfärben sich im Herbst. Die Blätter fallen von den Bäumen auf den Boden. Dort werden sie von kleinen Tieren abgebaut.

Bunte Laubblätter im Herbst
Im Frühling und im Sommer enthalten Laubblätter den grünen Farbstoff Chlorophyll. Dieser Farbstoff überdeckt andere Farbstoffe. Deshalb sehen die Laubblätter grün aus. Im Herbst wird das Chlorophyll abgebaut und die Bausteine werden im Baum gespeichert. Wenn das Chlorophyll abgebaut wurde, dann werden die anderen Farbstoffe in den Laubblättern sichtbar. Die Laubblätter sehen orange bis rot aus.

Die Zerkleinerung der Laubblätter
Schon am Baum beginnen Bakterien und Pilze mit dem Abbau der Blätter. Wenn die Blätter im Herbst auf den Waldboden fallen, dann werden sie von vielen kleinen Tieren zerkleinert. Zu diesen **Zerkleinerern** gehören Milben und Springschwänze, die kleine Löcher in die Blätter fressen (Bild 2). Asseln und Tausendfüßer fressen weiter und vergrößern die Löcher. Regenwürmer nehmen Blattreste und Bodenteilchen auf und scheiden sie aus. Außerdem ziehen sie Blattreste in ihre Wohnröhren. Dort werden die schwer abbaubaren Stoffe der Blattadern von Pilzen und Bakterien zu Mineralstoffen zersetzt. Man nennt diese Pilze und Bakterien deshalb **Mineralisierer**. Zerkleinerer und Mineralisierer werden zusammen Destruenten genannt. Sie sorgen für den Abbau der Blätter zu einer mineralstoffreichen Erde. Diese Erde nennt man **Humus**. Die Pflanzen können für ihr Wachstum mit ihren Wurzeln Wasser und Mineralstoffe aus diesem Humus aufnehmen.

> Die Lebewesen auf und im Waldboden zersetzen die Laubblätter. Dabei entsteht mineralstoffreicher, lockerer Humus, auf dem die Pflanzen des Waldes wachsen können.

AUFGABEN
1 Bildung von Humus
a Nenne die zwei Gruppen von Lebewesen, die am Abbau eines Blattes beteiligt sind.
b Erläutere die Entstehung von Humus in einem Flussdiagramm.
c Nenne die Bedeutung von Humus.

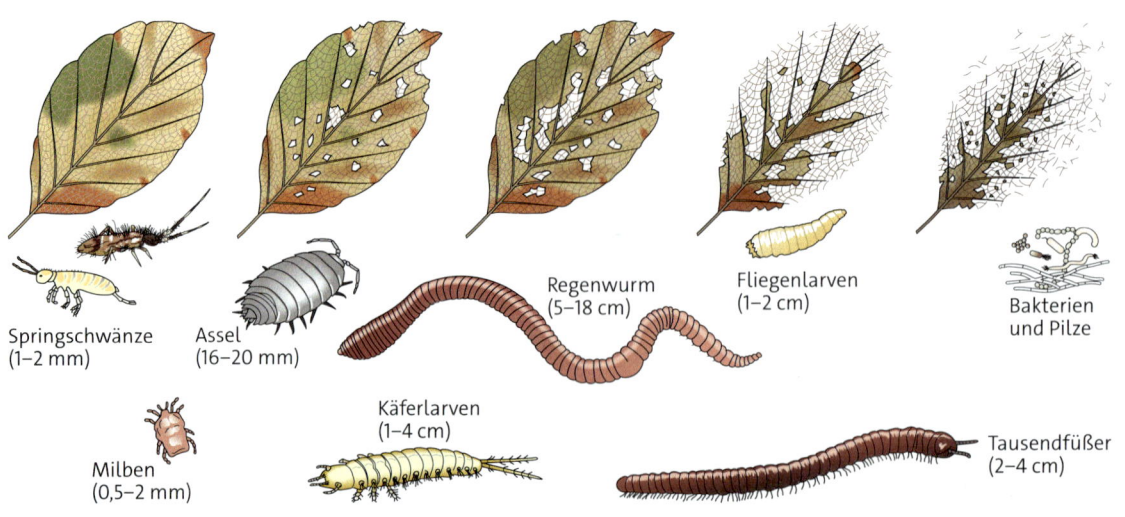

Springschwänze (1–2 mm)
Assel (16–20 mm)
Regenwurm (5–18 cm)
Fliegenlarven (1–2 cm)
Bakterien und Pilze
Milben (0,5–2 mm)
Käferlarven (1–4 cm)
Tausendfüßer (2–4 cm)

2 Der Abbau eines Laubblatts

EXTRA Der Kompost

1 Küchenabfälle werden auf den Komposthaufen geworfen.

Auf einem Komposthaufen werden nur solche Abfälle entsorgt, die dort mithilfe von Destruenten langsam abgebaut und zu wertvoller Komposterde umgewandelt werden können.

Kompostierbarer Abfall
Alle pflanzlichen Abfälle, die im Haushalt und im Garten anfallen, kann man auf den Komposthaufen werfen. Auch Holzasche, gebrauchte Kaffeefilter und Eierschalen werden dort gut zersetzt. Gegartes Gemüse oder tierische Abfälle gehören nicht auf den Kompost. Sie können Schädlinge wie Ratten anlocken.

Aufbau eines Komposthaufens
Der Komposthaufen sollte an einem windgeschützten, halbschattigen Platz liegen. Der Untergrund muss locker sein, damit Luft und Bodenorganismen eintreten können und Wasser ablaufen kann. Eine Mischung von feinen und groben Gartenabfällen wie Laub, Strauchschnitt oder auch Sägemehl sind gut für den Kompost, da sie ihn auflockern und eine ausreichende Luftzufuhr ermöglichen.

Vorgänge im Komposthaufen
In der ersten Phase, der **Abbauphase**, zersetzen Bakterien und Pilze die Abfälle. Dabei wird Wärme freigesetzt. Steigt die Temperatur über 60 °C, machen sich besondere Arten von Destruenten an die Arbeit, die auch Holz abbauen können. Wenn das verrottende Material wieder abkühlt, dann beginnt die **Umbauphase**. Kleintiere, zum Beispiel Regenwürmer, zerkleinern den Abfall und wandeln ihn zu Frischkompost um. Diesen mineralstoffreichen Frischkompost kann man sehr gut als Mulch für bestehende Pflanzen wie Obststräucher verwenden. Lässt man ihn weiter liegen, entwickelt er sich in der **Reifungsphase** zur reifen Komposterde. Diese Komposterde enthält viele wertvolle Mineralstoffe und kann im Garten auf alle Beete aufgebracht werden. Im Sommer ist die Verrottung nach etwa sechs Monaten abgeschlossen. Im Winter dauert es drei Monate länger.

AUFGABEN
1 Der Komposthaufen
a Nenne die drei Phasen der Kompostierung.
b Erkläre die Temperaturveränderungen in einem Komposthaufen.
c Nenne eine Einsatzmöglichkeit für Komposterde im Garten.
d Erkläre, weshalb man mit Kompost Geld einsparen kann.

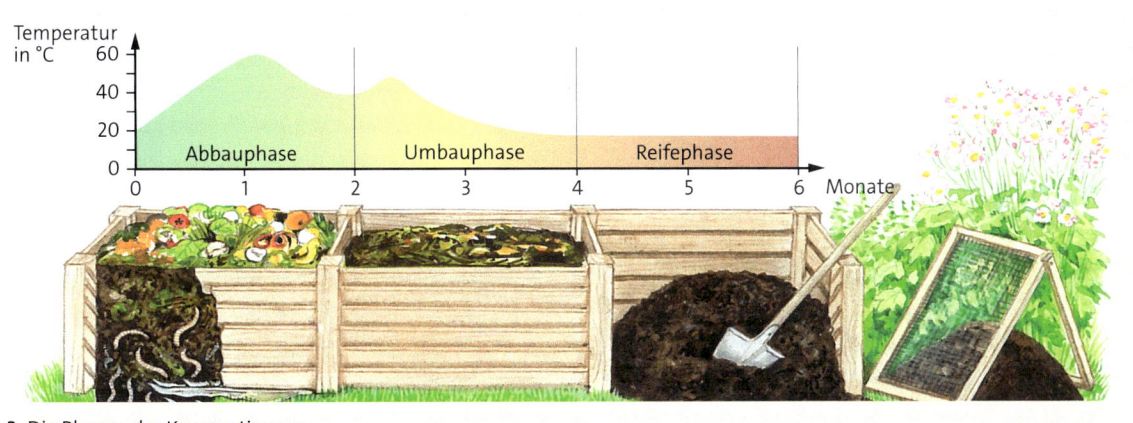

2 Die Phasen der Kompostierung

ABFALLTRENNUNG UND RECYCLING

PRAXIS Tiere im und auf dem Boden fangen und bestimmen

A Eine Bodenprobe untersuchen

Der Boden ist Lebensraum für viele Tiere. Sie sind meist sehr klein und deshalb mit bloßem Auge kaum zu erkennen.

Material:
frische Bodenprobe (z. B. unter verrottenden Baumstämmen, Ästen oder Blättern entnehmen), Esslöffel, kleine Plastikschale, Holzspieße, Petrischale, Lupe

Durchführung:
— Füllt mit dem Esslöffel etwas Erde in die Plastikschale.
— Verschiebt mit dem Holzspieß vorsichtig die Erdkrümel, um so die Tiere zu finden.
— Beobachtet die Tiere mithilfe der Lupe.

Auswertung:
1. Zeichnet Skizzen von einigen Tieren, die ihr besonders interessant findet. Setzt sie dazu vorsichtig in eine Petrischale.
2. Bestimmt die Tiere mithilfe von Bild 3, eines Bestimmungsbuchs oder einer App.

> **Hinweis:** Alle Tiere sind Lebewesen, auch die ganz kleinen, die ihr mit bloßem Auge nicht sehen könnt. Geht daher sehr vorsichtig mit den Proben um. Behandelt die Lebewesen achtsam und verletzt sie nicht! Bringt die Tiere nach der Untersuchung wieder zurück in ihren Lebensraum. Schüttet auch die Bodenprobe wieder vorsichtig zurück an die Stellen, an denen ihr sie entnommen habt.

1 Eine Bodenprobe wird vorsichtig durchsucht.

B Eine Lichtfalle bauen

Die Tiere im Boden meiden oft das Licht und die Trockenheit. Sie suchen die Dunkelheit und die Feuchtigkeit.

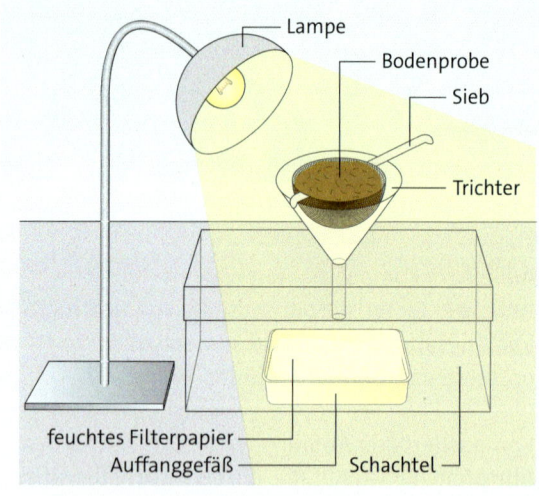

2 So wird eine Lichtfalle aufgebaut.

Material:
Bodenprobe, Pappkarton, grobes Sieb, Trichter, Auffanggefäß, feuchtes Filterpapier, Lampe

Durchführung:
— Legt das feuchte Filterpapier in das Auffanggefäß. Stellt beides zusammen in die Schachtel.
— Bohrt in den Deckel der Schachtel ein Loch für den Trichter.
— Legt den Deckel auf die Schachtel und stellt den Trichter in das Loch.
— Legt das Sieb in den Trichter und gebt die Bodenprobe in das Sieb.
— Beleuchtet die Bodenprobe mit der Tischlampe.
— Nehmt das Auffanggefäß nach etwa 10 Minuten aus der Schachtel.

Auswertung:
1. Notiert, was ihr in der Schale seht.
2. Begründet eure Beobachtungen.
3. Bestimmt die Tiere mithilfe von Bild 3, eines Bestimmungsbuchs oder einer App.
4. Erstellt eine Zeichnung von einem Tier und beschriftet eure Zeichnung.

0 Beine

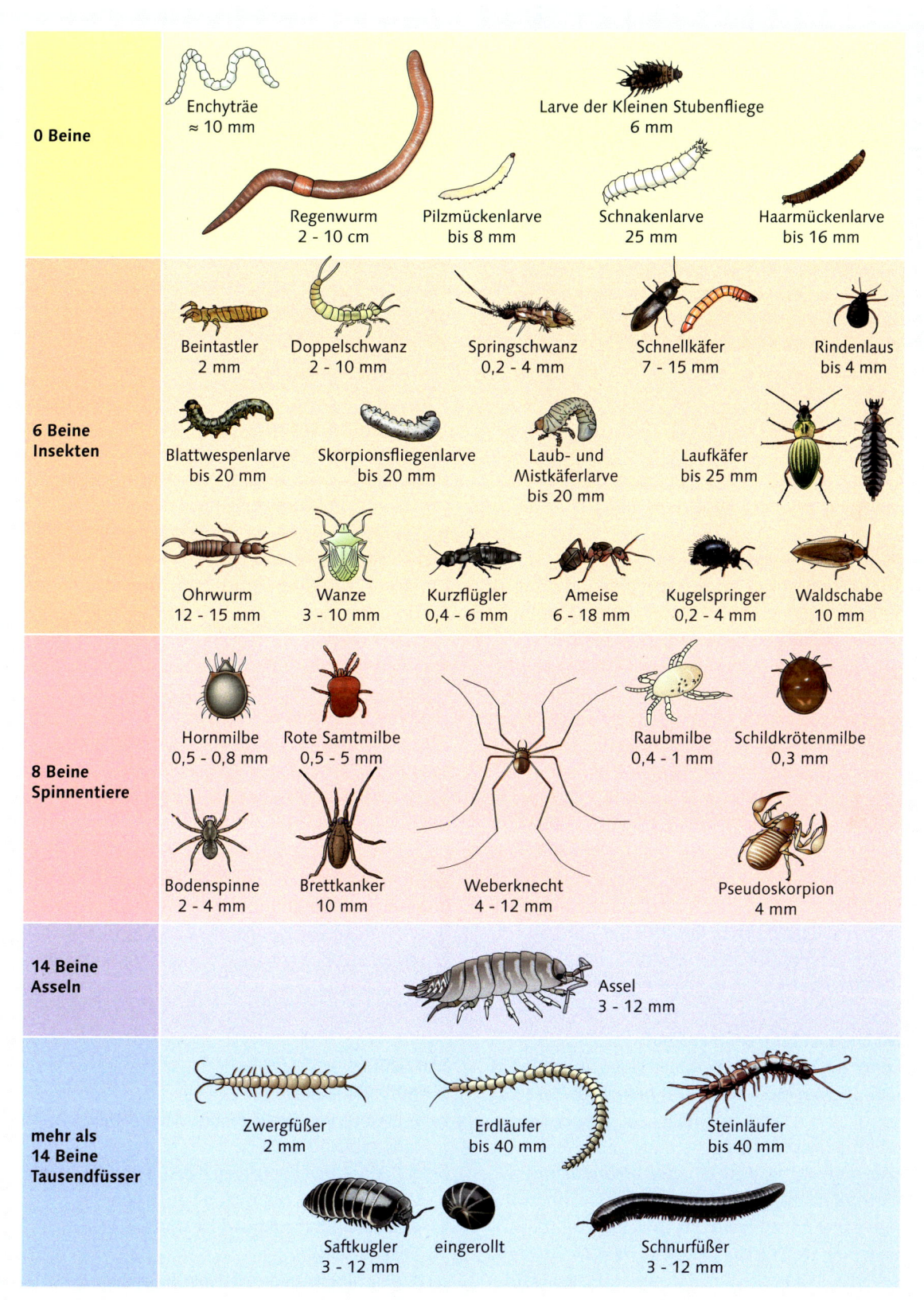

- Enchyträe ≈ 10 mm
- Regenwurm 2 - 10 cm
- Pilzmückenlarve bis 8 mm
- Larve der Kleinen Stubenfliege 6 mm
- Schnakenlarve 25 mm
- Haarmückenlarve bis 16 mm

6 Beine Insekten

- Beintastler 2 mm
- Doppelschwanz 2 - 10 mm
- Springschwanz 0,2 - 4 mm
- Schnellkäfer 7 - 15 mm
- Rindenlaus bis 4 mm
- Blattwespenlarve bis 20 mm
- Skorpionsfliegenlarve bis 20 mm
- Laub- und Mistkäferlarve bis 20 mm
- Laufkäfer bis 25 mm
- Ohrwurm 12 - 15 mm
- Wanze 3 - 10 mm
- Kurzflügler 0,4 - 6 mm
- Ameise 6 - 18 mm
- Kugelspringer 0,2 - 4 mm
- Waldschabe 10 mm

8 Beine Spinnentiere

- Hornmilbe 0,5 - 0,8 mm
- Rote Samtmilbe 0,5 - 5 mm
- Raubmilbe 0,4 - 1 mm
- Schildkrötenmilbe 0,3 mm
- Bodenspinne 2 - 4 mm
- Brettkanker 10 mm
- Weberknecht 4 - 12 mm
- Pseudoskorpion 4 mm

14 Beine Asseln

- Assel 3 - 12 mm

mehr als 14 Beine Tausendfüsser

- Zwergfüßer 2 mm
- Erdläufer bis 40 mm
- Steinläufer bis 40 mm
- Saftkugler 3 - 12 mm
- eingerollt
- Schnurfüßer 3 - 12 mm

3 Ein Bestimmungsschlüssel für Bodentiere, geordnet nach der Anzahl der Beine

ABFALLTRENNUNG UND RECYCLING

Müll kann vermieden werden

1 Kunststoffe verunreinigen die Meere.

2 Ein Einkauf ohne Plastik

Jeder Einwohner Deutschlands produzierte im Jahr 2022 etwa 484 Kilogrammm Haushaltsabfälle. Nur die Hälfte davon wird recycelt, der Rest wird in der Müllverbrennungsanlage verbrannt.

Müll belastet unsere Umwelt

Müll wird oft nicht sachgerecht entsorgt, sondern weggeworfen. Wenn Altöl oder andere Chemikalien im Boden versickern, verseuchen sie das Grundwasser. Ein Liter Heizöl oder Benzin kann eine Million Liter Wasser so verschmutzen, dass es nicht mehr als Trinkwasser genutzt werden kann. Jedes Jahr landen Millionen Tonnen Kunststoffe in unseren Meeren. Seevögel und Fische sehen die Kunststoffteile als Nahrung an. Wenn sie diese fressen, können sie ersticken oder qualvoll verhungern. In den Meeren treibender Kunststoff kann mit der Zeit spröde werden und zerbröseln. Die Mikropartikel werden von Fischen aufgenommen und lagern sich in ihrem Fettgewebe ab. Durch den Verzehr dieser Meerestiere gelangen die Kunststoffe auch in den menschlichen Körper.

Müllvermeidung beim Einkauf

Durch ein bewusstes Verhalten kann man die Entstehung von Müll zumindest reduzieren. Dazu sollte man sich bei jedem Einkauf gut überlegen, was man wirklich braucht, und auf die Verpackung achten. Viele Obstsorten und Gemüsesorten sind durch ihre Schale geschützt und können daher ohne Plastiktüte in den Einkaufskorb oder eine Stofftasche gelegt werden. Mehrwegflaschen aus Glas oder wiederverwendbare Plastikflaschen sind umweltfreundlicher als Einwegflaschen. Wenn man Leitungswasser trinkt, kann man Geld sparen und muss gar keine Flaschen verwenden. Durch den Kauf von Nachfüllpackungen kann man Kunststoffe einsparen.

Mehrfachnutzung schont die Umwelt

Durch die Wiederverwertung von Stoffen kann der Restmüll verringert werden. So können zum Beispiel alte Bücher oder Zeitungen zu neuem Papier verarbeitet werden. Wenn man Kunststoffprodukte sachgerecht entsorgt, kann daraus wieder neues Material hergestellt werden. Alte Flaschen und Gläser sollte man zum Sammelbehälter bringen. So können sie als Ausgangsstoff für neue Flaschen dienen. Statt Einwegbatterien sollten möglichst Akkus verwendet werden.

> Im Alltag entsteht viel Müll. Dieser muss sachgerecht entsorgt und möglichst wiederverwertet werden. Jeder kann dazu beitragen, die Müllmenge zu verringern und so die Umwelt zu schonen.

AUFGABEN

1 Müll vermeiden

a ☒ Erkläre, wie Seevögel und Meerestiere unter Kunststoffmüll leiden.

b ☒ Erkläre, welche Folgen die Kunststoffe in den Meeren für uns Menschen haben können.

c ☒ Müll wild abzulagern ist strafbar. Erläutere diese Aussage.

d ☒ Beschreibe an drei Beispielen, wie du Verpackungsmaterial einsparen kannst.

EXTRA Umweltbewusst handeln

Ökobilanz
In einer Ökobilanz wird die Umweltverträglichkeit eines Produkts ermittelt. Dabei wird der gesamte Lebensweg des Produkts beziehungsweise seiner Teile von der Herstellung und Verpackung über den Transport und Gebrauch bis zur Entsorgung der Abfälle betrachtet. Mithilfe einer Ökobilanz kann man abschätzen, welche Auswirkungen die Produktion des Produkts auf die Umwelt hat. Wenn man die Ökobilanzen verschiedener Produkte kennt, dann kann man diese vergleichen und beim Einkauf umweltbewusst handeln.

Einweg- oder Mehrwegflaschen?
Mineralwasser wird in Glasflaschen und in Plastikflaschen abgefüllt. Bei den Plastikflaschen unterscheidet man zwischen Mehrwegflaschen, Einwegflaschen mit und Einwegflaschen ohne Pfand. Da die Einwegflaschen, für die kein Pfand bezahlt wurde, oft im Hausmüll entsorgt werden, haben sie die schlechteste Ökobilanz. Einwegflaschen mit Pfand sind besser, da sie nach der Rückgabe geschreddert und recycelt werden. Eine Mehrwegflasche aus Glas kann bis zu 50-mal, eine Kunststoffflasche aus PET bis zu 25-mal befüllt werden. Die schwereren Glasflaschen verursachen höhere Energiekosten beim Transport und bei der Herstellung. Vor der Wiederbefüllung müssen die Mehrwegflaschen aus Glas gespült werden. Dafür wird viel Wasser und Energie benötigt.

Pizza vom Lieferservice
Für die Herstellung einer Pizza sind viele Zutaten aus verschiedenen Ländern notwendig. Zum Beispiel wird die Tomatensauce oft in Italien hergestellt, das Olivenöl stammt aus Griechenland. Für den Anbau dieser Zutaten wird viel Wasser benötigt. Auch Käse und Salami müssen transportiert werden. Für diesen Transport wird Energie benötigt. Die gebackene Pizza wird in einem Karton verpackt. Mit einem Fahrzeug wird die Pizza zum Verbraucher gebracht. Bei der Verbrennung des Kraftstoffs entsteht Kohlenstoffdioxid, das für die Erderwärmung mit verantwortlich ist.

AUFGABEN

1 Glas- oder Plastikflasche?
a Nenne in einer Tabelle die Vorteile und die Nachteile einer Mehrwegflasche aus Glas und einer Einwegflasche aus Plastik.
b Wäge die Vor- und Nachteile aus Aufgabe 1a gegeneinander ab und ziehe ein Fazit.

2 Ökobilanz einer Pizza
a Ermittle die Transportstrecke für die Pizzazutaten (Bild 1).
b Beschreibe die Ökobilanz der Pizza und nimm dazu Stellung.
c Beschreibe, wie du eine Pizza mit besserer Ökobilanz backen kannst.

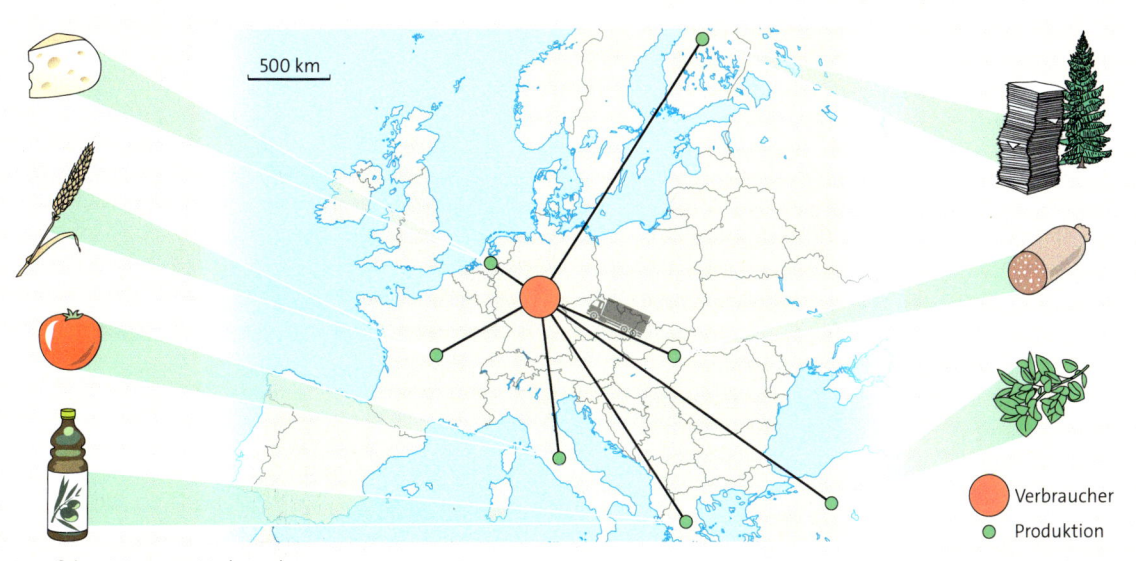

1 Auf dem Weg zum Verbraucher

ABFALLTRENNUNG UND RECYCLING

TESTE DICH!

1 Müll trennen und sortieren ↗ S. 316–321

1 Müll wird getrennt.

a ▫ Nenne für die vier Tonnen in Bild 1 jeweils den Müll, der darin gesammelt werden soll.
b ▪ Auf dem Bollerwagen ist ein alter Bildschirm zu sehen. Nenne die Bezeichnung für diesen Müll.
c ▫ Erläutere, warum Elektroschrott wertvoll ist.
d ▪ Erkläre, was mit dem Fachwort Recycling gemeint ist.
e ▫ Nenne vier Trennverfahren einer Müllsortieranlage.
f ▫ Nenne drei Gegenstände, die durch Magnete aus dem Müll gezogen werden können.
g ▪ Beschreibe das Schwimm-Sink-Verfahren zur Trennung von Verpackungsmaterialien.
h ▪ Beschreibe den Aufbau eines Verbundkartons für ein Lebensmittel mit langer Haltbarkeit.
i ▪ Beschreibe, warum Verbundkartons für die Umwelt eine Belastung sind.

2 Papier herstellen ↗ S. 322–324

Papier besteht hauptsächlich aus langen, miteinander vernetzten Cellulosefasern.

a ▫ Beschreibe, wie Papier hergestellt wird.
b ▫ Nenne die Rohstoffe für die Herstellung von Frischfaserpapier und Recyclingpapier.
c ▪ Nenne Gründe für die Verwendung von Altpapier zur Papierherstellung.
d ▪ Beschreibe, wie du selbst Papier herstellen kannst.

3 Sondermüll ↗ S. 327

a ▫ Beschreibe, was mit dem Fachwort Sondermüll gemeint ist.
b ▫ Nenne drei Beispiele für Sondermüll.
c ▫ Erläutere, weshalb es sich bei den in Aufgabe b genannten Dingen um Sondermüll handelt.
d ▫ Erläutere, weshalb Sondermüll nicht in den Hausmüll gelangen darf.
e ▫ Beschreibe, wie man mit Sondermüll richtig umgeht.

4 Laub wird abgebaut ↗ S. 328

a ▫ Erkläre, warum sich die Farbe Laubblätter im Herbst verändert.
b ▫ Beschreibe die Aufgaben von Zerkleinerern und Mineralisierern.
c ▫ Erläutere die Bedeutung der Regenwürmer bei der Entstehung von Humus.

5 Kompost ↗ S. 329

a ▫ Nenne drei Abfälle, die auf den Komposthaufen gehören.
b ▫ Erkläre, weshalb man beim Ansetzen des Komposthaufens grobe und feine Gartenabfälle mischen sollte.
c ▫ Erkläre, weshalb sich Komposterde gut zum Düngen im Garten eignet.
d ▫ Erkläre, warum das Material in der Schubkarre in Bild 2 gut für den Kompost ist.

2 Eine Schubkarre mit Gartenabfällen

6 Umweltbewusst handeln ↗ S. 332–333

a ▫ Beschreibe, was eine Ökobilanz ist.
b ▪ Nenne drei Möglichkeiten, wie du selbst bei dir zu Hause Müll vermeiden kannst.

ZUSAMMENFASSUNG Abfalltrennung und Recycling

Bestandteile des Hausmülls

Entsorgung: Beseitigung von Müll
Recycling: Wiederverwertung von Wertstoffen aus dem Müll
Müllsorten:
- Verpackungen: gelber Sack oder gelbe Tonne
- Restmüll: Restmülltonne
- Papier: Papiertonne
- kompostierbarer Abfall: Komposthaufen, Kompostieranlage
- Glas: Glascontainer

Trennung in der Müllsortieranlage

Müllsortieranlage: Trennung von Müll durch verschiedene Verfahren
Verfahren:
- Siebe, Gebläse, Magnete oder Schwimm-Sink-Wannen
- nutzen unterschiedliche Eigenschaften der Müllbestandteile zur Trennung

Der Verbundkarton

- Verpackung für Getränke
- Karton und mehrere Schichten Kunststoff, eventuell mit Aluminium
- Vorteile: Lebensmittel lange haltbar, gut stapelbar
- Nachteile: nicht durchsichtig, Menge und Zustand des Inhalts nicht erkennbar

Papier

Papier: besteht aus Cellulosefasern, die aus Frischholz oder Altpapier gewonnen werden
Vorteile bei der Nutzung von Altpapier: weniger Bäume, Wasser, Energie und Chemikalien
Altpapier ist ein wertvoller Rohstoff für die Papierindustrie.

Recycling von Elektroschrott

Elektroschrott: enthält neben Kunststoffen wertvolle Metalle
- Abgabe bei Sammelstelle oder im Handel
- Rückgewinnung wertvoller Stoffe wie Gold und Seltene Erden

Sondermüll

- **Sondermüll:** Müll, von dem eine Gefahr für die Gesundheit oder die Umwelt ausgeht
- Entsorgung über Sammelstellen

Müllvermeidung

- Einkauf: Verpackungen vermeiden, Mehrwegflaschen statt Einwegflaschen
- sachgerechte Entsorgung steigert die Wiederverwertung

Recyclingverfahren in der Natur

Laubfall: Zerkleinerer und Mineralisierer bauen das Laub ab, aus dem entstandenen Humus können Pflanzen Mineralstoffe aufnehmen
Kompostierung: ungekochte Küchenabfälle und Gartenabfälle können kompostiert werden, dabei entsteht Humus

Springschwänze (1–2 mm)
Assel (16–20 mm)
Regenwurm (5–18 cm)
Fliegenlarven (1–2 cm)
Bakterien und Pilze
Milben (0,5–2 mm)
Käferlarven (1–4 cm)
Tausendfüßer (2–4 cm)

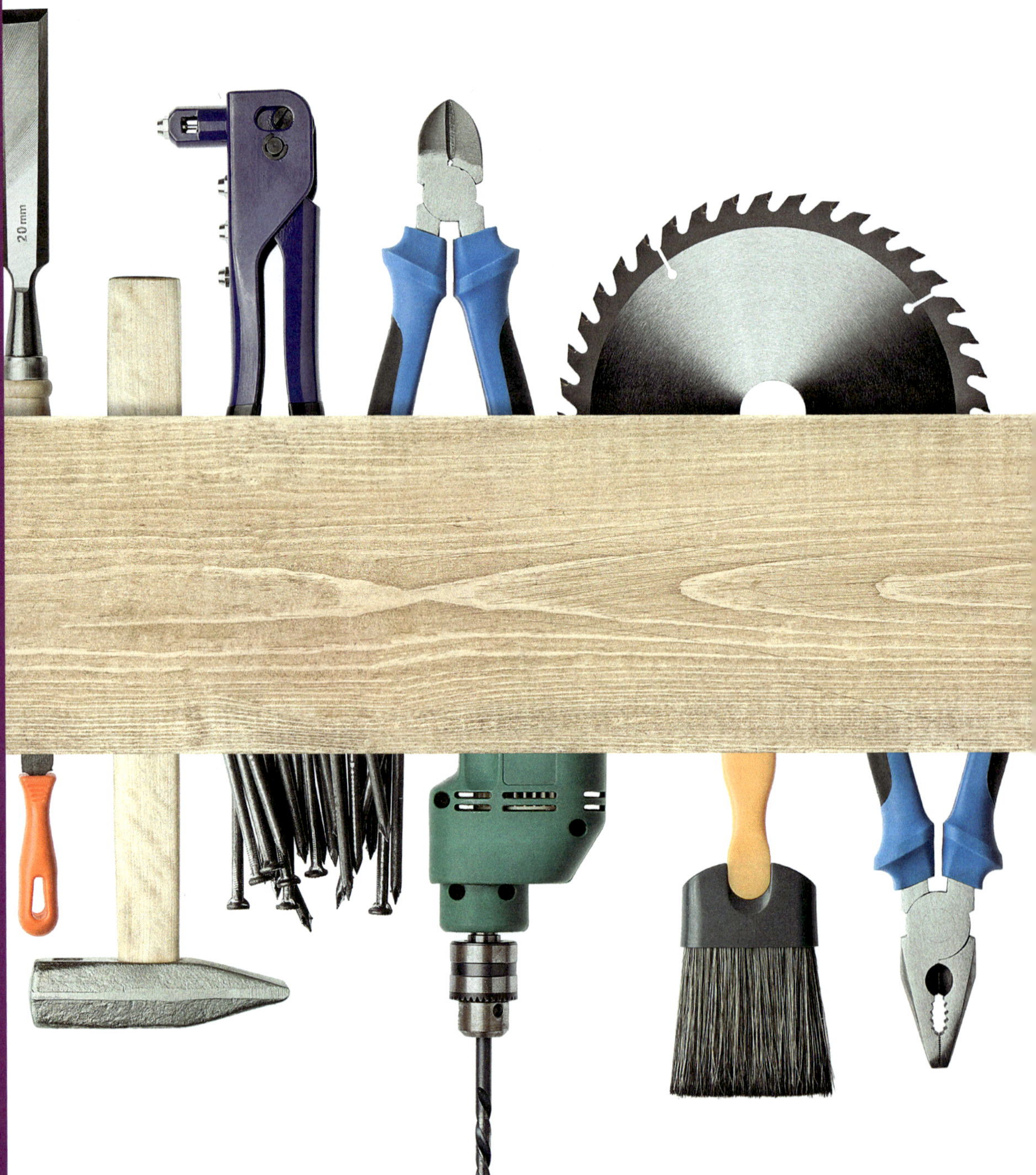
20 mm

Technik

In diesem Kapitel erfährst du, ...
... welche Eigenschaften Holz hat.
... wie man technische Zeichnungen liest.
... wie man aus Holz ein Produkt herstellt.
... welche Werkzeuge man zur Bearbeitung von Holz nutzen kann.
... wie man ein Produkt optimiert.
... wie man ein Produkt bewertet.

Was ist Technik?

1 Eine Öllampe: Ihr Licht macht die Nacht zum Tag.

2 Erster Buchdruck: Informationen für alle

Im Museum sieht Jamal eine kleine Öllampe. Mit solchen Lampen konnte man früher künstlich Licht erzeugen. Heute haben wir moderne Lampen. Die Technik hat in vielen Bereichen unser Leben erleichtert.

Wozu Technik?

Unsere geistigen und körperlichen Kräfte sind begrenzt. Deshalb haben sich Menschen schon immer technischer Hilfsmittel bedient, um sich die Arbeit zu erleichtern: Computer unterstützen uns beim Denken, Maschinen heben schwere Lasten, Fahrzeuge transportieren uns von einem Ort zum anderen. Und es gibt sogar Technik, die möglich macht, was für uns Menschen sonst nicht erreichbar wäre, zum Beispiel Tiefseetauchen oder der Flug ins Weltall.

Der Weg der Technik

Unser heutiger Stand der Technik hat eine lange Geschichte. Im Laufe der Menschheit gab es immer wieder Erfindungen, die das Leben entscheidend verändert haben.
— Durch die Erfindung des Rades vor etwa 6000 Jahren wurde der Mensch viel mobiler.
— Mithilfe von künstlichem Licht wurde die Nacht zum Tag.
— Der Buchdruck (Bild 2) ermöglichte es um 1450 erstmals, große Mengen an Informationen für viele Menschen zugänglich zu machen.
— Und mit der Erfindung der Dampfmaschine im 18. Jahrhundert begann ein Zeitraum, den wir das **Industriezeitalter** nennen.

Seither hat sich die Technik immer schneller weiterentwickelt. Zu Beginn des 20. Jahrhunderts

3 Das Modell eines Doppeldeckers: Beginn der Luftfahrt

4 Eine Raumfähre: Erforschung des Weltalls

TECHNIK

5 Folgen der Technik: Wasserverschmutzung (A), Verkehrsunfall (B), Luftverschmutzung (C)

gab es den ersten erfolgreichen Flugversuch mit einem Flugzeug (Bild 3) und schon knapp 70 Jahre später landeten die ersten Menschen auf dem Mond (Bild 4). Um 1970 kamen die ersten Mobiltelefone auf den Markt, das erste Smartphone um 2007 und heute benutzt fast jeder von uns ein solches Multifunktionsgerät.

Fluch oder Segen
Der Gebrauch von technischen Produkten hat zwar meist einen Nutzen, aber stets auch Konsequenzen für die Umwelt oder andere Menschen. Der Einsatz von Technik steigert unsere Lebensqualität und macht viele Dinge einfacher und bequemer. Er kann aber auch Mensch und Natur schaden: Immer mehr Müll belastet die Umwelt, die Luftverschmutzung durch Abgase und Unfälle durch zu schnelles Fahren gefährden unsere Gesundheit (Bild 5).

Verantwortungsvoller Umgang
Um die Umwelt zu schonen, müssen wir Technik verantwortungsvoll einsetzen. Grundsätzlich sollte man vor dem Kauf oder dem Einsatz eines Produkts den Nutzen gegen die negativen Folgen abwägen. Ist zum Beispiel der Kauf einer Plastiktüte im Supermarkt nötig oder muss das Licht im Klassenzimmer immer an sein (Bild 6)?

> **EXTRA** Ökologischer Rucksack
> Jedes technische Produkt braucht Rohstoffe und Energie, wenn es hergestellt, benutzt oder entsorgt wird. Dies wird als ökologischer Rucksack bezeichnet. Je kleiner dieser Rucksack eines Produkts ist, desto umweltverträglicher ist es.

> Technik prägt unser Leben. Ihr Gebrauch hat Vor- und Nachteile. Jeder muss seinen Beitrag zur verantwortungsvollen Nutzung von Technik leisten.

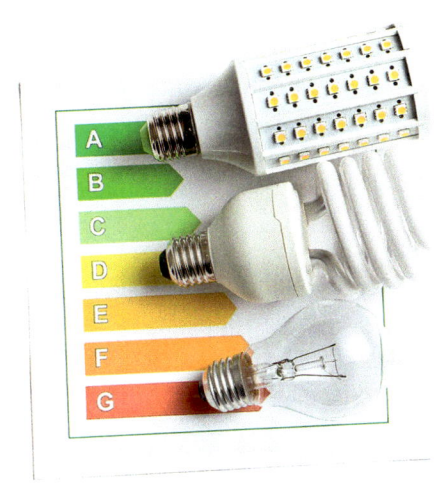

6 Moderne Leuchtmittel: Einsparung von Energie

AUFGABEN
1 Technik im Alltag
a ▣ Notiere alle technischen Geräte, die du vom Aufstehen bis zum Zubettgehen nutzt.
b ▣ Nenne fünf Beispiele, wie du die Umwelt entlasten kannst, indem du verantwortlich mit Technik umgehst.

Der Technikraum

1 Josua arbeitet mit Holz.

2 Ein Technikraum

Josua arbeitet zum ersten Mal im Technikraum. Ein Technikraum unterscheidet sich von anderen Klassenzimmern. Als Erstes fallen Josua die Werkbänke und die Hocker auf.

Arbeiten im Technikraum
Labore, Konstruktionsbüros, Werkstätten, Operationssäle – überall findest du Räume, in denen ganz spezielle Arbeiten durchgeführt werden. Auch der Technikraum an der Schule ist so ein besonderer Raum und anders als ein Klassenzimmer. Im Technikraum wirst du unterschiedlichste Tätigkeiten ausführen: Texte lesen, Schreiben, Experimentieren, Geräte zerlegen und untersuchen, Werkstoffe bearbeiten, Planen, Zeichnen, Herstellen und Bewerten sind nur einige Beispiele.

Die Ausstattung
Für all diese Arbeiten muss ein Technikraum ausgestattet sein. Deshalb findest du hier zum Beispiel Werkbänke, an denen du praktisch arbeiten kannst. Es gibt Schränke mit Werkzeugen und Maschinen für spezielle Arbeitsvorgänge. Oft gibt es weitere Räume, in denen Materialien oder Werkstücke gelagert werden (Bild 2).

Die Verhaltensregeln
In den unterschiedlichen Spezialräumen gelten besondere Regeln. Diese Regeln dienen dazu, das Zusammenarbeiten zu erleichtern und die Menschen vor Unfällen und gesundheitlichen Schäden zu schützen. Deshalb gibt es auch für den Technikraum spezielle Regeln, die du unbedingt einhalten musst. Die wichtigsten Verhaltensregeln erklärt dir die Werkstattordnung. Weiterhin musst du in allen Räumen auf die Sicherheitskennzeichen und Sicherheitssymbole achten. Achte aber auch auf deine Mitschüler und Mitschülerinnen und weise sie rechtzeitig auf mögliche Gefahrenquellen hin. Ein umsichtiger und rücksichtsvoller Umgang mit deinen Mitschülern und Mitschülerinnen, aber auch mit Materialien, Werkzeugen und Maschinen hilft, Unfälle zu vermeiden und Schäden am Arbeitsmaterial zu verhindern.

EXTRA Werkstattordnung
1. Ich betrete den Technikraum nur mit einer Lehrkraft.
2. Ich trinke und esse nicht im Technikraum.
3. Ich achte darauf, dass meine Tasche sicher verstaut ist.
4. Ich bewege mich achtsam und vorsichtig und renne nicht umher.
5. Ich achte während der Arbeit auf einen aufgeräumten Arbeitsplatz und lege Werkzeuge und Material sicher ab.
6. Ich kontrolliere das Werkzeug vor der Arbeit und melde jede Beschädigung.
7. Ich melde Verletzungen sofort meiner Lehrkraft.
8. Ich bediene Maschinen nur nach gründlicher Einweisung und mit Erlaubnis meiner Lehrkraft.
9. Ich trage arbeitsgerechte Kleidung.
10. Ich reinige meinen Arbeitsplatz gründlich und räume die Werkzeuge und Materialien ordentlich auf.

Symbole und Zeichen

Überall in unserem Alltag begegnen uns Zeichen und Symbole. Im Straßenverkehr, in Gebäuden und auf vielen Produkten finden wir bildliche Darstellungen, die uns auf etwas hinweisen wollen. Es ist wichtig zu wissen, was die verschiedenen Zeichen bedeuten. Im Technikraum unterscheiden wir verschiedene Gruppen. Diese können wir an der Farbe erkennen (Bild 3).

- Blaue Zeichen sind **Gebotssymbole**. Diese fordern zu Verhaltensweisen auf, damit wir sicher arbeiten und uns schützen.
- Grüne **Rettungssymbole** zeigen uns in Gefahrensituationen Fluchtwege und Hilfsmittel an.
- Rote **Gefahrensymbole** und **Verbotssymbole** weisen auf Gefahren hin und warnen uns vor unbedachtem Handeln.
- Gelbe **Warnsymbole** zeigen uns an, wo sich Gefahren verbergen können.

Sicherheit im Fachraum

Informiere dich, wenn du in einem neuen Raum bist, wo der Erste-Hilfe-Kasten, der Feuerlöscher, die Löschdecke und Ähnliches angebracht sind, um diese im Notfall schnell benutzen zu können. Du solltest auch den Fluchtweg genau kennen, um im Ernstfall den Raum und das Gebäude schnell und sicher zu verlassen.

Wenn doch etwas passiert

- Bewahre Ruhe!
- Bediene den „Not-Aus-Schalter", um den Strom im Raum abzuschalten.
- Informiere sofort deine Lehrkraft.
- Schließe Fenster und Türen, wenn ihr den Raum verlassen müsst.

> Im Technikraum gelten spezielle Verhaltensregeln, weil es dort besondere Gefahrenquellen gibt.
> Deshalb ist Folgendes besonders wichtig:
> – Halte die Werkstattordnung ein.
> – Gib auf dich und deine Mitschüler acht.
> – Gehe sorgsam mit Werkzeug und Material um.
> – Beachte die Symbole und Zeichen.
> – Hole bei Unfällen sofort Hilfe.

AUFGABEN

1 Sicherheit im Technikraum

a Beschreibe den Fluchtweg aus deinem Technikraum zur Sammelstelle.
b Wähle drei Werkstattregeln aus und begründe, warum diese wichtig sind.
c Fertige ein Plakat mit allen Symbolen an, die du im Technikraum findest.
d Erfinde und gestalte ein eigenes Symbol oder Schild, das auf etwas Wichtiges hinweist.

Gebotssymbole	Rettungssymbole	Gefahren-/Verbotssymbole	Warnsymbole
blau	grün	rot	gelb
Schutzbrille nutzen	Rettungsweg zum Notausgang	Brandfördernd	Hochspannung Lebensgefahr
Gehörschutz nutzen	Erste Hilfe	Ernste Gesundheitsgefahr	Warnung vor einer Gefahrenstelle

3 Symbole im Technikraum

Holz ist ein vielseitiger Werkstoff

1 Die Schublade klemmt.

Jasper ärgert sich. Die Schublade der Kommode klemmt schon wieder. Letzte Woche konnte er sie noch einfach öffnen.

Eigenschaften von Holz
So wie wir Menschen haben auch verschiedene Hölzer unterschiedliche Eigenschaften. Wir können Hölzer zum Beispiel anhand ihrer Farbe, ihrer Dichte, dem Aussehen ihrer Oberfläche und ihrer Härte unterscheiden. Herkunft, Einsatzgebiete und Preis sind weitere Unterscheidungsmerkmale (Bild 2).

Holz arbeitet
Eine Gemeinsamkeit haben alle Hölzer: Sie bestehen aus röhrenähnlichen Holzfasern, mit deren Hilfe sie Wasser aufnehmen beziehungsweise abgeben. Nimmt Holz Wasser auf, wird es größer: Es quillt. Beim Trocknen gibt Holz Wasser ab und wird dabei kleiner: Es schwindet und kann sogar reißen. Der Fachmann sagt: „Das Holz arbeitet." Dieses Arbeiten des Holzes kann dafür verantwortlich sein, dass eine Schublade bei hoher Luftfeuchtigkeit etwas aufquillt und dadurch klemmt.

Holz als Werkstoff
Baumstämme werden im Sägewerk unter anderem zu Brettern, Leisten und Balken verarbeitet. Daraus werden Gegenstände hergestellt, die man Massivholzprodukte oder Vollholzprodukte nennt. Da Holz aber arbeitet, kann es bei Massivholzprodukten zu unerwünschten Formveränderungen kommen.

Buche
Farbe: rötlichbraun
Dichte: ca. 0,7 g/cm^3
Härte: hart
Einsatzgebiet: Fußböden, Möbelbau

Fichte
Farbe: gelblichweiß
Dichte: ca. 0,5 g/cm^3
Härte: weich
Einsatzgebiet: Hausbau, Musikinstrumente, Paletten

Eiche
Farbe: braun
Dichte: ca. 0,8 g/cm^3
Härte: hart
Einsatzgebiet: Fußböden, Möbelbau

2 Verschiedene Holzarten

Verschiedene Holzwerkstoffe

Um das Arbeiten zu verringern und um auch Holzreste nutzen zu können, haben Fachleute **Holzwerkstoffe** entwickelt. Dafür werden Holzstücke, Späne oder Fasern mithilfe von Klebstoff zu Platten gepresst (Bild 3).
— Aus einzelnen Holzleisten werden **Leimhölzer** oder **Tischlerplatten** gefertigt.
— Aus dünnen Holzschichten, sogenannten Furnieren, entstehen **Sperrhölzer**.
— Grobe Hobelspäne, feine Sägespäne und sogar Holzfasern sind Grundstoffe für **Spanplatten** und **Faserplatten**.

Das Ausgangsmaterial bestimmt, welche Eigenschaften ein Holzwerkstoff hat und wo sich dieser am besten einsetzen lässt.

Auswahl des passenden Werkstoffs

— Leimholz und Tischlerplatten finden im Möbelbau Verwendung, da sie hochwertig und edel aussehen.
— Sperrhölzer sind sehr stabil und lassen sich daher sehr vielseitig einsetzen.
— Feinspanplatten erhalten meist einen Kunststoffüberzug und sind dadurch pflegeleicht.
— Grobspanplatten werden im Innenausbau eingesetzt. Sie sind günstig und haltbar.
— Weichfaserplatten enthalten viel Luft. Dadurch sind sie leicht und leiten Wärme schlecht. Sie werden deshalb oft als Dämmmaterial im Haus verwendet.
— Rückwände von Schränken und Regalen bestehen meist aus Hartfaserplatten, weil diese sehr dünn und preiswert sind.

> Hölzer können anhand ihrer Eigenschaften unterschieden werden. Holz kann Wasser aufnehmen und wieder abgeben. Dabei verändert es seine Form, es arbeitet.
> Holzwerkstoffe arbeiten weniger als Vollholzprodukte, da sie aus einzelnen Holzstücken, Spänen oder Fasern zusammengefügt sind.

AUFGABEN

1 Werkstoff Holz

a ☒ Vergleiche Fichten- und Buchenholz in einer Tabelle.

b ☒ Familie Busch möchte ihre Küche renovieren. Die Arbeitsplatten sind erneuerungsbedürftig und in den Schränken fehlen einige Fachböden. Für welche Holzwerkstoffe sollen sie sich entscheiden? Begründe deine Auswahl mithilfe von Bild 3.

Leimholz	Tischlerplatte	Sperrholz
aus schmalen Holzleisten	aus Holzleisten mit Deckfurnier	aus dünnen Holzschichten (Furnieren)
Möbel: Tische, Regale	Möbel: Tische, Regale	Möbel, Flugzeug- und Schiffsbau

Feinspanplatte	Grobspanplatte	Faserplatte
aus feinen Sägespänen	aus groben Hobelspänen	aus Holzfasern
Möbel: Schränke, Regale	Fußböden, Wände	Möbelrückwände, Dämmung

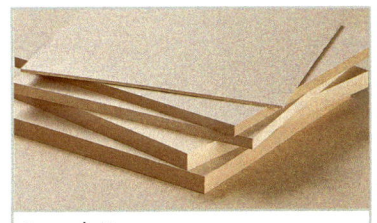

3 Verschiedene Werkstoffe

TECHNIK

METHODE   Einen Arbeitsablaufplan erstellen

Hast du schon einmal etwas zusammengebaut und am Ende waren noch Teile übrig? Oder hast du beim Kochen schon einmal eine Zutat oder einen Arbeitsschritt vergessen? Solche Pannen kannst du vermeiden, wenn du mit einem Arbeitsablaufplan arbeitest.

Ein **Arbeitsablaufplan** stellt die Planungsgrundlage für die Herstellung von Produkten dar (Bild 1). Er gliedert die Aufgabe in einzelne Arbeitsschritte mit den dazugehörigen Werkzeugen und Hinweisen. Der Arbeitsablaufplan hilft dir, Fehler zu vermeiden und dadurch deine Arbeit zielgerichteter durchzuführen.

Wenn die Arbeit unterbrochen werden muss, hilft er dir, weil du dort nachsehen kannst, was als Nächstes zu tun ist. Arbeiten mehrere Personen an einem Werkstück, so können alle sehen, was schon erledigt ist und was noch hergestellt oder besorgt werden muss.

1 Sammeln der Arbeitsschritte
Zerlege den gesamten Arbeitsablauf in einzelne Schritte.

Beispiel: Anzeichnen der Bohrungen, Zusammenleimen der Einzelteile, Aussägen des Grundkörpers, Bohren der Löcher ...

2 Sortieren und Nummerieren
Überlege, in welcher Reihenfolge die Arbeitsschritte durchgeführt werden müssen. Denke daran, dass manche Schritte voneinander abhängig sind. Schwierige Arbeitsschritte können auch unterteilt werden, zum Beispiel in 3a, 3b usw.

1. Aussägen des Grundkörpers
2. Anzeichnen der Bohrungen
3. Bohren der Löcher ...

3 Notieren der benötigten Werkzeuge
Notiere dir zu jedem Arbeitsschritt, welche Werkzeuge du hierfür benötigst.

1. Bleistift, Stahlmaßstab, Anschlagwinkel
2. Feinsäge, Sägeunterlage, Anschlag, Zwinge ...

4 Bemerkungen/Sicherheitshinweise
In dieser Spalte kannst du wichtige Hinweise beziehungsweise nötige Sicherheitsvorkehrungen zu dem jeweiligen Arbeitsschritt notieren.

Alle Teile beschriften; Schutzbrille/Haarschutz nicht vergessen; Abfallseite markieren ...

Tipp: Manchmal kommt es vor, dass du bestimmte Werkzeuge oder Maschinen nicht sofort nutzen kannst, weil andere gerade damit arbeiten. Überlege dann, ob du Arbeitsschritte vorziehen kannst, damit du trotzdem vorwärts kommst.

> **EXTRA Zeitplanung**
> Um die Dauer eines Arbeitsschritts richtig einschätzen zu können, brauchst du Erfahrung. Da dir diese Erfahrung am Anfang fehlt, solltest du vor jedem Arbeitsschritt schätzen, wie lange du dafür benötigst, und hinterher überprüfen, wie lange du tatsächlich gebraucht hast. So werden deine Schätzungen immer genauer und deine Zeitpläne immer besser.

1 Ein Arbeitsablaufplan

Technische Zeichnungen

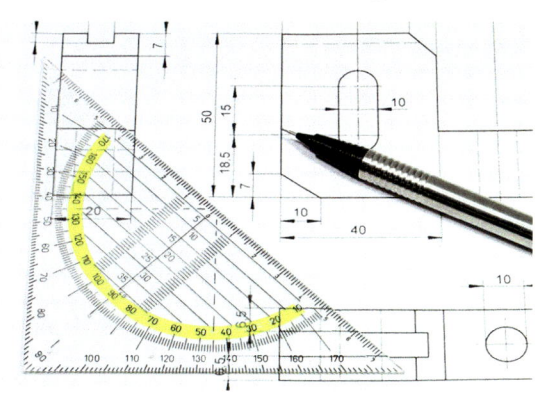

1 Eine technische Zeichnung eines Architekten

Viele Firmen verkaufen Produkte in andere Länder. Oft werden die Produkte in einem anderen Land zusammengebaut. Technische Zeichnungen liefern die Informationen für den Bau der Produkte.

Zeichnungen mit Regeln

Zeichnungen dienen dazu, sich zu verständigen – sie sind ein Kommunikationsmittel. Allerdings kommen Zeichnungen ohne Sprache aus. Eine Zeichnung kann komplizierte Sachverhalte oft viel genauer und anschaulicher zeigen, als man sie sprachlich ausdrücken kann. Daher kommt auch der Ausspruch: „Ein Bild sagt mehr als tausend Worte." Damit alle Menschen auf der Welt eine technische Zeichnung lesen können, gibt es Regeln, nach denen diese Zeichnungen erstellt werden (Bild 1). Wenn du sie kennst, kannst du eine Zeichnung besser lesen (Bild 2).

> Zeichnungen sind Kommunikationsmittel, die ohne Sprache auskommen.
> Die Regeln, nach denen technische Zeichnungen erstellt werden, sind überall gleich.

METHODE Maße finden

So findest du Maße in einer Zeichnung:
– Suche das gewünschte Bauteil in der Zeichnung.
– Überlege dir, welches Maß du brauchst, zum Beispiel die Länge oder die Breite.
– Suche die Maßhilfslinien und den Maßpfeil, die das Bauteil begrenzen.
– Lies die Maßzahl ab. Die Einheit ist in technischen Zeichnungen immer Millimeter.

AUFGABEN

1 Eine technische Zeichnung lesen

Lies von der unten stehenden Zeichnung folgende Maße ab: die Länge des Körpers, den Durchmesser der Bohrung und die Breite des Schlitzes.

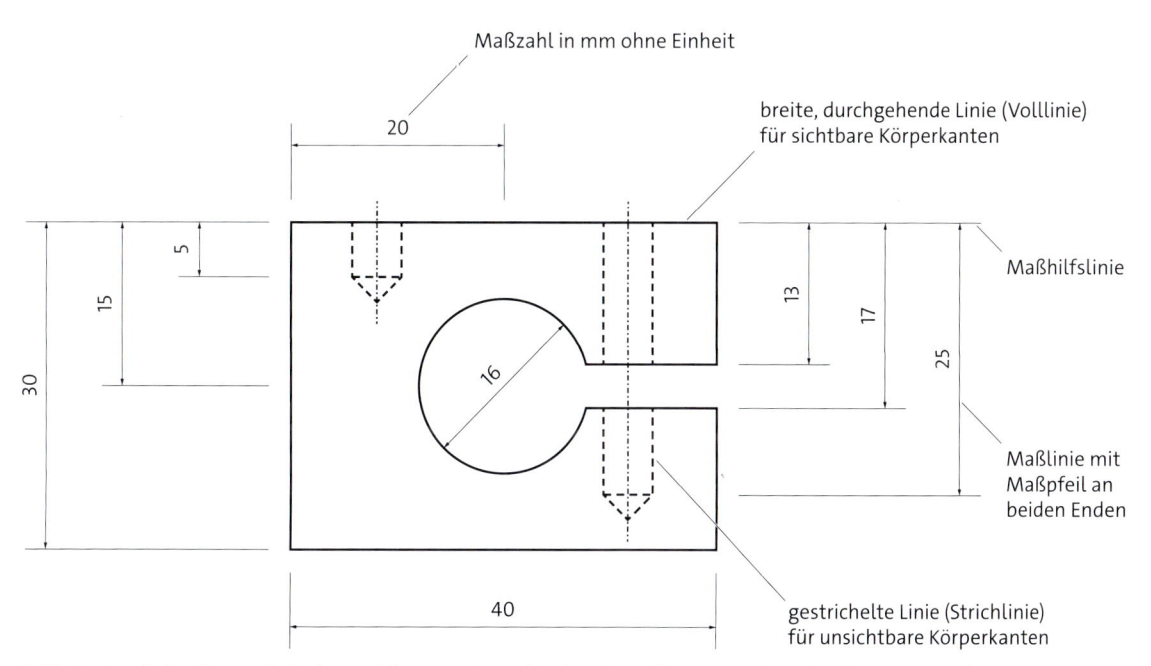

2 Die Bestandteile einer technischen Zeichnung. Die Maßeinheit ist Millimeter und wird nicht mit angegeben.

TECHNIK

Die Stückliste

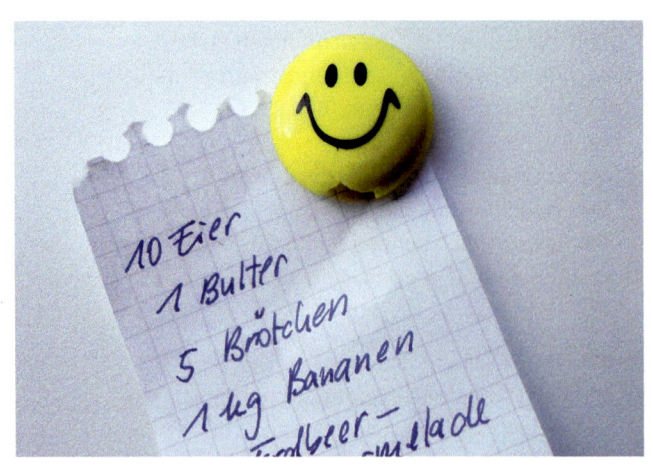

1 Ein Einkaufszettel

Stückliste

Nr.	Anz.	Bezeichnung	Maße in mm	Material
1	1	Boden	300 × 300 × 6	Sperrholz
2	2	Seitenwände vorn und hinten	300 × 50 × 10	Sperrholz
3	2	Seitenwände links und rechts	280 × 50 × 10	Sperrholz
4	2	Griffe	Ø 20 × 100	Buche
5	8	Schrauben	Ø 3 × 30	
6	12	Schrauben	Ø 3 × 20	

2 Die Stückliste für die Einzelteile einer Schublade

Maja hat eine Einkaufsliste geschrieben, damit sie beim Einkaufen im Supermarkt nichts vergisst. Auch in der Technik braucht man oft viele Dinge, um ein Produkt zu bauen. Hier werden Listen erstellt, in denen alle wichtigen Informationen aufgeschrieben werden.

Aufbau einer Stückliste

In einer **Stückliste** erfasst du alle Einzelteile deines Werkstücks (Bild 2). Die Informationen, welche Einzelteile du für dein Produkt benötigst, kannst du der technischen Zeichnung entnehmen. Mit einer guten Stückliste kannst du im Fachmarkt alle Teile kaufen.

Stücklisten haben einen typischen Aufbau:
– Teil-Nummer: In dieser Spalte erhält das Einzelteil eine Nummer.
– Anzahl: Hier werden die benötigten Stückzahlen eingetragen.
– Bezeichnung: In dieser Spalte erhält jedes Bauteil einen passenden Namen.
– Maße: Hier wird die Größe des Bauteils eingetragen.
– Material: Hier wird eingetragen, aus welchem Material das Bauteil besteht.

Tipp: Wenn du am Ende deiner Tabelle noch eine leere Spalte anhängst, kannst du jedes Bauteil abhaken, das du schon besorgt hast.

> Eine Stückliste hilft bei dem Einkauf der Einzelteile eines Produkts. In ihr sind alle Einzelteile des Produkts mit genauen Maßen, Anzahl und Materialangaben aufgelistet.

METHODE Maße lesen

Meist sind drei Maße für ein Bauteil wichtig:

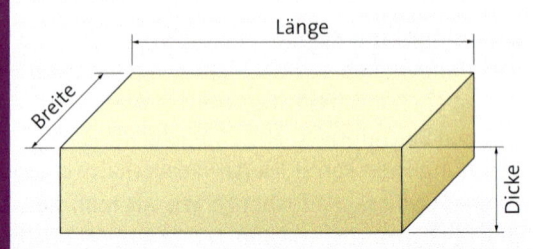

Zwischen den Maßen steht ein × („mal"). Sind keine Einheiten angegeben, sind immer Millimeter gemeint.

Länge des Werkstücks: 100 mm
↓
Maßangabe: 100 × 50 × 20
↗   ↖
Breite: 50 mm   Dicke: 20 mm

Achtung: Bei runden Bauteilen wird erst der Durchmesser, dann die Länge angegeben.

AUFGABEN

1 Arbeiten mit Stücklisten

a Entnimm der Stückliste folgende Maße:
– Material des Bodens
– Breite der Seitenwände
– Querschnitt der Griffe

b Fertige eine Stückliste für ein Werkstück deiner Wahl an.

c Erstelle am PC eine Tabelle als Vorlage für Stücklisten.

METHODE   Messen und Anreißen

Beim Arbeiten in der Technik muss man sehr genau messen.

A Das Messen

Messen ist das genaue Ermitteln einer Größe. Im Technikunterricht geht es meist um Längen. Diese müssen immer mit der entsprechenden Maßeinheit, meist Millimeter oder Zentimeter, angegeben werden. Die wichtigsten Messwerkzeuge sind:
– der Stahlmaßstab
– der Gliedermaßstab für größere Längen
– der Messschieber für sehr präzise Messungen

Für eine genaue Messung ist es wichtig, dass du das geeignete Messwerkzeug auswählst und dieses richtig benutzt (Bild 1):

1 Messwerkzeug anlegen
Lege den Nullpunkt deines Messwerkzeugs an einer geeigneten Werkstückkante, der Bezugskante, an.

2 Messwert ablesen
Achte darauf, dass du direkt von oben auf die Messskala blickst.

3 Maß notieren
Denke beim Notieren des Messergebnisses immer daran, die richtige Einheit dazuzuschreiben.

B Das Anreißen

Übertragen wir ein Maß aus einer technischen Zeichnung auf unser Werkstück, bezeichnen die Fachleute diesen Vorgang als **Anreißen**. Die dabei entstehende Linie nennen wir **Anrisslinie**. Die wichtigsten Werkzeuge beim Anreißen sind:
– der Anschlagwinkel
– der Bleistift / die Reißnadel
– der Zentrierwinkel
– das Streichmaß

1 Maß übertragen
Lege den Nullpunkt deines Messwerkzeugs an der Bezugskante an und markiere das benötigte Maß mit einem kleinen Strich.

2 Anreißen
Verlängere, zum Beispiel mit dem Anschlagwinkel, deine Markierung zu einer Anrisslinie über die gesamte Werkstückfläche. Für lange Anrisslinien parallel zur Werkstückkante oder Maße, die sich oft wiederholen, eignet sich das Streichmaß besonders gut.

3 Überwinkeln
Tipp: Damit du beim Bearbeiten deines Werkstücks das angerissene Maß von allen Seiten im Blick hast, empfiehlt es sich, die Anrisslinie mit dem Anschlagwinkel auf alle Seiten zu übertragen.

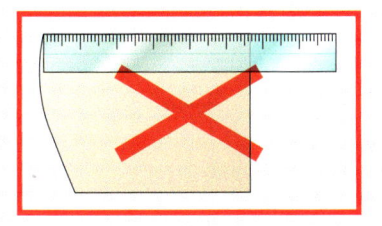

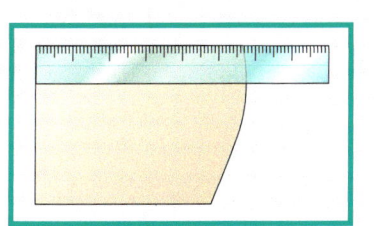

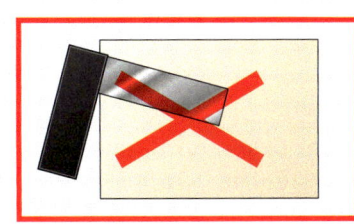

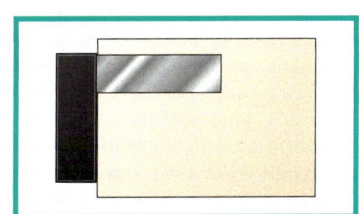

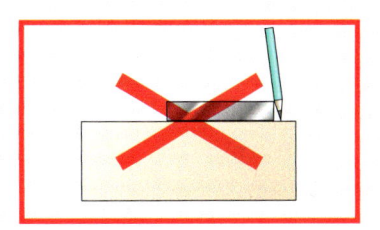

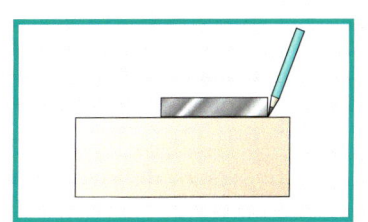

1 Richtig messen und anreißen

Das Sägen

1 Ein Holzbrett wird zersägt.

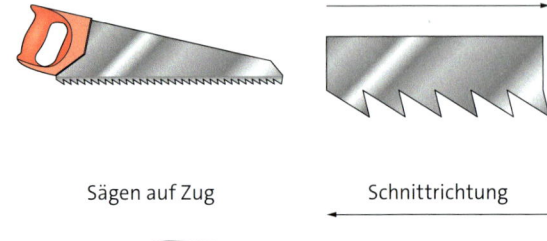

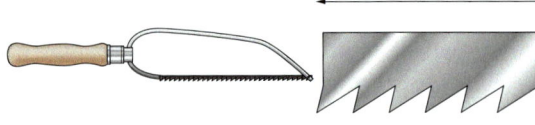

2 Je nach Stellung der Sägezähne arbeitet eine Säge auf Stoß oder auf Zug.

Ein Handwerker auf einer Baustelle sägt mit einer Säge ein Stück Holz ab. Der Handwerker sägt im Stehen und steht stabil in Schrittstellung. Er schützt seine Hände mit Handschuhen.

Arbeitsweise von Sägen

Durch Sägen werden Werkstücke auf die richtige Länge oder in eine spezielle Form gebracht. Ein Werkstück auf die richtige Länge zu bringen, nennen Fachleute **ablängen**. Die Form des Werkstücks herauszuarbeiten, nennt man hingegen **aussägen**. Beim Sägen dringen die einzelnen Sägezähne nacheinander in den Werkstoff ein und tragen das Material in Form von Spänen ab. Diese Späne werden in den Zahnlücken aus dem Sägespalt transportiert. Zeigen die Sägezähne vom Griff weg, arbeitet die Säge beim Schieben. Wir sagen, sie arbeitet **auf Stoß**. Zeigen die Sägezähne zum Griff und die Säge arbeitet beim Ziehen, so arbeitet sie **auf Zug**. Holz, das mit dem Werkstück eingespannt wird, kann das Ausreißen der Kanten verhindern.

Die Sägearten

Für unterschiedliche Sägeaufgaben stehen uns verschiedene Sägen zur Verfügung. Jede Säge hat ein spezielles Einsatzgebiet. Je nach Aufgabe kann man unter folgenden Sägen auswählen:

- **Laubsägen** sind für kurvige, sehr feine Schnitte in dünnem Holz geeignet.
- Die **Feinsäge** benutzen wir für gerade, feine Schnitte in dünnen bis mittleren Hölzern.
- Die **Universal-** oder **Puksäge** wird für kurze gerade und feine Schnitte, besonders bei dünnen Leisten und Profilen, eingesetzt.
- Der **Fuchsschwanz** kommt bei mittleren und dicken Hölzern zum Einsatz und hinterlässt gerade, grobe Schnitte.
- Die **Japansäge** sägt gerade, sehr fein und exakt und ist vielseitig einsetzbar.
- Die **Gehrungssäge** hat die Besonderheit, dass die Säge in einem Gestell geführt wird und sich der Sägewinkel einstellen lässt. Mit ihr kann man Holz, Metall und Steine sägen.

Schränkung

Damit das Sägeblatt nicht klemmt, muss es sich freischneiden können. Dazu sind die Sägezähne abwechselnd etwas nach rechts und links gebogen. Sie sind **geschränkt**.

> Sägen bringt Werkstücke auf die richtige Länge oder in die gewünschte Form. Sägen arbeiten auf Zug oder Stoß. Jede Säge hat ihr spezielles Einsatzgebiet. Sägezähne sind geschränkt, damit das Sägeblatt nicht klemmt.

AUFGABEN

1 Arbeiten mit der Säge

a Erstelle eine Übersicht über die verschiedenen Sägen. Lege eine Tabelle mit Namen, Arbeitsweise und Einsatzgebiet der Sägen an.

b Erläutere, wie man das Ausreißen des Holzes beim Sägen verhindern kann.

c Recherchiere den Unterschied zwischen einer gespannten Säge wie einer Laubsäge und einer ungespannten Säge wie einer Japansäge.

METHODE   Arbeiten wie die Profis

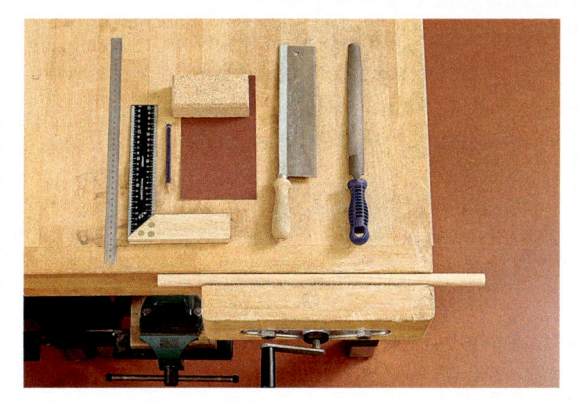

1 Ein eingerichteter Arbeitsplatz

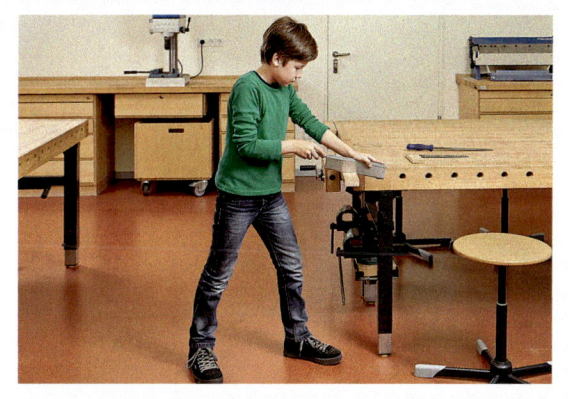

2 Einspannen und Arbeitshaltung

Wenn du Profis bei der Arbeit zusiehst, erkennst du, dass sich bestimmte Arbeitsabläufe im Prinzip ständig wiederholen.

1. **Auswahl des richtigen Werkzeugs**
   Welches Werkzeug wird für die Arbeit benötigt und ist am besten dafür geeignet? Wähle aus.

   Beispiel: Du möchtest eine dünne Leiste ablängen und wählst die Universalsäge.

2. **Arbeitsplatz einrichten**
   Ein geordneter Arbeitsplatz mit allen benötigten Werkzeugen erleichtert die Arbeit, weil alles griffbereit liegt (Bild 1).

   Du legst die Universalsäge und dein vorbereitetes Werkstück bereit.

3. **Einspannen des Werkstücks**
   Bei fast allen Bearbeitungstechniken ist es wichtig, das Werkstück sicher zu fixieren, um daran zu arbeiten.

   Dafür gibt es an der Werkbank sogenannte Bankzangen oder Schraubstöcke (Bild 3).

   Du spannst die Leiste waagrecht fest in die Bankzange ein.

4. **Bearbeiten des Werkstücks**
   Jetzt kann das Werkstück bearbeitet werden. Dabei ist es wichtig, die entsprechenden Arbeits- und Sicherheitsregeln zu beachten. Für viele Arbeitstechniken gibt es bestimmte Arbeitshaltungen, Sicherheitsbestimmungen oder Anwendungstipps, die eingehalten werden müssen.

   - *Du sägst im Stehen, in Schrittstellung (Bild 2).*
   - *Das Werkstück ist so eingespannt, dass es nicht federt.*
   - *Du sägst neben der angezeichneten Linie im Abfallstück.*
   - *Am Ende des Sägeschnitts sägst du ohne Druck.*

Sägen mit Anschlag   Sägen mit Sägebrett 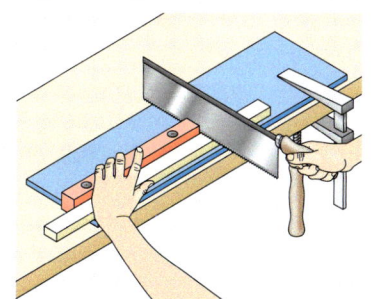   Sägen mit der Gehrungssäge

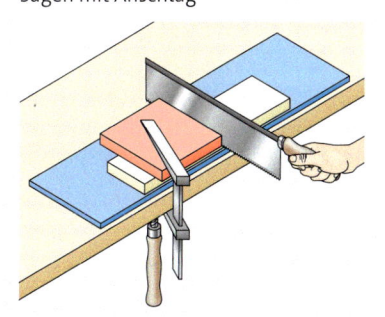

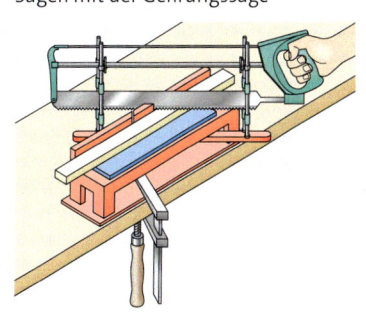

3 Für viele Arbeitstechniken gibt es Hilfsmittel, die das Arbeiten erleichtern oder helfen, genauer zu arbeiten.

TECHNIK

Das Bohren

1 Eine Bohrung für einen U-Bahn-Tunnel

Die größten Bohrer der Welt haben einen Durchmesser von etwa 20 Metern. Sie werden im Tunnelbau eingesetzt.

Durch Bohren entstehen kreisrunde Löcher, die in das Werkstück hineinführen. Verlaufen die Bohrungen durch das ganze Werkstück hindurch, sprechen die Fachleute von **Durchgangsbohrungen**. Enden die Bohrungen im Werkstück, nennt man diese **Sackloch**.

Arbeitsweise eines Bohrers
Beim Bohren dringen die sich drehenden Schneiden des Bohrers in den Werkstoff ein und heben das Material in Form von Spänen ab. Diese werden in den **Spannuten** aus dem Bohrloch befördert (Bild 2).

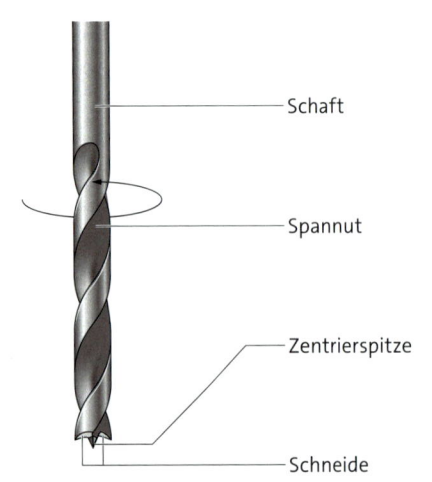

2 Die Bestandteile eines Bohrers (Schaft, Spannut, Zentrierspitze, Schneide)

Die Bohrer
Es gibt unterschiedliche Bohrerarten:
- **Universalbohrer** kommen bei Holz, Metall und Kunststoff zum Einsatz.
- **Spiralbohrer** mit **Zentrierspitze** sind nur für Holz geeignet.
- Für größere Bohrungen in Holz benutzt man **Forstnerbohrer**.
- Um Bohrungen trichterförmig aufzuweiten, verwendet man einen **Senker**. Den Vorgang des Aufweitens nennt man **Ansenken**.

METHODE Richtig bohren
- Reiße die Bohrlochmitte an und stich mit dem Vorstecher vorsichtig ein.
- Spanne das Werkstück sicher ein.
- Wähle den passenden Bohrer aus.
- Bohre mit gleichmäßigem Druck.
- Bohre am Ende der Bohrung mit wenig Druck, um das Ausreißen zu minimieren.
- Verwende bei Durchgangsbohrungen immer eine Unterlage. So bohrst du nicht in den Maschinenschraubstock oder den Arbeitstisch.
- Führe den Bohrer langsam aus dem Bohrloch heraus.

Halte immer die Sicherheitsmaßnahmen ein!

EXTRA Zentrierwinkel
Mittelpunkte von runden Werkstücken kann man mit einem Zentrierwinkel anreißen.

Bohren dient zum Anfertigen von kreisrunden Löchern. Für unterschiedliche Materialien stehen verschiedene Bohrerarten zur Verfügung. Diese Bohrer gibt es in vielen Durchmessern.

AUFGABEN
1 Das Bohren
a Nenne die Bohrerarten, mit denen du in Holz bohren kannst.
b Erkläre, warum die Löcher in einem Schweizer Käse nicht von einem Bohrer stammen können.

Bohren mit der Tischbohrmaschine

1 Sicheres Verhalten an der Tischbohrmaschine

Mache dich vor dem Arbeiten mit einer Tischbohrmaschine mit den Sicherheitsregeln vertraut. An jeder Tischbohrmaschine musst du die Bedienelemente kennen, um gut und sicher damit umzugehen.

Sicherheitsregeln bei der Arbeit
Achte beim Bohren stets auf die Sicherheitsmaßnahmen, damit dir nichts passiert!
- Arbeite nur nach gründlicher Einweisung und mit Erlaubnis der Lehrkraft.
- Schütze deine Augen mit einer Schutzbrille.
- Sichere lange Haare durch Zusammenbinden oder eine Kappe.
- Trage eng anliegende Kleidung und lege Schals, Ketten und Ähnliches ab.

Bedienelemente einer Tischbohrmaschine

Das **Bohrmaschinengehäuse** ist meist auf der **Bohrsäule** höhenverstellbar, damit in unterschiedlich große Werkstücke gebohrt werden kann. Ist das Gehäuse nicht verstellbar, gibt es einen höhenverstellbaren **Maschinentisch**.
Im Gehäuse befindet sich ein Elektromotor, der die **Bohrspindel** antreibt. Auf der Bohrspindel sitzt das **Bohrfutter**, in das der Bohrer eingespannt wird. Neuere Maschinen haben einen **Bohrschutz**, der Bohrer und Bohrfutter abschirmt.
Das Werkstück wird im **Maschinenschraubstock** befestigt. Der **Vorschubhebel** führt das Bohrfutter mit dem eingespannten Bohrer nach unten. Wie weit sich der Bohrer nach unten drücken lässt, wird mit dem **Tiefenanschlag** eingestellt. Die **Drehzahleinstellung** regelt, wie schnell sich der Bohrer dreht.

> **METHODE** Tischbohrmaschine bedienen
> - Beachte die Sicherheitsregeln.
> - Überprüfe, ob du alle Bedienelemente der Maschine kennst und weißt, wie du damit umzugehen hast.
> - Lege dir alle Materialien und Werkzeuge, die du benötigst, zurecht.
> - Spanne dein Werkstück fest im Maschinenschraubstock ein.
> - Beachte die Anweisungen zum richtigen Bohren und halte die Sicherheitsmaßnahmen ein.
> - Räume den Maschinenarbeitsplatz auf, bevor du ihn verlässt.

An der Bohrmaschine befindet sich ein **Not-Aus-Schalter**, mit dem du die Stromzufuhr bei Gefahr sofort unterbrechen kannst.

AUFGABEN
1 Die Tischbohrmaschine in der Schule
a Suche an der Tischbohrmaschine, mit der du in der Schule arbeitest, die Bedienelemente aus Bild 2 und aus dem Text im Kasten.
b Liste die Unterschiede zwischen der Tischbohrmaschine in der Schule und der Tischbohrmaschine in Bild 2 auf.

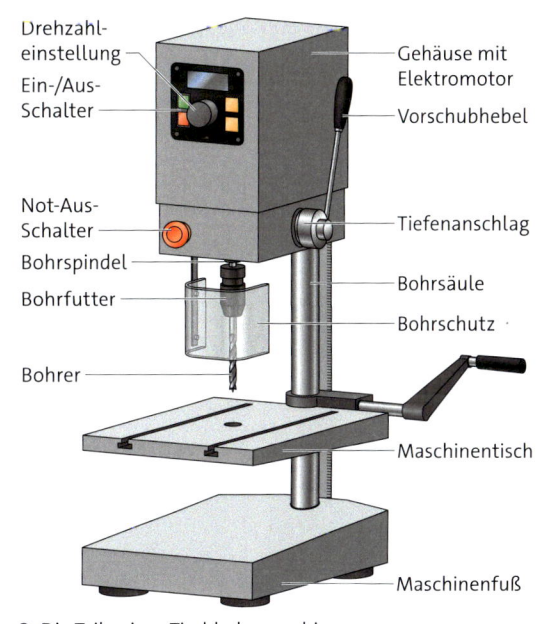

2 Die Teile einer Tischbohrmaschine

TECHNIK

Das Raspeln, das Feilen und das Schleifen

1 Ein Spiel mit einer glatten Holzkugel

Lina hat ein Spiel mit einer Holzkugel geschenkt bekommen. Sie fragt sich, wie man die Oberfläche einer solchen Kugel so glatt bekommt.

Raspeln und Feilen
Um die Form eines Werkstücks zu verändern, verwendet man Raspeln und Feilen.
Die Raspel dient dazu, viel Material abzunehmen, und hinterlässt eine raue Oberfläche. Sie wird nur für die Holzbearbeitung eingesetzt.
Die Feile nimmt weniger Material ab und hinterlässt eine glattere Oberfläche. Feilen gibt es für Holz, Metall und Kunststoff.

Aufbau von Raspeln und Feilen
Raspeln und Feilen sind ähnlich aufgebaut. In das Blatt sind Einkerbungen eingearbeitet, die man **Hieb** nennt. Die Spitze am Ende des Blattes heißt **Angel**. Auf der Angel wird der Griff befestigt, den man als **Heft** bezeichnet.
Zum Ausarbeiten verschiedener Formen gibt es Raspeln und Feilen mit unterschiedlichen Querschnitten (Bild 2).

Arbeitsweise von Raspeln und Feilen
Beim Raspeln und Feilen dringt der Hieb in den Werkstoff ein und hebt das Material in Form von Spänen ab.

> **METHODE Richtig raspeln und feilen**
> - Wähle die passende Raspel oder Feile für die Bearbeitung deines Werkstücks aus.
> - Prüfe, ob das Heft fest sitzt.
> - Spanne das Werkstück fest und so tief wie möglich ein, damit es nicht federt.
> - Raspeln und Feilen arbeiten auf Stoß, also nur in eine Richtung.
> - Schräge Kanten im Winkel von 45° an – wir sagen dazu **anfasen** – oder verwende Zulagen, um das Ausreißen des Holzes zu verhindern.
> - Säubere Raspeln und Feilen nach dem Arbeiten mit der Feilenbürste.

> Raspeln und Feilen dient der Formgebung. Die Einkerbungen auf dem Blatt nennt man Hieb. Für unterschiedliche Aufgaben sind verschiedene Hiebe und Querschnittsformen geeignet.

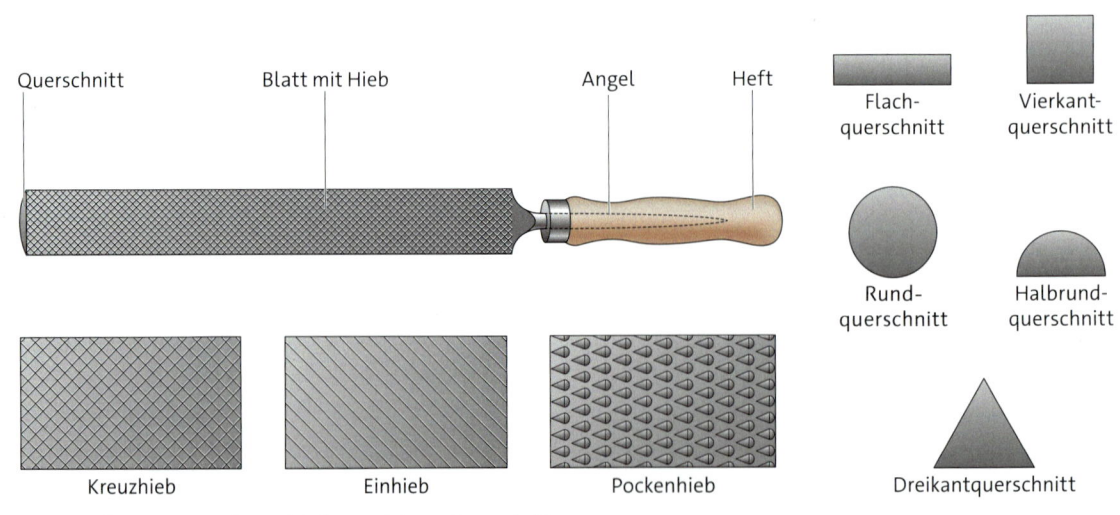

Querschnitt — Blatt mit Hieb — Angel — Heft

Flachquerschnitt — Vierkantquerschnitt — Rundquerschnitt — Halbrundquerschnitt — Dreikantquerschnitt

Kreuzhieb — Einhieb — Pockenhieb

2 Der Aufbau von Raspeln und Feilen und deren Querschnitte

TECHNIK

Das Schleifen

Das Schleifen dient dazu, Oberflächen zu glätten. Außerdem lassen sich scharfe Kanten abstumpfen. Man nennt diesen Vorgang das **Brechen der Kanten**.

Arbeitsweise des Schleifpapiers

Beim Schleifen wird durch die Schleifkörner Material vom Werkstoff abgeschabt und in den Zwischenräumen des Papiers abtransportiert.

Aufbau des Schleifpapiers

Schleifpapier besteht aus vielen scharfkantigen Schleifkörnern. Diese sind auf Papier oder einer Gewebeschicht aufgeklebt.
Je nachdem wie groß und zahlreich die Schleifkörner sind, werden grobe, mittlere und feine Schleifpapiere unterschieden (Bild 3). Die Einheit der **Körnung** wird in Nummern auf dem Schleifpapier angegeben:
– Grobes Schleifpapier hat größere, aber weniger Körner und daher eine niedrigere Nummer, zum Beispiel 60.
– Feines Schleifpapier hat viele kleinere Schleifkörner und daher eine höhere Nummer, zum Beispiel 180.

Praktische Hilfsmittel

Schleifkork, Schleifbrett oder Schleiflatten helfen dir, besonders gleichmäßig zu schleifen oder besondere Formen zu glätten (Bild 4).

> Schleifen dient dem Glätten von Oberflächen. Die Körnungszahl gibt an, wie grob oder fein ein Schleifpapier ist.

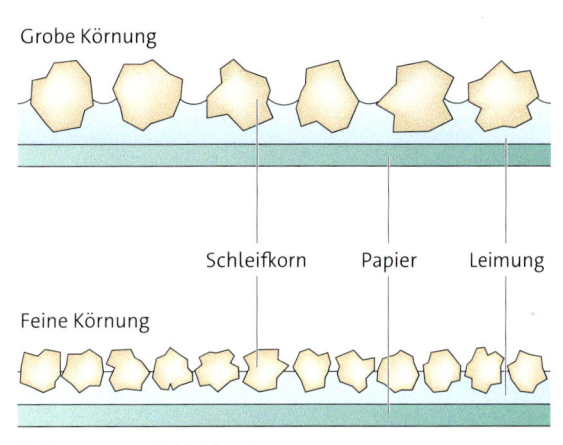

3 Körnung von Schleifpapier

METHODE Richtig schleifen
– Schleife in Faserrichtung des Holzes, sonst gibt es unschöne Kratzer (Bild 5).
– Achte beim Schleifen darauf, dass die Kanten erhalten bleiben.
– Verwende erst grobes, dann immer feineres Schleifpapier.
– Sauge Schleifstaub immer ab!

AUFGABEN
1 Schleifen
a Sammle verschiedene Schleifpapiere und erstelle eine Übersicht zur Körnung der Schleifpapiere und deren Bedeutung.
b Herr Maier möchte sein gefeiltes Werkstück feinschleifen. Ihm stehen drei verschiedene Schleifpapiere (60, 240, 150) zur Verfügung. Wie soll Herr Maier vorgehen? Begründe deine Antwort.

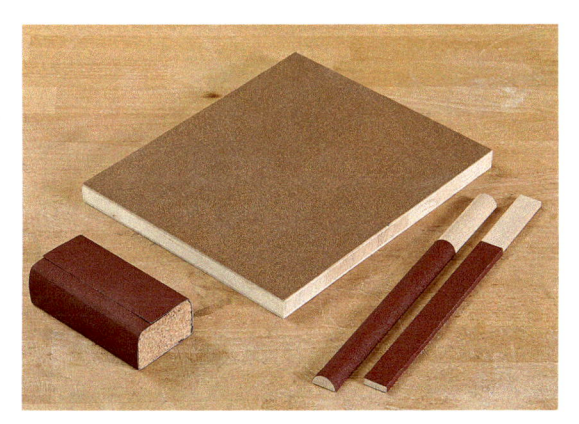

4 Schleifkork, Schleifbrett und Schleiflatten

5 Schleifen nur in Faserrichtung

Das Fügen

1 Zusammenbau eines Bettes

Milana bekommt ein neues Bett. Das Bett besteht aus vielen Teilen, die zusammengebaut werden müssen. Milana und ihre Mutter lesen die Bauanleitung.

Das Verbinden von Bauteilen nennt der Fachmann **Fügen**.
- Sind die Bauteile so miteinander verbunden, dass sie nur durch Zerstörung getrennt werden können, spricht man von einer **unlösbaren Verbindung**.
- Kannst du die Bauteile immer wieder auseinandernehmen und wieder zusammenfügen, so spricht man von einer **lösbaren Verbindung**.

Das Leimen
Das Leimen gehört zu den unlösbaren Verbindungen. Dabei werden die Bauteile mit **Holzleim**, einem besonderen Klebstoff, fest miteinander verbunden. Es gibt verschiedene Leimsorten:

- Universalleim eignet sich für alle Arten von Verleimungen.
- Expressleim trocknet besonders schnell.
- Wasserfester Leim ist unempfindlicher gegen Feuchtigkeit.

Die speziellen Einsatzgebiete und die Hinweise zur Verarbeitung der jeweiligen Leimsorte kannst du auf der Verpackung nachlesen.

> **METHODE Richtig leimen**
> - Bereite den Arbeitsplatz mit allen benötigten Werkzeugen und Werkstückteilen vor (Bild 2A). Denn beim Leimen musst du sehr zügig arbeiten.
> - Sorge dafür, dass die Oberflächen der Bauteile glatt, sauber, staubfrei und passgenau sind.
> - Trage den Leim mit einem Pinsel oder Spatel auf (Bild 2B). Trage ihn vollflächig, aber dünn auf, sonst quillt er unnötig aus der Leimfuge und die Werkstückteile verrutschen leicht.
> - Presse die Werkstückteile mit einer Schraub- oder Klemmzwinge zusammen. Nur so wird die Verleimung fest und stabil (Bild 2C). Drücke die Schraubzwinge zuerst zusammen und spanne sie erst dann durch Drehen des Griffs fest.
> - Wische überschüssigen Leim sofort mit einem feuchten Tuch ab.
> - Lass den Leim ausreichend lange trocknen.

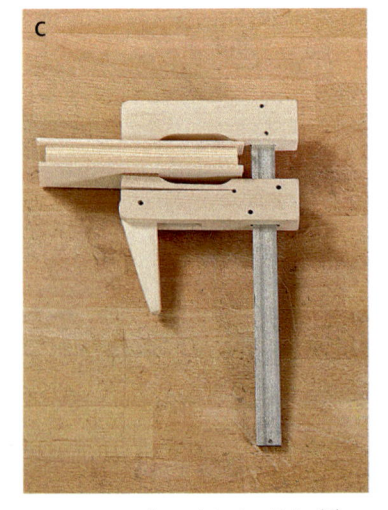

2 Vorgehen beim Leimen: Arbeitsplatz vorbereiten (A) Auftragen des Leims (B), Zusammenpressen der geleimten Teile (C)

Das Schrauben

Das Schrauben gehört zu den lösbaren Verbindungen. Dabei werden die Bauteile durch Schrauben fest miteinander verbunden.
Das Gewinde der Schraube dringt in das Holz ein und zieht die beiden Holzstücke zusammen.

Aufbau der Schraube

Eine Schraube besteht aus einem **Schraubenkopf,** einem **Gewinde** mit Spitze und manchmal einem glatten **Schaft** zwischen Kopf und Gewinde.

Es gibt verschiedene **Formen von Schraubenköpfen** (Bild 3, Bild 4):
- Die meistverwendete Schraubenart ist die **Senkkopfschraube**. Bei dieser wird der Kopf der Schraube im Holz versenkt und liegt so unterhalb der Werkstückoberfläche.
- Bei **Halbrundkopfschrauben** und **Sechskantschrauben** bleibt der Schraubenkopf über der Werkstückoberfläche stehen.

Jeder Schraubenkopf hat eine Vertiefung, in die der Schraubendreher eingesetzt wird, um die Schraube ins Holz eindrehen oder ausdrehen zu können. Diese Vertiefung gibt es in unterschiedlichen Formen und für jede Form den passenden Schraubendreher. Heutzutage sind Kreuzschlitz und Torx die gängigsten **Schraubenantriebe**.

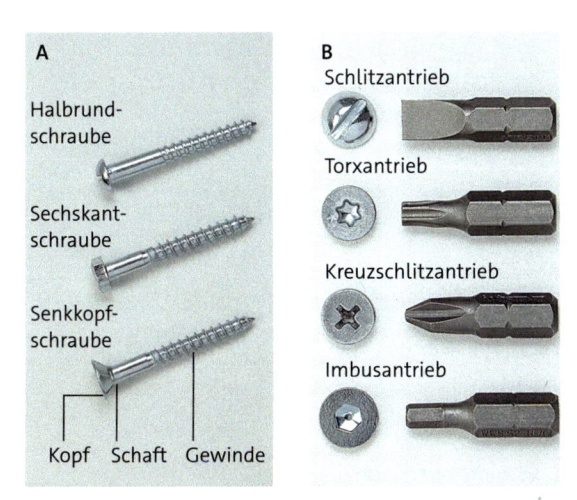

METHODE Richtig schrauben
- Wähle die geeignete Schraube aus.
- Reiße die Position der Schraube an und stich vor.
- Bohre mit dem richtigen Bohrer vor, damit das Holz nicht reißt.
- Senke bei Senkkopfschrauben die Bohrung an.
- Wähle den richtigen Schraubendreher aus und drehe die Schraube vorsichtig ein.

Das Verbinden von Bauteilen nennt man Fügen. Es gibt lösbare und unlösbare Verbindungen. Leimen ist eine unlösbare Verbindungstechnik. Teile werden mit Holzleim fest miteinander verbunden. Schrauben ist eine lösbare Verbindungstechnik. Schrauben haben verschiedene Kopfformen und verschiedene Antriebsformen. Kreuzschlitz und Torx sind oft benutzte Schraubenantriebe.

AUFGABEN
1 **Fügen**
a Nenne drei Leimsorten.
b Erkläre, was man mit den Werkstückteilen nach dem vollflächigen Auftragen des Leims machen muss.
c Erstelle eine beschriftete Zeichnung einer Schraube.

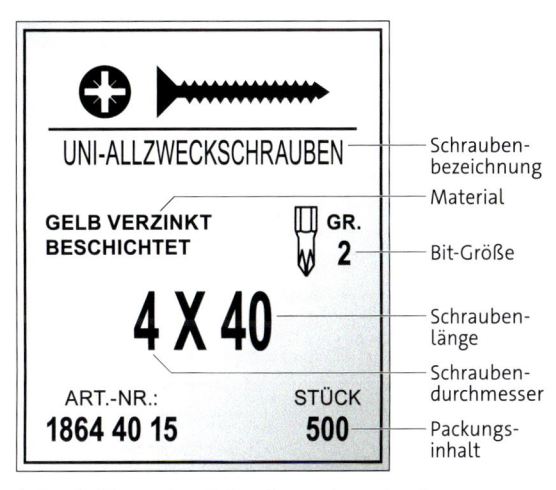

3 Verschiedene Schraubenarten (A) und unterschiedliche Antriebsformen mit passenden Bits (B)

4 Beschriftung einer Schraubenpackung aus dem Fachhandel

TECHNIK

METHODE Bewerten

1 Die Jury bewertet die gezeigte Leistung.

Ob „echt cool", „megagroß", „voll nett" oder „superbillig" – wir bewerten im täglichen Leben immerzu Dinge, Mitmenschen und Situationen, ohne uns über den Vorgang des Bewertens wirklich Gedanken zu machen. Was bedeutet eigentlich *bewerten* und wie läuft so ein Vorgang ab? Beim gewissenhaften Bewerten wird etwas anhand festgelegter Kriterien eingeschätzt und beurteilt. Am Ende einer Bewertung steht eine Aussage darüber, wie gut die Kriterien erfüllt worden sind, oft in Form einer Note. Im Technikunterricht bewerten wir oft unsere selbst gefertigten Werkstücke.

1 Aufstellen der Beurteilungskriterien
Um etwas bewerten zu können, benötigen wir Kriterien, nach denen das Werkstück später beurteilt wird.

Beispiele: Funktion, Maßgenauigkeit, Oberflächengüte, Design ...

2 Gewichten der Kriterien
Lege fest, wie wichtig dir die einzelnen Kriterien sind, zum Beispiel indem du Punkte vergibst.

Beispiele: Funktion 8 Punkte, Maßgenauigkeit 5 Punkte, Design 4 Punkte, Oberflächengüte 3 Punkte ...

3 Bewerten
Beurteile das Werkstück nach jedem Kriterium und lege die erreichte Punktzahl fest.

Funktion: 6 von 8 Punkten, Maßgenauigkeit 3 von 5 Punkten, Design 3 von 4 Punkten ...

4 Endergebnis festlegen
Errechne die Gesamtpunktzahl und ermittle so die Endnote.

20 von 25 Punkten → gut (Note 2,0)

Tipp: Lege die Beurteilungskriterien schon vor der Arbeit fest und orientiere dich daran. Das erspart Nacharbeiten und verbessert das Ergebnis.

AUFGABEN
1 Richtig bewerten
a ☒ Sammle weitere Kriterien, nach denen ein Werkstück bewertet werden kann.
b ☒ Nenne Unterschiede und Gemeinsamkeiten der abgebildeten Bewertungstabellen (Bild 2)
c ☒ Erstelle ein Beurteilungsraster für ein Produkt deiner Wahl.

Kriterium	Maximale Punktzahl	Erreichte Punktzahl
Funktion	8	6
Maßgenauigkeit	5	3
Design	4	3
Oberflächengüte	3	3
Verbindungen	5	5
Gesamtpunktzahl	25	20

Note: 2,0

Kriterium	Wertung	
Funktion	+	klemmt leicht
Maßgenauigkeit	0	leichte Abweichungen
Design	+	schöne Form
Oberflächengüte	++	sauber geschliffen
Verbindungen	++	exakt gearbeitet
Gesamtbewertung	gut	

++ = sehr gut   + = gut   0 = befriedigend
− = ausreichend   −− = mangelhaft

2 Unterschiedliche Berwertungstabellen

Alles hat ein Ende? – Der Produktkreislauf

1 Die Erde ist nur geliehen.

Julius macht sich Gedanken: „Auf der Erde leben sehr viele Menschen. Alle Menschen brauchen Nahrungsmittel und viele Dinge zum Leben. Gibt es genug davon auf der Erde? Oder muss jeder damit sparsam umgehen?"

Ab in die Tonne?
Viele Dinge unseres täglichen Lebens werden irgendwann nicht mehr gebraucht oder gehen kaputt. Sie einfach in den Müll zu werfen, können wir uns aber nicht leisten. Denn damit verschmutzen wir die Umwelt und können die Rohstoffe, aus denen die Produkte hergestellt sind, nicht mehr nutzen. Besser ist es, die Rohstoffe wiederzuverwerten. Man bezeichnet dies als **Recycling**.

Der Produktkreislauf
Am Anfang des Herstellungsprozesses stehen die Materialien, aus denen wir die Produkte fertigen. Man bezeichnet diese als Rohstoffe. Die Produktion, auch Fertigung genannt, ist die nächste Station im Leben eines Produkts. In der anschließenden Gebrauchsphase nutzen wir den Gegenstand, bis er kaputtgeht oder wir ihn nicht mehr benötigen und wegwerfen. Wenn der Abfall nicht weiter nutzbar ist, landet er auf der Deponie oder wird verbrannt. Sind die Materialien wiederverwertbar, werden sie voneinander getrennt und durch Zerkleinern oder Einschmelzen zu neuen Rohstoffen recycelt. Das Recycling schließt den **Produktkreislauf** (Bild 2).

> Die Wiederverwertung von Abfällen zu neuen Produkten heißt Recycling. Recycling schließt den Produktkreislauf.

AUFGABEN
1 Schutz der Erde
a Beschreibe Bild 1.
b Stelle eine Vermutung auf, was das Bild zeigen soll.
c Erkläre das Fachwort Recycling.

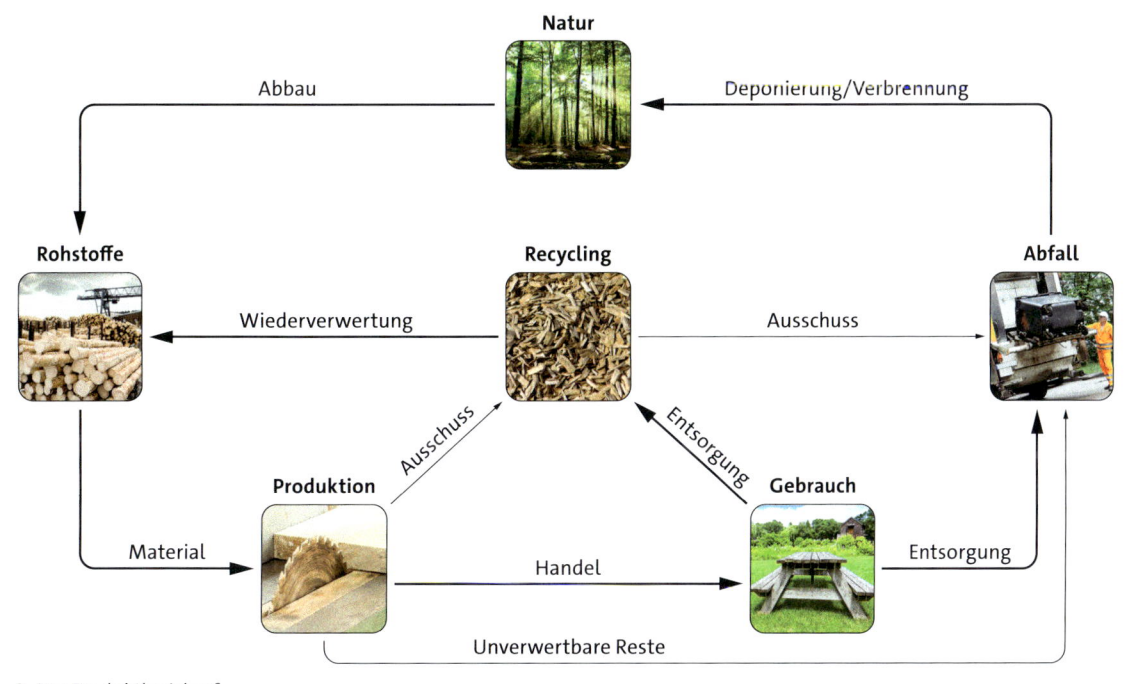

2 Der Produktkreislauf

TECHNIK

Die Fertigung und die Konstruktion

1 Ergebnisse einer Fertigungsaufgabe

2 Ergebnisse einer Konstruktionsaufgabe

Esther hat nun schon Maße aus Zeichnungen entnommen, Stücklisten gelesen und Arbeitsablaufpläne erstellt. Sie hat die wichtigsten Regeln im Umgang mit Werkzeugen gelernt. Jetzt soll sie ein Produkt herstellen.

Die Fertigungsaufgabe

Bei der **Fertigungsaufgabe** geht es darum, einen bereits entworfenen Gegenstand herzustellen. Im Technikunterricht wird dafür eine technische Zeichnung und eine Stückliste ausgegeben. Die saubere und fachgerechte Herstellung steht dabei im Vordergrund. Dabei kommt es darauf an, die Fertigung eigenständig zu planen, bei der Herstellung das vorgegebene Material zu verwenden, die angegebenen Maße genau einzuhalten und das Produkt zu bewerten. Da alle den gleichen Gegenstand nach den gleichen Vorgaben herstellen, sehen alle Ergebnisse am Ende fast gleich aus.

Der Ablauf

Wenn du im Technikunterricht ein ganz bestimmtes Werkstück anfertigen sollst, dann gehe folgendermaßen vor:
— Fertigungsauftrag besprechen
— Fertigung planen und vorbereiten: Arbeitsablaufplan aufstellen, Material beschaffen ...
— Werkstück herstellen
— Ergebnis bewerten

Im Technikunterricht gibt es neben Fertigungsaufgaben auch Konstruktionsaufgaben. Im Folgenden geht es daher um das Erfinden und Konstruieren.

Die Konstruktionsaufgabe

Die **Konstruktionsaufgabe** stellt uns vor ein Problem oder eine Aufgabe, ohne dass die Lösung oder das Ergebnis vorgegeben ist. Deshalb sind viele verschiedene Lösungsideen und Umsetzungen möglich (Bild 2).

Der Ablauf

— Problemstellung
— Problem besprechen, Informationen sammeln
— Ideen entwickeln, vergleichen und auswählen
— Skizzen erstellen
— Werkstück herstellen
— Lösung erproben und bewerten
— eventuell die Konstruktion optimieren

> Bei einer Fertigungsaufgabe geht es vor allem um die saubere und fachgerechte Herstellung eines Werkstücks. Bei einer Konstruktionsaufgabe steht das Erfinden im Vordergrund. Dabei müssen oft verschiedene technische Probleme gelöst werden.

AUFGABEN

1 Unterschiedliche Aufgaben
Ordne die beiden Aufgabentypen zu:
— Tim kauft sich einen Bausatz und baut diesen entsprechend der Anleitung auf.
— Elif möchte ein Vogelhaus bauen und sucht sich eine Anleitung im Internet. Zusätzlich baut sie eine Halterung für den Balkon.
— Tims Vater kauft Holz, um daraus ein Regal für Gewürzgläser zu bauen.

Von der Idee zum Produkt

1 Die Kinder suchen einen Weg mit dem Handy.

Luisa und ihre Klassenkameraden schauen auf ihr Handy. Sie sollen auf dem Schulausflug einen Weg finden. Vor vielen Jahren war es noch undenkbar, jederzeit und an fast jedem Ort der Welt erreichbar zu sein. Heute sind Mobiltelefone und Smartphones aus unserem Alltag nicht mehr wegzudenken.

Lösungen gesucht

Immer wenn ein technisches Problem gelöst oder eine technische Lösung verbessert werden soll, ist Erfindergeist gefragt. Der Weg von einem Problem zu seiner Lösung ist aber oft ähnlich. Hat ein Erfinder eine Idee für einen Lösungsansatz, hält er diese meist in Form einer Zeichnung fest. Haben verschiedene Erfinder eines Teams unterschiedliche Ideen, müssen sie einander die genaue Funktion und Wirkungsweise ihrer Erfindungen beschreiben. Die beste Idee wird dann ausgewählt, hergestellt und getestet.

Immer wieder neu

Kaum eine Erfindung ist perfekt. Manchmal ändern sich auch die Ansprüche oder es gibt neue technische Möglichkeiten. Deshalb ist es oft notwendig, die gefundene Lösung zu verbessern. Man sagt, das Produkt wird optimiert. Dann sind neue Ideen und Lösungsansätze gefragt.

Viele Ideen – viele Produkte

In vielen Bereichen arbeiten Erfinderteams verschiedener Firmen am gleichen Problem. Jeder Erfinder möchte mit seinem Produkt Geld verdienen. Er kann seine Erfindung beim Staat anmelden, man sagt, er kann ein **Patent** anmelden. Dann darf niemand diese Erfindung nachbauen und damit Geld verdienen. Jede Firma stellt ihre individuelle Lösung als Produkt her. Dadurch gibt es verschiedene Produkte auf dem Markt, zum Beispiel verschiedene Handytypen mit unterschiedlichen Ausstattungsmerkmalen (Bild 2).

> Erfindungen dienen dazu, Probleme zu lösen. Es kann unterschiedliche Lösungen zu einem Problem geben. Lösungen werden immer wieder optimiert.

AUFGABEN

1 Erfindungen

a ◨ Notiere alle Stufen einer Erfindung von der Idee zum Produkt.

b ◨ Wichtige Erfindungen werden durch Patente geschützt. Erkläre den Begriff und erläutere, weshalb Erfindungen geschützt werden.

2 Handymodelle von früher bis heute

TECHNIK

METHODE   Ideen umsetzen – Skizzen erstellen

Skizzen helfen beim Entwickeln von Produkten. Um über Ideen und Lösungsansätze nachzudenken und mit anderen darüber sprechen zu können, skizziert man sie. Mithilfe der Skizzen lassen sich Vor- und Nachteile einer Idee leichter erkennen.

Wir unterscheiden im Technikunterricht hauptsächlich zwei Arten von Darstellungen: die **Skizze** und die **technische Zeichnung**. Die Skizze wird freihändig, meist mit Bleistift, gezeichnet und dient dazu, eine Idee festzuhalten und auszuarbeiten. Die technische Zeichnung hingegen steht am Ende der Planung. Sie wird nach festgelegten Regeln gezeichnet und dient als genaue Grundlage für die Herstellung des Produkts.

1   Idee entwickeln
Formuliere zunächst eine möglichst konkrete Problemstellung. Denke über mögliche Lösungen nach. Dabei kann es hilfreich sein, Bücher oder das Internet zu Rate zu ziehen. Mache dir auch über Details Gedanken.

2   Idee skizzieren
Bringe deine Idee aufs Papier (Bild 1). Achte auf eine einfache Darstellung. Beschränke dich beim Zeichnen auf die wichtigen Elemente. Überlege dir auch: Was muss man erkennen? Zeichnest du zweidimensional oder räumlich? Aus welcher Blickrichtung muss dein Produkt zu sehen sein, um einen besonders guten Eindruck von deiner Idee zu vermitteln? Sind Detailskizzen nötig?

3   Skizze überprüfen
Kontrolliere, ob deine Skizze vollständig ist und du an alle Details gedacht hast. Kann man alle Einzelheiten gut erkennen?
Tipp: Überprüfe auch, ob deine Idee mit den Materialien und Werkzeugen im Technikraum umsetzbar ist.

4   Technische Zeichnung anfertigen
Falls nötig, kannst du nun mithilfe deiner Skizze eine technische Zeichnung anfertigen. Beachte dabei den Maßstab und die Grundregeln des technischen Zeichnens (Bild 2). Zum Zeichnen brauchst du Bleistift und Lineal. Auch eine Zeichenplatte kann hilfreich sein. Wenn du im technischen Zeichnen geübt bist, kannst du eine technische Zeichnung auch am Computer anfertigen.

> **Grundregeln beim technischen Zeichnen**
> – Sichtbare Körperkanten werden mit einer breiten, durchgehenden Linie dargestellt.
> – Unsichtbare Körperkanten werden gestrichelt gezeichnet.
> – Die Abmessungen werden durch Maßlinien (mit Maßpfeilen und Maßzahlen) sowie Maßhilfslinien dargestellt. Diese werden als schmale, durchgehende Linien gezeichnet.
> – Alle Maße werden in Millimetern angegeben.

Die Skizze oder die technische Zeichnung helfen dir auch, die Stückliste des Produkts zu erstellen.

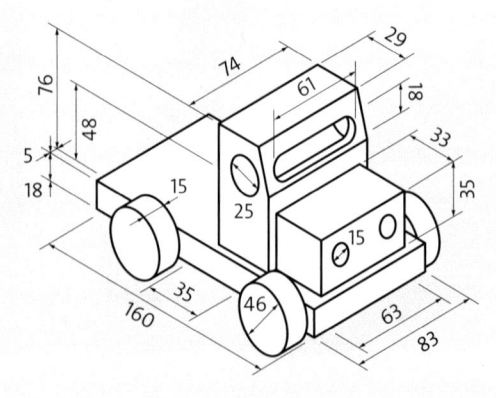

1 Skizze und technische Zeichnung eines Modellautos

METHODE   Funktion und Wirkungsweise beschreiben

1 Bedienungsanleitung lesen!

„Zu Risiken und Nebenwirkungen lesen Sie die Packungsbeilage und fragen Sie Ihren Arzt oder Apotheker!" Was bei Medikamenten unverzichtbar ist, ist auch bei technischen Gegenständen wichtig: In der Bedienungsanleitung werden Funktion und Wirkungsweise eines Produkts ausführlich beschrieben. So wissen wir genau über das Produkt Bescheid und können es sachgerecht benutzen.
Auch im Technikunterricht ist es wichtig, dass du weißt, wie du die Funktion, den Aufbau und die Wirkungsweise eines technischen Gegenstands beschreiben kannst.

1 Nenne den Verwendungszweck
Beschreibe kurz und klar, wofür der Gegenstand verwendet wird.

Die Gehrungssäge wird hauptsächlich bei der Holzbearbeitung für gerade und winkelgenaue Schnitte verwendet.

2 Beschreibe den Aufbau
Benenne alle Teile, die für die Funktion des Gegenstands wichtig sind. Beschreibe auch besondere Eigenschaften und wichtige Details. Dabei kann eine beschriftete Zeichnung hilfreich sein (Bild 2).

Die Gehrungssäge besteht aus dem gespannten Sägeblatt mit Griff und einem Gestell, an dem die Winkeleinstellung und die Führung des Sägeblatts befestigt sind. Die abgebildete Gehrungssäge hat zusätzlich noch einen einstellbaren Längenanschlag.

3 Erkläre die Wirkungsweise
Erkläre die Art und Weise, wie der Gegenstand funktioniert.

Die Gehrungssäge arbeitet auf Stoß. Das Sägeblatt ist geführt. Beim Sägen dringen die einzelnen Sägezähne nacheinander in den Werkstoff ein, tragen das Material in Form von Spänen ab und zerteilen so das Holz.

4 Nenne die Bedienungshinweise
Beschreibe, worauf bei der Bedienung geachtet werden muss.

Die Gehrungssäge muss sicher am Tisch befestigt werden.

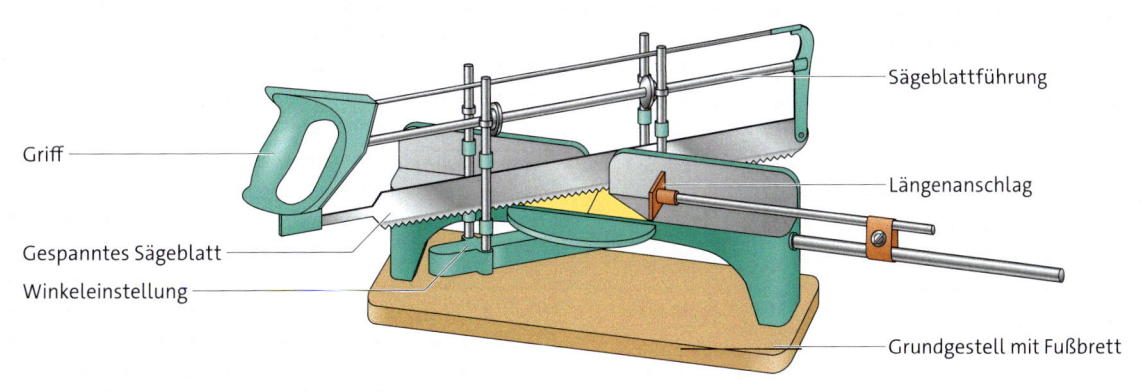

2 Die Bedienelemente einer Gehrungssäge

- Griff
- Gespanntes Sägeblatt
- Winkeleinstellung
- Sägeblattführung
- Längenanschlag
- Grundgestell mit Fußbrett

TECHNIK

METHODE   Vergleichen und Auswählen

1 Große Auswahl im Supermarktregal

Hast du nicht auch schon vor einem Regal im Supermarkt gestanden und konntest dich nicht entscheiden, welches Produkt du nehmen sollst, weil es so viele verschiedene gibt?
Stehen viele Produkte zur Auswahl, ist es sinnvoll, diese miteinander zu vergleichen. Vergleichen bedeutet, dass du Produkte, Ideen oder Ähnliches prüfst und gegeneinander abwägst, um Unterschiede oder Übereinstimmungen festzustellen. Auch im Technikunterricht müssen wir oft auswählen: das geeignete Werkzeug, das richtige Material, die beste Idee … Doch wie vergleichen wir zielgerichtet?

1 Aufstellen der Vergleichskriterien
Du musst zuerst die Merkmale festlegen, die für dich wichtig sind. Manche Informationen, etwa Preis oder Menge, werden bei Produkten vom Hersteller angegeben. Diese könnten dir als Vergleichskriterien dienen. Andere Kriterien musst du selbst festlegen.

Beispiel: Du möchtest das geeignete Holz für einen Stiftehalter auswählen. Kriterien könnten sein: Preis, Farbe, Gewicht, leicht/schwer zu sägen …

2 Übersicht erstellen
Lege eine Übersicht an. Bei einfachen Vergleichen genügt eine Liste. Bei schwierigeren Vergleichen bietet sich eine Tabelle an, in die du alle Kriterien einträgst. Fülle die Tabelle für die einzelnen Vergleichsobjekte aus.

Überlege dir zunächst, was du in die Zeilen und was du in die Spalten schreiben möchtest. So legst du die Zahl der Zeilen und Spalten fest.

3 Kriterien bestimmen und gewichten
Überlege, ob es Kriterien gibt, die dir besonders wichtig sind. Vergleiche nun die Produkte anhand der Kriterien und entscheide, welches Produkt deinen Vorstellungen entspricht.

Dir ist zum Beispiel die Farbe deines Werkstücks besonders wichtig, damit es zu deinem Schreibtisch passt. Du entscheidest dich daher für das Buchenholz. Oder du hast eine Kostenvorgabe bekommen und das Material für dein Werkstück darf nicht mehr als 5 Euro kosten. Aus diesem Grund wählst du Fichtenholz aus.

AUFGABEN
a Beschreibe, was in der Tabelle in Bild 3 nach welchen Kriterien verglichen wird.
b Begründe, warum die Angabe in der vierten Spalte nicht hilfreich ist.
c Du möchtest ein Werkstück herstellen und weißt nicht, welche Säge dafür am besten geeignet ist. Erstelle eine Vergleichstabelle.
d Notiere Kriterien für den Vergleich von Ideen für ein Produkt.

	Buche	Fichte	Eiche
Preis	710 €/m²	420 €/m²	1000 €/m²
Farbe	rötlich	gelblich	bräunlich
Gewicht	schwer	leicht	schwer
Sägen	mittelschwer	leicht	schwer
…			

2 Vergleichskriterien für Holz

Saft	Vitaminzufuhr	Aroma	Preis
Trink C.	sehr gut	gut	3,99 €
VitaTrank	befriedigend	sehr gut	1,69 €
Valentina	befriedigend	gut	1,24 €
Frutica	gut	ausreichend	0,95 €
Dr. Fit	ausreichend	gut	0,95 €

3 Vergleichskriterien für Saft

PRAXIS Das Konstruieren

A Eierflugtransporter

Material:
Ei, Luftballon, 2 Blatt Papier, 1 m Schnur, Korken, 1 m Klebeband, 2 runde Kärtchen, Klebstoff, Schere

Durchführung:
Teamaufgabe: Konstruiert und baut mit den gegebenen Materialien einen „Eierflugtransporter", der ein rohes Ei aus einer Höhe von etwa 4 Metern unbeschädigt zu Boden bringt.
1 Planung: Skizziert eure Ideen, besprecht diese und entscheidet euch für die beste Lösung.
2 Herstellung: Baut anhand der Skizze euren Eierflugtransporter.

Auswertung:
1 Präsentiert eure Lösung: Führt einen Testflug durch und seht anschließend nach, ob das Ei unversehrt geblieben ist.
2 Erstellt ein Plakat über den gesamten Prozess.

C Schiffsbau

Material:
Stück Holz, 10 Holzspatel, PET-Flasche (0,5 l), Stück Styropor, 50 cm Klebeband, 1 m Schnur, Luftballon, Klebstoff, Schere, Messer

Durchführung:
Einzel- oder Teamaufgabe: Konstruiere und baue mit den gegebenen Materialien ein Schiff, das eine möglichst schwere Ladung transportieren kann.

B Brückenbau

Material:
3 Blatt Papier (DIN A4), 1 m Schnur, 50 cm Klebeband, 6 Büroklammern, Klebstoff, Schere

Durchführung:
Einzelaufgabe: Konstruiere und baue mit den gegebenen Materialien eine Brücke, die eine möglichst große Belastung aushält und eine Distanz von 30 Zentimetern überbrückt.
1 Planung: Skizziere deine Ideen und entscheide dich für die beste Lösung.
2 Herstellung: Baue anhand der Skizze deine Brücke.

Auswertung:
1 Präsentiere deine Lösung: Lege deine Brücke zwischen zwei Holzklötze und belaste sie mit einzelnen Gewichten.
Notiere, wie viel Gewicht die Brücke tragen kann.
2 Fasst die Ergebnisse der gesamten Klasse in einer Tabelle zusammen.

1 Planung: Skizziere deine Ideen und entscheide dich für die beste Lösung.
2 Herstellung: Baue anhand der Skizze dein Schiff.

Auswertung:
1 Präsentiere deine Lösung: Setze dein Schiff ins Wasser und belaste es mit einzelnen Gewichten. Notiere, wie viel Ladung dein Schiff aufnehmen kann.
2 Fasst die Ergebnisse der gesamten Klasse in einer Tabelle zusammen.

TECHNIK

Das Optimieren

1 Mit einer App die eigene Fitness verbessern

Dann beginnt der Prozess der Optimierung erneut (Bild 2). So werden Produkte ständig weiterentwickelt und neuen Anforderungen angepasst.

> Beim Optimieren werden Lösungen durch neue Ideen immer wieder verbessert.

„Höher, schneller, weiter!" Wir streben immer danach, bessere Ergebnisse zu erzielen: noch fitter zu werden, noch beeindruckendere sportliche Leistungen zu bringen, noch schneller ans Ziel zu kommen. Wir sind ständig dabei, Dinge weiterzuentwickeln – zu optimieren.

Was bedeutet Optimieren?

Optimieren bedeutet, etwas zu verbessern. Optimierungen werden dann notwendig, wenn Ansprüche noch nicht ausreichend erfüllt sind, sich ändern oder wenn es neue Materialien und Herstellungsverfahren gibt.

Mit der Optimierung wird also versucht, neue Lösungen zu finden, die die aktuellen Ansprüche noch besser erfüllen. Eine Lösung, die heute optimal scheint, kann morgen veraltet sein.

AUFGABEN

1 Der Weg zum Ziel
Erkläre, was Fußballtraining, Hausaufgaben, Styling und Gitarrenunterricht mit Optimieren zu tun haben.

METHODE Richtig optimieren

– Suche Verbesserungsmöglichkeiten.
 Beispiel: Die Oberfläche deines Werkstücks hat Kratzer, die Räder drehen sich nicht …
– Suche Lösungsansätze.
 Schleifen, neues Brett nehmen, Kratzer füllen …
– Vergleiche die Lösungsansätze und wähle die beste Idee aus.
  – Schleifen: einfach, zeitaufwendig, kostengünstig
  – Neues Brett: einfach, Arbeit muss wiederholt werden, teuer
  – Kratzer füllen: einfach, unschön, zusätzliches Material nötig
  Folgerung: Schleifen ist am besten!
– Setze die ausgewählte Lösung um.

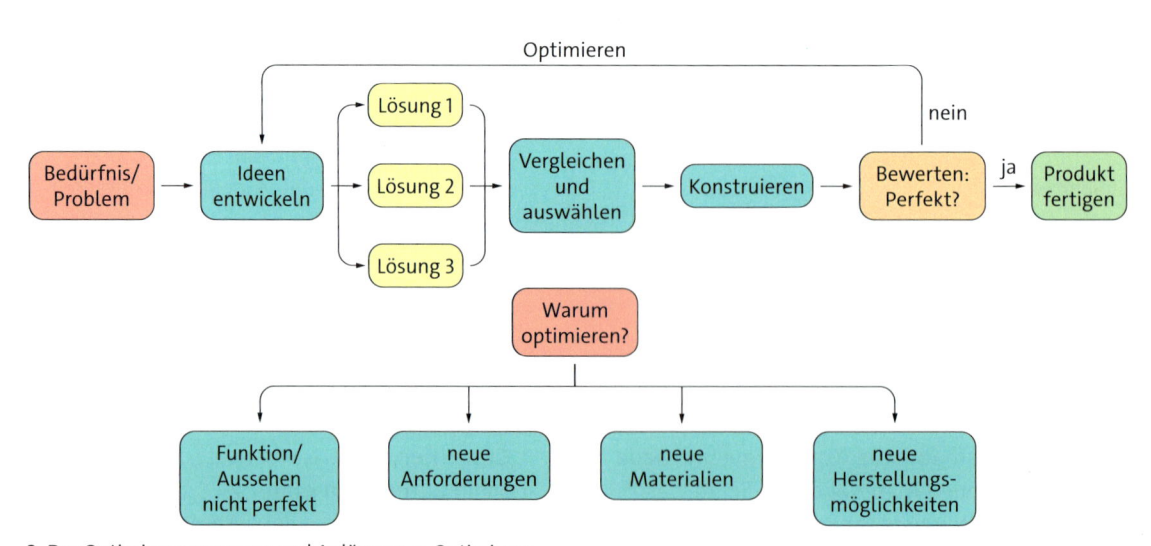

2 Der Optimierungsprozess und Anlässe zum Optimieren

364 TECHNIK

Verschiedene Antriebe

1 Die Windmühle nutzt die Energie des Windes.

An der Ostsee kann man Windmühlen besichtigen. Wenn der Wind auf die Flügel trifft, dann drehen sich die Flügel. Dann dreht sich in der Windmühle ein Mahlwerk, das die Getreidekörner mahlt.

Verschiedene Antriebe

Alle Maschinen brauchen einen Antrieb, der sie in Bewegung setzt. Das gilt auch für Fahrzeuge. Wird die Maschine vom Menschen angetrieben, sind Kurbel und Pedale häufige Antriebsmittel. Reicht die Muskelkraft nicht aus, nutzt der Mensch oft die Energie von Wind und Wasser oder Feuer als Antrieb. Vor der Erfindung von Verbrennungsmotoren und Elektromotoren war die Dampfmaschine weit verbreitet. In einer Dampfmaschine wird Wasser erhitzt. Durch den entstehenden Dampf entsteht Druck, der einen Kolben in Bewegung setzt.

Antriebe im Technikunterricht

Für bestimmte Werkstücke benötigen wir einen Antrieb. Doch welcher ist der geeignetste? Soll er besonders stark sein oder sich lieber schnell drehen? Gibt es viel Platz, um ihn einbauen zu können, oder soll er möglichst klein sein? Welche Materialien stehen zur Verfügung?
Oft verwendete Antriebsarten im Technikunterricht sind der Elektromotor, der Gummibandantrieb oder der Luftballonantrieb:
– Der Elektromotor wird mit elektrischer Energie angetrieben. Er ist klein, hat eine hohe Drehzahl, ist aber meist nicht sehr stark.
– In einem Gummiband kann durch Strecken oder Verdrillen Energie gespeichert und dann wieder abgegeben werden. Die Antriebsdauer ist meist kurz, aber kraftvoll.
– Ein aufgeblasener Luftballon hat seine Antriebsenergie in Form von Druckluft innerhalb seiner gespannten Haut gespeichert. Die Energie ist dosiert oder auf einmal nutzbar.

Energie wird Bewegung

Antriebe wandeln gespeicherte Energie in Bewegungsenergie um. Energiespeicher sind zum Beispiel Batterien, gespannte Gummibänder, Druckluft oder Treibstoffe wie Benzin und Diesel. Die Energieumwandlung wird oft in Form eines Flussdiagramms dargestellt (Bild 2).

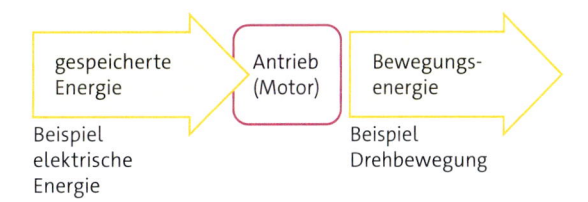

gespeicherte Energie → Antrieb (Motor) → Bewegungsenergie
Beispiel elektrische Energie — Beispiel Drehbewegung

2 Die Energiekette eines Antriebs

> Um Bewegung zu erzeugen, nutzen wir verschiedene Antriebe. Dabei wird Energie umgewandelt.

AUFGABEN

1 Antriebe

a Naturerscheinungen wie Wind und strömendes Wasser werden oft als Antriebe genutzt. Nenne verschiedene Beispiele.

b Baue ein Auto mit Luftballonantrieb. Teste deinen Antrieb mit verschiedenen Luftballongrößen und verschiedenen Düsen. Halte deine Ergebnisse in einer Tabelle fest.

c Es gibt verschiedene Antriebe, die mit Wasserdampf arbeiten. Erkläre, wie der folgende Antrieb funktioniert (Bild 3).

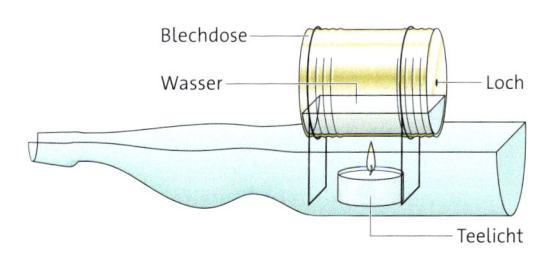

3 Ein Antrieb mit einem Teelicht

TESTE DICH!

1 Sicherheit im Unterricht ↗ S. 340/341

1 Falsche Bedienung der Tischbohrmaschine

a ◻ Liste in einer Tabelle mögliche Gefahrenquellen in Bild 1 auf und ergänze die Sicherheitsmaßnahmen in der zweiten Spalte.
b Im Technikraum findest du verschiedene Symbole. Diese werden in vier Gruppen eingeteilt.
◻ Nenne die vier Gruppen und deren Farben.
c ◻ Erkläre, worauf die abgebildeten Symbole hinweisen.

2 Sicherheitssymbole

2 Richtig oder falsch? ↗ S. 345, 348, 350, 352/353
◻ Entscheide, ob die Sätze richtig oder falsch sind und verbessere die falschen Sätze.
– In einer technischen Zeichnung werden Bemaßungen mit breiten, durchgängigen Linien dargestellt.
– Alle Sägen arbeiten auf Zug.
– Spiralbohrer mit Zentrierspitze sind für alle Materialien geeignet.
– Grobe Schleifpapiere haben eine niedrigere Körnungszahl, feine Schleifpapiere haben eine hohe Körnungszahl.

3 Fachwörter ↗ S. 347, 352, 354, 357
◻ Nenne die passenden Fachwörter für folgende Tätigkeiten:
– das Übertragen eines Maßes auf das Werkstück
– auf dem Feilenblatt eingearbeitete Einkerbungen
– das Verbinden von Bauteilen
– die Wiederverwertung von Abfällen

4 Aufbau der Feile ↗ S. 352

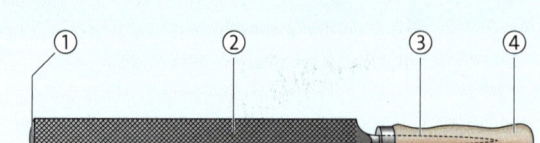

◻ Nenne die Fachwörter für die Teile der Feile mit den Zahlen 1–4.

5 Ein Wort passt nicht ↗ S. 342, 348, 352/353, 355
◻ Nenne jeweils das Wort, das nicht zu den anderen passt, und begründe die Entscheidung.
– Buche, Fichte, Eiche
– Laubsäge, Japansäge, Feinsäge
– Torx, Kreuzschlitz, Halbrundkopfschraube

6 Die Herstellung
↗ S. 346, 348, 350, 352/353, 354/355, 356
◻ Jan hat bei der Herstellung eines Werkstücks einige Fragen. Notiere die Antworten.
– Jan möchte sich eine Stückliste schreiben. Welche Angaben gehören in die Stückliste?
– Jan muss für eine Schraubverbindung bohren. Welche Arbeitsschritte gehören zur fachgerechten Herstellung einer Bohrung?
– Jan ist nicht sicher, ob seine Säge auf Zug oder Stoß arbeitet. Wie kann er das herausfinden?
– Jan hat nun alle Einzelteile hergestellt und möchte zwei davon miteinander verleimen. Worauf muss Jan dabei achten?
– Jan möchte, dass die Oberfläche seines Werkstücks ganz glatt ist. Welche Arbeitstechnik muss er dafür anwenden?
– Jan möchte sein Werkstück mit dem Werkstück seines Freundes vergleichen. Welche Kriterien können die beiden Freunde für den Vergleich verwenden?

ZUSAMMENFASSUNG Technik

Technik im Technikraum
Technik: Maschinen und Geräte, die vom Menschen gemacht worden sind und dazu dienen, etwas zu bauen oder zu erforschen

Tätigkeiten im Technikraum: Texte lesen, Schreiben, Experimentieren, Geräte zerlegen und untersuchen, Werkstoffe bearbeiten, planen, zeichnen, ein Produkt herstellen und bewerten

Holz ist ein vielseitiger Werkstoff
Holzarten können sich in Eigenschaften unterscheiden, zum Beispiel in:
– Farbe
– Dichte
– Härte

Holz kann Wasser aufnehmen und wieder abgeben. Dabei verändert es seine Form, es arbeitet. Holzwerkstoffe arbeiten weniger als Vollholzprodukte, da sie aus einzelnen Holzstücken, Spänen oder Fasern zusammengefügt sind.

Vorbereitungen zum Bau eines Werkstücks
Arbeitsablaufplan: gliedert die Aufgabe in einzelne Arbeitsschritte. Dabei werden auch die benötigten Werkzeuge genannt.

Technische Zeichnung: Kommunikationsmittel und kommen dabei ohne Sprache aus. Sie werden nach festgelegten Regeln gemacht.

Stückliste: Auflistung der Teile die für ein Werkstück benötigt werden. Sie geben die Maße und das Material an.

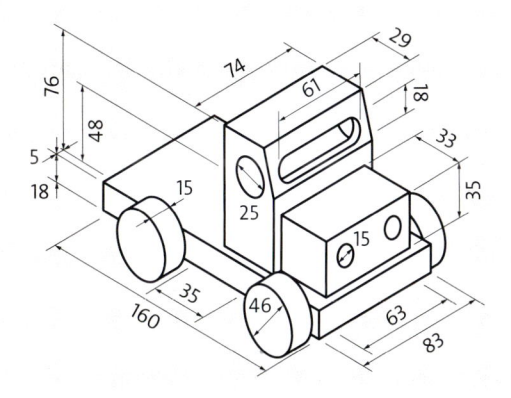

Herstellung eines Werkstücks
– Alle benötigten Werkzeuge werden auf dem Arbeitsplatz bereit gelegt.
– Die Daten der technischen Zeichnung werden auf das Werkstück genau übertragen.
– Mithilfen verschiedener Sägen kann man Werkstücke auf die richtige Länge oder in die gewünschte Form bringen.
– Mit Bohrern kann man kreisrunde Löcher in das Werkstück machen.
– Die einzelnen Bauteile werden lösbar oder unlösbar verbunden.
– Mit Raspeln und Feilen kann man die Form eines Werkstücks verändern.
– Schleifen glättet die Werkstückoberfläche.

Sicherheitsvorschriften beachten!

Optimierung und Bewertung
Optimieren: vorhandene Lösungen durch neue Ideen immer wieder verbessern.

Bewerten: Werkstück wird anhand festgelegter Kriterien eingeschätzt und beurteilt. Am Ende einer Bewertung steht eine Aussage darüber, wie gut die Kriterien erfüllt worden sind, oft in Form einer Note.

Kriterium	Wertung	
Funktion	+	klemmt leicht
Maßgenauigkeit	0	leichte Abweichung
Design	+	schöne Form
Oberflächengüte	++	sauber geschliffen

Die Basiskonzepte

1 Wissen muss sortiert sein – wie in einer Bibliothek.

Das Wissen in den Naturwissenschaften wirkt fast unüberschaubar. Es gibt jedoch Möglichkeiten, es zu ordnen – wie die Bücher in einer Bibliothek.

Das Wissen der Naturwissenschaften
Manche Beobachtungen in der Natur und bei verschiedenen Lebewesen haben auf den ersten Blick nichts miteinander zu tun. Auf den zweiten Blick gibt es aber doch Gemeinsamkeiten und Zusammenhänge zwischen ganz unterschiedlichen Beobachtungen. Naturwissenschaftler und Naturwissenschaftlerinnen ordnen das Wissen, um diese Zusammenhänge erkennen zu können. Nur so können sie den Überblick behalten und ihr Wissen erweitern und vertiefen.

Die Ordnungssysteme
In Bibliotheken sind Bücher zum Beispiel danach geordnet, ob es sich um Krimis, Fantasyromane oder historische Romane handelt. Literaturwissenschaftler und Literaturwissenschaftlerinnen sortieren ihre Bücher manchmal nach dem Jahr, in dem sie erschienen sind. Manche Menschen ordnen ihre Bücher nach den Namen der Personen, die sie geschrieben haben. Andere ordnen ihre Bücher nach dem Alphabet.

Jedes dieser Ordnungssysteme hilft dabei, Zusammenhänge hervorzuheben oder Gemeinsamkeiten zu erkennen. So findet zum Beispiel der Krimifan in der Bibliothek schnell andere Krimis, die ihm gefallen könnten.

Die Basiskonzepte der Naturwissenschaften
Die Naturwissenschaften sind in die Fachgebiete Biologie, Chemie und Physik unterteilt. Jede dieser Wissenschaften hat weitere Teilgebiete. Teilgebiete der Biologie sind beispielsweise die Tierkunde und die Pflanzenkunde. Ein Teilgebiet der Chemie ist die Lehre von den Stoffen und ihren Eigenschaften. Ein Teilgebiet der Physik ist die Lehre von der Energie. Man kann das Wissen der Naturwissenschaften nach naturwissenschaftlichen Grundregeln ordnen. Sie werden **Basiskonzepte** genannt. Die Basiskonzepte helfen, Gemeinsamkeiten verschiedener Bereiche der Naturwissenschaften zu erkennen. So unterstützen dich die Basiskonzepte dabei, die Naturwissenschaften besser zu verstehen.

Basiskonzept Struktur und Funktion
Wirbeltiere haben ein Skelett aus Knochen. Der Bau der Knochen – ihre Struktur – hängt eng damit zusammen, welche Aufgabe – also Funktion – sie erfüllen. Die Knochen der Säugetiere haben dicke Wände und sind mit Knochenmark gefüllt. Die Knochen der Vögel haben sehr dünne Wände und sind innen hohl (Bild 2). Vögel sind deshalb leichter als gleich große Säugetiere. Dadurch können sie fliegen. Die Früchte einiger Pflanzen sind so gebaut, dass sie vom Wind weit getragen werden. Dadurch können sie in einiger Entfernung zur Mutterpflanze keimen. Beispiele sind die Samen von Ahorn oder Löwenzahn (Bild 3). Der Bau, also die Struktur der Pflanzensamen, ermöglicht ihre Verbreitung und damit die Funktion.

2 Ein Längsschnitt durch einen Vogelknochen

3 Zwei verschiedene Flugfrüchte: Ahorn (A), Löwenzahn (B)

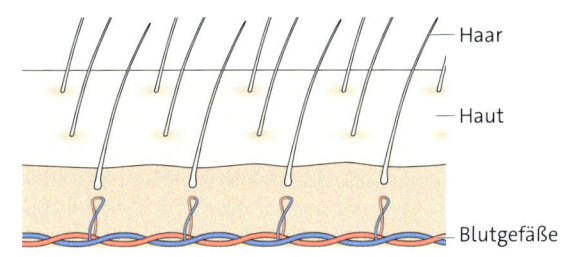

4 Die Haut der Säugetiere

5 Der Wasserkreislauf der Erde

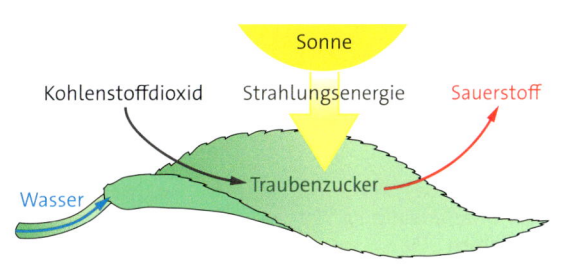

7 Die Energieumwandlung bei der Fotosynthese

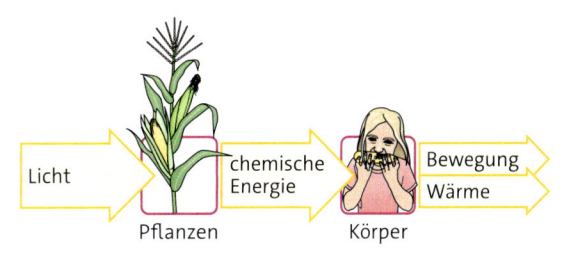

8 Energie auf dem Weg von der Sonne zum Menschen

Basiskonzept System

Jedes Organ ist ein System. Es besteht aus verschiedenen Geweben. Nur durch das Zusammenwirken aller Teile des Systems ist es möglich, dass das Organ richtig arbeitet. Die Haut der Säugetiere ist ein System (Bild 4). Auch der Wasserkreislauf auf der Erde ist ein System. Verdunstung und Regen halten es in Gang (Bild 5).

Basiskonzept Entwicklung

Alle Lebewesen entwickeln sich mit der Zeit. Bei der Keimung eines Pflanzensamens entsteht unter geeigneten Bedingungen aus dem Keimling ein zartes Pflänzchen. Nach einiger Zeit wird daraus eine ausgewachsene Pflanze (Bild 6). Auch der Mensch wächst und entwickelt sich: vom Kind zum Erwachsenen. Die Pubertät ist dabei ein besonderer Lebensabschnitt. In dieser Zeit werden aus Kindern langsam junge Erwachsene.

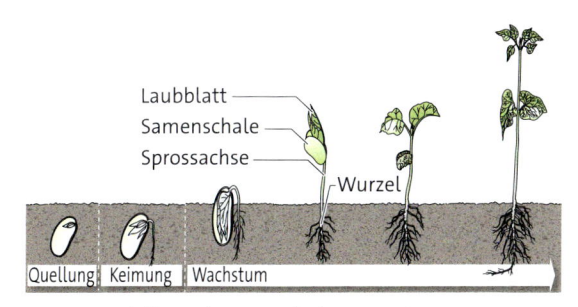

6 Die Entwicklung der Gartenbohne aus einem Samen

Basiskonzept Energie

Energie tritt in verschiedenen Formen auf. Sie kann gespeichert, umgewandelt und transportiert werden. Die Sonne liefert die Energie für den Wasserkreislauf auf der Erde. Grüne Pflanzen nutzen die Strahlungsenergie der Sonne, um durch Fotosynthese aus Kohlenstoffdioxid und Wasser energiereichen Traubenzucker herzustellen (Bild 7). Menschen und Tiere nehmen die von den Pflanzen gebildeten Nährstoffe auf und wandeln sie in Bewegungsenergie und Wärme um (Bild 8).

AUFGABEN

1 **Die Basiskonzepte**
a ◨ Insekten durchlaufen in ihrem Leben eine Veränderung. Nenne das Fachwort dafür.
b ◨ Die Backenzähne im Gebiss der Rinder sind an der Oberfläche uneben und haben scharfe Kanten. Nenne die Funktion, die diese Zähne haben.
c ◨ Das Verdauungssystem ist ein Organsystem, das aus verschiedenen Organen besteht. Nenne drei Organe des Verdauungssystems.
d ◨ Beschreibe den Weg, den die Energie von der Sonne bis in deinen Körper zurücklegt, wenn du ein Schnitzel isst. Erstelle eine Skizze oder eine Energiekette.
e ◨ Ordne den Aufgaben a–d jeweils ein Basiskonzept zu.

Register

A

die Abbauphase 329
der Abfall 316
die abiotischen Umweltfaktoren 164, 179
der Ableger 158
die Absorption 248
die Abwasserreinigung 294
die Achsen 152
adsorbieren 292
die Afterflosse 60
der Aggregatzustand 299, 313
die Ähre 138, 226
die Akne 190
der Allesfresser 44
das Altpapier 322
die Amphibien 56, 70, 104
das analoge Thermometer 242
die Anbindehaltung 40
die Angepasstheit 56, 105, 264
die Anomalie des Wassers 300, 313
die Antarktis 265
die Antibabypille 194, 205
die Antriebe 365
der Arbeitsablaufplan 344, 367
die Arbeitsbiene 120
die Arktis 264
die Art 132
die Artenvielfalt 133
die Atmung 61
der Auftrieb 278
das Auge 225
die Augendusche 12
die Ausbreitung 150, 161
ausgestorben 98
die Auslesezüchtung 224, 231
das Ausscheidungsorgan 110
die Austreibungsphase 199, 205
das Außenskelett 108, 114, 127
die äußere Befruchtung 62, 72

B

die Bache 44
die Bachforelle 62
die Ballaststoffe 222, 231
die Balz 73, 80
das Basiskonzept 61, 169, 198, 213, 368
die Batterie 327
die Bauchflosse 60
die Bäume 134, 136
die Baumkrone 134
die Baustoffe 219, 231
bebrüten 85
die Beerenfrucht 150
die Befruchtung 62, 72, 80, 84, 94, 149, 161, 196
das Belebtschlammbecken 294
das Beobachten 11
der Bergmolch 73
die Beschneidung 184
der Bestäuber 148
das Bestimmen 11
die Bestimmungsmerkmale 138, 161
der Bestimmungsschlüssel 11, 116
die Betriebsstoffe 218, 231
das Beutetier 71, 167, 179
die Bewegung 22
die Bewegungsenergie 208
der Biber 89, 105
der Bienenstaat 120
der Biodiesel 229
die Biodiversität 133
das Bioethanol 228
das Biogas 228
die Biologie 10
die biologische Abwasserreinigung 294, 313
das biologische Gleichgewicht 169
die Biomasse 228
die biotischen Umweltfaktoren 164, 179
das Blatt 130
die Blattader 131
der Blättermagen 39
die Blattform 139
der Blattgrund 131
die Blattlaus 119
die Blattrosette 170
die Blattspreite 131
die Blattstellung 139
der Blattstiel 131
die Blüte 131, 138, 148
die Blütenachse 138
das Blütenblatt 130, 161
die Blütenpflanzen 130
der Blütenstand 133, 138
der Boden 167
der Bodenbrüter 85
die Bodenfeuchtigkeit 166
die Bogenstrahlen 83
das Bohren 350, 351
der Boxenlaufstall 41
die Brandklasse 241
das braune Fettgewebe 261, 281
der Brennstoff 232
die Brustflosse 60
die Brut 63, 95
die Brutknospe 158
die Brutpflege 63, 95
die Buche 136
die Bucheckerr 137
der Bulle (Stier) 38

C

die Cellulose 322
die Chemie 10
die Chemikalien 12
die chemische Abwasserreinigung 294, 313
die chemische Energie 208, 231
das Chitin 114

D

die Daunenfedern 83
die Deckfedern 83
dekantieren 292
die Destruenten (Zersetzer) 168, 179
die Dichte 303, 313
das digitale Thermometer 242
die Dolde 138
der Dotter 62
der Dottersack 62
der Drohn 120
das Dromedar 266
die Drüse 182
der Dunkelkeimer 154
die Dürre 99

E

der Eber 45
das Echo 93
das Ei 84
die Eiche 137
die Eichel 137, 184
das Eichhörnchen 88, 105
die Eierstöcke 84, 187, 205
die Eihaut 84
der Eileiter 84, 187
das Eindampfen 292
die eingeschlechtliche Fortpflanzung 118, 127
die Einheit 14
einjährig 135
die Einnistung 196
die Einwegflasche 333
der Einzelgänger 91
das Eis 300
der Eisbär 264
der Eisprung 188, 205
die Eiweiße 220, 231
der Eizahn 80
die Eizelle 56, 148, 187, 205
die elektrische Energie 208
die Elektrizität 13
der Elektroschrott 316, 335
der Embryo 62, 196
die Energie 208, 210, 231
die Energie (Basiskonzept) 213, 368
der Energiebedarf 218
die Energieform 208, 231
die Energiegewinnung 228, 231
die Energiekette 213, 231
die Energieumwandlung 213, 231
der Energiewandler 212, 231
die Entsorgung 316, 335
die Entwicklung 23
die Entwicklung (Basiskonzept) 198, 368
die Entzündungstemperatur 232
die Epidermis 214
die Erdkröte 74
die Erektion 185
die Ergänzungsstoffe 222
die erneuerbare Energie 228

die Eröffnungsphase   199, 205
die Erregung   187
    erstarren   298
die erste Liebe   192
der Erste-Hilfe-Kasten   12
die Erzeuger   168
der Euter   39
das Experimentieren   11

F
die Facettenaugen   114
der Fachraum   12
das Fällungsmittel   294
die Fangzähne   27
die Feder   83
das Feilen   352
das Fell   88
das Ferkel   45
die Fertigung   358
der Fettbrand   239
die Fette   220, 231
der Fetus   197
die Feuchtlufttiere   71, 110, 127
die Feuchtpflanzen   311
das Feuer   232, 253
der Feuerlöscher   12
die Feuerschneise   238
die Fichte   136
der Filter   292
der Filterrückstand   292
das Filtrat   292
    filtrieren   292
die Fische   56, 60, 104, 308
die Fischwanderung   63
der Flachwurzler   136
der Flammensaum   233
die Flammenzonen   233
die Flammtemperatur   232
die Fledermaus   92, 105
die Fleischfresser   168
das Fleischfressergebiss   27
das Fleischhuhn   49
das Fliegen   278, 281
    flirten   192
die Flossen   60, 308, 313
die Fluchttiere   40
der Flügel   82
die Flugfrucht   136, 150
die Flughaut   89, 92
die Fortpflanzung   23, 118, 148, 158, 161
die Fortpflanzungsorgane (Geschlechtsorgane)   94, 148
die Fotosynthese   215, 231
der Fressfeind   167, 179
der Frischling   44
die Froschlurche   70
die Frucht   149, 161
die Fruchtblase   197
das Fruchtblatt   131, 148, 161
das Fruchtfleisch   149
die Fruchthaut   149

der Fruchtknoten   148
das Fruchtwasser   197
die Frühlingswanderung   74
das Fügen   354
die Futtersaftdrüse   120

G
die Gallerthülle   72
der Gang   90
der Gasaustausch   214
die Gebärmutter   94, 187
der Gebärmutterhals   187
das Gebiss   27, 38, 44, 90, 260
    geboren werden   94
die Geburt   198, 205
die Gefahrenpiktogramme   12
    gefrieren   298
die Gefriertemperatur   298
das Gegenfeuer   238
die gelbe Tonne   318
der Generator   287
die Geschlechterrolle   191
die geschlechtliche Fortpflanzung   148, 161
die Geschlechtsidentität   191
die Geschlechtskrankheit   194
die Geschlechtsmerkmale   184, 186
die Geschlechtsorgane   94, 182, 184, 186
    geschlechtsreif   185, 187
der Geschlechtsverkehr   194, 205
die Geschlechtszellen   148, 161, 184
das Getreide   226
das Gewässer   165, 296
die Gewässergüte   296
die Gewässergüteklassen   296
die Giftdrüse   71, 120
das Gleichgewicht (biologisches)   169
die gleichwarmen Tiere   254, 281
die Gliederfüßer   108
die Gliedertiere   108
die Glucke   48
das Gluten   227
die Grabhand   90
das Grad Celsius (°C)   242
die Greifvögel   82
der Grenzwert   289
der Griffel   148
das Grundorgan   130
der Grundumsatz   218
das Grundwasser   288, 313
der Gürtel   111

H
    hacken   48
die Hackordnung   48
die Hackschnitzel   229
die Hagelschnur   85
der Hahn   48, 84
die Hakenstrahlen   83

der Halm   226
die Haltungsform   53
das Haushuhn   48, 53
das Hausschwein   45, 53
das Haustier   36, 53
die Hautatmung   71
die Hautflügler   115
der Hautmuskelschlauch   110
die Häutung   79, 118
    hecheln   255
die Hecke   135
das Heimtier   36, 53
die Heizquelle   234, 253
die Henne   48, 84
das Herbar   146
die Herde   38
die Hetzjagd   28
der Hetzjäger   28
das Heupferd   119
das Hilfetelefon   203
die Hirse   227
die Hitze   266, 281
die Hoden   184, 205
der Hodensack   184
das Holz   229, 342
der Holzwerkstoff   343, 367
die Honigbiene   114, 120
der Honigmagen   121
das Hormon   182, 205
die Hornschuppen   78
das Huftier   38
das Hühnerei   84
die Hülsenfrüchtler   225
der Humus   328
der Hund   26, 53
die Hygiene   190

I
die Idee   359
der Igel   260
der Imker   120
der indirekte Wasserverbrauch   290
das Innenskelett   56
die innere Befruchtung   62, 73, 80, 84, 94
die innere Stärke   202
die Insekten   108, 114, 127
das Insektenfressergebiss   90, 260
das Insektenhotel   123
das Insektensterben   122, 127
der Intimbereich   184, 186

J
der Jahresring   134
das Joule (J)   218
der Junge   184
der Jungfisch   62

K
die Käfer   115
der Kaiserpinguin   265
das Kalb   39

die Kalkschale 84
die Kalorie (cal) 218
die Kälte 264, 281
die Kältestarre 272, 281
der Kaltkeimer 154
die Kartoffel 225
das Kätzchen 94
die Katze 32, 53, 94
die Kaulquappe 72, 104
der Kehllappen 49
der Keiler 44
das Keimblatt 154
der Keimfleck 84
der Keimling 149, 161
die Keimscheibe 84
der Keimstängel 154
die Keimung 154, 161
die Keimwurzel 154
das Kelchblatt 131
die Kiefer 136
die Kiemen 60, 72, 308, 313
der Kiemendeckel 61
die Kirschblüte 148
die Kläranlage 294, 313
die Klettfrucht 151
der Klimawandel 99
die Klitoris 186
die Kloake 73, 84
die Knolle 158, 225
der Kobel 88
der Kohl 224
die Kohlenhydrate 220, 231
das Kohlenstoffdioxid 210
der Kokon 111
der Komposthaufen 329
die Kompostierung 335
kondensieren 288, 299
das Kondom 194, 205
die Königin 120
die Konstruktion 358
die Konsumenten (Verzehrer) 168, 179
die Kopfzeile 96
die Korbblütengewächse 133
das Körbchen 138
die Körnerfresser 274
das Körpergeschlecht 191
die Körperpflege 190, 205
die Körpertemperatur 254, 281
das Kronblatt 131
die Kräuter 135
die krautigen Pflanzen 135
das Kreisdiagramm 152
die Kriechtiere 78
der Krötentunnel 75
die Kuh 38
das Kühlmittel 287
das Küken 48, 85
der Kulturfolger 98, 105
die Kulturlandschaft 98, 164
die Kutikula 214

L
der Labmagen 39
der Lachs 63
die Lageenergie 208
der Laich 62, 72
das Laichgewässer 74
die Laichgrube 62
die Längsmuskelschicht 110
die Larve 62
der Laubbaum 134
das Laubblatt 130, 134, 139, 161, 214
der Laubfall 328, 335
der Laubfrosch 72
der Laufgang 90
läufig 27
der Laufstall 41
die Lebensgemeinschaft 164, 168, 179
der Lebensraum 56, 164, 179
die Lebensraumveränderungen 98, 105
die Legehenne 49
die Legende 152
die Leichtbauweise 278
das Leimen 354
der Leistungsumsatz 219
das Leitbündel 214
das Licht 167, 208, 231
der Lichtkeimer 154
die Liebe 192, 193
das Liniendiagramm 153
die Linse 140
die Lippenblütengewächse 132
die Löschdecke 12
das Löschen 238, 253
das Löschmittel 241
der Löschsand 12
das Lösungsmittel 286
die Luftfeuchtigkeit 166
die Luftkammer 85
die Luftsäcke 82
die Lunge 71, 82
die Lupe 140
die Lurche 70

M
das Mädchen 186
der Magnetismus 318
der Magnetsinn 275
die Magnettrennung 318
das Mähen 170, 171, 179
der Mais 226
die männliche Blüte 138
die Masse 303
der Maßstab 152
der Maulwurf 90, 105
der Maulwurfshügel 89
die Mauser 83
die mechanische Abwasserreinigung 294, 313
das Meerschweinchen 36
das Mehl 226
mehrjährig 135

die Mehrwegflasche 333
melken 40
die Melkmaschine 41
der Melkstand 41
die Menstruation (Periode, Regelblutung) 188, 205
die Menstruationsunterwäsche 190
die Merkmale der Lebewesen 22
messen 14
die Metamorphose 72, 104, 118, 119, 127
die Mineralisierer 328
die Mineralstoffe 222, 231
das Mineralwasser 286
der Mitesser 190
die Molkerei 40
die Monatsbinde 190
der Müll 316
die Müllsorten 318, 335
die Müllsortieranlage 318, 335
die Mülltrennung 318, 335
die Müllvermeidung 332, 335
die Mundwerkzeuge 114
der Mutterkuchen (Plazenta) 94, 196
die Muttermilch 94
der Muttermund 187, 199

N
die Nabelschnur 196
die Nachgeburtsphase 199, 205
das Nachklärbecken 294
der Nachkomme 56
die nachwachsenden Rohstoffe 228
der Nadelbaum 134
das Nadelblatt 134
die Nährschicht 149
die Nährstoffe 220
die Nahrungsbeziehungen 169, 179
die Nahrungskette 169
das Nahrungsnetz 169
die Nährwerttabelle 223
die Narbe 148
die Naturphänomene 10
der Naturschutz 99
die Naturwissenschaften 10
der naturwissenschaftliche Erkenntnisweg 16
die Nebenhoden 184
Nein sagen 202
der Nektar 121
der Nestflüchter 39, 85, 95
der Nesthocker 85, 95
der Netzmagen 38
nicht wasserlöslich 286
der Niederschlag 288
der Not-Aus-Schalter 12
die Nussfrucht 137
der Nutri-Score 223
der Nützling 122, 127
die Nutzpflanzen 224, 231
das Nutztier 36, 53

O
die obere Epidermis 214
das Oberflächenwasser 288, 313
die Oberlippe 132
das Objektiv 141
die Ökobilanz 333
der ökologische Rucksack 339
die ökologische Tierhaltung 41
das Okular 141
das Ordnen 11
die Ordnungen (der Wirbellosen) 115
der Orgasmus 185, 187
die Orientierung 93, 275

P
das Paar 72
der Paarhufer 38
die Paarung 72, 94
der Paarungsruf 72
das Palisadengewebe 214
der Pansen 38
das Papier 322
die Pellets 229
der Penis 94, 184
die Periode 188
das Petting 192, 205
der Pfahlwurzler 136
die Pflanzenfamilie 132, 161
die Pflanzenfresser 38, 168
das Pflanzenfressergebiss 38
das Phänomen 10
die Physik 10
der Pickel 190
die Plazenta (Mutterkuchen) 196
der Pollen 121, 148
der Pollenschlauch 149
die Pollution 185
die primären Geschlechtsmerkmale 184, 186
das Produkt 359
der Produktkreislauf 357
die Produzenten (Erzeuger) 168, 179
die Pubertät 182
die Puppe 118, 127

Q
die Qualzucht 29
die Quellung 154, 161

R
die Rangordnung 53
der Raps 229
das Raspeln 352
die Rast 275
der Raubfisch 56
die Raupe 118, 127
der Rechen 294
recherchieren 258
das Recycling 317, 322, 326, 335
die Reflexion 248
die Regelblutung 188, 205
der Regenwurm 110, 127
reif 150

die Reifungsphase 329
der Reis 227
die Reißzähne 27
der Reiz 22
die Reptilien 56, 78, 104
die Reptilienverbreitung 273
die Restmülltonne 316
resublimieren 299
das Revier 28
das Rind 38, 53
die Ringelwürmer 108
die Ringmuskelschicht 110
die Rispe 227
die Röhrenblüte 133
die Röhrichtzone 311
rollig 33
die Rosengewächse 132
die Rotte 44
die Rückenflosse 60
der Rüde 27
das Rudel 28
der Rundgang 90
der Rüssel 44, 91

S
das Sägen 348
das Salzwasser 284
der Samen 149, 150, 154
der Samenerguss 185
die Samenschale 149
das Sandbad 48
der Sandfang 294
die Sau 45
der Sauerstoff 232
die Säugetiere 56, 88, 94, 105
der Saugrüssel 114
das Säulendiagramm 152
der Schädling 122, 127
der Schaft 83
die Schale 80
der Schall 93
scharren 48
die Scheide (Vagina) 186
das Schlängeln 78
die Schlangen 79
der Schleichjäger 32
das Schleifen 353
die Schleuderfrucht 151
die Schließzelle 214
schlingen 79
schmelzen 298
die Schmelztemperatur 298
die Schmetterlinge 115
schnüffeln 27
das Schrauben 355
die Schreitvögel 82
die Schuppen 60, 78
das Schutzgas 241
der Schutzzaun 75
das Schwammgewebe 214
die Schwangerschaft 188, 198, 205
der Schwanz 78
die Schwanzflosse 60

die Schwanzlurche 70
das Schweben 306, 313
das Schwimm-Sink-Verfahren 319
die Schwimmblase 60, 308, 311
die Schwimmblattzone 311
das Schwimmen 304, 313
die Schwimmfrucht 151
die Schwimmhäute 70, 89
die Schwimmpflanzenzone 311
die Schwungfedern 83
der See 310
die Segmente 110, 127
das Seitenlinienorgan 61
die sekundären Geschlechtsmerkmale 184, 186
die Selbstausbreitung 151
die sexualisierte Gewalt 203
der sexuelle Missbrauch 203
das Sichelbein 90
die Sicherheitseinrichtungen 12
die Sicherheitsvorschriften 367
das Sieben 292
sieden 299
die Siedetemperatur 299
die Singvögel 82
das Sinken 304, 313
die Skala 242
das Skelett 26, 104
das Smartphone 326
das Sommerquartier 74
der Sondermüll 316, 327, 335
die Sonnenenergie 212
die Sorte 224
das Sortieren 318
die Spalte 96
die Spaltöffnung 214
das Sperma 185
die Spermienleiter 185
die Spermienzellen 56, 148, 184, 205
der Sperrmüll 316
die Spindelform 60
spindelförmig 308, 313
die Spinnen 108
der Sporn 49
der Spross 130
die Sprossachse 130, 139, 161
der Sprossausläufer 158
die Spule 83
die Spurenelemente 222
der Stachel 114
der Stall 40
der Stamm 134
die Standvögel 274, 281
der Stängel 130
die Stärke 215
der Staubbeutel 148
das Staubblatt 131, 148, 161
der Staubfaden 148
der Steckbrief 109
der Stempel 131, 148
die Stereolupe 141
die Steuerfedern 83
der Stier (Bulle) 38

das Stoffgemisch 292
der Stoffwechsel 22
die Strahlen 83
die Strahlungsenergie 215 231
die Sträucher 135
die Streufrucht 151
die Streuobstwiese 174, 179
die Strichvögel 274, 281
das Stroh 226
die Struktur und Funktion (Basiskonzept) 61, 368
die Stückliste 346, 367
sublimieren 299
das Süßwasser 284
die Symbole 341
das System (Basiskonzept) 169, 368

T
das Tagpfauenauge 118
das Tampon 190
tarieren 306
die Tasthaare 91
die Tauchblattzone 311
die Technik 10, 338, 367
der Technikraum 340, 367
die technische Zeichnung 345, 367
die Temperatur 166, 242, 253
der Temperaturausgleich 247
die Temperaturmessung 242, 253
das Thermometer 242
die Tierhaltung 36, 53
die Tischbohrmaschine 351
das Totholz 174
die Tracheen 114
die Tracheenatmung 114
die Tragfläche 83
die Tragzeit 94
die Tränke 91
der/die Transgender 191
das Transportmittel 287
die Traube 138
das Trennverfahren 292, 313
der Trieb 225
das Trinkwasser 285, 289, 313
die Trinkwasseraufbereitungsanlage 289, 313
die Trinkwasserverordnung 289, 313
die Turbine 287

U
die Überschwemmung 99
der Ultraschall 93
die Umbauphase 329
die Umweltfaktoren 164, 166, 179
die ungeschlechtliche Fortpflanzung 158, 161
der unterbrochene Geschlechtsverkehr 195
die untere Epidermis 214
die Unterlippe 132
die unvollkommene Metamorphose 119, 127

V
die Vagina (Scheide) 94, 186
der Vaginalring 195, 205
die Variabilität 29
der Venushügel 186
die Veränderungen durch den Menschen 98
der Verbundkarton 320, 335
verdampfen 299
das Vergleichen 11
die Verhütung 194
verliebt 192
die Verzehrer (Konsumenten) 168
das virtuelle Wasser 290
die Vitamine 222, 231
die Vögel 56, 82, 105, 278
die Vogelfütterung 276
der Vogelzug 274
die vollkommene Metamorphose 118, 127
das Volumen 303
die Vorhaut 184
die Vorsorgeuntersuchung 198, 205
die Vulva 186
die Vulvalippen 186

W
die Wabe 120
die Wachsdrüse 120
das Wachstum 23, 155, 161
die Wachstumszone 170
der Wald 165
der Waldbrand 238
die Waldzone 311
der Wanderfisch 63
die Wanderung (der Amphibien) 74, 104
die Wärme 208, 246
die Wärmeisolation 254
der Wärmeleiter 246
die Wärmeleitfähigkeit 246
die Wärmeleitung 246, 253
die Wärmestrahlung 246, 249, 253
die Wärmeströmung 246, 253
der Wärmetransport 246, 253
der Wärmeverlust 255, 281
der Warmkeimer 154
das Wasser 222, 284
die Wasserknappheit 291
das Wasserkraftwerk 287
der Wasserkreislauf 288
wasserlöslich 286
die Wassernutzung 286, 313
die Wasserpflanzen 311
die Wasserqualität 296
das Wasserschutzgebiet 297
der Wasserstandsanzeiger 305
die Wasseruhr 285
der Wasserverbrauch 290
die Wasserverschmutzung 296
die Wasservögel 82
das Wasservorkommen 284, 313

die wässrigen Stoffgemische 292
die wechselwarmen Tiere 254, 272, 281
die Wehe 199
die weibliche Blüte 138
der weibliche Zyklus 188, 205
die Weichtiere 108
der Weißfluss 186
der Weizen 226
der Welpe 27
die Werkstattordnung 340
der Werkstoff 342, 367
die Werte 183
die Wertvorstellungen 183
der Wiederkäuer 38
die Wiederverwendung 317
die Wiese 164, 168, 170, 179
die Wildkatze 98
die Wildpflanzen 224, 231
das Wildschwein 44, 53
der Windsichter 318
das Winterfell 256
das Winterquartier 74
die Winterruhe 256, 281
der Winterschlaf 256, 281
der Wirbel 26
die Wirbellosen (wirbellosen Tiere) 108, 125, 127
die Wirbelsäule 26, 104
die Wirbeltiere 56, 104, 125
der Wohnkessel 90
der Wolf 28
der Wurf 29, 94
die Wurzel 130, 161
die Wüste 266

Z
die Zähmung 36
die Zauneidechse 80
der Zehengänger 26
der Zehenspitzengänger 38
die Zeile 96
die Zelle 96, 120
der Zentrierwinkel 350
die Zerkleinerer 328
die Zersetzer (Destruenten) 168
der Zerteilungsgrad 232
die Züchtung 29, 53
die Zugroute 274
die Zugvögel 274, 281
züngeln 78
die Zungenblüte 133
die Zweiflügler 115
der Zweig 134
die zweigeschlechtliche Fortpflanzung 118, 127
der Zwitter 111, 127
die zwittrige Blüte 138
die Zygote 196
der Zyklus 188

Gefahrstoffhinweise

Das Schutzbrillensymbol zeigt dir, wenn du eine Schutzbrille tragen musst. Das Handschuhsymbol sagt dir, dass du zur Sicherheit Handschuhe tragen musst.

Piktogramm	Signalwort	Gekennzeichnete Stoffe und Gemische ...
GHS01	Gefahr/Achtung	– können sich selbst zersetzen – können explodieren
GHS02	Gefahr/Achtung	– sind entzündbar – können sich selbst erhitzen – entwickeln bei Berührung mit Wasser entzündbare Gase
GHS03	Gefahr/Achtung	– haben eine brandfördernde Wirkung
GHS04	Achtung	– stehen unter Druck (gilt für Gase)
GHS05	Gefahr/Achtung	– greifen Metalle an – ätzen Haut und Haare
GHS06	Gefahr	– sind giftig, bereits in geringen Mengen lebensgefährlich
GHS07	Achtung	– sind gesundheitsschädlich – verursachen Haut- und/oder Augenreizungen, allergische Hautreaktionen, Reizungen der Atemwege, Schläfrigkeit und Benommenheit
GHS08	Gefahr/Achtung	– können bei Verschlucken und Eindringen in die Atemwege tödlich sein – können Organe schädigen – können Krebs erzeugen – können die Fruchtbarkeit beeinträchtigen – können das Kind im Mutterleib schädigen – können das Erbgut schädigen – können beim Einatmen Allergien, asthmaartige Symptome oder Atembeschwerden verursachen
GHS09	Achtung	– sind giftig für Wasserorganismen

1 Gefahrstoffhinweise und ihre Bedeutung

Stoff	Signalwort	Piktogramme	H- und EUH-Sätze	P-Sätze	AGW in mg/m^3
Brennspiritus (Ethanol)	Gefahr	GHS02 GHS07	H225, H319	P210, P240, P305+P351+P338, P403+P233	380
Citronensäure	Achtung	GHS07	H319 H335	P261, P280 P305+P351+P338	
Essigessenz (Essigsäure 25 %)	Gefahr	GHS05	H290, H314	P280, P308+P310, P301+P330+P331, P303+P361+P353, P305+P351+P338	25
Isopropylalkohol (Propan-2-ol)	Gefahr	GHS02 GHS07	H225 H319 H336	P210, P240 P403+P233 P305+P351+P338	500
Lampenöl (Paraffinöl)	Gefahr	GHS08	H304	P301+P310+P331	
Lugol'sche Lösung	Achtung	GHS08	H373	P260, P314	
Methylenblau	Achtung	GHS07	H302	P301+P312+P330	
Soda = Natriumcarbonat	Achtung	GHS07	H319	P264, P280 P337+P313 P305+P351+P338	

2 Gefahrstoffhinweise zur Durchführung von Experimenten in diesem Schulbuch

Bildquellenverzeichnis

Cover: Shutterstock.com/Miroslav Hlavko; Cornelsen Verlag/Studio SYBERG
akg-images/Harald A. Jahn/viennaslide/BIG: S. 12/o. l.; **Arbeitsgruppe Igelschutz Dortmund**: S. 260/u. l.; **Bridgeman Images**/Novack N./HorizonFeatures: S. 270/u. l.; **ClipDealer GmbH**: S. 202/o. l.; Antonio Guillem: S. 125/o. l.; Claudia Otte: S. 219/o. l.; c-ts: S. 140/o. m.; Herbert Schwind: S. 72/2A; Tiplyashina: S. 193/o. l.; Val Thoermer: S. 219/o. m.; **Cornelsen Experimenta GmbH**: S. 234/o. l.; **Cornelsen Inhouse**: S. 110/o. l., **Cornelsen/Marquarth, Andreas**: S. 324/o. l., S. 324/o. r.; **Cornelsen/Bernhard A. Peter, newVision!** GmbH: S. 7/m. l., S. 16, S. 17/o. l., S. 17/o. r., S. 35/u. r., S. 42/o. r., S. 43/o. r., S. 46/o. l., S. 46/u. r., S. 51/m. r., S. 59, S. 60/2, S. 65, S. 81/3, S. 82/4, S. 83/6, S. 85, S. 88/4, S. 96, S. 109/m. r., S. 124/o. r., S. 124/u. r., S. 126/m. r., S. 143/m. r., S. 143/o. r., S. 146/o. r., S. 146/u. r., S. 152/u. r., S. 153/m. r., S. 155/m. r., S. 159/u. l., S. 169/o. l., S. 177/o. l., S. 179/m. r., S. 182/u. l., S. 186/u. r., S. 189/m. r., S. 189/u. l., S. 189/u. r., S. 193/u. r., S. 201/o. r., S. 215/u. m., S. 216/o. r., S. 224/u. m., S. 230/o. r., S. 251/o. l., S. 259/u. l., S. 262/o. l., S. 262/u. l., S. 263/m. r., S. 270/m. r., S. 271/m. r., S. 281/m. r., S. 309/o. l., S. 369/o. l.; **Cornelsen/Christine Faltermayr**: S. 166/u. m., S. 179/u. m.; **Cornelsen/Detlef Seidensticker**: S. 12/o. l., S. 234/u. l., S. 235/o. l., S. 240/u. l., S. 269/u. m., S. 292/o. l., S. 295/u. m., S. 295/o. m., S. 301/u. l., S. 313/o. l., S. 369/o. l.; **Cornelsen/Detlef Seidensticker bearbeitet von Bernhard A. Peter, newVision! GmbH**: S. 215/o. l.; **Cornelsen/DiGraph bearbeitet durch Bernhard A. Peter, newVision!** GmbH: S. 143/u. l., S. 110/u. m., S. 111/u. r.; **Cornelsen/Esther Welzel**: S. 146/u. l.; **Cornelsen/Gaa, Markus, Fotodesign, Heidelberg**: S. 251/o. l., S. 312/u. l., S. 318/u. r., S. 340/u. r., S. 343/m., S. 343/m. l., S. 343/u. r., S. 344/u. m., S. 349/o. l., S. 349/o. r., S. 353/u. l., S. 353/u. r., S. 354/o. l., S. 354/u. m., S. 354/u. r., S. 355/u. m., S. 358/o. l., S. 358/o. r., S. 367/m. r.; **Cornelsen/ www.biologiegrafik.de bearbeitet Bernhard A. Peter, newVision!** GmbH: S. 118/u. m., S. 119/o. m., S. 124/u. l., S. 127/u. l., S. 97/3, S. 172/u. m., S. 173/u. r.; **Cornelsen/Gregor Mecklenburg bearbeitet von Bernhard A. Peter, newVision!** GmbH: S. 50; **Cornelsen /Heike Keis**: S. 87/2, S. 87/3, S. 173/u. l., S. 226/u. m., S. 226/u. r., S. 227/o. m., S. 227/u. m., S. 263/m. L, S. 263/o. l., S. 273/m., S. 280/m. r., S. 311/o. m.; **Cornelsen/Heike Keis bearbeitet von newVISION! GmbH, Bernhard A. Peter**: S. 168/m., S. 168/u. l., S. 225/u. m., S. 225/u. r., S. 254/u. l., S. 135/u. m.; S. 143/o. l.; S. 7/u. r., S. 261/o. m.; **Cornelsen/ Jan Philipp Bornebusch**: S. 305/u. r., S. 363/o. r.; **Cornelsen/Joachim Hollatz**: S. 22/u. r., **Cornelsen/Jörg Mair**: S. 84/2, S. 257/u. m., S. 310/u. m., S. 333/u. m.; **Cornelsen/Jörg Mair bearbeitet von Bernhard A. Peter, newVision!** GmbH: S. 271/o. l., S. 271/u. l., S. 176/u. r., S. 177/o. r.; **Cornelsen/Judith Vehlow**: S. 156/u. r.; **Cornelsen/Julia Kionka**: S. 279/u. l., S. 279/u. m.; **Cornelsen/Karin Mall**: S. 28/u. l., S. 66/2, S. 143/m. r., S. 199/o. m., S. 309/u. l., S. 320/u. m., S. 325/u. l., S. 325/u. r., S. 329/u. m., S. 335/m.; **Cornelsen/Karin Mall bearbeitet von Bernhard A. Peter, newVision!** GmbH: S. 170/u. r., S. 113/o. l.; S. 131/o. l., S. 131/o. l., S. 132/o. l., S. 132/u. l., S. 133/m. l., u. l., S. 138/u. l., u. m., S. 139/u. r., S. 139/u. l., S. 112/o. l., S. 161/m. l., S. 218/u. L., S. 221/o. m., S. 223/o. r., S. 223/u. r.; **Cornelsen/Karsten Luig**: S. 321/o. L.; **Cornelsen/ Marina Goldberg**: S. 86; **Cornelsen/Markus Gaa**: S. 355/u. l., S. 11/u. r., S. 242/o. l., S. 24/o. r.; **Cornelsen/Maryse Forget, Robert Fontner-Forget**: S. 32/u. l., S. 40/u. l., S. 61/5, S. 94/2; **Cornelsen/Maryse Forget, Robert Fontner-Forget bearbeitet newVision!GmbH, Bernhard A. Peter**: S. 126/m. l.; **Cornelsen/Matthias Niedermeier**: S. 156/o. l., S. 330/u. l.; **Cornelsen/Matthias Pflügner**: S. 13/o. m., S. 14/o. L, S. 14/o. r., S. 15/o. l., S. 18/o. l., S. 18/o. r., S. 19/u. r., S. 42/u. m., S. 47/o. L, S. 64, S. 100, S. 101, S. 209/m., S. 210/o. l., S. 211/o. m., S. 230/o. L., S. 237/o. l., S. 245/o. L., S. 245/o. r., S. 279/o. r., S. 290/o. r., S. 291/o. r., S. 300/u. r., S. 303/o. l., S. 334/o. l., S. 342/o. L., S. 351/o. l., S. 360/u. L., S. 361/o. l., S. 366/o. l.; **Cornelsen/Moritz Vennemann**: S. 140/o. r.; **Cornelsen/newVISION! GmbH, Bernhard A. Peter**: S. 10/o. r., S. 49/o. l., S. 97/1, S. 97/2, S. 103/B, S. 113/o. r., S. 126/o. r., S. 137/o. m., S. 145/u. m., S. 178/m. r., S. 210/u. l., S. 280/u. r., S. 321/o. r., S. 328/o. m., S. 330/o. r., S. 335/u. m.; **Cornelsen/newVision! GmbH, Bernhard A. Peter & Tom Menzel**: S. 167/o. r., S. 194/m. r.; **Cornelsen/Oliver Meibert, Berlin**: S. 249/o. l., **Cornelsen/Peter Hesse, bearbeitet von Detlef Seidensticker**: S. 233/o. m., S. 236/o. l., S. 240/o. r., S. 323/u. m.; **Cornelsen/Peter Hesse, bearbeitet von Rainer Götze**: S. 232/o. r., S. 237/o. r., S. 238/o. r., S. 239/o. l., S. 253/o. l., S. 253/o. r.; **Cornelsen/Peter Pondorf**: S. 147/u. r., S. 195/o. m., S. 195/o. l.; **Cornelsen/Rainer Götze**: S. 228/u. m., S. 230/m. l., S. 231/m. l., S. 232/u. m., S. 241/o. r., S. 275/u. l., S. 278/o. r., S. 284/u. r., S. 285/o. r., S. 286/o. r., S. 286/u. r., S. 286/o. l., S. 286/u. m., S. 288/o. r., S. 293/o. r., S. 294/u. l., S. 301/o. r., S. 302/u. l., S. 303/o. r., S. 304/o. l., S. 305/u. r., S. 308/u. m., S. 312/m. L, S. 318/o. r., S. 326/o. L., S. 369/o. l.; **Cornelsen/Rainer Götze bearbeitet von Detlef Seidensticker, München**: S. 293/u. r.; **Cornelsen/Rainer Götze bearbeitet von newVision! GmbH, Bernhard A. Peter**: S. 235/o. r.; **Illustration: Cornelsen/Rainer Götze; Fotos: Eiswürfel: Shutterstock.com/nullplus; Wasserglas: stock.adobe.com/Cozine; Kessel: Shutterstock.com/Jack Jelly**: S. 298/u. m.; **Cornelsen/Robert Fontner-Forget**: S. 75, S. 125/u. L.; **Cornelsen/Robert Fontner-Forget bearbeitet newVision!GmbH, Bernhard A. Peter**: S. 82/3, S. 105/L, S. 159/u. r.; **Cornelsen/Stephan Röhl**: S. 31/m. l., S. 31/u. l.; **Cornelsen/Tom Menzel**: S. 36/u. m., S. 39/u. m., S. 56/2A, S. 56/3A, S. 57/4A, S. 57/5A, S. 57/6A, S. 63/3, S. 67, S. 71/5, S. 72/2 m., S. 72/2 u.l., S. 72/2 u. r., S. 73/u. l., S. 73/u. m., S. 73/u. r., S. 78/4, S. 79/2, S. 80/u. r., S. 81/2, S. 83/5, S. 84/3, S. 90/4, S. 91, S. 92/2, S. 93/2, S. 103/A, S. 130/u. r., S. 147/u. L., S. 161/m. r., S. 184/u. L., S. 186/u. l., S. 231/o. r., S. 257/o. r., S. 271/o. r., S. 271/o. m., S. 331/m.; **Cornelsen/Tom Menzel bearbeitet von Bernhard A. Peter, newVision!** GmbH: S. 51/u. m., S. 44/o. r., S. 52/u. m., S. 60/3, S. 62/2, S. 69/1, S. 70/3, S. 78/3, S. 88/3, S. 102/2, S. 103/4, S. 104, S. 105/r, S. 264/u. m., S. 266/u. m., S. 267/o. L, S. 216/u. L., S. 217/o. L., S. 217/o. r., S. 34/o. r., S. 26/o. r., S. 32/o. r., S. 33/o. l., S. 205/u. l., S. 53/u. l., S. 34/u. r., S. 38/u. L., S. 45/u. r., S. 51/o. L., S. 53/u. r., S. 54/u. L., S. 112/u. L., S. 114/u. L., S. 117/m., S. 125/u. r., S. 127/m. L., S. 144/m., S. 148/u. m., S. 149/u. L., S. 154/u. l., S. 155/u. m., S. 160/o. l., S. 161/u. L., S. 185/m. r., S. 185/o. L., S. 187/m. r., S. 187/o. l., S. 188/u. L., S. 204/o. L., S. 204/u. L., S. 205/m. L., S. 214/u. l., S. 369/u. L.; **Cornelsen/Tom Menzel, Esther Welzel**: S. 69/2; **Cornelsen/Ulrike Dives**: S. 26/u. r.; **Cornelsen/Volker Döring**: S. 200/o. r., S. 234/o. m., S. 303/o. r.; **Cornelsen/Volker Minkus**: S. 86, S. 300/o. r.; **Cornelsen/Walther-Maria Scheid, Berlin**: S. 243/o. m., S. 243/o. r., S. 254/o. l., S. 302/u. r., S. 306/u. m., S. 307/m. r., S. 345/u. m., S. 346/u. r., S. 347/u. r., S. 348/o. l., S. 349/o. L., S. 349/u. r., S. 349/u. l., S. 350/m. r., S. 350/u. l., S. 352/u. m., S. 353/o. r., S. 355/u. r., S. 364/o. m., S. 365/m. r., S. 365/u. l., S. 366/o. r., S. 319/o. r., S. 19/o. L., S. 19/u. L., S. 212/u. m., S. 213/m. r., S. 213/u. L., S. 231/u. L., S. 244/o. L., S. 244/o. r., S. 302/o. L., S. 302/u. r., S. 311/u. m., S. 367/u. r., S. 367/o. r., S. 369/u. r.; **Depositphotos**/Joachim Opelka: S. 137/u. m., Sławomir Żelasko: S. 137/o. m.; **dpa Picture-Alliance**/A. Hartl/blickwinkel/HARTL ANDREAS: S. 260/u. r.; AA: S. 98/3; B. Trapp/blickwinkel: S. 72/1, S. 102/3 u. r.; blickwinkel/A. Hartl: S. 62/1, S. 63/3, S. 63/5, S. 69/4A, S. 71/6C; blickwinkel/D: S. 174/o. l.; blickwinkel/F. Hecker: S. 136/u. m.; blickwinkel/Frank Hecker Naturfotografie: S. 22/u. l.; blickwinkel/G. Czepluch/G: S. 327/o. l.; blickwinkel/G. Kunz: S. 108/o. l.; blickwinkel/W. Layer: S. 270/o. m.; Caro: S. 229/o. l., imageBROKER: S. 80/1, S. 102/3 o. l., S. 305/o. l.; imageBROKER/Frauke Scholz: S. 227/o. l.; imageBROKER/J. Fieber: S. 71/6A, S. 126/m.; Juergen Landshoeft/Zoonar.com/Zoonar: S. 276/o. l.; Minden Pictures: S. 70/4, S. 88/2; OKAPIA KG, Germany/Okapia/Heinz Schrempp: S. 272/u. r.; REUTERS/X00396/Petr Josek Snr: S. 274/u. r.; Thorsten Schier/Zoonar.com/Zoonar: S. 226/u. l., Westend61: S. 246/o. L., S. 266/o. L.; WILDLIFE: S. 111/u. l., WILDLIFE/D.Harms: S. 120/u. r., S. 150/u. m.; WILDLIFE/K.Bogon: S. 80/2; Zoonar: S. 136/u. r., S. 252/u. L.; Zoonar.com/G.Wolf: S. 116/o. r.; **Fotos: Cornelsen/Peter Wirtz; Illustrationen: Cornelsen/Karin Mall**: S. 157/u. m., **Illustration: Cornelsen/Bernhard A. Peter, newVision!** GmbH; Fotos: Natur: stock.adobe.com/kwasny221; Gebrauch: Shutterstock.com/MaxyM; Rohstoffe: Shutterstock.com/symbiot; Recycling: Shutterstock.com/smikeymikey1; Abfall: Shutterstock.com/Dmitry Kalinovsky; Produktion: Shutterstock.com/Slavica Stajic: S. 357/u. m.; **Illustration: Cornelsen/Karin Mall; Fotos: stock.adobe.com/Fotolyse:Heu, Shutterstock.com/Burkhard Scheper:Winter, Shutterstock.com/Martien van Gaalen:August, Shutterstock.com/Matthew J Thomas:Juni, Shutterstock.com/Peter Turner Photography: Frühling**: S. 171/o. m., **imago images/Eibner**: S. 210/o. r., **Imago Stock & People GmbH**/Ardea/Andrey Zvoznikov: S. 81/1B; Benjamin Horn: S. 114/o. l.; blickwinkel: S. 44/o. L, S. 52/o. L, S. 78/2, S. 81/1A, S. 89/6, S. 220/o. L, S. 296/o. L; blickwinkel/McPHOTO/H. Krauss: S. 135/o. l.; Country-pixel: S. 48/o. L; Eibner/Deutzmann/Eibner-Pressefoto EP_CDN: S. 274/o. L.; Ex-Press/Ex-PressxMarkusxFortex MFO20090916_032: S. 350/o. L.; f8graphe: S. 29/u. r.; Future Image: S. 76/2; imagebroker/imageBROKER/Daniel Heuclin: S. 79/6; imagebroker/imageBROKER/GTW: S. 48/u. l., imagebroker/imageBROKER/Stefan Huwiler: S. 99/5B; imago images/H. Tschanz-Hofmann: S. 322/o. l.; imago/Gottfried Czepluch: S. 317/o. m.; imago/Westend61: S. 306/o. r.; Manngold: S. 166/o. L.; photothek/Ute Grabowsky: S. 285/o. L.; Westend61: S. 99/4A, S. 272/o. r.; Zoonar: S. 208/u. r., S. 287/o. L., S. 305/o. r.; Koall: S. 99/4B; CHROMORANGE: S. 134/o. L.; Jochen Tack: S. 354/o. l.; **interfoto e.k.**/ARDEA/Jean Michel Labat: S. 35/o. r.; ARDEA/John Daniels: S. 26/o. l., ARDEA/Stefan Meyers: S. 44/u. r., ARDEA/Steve Downer: S. 73/F; F. Hiersche: S. 226/u. m.; FLPA/Emanuele Biggi: S. 78/1FLPA/Nigel Cattlin: S. 154/o. l.; imagebroker/Ottfried Schreiter: S. 143/m. r.; Karel Mauer/ARTOKOLORO/Agami: S. 87/1C; Sonja Jordan: S. 70/2; **Kathleen Gerber/NABU Naturschutzbund Deutschland e.V.**: S. 261/o. m.; **Look/Seer, Ulli**: S. 323/o. r.; **Mahler, Fotograf, Berlin**: S. 281/u. m.; **mauritius images**/age: S. 175/o. m.; age fotostock: S. 82/2A, Agsaz/Alamy/Alamy Stock Photos: S. 217/u. r., alamy stock photo/72; alamy stock photo/Aleksey Mnogosmyslov: S. 32/u. m.; alamy stock photo/Andrey Kuzmin: S. 32/u. r.; alamy stock photo/anthony asael: S. 291/u. l., alamy stock photo/blickwinkel: S. 82/1, S. 168/o. L., alamy stock photo/CalypsoArt: S. 319/o. alamy stock photo/Cristian Storto: S. 203/u. L.; alamy stock photo/David Burton: S. 160/u. m.; alamy stock photo/Desintegrator: S. 299/o. ralamy stock photo/Gillian Pullinger: S. 272/u. L.; alamy stock photo/Josie Elias: S. 34/o. L.; alamy stock photo/Kuttig - RF - Kids: S. 208/o. L.; alamy stock photo/Nigel Cattlin: S. 72/2C, S. 173/m., S. 230/m. r.; alamy stock photo/Noella Ballenger: S. 264/o. l.; alamy stock photo/Peter Rabenstein: S. 230/m. r.; alamy stock photo/Stockimo/Rebecca: S. 33/u. L., S. 52/o. r.; alamy stock photo/Zoonar GmbH: S. 34/u. L., S. 133/m.; ANP Photo/All mauritius images: S. 242/u. m.; Bernd Zoller: S. 82/2D; Blickwinkel/Alamy/Alamy Stock Photos: S. 69/4B, S. 69/4D; Caia Image: S. 219/o. L., Catharina Lux: S. 299/o. r.; Christian Huetter/image BROKER/Christian Huetter: S. 363/o. L.; Chromorange: S. 228/o. L., S. 317/o. m., S. 327/o. r.; Dieter Hopf: S. 102/3 m. r.; Dirk von Mallinckrodt: S. 151/u. L.; EyeEm: S. 164/o. L.; foodcollection: S. 247/o. r., S. 253/u. r., globepix: S. 10/o. l.; Hans Blossey: S. 99/6; Hartmut Schmidt: S. 165/o. L.; HHelene/Alamy/Alamy Stock Photos: S. 165/o. r.; imageBroker/Alfred Schauhuber: S. 175/m. L., imageBroker/Birgit Koch: S. 175/m.; imageBROKER/Herbert Kehrer: S. 142/u. L.; imageBroker/Reinhard Hölzl: S. 138/o. L., imageBroker/Rolf Müller: S. 263/m.; imageBroker/Rolf Nussbaumer: S. 172/o. L.; imageBroker/Stefan Kiefer: S. 329/o. L., imageBROKER/unvernünftiger.com umstätter.com: S. 5/m. r., S. 180/m.; Ingwio/Alamy/Alamy Stock Photos: S. 317/o. r., S. 299/o. r.; Jiri Hubatka: S. 58; Jiri Plistil/Alamy: S. 136/o. L.; Lamax/Alamy/Alamy Stock Photos: S. 137/o. L., Lutz Gerken: S. 71/6D; Marko König: S. 69/4C; Martin Siepmann: S. 167/o. L.; McPHOTO: S. 223/u. m.; Minden Pictures: S. 3/u. r., S. 54, S. 73/D, S. 120/u. L.; Nadezhda Nesterova/Alamy/Alamy Stock Photos: S. 136/u. r., nature picture library: S. 263/u. m.; Picture Partners/Alamy: S. 32/o. L.; Pitopia: S. 38/o. L., S. 79/5, S. 297/o. r.; ROSENFELD: S. 220/u. L., S. 220/u. m., S. 220/u. L., Science Source: S. 196/u. l., Udo Siebig: S. 296/o. r.; unpict/Alamy: S. 137/u. r., Westend61: S. 230/u. L., S. 364/o. l.; **OpenStreetMap-Mitwirkende/openstreetmap.org/ (CC BY-SA 2.0)**: S. 76/1, **Panther Media GmbH**/anan kaewkhammul: S. 227/u. m., Annebel Van den Heuvel: S. 195/u. l., Arne Trautmann: S. 37/o. r., Christoph Bosch: S. 34/u. m., Michael Röder: S. 28/o. L., Valery Vvoennyy: S. 140/o. r., **photoCuisine**/Subiros, Fabrice: S. 224/o. l., **PHOTO FUN**: S. 217/o. r., **Science Photo Library**/Bulgar, Wladimir: S. 141/u. L., DR G. MOSCOSO: S. 197/o. L., S. 204/u. r.; EDELMANN: S. 197/o. r.; Eye Of Science: S. 214/u. r., Gilbert S. Grant: S. 368/u. L.; DR KEITH WHEELER: S. 72/2B; DR YORGOS NIKAS: S. 196/o. r.; GEORGE BERNARD: S. 73/F; Lepore, Jeff: S. 160/u. m.; Marek Mis: S. 214/o. r.; Reinhard, Hans: S. 22/o. r.; **Shutterstock.com**/Air Images: S. 191/u. l.; AJCespedes: S. 122/o. l.; ajt: S. 136/o. m.; Aleksey Boyko: S. 25/o. l.; AlessandroZocc: S. 368/u. m.; Alexxxandar: S. 278/o. l.; Andrei Dubadzel: S. 136/o. l.; Anest: S. 151/u. l.; Anjo Kan: S. 146/o. l.; Anne Coatesy: S. 178/u. r.; Ansis Klucis: S. 94/1; BaLL LunLa: S. 284/u. l.; Bermek: S. 300/o. l.; Bernd Wolter: S. 45/o. l.; Bild-Wasser: S. 234/o. l.; bluehand: S. 359/u. l.; Boonchuay1970: S. 217/u. r.; Bored Photography: S. 352/o. l.; Brian A Jackson: S. 368/u. l.; Carlos Caetano: S. 251/u. l.; Chris Moody: S. 114/o. r.; Christophe F: S. 77/C; CLS Digital Arts: S. 191/o. l.; Daniel Fung: S. 319/o. m.; Dave Massey: S. 121/u. l.; Dionisvera: S. 217/o. l.; Dobo Kristian: S. 194/o. l.; Dora Zett: S. 255/u. l.; E.G.Pors: S. 304/o. r.; Eldad Carin: S. 359/u. m.; Erni: S. 254/o. l.; Evgenyrychko: S. 190/u. r.; FamVeld: S. 191/u. m.; Gelpi JM: S. 359/u. m.; Geo-grafika: S. 43/o. l.; Grey Carnation: S. 94/3; Ground Picture: S. 359/o. l.; Hakim Graphy: S. 121/o. l.; Helen J Davies: S. 87/1A; hfuchs: S. 77/G; Iakov Filimonov: S. 203/o. r.; Ihor Hvozdetskyi: S. 137/u. l.; Inked Pixels: S. 246/o. r., S. 253/m. r.; JaanShutterstock/Jackan: S. 150/u. r.; Jacob Lund: S. 219/o. m.; Jennifer de Graaf: S. 66/1; Jim Cumming: S. 255/o. r.; Jiri Vaclavek: S. 260/u. r.; Juergen Faelchle: S. 5/o. r., S. 162/m. r.; K I Photography: S. 118/o. l.; Kazela: S. 238/o. l.; Kdonmuang: S. 4/u. r., S. 128/m., S. 164/u. r.; Klaus Ulrich Mueller: S. 22/o. l.; koliw: S. 61/4; Kuttelvaserova Stuchelova: S. 77/B; LandscapeWorld: S. 82/2B; Lapina: S. 202/u. r.; LightField Studios: S. 191/o. m., S. 192/o. l.; Lutsenko_Oleksandr: S. 77/E; Madlen: S. 158/o. r.; MARCELODLT: S. 68/1; Marek R. Swadzba: S. 77/A; Maryia_K: S. 229/o. r.; michaeljung: S. 188/o. l.; mikeledray: S. 241/o. l.; Miroslav Hlavko: S. 1/o. L., S. 1/o. m., S. 256/o. L., S. IV/m. r.; Monika Surzin: S. 88/1; Monkey Business Images: S. 183/o. l., S. 193/u. l., S. 218/o. l.; nadia_if: S. 160/u. r.; Naruedom Yaempongsa: S. 36/o. r., S. 247/o. l.; Nattika: S. 217/u. r.; New Africa: S. 184/o. r.; nnattalli: S. 160/u. l.; Olena Gorbenko: S. 191/o. m.; Olga Dubravina: S. 298/o. l.; Olimpik: S. 186/o. l.; Ollyy: S. 193/u. l.; Pavel Kovacs: S. 137/u. r.; PHOTO FUN: S. 217/u. r.; Rich Koele: S. 212/o. l.; Rockweeper: S. 60/1; Roden Wilmar: S. 134/u. r.; Rudmer Zwerver: S. 73/3, S. 89/5; Sam Wordley: S. 191/m. r.; Sarah Moldenhauer: S. 310/o. l.; Sasa Prudkov: S. 98/2B; Sawat Banyenngam: S. 268/o. r.; schankz: S. 217/o. m.; Scisetti Alfio: S. 137/o. r.; Sekar B: S. 63/4; serato: S. 294/o. l.; Serg64: S. 222/o. l.; Sergey 402: S. 265/o. r.; Silvia Pascual: S. 284/o. m.; slowmotiongli: S. 308/o. l.; SSKH-Pictures: S. 287/o. r.; Stephen Mcsweeny: S. 312/o. r.; Svetlay: S. 29/u. r.; Syda Productions: S. 182/o. l., S. 202/o. l.; Sylvie Bouchard: S. 89/7; Taniaaraujo: S. 71/6B; thatmacroguy: S. 124/m. r.; thebigland: S. 340/o. l.; Thomas Soellner: S. 202/o. r.; Tim UR: S. 217/u. m.; Tom linster: S. 74/2; Tyler Olson: S. 258/o. l.; Valentina Razumova: S. 342/u. m.; VaLiza: S. 190/o. l., S. 193/u. l.; VGstockstudio: S. 182/u. r.; Viorel Kurnosov: S. 7/o. r., S. 282/m.; Vitalii Matokha: S. 196/u. l.; Vladimir Wrangel: S. 212/o. r.; vovan: S. 214/o. l.; wavebreakmedia: S. 198/o. l.; whitetherock photo: S. 198/u. r.; WildlifeWorld: S. 99/5A; WildMedia: S. 98/1; Wolfgang Hauke: S. 77/D; YAKOBCHUK VIACHESLAV: S. 35/o. l.; Yellow Cat: S. 247/o. m.; Yurchyks: S. 242/o. r.; **stock.adobe.com**: S. 115/o. m., S. 232/o. l.; © Javier Alonso Huerta/JAH: S. 74/3; 2014 Holly Kuchera/hkuchera: S. 95/5; A.Pushkin: S. 267/o. r.; abasler: S. 343/u. l.; Africa Studio: S. 11/o. l.; agramotive: S. 61/o. m.; airArt: S. 5/u. r.; Aleksandar Zoric: S. 29/o. l.; Alekss: S. 56/3B; Alexander Raths: S. 284/o. r.; alfa27: S. 25/u. l.; Alfazet Chronicles: S. 321/u. m.; Alina Tymofieieva: S. 332/o. l.; All rights reserved/2020 Francesco Marzovillo, Fossano, Italy/framarzo: S. 120/o. l.; Anatolii: S. 342/u. r.; Andrea Wilhelm: S. 122/u. l., S. 126/m. l.; anna_shepulova: S. 128/o. l.; antiksu: S. 25/m. r.; Anyka/Anneke: S. 23/o. l.; apops: S. 242/u. m., S. 356/u. r.; Arpad Nagy-Bagoly: S. 84/1, S. 102/3 m.l.; artempasha: S. 136/o. r.; ArvaCsaba: S. 338/o. l.; beats_: S. 226/o. l.; benjaminnolte: S. 339/o. m.; benny-trapp: S. 77/F; Bergfee: S. 341/u. m., S. 366/m.; bilderstoeckchen: S. 173/o. r.; Brastock Images: S. 326/o. l.; brozova: S. 242/u. m.; C. Schüßler: S. 57/4B; Calado: S. 98/2A; chihana: S. 334/u. r.; christiane65: S. 30/o. r., S. 123/o. l.; colorshadow: S. 23/o. m.; Copyright: Anton Ignatenco/Dionisvera: S. 160/u. r.; creativenature.nl: S. 92/1; crimson: S. 338/u. L.; d2nikk: S. 143/m.; davemhuntphoto: S. 34/u. l.; Denis Junker: S. 345/o. L.; Desert Photographer/James Billmore: S. 291/o. l.; DIETRICH LEPPERT/focus finder: S. 262/u. l.; dima_pics: S. 242/o. r.; dimmas72: S. 56/1; Dixi_: S. 29/u. m.; DOC RABE Media: S. 285/o. l.; donatas1205: S. 8, S. 336/m.; DZMITRY PALUBIATKA: S. 318/o. l.; elenamas_86: S. 158/o. l.; Elisabeth: S. 130/o. l.; Erica Guilane-Nachez: S. 338/o. r.; Esel Klugohr: S. 23/o. r.; familylifestyle: S. 95/4; Finanzfoto: S. 140/o. l.; focus finder: S. 40/u. r.; fotofrank: S. 170/o. l.; fotoknips: S. 115/o. l.; fotoparus: S. 178/u. l.; Fotoschlick: S. 136/o. l., S. 342/m.; fotoschneider11: S. 176/o. l.; Frank: S. 150/u. m.; Gabriele Rohde: S. 225/o. l.; Gasser Alexandra/Alexandra: S. 276/o. r.; giansarco: S. 115/o. r.; Gina Sanders: S. 362/o. l.; Gleam: S. 140/o. m., S. 140/o. r., S. 140/o. r., S. 140/o. r.; Gooseman: S. 341/o. m., S. 366/m. r.; hakoar/Arto Hakola: S. 175/o. l.; hecos: S. 150/o. l.; Hermann: S. 316/o. r.; iakov Kalinin: S. 165/o. r.; ilijaa: S. 205/o. l.; In Bigalke: S. 346/o. l.; Jademacro: S. 108/u. m., S. 126/o. m.; jamenpercy: S. 250/o. l.; jdmfoto: S. 115/o. m.; Jean Kobben: S. 48/o. r.; Jean-Marie MAILLET: S. 238/u. r.; Jiri Hera: S. 339/o. l.; JMB/Marc Barrère/Jean: S. 175/m.; Juefrateam: S. 90/2; Jürgen Fälchle: S. 173/m.; Jürgen Kottmann: S. 119/u. l.; karl51: S. 338/u. r.; Kaspars Grinvalds: S. 25/u. r.; Kayatl31: S. 191/u. r.; Kletr: S. 124/m. l.; Korta: S. 213/u. l.; leekris: S. 23/o. m.; lena_zajchikova: S. 217/u. r.; LianeM: S. 143/u. r.; liubomirt: S. 359/u. m.; Liudmila: S. 137/u. m.; lovelyday12: S. 321/u. m.; M.Doerr & M.Frommherz GbR: S. 123/o. r.; Maksym Yemelyanov: S. 368/o. l.; maradt: S. 342/u. l.; mariec31: S. 252/m. r.; Mario Saccomano/sacco.t: S. 115/o. l.; Mariusz Blach: S. 320/o. l.; mascfoto: S. 70/1; Matthias Schuette/scaleworker: S. 57/5B; MaxSafaniuk: S. 306/o. l.; mdbrockmann82: S. 365/o. m.; MilletStudio: S. 92/3; Mirko Rosenau: S. 133/m. r.; monropic: S. 150/u. l., S. 156/o. m.; Muh: S. 3/m. r., S. 20; Nady: S. 25/o. m.; Natalia: S. 223/o. l.; nenetus: S. 62/82; Oleksii: S. 171/u. l.; oliver-marc steffens: S. 298/o. r.; Passakorn: S. 108/u. l., S. 126/o. l.; Pavel Losevsky: S. 316/o. l.; pengyou92: S. 25/m.; Petair: S. 317/o. l.; PhotographyByMK: S. 194/u. r.; phototrip.cz: S. 77/H; pilotl39: S. 136/u. r.; Piotr Krzeslak: S. 82/2C; Pixelmixel: S. 4/m. r., S. 106/m.; Pixelot: S. 343/u. m.; prochym: S. 56/2B; Ralf Blechschmidt: S. 174/o. r.; RalfenByte: S. 342/m. r.; rbkelle: S. 175/o. r.; Reineta: S. 23/o. r.; Reinhold Stansich: S. 68/2; Robert Kneschke: S. 348/o. l.; Rostislav: S. 102/3 u. l.; S.H.exclusiv: S. 11/u. r.; schankz: S. 175/m. r.; Stefan Richter: S. 175/m. l.; Steffen Schwenk/Light Impression: S. 239/o. l.; sueberry1: S. 256/u. l.; Sven Käppler: S. 143/o. m.; T. Michel: S. 13/u. r., S. 341/u. m.; Thomas Kramer/Artusius: S. 289/o. l.; Thomas Wiltschi: S. 57/6B; thomasknospe: S. 175/m. r.; tinadefortunato: S. 317/o. m.; toa555: S. 41/o. r.; Tobias: S. 108/u. r.; Tsiumpa: S. 359/u. r.; Uwe Wittbrock: S. 23/u. l.; VanderWolf Images: S. 339/o. l.; vektorisiert: S. 341/u. r., S. 366/m.; Vera Kuttelvaserova: S. 277/o. l.; Vitalfoto: S. 6/o. r., S. 206/m.; vladimirfloyd: S. 339/o. m.; Volha Zaitsava: S. 328/o. l.; Volker Wille: S. 40/o. l.; Westend61: S. 191/o. m.; wideworld: S. 115/o. m.; Wlodzimierz: S. 90/1; Wnfilser: S. 134/u. l.; www.dgwildlife.com/giedriius: S. 87/1B; yanadjan: S. 332/o. r.; YOR: S. 343/u. m.; Zerbor: S. 136/u. r.; Светлана Ильева: S. 33/u. l., S. 52/o. r.; **StockFood**: S. 229/o. m.